국·가·공·인
SQL Professional

SQL ℗

국·가·공·인
SQL Developer

SQL Ⓓ

The Guide for SQL Professional

SQL 전문가 가이드

2020 개정판

SQL

Professional·Developer

Ⓚdata 한국데이터산업진흥원

목 차

표 목차

그림 목차

SQL

Professional · Developer

국가공인
SQL 전문가·개발자
자격검정 안내

※ SQL 자격검정센터 홈페이지 : https://www.dataq.or.kr

SQL 전문가·개발자란

1 SQL의 정의

SQL(Structured Query Language)은 데이터베이스를 직접 액세스할 수 있는 언어로, 데이터를 정의하고(Data Definition), 조작하며(Data Manipulation), 조작한 결과를 적용하거나 취소할 수 있고(Transaction Control), 접근 권한을 제어하는(Data Control) 처리들로 구성된다.

2 SQL 전문가의 정의

SQL 전문가(SQLP, SQL Professional)란 데이터베이스와 데이터 모델링에 대한 지식을 바탕으로 데이터를 조작하고 추출하는 데 있어서 정확하고 최적의 성능을 발휘하는 SQL을 작성할 수 있고, 이를 토대로 SQL을 내포하는 데이터베이스 프로그램이나 응용 소프트웨어의 성능을 최적화하거나, 이러한 성능 최적화를 지원할 수 있는 데이터베이스 개체(뷰, 인덱스 등)의 설계와 구현 등의 직무를 수행하는 전문가를 말한다.

3 SQL 개발자의 정의

SQL 개발자(SQLD, SQL Developer)란 데이터베이스와 데이터 모델링 지식을 바탕으로 응용 소프트웨어를 개발하면서 데이터를 조작하고 추출하는 데 있어서 정확하고 최적의 성능을 발휘하는 SQL을 작성할 수 있는 개발자를 말한다.

SQL 전문가·개발자 자격검정의 필요성

오늘날 기업 또는 조직의 정보화에 있어서 관계형 데이터베이스는 데이터 저장소의 대부분을 차지하고 있다. 소프트웨어를 작성하는 데 사용되는 언어는 많은 종류가 있지만 데이터베이스는 결국 SQL에 의해서만 데이터에 접근이 가능하기 때문에 데이터베이스를 기반으로 하는 정보시스템은 SQL 사용이 필수적이다. 이 때문에 정보시스템을 개발하는 수많은 개발자들은 반드시 SQL을 익힐 수밖에 없다. 이에 따라 SQL을 사용할 수 있는 개발자는 그 수를 헤아리기 어려울 정도로 많다.

그러나 이와 같이 SQL 사용 능력 보유자가 많음에도 불구하고 SQL의 수행 원리를 깊이 있게 이해하고 제대로 구사할 수 있는 전문적 지식을 갖춘 전문가는 상대적으로 부족하다. 이것은 결과적으로 정보시스템의 성능과 품질을 저하시키고 나아가 사용자들의 외면을 초래하는 한 원인이 되기도 한다.

이에 한국데이터산업진흥원은 전문인력의 실질적 수요자인 사업주를 대변하여 SQL 전문가·개발자 자격검정을 실시하고자 한다. 이를 통해 산업 현장에 부응하는 민간자격을 부여하고, 자격 취득자에게 직무 수행에 대한 자신감 고취와 함께 더 나은 직무 수행 기회 제공 및 사회적 지위의 향상은 물론 기업의 국제 경쟁력 제고에도 기여할 것이다.

SQL 전문가·개발자의 직무

1 SQL 전문가

직무	수행 내용
데이터 모델링의 이해	데이터베이스 구성과 처리에 있어서 가장 핵심적인 요소가 바로 데이터 모델이다. 데이터 모델은 건물의 설계도와 같이 전체 데이터베이스가 구성되는 요소를 결정한다. 데이터 구조의 근간이 되기 때문에 애플리케이션이 데이터를 이용할 때 효율적으로 제공될 것인지 아니면 비효율적으로 제공될 것인지에 대한 결정은 설계단계의 데이터 모델에서 할 수밖에 없다. SQL 전문가는 데이터 모델과 SQL구문의 연관성을 위해 엔터티, 속성, 관계, 식별자, 정규화 등 데이터 모델의 기본 지식을 바탕으로 데이터 모델을 이해하고 분석하는 작업을 수행한다.
SQL 기본 및 활용	SQL(Structured Query Language)은 데이터베이스를 유일하게 액세스할 수 있는 언어이다. 본 직무는 우선적으로 SQL 문법, 옵티마이저, 인덱스의 기초 원리를 이해하는 단계부터 시작한다. 이를 바탕으로 데이터 정의어(DDL)를 통해 테이블의 구조를 생성·변경·삭제·재명명하고, 데이터 조작어(DML)를 통해 데이터를 입력·조회·수정·삭제한다. 집합과 집합의 관계를 다양한 JOIN 방법을 사용하여 표현하고, 주종 관계의 경우 서브쿼리를 사용하는 작업 등을 수행한다.
SQL 고급활용 및 튜닝	데이터베이스 성능을 결정짓는 가장 핵심적인 요소는 애플리케이션에 집중되어 있다. SQL을 한 번만 수행해도 같은 결과를 얻을 수 있는데 불필요하게 많은 SQL을 수행하거나, 파싱을 많이 일으키거나, 많은 I/O를 일으키도록 구현하는 것이 성능 문제를 유발한다. SQL 튜닝은 고성능 SQL, 아키텍처 기반의 데이터베이스 튜닝 원리, Lock과 트랜잭션 동시성 제어 기법, 옵티마이저의 세부적인 작동 원리, 인덱스와 조인 튜닝 원리의 이해를 통해 SQL을 튜닝하는 작업 등을 포함한다.

2 SQL 개발자

직무	수행 내용
데이터 모델링의 이해	데이터베이스 구성과 처리에 있어서 가장 핵심적인 요소가 바로 데이터 모델이다. 데이터 모델은 건물의 설계도와 같이 전체 데이터베이스가 구성되는 요소를 결정한다. 데이터 구조의 근간이 되기 때문에 애플리케이션이 데이터를 이용할 때 효율적으로 제공될 것인지 아니면 비효율적으로 제공될 것인지에 대한 결정은 설계단계의 데이터 모델에서 할 수밖에 없다. SQL 개발자는 데이터 모델과 SQL 구문의 연관성을 위해 엔터티, 속성, 관계, 식별자, 정규화 등 데이터 모델의 기본 지식을 바탕으로 데이터 모델을 이해하고 분석하는 작업을 수행한다.
SQL 기본 및 활용	SQL(Structured Query Language)은 데이터베이스를 유일하게 액세스할 수 있는 언어이다. 본 직무는 우선적으로 SQL 문법, 옵티마이저, 인덱스의 기초 원리를 이해하는 단계부터 시작된다. 이를 바탕으로 데이터 정의어(DDL)를 통해 테이블의 구조를 생성·변경·삭제·재명명하고, 데이터 조작어(DML)를 통해 데이터를 입력·조회·수정·삭제한다. 집합과 집합의 관계를 다양한 JOIN 방법을 사용하여 표현하고, 주종 관계의 경우 서브쿼리를 사용하는 작업 등을 수행한다.

자격검정 과목 안내

1 과목 개요

SQL전문가·개발자 자격검정의 과목은 크게 기본 과목과 전공 과목으로 구성되며, 기본 과목에 대한 이해를 바탕으로 전공 과목의 깊이 있는 이해력을 평가한다.

구분	시험과목	과목별 세부 항목	SQL 전문가	SQL 개발자
1과목 (기본)	데이터 모델링의 이해	1) 데이터 모델링의 이해 2) 데이터 모델과 SQL	√	√
2과목 (전공)	SQL 기본 및 활용	1) SQL 기본 2) SQL 활용 3) 관리 구문	√	√
3과목 (전공)	SQL 고급 활용 및 튜닝	1) SQL 수행구조 2) SQL 분석 도구 3) 인덱스 튜닝 4) 조인 튜닝 5) SQL 옵티마이저 6) 고급 SQL 튜닝 7) Lock과 트랜잭션 동시성 제어	√	–
실기	SQL 고급활용 및 튜닝실무		√	–

2 출제 문항 수 및 배점

구분	과목명	문항 수		배점	
		필기	실기	필기	실기
SQL 전문가	데이터 모델링의 이해	10		10(각 1점)	
	SQL 기본 및 활용	20	2	20(각 1점)	30(각 15점)
	SQL 고급 활용 및 튜닝	40		40(각 1점)	
	계	70	2	70	30
		72		100	
SQL 개발자	데이터 모델링의 이해	10		20(각 2점)	
	SQL 기본 및 활용	40	–	80(각 2점)	–
	계	50		100	

3 합격 기준

구분	합격기준	과락기준
SQL 전문가	100점 만점 기준 75점 이상	과목별 100점 만점 기준 40점 미만
	자격검정 합격 후 응시자격심의에 통과해야 최종합격 처리됨	
SQL 개발자	100점 만점 기준 60점 이상	과목별 100점 만점 기준 40점 미만

자격검정 응시 안내

1 응시 자격

구분		응시자격
SQL 전문가	학력기준	학사학위 이상 취득자
		전문학사학위 취득 후 실무경력 2년 이상인 자
		고등학교 졸업 후 실무경력 4년 이상인 자
	자격보유기준	국내외 데이터베이스 관련 자격을 취득한 자
		데이터아키텍처 전문가(DAP), 데이터아키텍처 준전문가(DAsP), SQL개발자(SQLD) 자격을 취득한 자
SQL 개발자	제한 없음	

2 응시료

구분	응시료
SQL 전문가	100,000원
SQL 개발자	50,000원

3 자격 취득 절차

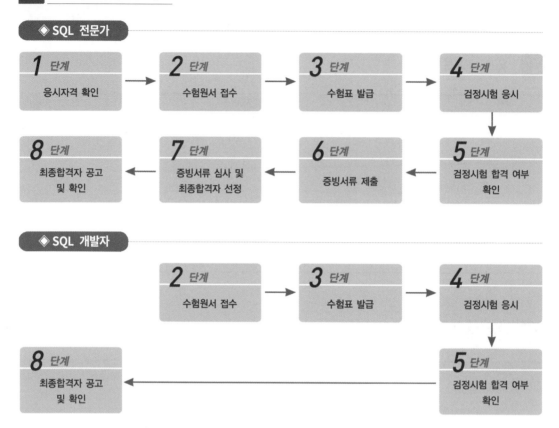

◈ SQL 전문가

| 1단계 응시자격 확인 | → | 2단계 수험원서 접수 | → | 3단계 수험표 발급 | → | 4단계 검정시험 응시 |

| 8단계 최종합격자 공고 및 확인 | ← | 7단계 증빙서류 심사 및 최종합격자 선정 | ← | 6단계 증빙서류 제출 | ← | 5단계 검정시험 합격 여부 확인 |

◈ SQL 개발자

| 2단계 수험원서 접수 | → | 3단계 수험표 발급 | → | 4단계 검정시험 응시 |

| 8단계 최종합격자 공고 및 확인 | ← | 5단계 검정시험 합격 여부 확인 |

1단계, 응시자격 확인

SQL 전문가 응시자격을 확인한다. SQL 개발자는 응시자격 제한 요건이 없다.

2단계, 수험원서 접수

1) 수험원서의 작성 및 제출

검정센터 홈페이지(http://www.dataq.or.kr)의 '원서접수신청'을 통해 작성·제출하면 된다. 우편 및 전화를 통해서는 수험원서 접수가 불가하다.

2) 검정수수료 납부

신용카드로 결제하거나 계좌이체로 검정수수료를 납부한다.

3) 접수증 확인 및 출력

수험원서 접수 및 검정수수료 납부가 확인되면 접수증을 출력할 수 있다.

3단계, 수험표 발급

수험표는 검정센터에서 공시한 날짜부터 검정센터 홈페이지에서 확인·출력할 수 있다.

4단계, 검정시험 응시

1·2·3단계가 완료된 자격검정시험 응시자는 검정센터가 공고하는 일정 및 장소에서 SQL 전문가·개발자 자격검정시험을 치르게 된다.

5단계, 검정시험 합격 여부 확인

검정센터 홈페이지에서 당회차 검정시험에 대한 합격 및 불합격 여부를 확인할 수 있다. 확인결과 SQL 전문가 자격검정시험 합격자는 검정센터에서 합격예정자로 분류되고, SQL 개발자 자격검정시험 합격자는 최종합격자로 분류된다.

6단계, 증빙서류 제출

증빙서류는 SQL 전문가 자격검정 시험을 통과한 합격예정자에 한해 제출하는 것을 원칙으로 한다. 따라서 '5단계, 검정시험 합격 여부 확인'의 결과로 불합격 처리된 응시자는 이 단계 이후로는 해당 사항이 없다.

1) 증빙서류의 작성
증빙서류는 검정센터에서 지정한 양식 및 증빙서류 발행처의 양식으로 작성하여야 한다.

2) 증빙서류의 제출
검정센터 홈페이지에 온라인 제출한다.
SQL 개발자 최종합격자는 증빙서류를 제출할 필요가 없다.

7단계, 증빙서류 심사 및 최종합격자 선정

검정센터의 관련 담당자가 접수 서류 누락 및 사실 진위 여부를 판별하며, 이를 통과한 합격예정자는 최종합격자로 분류된다.
SQL 개발자 최종합격자는 증빙서류 심사를 별도로 하지 않는다.

8단계, 최종합격자 공고 및 확인

최종합격자는 검정센터가 공시한 최종합격자 발표일에 검정센터 홈페이지를 통해 발표하며, '마이페이지 → 시험결과'에서 자격증을 출력할 수 있다.

Professional·Developer

과목 소개

　데이터베이스(Database) 구성과 처리에 있어서 핵심 요소가 바로 데이터 모델이다. 데이터 모델은 건물의 설계도처럼 전체 데이터베이스가 구성되도록 결정한다. 엔터티 모델은 데이터 구조의 근간이 되기 때문에 애플리케이션이 데이터를 이용할 때, 효율적으로 제공될 것인지 아니면 비효율적으로 제공될 것인지는 분석·설계 단계에서 주로 수행하는 데이터 모델에서 결정날 수밖에 없다. 이 과목에서는 데이터 모델링에 대한 기본적인 개념을 이해하고, 특별히 데이터를 처리할 때 어떤 구성으로 데이터 모델이 이루어져야 하는지에 대한 SQL 구문과 연관성을 중심으로 학습한다.

　본 과목에서는 데이터 모델링에서 가장 많이 사용하는 IE(Information Engineering) 표기법과 바커(Barker) 표기법을 모두 적용하여 표현하였다.

과목 Ⅰ
데이터 모델링의 이해

과목 구성

데이터 모델을 이해할 수 있도록 데이터 모델링에 대한 기본 개념을 실전 프로젝트에서 활용할 수 있는 관점에서 설명한다. 또한 정규화, 반정규화, 대용량 데이터에 따른 성능 등 실제로 프로젝트를 하거나 시스템을 운영하면서 데이터베이스 설계와 애플리케이션 개발이 어떻게 연관되는지에 대해 소개한다.

Professional · Developer

학습목표

- 데이터 모델링의 기본적인 개념 이해
- 엔터티, 속성, 관계, 식별자에 대한 개념, 특징, 표기법, 명명법 등의 이해
- 데이터 모델의 표기법(Notation)을 통해 데이터 모델링이 수행되는 방법에 대한 기본적인 이해

데이터 모델링의 이해

제 1 절 데이터 모델의 이해

1. 모델링의 이해

가. 모델링의 정의

　인류의 가장 보편적인 특징이면서 욕구 중 하나는 의사소통을 하면서 기록을 남기는 것이다. 어떤 현상에 대해 자신 스스로 또는 다른 사람에게 적절한 의미를 주기 위해 인류는 고대부터 기록을 해왔다고 할 수 있다. 모델이라고 하는 것은 모형(模型), 축소형(縮小型)의 의미로서 사람이 살아가면서 나타날 수 있는 다양한 현상에 대해서 일정한 표기법에 따라 표현해 놓은 모형이라고 할 수 있다. 이 역시 사람이 어떤 목적을 달성하기 위해 커뮤니케이션 효율성을 극대화한 고급화한 일종의 표현방법이라고 볼 수 있다.

　사람이 살아가면서 접할 수 있는 다양한 현상은 사람, 사물, 개념 등에 의해 발생된다고 했을 때, 모델링은 이것을 표기법에 따라 표기하는 것 자체를 의미한다. 즉 모델을 만들어가는 일 자체를 모델링으로 정의할 수 있다.

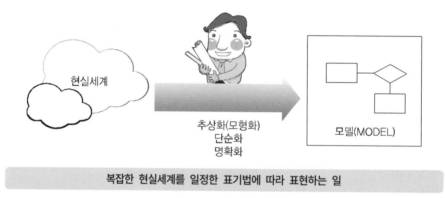

복잡한 현실세계를 일정한 표기법에 따라 표현하는 일

[그림 I-1-1] 모델링의 정의

다음은 모델링에 대한 다양한 정의다.

1) 웹스터 사전
   - 가설적 또는 일정 양식에 맞춘 표현(a hypothetical or stylized representation)
   - 어떤 것에 대한 예비표현으로 그로부터 최종 대상이 구축되도록 하는 계획으로서 기여하는 것
2) 복잡한 '현실세계'를 단순화해 표현하는 것이다.
3) 모델이란 사물 또는 사건에 관한 양상(Aspect)이나 관점(Perspective)을 연관된 사람이나 그룹을 위하여 명확하게 하는 것이다.
4) 모델이란 현실세계를 추상화한 반영이다.

나. 모델링의 특징

위 정의에 따라 모델링은 추상화, 단순화, 명확화라는 3대 특징으로 요약할 수 있다.

1) 추상화(모형화, 가설적)는 현실세계를 일정한 형식에 맞추어 표현한다는 의미로 정리할 수 있다. 즉 다양한 현상을 일정한 양식인 표기법에 따라 표현하는 것이다.
2) 단순화는 복잡한 현실세계를 약속된 규약에 의해 제한된 표기법이나 언어로 표현하여 쉽게 이해할 수 있도록 하는 개념을 의미한다.
3) 명확화는 누구나 이해하기 쉽게 하기 위해 대상에 대한 애매모호함을 제거하고 정확하게 현상을 기술하는 것이다.

따라서 모델링을 다시 정의하면 '현실세계를 추상화, 단순화, 명확화하기 위해 일정한 표기법에 의해 표현하는 기법'이라 할 수 있다. 정보시스템 구축에서 모델링은 계획·분석·설계 단계에서 업무를 분석하고 설계할 때, 이후 구축·운영 단계에서 변경과 관리할 때 이용된다.

다. 모델링의 세 가지 관점

시스템의 대상이 되는 업무를 분석하여 정보시스템으로 구성하는 과정에서 업무의 내용과 정보시스템의 모습을 적절한 표기법(Notation)으로 표현하는 것을 모델링이라고 한다면, 모델링은 크게 다음 세 가지 관점으로 구분해서 볼 수 있다. 데이터 관점, 프로세스 관점, 데이터와 프로세스의 상관 관점으로 구분하여 설명할 수 있다.

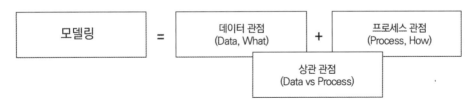

[그림 Ⅰ-1-2] 모델링의 관점

1) 데이터 관점 : 업무가 어떤 데이터와 관련이 있는지 또는 데이터 간의 관계는 무엇인지에 대해서 모델링하는 방법(What, Data)
2) 프로세스 관점 : 실제하고 있는 업무는 무엇인지 또는 무엇을 해야 하는지를 모델링하는 방법(How, Process)
3) 데이터와 프로세스의 상관 관점 : 업무가 처리하는 일의 방법에 따라 데이터는 어떻게 영향을 받고 있는지 모델링하는 방법(Interaction)

이 장에서는 데이터 모델링에 대한 기본 개념이 중요하므로 프로세스와 상관모델링에 대한 내용은 생략하고, 데이터베이스를 구축하기 위한 데이터 모델링을 중심으로 설명한다.

2. 데이터 모델의 기본 개념 이해

가. 데이터 모델링의 정의

데이터 모델은 데이터베이스의 골격을 이해하고 그 이해를 바탕으로 SQL 문장을 기능과 성능적인 측면에서 효율적으로 작성하기 위해 꼭 알아야 하는 핵심요소이다. SQL 전문가를 위한 지식에서도 데이터베이스의 논리적인 구조, 즉 데이터 모델을 이해하는 것은 그 다음 SQL 문장을 어떻게 구성할지에 대한 지식과 효율적인 구성에 대한 밑바탕의 지식을 쌓기 위한 핵심 이론이라 할 수 있다.

일반적으로 데이터 모델링은 다음과 같이 다양하게 정의될 수 있다.

■ 정보시스템을 구축하기 위해, 해당 업무에 어떤 데이터가 존재하는지 또는 업무가 필요로 하는 정보는 무엇인지를 분석하는 방법
■ 기업 업무에 대한 종합적인 이해를 바탕으로 데이터에 존재하는 업무 규칙(Business Rule)에 대하여 참(True) 또는 거짓(False)을 판별할 수 있는 사실(사실명제)을 데이터에 접근하는 방법(How), 사람(Who), 전산화와 별개의(독립적인) 관점에서 이를 명확하게 표현하는 추상화 기법

이것을 좀 더 실무적으로 해석해 보면, 업무에서 필요로 하는 데이터를 시스템 구축 방법론에 따라 분석하고 설계하여 정보시스템을 구축하는 과정으로 정의할 수 있다.

데이터 모델링을 하는 첫 번째 목적은 업무정보를 구성하는 기초가 되는 정보들을 일정한 표기법에 따라 표현함으로써 정보시스템 구축의 대상이 되는 업무 내용을 정확하게 분석하는 것이다. 두 번째는 분석한 모델을 가지고 실제 데이터베이스를 생성하여 개발 및 데이터 관리에 사용하기 위함이다. 즉 데이터 모델링은 단지 데이터베이스만을 구축하기 위한 용도로만 쓰이는 것이 아니라, 데이터 모델링 자체로서 업무를 설명하고 분석하는 부분에도 매우 중요한 의미를 갖고 있다고 할 수 있다.

데이터 모델링이란

■ 정보시스템을 구축하기 위한 데이터 관점의 업무 분석 기법
■ 현실세계의 데이터(what)에 대해 약속된 표기법에 의해 표현하는 과정
■ 데이터베이스를 구축하기 위한 분석·설계의 과정

나. 데이터 모델이 제공하는 기능

업무를 분석하는 관점에서 데이터 모델이 제공하는 기능은 다음과 같다.

■ 시스템을 현재 또는 원하는 모습으로 가시화하도록 도와준다.
■ 시스템의 구조와 행동을 명세화할 수 있게 한다.
■ 시스템을 구축하는 구조화한 틀을 제공한다.

■ 시스템 구축 과정에서 결정한 것을 문서화한다.
■ 다양한 영역에 집중하기 위해 다른 영역의 세부 사항은 숨기는 다양한 관점을 제공한다.
■ 특정 목표에 따라 구체화한 상세 수준의 표현방법을 제공한다.

3. 데이터 모델링의 중요성과 유의점

데이터 모델링이 중요한 이유는 파급효과(Leverage), 복잡한 정보 요구 사항의 간결한 표현(Conciseness), 데이터 품질(Data Quality)로 정리할 수 있다.

가. 파급효과

시스템 구축이 완성되어 가는 시점에서는 많은 애플리케이션들의 테스트를 수행하고 대규모 데이터 이행을 성공적으로 수행하기 위한 많은 단위 테스트들이 반복된다. 각 단위 테스트들이 성공적으로 완료되면 이 전체를 묶어서 병행 테스트와 통합 테스트를 하게 된다. 만약 이러한 시점에 데이터 모델의 변경이 불가피한 상황이 발생한다고 가정해 보자. 이를 위해 데이터 구조의 변경에 따른 표준 영향 분석, 응용 변경 영향 분석 등 많은 영향 분석이 일어난다. 그 이후에 해당 분야의 실제적인 변경작업이 이뤄진다. 변경해야 하는 데이터 모델의 형태에 따라서 그 영향 정도는 차이가 있겠지만, 이 시기의 데이터 구조의 변경으로 인한 일련의 변경작업은 전체 시스템 구축 프로젝트에서 큰 위험요소가 아닐 수 없다. 이러한 이유로 인해 시스템 구축 작업 중에서 다른 어떤 설계 과정보다 데이터 설계가 중요하다고 볼 수 있다.

나. 복잡한 정보 요구 사항의 간결한 표현

데이터 모델은 구축할 시스템의 정보 요구 사항과 한계를 가장 명확하고 간결하게 표현할 수 있는 도구다. 정보 요구 사항을 파악하는 가장 좋은 방법은 수많은 페이지의 기능적인 요구 사항을 파악하는 것보다 간결하게 그려져 있는 데이터 모델을 리뷰하면서 파악하는 것이다. 데이터 모델은 건축물로 비유하자면 설계 도면에 해당한다. 이것은 많은 사람이 건축물 설계 도면을 공유하면서 설계자의 생각대로 일사불란하게 움직여 아름다운 건축물을 만들어 내는 것에 비유할 수 있다.

데이터 모델은 시스템을 구축하는 많은 관련자가 설계자의 생각대로 정보 요구 사항을 이해하고 이를 운용할 수 있는 애플리케이션을 개발하고, 데이터 정합성을 유지하는 것이다. 이렇게 이상적으로 역할을 할 수 있는 모델이 갖추어야 할 가장 핵심은 '정보 요구 사항이 정확하고 간결하게 표현되어야 한다'이다. 우리가 활용하고 있는 데이터 모델이 이와 같은 요소들이 충족된 모델인지를 확인해 볼 필요가 있다.

다. 데이터 품질

데이터베이스에 담겨 있는 데이터는 기업의 중요한 자산이다. 이 데이터는 기간이 오래되면 될수록 활용가치는 훨씬 올라간다. 그런데 이렇게 오래도록 저장된 데이터가 그저 그런 데이터, 정확성이 떨어지는 데이터라고 한다면 어떨까? 이것은 일부 시스템의 기능이 잘못되어 수정하는 성격의 일이 아니다. 이것은 해당 데이터로 얻을 수 있었던 소중한 비즈니스의 기회 상실로 연결될 수 있는 문제다. 데이터 품질(Data Quality)의 문제가 중요한 이유가 여기에 있다. 데이터 품질의 문제는 데이터 구조가 설계되고 초기에 데이터가 조금 쌓일 때에는 인지하지 못하는 경우가 대부분이다. 이러한 데이터의 문제는 오랜 기간 숙성된 데이터를 전략적으로 활용하려고 하는 시점에 대두된다.

데이터 품질의 문제가 야기되는 중대한 이유 중 하나가 바로 데이터 구조 때문이다. 중복 데이터의 미정의, 데이터 구조에서 비즈니스 정의의 불충분, 동일한 성격의 데이터를 통합하지 않고 분리함으로써 나타나는 데이터 불일치 등의 데이터 구조의 문제 때문에 데이터 품질 문제는 바로잡기 불가능한 경우가 대부분이다.

데이터 모델링을 할 때 유의할 점은 다음과 같다.

1) 중복

데이터 모델은 같은 데이터를 사용하는 사람, 시간, 장소를 파악하는 데 도움을 준다. 이러한 지식 응용은 데이터베이스가 여러 장소에 같은 정보를 저장하는 잘못을 하지 않도록 한다.

2) 비유연성

데이터 모델을 어떻게 설계했느냐에 따라 사소한 업무 변화에도 데이터 모델이 수시로 변경됨으로써 유지보수의 어려움을 가중시킬 수 있다. 데이터의 정의를 데이터의 사용 프로세스와 분리함으로써 데이터 모델링은 데이터 혹은 프로세스의 작은 변화가 애플리케이션과 데이터베이스에 중대한 변화를 일으킬 가능성을 줄인다.

3) 비일관성

데이터의 중복이 없더라도 비일관성(Inconsistency)은 발생한다. 예를 들어 신용 상태에 대한 갱신 없이 고객의 납부 이력 정보를 갱신하는 것이다. 개발자가 다른 데이터와 모순된다는 고려 없이 일련의 데이터를 수정할 수 있기 때문이다. 데이터 모델링을 할 때, 데이터와 데이터 간 상호 연관 관계에 대한 명확한 정의는 이러한 위험을 사전에 예방할 수 있도록 해준다.

4. 데이터 모델링의 3단계 진행

특별히 데이터 모델은 데이터베이스를 만들어내는 설계서로서 분명한 목표를 가지고 있다. 현실세계에서 데이터베이스까지 만들어지는 과정은 [그림 I-1-3]과 같이 시간에 따라 진행되는 과정이다. 추상화 수준에 따라 개념적 데이터 모델, 논리적 데이터 모델, 물리적 데이터 모델로 정리할 수 있다.

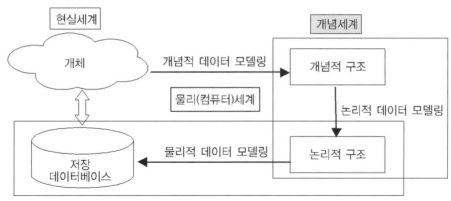

[그림 Ⅰ-1-3] 현실세계와 데이터베이스 사이의 모델

처음 현실세계에서 추상화 수준이 높은 상위 수준을 형상화하기 위해 개념적 데이터 모델링을 전개한다. 개념적 데이터 모델은 추상화 수준이 높고 업무 중심적이고 포괄적인 수준의 모델링이다. 참고로 EA 기반의 전사적인 데이터 모델링을 전개할 때는 더 상위 수준인 개괄적인 데이터 모델링을 먼저 수행하고, 이후에 업무영역에 따른 개념적 데이터 모델링을 전개한다. 엔터티(Entity) 중심의 상위 수준의 데이터 모델이 완성되면, 업무의 구체적인 모습과 흐름에 따른 구체화한 업무 중심의 데이터 모델을 만들어 낸다. 이것을 논리적인 데이터 모델링이라고 한다. 논리적인 데이터 모델링 이후 데이터베이스의 저장 구조에 따른 테이블 스페이스 등을 고려한 방식을 물리적인 데이터 모델링이라고 한다.

이것을 요약하여 정리하면 [표 Ⅰ-1-1]과 같다.

[표 Ⅰ-1-1] 개념·논리·물리 데이터 모델

데이터 모델링	내용	수준
개념적 데이터 모델링	추상화 수준이 높고 업무 중심적이고 포괄적인 수준의 모델링 진행. 전사적 데이터 모델링, EA 수립 시 많이 이용	추상적
논리적 데이터 모델링	시스템으로 구축하고자 하는 업무에 대해 Key, 속성, 관계 등을 정확하게 표현, 재사용성이 높음	
물리적 데이터 모델링	실제로 데이터베이스에 이식할 수 있도록 성능, 저장 등 물리적인 성격을 고려하여 설계	구체적

가. 개념적 데이터 모델링

개념적 데이터베이스 설계(개념 데이터 모델링, Conceptual Data Modeling)는 조직, 사용자의 데이터 요구 사항을 찾고 분석하는 데서 시작한다. 이 과정은 어떤 자료가 중요하고 또 어떤 자료가 유지되어야 하는지를 결정하는 것도 포함한다. 이 단계에서 중요한 활동은 핵심 엔터티와 그들 간의 관계를 발견하고, 그것을 표현하기 위해서 엔터티-관계 다이어그램을 생성하는 것이다. 엔터티-관계 다이어그램은 조직과 다양한 데이터베이스 사용자에게 어떤 데이터가 중요한지 나타내기 위해서 사용된다. 데이터 모델링 과정이 전 조직에 걸쳐 이루어진다면, 그것은 전사적 데이터 모델(Enterprise Data Model)이라고 한다.

　개념 데이터 모델을 통해 조직의 데이터 요구를 공식화하는 것은 두 가지의 중요한 기능을 지원한다. 첫째, 개념 데이터 모델은 사용자와 시스템 개발자가 데이터 요구 사항을 발견하는 것을 지원한다. 개념 데이터 모델은 추상적이다. 그러므로 그 모델은 상위의 문제에 대한 구조화를 쉽게 하며, 사용자와 개발자가 시스템 기능에 대해서 논의할 수 있는 기반을 제공한다. 둘째, 개념 데이터 모델은 현 시스템이 어떻게 변형되어야 하는가를 이해하는 데 유용하다. 일반적으로 매우 간단하게 고립된(Stand Alone) 시스템도 추상적 모델링을 통해 더 쉽게 표현되고 설명된다.

나. 논리적 데이터 모델링

　논리 데이터 모델링(Logical Data Modeling)은 데이터베이스 설계 프로세스의 Input으로서 비즈니스 정보의 논리적인 구조와 규칙을 명확하게 표현하는 기법 또는 과정이라 할 수 있다. 논리 데이터 모델링의 결과로 얻게 되는 논리 데이터 모델은 데이터 모델링이 최종적으로 완료된 상태라고 정의할 수 있다. 즉 물리적인 스키마 설계를 하기 전 단계의 '데이터 모델' 상태를 일컫는 말이다. 논리 데이터 모델링의 핵심은 어떻게 데이터에 액세스하고, 누가 데이터에 액세스하며, 그러한 액세스의 전산화와는 독립적으로 다시 말해서 누가(Who), 어떻게(How: Process), 그리고 전산화와는 별개로 비즈니스 데이터에 존재하는 사실들을 인식하여 기록하는 것이다.

　데이터 모델링 과정에서 가장 핵심이 되는 부분이 논리 데이터 모델링이라고 할 수 있다. 데이터 모델링이란 모델링 과정이 아닌 별도의 과정을 통해 조사하고 결정한 사실을 단지 ERD라는 그림으로 그려내는 과정을 말하는 것이 아니다. 시스템 구축을 위해 가장 먼저 시작할 기초적인 업무조사를 하는 초기 단계에서부터 인간이 결정해야 할 대부분의 사항을 모두 정의하는 시스템 설계의 전 과정을 지원하는 '과정의 도구'라고 해야 할 것이다.

　이 단계에서 수행하는 또 한 가지 중요한 활동은 정규화이다. 정규화는 논리 데이터 모델 상세화 과정의 대표적인 활동으로, 논리 데이터 모델의 일관성을 확보하고 중복을 제거하여 속성들이 가장 적절한 엔터티에 배치되도록 함으로써 보다 더 신뢰성 있는 데이터구조를 얻는 데 목적이 있다. 논리 데이터 모델의 상세화는 식별자 확정, 정규화, M:M 관계 해소, 참조 무결성 규칙 정의 등을 들 수 있다. 또한 이력 관리에 대한 전략을 정의하여 이를 논리 데이터 모델에 반영함으로써 데이터 모델링을 완료하게 된다.

다. 물리적 데이터 모델링

　데이터베이스 설계 과정의 세 번째 단계인 물리 데이터 모델링(Physical Data Modeling)은 논리 데이터 모델이 데이터 저장소로서 어떻게 컴퓨터 하드웨어에 표현될 것인가를 다룬다. 데이터가 물리적으로 컴퓨터에 어떻게 저장될 것인가에 대한 정의를 물리적 스키마라고 한다. 이 단계에서 결정되는 것은 테이블, 칼럼 등으로 표현되는 물리적인 저장 구조와 사용될 저장 장치, 자료를 추출하기 위해 사용될 접근 방법 등이 있다. 계층적 데이터베이스 관리 시스템 환경에서는 데이터베이스 관리자가 물리적 스키마를 설계하고 구현하기 위해서 더 많은 시간을 투자하여야 한다.

　실질적인 현실 프로젝트에서는 개념적 데이터 모델링 ⇒ 논리적 데이터 모델링 ⇒ 물리적 데이터 모델링으로 수행하는 경우는 드물다. 개념적 데이터 모델링과 논리적 데이터 모델을 한꺼번에 수행하여 논리적인 데이터 모델링으로 수행하는 경우가 대부분이다. 프로젝트 생명주기에 따른 일반적인 데이터 모델은 다음과 같이 수행된다.

5. 프로젝트 생명주기에서 데이터 모델링

폭포수(Waterfall) 기반에서는 데이터 모델링의 위치가 분석과 설계 단계로 구분하여 명확하게 정의할 수 있다. 정보공학이나 구조적 방법론에서는 보통 분석 단계에서 업무 중심의 논리적인 데이터 모델링을 수행하고, 설계 단계에서 하드웨어와 성능을 고려한 물리적인 데이터 모델링을 수행하게 된다. 나선형 모델, 예를 들어 RUP(Rational Unified Process나 마르미)에서는 업무 크기에 따라 논리적 데이터 모델과 물리적 데이터 모델이 분석·설계 단계 양쪽에서 수행되며, 일반적으로 분석 단계에서 논리적인 데이터 모델이 더 많이 수행된다.

프로젝트 라이프 사이클과 데이터 모델링	설명
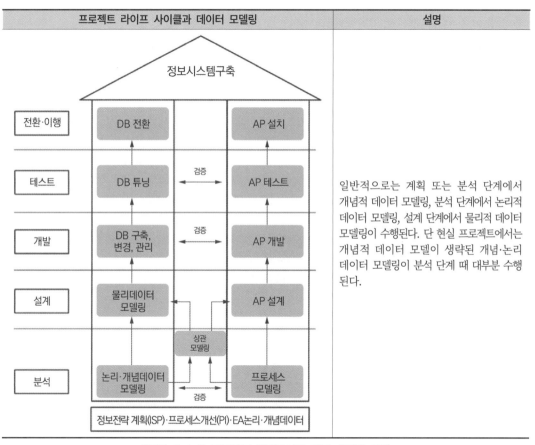	일반적으로는 계획 또는 분석 단계에서 개념적 데이터 모델링, 분석 단계에서 논리적 데이터 모델링, 설계 단계에서 물리적 데이터 모델링이 수행된다. 단 현실 프로젝트에서는 개념적 데이터 모델이 생략된 개념·논리 데이터 모델링이 분석 단계 때 대부분 수행된다.

[그림 Ⅰ-1-4] 프로젝트 생명주기에 따른 데이터 모델

데이터 축과 애플리케이션 축으로 구분하여 프로젝트를 진행하면서 각각에 도출한 사항은 상호 검증을 지속적으로 수행하면서 단계별 완성도를 높여 간다. 단 객체지향 개념은 데이터와 프로세스를 한꺼번에 바라보면서 모델링을 전개하므로 데이터 모델링과 프로세스 모델링을 구분하지 않고 일체형으로 진행(대표적인 예가 데이터(속성)와 프로세스(Method)가 같이 있는 클래스(Class))하게 된다.

6. 데이터 모델링에서 데이터 독립성의 이해

가. 데이터 독립성의 필요성

일체적 구성에서 기능화한 구성의 가장 큰 목적은 상호간 영향에서 벗어나 개별 형식이 가지는 고유의 기능을 유지시키고 그 기능을 극대화하기 위함이다. 컴포넌트 기반의 모듈 구성도 각각이 고유한 기능을 가지면서 다른 기능을 갖고 있는 컴포넌트와 인터페이스하는 모습으로 정의할 수 있다. SOA의 '서비스'라고 하는 단위도 독립적인 비즈니스로 처리 가능한 단위를 서비스로 정의하고, 그것이 다른 서비스에 비해 독립성을 구성하여 개별로도 의미를 갖고, 다른 서비스와 결합하여 프로세스로 제공해도 의미가 있는 단위(예, BPM)로 제공하는 것이다.

이처럼 어떤 단위에 대해 독립적인 의미를 부여하고 그것을 효과적으로 구현하면, 자신이 가지는 고유한 특징을 명확하게 할 뿐만 아니라, 다른 기능의 변경으로부터 쉽게 변경되지 않고 자신의 고유한 기능을 가지고 기능을 제공할 수 있는 장점을 갖게 된다.

데이터 독립성을 이해하기 위해서는 데이터 독립성이라는 개념의 출현 배경을 이해할 필요가 있다. 데이터 독립성의 반대말은 데이터 종속성이다. 여기에서 종속의 주체는 보통 응용(Application)을 지칭하는 경우이다. 응용은 사용자 요구 사항을 처리하는 사용자 접점의 인터페이스 오브젝트다. 과거에 파일 방식으로 데이터를 구성할 때는 데이터가 있는 파일과 데이터에 접근하기 위한 인덱스를 별도로 구현하여 접근하게 하였다. 사용자가 접근하는 방법(트랜잭션의 유형)에 따라 파일의 정렬순서, 인덱스의 정렬순서, 파일 구성 등을 제공하기 쉽게 별도로 구성하였다. 즉 사용자가 접근하는 유형에 따라 데이터를 구성하는 방법이 영향을 받게 된다. 메인프레임 환경에서 파일 방식을 사용하여 데이터를 처리했던 메인프레임 세대는 개별로 처리했던 접근 방법을 이해할 수 있으나, 1990년대 이후의 클라이언트/서버 이후 세대는 파일처리 방식 이해가 어려울 수도 있다.

데이터 독립성에는 지속적으로 증가하는 유지보수 비용을 절감하고 데이터 복잡도를 낮추며 중복된 데이터를 줄이기 위한 목적이 있다. 또한 끊임없이 나오는 사용자 요구 사항에 대해 화면과 데이터베이스 간에 서로 독립성을 유지하기 위한 목적으로 데이터 독립성 개념이 출현했다고 할 수 있다.

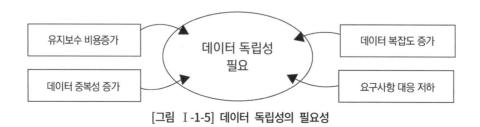

[그림 Ⅰ-1-5] 데이터 독립성의 필요성

데이터 독립성은 미국 표준 협회(ANSI) 산하의 X3 위원회(컴퓨터 및 정보 처리)의 특별연구분과위원회에서 1978년에 DBMS와 그 인터페이스를 위해 제안한 'three-schema architecture'로 정의할 수 있다.

데이터 독립성을 확보하면 다음과 같은 효과를 얻을 수 있다.

■ 각 뷰(View)의 독립성을 유지하고 계층별 뷰에 영향을 주지 않고 변경할 수 있다.
■ 단계별 스키마(Schema)에 따라 데이터 정의어(DDL)와 데이터 조작어(DML)가 다름을 제공한다.

데이터 독립성을 이해하기 위해서는 3단계로 표현된 ANSI 표준 모델을 살펴볼 필요가 있다. 특히 3단계인 구조, 독립성, 사상(Mapping)의 3가지를 이해하면 된다.

나. 데이터베이스 3단계 구조

ANSI/SPARC의 3단계 구성의 데이터 독립성 모델은 외부 단계와 개념적 단계, 내부적 단계로 구성된 서로 간섭되지 않는 모델을 제시하고 있다.

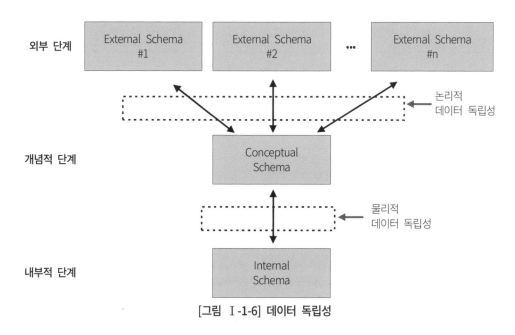

[그림 Ⅰ-1-6] 데이터 독립성

데이터 독립성의 3단계에서 외부 단계는 사용자와 가까운 단계로, 사용자 개개인이 보는 자료에 대한 관점과 관련이 있는 부분이다. 즉 사용자가 처리하고자 하는 데이터 유형·관점·방법에 따라 다른 스키마 구조를 가지고 있다. 개념 단계는 사용자가 처리하는 데이터 유형의 공통적인 사항을 처리하는 통합된 뷰를 스키마 구조로 디자인한 형태다. 우리가 쉽게 이해하는 데이터 모델은 사용자가 처리하는 통합된 뷰를 설계하는 도구로 이해해도 무방하다. 마지막으로 내부적 단계는 데이터가 물리적으로 저장된 방법에 대한 스키마 구조를 말한다.

다음 표에서 [그림 Ⅰ-1-6]의 3단계 구조의 상세 사항을 구성별로 예를 들어 설명한다.

다. 데이터 독립성 요소

[표 I-1-2] 데이터 독립성 구성요소

항목	내용	비고
외부 스키마 (External Schema)	- 뷰 단계 여러 개의 사용자 관점으로 구성, 즉 개개 사용자 단계로서 개개 사용자가 보는 개인적 DB 스키마 - DB의 개개 사용자나 응용 프로그래머가 접근하는 DB 정의	사용자 관점 접근하는 특성에 따른 스키마 구성

개념 스키마
(Conceptual)
Schema
	- 개념 단계 하나의 개념적 스키마로 구성 모든 사용자 관점을 통합한 조직
	  전체의 DB를 기술하는 것
	- 모든 응용 시스템들이나 사용자들이 필요로 하는 데이터를 통합한 조직
	  전체의 DB를 기술한 것. DB에 저장되는 데이터와 그들 간의 관계를 표현
	  하는 스키마
		통합 관점

내부 스키마 (Internal Schema)	- 내부 단계와 내부 스키마로 구성됨. DB가 물리적으로 저장된 형식 - 물리적 장치에서 데이터가 실제적으로 저장되는 방법을 표현하는 스키마	물리적 저장구조

데이터베이스 스키마 구조는 3단계로 구분되고 각각은 상호 독립적인 의미와 고유한 기능을 가진다. 데이터 모델링은 통합 관점의 뷰를 갖는 개념 스키마를 만들어가는 과정으로 이해할 수 있다.

라. 두 영역의 데이터 독립성

이렇게 3단계로 개념이 분리되면서 각각의 영역에 대한 독립성을 지정하는 용어가 바로 논리적인 독립성과 물리적인 독립성이다.

[표 I-1-3] 논리적·물리적 데이터 독립성

독립성	내용	특징
논리적 독립성	- 개념 스키마가 변경되어도 외부 스키마에는 영향을 미치지 않도록 지원하는 것 - 논리적 구조가 변경되어도 응용 프로그램에 영향 없음	- 사용자 특성에 맞는 변경 가능 - 통합 구조 변경 가능

물리적
독립성
	- 내부 스키마가 변경되어도 외부·개념 스키마는 영향을 받지 않도록
	  지원하는 것
	- 저장장치의 구조변경은 응용 프로그램과 개념 스키마에 영향
	  없음
		- 물리적 구조 영향 없이 개념구조 변경
		  가능
		- 개념구조 영향 없이 물리적인 구조 변경
		  가능

즉 논리적인 데이터 독립성은 외부의 변경에도 개념 스키마가 변하지 않는 특징을 가진다. 물론 새로운 요건이 추가되거나 삭제될 경우 칼럼이 변형될 수 있다. 하지만 이 변화가 개별 화면이나 프로세스에 의해 변화된다기보다는 전체 업무적인 요건을 고려하여 종합적으로 영향을 받음을 의미한다.

마. 사상

영어 'Mapping'은 우리말로 '사상'이라고 번역된다. 이것은 상호 독립적인 개념을 연결시켜주는 다리를 뜻한다. 데이터 독립성에서는 크게 두 가지의 사상이 도출된다.

[표 I-1-4] 사상

사상	내용	예
외부적·개념적 사상 (논리적 사상)	- 외부적 뷰와 개념적 뷰의 상호 관련성을 정의함	사용자가 접근하는 형식에 따라 다른 타입의 필드를 가질 수 있음. 개념적 뷰의 필드 타입은 변화가 없음
개념적·내부적 사상 (물리적 사상)	- 개념적 뷰와 저장된 데이터베이스의 상호 관련성을 정의함	만약 저장된 데이터베이스 구조가 바뀐다면 개념적·내부적 사상이 바뀌어야 함. 그래야 개념적 스키마가 그대로 남아 있게 됨

즉 외부 화면이나 사용자에게 인터페이스하기 위한 스키마 구조는 전체가 통합된 개념적 스키마와 연결된다는 것이 논리적 사상이다. 또한 통합된 개념적 스키마 구조와 물리적으로 저장된 구조의 물리적인 테이블 스페이스와 연결되는 구조가 물리적 사상이다.

데이터 독립성을 보장하기 위해서는 사상을 하는 스크립트(DDL)를 DBA가 필요할 때마다 변경해 주어야 한다. 즉 각 단계(외부, 개념적, 내부적)의 독립성을 보장하기 위해서 변경 사항이 발생했을 때, DBA가 적절하게 작업을 해주기 때문에 독립성이 보장된다고도 할 수 있다.

7. 데이터 모델링의 중요한 세 가지 개념

가. 데이터 모델링의 세 가지 요소

데이터 모델링을 구성하는 중요한 개념 세 가지가 있는데 이것은 데이터 모델에 대한 이해의 근간이 되므로 반드시 기억할 필요가 있다.

1) 업무가 관여하는 어떤 것(Things)
2) 어떤 것이 가지는 성격(Attributes)
3) 업무가 관여하는 어떤 것 간의 관계(Relationships)

이 세 가지는 데이터 모델링을 완성해 가는 핵심 개념으로서 결국 엔터티, 속성, 관계로 인식되는 것이다. 사물이나 사건 등을 바라볼 때, 전체를 지칭하는 용어를 어떤 것(Things)이라 한다. 그 어떤 것이 가지는 세부적인 사항을 성격(Attributes)이라고 할 수 있다. 또한 각각의 어떤 것은 다른 어떤 것과 연관성을 가질 수 있는데 이것을 관계(Relationship)라 한다.

예를 들어 '이주일과 심순애가 존재하고 둘 사이는 서로 사랑하는 연인 사이다. 이주일은 키가 180cm에 성격은 친절하고 심순애는 키가 165cm에 세심하며 활달한 성격이다'는 시나리오를 살펴보자. 여기에서 '이주일, 심순애'는 어떤 것(Things)에 해당하고 '사랑하는 연인 사이'가 어떤 것 간의 관계(Relationships)에 해당한다. '180cm에 성격은 친절, 세심하며 활달함'이 어떤 것이 가지는 성격(Attributes)에 해당한다.

위 예와 같이 이 세상의 모든 사람·사물·개념 등은 어떤 것, 어떤 것 간의 관계와 성격을 구분함으로써 분류할 수 있다. 바로 이러한 원리, 즉 자연계에 존재하는 모든 유형의 정보들을 세 가지 관점의 접근 방법을 통해 모델링을 진행하는 것이다.

나. 단수와 집합(복수)의 명명

데이터 모델링에서는 이 세 가지 개념에 대해서 단수와 복수의 개념을 분명하게 구분하고 있고 실제로 데이터 모델링을 할 때 많이 활용되는 용어이다.

[표 Ⅰ-1-5] 용어의 구분정의

개념	복수·집합 개념 타입·클래스	개별·단수 개념 어커런스·인스턴스
어떤 것 (Thing)	엔터티 타입(Entity Type)	엔터티(Entity)
	엔터티(Entity)	인스턴스(Instance), 어커런스(Occurrence)
어떤 것 간의 연관 (Association between Things)	관계(Relationship)	패어링(Pairing)
어떤 것의 성격 (Characteristic of a Thing)	속성(Attribute)	속성값(Attribute Value)

어떤 것 전체를 표현할 때, 영문으로 Entity Set, Entity Type처럼 복수의 의미를 갖는 Set이나 Type을 포함하여 표현하기도 한다. 그래서 엔터티 타입으로 표현하기도 한다. 실제 실무 현장에서는 엔터티로 짧게 명명한다. 즉 엔터티는 어떤 것에 대한 집합을 지칭한다. 어떤 것에 대한 개별 지칭으로 엔터티가 단수명사로서 의미를 갖는다. 하지만 엔터티를 집합 개념으로 사용하는 경우에는 인스턴스·어커런스라는 단수 개념으로 개별 요소를 구분한다. 관계(Relationship)도 이를 복수로 통칭하여 관계로 표현하는데, 관계에 포함된 개별 연관성을 패어링이라고 부르기도 한다. 그러나 패어링이라는 용어는 실제 데이터 모델링을 할 때는 잘 사용하지 않으며, 그냥 일반적으로 단수든 복수든 '관계'라고 표현하는 경우가 많다. 어떤 것이 가지는 성격(Attribute)에 대한 집합개념이 속성이고, 그 안에 개별 값들을 속성값으로 구분하여 복수와 단수의 개념으로 구분할 수 있다.

본 가이드에서는 현장 통용성을 반영하여 국내외적으로 가장 범용적으로 명명되고 있는 용어인 엔터티를 집합의 개념으로 지칭하고, 인스턴스를 단수의 개념으로 명명하도록 한다.

데이터 모델의 핵심 요소인 이 세 가지를 이용하여 일정한 표기법에 따라 데이터 모델을 만들어 낼 수 있다. 다음은 다양한 표기법에 따라 생성되는 데이터 모델의 표기법을 설명한다.

8. 데이터 모델링의 이해관계자

가. 이해관계자의 데이터 모델링 중요성 인식

실제 업무 시스템을 구축하는 실전 프로젝트에서는 데이터베이스를 전문적으로 하는 이른바 DBA(DataBase Administrator)가 데이터 모델링을 전적으로 하는 예는 거의 없다. 오히려 업무 시스템을 개발하는 응용 시스템 개발자가 데이터 모델링까지 하게 된다. 그 이유는 데이터 모델링이라는 과정이 단지 데이터베이스를 설계한다는 측면보다 업무를 이해하고 분석하여 표현하는 것이 중요하고, 표현된 내용을 바탕으로 프로젝트 관련자와 의사소통하고 프로그램이나 다른 표기법과 비교 검증하는 일을 수행하는 등 많은 시간을 업무를 분석하고 설계하는 데 할애하기 때문이다. 이에 따라 업무 영역별 개발팀에서 보통 데이터 모델링을 진행하게 된다. 물론 대형 시스템이라면 모델링만을 전문적으로 담당하는 모델러를 투입하여 진행하는 경우도 있지만, 이와 같은 경우도 실제 모델링 작업은 응용 프로그램을 개발하는 사람이나 업무 분석가(역할 분담이 잘되어 있을 경우)가 담당한다. 모델러나 DBA는 정확하게 모델링이 진행될 수 있도록 교육하고 제시하며 현안별로 직접 모델링하는 역할을 수행한다.

이와 같이 응용 시스템을 개발하는 모든 시스템 엔지니어가 데이터 모델을 하거나 할 기회가 있음에도 대부분의 사람들은 데이터 모델에 많은 관심을 갖지 않는다. 대신 프로그램을 개발하기 위한 프로그래밍 언어(Programming Language)에만 많은 관심을 두고 애플리케이션 개발에 훨씬 많은 시간을 투자하는 경우가 많다. 그러나 분명한 사실은 정보시스템을 개발할 때 데이터 모델링, 데이터베이스 구축, 구축된 데이터의 적절한 활용은 다른 어떤 타스크보다 중요하다는 점이다.

∘ 대부분의 기업에 있어서 정보시스템의 데이터베이스 구조는 사용자에게 숨겨진 형태로 구축되어 왔다. → 정보의 고립화

∘ 프로그램은 6가지 유형의 데이터베이스 유지절차 - C. Finkelstein
∘ Programmer is the Navigator in the sea of data. - Bachmann

[그림 Ⅰ-1-7] 자료 처리의 중심은 데이터

우리가 구축하려는 시스템은 데이터에 기반한, 데이터가 중심에 있는 정보시스템이기 때문에 정보시스템의 핵심에 있는 데이터베이스 설계를 잘못했을 때 미치는 영향력은 모든 프로그램, 시간에 따라 입력되는 모든 데이터, 그 데이터베이스에 발생되는 모든 트랜잭션에 영향을 미칠 수밖에 없다.

Bachmann은 '프로그래머는 데이터 집합의 탐색자'라고 하였다. 그만큼 데이터에 대한 중요성을 높게 평가하는 것이다.

나. 데이터 모델링의 이해관계자

그러면 누가 데이터 모델링에 대해 연구하고 학습해야 하겠는가?

첫 번째는 정보시스템을 구축하는 모든 사람(전문적으로 코딩만하는 사람 포함)은 데이터 모델링도 전문적으로 할 수 있거나 적어도 완성된 모델을 정확하게 해석할 수 있어야 한다. 즉 프로젝트에 참여한 모든 IT 기술자들은 데이터 모델링을 정확하게 알고 있어야 한다.

두 번째는 IT 기술에 종사하거나 전공하지 않았더라도 해당 업무에서 정보화를 추진하는 위치에 있는 사람도 데이터 모델링에 대한 개념 및 세부 사항에 대해 어느 정도 지식을 가지고 있어야 한다. 실제 프로젝트에서 보면 업무 분석중에 현업의 업무 담당자가 어느 사이에 데이터 모델링에 대해 상당한 이해를 하고 있음을 알게 된다. 그래야만 서로가 프로젝트 수행 중에 의사소통을 잘 할 수 있고 업무를 잘못 해석하여 잘못된 시스템을 구축하는 위험(Risk)을 줄일 수 있다. 업무를 가장 잘 알고 있는 사람이 가장 훌륭한 모델러가 될 수 있다는 사실을 나타내는 예다.

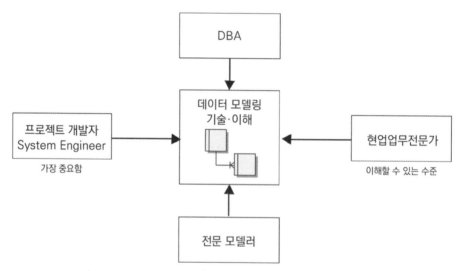

[그림 Ⅰ-1-8] 데이터 모델 이해관계자

9. 데이터 모델의 표기법인 ERD 이해

가. 데이터 모델 표기법

데이터 모델에 대한 표기법으로 1976년 피터첸(Peter Chen)이 E-R 모델(Entity-relationship model)이라는 표기법을 만들었다. 엔터티를 사각형으로 표현하고 관계를 마름모 속성을 타원형으로 표현하는 이 표기법은 데이터 모델링에 대한 이론을 배울 때 많이 활용된다. 데이터베이스 설계에 대해 우리나라 대학에서는 주로 이 첸의 모델 표기법을 통해 배우고 있다. [표 Ⅰ-1-6]은 엔터티와 속성, 그리고 관계에 대한 다양한 표기법을 설명한 것이다.

[표 I-1-6] 표기법

표기법	설명
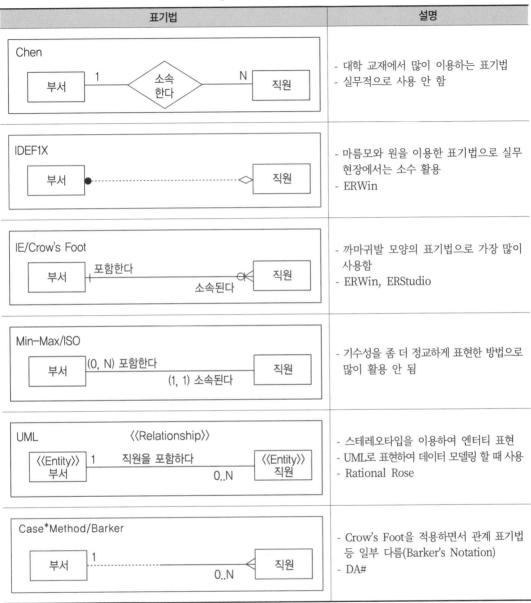 Chen 부서 —1— 소속한다 —N— 직원	- 대학 교재에서 많이 이용하는 표기법 - 실무적으로 사용 안 함
IDEF1X 부서 ●┄┄┄◇ 직원	- 마름모와 원을 이용한 표기법으로 실무 현장에서는 소수 활용 - ERWin
IE/Crow's Foot 부서 ┼ 포함한다 / 소속된다 ┼○< 직원	- 까마귀발 모양의 표기법으로 가장 많이 사용함 - ERWin, ERStudio
Min−Max/ISO 부서 (0, N) 포함한다 / (1, 1) 소속된다 직원	- 기수성을 좀 더 정교하게 표현한 방법으로 많이 활용 안 됨
UML 《Relationship》 《Entity》부서 —1— 직원을 포함하다 / 0..N —《Entity》직원	- 스테레오타입을 이용하여 엔터티 표현 - UML로 표현하여 데이터 모델링 할 때 사용 - Rational Rose
Case*Method/Barker 부서 —1┄┄┄ 0..N <— 직원	- Crow's Foot을 적용하면서 관계 표기법 등 일부 다름(Barker's Notation) - DA#

데이터아키텍처 전문가(DAP) 관련 자격에서는 바커(Barker) 표기법을 적용하여 설명했다면, 본 가이드에서는 범용적인 Information Engineering(이하 IE) 표기법과 바커 표기법을 모두 적용하여 설명한다. 표기법은 바커 표기법이든 IE 표기법이든 상호 간에 기술적으로 전환이 가능하므로 한 가지만 정확하게 알고 있어도 다른 표기법을 이해하는 데 큰 어려움이 없을 것이다.

나. ERD 표기법으로 모델링하는 방법

ERD(Entity Relationship Diagram)는 각 업무 분석에서 도출된 엔터티와 엔터티간의 관계를 이해하기 쉽게 도식화된 다이어그램으로 표시하는 방법이다. 실제 프로젝트에서는 도식화한 그림 정도로만 생각하지 않고 해당 업무에서 데이터의 흐름과 프로세스와의 연관성을 이야기하는 데 가장 중요한 표기법이자 산출물로 받아들인다.

UML 표준 표기법을 사용하는 오브젝트 모델링에서는 궁극적으로 해당 업무에 가장 적절한 클래스다이어그램을 그려내는 것이 가장 중요하다고 하면, 정보공학을 기반으로 하는 모델링에서는 해당 업무에 가장 적절한 ERD를 그려내는 것이 프로젝트의 지상과제다. 오브젝트 모델링을 하더라도 관계형 데이터베이스를 대부분 사용하므로 데이터베이스를 생성할 수 있는 데이터 모델 생성이 프로젝트에서 아주 중요한 타스크에 포함된다.

데이터 분석이 어느 정도 완료되면, 즉 엔터티·관계·속성 등이 데이터 사전이나 각종 산출물에 의해 분석된 상태에서 ERD를 그리는 것이 원래 이론적인 작업 방법이다. 하지만 실제 프로젝트에서는 분석된 엔터티와 관계, 속성 정보가 바로 ERD에 표현되며, 내부 프로젝트 인원이나 해당 업무 고객과 대화할 때 핵심 업무 산출물로 항상 이용된다.

ERD를 그리는 것은 물론 어떻게 그리든 업무에는 전혀 지장을 주지 않지만, 일정한 규칙을 지정하여 그림으로써 데이터 모델을 누구나 공통된 시각으로 파악할 수 있고 의사소통을 원활하게 할 수 있다.

여기에서 제시하는 방법은 가이드일 뿐이며 프로젝트 상황과 엔터티의 관련 순서에 따라 얼마든지 다르게 배치될 수 있음을 숙지하고 배치 방법에 대한 원칙을 다음과 같이 설명한다. 최근에는 전문 데이터 모델링 툴을 활용하여 ERD를 그리게 되므로 다음과 같이 엔터티, 속성, 관계 순으로 진행하기보다는 엔터티와 관계를 바로 표현하는 방식으로 진행하기도 한다. 다만 업무를 분석하여 무엇을 도출할지에 대한 관점을 제시하고, 전문 데이터 모델링 툴이 없을 때 어떤 순서로 표현해야 하는지 알 수 있도록 방법을 설명한다.

1) ERD 작업순서

ERD를 작성하는 작업순서는 다음과 같다.
① 엔터티를 그린다. ⇒ ② 엔터티를 적절하게 배치한다. ⇒ ③ 엔터티 간 관계를 설정한다. ⇒
④ 관계명을 기술한다. ⇒ ⑤ 관계의 참여도를 기술한다. ⇒ ⑥ 관계의 필수여부를 기술한다.

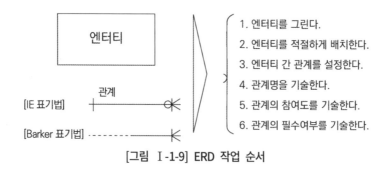

[그림 Ⅰ-1-9] ERD 작업 순서

ERD는 엔터티와 엔터티 사이의 관계가 있는 정보를 나타내므로 두 개를 이용하여 작성하고, 이에 따라 Primary Key와 Foreign Key를 ERD 규칙에 따라 기술하도록 한다. 엔터티는 사각형으로 표기하여 기술한다.

2) 엔터티 배치

엔터티를 처음에 어디에 배치하는지는 데이터 모델링 툴을 사용하든 사용하지 않던 중요한 문제이다. 일반적으로 사람의 눈은 왼쪽에서 오른쪽, 위쪽에서 아래쪽으로 이동하는 경향이 있다. 따라서 데이터 모델링에서도 가장 중요한 엔터티를 왼쪽 상단에 배치하고, 이것을 중심으로 다른 엔터티를 나열하면서 전개하면 사람의 눈이 따라가기에 편리한 데이터 모델링을 할 수 있다. 해당 업무에서 가장 중요한 엔터티는 왼쪽 상단에서 조금 아래쪽 중앙에 배치하여 전체 엔터티와 어울리게 하면, 향후 관계를 연결할 때 선이 꼬이지 않고 효과적으로 배치할 수 있다.

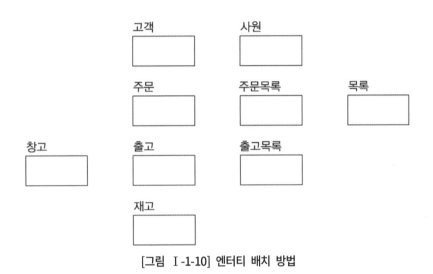

[그림 Ⅰ-1-10] 엔터티 배치 방법

[그림 Ⅰ-1-10]의 데이터 모델에서도 가장 중요한 엔터티인 고객과 주문을 왼쪽 상단에 배치하여 다른 엔터티를 연결하는 방식으로 그렸다. 주문에 따라 출고가 이루어졌으므로 주문이 위에 출고가 아래에 위치해 있다.

두 번째 업무 흐름에 중심이 되는 엔터티, 보통 업무 흐름에 있어서 중심이 되는 엔터티는 타 엔터티와 많은 관계를 가지고 있으므로 중앙에 배치한다. [그림 Ⅰ-1-10]에서는 주문, 출고, 주문목록, 출고목록이 업무의 중심 엔터티에 해당한다.

세 번째는 업무를 진행하는 중심 엔터티와 관계를 갖는 엔터티들은 중심에 배치된 엔터티를 주위에 배치하도록 한다. [그림 Ⅰ-1-10]에서는 창고, 고객, 사원, 재고가 이에 해당한다.

3) ERD 관계의 연결

엔터티에 배치가 되면 관계를 정의한 분석서를 보고 서로 관련 있는 엔터티 간에 관계를 설정한다. 초기에는 모두 Primary Key로 속성이 상속되는 식별자 관계를 설정한다. 중복되는 관계가 발생되지 않도록 하고, Circle 관계도 발생하지 않도록 유의하여 작성한다.

[그림 Ⅰ-1-11] ERD 관계설정

4) ERD 관계명의 표시

관계 설정이 완료되면 연결된 관계에 관계 이름을 부여한다. 관계 이름은 현재형을 사용하고 지나치게 포괄적인 용어(예, 이다, 가진다 등)는 사용하지 않도록 한다.

[그림 Ⅰ-1-12] ERD 관계명 표시

실제 프로젝트에서는 관계의 명칭을 크게 고려하지 않아도 무방하다. 왜냐하면 관계의 명칭이 나타나지 않아도 ERD의 흐름이 명확하게 드러나기 때문이다. 대부분의 관계는 엔터티의 성질과 주식별자를 보고 유추할 수 있다.

5) ERD 관계 관계차수와 선택성 표시

관계에 대한 이름을 모두 지정하였으면 관계가 참여하는 성격 중 엔터티 내에 인스턴스들이 얼마나 관계에 참여하는지를 나타내는 관계차수(Cardinality)를 표현한다. [그림 Ⅰ-1-13]은 관계의 관계차수를 지정한 ERD의 모습을 보여준다. 관계 설명에서도 언급하겠지만 IE 표기법으로는 하나(1, One)의 관계는 실선으로 표기하고, 바커 표기법으로는 점선과 실선을 혼합하여 표기한다. 다수 참여(Many)의 관계는 까마귀발과 같은 모양으로 그려준다. 또한 관계의 필수·선택 표시는 관계선에 원을 표현하여 ERD를 그리도록 한다.

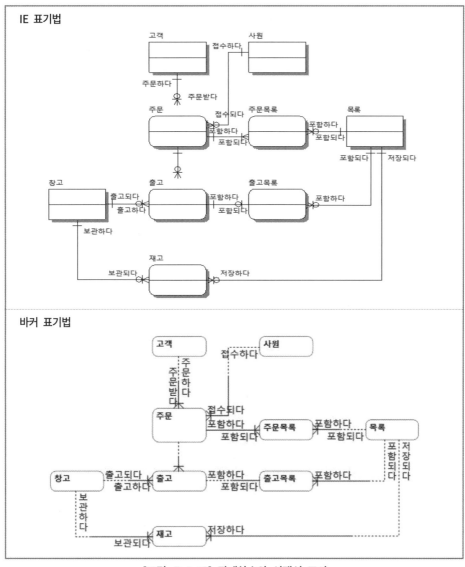

[그림 Ⅰ-1-13] 관계차수와 선택성 표시

10. 좋은 데이터 모델의 요소

일반적으로 시스템 구축 과정에서 생성되는 데이터 모델은 그 품질 평가가 매우 어렵다. 사실 특정 데이터 모델이 업무 환경에서 요구하는 사항을 얼마나 잘 시스템적으로 구현할 수 있는가를 객관적으로 평가할 수 있다면, 가장 좋은 평가 방법일 것이다. 하지만 어디에도 이것을 객관적으로 평가할 수 있는 기준이 존재하지는 않는 것이 현실이다. 본 가이드에서는 이러한 상황에서 대체적으로 좋은 데이터 모델이라고 말할 수 있는 몇 가지의 요소들을 설명한다.

가. 완전성

업무에서 필요로 하는 모든 데이터가 데이터 모델에 정의되어 있어야 한다(Completeness). 데이터 모델을 검증하기 위해서 가장 먼저 확인해야 할 부분이다. 이 기준이 충족되지 못하면, 다른 어떤 평가 기준도 의미가 없어진다. 만약 보험사의 데이터 모델에 고객의 직업을 관리하기 위한 속성이 존재하지 않는다면 어떨까? 이것은 심각한 데이터 모델의 문제점이다.

나. 중복 배제

하나의 데이터베이스 내에 동일한 사실은 반드시 한 번만 기록하여야 한다(Non-Redundancy). 예를 들면 하나의 테이블에서 '나이' 칼럼과 '생년월일' 칼럼이 동시에 존재한다면, 이것은 데이터 중복이라 볼 수 있다. 이러한 형태의 데이터 중복 관리 때문에 여러 가지 바람직하지 않은 형태의 데이터 관리 비용을 지불할 수 있다. 예를 들면 저장 공간, 중복 관리되는 데이터의 일관성을 유지하기 위한 추가적인 데이터 조작 등이 대표적으로 낭비되는 비용이라고 볼 수 있다.

다. 업무 규칙

데이터 모델에서 매우 중요한 요소 중 하나가 데이터 모델링 과정에서 도출되고 규명되는 수많은 업무 규칙(Business Rules)을 데이터 모델에 표현하고 이를 해당 데이터 모델을 활용하는 모든 사용자가 공유할 수 있도록 제공하는 것이다. 특히 데이터 아키텍처에서 언급되는 논리 데이터 모델에서 이러한 요소들이 포함되어야 함은 매우 중요하다. 예를 들면 보험사의 사원들은 매월 여러 가지 항목에 대해서 급여를 지급 받는데, 이를 데이터로 관리하고 있다. 각 사원들은 월별로 하나 이상의 급여 항목(기본급, 상여금, 수당, 수수료, 등등)에 대해 급여를 지급 받는다. 여기에 더 나아가 각 사원은 사원 구분별(내근, 설계사, 계약직, 대리점 등)로 위의 급여 항목을 차등적으로 지급받는 다는 업무 규칙이 있다. 이러한 내용을 데이터 모델에 나타내야 한다. 이렇게 함으로써 해당 데이터 모델을 사용하는 모든 사용자(개발자, 관리자 등)가 해당 규칙에 대해서 동일한 판단을 하고 데이터를 조작할 수 있게 된다.

라. 데이터 재사용

데이터의 재사용성을 향상시키고자 한다면 데이터의 통합성과 독립성에 대해서 충분히 고려해야 한다. 과거에 정보시스템이 생성·운영된 형태를 되짚어 보면, 철저하게 부서 단위의 정보시스템으로 설계되고 운용되어 왔다. 현재 대부분의 회사에서 진행하고 있는 신규 정보시스템 구축 작업은 회사 전체 관점에서 공통 데이터를 도출하고 이를 전 영역에서 사용하기에 적절한 형태로 설계하여 이뤄진다. 이러한 형태의 데이터 설계에서 가장 중요하게 대두되는 것이 통합 모델이다. 통합 모델이어야만 데이터 재사용성을 높일 수 있다. 또 한 측면에서 보면 과거 정보시스템의 데이터 구조의 가장 큰 특징은 데이터 모델이 별도로 존재하지 않고 애플리케이션의 부속품 정도로 인식돼 왔던 것이 사실이다. 이러한 환경에서의 데이터는 프로세스의 흐름에 따라서 관리되게 마련이다. 이렇게 되면 데이터 중복이 많이 발생하고, 데이터의 일관성 문제가 심각하게 초래된다. 데이터가 애플리케이션에 대해 독립적으로 설계되어야만 데이터 재사용성(Data Reusability)을 높일 수 있다.

정보시스템은 비즈니스의 변화에 최적으로 적응하도록 끊임없이 변경을 요구 받는다. 하지만 일부 정보시스템의 데이터 모델은 이러한 변화에 대해서 현재의 데이터 구조를 거의 변화하지 않고도 변화에 대응할 수 있는 데이터 구조도 있을 것이고, 아주 적은 확장을 통해 이러한 변화에 대응하는 것도 있을 것이다. 하지만 이러한 변화에 대응하기 위해 데이터 구조적으로 아주 많은 변화를 주어야만 한다면 변화의 대상이 되는 부분뿐만 아니라 정보시스템의 나머지 부분들도 많은 영향을 받게 될 것이다. 그래서 많은 기업이 정보시스템을 구축하는 과정에서 데이터 구조의 확장성, 유연성에 힘을 기울이고 있다.

결국 현대의 기업들이 동종의 타 기업으로부터 경쟁 우위에 자리매김하려고 하다면, 구축하는 데이터 모델은 이러한 외부의 업무 환경 변화에 대해 유연하게 대응할 수 있어야 한다. 특히 근래의 많은 패키지 시스템들이 가지고 있는 데이터 모델들은 확장성을 강조하기 위해서 많은 부분을 통합한 데이터 모델의 형태를 가지고 있다. 여기에서도 잘 나타나듯이 확장성을 담보하기 위해서는 데이터 관점의 통합이 불가피하다. 특히 정보시스템에서의 '행위의 주체'가 되는 집합의 통합, '행위의 대상'이 되는 집합의 통합, '행위 자체'에 대한 통합 등은 전체 정보시스템의 안정성·확장성을 좌우하는 가장 중요한 요소이다.

데이터 모델이 갖추어야 하는 중요한 요소 중에 하나는 기업이 관리하고자 하는 데이터를 합리적으로 균형이 있으면서도 단순하게 분류하는 것이다. 아무리 효율적으로 데이터를 잘 관리할 수 있다고 하더라도 그것의 사용·관리 측면이 복잡하다면, 잘 만들어진 데이터 모델이라고 할 수 없다. 동종의 비즈니스를 영위하는 기업이라 하더라도 각 회사의 데이터 모델을 비교해 보면 그 복잡도에는 많은 차이가 난다.

A 보험사는 계약 업무를 수행하기 위해서 10개의 테이블을 정의하여 업무를 수행하는 반면, B 회사는 100개의 테이블을 정의하여 동일한 업무를 수행하고 있다. 두 회사의 데이터 모델의 차이점은 다음과 같다. 10개의 테이블을 가지고 업무를 수행하고 있는 A 회사의 데이터 모델은 간결하지만, 새로운 업무 환경의 변화에 대해서 확장성을 가지고 있다. B 회사는 겉으로는 새로운 업무 환경의 변화(신규 상품의 출현 등)에 능동적으로 대처하고 있는 것처럼 보이지만, 사실은 보유한 데이터 모델의 한계로 인해 테이블의 수가 지속적으로 증가해 왔다. 이렇게 됨으로써 데이터 모델은 간결하지 못하고 동일한 형태로 관리되어야 하는 데이터가 복잡한 형태로 관리되고, 그들과의 관계를 가지고 있는 다른 여러 가지의 데이터들 또한 복잡한 형태의 관계들이 불가피해져 복잡성을 증가시켜 왔다. 결국 간결한 모델의 기본적인 전제는 통합이다. 합리적으로 잘 정돈된 방법으로 데이터를 통합하여 데이터의 집합을 정의하고, 이를 데이터 모델로 잘 표현·활용한다면 웬만한 업무 변화에도 데이터 모델이 영향을 받지 않고 운용할 수 있게 된다.

마. 의사소통

데이터 모델의 역할은 많다. 그 중에서도 중요한 것이 데이터 모델의 의사소통(Communication)의 역할이다. 데이터 모델은 대상으로 하는 업무를 데이터 관점에서 분석하고 이를 설계하여 나오는 최종 산출물이다. 데이터를 분석 과정에서는 자연스럽게 많은 업무 규칙들이 도출된다. 이 과정에서 도출되는 많은 업무 규칙들은 데이터 모델에 엔터티, 서브타입, 속성, 관계 등의 형태로 최대한 자세하게 표현되어야 한다.

예를 들면 '사원' 테이블에는 어떠한 '사원구분'을 가지는 사원들이 존재하는지, '정규직·임시직' 사원들이 같이 존재하는지, 아니면 또 다른 형태의 사원들이 존재하는지를 표현해야 한다. 더 나아가서 '호봉'이라는 속성은 '정규직'일 때에만 존재하는 속성인다. 이러한 업무 규칙이 데이터 모델에 표현되어야 한다. 또한 관리하는 사원들 중에서 '정규직' 사원들만이 '급여' 테이블과 관계를 가진다. 이러한 부분은 개별 관계로 데이터 모델에 표현되어야 한다.

정보시스템을 운용·관리하는 많은 관련자들이 설계자가 정의한 많은 업무 규칙들을 동일한 의미로 받아들이고 활용할 수 있게 하는 역할을 하게 된다. 즉 데이터 모델이 진정한 의사소통(Communication)의 도구로서의 역할을 하게 된다.

바. 통합성

기업들이 과거부터 정보시스템을 구축해 왔던 방법은 개별 업무별로 단위 정보시스템을 구축하여 현재까지 유지보수를 해오고 있는 것이 보통이다. 점진적인 확장과 보완의 방법으로 정보시스템을 구축해 왔기 때문에 동일한 성격의 데이터임에도 전체 조직관점에서 보면 여러 곳에서 동일한 데이터가 존재하게 마련이다. 특히 이러한 데이터 중에서도 고객, 상품 등과 같이 마스터 성격의 데이터들이 분할·관리됨에 따라 전체 조직 관점에서 데이터 품질, 관리, 활용 측면의 많은 문제점이 나타나는 것이 현실이다. 가장 바람직한 데이터 구조의 형태는 동일한 데이터는 조직 전체에서 한 번만 정의되고 이를 여러 다른 영역에서 참조·활용하는 것이다(Integration). 물론 이 때 성능 등의 부가적인 목적으로 의도적으로 데이터를 중복시키는 경우는 존재할 수 있다. 동일한 성격의 데이터를 한 번만 정의하기 위해서는 공유 데이터에 대한 구조를 여러 업무 영역에서 공동으로 사용하기 용이하게 설계할 수 있어야 한다. 이러한 이유로 데이터 아키텍처의 중요성이 한층 더 부각되고 있다.

제 2 절 엔터티

1. 엔터티의 개념

데이터 모델을 이해할 때 가장 명확하게 이해해야 하는 개념 중에 하나가 바로 엔터티(Entity)이다. 이것은 우리말로 실체, 객체라고 번역하기도 하는데 실무적으로 엔터티라는 외래어를 많이 사용하기 때문에 본 가이드에서는 엔터티라는 용어를 그대로 사용하기로 한다.

엔터티에 대해서 데이터 모델과 데이터베이스에 권위자가 정의한 사항은 다음과 같다.

■ 변별할 수 있는 사물 - Peter Chen(1976) -
■ 데이터베이스 내에서 변별 가능한 객체 - C.J Date(1986) -
■ 정보를 저장할 수 있는 어떤 것 - James Martin(1989) -
■ 정보가 저장될 수 있는 사람, 장소, 물건, 사건, 개념 등 - Thomas Bruce(1992) -

위 정의들의 공통점은 다음과 같다.

■ 엔터티는 사람, 장소, 물건, 사건, 개념 등의 명사에 해당한다.
■ 엔터티는 업무상 관리가 필요한 관심사에 해당한다.
■ 엔터티는 저장이 되기 위한 어떤 것(Thing)이다.

엔터티란 '업무에 필요하고 유용한 정보를 저장하고 관리하기 위한 집합적인 것(Thing)'으로 설명할 수 있다. 또는 엔터티는 업무 활동상 지속적인 관심을 가지고 있어야 하는 대상으로서 그 대상들 간에 동질성을 지닌 인스턴스들이나 그들이 행하는 행위의 집합으로 정의할 수 있다. 엔터티는 그 집합에 속하는 개체들의 특성을 설명할 수 있는 속성(Attribute)을 갖는다. 예를 들어 '학생'이라는 엔터티는 학번, 이름, 이수학점, 등록일자, 생일, 주소, 전화번호, 전공 등의 속성으로 특징지어질 수 있다. 이러한 속성 가운데에는 엔터티 인스턴스 전체가 공유할 수 있는 공통 속성도 있고, 엔터티 인스턴스 중 일부에만 해당하는 개별 속성도 있을 수 있다.

또한 엔터티는 인스턴스의 집합이라고 말할 수 있고, 반대로 인스턴스라는 것은 엔터티의 하나의 값에 해당한다고 정의할 수 있다. 예를 들어 과목은 수학, 영어, 국어가 존재할 수 있는데 수학, 영어, 국어는 각각이 과목이라는 엔터티의 인스턴스들이라고 할 수 있다. 또한 사건이라는 엔터티에는 사건번호2010-001, 2010-002 등의 사건이 인스턴스가 될 수 있다. 엔터티를 이해할 때 눈에 보이는(Tangible) 것만 엔터티로 생각해서는 안되며, 눈에 보이지 않는 개념 등에 대해서도 엔터티로서 인식할 수 있어야 한다. 실제 업무 상에는 눈에 보이지 않는 것(Thing)이 엔터티로 도출되는 경우가 많으므로 더더욱 주의할 필요가 있다.

[그림 I-1-14] 엔터티 종류

2. 엔터티와 인스턴스에 대한 내용과 표기법

엔터티를 표현하는 방법은 각각의 표기법에 따라 조금씩 차이는 있지만 대부분 사각형으로 표현된다. 다만 이 안에 표현되는 속성의 표현 방법이 조금씩 다를 뿐이다. 엔터티와 엔터티 간의 ERD를 그리면 [그림 I-1-15]와 같다.

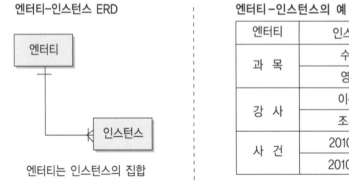

[그림 I-1-15] 엔터티와 인스턴스

[그림 I-1-15]에서 과목, 강사, 사건은 엔터티에 해당하고 수학, 영어는 과목이라는 엔터티의 인스턴스이고 이춘식, 조시형은 강사라는 엔터티의 인스턴스이며 사건번호인 2010-001, 2010-002는 사건 엔터티에 대한 인스턴스에 해당한다.

　※ 참고 : 오브젝트 모델링에는 클래스(Class)와 오브젝트(Object)라는 개념이 있다. 클래스는 여러 개의 오브젝트를 포함하는 오브젝트 깡통이다. 이러한 개념은 정보공학의 엔터티가 인스턴스를 포함하는 개념과 비슷하다.

위의 엔터티와 인스턴스를 표현하면 [그림 Ⅰ-1-16]과 같다.

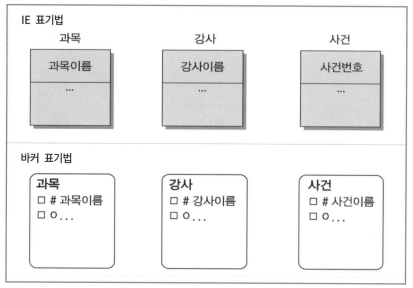

[그림 Ⅰ-1-16] 엔터티에 대한 표기법

3. 엔터티의 특징

엔터티는 다음과 같은 특징을 가지고 있으며, 만약 도출한 엔터티가 다음의 성질을 만족하지 못하면 적절하지 않은 엔터티일 확률이 높다.

■ 반드시 해당 업무에서 필요하고 관리하고자 하는 정보이어야 한다.
(예, 환자·토익의 응시횟수…)
■ 유일한 식별자에 의해 식별이 가능해야 한다.
■ 영속적으로 존재하는 인스턴스의 집합이어야 한다.
('한 개'가 아니라 '두 개 이상')
■ 엔터티는 업무 프로세스에 의해 이용돼야 한다.
■ 엔터티는 반드시 속성이 있어야 한다.
■ 엔터티는 다른 엔터티와 최소 한 개 이상의 관계가 있어야 한다.

가. 업무에서 필요로 하는 정보

엔터티 특징의 첫 번째는 반드시 시스템을 구축하고자 하는 업무에서 필요로 하고 관리하고자 하는 정보여야 한다는 점이다. 예를 들어 환자라는 엔터티는 의료 시스템을 개발하는 병원에서는 반드시 필요한 엔터티이지만, 일반 회사에서 직원들이 병에 걸려 업무에 지장을 주더라도 이 정보를 그 회사의 정보로서 활용하지는 않을 것이다. 즉 시스템 구축 대상인 해당 업무에서 그 엔터티를 필요로 하는가를 판단하는 것이 중요하다.

[그림 Ⅰ-1-17] 엔터티 특성-필요성

어느 곳에서나 환자는 발생할 수밖에 없다. 그러나 일반 회사의 인사시스템에서는 비록 임직원들 중에 환자가 발생하지만, 인사업무 영역에서 환자를 별도로 관리할 필요가 없다. 하지만 병원에서는 환자가 해당 업무의 가장 중요한 엔터티가 되어 꼭 관리해야 할 엔터티가 된다. 이와 같이 엔터티를 도출할 때는 업무 영역에서 관리할 필요가 있는지를 먼저 판단하는 것이 중요하다.

나. 식별 가능해야

두 번째는 식별자(Unique Identifier)에 의해 식별할 수 있어야 한다는 점이다. 어떤 엔터티이건 임의의 식별자(일련번호)를 부여하여 유일하게 만들 수는 있지만, 엔터티를 도출하는 경우에 각각의 업무적으로 의미를 갖는 인스턴스가 식별자에 의해 한 개씩만 존재하는지 검증해 보아야 한다.

유일한 식별자는 그 엔터티의 인스턴스만의 고유한 이름이다. 두 개 이상의 엔터티를 대변하면 그 식별자는 잘못 설계된 것이다. 예를 들어 직원을 구분할 수 있는 방법은 이름이나 사원번호가 될 수가 있다. 그러나 이름은 동명이인이 될 수 있으므로 유일하게 식별될 수 없다. 사원번호는 회사에 입사한 사람에게 고유하게 부여된 번호이므로 유일한 식별자가 될 수 있다.

모두 다 동일한 이름, 속성 관계

인스턴스 각각을 구분하기 위한 유일한 식별자가 존재해야 함

[그림 Ⅰ-1-18] 엔터티 특성-유일성

다. 인스턴스의 집합

세 번째는 영속적으로 존재하는 인스턴스의 집합이 되어야 한다는 점이다. 엔터티의 특징 중 '한 개'가 아니라 '두 개 이상'이라는 집합 개념은 매우 중요하다. 두 개 이상이라는 개념은 엔터티뿐만 아니라 엔터티 간의 관계, 프로세스와의 관계 등 업무를 분석하고 설계하는 동안 설계자가 모든 업무에 대입해보고 검증해 보아야 할 중요한 개념이다. 하나의 엔터티는 여러 개의 인스턴스를 포함한다.

엔터티	인스턴스
회사	LG CNS

엔터티	인스턴스
병원	삼성의료원

인스턴스가 한 개밖에 없는 '회사·병원' 엔터티는 집합이 아니므로 엔터티 성립이 안 됨

[그림 Ⅰ-1-19] 엔터티 특성-인스턴스 수

라. 업무 프로세스에 의해 이용돼야

네 번째는 업무 프로세스(Business Process)가 그 엔터티를 반드시 이용해야 한다는 점이다. 첫 번째 정의에서처럼 업무에서 반드시 필요하다고 하여 엔터티로 선정하였는데 업무 프로세스가 전혀 이용하지 않는다면 어떻게 보아야 할까? 이는 업무 분석이 정확하게 이뤄지 않아 엔터티가 잘못 선정됐거나, 업무 프로세스 도출이 적절하게 이루어지지 않았음을 의미한다. 이러한 경우는 데이터 모델링을 할 때 미처 발견하지 못하다가 프로세스 모델링을 할 때 데이터 모델과 검증을 하거나, 상관 모델링을 할 때 엔터티와 단위 프로세스를 교차 점검하면 문제점이 도출된다.

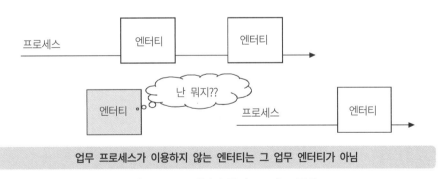

업무 프로세스가 이용하지 않는 엔터티는 그 업무 엔터티가 아님

[그림 Ⅰ-1-20] 엔터티 특성-프로세스 존재

[그림 Ⅰ-1-20]과 같이 업무 프로세스에 의해 CREATE, READ, UPDATE, DELETE 등이 발생하지 않는 고립된 엔터티는 엔터티를 제거하거나 누락된 프로세스가 존재하는지 살펴보고 해당 프로세스를 추가해야 한다.

마. 속성 포함

다섯 번째는 엔터티에는 반드시 속성(Attributes)이 포함되어야 한다는 점이다. 속성을 포함하지 않고 엔터티의 이름만 갖고 있는 경우는 관계가 생략되어 있거나 업무 분석이 미진하여 속성정보가 누락되는 경우에 해당한다. 또한 주식별자만 존재하고 일반속성은 전혀 없는 경우도 마찬가지로 적절한 엔터티라고 할 수 없다. 단 예외적으로 관계 엔터티(Associative Entity)는 주식별자 속성만 가지고 있어도 엔터티로 인정한다.

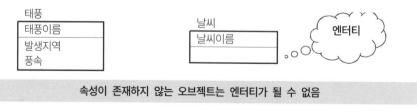

[그림 I-1-21] 엔터티 특성-속성의 존재

바. 관계의 존재

여섯 번째는 엔터티는 다른 엔터티와 최소 한 개 이상의 관계가 가져야 한다는 것이다. 엔터티가 도출되었다는 것은 기본적으로 해당 업무 내에서 업무적인 연관성(존재적 연관성, 행위적 연관성)을 가지고, 다른 엔터티와의 연관의 의미를 갖고 있음을 뜻한다. 그러나 관계가 설정되지 않은 엔터티의 도출은 부적절한 엔터티가 도출되었거나 아니면 다른 엔터티와 적절한 관계를 찾지 못했을 가능성이 높다.

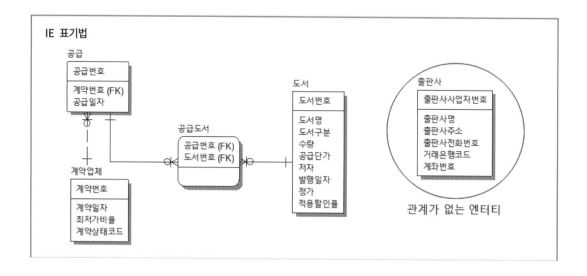

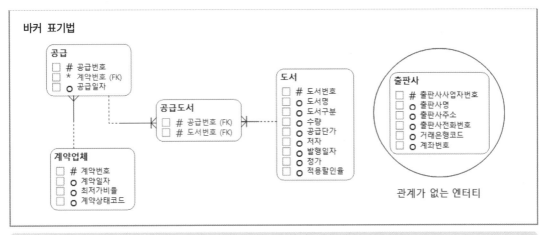

바커 표기법

엔터티에 관계가 없으면 잘못된 엔터티이거나 관계가 누락됐을 가능성 높음

[그림 Ⅰ-1-22] 엔터티 특성-관계의 존재

단 데이터 모델링을 하면서 관계를 생략해 표현해야 하는 경우가 있다. 통계성 엔터티 도출, 코드성 엔터티 도출, 시스템 처리시 내부 필요에 의한 엔터티 도출과 같은 경우가 그것이다.

1) 통계를 위한 엔터티는 업무진행 엔터티로부터 통계 업무만(Read Only)을 위해 별도로 엔터티를 다시 정의하게 되므로 엔터티 간 관계가 생략되는 경우에 해당한다.
2) 코드를 위한 엔터티는 너무 많은 엔터티와 엔터티 간의 관계 설정으로 인해 데이터 모델의 읽기 효율성 (Readability)이 저하되어 도저히 모델링 작업을 진행할 수 없게 된다. 또한 코드성 엔터티는 물리적으로 테이블과 프로그램 구현 이후에도 외부키에 의한 참조무결성을 체크하기 위한 규칙을 데이터베이스 기능에 맡기지 않는 경우가 대부분이다. 이에 따라 논리적으로나 물리적으로 관계를 설정할 이유가 없다.
3) 시스템 처리 시 내부 필요에 의한 엔터티(예, 트랜잭션 로그 테이블 등)는 트랜잭션이 업무적으로 연관된 테이블과 관계 설정이 필요하다. 하지만 이 역시 업무적인 필요가 아니고 시스템 내부적인 필요에 따라 생성된 엔터티이므로 관계를 생략하게 된다.

4. 엔터티의 분류

엔터티는 엔터티 자신의 성격에 의해 실체 유형에 따라 구분하거나 업무를 구성하는 모습에 따라 구분이 되는 발생 시점에 의해 분류해 볼 수 있다.

가. 유무형에 따른 분류

일반적으로 엔터티는 유무(有無)형에 따라 유형엔터티, 개념엔터티, 사건엔터티로 구분된다.

유형엔터티(Tangible Entity)는 물리적인 형태가 있고 안정적이며 지속적으로 활용되는 엔터티로, 업무로부터 엔터티를 구분하기가 가장 용이하다. 예를 들면, 사원·물품·강사 등이 이에 해당한다. 개념엔터티(Conceptual Entity)는 물리적인 형태는 존재하지 않고 관리해야 할 개념적 정보로 구분되는 엔터티다. 조직, 보험상품 등이 이에 해당한다.

사건 엔터티(Event Entity)는 업무를 수행함에 따라 발생하는 엔터티로서 비교적 발생량이 많으며 각종 통계자료에 이용될 수 있다. 주문, 청구, 미납 등이 이에 해당한다.

나. 발생시점에 따른 분류

엔터티의 발생시점(發生時點)에 따라 기본·키엔터티(Fundamental Entity, Key Entity), 중심엔터티(Main Entity), 행위엔터티(Active Entity)로 구분할 수 있다.

1) 기본엔터티

기본엔터티란 그 업무에 원래 존재하는 정보로서 다른 엔터티와 관계에 의해 생성되지 않고 독립적으로 생성이 가능하고 자신은 타 엔터티의 부모 역할을 하게 된다. 다른 엔터티로부터 주식별자를 상속받지 않고 자신의 고유한 주식별자를 가지게 된다. 예를 들어 사원, 부서, 고객, 상품, 자재 등이 기본엔터티가 될 수 있다.

2) 중심엔터티

중심엔터티란 기본엔터티로부터 발생되고 그 업무에서 중심적인 역할을 한다. 데이터의 양이 많이 발생되고 다른 엔터티와의 관계를 통해 많은 행위엔터티를 생성한다. 예를 들어 계약, 사고, 예금원장, 청구, 주문, 매출 등이 중심엔터티가 될 수 있다.

3) 행위엔터티

행위엔터티는 두 개 이상의 부모엔터티로부터 발생하고, 자주 내용이 바뀌거나 데이터 양이 증가한다. 분석 초기 단계에서는 잘 나타나지 않으며, 상세 설계 단계나 프로세스와 상관모델링을 진행하면서 도출될 수 있다. 예를 들어 주문목록, 사원변경이력 등이 여기에 해당한다.

다. 엔터티 분류 방법의 예

[그림 Ⅰ-1-23]은 두 가지 엔터티 분류 방법에 대한 예를 나타낸 것이다.

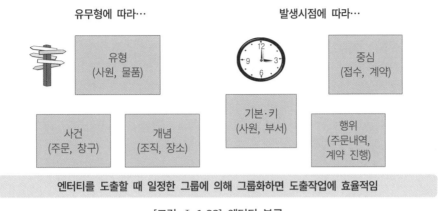

[그림 Ⅰ-1-23] 엔터티 분류

이 밖에도 엔터티가 스스로 생성될 수 있는지 여부에 따라 독립엔터티인지 의존엔터티인지로 분류할 수도 있다.

5. 엔터티의 명명

엔터티를 명명하는 일반적인 기준은, 용어를 사용하는 모든 표기법이 다 그렇듯이 첫 번째는 가능하면 현업 업무에서 사용하는 용어를 사용한다. 두 번째는 가능하면 약어를 사용하지 않는다. 세 번째는 단수 명사를 사용한다. 네 번째는 모든 엔터티에서 유일하게 이름이 부여되어야 한다. 다섯 번째는 엔터티 생성 의미대로 이름을 부여한다.

첫 번째에서 네 번째에 해당하는 원칙은 대체적으로 잘 지켜진다. 그러나 다섯 번째 원칙인 '엔터티 생성 의미대로 이름을 부여한다'에 대해서는 적절하지 못한 엔터티명이 부여되는 경우가 빈번하게 발생한다. 중심엔터티에서도 간혹 적절하지 못한 엔터티명을 사용한 경우가 발생한다. 행위엔터티에서는 꽤 많은 경우에 적절하지 못한 엔터티명을 사용하는 경우가 발생한다.

예를 들어 고객이 어떤 제품들을 주문함으로써 발생하는 행위엔터티에 대해 주문목록이라고도 할 수 있고 고객제품이라고 할 수 있다. 만약 고객제품이라고 하면 '고객이 주문한 제품'인지 아니면 '고객의 제품'인지 의미가 애매모호해질 수 있다. 엔터티의 이름을 업무 목적에 따라 생성되는 자연스러운 이름을 부여해야 하는데 이와 상관없이 임의로 부여하면, 프로젝트에서 커뮤니케이션 오류 문제를 야기할 수 있다.

제3절 속성

1. 속성의 개념

속성(Attribute)이란 사전적인 의미로는 사물(事物)의 성질, 특징 또는 본질적인 성질, 그것이 없다면 실체를 생각할 수 없는 것으로 정의할 수 있다. 본질적 속성이란 어떤 사물 또는 개념에 없어서는 안 될 징표(徵表)의 전부이다. 이 징표는 사물이나 개념이 어떤 것인지를 나타내고, 그것을 다른 것과 구별하는 성질이라고 할 수 있다.

이런 사전적인 정의 이외에 데이터 모델링 관점에서 속성을 정의하자면, '업무에서 필요로 하는 인스턴스로 관리하고자 하는 의미상 더이상 분리할 수 없는 최소의 데이터 단위'로 정의할 수 있다. 업무상 관리하기 위한 최소의 의미 단위로 생각할 수 있고, 이것은 엔터티에서 한 분야를 담당하고 있다.

강사

엔터티는 속성들에 의해 설명된다.

속성들
- 이름
- 주소
- 생년월일
- 계약일자
- 전문분야

속성은 업무에서 필요로 하는 인스턴스에서 관리하고자 하는
의미상 더이상 분리되지 않는 최소의 데이터 단위

[그림 I-1-24] 속성의 정의

속성의 정의를 정리해 보면 다음과 같다.

- 업무에서 필요로 한다.
- 의미상 더 이상 분리되지 않는다.
- 엔터티를 설명하고 인스턴스의 구성요소가 된다.

의미상 더 이상 분리되지 않는다는 특징을 살펴보면 다음과 같다. 예를 들어 생년월일은 하나로서 의미가 있다. 만약 이것을 생년, 생월, 생일로 구분한다면 이것은 사실상 하나의 속성을 관리 목적에 따라 구분했다고 이해할 수 있다. 이러한 이유에 따라 SW 비용을 산정하는 기능점수(Function Point)를 산정할 때, 분리된 속성은 하나의 속성(DET)으로 계산하게 된다. 그러나 만약 서로 관련이 없는 이름, 주소를 하나의 속성 '이름주소'로 정의하면 어떻게 될까? 이것은 한 속성이 두 개의 의미를 갖기 때문에 기본속성으로서 성립하지 않게 된다. 이렇게 정리된 속성은 그냥 값의 의미로서 속성보다는 내역(Description)이라 할 수 있다. 예를 들어 인적사항을 속성으로 정의하여 관리할 수는 있다.

2. 엔터티, 인스턴스와 속성, 속성값에 대한 내용과 표기법

가. 엔터티, 인스턴스, 속성, 속성값의 관계

엔터티에는 두 개 이상의 인스턴스가 존재하고, 각각의 엔터티는 고유한 성격을 표현하는 속성정보를 두 개 이상 갖는다. 업무에서는 엔터티를 구성하는 특징이 무엇인지 또한 각각의 인스턴스들은 어떤 성격의 데이터로 구성되는지를 파악하는 작업이 필요하다. 분석 단계에서 엔터티 내에 존재하는 여러 개의 인스턴스가 가지는 동일한 성격은 무엇인지를 파악해 이에 이름을 부여하고, 엔터티의 속성으로 기술하는 작업이 필요하다. 예를 들면 사원은 이름, 주소, 전화번호, 직책 등을 가질 수 있다. 사원이라는 엔터티에 속한 인스턴스들의 성격을 구체적으로 나타내는 항목이 바로 속성이다. 각각의 인스턴스는 속성의 집합으로 설명될 수 있다. 하나의 속성은 하나의 인스턴스에만 존재할 수 있다. 속성은 관계로 기술될 수 없고 자신이 속성을 가질 수도 없다.

엔터티 내에 있는 하나의 인스턴스는 각각의 속성들의 대해 한 개의 속성값만을 가질 수 있다. 예를 들면 사원의 이름은 홍길동이고 주소는 서울시 강남구이며, 전화번호는 123-4567, 직책은 대리이다. 이름·주소·전화번호·직책은 속성이고, 홍길동·서울시 강남구·123-4567·대리는 속성값이다. 그러므로 속성값은 각각의 엔터티가 가지는 속성들의 구체적인 내용이라 할 수 있다.

엔터티, 인스턴스, 속성, 속성값에 대한 관계를 분석하면 다음과 같은 결과를 얻을 수 있다.

- 한 개의 엔터티는 두 개 이상의 인스턴스의 집합이어야 한다.
- 한 개의 엔터티는 두 개 이상의 속성을 갖는다.
- 한 개의 속성은 한 개의 속성값을 갖는다.

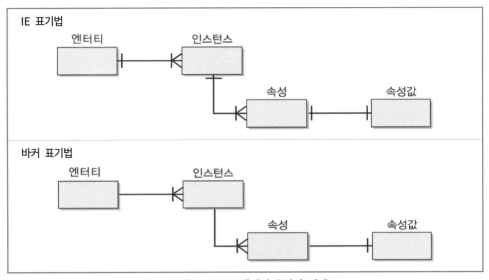

[그림 Ⅰ-1-25] 엔터티-속성의 관계

속성은 엔터티에 속한 엔터티에 대한 자세하고 구체적인 정보를 나타낸다. 각각의 속성은 구체적인 값을 갖게 된다.

예를 들어 사원이라는 엔터티에는 홍길동이라는 사람(엔터티)이 있을 수 있다. 홍길동이라는 사람의 이름은 홍길동이고, 주소는 서울시 강서구이며, 생년월일 1967년 12월 31일이다. 여기에 이름·주소·생년월일과 같은 각각의 값을 대표하는 이름들을 속성이라 하고, 홍길동·서울시 강서구·1967년 12월 31일과 같이 각각의 이름에 대한 구체적인 값을 속성 값(VALUE)이라 한다.

나. 속성의 표기법

속성의 표기법은 엔터티 내에 이름을 포함하여 표현하면 된다.

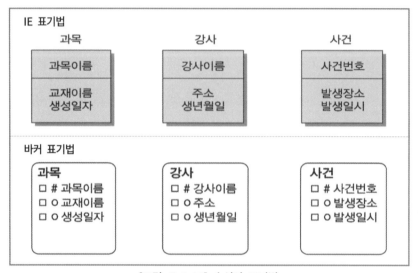

[그림 Ⅰ-1-26] 속성의 표기법

3. 속성의 특징

속성은 다음과 같은 특징을 가지고 있다. 만약 도출된 속성이 다음의 성질을 만족하지 못하면 적절하지 않을 확률이 높다.

- 엔터티와 마찬가지로 반드시 해당 업무에서 필요하고 관리하고자 하는 정보여야 한다(예, 강사의 교재이름)
- 정규화 이론에 근거하여 정해진 주식별자에 함수적 종속성을 가져야 한다.
- 하나의 속성은 한 개의 값만을 가진다. 하나의 속성에 여러 개의 값이 있는 다중값일 경우 별도의 엔터티를 이용하여 분리한다.

4. 속성의 분류

가. 속성의 특성에 따른 분류

속성은 업무 분석을 통해 바로 정의한 속성을 기본속성(Basic Attribute), 원래 업무상 존재하지는 않지만 설계를 하면서 도출해내는 속성을 설계속성(Designed Attribute), 다른 속성으로부터 계산·변형·생성되는 속성을 파생속성 (Derived Attribute)이라고 한다.

1) 기본속성

기본속성은 업무로부터 추출한 모든 속성이 여기에 해당하며, 엔터티에 가장 일반적이고 많은 속성을 차지한다. 코드성 데이터, 엔터티를 식별하기 위해 부여된 일련번호, 다른 속성을 계산하거나 영향을 받아 생성된 속성을 제외한 모든 속성은 기본속성이다. 주의해야 할 것은 업무로부터 분석한 속성이라도 이미 업무상 코드로 정의한 속성이 많다는 것이다. 이러한 경우도 속성의 값이 원래 속성을 나타내지 못하므로 기본속성이 되지 않는다.

2) 설계속성

설계속성은 업무상 필요한 데이터 이외에 데이터 모델링을 위해, 업무를 규칙화하기 위해 속성을 새로 만들거나 변형하여 정의하는 속성이다. 대개 코드성 속성은 원래 속성을 업무상 필요에 따라 변형하여 만든 설계속성이다. 일련번호와 같은 속성은 단일(Unique)한 식별자를 부여하기 위해 모델에서 새로 정의하는 설계속성이다.

3) 파생속성

파생속성은 다른 속성에 영향을 받아 발생하는 속성으로, 보통 계산된 값들이 이에 해당한다. 다른 속성에 영향을 받기 때문에 프로세스 설계 시 데이터 정합성을 유지하기 위해 유의해야 할 점이 많으므로 가급적 파생속성을 적게 정의하는 것이 좋다.

기본(BASIC)- 원래속성

제품이름
제조년월
제조원가

설계(DESIGNED)- 1:1 치환

001-식품용기
002-약품용기
003-기타용기

약품용기코드

파생(DERIVED)- 계산값

전체용기 수(Σ개별용기)
용기의 총금액(Σ단가)

계산값

[그림 Ⅰ-1-27] 속성의 분류 1

이러한 분류 방식은 프로젝트에서 엄격하게 분류하여 속성정의서에 나열하는 경우도 있다. 이때 파생속성의 경우는 그 값이 계산된 로직을 속성의 정의서에 기록했다가 향후 속성 값 검증 시 활용하기도 한다. 파생속성은 그 속성이 가지고 있는 계산 방법에 대해 반드시 어떤 엔터티와 어떤 속성에 의해 영향을 받는지 정의가 되어야 한다.

예를 들어 '이자' 속성이 존재한다고 하면, 이자는 원금이 1,000원이고 예치기간이 5개월이며, 이자율이 5.0%에서 계산되는 속성값이다. 그렇다면 이자는 원금이 1,000원에서 2,000원으로 변하여도 영향을 받고, 예치기간이 5개월에서 7개월로 늘어나도 값이 변하며, 이자율이 5.0%에서 6.0%로 바뀌어도 이자속성이 갖는 값은 변할 것이다. 한 번 값이 변해도 또다시 영향을 미치는 속성값 조건이 변한다면, 이자의 값은 지속적으로 변경될 것이다.

이와 같이 타 속성으로부터 지속적으로 영향을 받아 자신의 값이 변하는 성질을 갖는 속성이 파생속성이다. 파생속성은 될 수 있으면 꼭 필요한 경우에만 정의하여 업무 로직이 속성 내부에 숨지 않게 하는 것이 좋다. 파생속성을 정의한 경우는 속성정의서에 파생속성이 갖는 업무로직을 기술하여 데이터의 정합성을 유지할 수 있도록 해야 한다. 그 파생속성에 원인이 되는 속성을 이용하는 모든 애플리케이션에서는 값을 생성·수정·삭제할 때 파생속성도 함께 고려해야 한다. 파생속성은 일반 엔터티에서는 많이 사용하지 않으며, 통계 관련 엔터티나 배치 작업을 수행하면서 발생하는 엔터티에서 많이 이용한다.

나. 엔터티 구성방식에 따른 분류

엔터티를 식별할 수 있는 속성을 PK(Primary Key)속성, 다른 엔터티와의 관계에서 포함된 속성을 FK(Foreign Key)속성, 엔터티에 포함되어 있고 PK/FK에 포함되지 않은 속성을 일반속성이라 한다.

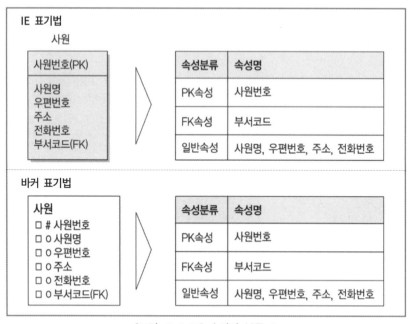

[그림 Ⅰ-1-28] 속성의 분류 2

또한 속성은 그 안에 세부 의미를 쪼갤 수 있는지에 따라 단순형 혹은 복합형으로 분류할 수 있다. 예를 들면 주소 속성은 시·구·동·번지 같은 여러 세부 속성들로 구성될 수 있다. 이를 복합속성(Composite Attribute)이라 한다. 또한 나이, 성별 등의 속성은 더이상 다른 속성들로 구성될 수 없는 단순한 속성이므로 단순속성(Simple Attribute)이라 한다.

일반적으로 속성은 하나의 값을 가지고 있으나, 그 안에 동일한 성질의 여러 개의 값이 나타나는 경우가 있다. 이때 속성 하나에 한 개의 값을 가지는 경우를 단일값(Single Value), 여러 개의 값을 가지는 경우를 다중값(Multi Value) 속성이라 한다. 주민등록번호와 같은 속성은 반드시 하나의 값만 존재하므로 단일값속성(Single-Valued Attribute)이라 한다. 어떤 사람의 전화번호와 같은 속성은 집, 휴대전화, 회사 전화번호와 같이 여러 개의 값을 가질 수 있다. 자동차의 색상 속성도 차 지붕, 차체, 외부의 색이 다를 수 있다. 이런 속성을 다중값속성(Multi-Valued Attribute)이라 한다. 다중값속성의 경우 하나의 엔터티에 포함될 수 없으므로 1차 정규화를 하거나, 아니면 별도의 엔터티를 만들어 관계로 연결해야 한다.

5. 도메인

각 속성은 가질 수 있는 값의 범위가 있는데 이를 그 속성의 도메인(Domain)이라 한다. 예를 들면 학생이라는 엔터티가 있을 때 학점이라는 속성의 도메인은 0.0에서 4.0 사이의 실수 값이며, 주소라는 속성은 길이가 20자리 이내인 문자열로 정의할 수 있다. 여기서 물론 각 속성은 도메인 이외의 값을 갖지 못한다. 따라서 도메인을 좀 더 이해하기 쉽게 정리하면, 엔터티 내에서 속성에 대한 데이터타입과 크기·제약사항을 지정하는 것이다.

6. 속성의 명명

클라이언트/서버 환경이든 웹 환경이든 속성명이 곧 사용자 인터페이스(User Interface)에 나타나기 때문에 업무와 직결되는 항목이다. 그래서 속성 이름을 정확하게 부여하고 용어의 혼란을 없애기 위해 용어사전이라는 업무사전을 프로젝트에 사용하게 된다. 또한 각 속성이 가지는 값의 종류와 범위를 명확하게 하기 위해 도메인정의를 미리 정의하여 용어사전과 같이 사용한다. 용어사전과 도메인정의를 같이 사용하여 프로젝트를 진행할 경우 용어적 표준과 데이터타입의 일관성을 확보할 수 있게 된다.

속성명을 부여하는 원칙은 [그림 Ⅰ-1-29]와 같다.

1. 해당 업무에서 사용하는 이름을 부여한다.
2. 서술식 속성명은 사용하지 않는다.
3. 약어 사용은 가급적 제한한다.
4. 전체 데이터 모델에서 유일성을 확보하는 것이 좋다.

[그림 Ⅰ-1-29] 속성의 명칭 부여

■ 속성의 이름을 부여할 때는 현업에서 사용하는 이름을 부여하는 것이 가장 중요하다. 아무리 일반적인 용어라 할지라도 그 업무에서 사용되지 않으면 속성의 명칭으로 사용하지 않는 것이 좋다.

■ 일반적으로는 서술식의 속성명은 사용하지 말아야 한다. 명사형을 이용하고 수식어가 많이 붙지 않도록 유의하여 작성한다. 수식어가 많으면 의미 파악이 힘들고, 상세 설계 단계에서 물리속성으로 전환하는 데 명확한 의미 파악이 어렵게 된다. 소유격도 사용하지 않는다.

■ 공용화되지 않은 업무에서 사용하지 않는 약어는 사용하지 않는 것이 좋다. 지나치게 약어를 많이 사용하면 업무 분석자 내에서도 의사소통이 제약을 받으며, 시스템을 운영할 때도 많은 불편을 초래할 수 있다.

■ 가능하면 모든 속성의 이름은 유일하게 작성하는 것이 좋다. 물론 대량의 속성을 정의하는 경우 유일하게 작성하는 것이 어려울 수도 있지만, 이렇게 하는 것이 나중에 데이터에 대한 흐름을 파악하고 데이터의 정합성을 유지하는 데 큰 도움이 된다. 또한 반정규화(테이블통합, 분리, 칼럼의 중복 등)를 적용할 때 속성명의 충돌 (Conflict)을 해결하여 안정적으로 반정규화를 적용할 수 있게 된다.

제4절 관계

1. 관계의 개념

가. 관계의 정의

관계(Relationship)를 사전적으로 정의하면 상호 연관성이 있는 상태로 말할 수 있다. 이것을 데이터 모델에 대입하여 정의하면, '엔터티의 인스턴스 사이의 논리적인 연관성으로서 존재의 형태로서나 행위로서 서로에게 연관성이 부여된 상태'라고 할 수 있다. 관계는 엔터티와 엔터티 간 연관성을 표현하기 때문에 엔터티의 정의에 따라 영향을 받기도 하고, 속성 정의 및 관계 정의에 따라서도 다양하게 변할 수 있다.

[그림 Ⅰ-1-30] 관계의 정의

나. 관계의 패어링

유의해야 할 점은 관계는 엔터티 안에 인스턴스가 개별적으로 관계를 가지는 것(패어링)이고, 이것의 집합을 관계로 표현한다는 것이다. 따라서 개별 인스턴스가 각각 다른 종류의 관계를 가지고 있다면, 두 엔터티 사이에 두 개 이상의 관계가 형성될 수 있다.

각각의 엔터티의 인스턴스들은 자신이 관련된 인스턴스들과 관계의 어커런스로 참여하는 형태를 관계 패어링 (Relationship Paring)이라 한다. [그림 Ⅰ-1-31]에서는 강사 정성철은 이춘식과 황종하에게 강의하는 형태로 관계가 표현되어 있다. 또 조시형은 황종하에게 강의를 하는 형태로 되어 있다. 이와 같이 엔터티 내에 인스턴스와 인스턴스 사이에 관계가 설정된 어커런스를 관계 패어링이라고 한다. 엔터티는 인스턴스의 집합을 논리적으로 표현하였다면, 관계는 관계 패어링의 집합을 논리적으로 표현한 것이다.

최초의 ERD(첸 모델)에서 관계는 속성을 가질 수 있었으나, 요즘 ERD에서는 관계를 위해 속성을 도출하지는 않는다. 관계의 표현에는 이항 관계(Binary Relationship), 삼항 관계(Ternary Relationship), n항 관계가 존재할 수 있는데 실제에 있어서 삼항 관계 이상은 잘 나타나지 않는다.

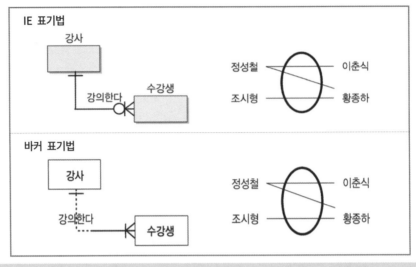

인스턴스 각각은 자신의 연관성을 가지고 있을 수 있음. 이것을 집합하여 '강의'라는 관계 도출

[그림 Ⅰ-1-31] 관계의 패어링

2. 관계의 분류

관계가 존재에 의한 관계와 행위에 의한 관계로 구분될 수 있는 것은 관계를 연결함에 있어 어떤 목적으로 연결되었느냐에 따라 분류하기 때문이다.

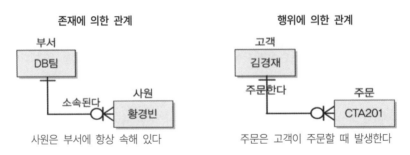

[그림 Ⅰ-1-32] 관계의 분류

[그림 Ⅰ-1-32]에서 왼쪽 편에 있는 모델은 황경빈이란 사원이 DB팀에 소속된 상태를 나타낸다. '소속되다'는 의미는 행위에 따른 이벤트에 의해 발생되는 의미가 아니라, 그냥 황경빈 사원이 DB팀에 소속되어 있기 때문에 나타나는, 즉 존재의 형태에 의해 관계가 형성된 것이다.

반면에 오른편에 있는 김경재 고객은 '주문한다'라는 행위를 하여 CTA201이라는 주문번호를 생성하였다. 주문

엔터티의 CTA201 주문번호는 김경재 고객이 '주문한다'는 행위에 의해 발생되었기 때문에 두 엔터티 사이의 관계는 행위에 의한 관계가 된다.

UML(Unified Modeling Language)에는 클래스다이어그램의 관계 중 연관관계(Association)와 의존관계 (Dependency)가 있다. 이 둘의 차이는 연관관계는 항상 이용하는 관계로 존재적 관계에 해당하고, 의존관계는 상대방 클래스의 행위에 의해 관계가 형성될 때 구분하여 표현한다는 것이다. 즉 ERD에서는 존재적관계와 행위에 의한 관계를 구분하지 않고 표현했다면, 클래스다이어그램에서는 이것을 구분하여 연관관계와 의존관계로 표현하고 있다. 연관관계는 표현방법이 실선(→)으로 표현되고 소스코드에서 멤버변수로 선언하여 사용하게 하고, 의존관계는 점선(⋯→)으로 표현되고, 행위를 나타내는 코드인 Operation(Method)에서 파라미터 등으로 이용할 수 있도록 되어 있다.

3. 관계의 표기법

관계에서는 표기법이 상당히 복잡하고 여러 가지 의미를 가지고 있다. 다음 3가지 개념과 함께 표기법을 이해할 필요가 있다.

■ 관계명(Membership) : 관계의 이름
■ 관계차수(Cardinality) : 1:1, 1:M, M:N
■ 관계선택사양(Optionality) : 필수관계, 선택관계

가. 관계명

관계명(Membership)은 엔터티가 관계에 참여하는 형태를 지칭한다. 각각의 관계는 두 개의 관계명을 가지고 있다. 또한 각각의 관계명에 의해 두 가지의 관점으로 표현될 수 있다.

[그림 I-1-33] 관계의 관계명

엔터티에서 관계가 시작되는 편을 관계시작점(The Beginning)이라고 부르고, 받는 편을 관계끝점(The End) 이라고 부른다. 관계 시작점과 끝점 모두 관계이름을 가져야 하며, 참여자의 관점에 따라 관계이름이 능동적(Active) 이거나 수동적(Passive)으로 명명된다. 관계명은 다음과 같은 명명규칙에 따라 작성해야 한다.

■ 애매한 동사를 피한다. 예를 들면 '관계된다', '관련이 있다', '이다', '한다' 등은 구체적이지 않아 어떤 행위가 있는지 또는 두 참여자 간 어떤 관계가 있는지 파악할 수 없다.

■ 현재형으로 표현한다. 예를 들면 '수강을 신청했다', '강의를 할 것이다'라는 식으로 표현해서는 안 된다. '수강 신청한다', '강의를 한다'로 표현해야 한다.

나. 관계차수

두 개의 엔터티간 관계에서 참여자의 수를 표현하는 것을 관계차수(Degree/Cardinality)라고 한다. 가장 일반적인 관계차수 표현방법은 1:M, 1:1, M:N이다. 가장 중요하게 고려해야 할 사항은 한 개의 관계가 존재하느냐 아니면 두 개 이상의 멤버십이 존재하는지를 파악하는 것이 중요하다.

관계차수를 표시하는 방법은 여러 가지가 있지만, Crow's Foot 모델에서는 선을 이용하여 표현한다. 한 개가 참여하는 경우는 실선을 그대로 유지하고, 다수가 참여한 경우는 까마귀발과 같은 모양으로 그려준다.

1) 1:1(ONE TO ONE) 관계를 표시하는 방법

[그림 Ⅰ-1-34] 관계차수(1:1)

관계에 참여하는 각각의 엔터티는 관계를 맺는 다른 엔터티의 엔터티에 대해 단지 하나의 관계만을 가지고 있다.

2) 1:M(ONE TO MANY) 관계를 표시하는 방법

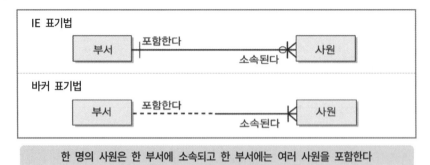

한 명의 사원은 한 부서에 소속되고 한 부서에는 여러 사원을 포함한다

[그림 Ⅰ-1-35] 관계차수(1:M)

관계에 참여하는 각각의 엔터티는 관계를 맺는 다른 엔터티의 엔터티에 대해 하나나 그 이상의 수와 관계를 가지고 있다. 그러나 반대의 방향은 단지 하나만의 관계를 가지고 있다.

3) M:M(MANY TO MANY) 관계를 표시하는 방법

[그림 Ⅰ-1-36] 관계차수(M:M)

관계에 참여하는 각각의 엔터티는 관계를 맺는 다른 엔터티의 엔터티에 대해 하나나 그 이상의 수와 관계를 가지고 있다. 반대의 방향도 동일하게 관계에 참여하는 각각의 엔터티는 관계를 맺는 다른 엔터티의 엔터티에 대해 하나 또는 그 이상의 수와 관계를 가지고 있다. 이렇게 M:N 관계로 표현된 데이터 모델은 이후에 두 개의 주식별자를 상속받은 관계엔터티를 이용하여 3개의 엔터티로 구분하여 표현한다.

다. 관계선택사양

요즈음 웬만한 대도시에는 지하철이 많이 운행된다. 만약 지하철 문이 닫히지 않았는데 지하철이 출발한다면 무슨 일이 발생할까? 아마도 어떤 사람은 머리민 지하철 안에 들어오고 몸은 밖에 있는 채로 끌려갈 것이고, 또 어떤 사람은 가방만 지하철에 실어 보내는 사람도 있을 것이고, 지하철과 승강기 사이에 몸이 낄 수도 있을 것이다. 물론 지하철 운행과 지하철 문의 관계는 이렇게 설계되지 않아 위와 같은 어처구니없는 일은 발생하지 않을 것이다. '반드시 지하철 문이 닫혀야만 지하철은 출발한다' 지하철 출발과 지하철문 닫힘은 필수(Mandatory)적으로 연결 관계가 있는 것이다. 이와 같은 것이 데이터 모델의 관계에서는 필수참여관계(Mandatory)가 된다.

또 지하철 안내방송 시스템의 예를 들어보자. 지하철 출발을 알리는 안내방송은 지하철의 출발과 상관없이 방송해도 아무런 문제가 발생하지 않는다. 물론 정해진 시간에 방송하면 승객에게 정보로서 유익하겠지만, 꼭 그렇게 할 필요는 없다. 그래서 가끔씩 시스템의 녹음된 여성의 목소리가 아닌, 남자 기장이 방송하는 경우가 있다. 안내방송 시스템이 고장 나도 지하철 운행에는 별로 영향을 주지 않는다. 방송 시점도 조금씩 다르더라도 지하철이 출발하는 것과는 밀접하게 연관되지 않는다. 이와 같이 지하철의 출발과 지하철 방송과는 정보로서 관련은 있지만, 서로 필수적인(Mandatory) 관계는 아닌 선택적인 관계(Optional)가 된다.

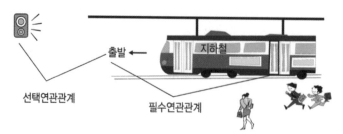

[그림 Ⅰ-1-37] 관계선택사양

이와 같은 것이 데이터 모델 관계에서는 선택참여관계(Optional)가 된다. 참여하는 엔터티가 항상 참여하는지, 아니면 참여할 수도 있는지를 나타내는 방법이 필수(Mandatory Membership)와 선택참여(Optional Membership)이다.

필수참여는 참여하는 모든 참여자가 반드시 관계를 가지는, 타 엔터티의 참여자와 연결되어야 하는 관계이다. 예를 들면 주문서는 반드시 주문목록을 가져야 하며 주문목록이 없는 주문서는 의미가 없으므로 주문서와 주문목록은 필수참여관계가 되는 것이다. 반대로 목록은 주문이 될 수도 있고, 주문되지 않은 목록이 있을 수도 있으므로 목록과 주문목록과의 관계는 선택참여(Optional Membership)가 되는 것이다. 선택참여된 항목은 물리속성에서 Foreign Key로 연결될 경우, Null을 허용할 수 있는 항목이 된다. 만약 선택참여로 지정해야 할 관계를 필수참여로 잘못 지정하면 애플리케이션에서 데이터가 발생할 때 반드시 한 개의 트랜잭션으로 제어해야 하는 제약사항이 발생한다. 그러므로 설계 단계에서 필수참여와 선택참여는 개발 시점의 업무 로직과 직접적으로 관련된 부분이므로 반드시 고려해야 한다.

선택참여관계는 ERD에서 관계를 나타내는 선에서 선택참여하는 엔터티 쪽을 원으로 표시한다. 필수참여는 아무런 표시를 하지 않는다.

만약 관계가 표시된 양쪽 엔터티에 모두 선택참여가 표시된다면, 즉 0:0(Zero to Zero)의 관계가 된다면 그 관계는 잘못될 확률이 많으므로 관계설정이 잘못되었는지를 검토해 보아야 한다.

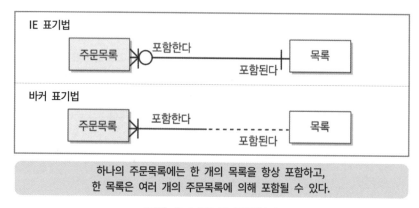

하나의 주문목록에는 한 개의 목록을 항상 포함하고,
한 목록은 여러 개의 주문목록에 의해 포함될 수 있다.

[그림 Ⅰ-1-38] 관계선택참여

관계선택사양은 관계를 통한 상대방과의 업무적인 제약조건을 표현하는 것으로서 간단하면서 아주 중요한 표기법이다. 이것을 어떻게 설정했는지에 따라 참조무결성 제약조건의 규칙이 바뀌게 되므로 주의 깊게 모델링해야 한다.

4. 관계의 정의 및 읽는 방법

가. 관계 체크사항

두 개의 엔터티 사이에서 관계를 정의할 때 다음 사항을 체크해 본다.

■ 두 개의 엔터티 사이에 관심 있는 연관규칙이 존재하는가?
■ 두 개의 엔터티 사이에 정보의 조합이 발생하는가?
■ 업무기술서, 장표에 관계연결에 대한 규칙이 서술되어 있는가?
■ 업무기술서, 장표에 관계연결을 가능하게 하는 동사(Verb)가 있는가?

나. 관계 읽기

데이터 모델을 읽는 방법은 먼저 관계에 참여하는 기준 엔터티를 하나 또는 각(Each)으로 읽고, 대상 엔터티의 개수(하나, 하나 이상)를 읽고 관계선택사양과 관계명을 읽도록 한다.

■ 기준(Source) 엔터티를 한 개(One) 또는 각(Each)으로 읽는다.
■ 대상(Target) 엔터티의 관계참여도, 즉 개수(하나, 하나 이상)를 읽는다.
■ 관계선택사양과 관계명을 읽는다.

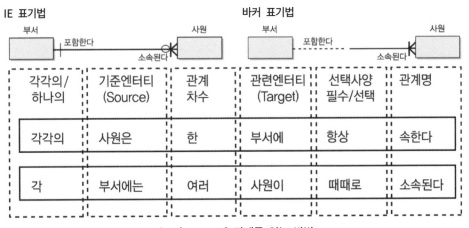

[그림 Ⅰ-1-39] 관계를 읽는 방법

앞의 관계를 정의한 사항에 대해 뒷부분만 의문문으로 만들면 바로 관계를 도출하기 위한 질문 문장으로 만들 수 있다. 위의 질문을 업무를 분석하는 자기 스스로에게 질문하거나, 장표나 업무기술서 또는 업무를 잘 알고 있는 업무담당 고객과 대화하면서 관계를 완성해 갈 수 있다. 예를 들어 주문과 제품과 관계를 질문하기 원할 때 '한 주문에 대해 하나의 제품만을 주문합니까?'라고 할 수도 있고 '한 제품은 하나의 주문에 대해서만 주문을 접수할 수 있습니까?'라고 질문할 수 있다. 이러한 질문 방법은 엔터티 간 관계설정뿐 아니라 업무의 흐름도 분석되는 실제 프로젝트에서 효과적인 방법이다.

제 5 절 식별자

1. 식별자 개념

엔터티는 인스턴스들의 집합이라고 하였다. 여러 개의 집합체를 담고 있는 하나의 통에서 각각을 구분할 수 있는 논리적인 이름이 있어야 한다. 이 구분자를 식별자(Identifier)라고 한다. 식별자란 하나의 엔터티에 구성된 여러 개의 속성 중에 엔터티를 대표할 수 있는 속성을 의미하며, 하나의 엔터티는 반드시 하나의 유일한 식별자가 존재해야 한다. 보통 식별자와 키(Key)를 동일하게 생각하는 경우가 있다. 식별자라는 용어는 업무적으로 구분되는 정보로 생각할 수 있으므로 논리 데이터 모델링 단계에서 사용하고 키는 데이터베이스 테이블에 접근을 위한 매개체로서 물리 데이터 모델링 단계에서 사용한다.

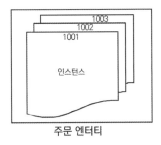

식별자는 엔터티내에서 인스턴스들을 구분할 수 있는 구분자이다.

주문 엔터티

[그림 Ⅰ-1-40] 식별자의 정의

2. 식별자의 특징

주식별자인지 아니면 외부식별자인지 등에 따라 특성이 다소 차이가 있다. 먼저 주식별자일 경우 다음과 같은 특징을 갖는다.

- 주식별자에 의해 엔터티 내에 모든 인스턴스들이 유일하게 구분되어야 한다.
- 주식별자를 구성하는 속성의 수는 유일성을 만족하는 최소의 수가 되어야 한다.
- 지정된 주식별자의 값은 자주 변하지 않는 것이어야 한다.
- 주식별자가 지정이 되면 반드시 값이 들어와야 한다.

[표 Ⅰ-1-7] 주식별자의 특징

특징	내용	비고
유일성	주식별자에 의해 엔터티 내에 모든 인스턴스들을 유일하게 구분함	예, 사원번호가 주식별자가 모든 직원들에 대해 개인별로 고유하게 부여됨
최소성	주식별자를 구성하는 속성의 수는 유일성을 만족하는 최소의 수가 되어야 함	예, 사원번호만으로도 고유한 구조인데 사원분류코드+사원번호로 식별자가 구성될 경우 부절한 주식별자 구조임
불변성	주식별자가 한 번 특정 엔터티에 지정되면 그 식별자의 값은 변하지 않아야 함	예, 사원번호의 값이 변한다는 의미는 이전기록이 말소되고 새로운 기록이 발생되는 개념임
존재성	주식별자가 지정되면 반드시 데이터 값이 존재 (Null 안 됨)	예, 사원번호 없는 회사직원은 있을 수 없음

대체식별자의 특징은 주식별자의 특징과 일치하지만, 외부식별자는 별도의 특징을 가지고 있다. 외부식별자의 경우 주식별자 특징과 일치하지 않으며 참조무결성 제약조건(Referential Integrity)에 따른 특징을 가지고 있다.

3. 식별자 분류 및 표기법

가. 식별자 분류

식별자의 종류는 자신의 엔터티 내에서 대표성을 가지는가에 따라 주식별자(Primary Identifier)와 보조식별자(Alternate Identifier)로 구분하고, 엔터티 내에서 스스로 생성되었는지 여부에 따라 내부식별자와 외부식별자(Foreign Identifier)로 구분할 수 있다. 또한 단일 속성으로 식별이 되는가에 따라 단일식별자(Single Identifier)와 복합식별자(Composit Identifier)로 구분할 수 있다. 원래 업무적으로 의미가 있던 식별자 속성을 대체하여 일련번호와 같이 새롭게 만든 식별자를 구분하기 위해 본질식별자와 인조식별자로도 구분할 수 있다.

[그림 Ⅰ-1-41] 식별자의 분류

[그림 Ⅰ-1-41]의 식별자에 대한 분류체계를 좀 더 상세하게 설명하면 [표 Ⅰ-1-8]과 같이 표현할 수 있다.

[표 Ⅰ-1-8] 식별자의 분류체계

분류	식별자	설명
대표성 여부	주식별자	엔터티 내에서 각 어커런스를 구분할 수 있는 구분자이며, 타 엔터티와 참조관계를 연결할 수 있는 식별자
	보조식별자	엔터티 내에서 각 어커런스를 구분할 수 있는 구분자이나 대표성을 가지지 못해 참조관계 연결을 못함
스스로 생성 여부	내부식별자	엔터티 내부에서 스스로 만들어지는 식별자
	외부식별자	타 엔터티와의 관계를 통해 타 엔터티로부터 받아오는 식별자
속성 수	단일식별자	하나의 속성으로 구성된 식별자
	복합식별자	둘 이상의 속성으로 구성된 식별자
대체 여부	본질식별자	업무에 의해 만들어지는 식별자
	인조식별자	업무적으로 만들어지지는 않지만 원조식별자가 복잡한 구성을 갖고 있기 때문에 인위적으로 만든 식별자

나. 식별자 표기법

식별자에 대한 위 분류법을 데이터 모델에서 표현하면 [그림 Ⅰ-1-42]와 같이 분류하여 설명할 수 있다.

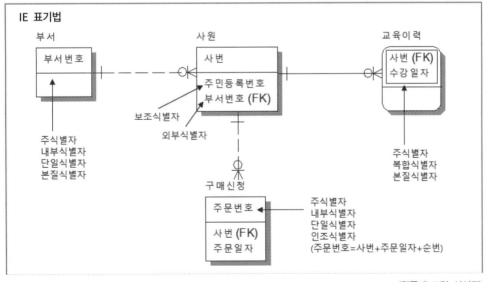

(뒤쪽에 그림 이어짐)

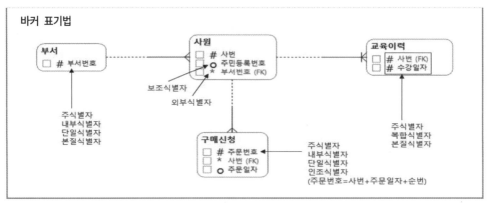

[그림 Ⅰ-1-42] 식별자의 분류-데이터 모델

4. 주식별자 도출기준

데이터 모델링 작업에서 중요한 작업 중의 하나가 주식별자 도출작업이다. 주식별자를 도출하기 위한 기준을 정리하면 다음과 같다.

■ 해당 업무에서 자주 이용되는 속성을 주식별자로 지정한다.
■ 명칭, 내역 등과 같이 이름으로 기술되는 것들은 가능하면 주식별자로 지정하지 않는다.
■ 복합으로 주식별자로 구성할 경우 너무 많은 속성이 포함되지 않도록 한다.

가. 해당 업무에서 자주 이용되는 속성을 주식별자로 지정

예를 들면 직원이라는 엔터티가 있을 때, 유일하게 식별 가능한 속성으로는 주민등록번호와 사원번호가 존재할 수 있다. 사원번호가 그 회사에서 직원을 관리할 때 흔히 사용되므로 사원번호를 주식별자로 지정하고, 주민등록번호는 보조식별자로 사용할 수 있다.

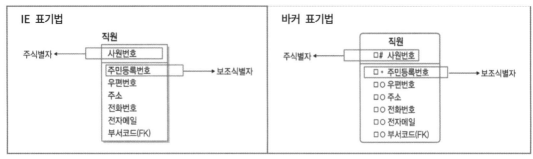

[그림 Ⅰ-1-43] 식별자의 주식별자

나. 명칭, 내역 등과 같이 이름으로 기술되는 것은 피함

명칭, 내역 등과 같이 이름으로 기술되는 것들은 가능하면 주식별자로 지정하지 않도록 한다. 예를 들어 한 회사에 부서 이름이 100개가 있다고 하자. 각각의 부서 이름은 유일하게 구별될 수 있다고 하여 이를 주식별자로 지정하지 않도록 해야 한다. 만약 부서 이름을 주식별자로 선정하면, 물리데이터베이스로 테이블을 생성하여 데이터를 읽을 때 항상 부서 이름이 WHERE 조건절에 기술되는 현상이 발생한다. 부서 이름은 많은 경우 20자 이상이 될 수 있으므로 조건절에 정확한 부서 이름을 기술하기는 쉬운 일이 아니다.

이와 같이 명칭이나 내역이 있고 인스턴스들을 식별할 수 있는 다른 구분자가 존재하지 않을 경우는 새로운 식별자를 생성하도록 한다. 보통 일련번호와 코드를 많이 사용한다.

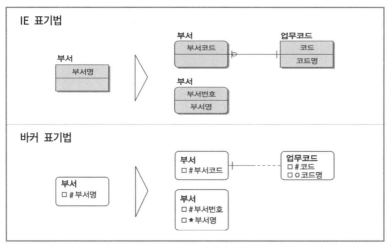

[그림 Ⅰ-1-44] 주식별자-명칭·내역

부서명과 같은 경우는 부서코드를 부여하여 코드엔터티에 등록한 후 부서코드로 주식별자를 지정하는 방법과 부서일련번호(부서번호)를 주식별자로 하고 부서명은 보조식별자로 활용하는 두 가지 방법이 있다.

다. 속성의 수가 많아지지 않도록 함

주식별자로 선정하기 위한 속성이 복합으로 구성되어 주식별자가 될 수 있을 때, 가능하면 주식별자 선정하기 위한 속성의 수가 많지 않도록 해야 한다. 그러나 만약 주식별자로 선정된 속성들이 자신이 가지고 있는 자식엔터티로 부터 손자엔터티·증손자엔터티까지 계속해 상속되는 속성이고, 복잡한 데이터 모델이 구현되어 물리데이터베이스에서 조인으로 인한 성능 저하가 예상되는 모습을 갖고 있다면 속성의 반정규화 측면에서 하나의 테이블에 많은 속성이 있는 것이 인정될 수도 있다. 하지만 일반적으로 주식별자의 속성의 개수가 많다는 것(일반적으로 7~8개 이상)은 새로운 인조식별자(Artificial Identifier)를 생성하여 데이터 모델을 구성하는 것이 데이터 모델을 한층 더 단순하게 하고, 애플리케이션을 개발할 때 조건절을 단순하게 할 수 있는 방법이 될 수 있다.

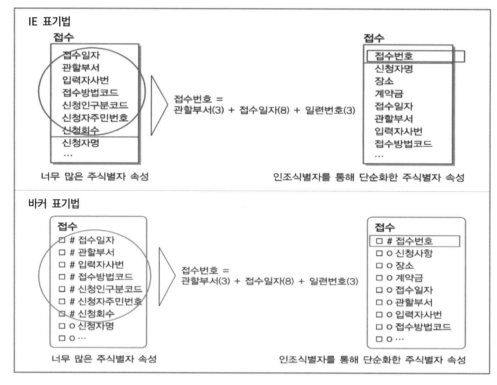

[그림 Ⅰ-1-45] 주식별자-복합속성

[그림 Ⅰ-1-45]는 왼편의 복잡한 주식별자를 임의의 주식별자를 생성하여 단순화한 예를 보여준다. 왼편 그림에서는 접수라는 엔터티에 어떤 부류의 사람이 특정접수방법에 의해 특정 날짜에 여러 번 신청하는 것을 관할 부서에서 접수담당자가 입력한 대로 데이터가 식별될 수 있는 업무 규칙이 있는 경우이다. 접수의 주식별자가 접수일자, 관할부서, 입력자사번, 접수방법코드, 신청인구분코드, 신청자주민번호, 신청횟수 등 7개 이상의 복잡한 속성을 가지고 있다. 이러한 모델의 경우 실제 테이블에 Primary Key는 7개가 생성될 것이다. 만약 특정 신청인의 계약금 하나만 가져온다고 하더라도 다음과 같이 복잡한 SQL 문장을 구사해야 한다.

```
SELECT 계약금
FROM 접수
WHERE 접수.접수일자 = ' 2010.07.15 '
   AND 접수.관할부서 = ' 1001 '
   AND 접수.입력자사번 = ' AB45588 '
   AND 접수.접수방법코드 = ' E '
   AND 접수.신청인구분코드 = ' 01 '
   AND 접수.신청인주민번호 = ' 7007171234567 '
   AND 접수.신청횟수 = ' 1 '
```

이렇게 된 SQL 문장을 접수번호라고 하는 인조식별자로 대체했다고 하면 특정 신청인의 계약금 조회는 다음과 같이 간단하게 할 수 있다.

```
SELECT 계약금
FROM 접수
WHERE 접수.접수일자 = ' 100120100715001 '
```

만약 접수 엔터티가 자식과 손자엔터티를 가지고 있고, 자식과 손자엔터티에 있는 데이터를 서로 조인하여 가져오고자 한다면 아무리 간단한 SQL 문장이라도 쉽게 A4 한 페이지는 넘어갈 것이다. 이렇게 모델 상에 표현하는 문장의 간편성뿐만 아니라 애플리케이션 구성에 있어서도 복잡한 소스 구성을 피하기 위하여 과도한 복합키는 배제 하도록 노력해야 한다.

5. 식별자관계와 비식별자관계에 따른 식별자

가. 식별자관계와 비식별자관계의 결정

외부식별자(Foreign Identifier)는 자기 자신의 엔터티에서 필요한 속성이 아니라 다른 엔터티와의 관계를 통해 자식 쪽에 엔터티에 생성되는 속성을 말한다. 데이터베이스 생성 시에 Foreign Key 역할을 한다. 관계와 속성을 정의하고 주식별자를 정의하면, 논리적인 관계에 의해 자연스럽게 외부식별자가 도출되지만 중요하게 고려해야 할 사항이 있다. 엔터티에 주식별자가 지정되고 엔터티 간 관계를 연결하면 부모쪽의 주식별자를 자식엔터티의 속성으로 내려보낸다. 이때 자식엔터티에서 부모엔터티로부터 받은 외부식별자를 자신의 주식별자로 이용할 것인지, 부모와 연결이 되는 속성으로서만 이용할 것인지를 결정해야 한다.

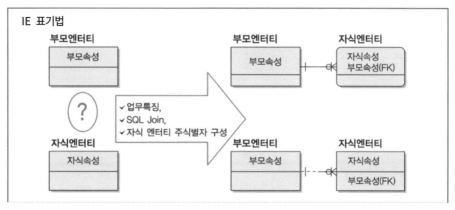

(뒤쪽에 그림 이어짐)

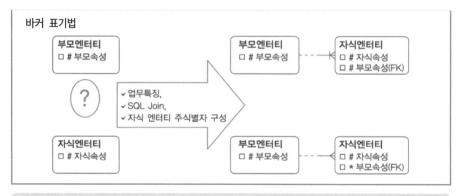

[그림 Ⅰ-1-46] 식별자/비식별자관계 조정

나. 식별자관계

부모로부터 받은 식별자를 자식엔터티의 주식별자로 이용하는 경우는 Null값이 오면 안 되므로 반드시 부모엔터티가 생성되어야 자기 자신의 엔터티가 생성되는 경우다. 부모로부터 받은 속성을 자식엔터티가 모두 사용하고 그것만으로 주식별자로 사용한다면, 부모엔터티와 자식엔터티의 관계는 1:1의 관계가 될 것이다. 만약 부모로부터 받은 속성을 포함하여 다른 부모엔터티에서 받은 속성을 포함하거나 스스로 가지고 있는 속성과 함께 주식별자로 구성되는 경우는 1:M 관계가 된다.

[그림 Ⅰ-1-47] 외부식별자의 주식별자 역할

[그림 Ⅰ-1-47]에서 발령엔터티는 반드시 사원엔터티가 있어야 자신도 생성될 수 있고, 자신의 주식별자도 부모엔터티의 외부식별자 사원번호와 자신의 속성 발령번호로 이루어져 있음을 알 수 있다. 이때 사원과 발령의 관계는 1:M이다. 또한 사원과 임시직사원의 관계와 주식별자를 보면, 임시직사원의 주식별자는 사원의 주식별자와 동일하게 이용되는 경우를 볼 수 있다. 1:1 관계에서 이와 같이 나타난다. 주식별자가 동일하며 엔터티 통합의 대상이 됨을 알 수 있다. 이와 같이 자식엔터티의 주식별자로 부모의 주식별자가 상속되는 경우를 식별자관계(Identifying Relationship)라고 한다.

다. 비식별자관계

부모엔터티로부터 속성을 받았지만 자식엔터티의 주식별자로 사용하지 않고 일반적인 속성으로만 사용하는 경우가 있다. 이과 같은 경우를 비식별자관계(Non-Identifying Relationship)라고 하며 다음의 네 가지 경우에 비식별자 관계에 의한 외부속성을 생성한다.

1) 자식엔터티에서 받은 속성이 반드시 필수가 아니어도 무방하므로 부모 없는 자식이 생성될 수 있는 경우다.
2) 엔터티별로 데이터의 생명주기(Life Cycle)를 다르게 관리할 경우다. 예를 들어 부모엔터티에 인스턴스가 자식의 엔터티와 관계를 가지고 있었지만, 자식만 남겨두고 먼저 소멸될 수 있는 경우가 이에 해당한다. 이에 대한 방안으로 물리데이터베이스 생성 시 Foreign Key를 연결하지 않는 임시적인 방법을 사용하기도 하지만, 데이터 모델상에서 관계를 비식별자관계로 조정하는 것이 가장 좋은 방법이다.
3) 여러 개의 엔터티가 하나의 엔터티로 통합·표현되었는데 각각의 엔터티가 별도의 관계를 가질 때가 이에 해당된다.

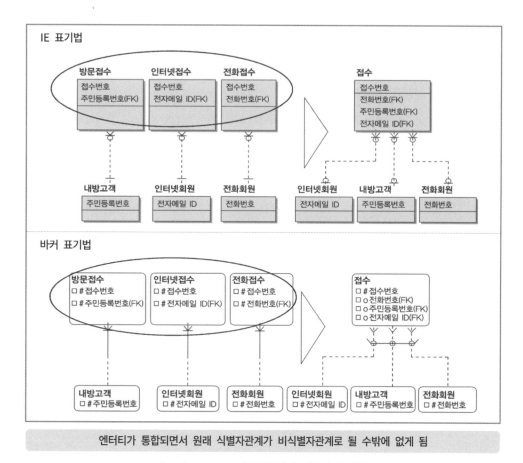

엔터티가 통합되면서 원래 식별자관계가 비식별자관계로 될 수밖에 없게 됨

[그림 Ⅰ-1-48] 외부식별자의 비식별자 역할

[그림 Ⅰ-1-48]은 접수엔터티가 인터넷접수, 내방접수, 전화접수가 하나로 통합되어 표현된 경우에 해당한다. 통합된 엔터티에 각각의 엔터티가 별도의 관계를 가지고 있고, 각각의 관계로부터 받은 주식별자를 접수엔터티의 주식별자로 사용할 수 없는 모습을 보여준다.

　　4) 자식엔터티에 주식별자로 사용하여도 되지만 자식엔터티에서 별도의 주식별자를 생성하는 것이 더 유리하다고 판단될 때, 비식별자관계에 의한 외부식별자로 표현한다.

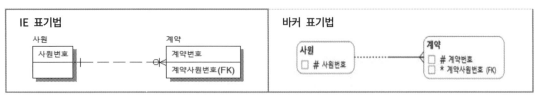

[그림 Ⅰ-1-49] 자식엔터티의 독립 주식별자

[그림 Ⅰ-1-49]는 계약이 반드시 사원에 의해 이루어져 사원번호와 계약번호로 주식별자를 구성할 수 있지만, 계약번호 단독으로도 계약 엔터티의 주식별자를 구성할 수 있으므로 하나만 가지고 있는 것이 더 효율적이라고 판단하여 계약번호만 주식별자로 하고 계약사원번호는 일반속성 외부식별자로서 사용하는 경우이다.

라. 식별자 관계로만 설정할 경우의 문제점

단지 식별자관계와 비식별자관계에 대한 설정을 고려하지 않은 것이 개발의 복잡성을 증가시키는 요인이 될까?

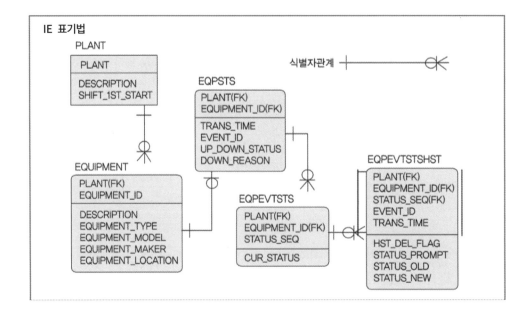

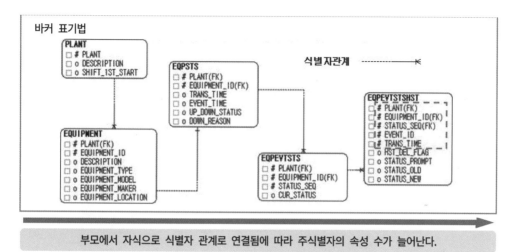

부모에서 자식으로 식별자 관계로 연결됨에 따라 주식별자의 속성 수가 늘어난다.

[그림 Ⅰ-1-50] 식별자관계 연결의 주식별자

[그림 Ⅰ-1-50]의 데이터 모델은 원시 엔터티였던 PLANT의 경우 단지 한 개의 속성만이 PK속성이었다. 하지만 EQPEVTSTSHST 엔터티는 부모로부터 모두 식별자관계 연결로 인해 PK속성의 개수가 무려 5개나 설정될 수밖에 없게 된 사례다.

즉 PLANT 엔터티에는 PK속성 수가 1개이고 관계가 1:M으로 전개되었으므로 자식엔터티는 PLANT 엔터티의 PK속성의 수 + 1이 성립된다. 물론 1개 이상의 속성이 추가되어야 1:M 관계를 만족할 수 있다. 이와 같은 원리에 의해 1:M 관계의 식별자관계의 PK속성의 수는 다음과 같다.

```
원  부모엔터티 : 1개
2대 부모엔터티 : 2개 이상 = 원부모 1개 + 추가 1개 이상 +
3대 부모엔터티 : 3개 이상 = 원부모 1개 + 2대 1개 + 추가 1개 이상
3대 부모엔터티 : 3개 이상 = 원부모 1개 + 2대 1개 + 3대 1개 + 추가 1개 이상
4대 부모엔터티 : 4개 이상 = 원부모 1개 + 2대 1개 + 3대 1개 + 4 1개 + 추가 1개 이상 …
```

이와 같은 규칙에 의해 지속적으로 식별자 관계를 연결한 데이터 모델의 PK속성의 수는 데이터 모델의 흐름이 길어질수록 증가할 수밖에 없는 구조를 갖게 된다.

[그림 Ⅰ-1-50]의 예시 모델에서 EQPEVTSTSHST에 설정된 PK속성을 이용하여 해당 이력의 수리 ITEM과 작업자에 대한 엔터티가 별도로 발생 가능한 모델은 다음 [그림 Ⅰ-1-51]과 같이 PK속성 수가 많은 데이터 모델로 만들 수밖에 없다.

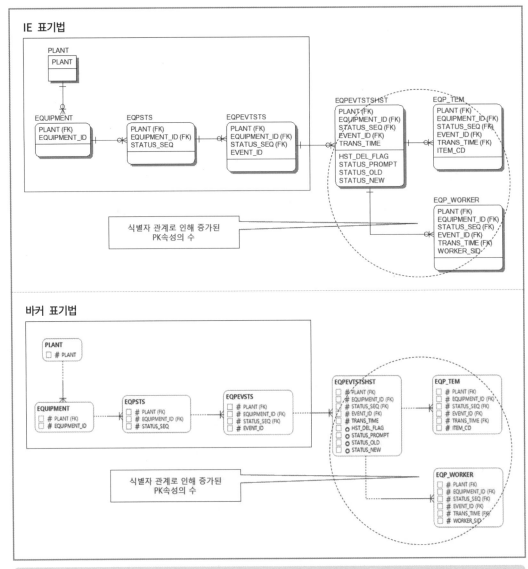

세 개의 테이블에서 정보를 가져오는 SQL 구문을 만들면 어떻게 될까?

[그림 Ⅰ-1-51] 식별자관계 연결의 주식별자

예시 모델의 맨 하위에 있는 EQPEVTSTSHST에서 다시 새로운 엔터티 EQP_ITEM, EQP_WORKER와 관계를 맺고 있을 때, 이 세 개의 엔터티에서 정보를 가져오는 SQL 구문을 작성해 보자.

```
SELECT    A.EVENT_ID,
          A.TRANS_TIME,
          A.HST_DEL_FLAG,
          A.STATUS_PROMPT,
          A.STATUS_OLD,
          A.STATUS_NEW
FROM EQPEVTSTSHST A, EQP_ITEM B, EQP_WORKER C
WHERE     A.PLANT           = B.PLANT
AND       A.EQUIPMENT_ID    = B.EQUIPMENT_ID
AND       A.STATUS_SEQ      = B.STATUS_SEQ
AND       A.EVENT_ID        = B.EVENT_ID
AND       A.TRANS_TIME      = B.TRANS_TIME
AND       B.ITEM_CD         = 'A001'
AND       A.PLANT           = C.PLANT
AND       A.EQUIPMENT_ID    = C.EQUIPMENT_ID
AND       A.STATUS_SEQ      = C.STATUS_SEQ
AND       A.EVENT_ID        = C.EVENT_ID
AND       A.TRANS_TIME      = C.TRANS_TIME
AND       C.WORKER_SID      = 'A012008001'
```

고작 3개 정도의 엔터티를 조인했을 뿐인데 SQL 구문의 WHERE 절이 매우 길어진 것을 확인할 수 있다. 실제로 프로젝트에서는 개발자가 당연히 데이터 모델을 참조하면서 엔터티와 관계를 이용해 개발해야 하는데도 생성된 엔터티 스키마 정보만을 보고 개발하는 경우가 많다. 그런데 위와 같이 조인에 참여하는 주식별자속성의 수가 많을 경우 정확하게 조인관계를 설정하지 않고, 누락하여 개발하는 경우가 간혹 발견되기도 한다.

정리하면 식별자 관계만으로 연결된 데이터 모델의 특징은 주식별자 속성이 지속적으로 증가할 수밖에 없는 구조로서 개발 복잡성과 오류를 유발하는 요인이 될 수 있다는 사실을 기억해야 한다.

마. 비식별자관계로만 설정할 경우의 문제점

일반적으로 각각의 엔터티에는 중요한 기준 속성이 있다. 이 기준속성은 부모엔터티에 있는 PK속성으로부터 상속되어 자식엔터티에 존재하는 경우가 많다. 이러한 속성의 예로 '주민등록번호', '사원번호', '주문번호', '목록번호' 등을 들 수 있다. 이런 속성은 부모엔터티를 조회할 때도 당연히 쓰이지만, 자식엔터티의 데이터를 조회할 때도 해당 조건이 조회의 조건으로 걸리는 경우가 다수다. 그런데 데이터 모델링을 전개할 때 각 엔터티 간의 관계를 비식별자관계로 설정하면 이런 유형의 속성이 자식엔터티로 상속되지 않아 자식엔터티에서 데이터를 처리할 때 쓸데없이 부모엔터티까지 찾아가야 하는 경우가 발생한다.

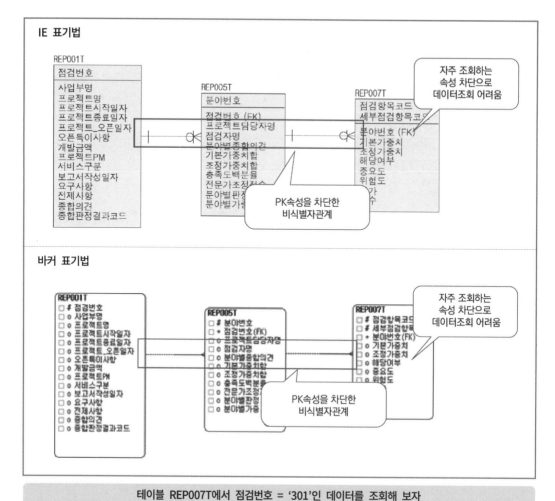

테이블 REP007T에서 점검번호 = '301'인 데이터를 조회해 보자

[그림 Ⅰ-1-52] 비식별자관계

[그림 Ⅰ-1-52]의 예에서는 REP001T, REP005T, REP007T 간의 관계가 비식별자관계로 연결되면서 점검번호, 분야번호 속성이 관계를 타고 자식엔터티로 내려가는 것을 차단하였다. 이러한 모델에서는 만약 위 모델의 맨 하위에 있는 REP007T 엔터티에서 어떤 점검에 대한 정보를 보려고 하면, 불필요한 조인이 다량으로 유발되면서 SQL 구문도 길어지고 성능이 저하되는 현상이 발생한다.

[표 Ⅰ-1-9] 식별자와 비식별자관계 비교

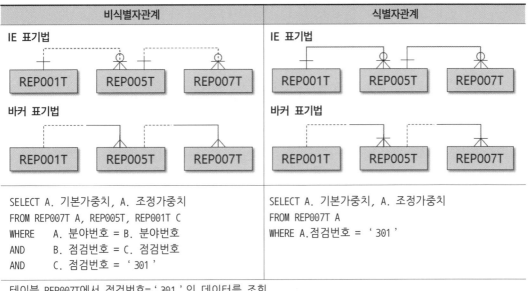

비식별자관계	식별자관계
IE 표기법	IE 표기법
REP001T REP005T REP007T	REP001T REP005T REP007T
바커 표기법	바커 표기법
REP001T REP005T REP007T	REP001T REP005T REP007T
SELECT A. 기본가중치, A. 조정가중치 FROM REP007T A, REP005T, REP001T C WHERE A. 분야번호 = B. 분야번호 AND B. 점검번호 = C. 점검번호 AND C. 점검번호 = ' 301 '	SELECT A. 기본가중치, A. 조정가중치 FROM REP007T A WHERE A.점검번호 = ' 301 '

테이블 REP007T에서 점검번호= ' 301 ' 인 데이터를 조회

[표 Ⅰ-1-9]의 조회 패턴을 보면 고작 점검번호='301' 정도로서 간단하면서도 이 업무에서는 가장 근간이 되는 조회의 패턴 정보로 여겨지는 조건이다. 이 조건은 아마도 웬만한 업무처리에는 많이 포함될 것으로 보이는데 단순하게 걸리는 이 하나의 조회 조건도 왼쪽과 같이 비식별자관계로만 데이터 모델링을 전개하다 보면 SQL 구문에 많은 조인이 걸리게 되고 그에 따라 복잡성이 증가하고 성능이 저하되게 되는 것이다.

오른쪽과 같이 식별자관계를 통해 연결하다보면, 부모의 모든 주식별자 속성을 상속받음으로 인해 맨 하위에 있는 자식엔터티에서 바로 조회의 조건을 이용하여 원하는 정보를 가져올 수 있다. 이 경우는 당연히 성능과 개발 용이성 측면에서는 식별자관계가 우위에 있음을 보여준다.

따라서 이 두 가지 경우에 대해 일정한 규칙을 가지고 데이터 모델링하는 기술이 필요하다. 다음에 제시된 고려사항을 데이터 모델링에 반영한다면 효과적인 데이터 모델을 만들어 내는 데 유용하게 활용할 수 있다.

바. 식별자관계와 비식별자관계 모델링

1) 비식별자관계 선택 프로세스

실제로 프로젝트를 전개할 때 식별자관계와 비식별자관계를 취사선택하여 연결하는 내공은 높은 수준의 기술을 요하고 있다. 특히 식별자관계에서 비식별자관계를 파악하는 기술이 필요하다. 다음 흐름(Flow)에 따라 비식별자관계를 선정한다면 합리적으로 관계를 설정하는 모습이 될 수 있다. 기본적으로 식별자관계로 모든 관계가 연결되면서 다음 조건에 해당할 경우 비식별자관계로 조정하면 된다.

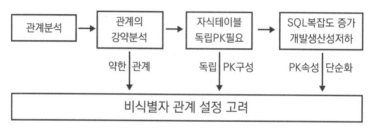

[그림 Ⅰ-1-53] 비식별자관계 설정 고려사항

여기에서 가장 중요한 요인은 자식엔터티의 독립된 주식별자 구성이 필요한지를 분석하는 부분이다. 독립적으로 주식별자를 구성한다는 것은 업무적 필요성과 성능상 필요 여부를 모두 포함하는 의미로 이해하면 된다.

2) 식별자와 비식별자관계 비교

강한 관계인 식별자관계와 약한 관계인 비식별자관계를 비교하면 [표 Ⅰ-1-10]과 같다.

[표 Ⅰ-1-10] 식별자와 비식별자관계 비교

항목	식별자관계	비식별자관계
목적	강한 연결관계 표현	약한 연결관계 표현
자식 주식별자 영향	자식 주식별자의 구성에 포함됨	자식 일반속성에 포함됨
표기법	실선 표현	점선 표현
연결 고려사항	- 반드시 부모엔터티 종속 - 자식 주식별자 구성에 부모 주식별자 포함 필요 - 상속받은 주식별자속성을 타 엔터티에 이전 필요	- 약한 종속관계 - 자식 주식별자 구성을 독립적으로 구성 - 자식 주식별자 구성에 부모 주식별자 부분 필요 - 상속받은 주식별자속성을 타 엔터티에 차단 필요 - 부모쪽의 관계참여가 선택관계

3) 식별자와 비식별자를 적용한 데이터 모델

이러한 기준에 의해 식별자와 비식별자관계가 적절하게 설정된 데이터 모델은 [그림 Ⅰ-1-54]의 사례와 같이 균형감 있게 나타난다.

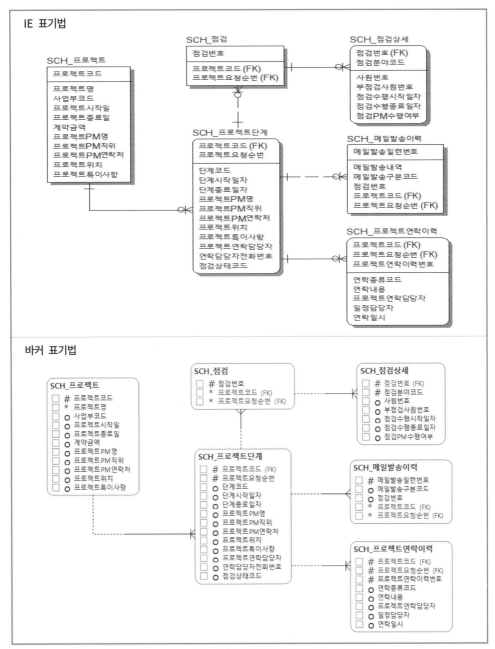

[그림 Ⅰ-1-54] 식별자관계와 비식별자관계의 적절한 선택

상기 모델은 업무의 특성에 따라 식별자관계와 비식별자관계를 적절하게 선택함으로써 데이터 모델의 균형감을
갖추었다고 볼 수 있다.

장 요약

일반적으로 모델링이라는 개념은 자연의 현상이나 업무적인 현상 등에 대해 일정한 표기법에 따라 표현해 형상화하는 것을 의미한다. 즉 설명하기 어려운 현상 등을 약속된 표기법으로 표현하여 어떤 목적을 달성하기 위해 모델링을 한다. 데이터 모델링은 데이터베이스 구축을 위한 분석과 설계의 핵심 도구라 할 수 있다. 데이터 모델링에서 가장 중요한 개념은 엔터티, 속성, 관계이고 이에 대한 단수개념과 집합개념에 따른 개념정립이 필요하다.

데이터베이스를 구축할 때 분석·설계하는 관점에서 엔터티는 '업무에 필요하고 유용한 정보를 저장하고 관리하기 위한 집합적, 영속적으로 존재하는 단위'로 정의할 수 있다. 엔터티를 정의할 때 엔터티로 성립되어야 하는 중요한 특징(예, 속성의 존재, 2개 이상의 값 존재 등)이 있다. 보통 엔터티를 분류할 때 기본엔터티·중심엔터티·행위엔터티로 구분하여 도출하면, 좀 더 쉽게 업무에서 엔터티를 파악할 수 있다.

속성이란 '업무에서 필요로 하는 엔터티에서 관리할 의미상 더이상 분리되지 않는 최소의 데이터 단위'로 정의할 수 있다. 이러한 특성을 속성의 원자성이라고 말하기도 한다. 이는 데이터 모델에서 가장 작은 단위이기 때문이다. 속성은 기본속성·설계속성·파생속성으로 구분할 수 있고, 각각에 따라 데이터 모델링을 할 때 고려해야 할 사항이 조금 다르다고 할 수 있다.

관계란 하나 또는 두 개의 엔터티로부터 인스턴스를 연관시키기 위한 업무적인 이유를 의미한다. 둘 사이를 표현할 때 동사(Verb)로 표현되는 영역이 엔터티와 엔터티의 관계로서 기술될 수 있다. 관계는 엔터티와 엔터티가 존재의 형태로서나 행위로서 서로에게 영향을 주는 형태로 표현된다.

데이터 모델에서 식별자는 주식별자, 보조식별자, 외부식별자 등 여러 개 형식으로 구분된다. 이중 엔터티 여러 개의 인스턴스의 유일성을 확보할 수 있도록 하는 식별자가 주식별자 속성이 되고, 관계를 통해 부모엔터티의 식별자를 받아 자식 쪽에 생성되는 식별자가 외부식별자가 된다. 또한 자식 실체 유형의 식별자로 받을 수도 있고, 식별자가 아닌 일반 속성으로도 받을 수 있다. 식별자를 어떻게 선택하는지에 따라 전체 데이터베이스 구조에 많은 영향을 받으므로 식별자의 특성을 파악한 후에 신중하게 주식별자를 선택할 필요가 있다.

연습문제

문제 1. 다음 중 정보시스템을 모델링할 때 세 가지 관점에 해당하지 않는 것은?
① 업무가 어떤 데이터와 관련이 있는지 분석
② 업무가 실제하는 일은 무엇인지 또는 무엇을 해야 하는지 분석
③ 업무가 처리하는 일의 방법에 따라 데이터가 어떻게 영향을 받는지 분석
④ 업무를 처리할 수 있는 프로그램 구성을 어떻게 해야 하는지 분석

문제 2. 데이터 모델링의 세 가지 중요개념에 속하지 않는 것은?
① 업무가 관여하는 어떤 것(Things)
② 업무가 관여하는 어떤 것의 행위(Events)
③ 업무가 관여하는 어떤 것의 성격(Attributes)
④ 업무가 관여하는 어떤 것의 관계(Relationships)

문제 3. 발생시점에 따라 구분할 수 있는 엔터티의 유형이 아닌 것은?
① 행위엔터티(Active Entity)
② 중심엔터티(Main Entity)
③ 개념엔터티(Conceptual Entity)
④ 기본엔터티(Basic Entity)

문제 4. 이 속성이 없어도 다른 속성을 이용하여 결과를 도출할 수 있는 특징을 가진 속성의 이름은?
① 설계속성(Designed Attribute)
② 파생속성(Derived Attribute)
③ 기본속성(Basic Attribute)
④ 관계속성(Associative Attribute)

문제 5. 다음 중 엔터티의 특징에 포함되지 않는 것은?
① 반드시 해당 업무에서 필요하고 관리하고자 하는 정보여야 한다.
② 유일한 식별자로 식별할 수 있어야 한다.
③ 엔터티는 업무 프로세스에 의해 이용되어야 한다.
④ 엔터티는 반드시 속성이 없어도 된다.

문제 6. 다음 설명이 나타내는 데이터 모델의 개념은 무엇인가?

> 학생이라는 엔터티가 있을 때 학점이라는 속성 값의 범위는 0.0에서 4.0 사이의 실수 값이며, 주소라는 속성은 길이가 20자리 이내의 문자열로 정의할 수 있다.

① 도메인(Domain)
② 용어사전(Word Dictionary)
③ 속성사전(Attribute Dictionary)
④ 시스템카탈로그(System Catalog)

문제 7. 엔터티간 1:1, 1:M과 같이 관계의 기수성을 나타내는 것을 무엇이라 하는가?
① 관계명(Relationship Membership)
② 관계차수(Relationship Degree/Cardinality)
③ 관계선택성(Relationship Optionality)
④ 관계정의(Relationship Definition)

문제 8. 관계를 정의할 때 주요하게 체크해야 하는 사항과 거리가 먼 것은?
① 두 개의 엔터티 사이에 관심 있는 연관규칙이 존재하는가?
② 두 개의 엔터티 사이에 정보의 조합이 발생되는가?
③ 업무기술서, 장표에 관계연결에 대한 규칙이 서술되어 있는가?
④ 업무기술서, 장표에 관계연결을 가능하게 하는 명사(Noun)가 있는가?

문제 9. 식별자의 대체 여부에 따라 분류하는 방식은?
① 주식별자 - 보조식별자
② 내부식별자 - 외부식별자
③ 본질식별자 - 인조식별자
④ 단일식별자 - 복합식별자

문제 10. 다음 개념에 해당하는 관계는 어떤 관계를 설명한 것인가?

> 부모엔터티로부터 속성을 받았지만 자식엔터티의 주식별자로 사용하지 않고 일반적인 속성으로만 사용한다.

① 식별자관계(Identifying Relationship)
② 일반속성관계(Attribute Relationship)
③ 비식별자관계(Non-Identifying Relationship)
④ 외부식별관계(Foreign Key Relationship)

SQL

Professional · Developer

학습목표

- 데이터 모델을 이해하여 SQL 개발 시 필요한 지식 학습
- 이해하기 쉬운 모델과 실무 사례를 바탕으로 SQL 개발 능력 향상

## 제2장

데이터 모델과 SQL

장 소개

데이터 모델을 더 깊게 이해하여 숨겨진 의미를 파악하고 SQL 개발 시 필요한 지식을 습득한다. 일부 내용에는 아직 학습하지 않는 SQL이 포함되어 있지만, 전달하고자 하는 내용에 중점을 두고 2과목 학습 후 다시 한번 읽어보기를 바란다.

장 구성

데이터 모델의 필수적인 정규화부터 SQL 개발 시 반드시 알고 있어야 하는 관계의 유형, 트랜잭션, Null 속성, 인조식별자 등을 이해하기 쉬운 모델의 사례와 함께 제시한다.

제1절 정규화

데이터 모델링에서 정규화(Normalization)는 가장 기초적이지만 필수적으로 이뤄져야 하는 작업이다. 성능을 위해 반정규화를 하기도 하지만, 그 이전에 정규화가 왜 필요한지를 반드시 알아야 한다. 다음 몇 가지 사례를 통해 정규화가 무엇인지와 그 필요성을 알아보자.

1. 제1정규형 : 모든 속성은 반드시 하나의 값을 가져야 한다

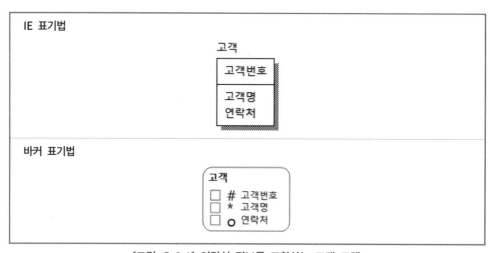

[그림 Ⅰ-2-1] 연락처 정보를 포함하는 고객 모델

제1정규형은 하나의 속성에는 하나의 값을 가져야 하는 것이다. [그림 Ⅰ-2-1] 모델에서 연락처 속성에 다중값(multivalued)이 들어가는 경우를 생각해보자.

[표 Ⅰ-2-1] 고객연락처 데이터

고객번호	고객명	연락처
10000	정우진	02-123-4567,010-1234-5678
10001	한형식	010-5678-2345
10002	황영은	02-345-3456,010-4567-7890

[표 Ⅰ-2-1]과 같이 데이터가 생성된다면 어떤 문제가 발생할 수 있는지 생각해 보자.

• 연락처 정보에서 집전화 번호와 핸드폰 번호를 구별하기가 어렵다.

- A 고객은 집전화가 여러 대고, B 고객은 핸드폰이 여러 대라면 혼재된 속성에서 원하는 속성 값을 추출하기 어렵다.
- 명확하지 않은 속성은 이메일처럼 다른 유형의 데이터를 포함할 수도 있어 본연의 의미가 퇴색될 수 있다.

이와 같이 데이터를 관리한다면 개발의 복잡성은 증가할 것이고, 연락처의 속성은 그 의미가 점차 퇴색될 것이다. 이는 장기적으로 불안정한 데이터 구조를 양산할 것이다. 개발의 오류 및 데이터 품질 문제까지 야기할 수 있다. 그렇다면 [표 Ⅰ-2-1]과 같은 데이터에서는 어떻게 모델을 설계해야 할까?

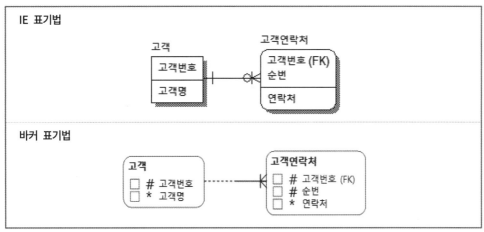

[그림 Ⅰ-2-2] 고객연락처 엔티티를 추가한 고객 모델

[그림 Ⅰ-2-2] 의 모델을 보면 고객연락처라는 엔티티를 추가하여 다중 값에 대한 문제점을 해결하였다. 본 모델의 데이터를 표현하면 [표 Ⅰ-2-2]와 같다.

[표 Ⅰ-2-2] 고객과 고객연락처 데이터

고객번호	고객명
10000	정우진
10001	한형식
10002	황영은

[고객]

고객번호	순번	연락처
10000	1	02-123-4567
10000	2	010-1234-5678
10001	1	010-5678-2345
10002	1	02-345-3456
10002	2	010-4567-7890

[고객연락처]

[표 Ⅰ-2-2] 데이터를 보면 고객의 연락처가 많아져도 아무런 문제가 되지 않는다. 집전화 번호 또는 핸드폰 번호를 구분하고 싶다면, 고객연락처 엔티티에 '연락처구분코드' 속성을 추가하면 된다. '연락처구분코드' 속성을

추가한다면, 이메일 등의 연락처 정보도 수용 가능하다. 이처럼 다중 값을 제거함으로써 속성을 더 명확하게 활용할 수 있다. 이는 곧 개발의 복잡성을 감소시킬 수 있다고 할 수 있다.

제1정규형은 다중 값 말고도 다른 유형의 중복 데이터도 의미할 수 있다. 중복 데이터를 속성으로 분리하면 어떨까?

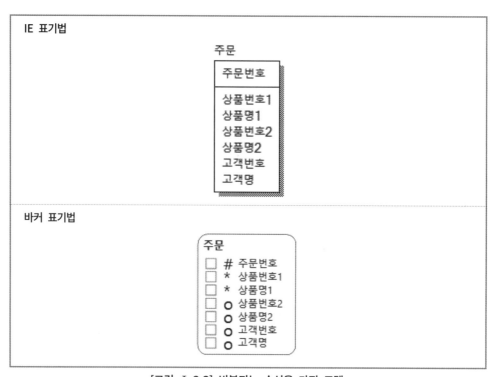

[그림 Ⅰ-2-3] 반복되는 속성을 가진 모델

[그림 Ⅰ-2-3]은 주문 엔터티로 주문이 발생했을 때의 정보를 관리한다. 본 주문 모델을 보고 우려되는 점을 생각해보자.

- 상품을 3개 이상 주문할 수 없다.
- 상품1, 상품2 모두 빠르게 조회하고 싶다면 속성마다 인덱스를 추가해야 한다.

[그림 Ⅰ-2-3] 모델에서는 상품을 2개까지만 주문 할 수 있다. 즉 3개 이상의 상품을 주문할 수 없다. 만일 3개 이상의 상품을 주문하고 싶다면 본 모델에서는 '상품번호3, 상품명3 … 상품번호N, 상품명N'의 속성을 매번 추가해야 할 것이다. 속성을 추가한다는 것은 테이블의 칼럼을 추가하는 것으로 대부분의 DBMS에서 테이블 Lock을 발생시키고, 환경에 따라서는 사이트 중지가 필요할수도 있는 작업이다.

요즘처럼 365일 24시간 서비스를 지속해야 하는 환경에서 모델을 변경하는 작업은 굉장한 제약이 아닐 수 없다. 보통 이런 작업은 정해진 PM(Prevention Maintenance) 시간에 진행하게 된다. 예를 들면 한 달 혹은 일주일에 한 번 트랜잭션(Transaction)이 적은 새벽 시간대에 진행한다. 간혹 새벽에 쇼핑몰 등의 사이트에 접속해보면 '전산 작업중'이라는 메시지와 함께 접근이 불가했던 경험을 떠올려 보자.

또한 상품명1, 상품명2 를 빠르게 조회하기 위해서는 상품번호1, 상품번호2 속성 모두에 인덱스를 추가해야 한다. 인덱스를 추가한다는 것은 조회(SELECT) 속도는 빨라질 수 있으나, 입력·수정·삭제 속도는 느려진다는 것을 고려해야 한다.

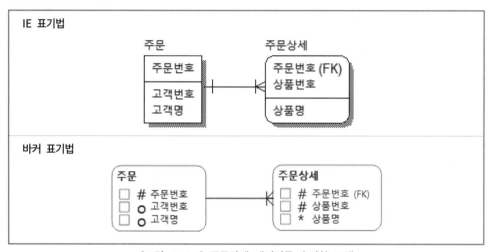

[그림 Ⅰ-2-4] 주문상세 엔터티를 추가한 모델

그럼 어떻게 설계해야 할까? [그림 Ⅰ-2-4]와 같이 주문상세 엔터티를 추가하면 된다. 본 모델에서는 상품을 몇 개를 주문하던 아무런 제약을 받지 않는다. 또한 추가적인 인덱스도 필요 없다. 이와 같은 설계는 단순히 데이터 모델적 설계를 떠나 안정적인 서비스에 기여할 수 있다.

2. 제2정규형 : 엔터티의 일반속성은 주식별자 전체에 종속적이어야 한다

[그림 Ⅰ-2-4]의 모델을 다시 한번 살펴보자. 주문상세 모델을 보면서 이상한 점을 발견했을 수도 있을 것이다. '상품명' 속성이 주식별자가 아닌 오직 상품번호에 대해서만 반복되어 쌓이게 되는 구조라는 점이다. 다음 [표 Ⅰ-2-3]을 보고 확인해보자.

[표 Ⅰ-2-3] 주문상세 데이터

주문번호	상품번호	상품명
1100001	256	SQL 전문가 가이드
1100002	257	데이터아키텍처 전문가 가이드
1100003	256	SQL 전문가 가이드
1100004	256	SQL 전문가 가이드
1100005	258	데이터 분석 전문가 가이드

[표 Ⅰ-2-3]에서 데이터를 확인해보면 'SQL 전문가 가이드'라는 데이터가 반복되는 것을 볼 수 있다. 본 표에서 중복되는 데이터는 상품명 외 상품번호도 존재한다. 하지만 상품번호는 고객이 상품을 주문함으로써 발생하는 매핑 정보로서 의미를 가지고 있다. 주문번호와 함께 주문상세 엔터티의 식별자 의미를 가지고 있기에 중복된 데이터라고 볼 수 없다. 하지만 상품명은 주문번호와는 관계없이 오직 상품번호에 의해서만 결정된다. 이러한 것을 우리는 '종속적이다'라고 한다. 정리하면 상품명은 주문상세의 식별자인 '주문번호+상품번호'가 아닌 오직 상품번호에만 종속적이다. 이를 함수적 종속성으로 표기하면 [그림 Ⅰ-2-5]와 같다.

함수종속성

결정자(DETERMINANT) ⟶ 종속자(DEPENDENT)

종속자는 근본적으로 결정자에 함수적으로 종속성을 가지고 있음

상품번호 → 상품명

상품명은 상품번호에 함수 종속성을 가지고 있음

[그림 Ⅰ-2-5] 함수의 종속성

함수종속성(Functional Dependency)은 데이터들이 어떤 기준값에 의해 종속되는 현상을 지칭한다. 이때 기준 값을 결정자(Determinant)라 하고, 종속되는 값을 종속자(Dependent)라고 한다. 상품명은 상품번호에 종속되어 있기에 종속자이며, 상품번호는 상품명을 결정하기에 결정자이다.

[그림 Ⅰ-2-5]에서 주문상세 엔터티의 상품명은 식별자 전체가 아닌 일부에만 종속적이다. 이를 부분 종속(Partial Dependency)이라 한다. '엔터티의 일반속성은 주식별자 전체에 종속적이어야 한다'는 제2정규형을 위배한 것이다. 이러한 데이터는 어떤 문제점을 가질까?

- 상품명이 변경되고 업무적으로 반영해주어야 한다면, 주문상세의 중복된 상품명을 모두 변경해야 한다. 이때 많이 팔린 상품일수록 주문상세에서 변경해야 할 상품명의 부하도 크게 증가한다.
- 주문상세의 상품명을 변경한다고 해도 특정 시점에는 아직 변경되지 않은 상품이 존재하고, 이때 들어온 트랜잭션은 일관되지 않은 데이터를 조회하게 된다.

결국 데이터 중복은 성능과 정합성에 문제를 발생시킨다. 그렇다면 이를 개선하기 위해서는 어떻게 설계해야 할까?

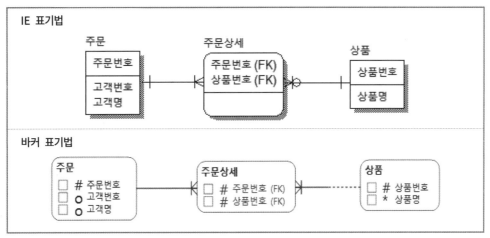

[그림 Ⅰ-2-6] 상품 엔터티를 추가한 모델

상품 엔터티를 추가하여 주문상세 엔터티의 부분 종속성을 제거할 수 있다. 상품명 속성을 상품 엔터티에서 관리하고 상품번호를 매핑키로 활용하여, 상품명을 확인하는 구조로 데이터를 일원화해 관리함으로써 위에서 제시한 문제점을 해결할 수 있다. 이로써 '일반속성은 주식별자 전체에 종속해야 한다'는 제2정규형을 만족하게 된다. 이를 데이터로 확인하면 다음 [표 Ⅰ-2-4]와 같다.

[표 Ⅰ-2-4] 상품과 주문상세 데이터

상품번호	상품명
256	SQL 전문가 가이드
257	데이터아키텍처 전문가 가이드
258	데이터 분석 전문가 가이드

[상품]

주문번호	상품번호
1100001	256
1100002	257
1100003	256
1100004	256
1100005	258

[주문상세]

기존 주문상세 엔터티에서 상품엔터티를 분리하여 상품정보를 관리하도록 하였다. 이렇게 데이터를 관리하면 주문상세 엔터티에서는 상품번호만 들고 있고, 상품번호를 매핑키로 상품 엔터티에서 원하는 상품정보 데이터를 가져올 수 있다. 이를 흔히 조인(Join)이라고 한다. 또한 상품명이 변경되었다면 상품 엔터티에서 데이터를 일원화해 관리하고 있어 중복 데이터에 대한 문제점도 해결할 수 있다.

3. 제3정규형 : 엔터티의 일반속성 간에는 서로 종속적이지 않는다

[그림 Ⅰ-2-6] 모델의 주문엔터티를 살펴보자. 고객번호는 주문번호에 종속적이고, 고객명은 고객번호에 종속적이다. 이는 '고객명이 주문번호에 종속적'임을 의미한다. 이것을 이행적 종속(Transitive Dependency)이라 하고, 이행적 종속을 배제하는 것을 제3정규형이라고 한다. 본 속성들의 함수적 종속성을 표기하면 [그림 Ⅰ-2-7]과 같다.

주문번호 → 고객번호 이고 고객번호 → 고객명 이면 주문번호 → 고객명 이다.

[그림 Ⅰ-2-7] 이행 종속성

고객번호와 고객명 모두 주문번호에 종속하여 제2정규형은 만족하였으나, 고객명이 식별자가 아닌 일반속성에 종속적인 제3정규형 위배에 해당한다. 해당 모델에서 문제점을 생각해보자.

- 만일 고객이 이름을 바꿔 고객명이 변경되었다면, 주문 엔터티에 고객명을 전부 갱신해야 한다. 이는 주문과는 전혀 연관 없는 트랜잭션이다.
- 데이터 중복으로 인해 발생하는 문제는 성능 부하 및 정합성 오류로 제 2차정규형과 동일하다.

고객명 '정세준'에서 '정우진'으로 변경되었다면 주문 엔터티의 '정세준'이라는 고객명을 찾아 '정우진'으로 변경해 주어야 한다. 이때 '정세준' 고객이 주문한 내역이 많다면 성능 부하와 특정 시점에 발생하는 정합성 문제를 내재하고 있는 것이다. 중요한 것은 고객명 변경으로 인해 발생되는 트랜잭션은 주문과는 전혀 상관없는 트랜잭션이다. 즉 주문과 관계없는 트랜잭션을 주문 엔터티가 받을 이유는 없다. 혹 고객명이 변경되는 일은 흔하지 않다라고 생각한다면, 고객명이 아니라 고객주소라고 생각해보자. 고객주소는 고객명보다는 더 자주 변경될 수 있다. 고객주소도 흔하지 않은 경우라면, 고객별명은 어떠한가? 별명은 언제든지 하루에도 수십번씩 변경될 수 있다. 본 모델은 초심자도 이해하기 쉽도록 최대한 명확한 케이스로 설명하겠다.

그렇다면 어떻게 설계해야 할까? 지금까지 패턴을 익혔다면 고객 엔터티를 분리하여 관리해야 한다.

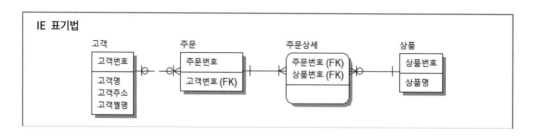

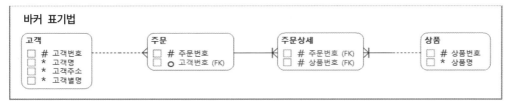

[그림 Ⅰ-2-8] 고객 엔터티를 추가한 모델

[그림 Ⅰ-2-8] 모델의 고객 엔터티를 보면 고객 속성 변경이 주문 엔터티에 영향을 주지 않는 구조다. 또한 데이터 중복에 대한 문제도 개선되었다고 볼 수 있다. 혹시 주문 엔터티에 고객번호가 Null 허용인 것을 의아하게 생각한다면, 비회원도 주문이 가능한 구조라고 이해하면 된다.

데이터 모델에 익숙하다면 애초에 상품 엔터티와 고객 엔터티를 분리해야 한다고 생각했을 것이다. 왜 그렇게 생각을 했을까? 본 모델들은 이해를 돕기 위해 누구나 알 수 있는 쉬운 모델로 설명했다. 만일 비즈니스 도메인이 높은 모델이었어도 엔터티를 분리할 생각을 쉽게 할 수 있을까? 이것을 위해 정규화를 배우는 것이다. 엔터티를 분리해야 하는 기준을 알고 있다면, 더 쉽게 데이터 모델링을 할 수 있다. 개인의 경험치에 기반한 직감적 모델링이 아닌, 근거가 명확한 기준에 의한 모델링은 더 나은 데이터 설계를 가능하게 해준다. 따라서 정규화 작업은 선택이 아닌 반드시 해야 하는 필수다.

또한 정규화는 필수적이지만 무조건적이지는 않다. 상황에 따라서는 반정규화를 진행할 수도 있다. 중요한 것은 기본적으로 정규화를 진행하고 반정규화를 고려해야 한다. 이로써 무분별한 반정규화를 방지하고 무심코 놓칠 수 있는 부분도 챙길 수 있다.

4. 반정규화와 성능

반정규화는 정규화를 반대로 하는 것으로 역정규화라고도 한다. 정규화는 데이터의 중복을 최소화했다면, 반정규화는 성능을 위해 데이터 중복을 허용하는 것이다. 그러므로 성능이 문제될 때 주로 반정규화에 대해 논의하게 된다.

하지만 반정규화가 항상 성능을 향상시킬까? 조회성능을 향상시킬 수 있을지 모르겠으나 그로인한 입력·수정·삭제 성능은 저하될 수 있다. 이 부분을 염두에 두고 반정규화해야 할 것이다.

다음은 사례를 들어 정규화와 반정규화가 성능에 미치는 영향을 살펴본다.

가. 반정규화를 적용한 모델에서 성능이 향상될 수 있는 경우

[그림 Ⅰ-2-9]는 주문과 결제에 대한 모델이다. 본 모델에서 생소한 속성만 설명하면, 주문 엔터티에서 주문상태 코드는 주문 상태에 대한 코드값으로 '주문·취소·반품·교환' 등의 정보를 관리하고, 결제일시 속성은 실제 결제를 진행한 일시정보를 관리한다. 결제 엔터티에서 결제수단구분코드 속성은 '카드결제·계좌이체·핸드폰결제' 등을 관리하는 코드값이다. 결제수단번호 속성은 결제수단구분코드에서 사용한 실제 '카드번호·계좌번호·핸드폰번호' 등을 관리하는 속성값이다.

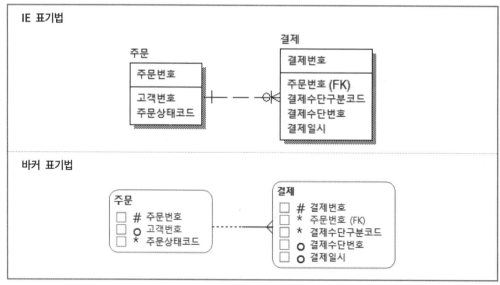

[그림 Ⅰ-2-9] 정규화 모델 성능 저하

본 모델에서 다음과 같은 요건을 생각해보자. 고객의 편의를 위해 주문서 작성 시 최근 결제 정보를 미리 세팅하여 보여주고 싶다. 실제로 쇼핑몰에 들어가 보면, 최근 사용한 결제 정보가 자동으로 세팅되는 곳이 많다. 이는 고객 경험을 위해 많이 하는 방법이다. 최근 신용카드 정보를 미리 세팅하는 요건일 경우 다음과 같은 SQL을 작성하게 된다.

```
SELECT A.결제수단번호
   FROM (SELECT B.결제수단번호
           FROM 주문 A, 결제 B
          WHERE A.주문번호 = B.주문번호
            AND A.고객번호 = 1234
            AND B.결제수단구분코드 = ' 신용카드 '
          ORDER BY B.결제일시 DESC
        ) A
 WHERE ROWNUM = 1;
```

본 SQL문은 고객번호가 1234인 고객의 주문정보를 결제 테이블과 조인으로 가져온 후, 신용카드 결제 정보를 결제일시로 내림차순 정렬해 최근 1건의 결제수단번호를 가져오는 SQL이다. 이와 같은 SQL에서는 어떤 성능 문제가 있을까?

1234 고객의 주문 내역이 많을수록 성능이 나빠지는 문제가 존재한다. 최종결과는 1건을 가져오지만, 주문내역이 많을수록 해당 주문테이블과 결제테이블의 조인 건수가 증가하게 되며, 조인된 결제정보를 모두 읽고 내림차순 정렬하여 최근 1건의 데이터를 가져온다. 즉 주문내역이 많을 수록 조인에 대한 부하가 증가하여 성능이 나빠지는 구조다.

그렇다면 어떻게 개선할 수 있을까? 결제 엔터티에 고객번호 속성을 반정규화함으로써 조인에 대한 성능 부하를 개선할 수 있다.

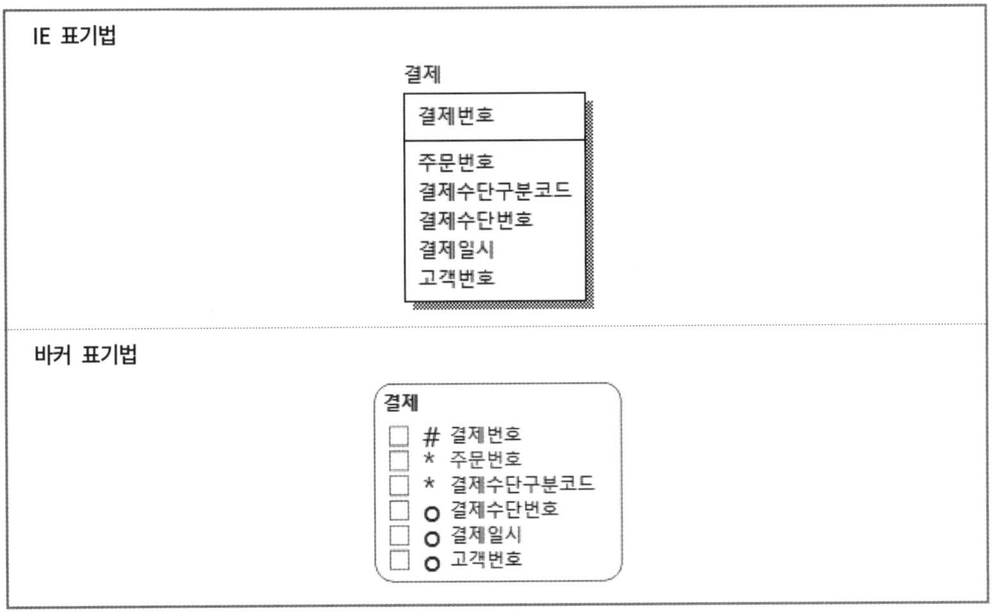

IE 표기법

결제

결제번호
주문번호
결제수단구분코드
결제수단번호
결제일시
고객번호

바커 표기법

결제
- \# 결제번호
- * 주문번호
- * 결제수단구분코드
- O 결제수단번호
- O 결제일시
- O 고객번호

[그림 Ⅰ-2-10] 반정규화 모델 성능개선

[그림 Ⅰ-2-10] 모델은 결제 엔터티에 고객번호 속성을 반정규화하였다. 수정된 SQL은 다음과 같다.

```
SELECT A.결제수단번호
   FROM (SELECT A.결제수단번호
           FROM 결제 A
          WHERE A.고객번호 = 1234
            AND A.결제수단구분코드 = '신용카드'
          ORDER BY A.결제일시 DESC
        ) A
  WHERE ROWNUM = 1;
```

결제 테이블에 '고객번호+결제수단구분코드+결제일시'로 인덱스를 생성하고 'Index Range Scan Descending'으로 최종 1건의 데이터만 읽어 결제수단번호를 가져올 수 있다. 최적의 SQL로 성능 부하를 극적으로 개선할 수 있다.

이처럼 정규화가 항상 정답인 것만은 아니다. 요건에 따라서는 반정규화를 진행할 수도 있다. 하지만 반정규화를 남용한다면, 자칫 더 큰 문제를 야기할 수 있다. 기본적으로 정규화를 고려하고 반정규화가 꼭 필요한 대상인지를 검증하고, 다른 방법은 없는지를 검토한 후 반정규화를 적용해야 한다. 즉 반정규화는 꼭 필요할 때에만 적용해야 한다.

나. 반정규화를 적용한 모델에서 성능이 저하될 수 있는 경우

반정규화는 항상 빠른 성능을 보장할까? 실무에서 자주 듣는 소리 중 하나는 '조인을 하면 성능이 느려진다'라는 말이다. 한 개의 테이블을 읽어서 데이터를 가져오는 것이 두 개의 테이블을 조인하여 데이터를 가져오는 것보다 조금이라도 빠르기는 할 것이므로 이런 관점에서 본다면 일리가 있다.

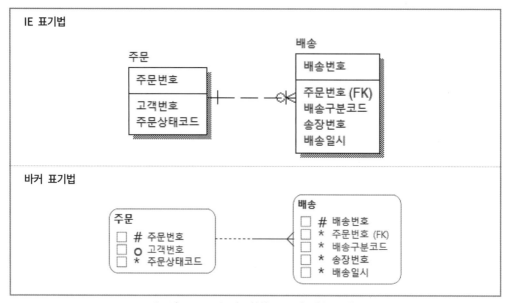

[그림 I-2-11] 정규화한 주문과 배송 모델

하지만 과연 장점만 있는 것일까? 단점은 없는 걸까? [그림 I-2-11]은 주문과 배송에 대한 모델이다. 업무적으로 생각해보면, 고객이 주문하면 이후 판매자가 배송을 한다. 대부분의 쇼핑몰은 고객이 주문한 주문내역에 대해 배송정보를 조회할 수 있는 기능을 갖추고 있다. 즉 현재 내가 주문한 상품이 어디쯤 배송되었는지를 조회할 수 있는 화면이다.

이런 화면은 어떻게 구현할 수 있을까? 우선은 고객이 주문한 주문정보가 필요할 것이고, 주문한 상품의 송장번호가 필요하다. 송장번호는 판매자가 고객의 상품을 배송하기 위해 택배사로부터 전달받은 번호다. 흔히 택배박스 스티커에서 확인할 수 있다. 그럼 해당 쇼핑몰에서는 송장번호를 택배회사에 전달하여 현재 어디쯤 배달됐는지에 대한 정보를 요청하고, 수신된 데이터를 고객에게 보여준다.

위와 같은 요건을 개발한다고 생각해보자. 주문정보는 주문 엔터티에서 가져올 수 있고, 송장번호는 배송 엔터티에서 가져올 수 있다. 즉 주문과 배송 엔터티를 함께 조인해야 한다. 하지만 성능을 위해 주문 엔터티에 송장번호를 반정규화하였다.

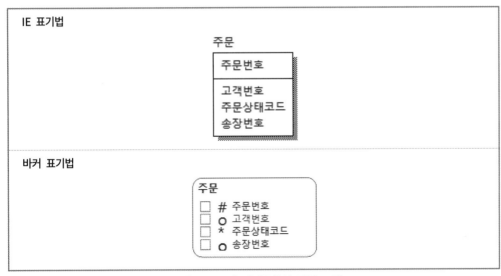

[그림 Ⅰ-2-12] 반정규화한 주문 모델

[그림 Ⅰ-2-12]의 주문 엔터티에 송장번호를 반정규화하면, 배송 엔터티와 조인을 하지 않아도 된다. 조인을 제거하였기에 더 빠른 성능을 확보할 수 있다.

하지만 반정규화가 과연 장점만 존재할까? 다시 업무 프로세스를 생각해보자. 고객이 주문하면 판매자가 배송을 진행한다고 앞서 설명하였다. 이 말은 고객이 주문하는 시점에는 송장번호를 알 수가 없다는 뜻이다. 고객이 주문을 하였다고 해서 판매자가 바로 배송하지는 않는다. 재고 소진으로 판매자 취소가 발생할 수도 있다. 무엇보다 송장번호는 택배사에게 부여받는 번호이기 때문이다. 고객의 주문이 완료되면, 판매자는 보통 하루에 2~3번 정도 자신에게 들어온 주문을 확인한다. 상품페이지에서 'xx시까지 주문한 상품은 당일 발송을 진행합니다'라는 문구를 떠올리면 된다. 판매자가 주문정보를 보고 상품을 포장하여 택배 박스에 담아야 비로소 송장번호를 받을 준비가 끝난다. 즉 주문과 동시에 송장번호는 알 수 없다. 그렇다면 [그림 Ⅰ-2-12] 주문 모델의 송장번호는 주문 시점에는 NULL 데이터가 들어가며, 배송준비가 완료되어야 송장번호를 갱신(UPDATE)할 수 있게 된다.

반정규화를 하기 전에는 없었던 갱신(UPDATE) 로직이 새로 추가되었다. 그럼 이런 고민이 필요하다. 조회 (SELECT) 성능 향상을 위해 불필요한 갱신(UPDATE) 로직을 추가해야 할까? 정규화한 [그림 Ⅰ-2-11] 모델에 적절한 인덱스가 구성되었다고 하면, 반정규화한 [그림 Ⅰ-2-12] 모델이 가지는 이점은 사실 굉장히 미미할 것이다. 이러한 이점을 위해 불필요한 갱신(UPDATE) 로직을 취해야 할까? 일반적인 상황이라면 '배보다 배꼽이 더 큰 경우'가 대부분일 것이다. 특히 요즘처럼 AWS와 같은 클라우드 환경에서 운영되는 시스템이라면 이런 불필요한 로직으로 인해 과금이 늘어나게 된다는 것도 유의해야 할 것이다.

그래서 반정규화는 꼭 필요할 때 적용해야 한다. 반정규화는 데이터 불일치로 인한 정합성 문제뿐 아니라, 불필요한 트랜잭션으로 인한 성능 문제를 만들어내기 때문이다. 조회 성능에서 미미한 이점을 취하고, 불필요한 갱신으로 인해 또 다른 성능을 손해본다면 이는 합리적인 판단이라고는 할 수 없다. 반정규화는 '그럼에도' 진행해야 할 만한 근거가 뒷받침될 때 비로소 진행해야 한다.

제 2 절 관계와 조인의 이해

관계(Relationship)는 사전적으로 정의하면 '상호 연관성이 있는 상태'라고 1과목 4절에서 정의하였다. 이는 어떤 의미일까? 현상적으로 본다면, 관계를 맺는 것은 부모의 식별자를 자식에게 상속시키는 행위다. 이때 부모의 식별자를 자식의 식별자에 포함하면 식별관계, 부모의 식별자를 자식의 일반속성으로 상속하면 비식별관계라고 하였다. 즉 관계를 맺는다는 건 식별자를 상속하고, 상속된 속성을 매핑키로 활용하여 데이터를 결합해 볼 수 있다는 의미다. 이를 SQL에서는 조인(Join)이라 한다.

SQL을 학습자들의 첫 난관이 조인이다. 조인에 대한 개념을 상당히 낯설어 한다. 이는 관계의 개념을 정확히 이해하지 못해서 일 수 있다. 엔터티 간 관계를 맺는다는 것은 데이터를 연결해서 볼 수 있음을 의미한다. 그래서 관계라는 선으로 이어준다. 두 데이터 집합 간 연결고리, 즉 매핑키를 통해 데이터를 연결할 수 있기 때문이다.

1. 조인

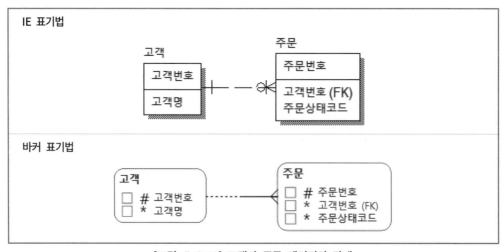

[그림 Ⅰ-2-13] 고객과 주문 엔터티의 관계

[그림 Ⅰ-2-13] 의 모델은 고객과 주문 엔터티가 관계를 맺고 있는 모습이다. 1장에서 배운 내용을 토대로 본 모델을 읽어보자. 고객 엔터티의 입장에서는 '한 명의 고객은 여러 번 주문할 수 있다', 주문 엔터티 입장에서는 '각각의 주문은 반드시 한 명의 고객에 의해 발생된다' 정도로 이해할 수 있다. 관계를 맺음으로 생기는 현상은 고객 엔터티의 식별자인 고객번호를 주문 엔터티에 상속시킨 것이다. 즉 관계를 맺는다는 것은 식별자를 상속시키고 해당 식별자를 매핑키로 활용해 데이터를 결합하여 보겠다는 것이다.

[표 Ⅰ-2-5] 고객과 주문 데이터

고객번호	고객명
100	정우진
101	한형식
102	황영은

[고객]

주문번호	고객번호	주문상태코드
1100001	100	주문완료
1100002	101	주문완료
1100003	101	취소요청
1100004	102	환불요청
1100005	100	교환완료

[주문]

[표 Ⅰ-2-5]의 주문 데이터의 [고객] 데이터에서 고객번호를 상속시킨 것을 볼 수 있다. 주문번호가 1100001인 주문의 고객명은 누구인가? '정우진'이라는 고객일 것이다. 우리는 '정우진' 고객명을 어떻게 알 수 있었을까? 이를 풀어보면 다음과 같다.

① 주문 데이터에서 주문번호가 1100001인 데이터를 찾는다.
② 주문번호가 1100001 데이터의 행에서 고객번호가 100임을 확인한다.
③ 고객 데이터에서 고객번호가 100인 데이터를 찾는다.
④ 고객번호가 100인 데이터의 행에서 고객명인 '정우진'이라는 것을 확인한다.

아마도 위와 같은 순서로 고객명을 찾았을 것이다. 너무도 자연스럽고 당연한 일이다. 이것이 바로 관계를 활용한 조인이다. 관계에 의해 상속된 고객번호라는 속성을 가지고 주문 데이터에서 매핑키로써 고객명을 찾아냈다. ②번과 ③번이 조인이고, 고객번호가 바로 조인키(Join Key)다. 이를 SQL로 작성하고, 앞 순서와 연결해 본다면 다음과 같을 것이다.

```
SELECT B.고객명                      ...................... ④
  FROM 주문 A, 고객 B
 WHERE A.주문번호 = ' 1100001 '       ...................... ①
   AND A.고객번호 = B.고객번호        ...................... ②, ③
```

주문 데이터를 통해 고객명을 찾은 방식과 동일하게 SQL도 작성된다. 관계와 조인에 대해 어느 정도 개념이 잡혔다면 이제 다른 유형의 관계에 대해 알아보자.

2. 계층형 데이터 모델

일반적인 관계는 [그림 Ⅰ-2-13]처럼 두 엔터티 간에 발생한다. 하지만 자기 자신에게 관계가 발생하는 경우도 있다. 생소하게 느껴질 수도 있지만, SQL을 공부했다면 익히 알고 있는 모델이다.

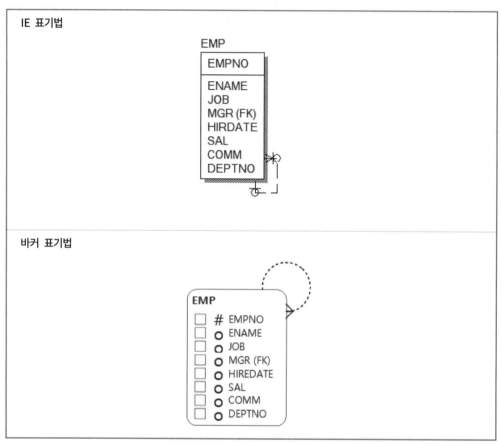

[그림 Ⅰ-2-14] 계층형 데이터 모델 관계 표현

[그림 Ⅰ-2-14]은 Sample Schema로 제공되는 EMP(사원) 모델이다. SQL을 공부할 때 자주 등장하는 모델이다. 주로 EMP와 DEPT 모델을 활용하여 여러 실습을 진행했을 것이다. 하지만 EMP 모델이 계층형 데이터 모델(Hierarchical Data Model)이라는 사실을 대부분 간과한다. 계층형 데이터 모델에 대한 이해 없이 SQL을 공부하다 계층형 쿼리(Connect By절)를 만나면 또 한번 난관에 봉착하게 된다.

계층형 데이터 모델이란 무엇일까? 말 그대로 계층 구조를 가진 데이터를 지칭하는 것이다. 비교적 익숙한 EMP 모델을 기반으로 알아보자.

[표 I-2-6] EMP(사원) 데이터

EMPNO	ENAME	JOB	MGR	HIREDATE	SAL	COMM	DEPTNO
7369	SMITH	CLERK	7902	1980-12-17	800		20
7499	ALLEN	SALESMAN	7698	1981-02-20	1600	300	30
7521	WARD	SALESMAN	7698	1981-02-22	1250	500	30
7566	JONES	MANAGER	7839	1981-04-02	2975		20
7654	MARTIN	SALESMAN	7698	1981-09-28	1250	1400	30
7698	BLAKE	MANAGER	7839	1981-05-01	2850		30
7782	CLARK	MANAGER	7839	1981-06-09	2450		10
7788	SCOTT	ANALYST	7566	1987-04-19	3000		20
7839	KING	PRESIDENT		1981-11-17	5000		10
7844	TURNER	SALESMAN	7698	1981-09-08	1500	0	30
7876	ADAMS	CLERK	7788	1987-05-23	1100		20
7900	JAMES	CLERK	7698	1981-12-03	950		30
7902	FORD	ANALYST	7566	1981-12-03	3000		20
7934	MILLER	CLERK	7782	1982-01-23	1300		10

[표 I-2-6]에서 주목해야 할 속성은 MGR이다. MGR 속성은 각 사원 관리자의 사원번호를 의미한다. 즉 'SMITH'의 관리자는 사원번호가 7902인 'FORD'가 된다. 그럼 'FORD'의 관리자는 누구일까? 사원번호가 7566인 'JONES'다. 관리자를 찾아가는 과정이 낯익지 않은가? 이 또한 위에서 언급한 조인이다. 이를 SQL로 표현하면 다음과 같다.

```
SELECT B.ENAME                ················································ ④
  FROM EMP A, EMP B
 WHERE A.ENAME = ' SMITH '    ················································ ①
   AND A.MGR = B.EMPNO        ················································ ②, ③
```

① EMP A에서 ENAME가 'SMITH'인 데이터를 찾는다.
② EMP A에서 ENAME가 'SMITH' 데이터의 행에서 MGR이 7902라는 것을 확인한다.
③ EMP B에서 EMPNO가 7902인 데이터를 찾는다.
④ EMP B에서 EMPNO가 7902인 데이터의 행에서 ENAME가 'FORD'라는 것을 확인한다.

이전과 다른 점은 자기 자신을 조인했다는 것이다. 이를 우리는 셀프조인(Self-Join)이라고 한다. 이처럼 조인이 가능한 이유는 무엇일까? [그림 I-2-15] 모델을 보면, 자기 자신에서 관계를 맺은 것을 볼 수 있다. 관계를 맺으면 식별자를 상속한다고 했다. 본 모델에서는 상속된 식별자가 바로 MGR 속성이다. 속성명만 다를 뿐 MGR 속성에는 EMPNO가 들어간다. 이를 매핑키로 활용하여 조인할 수 있는 것이다.

즉 계층형 데이터 모델은 데이터 간의 계층이 존재할 때 발생하는 모델이라 할 수 있다. EMP 데이터를 더 직관적으로 표현하면 다음과 같다.

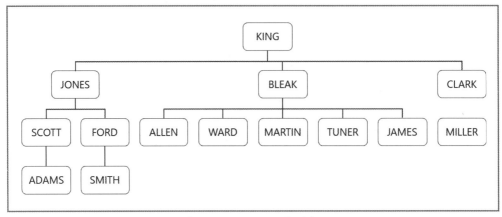

[그림 Ⅰ-2-15] EMP 모델 계층구조

애초에 EMP 데이터는 계층이 존재하는 데이터이기에 일반적인 모델과는 다른, [그림 Ⅰ-2-15] 유형의 관계가 표현된다. 이러한 데이터가 생소하지만 실제 업무에 꽤나 녹아 있기에 이러한 모델이 존재한다. 다른 예로 쇼핑몰에는 카테고리 정보가 대표적이다.

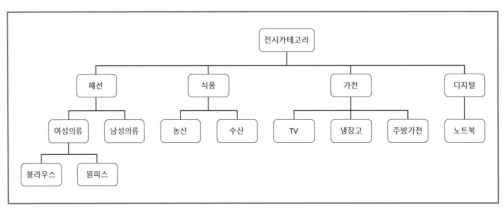

[그림 Ⅰ-2-16] 카테고리 모델 계층구조

[그림 Ⅰ-2-16]의 카테고리 모델은 전체가 아닌 일부 데이터만 표현하였지만, 익숙하게 경험해본 데이터일 것이다. 계층형 데이터 모델은 특수한 경우에만 발생하는 희귀한 모델은 아니다. 즉 업무에 따라 충분히 만날 수 있는 모델이기에 개념을 명확하게 알고 있어야 한다. 그래야 계층형 쿼리(Connect By절)를 만났을 때 당황하지 않고 학습할 수 있다. 계층형 쿼리가 어려웠다면, 아마도 계층형 구조에 대한 개념을 모르고 접했기 때문일 것이다.

3. 상호배타적 관계

상호 배타적(Exclusive-OR) 관계는 업무에 따라 얼마든지 만날 수 있으므로 개념 정도는 숙지하고 있어야 한다. 내용을 알고 나면 사실 별로 어렵지 않다.

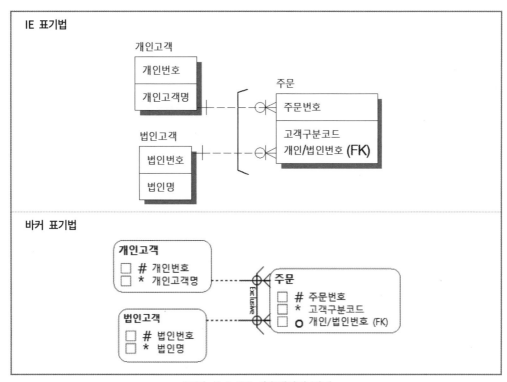

[그림 Ⅰ-2-17] 상호배타적 관계

[그림 Ⅰ-2-17] 모델은 개인, 법인고객이 존재하는 모델에서 주문과의 상호배타적 관계를 표현하고 있다. IE 표기법에서는 상호배타적 관계 표기를 지원하지 않아 괄호와 유사한 선을 직접 그려준다. 본 모델에서는 관계의 배타적관계로서 주문 엔터티에는 개인 또는 법인번호 둘 중 하나만 상속될 수 있음을 의미한다. 즉 주문은 개인고객이거나 법인고객 둘 중 하나의 고객만이 가능하다. 이를 데이터로 보면 더 명확하게 이해할 수 있다.

[표 Ⅰ-2-6] 주문 데이터

주문번호	고객구분코드	개인/법인번호
1100001	01	1234
1100002	02	1122334455
1100003	01	1356
1100004	01	2556
1100005	02	2233445566

[주문]

[표 Ⅰ-2-6]의 주문 데이터를 보면, 개인/법인번호는 개인고객 또는 법인고객의 식별자가 상속된 값이다. 이때 고객구분코드의 값을 통해 개인고객의 식별자가 상속되었는지, 법인고객의 식별자가 상속되었는지를 나타낸다(고객 구분코드 01: 개인고객, 02: 법인고객).

그렇다면 [표 Ⅰ-2-6]에서 주문번호가 1100001인 주문의 주문자명을 보여주고 싶을 때는 SQL을 다음과 같이 작성해야 한다.

```
SELECT B.개인고객명
  FROM 주문 A, 개인고객 B
WHERE A.주문번호 = 1100001
   AND A.고객구분코드 = ' 01 '
   AND A.개인/법인번호 = B.개인번호
UNION ALL
SELECT B.법인명
  FROM 주문 A, 법인고객 B
WHERE A.주문번호 = 1100001
   AND A.고객구분코드 = ' 02 '
   AND A.개인/법인번호 = B.법인번호
```

고객구분코드를 알 수 있다면 명확하게 개인고객 또는 법인고객 테이블을 선택하여 하나의 테이블만 조인하여 SQL을 작성할 수 있다. 그렇지 않은 경우라면 위와 같은 SQL이 최선일 것이다. 이때 주의할 점은 개인번호와 법인번호에 중복이 발생되어서는 안 된다는 것이다. 법인번호는 10자리이므로 개인번호가 십억 명을 초과하지 않는 다면 문제가 되지 않겠지만, 만일 그 이상이 된다면 2건의 데이터가 출력될 수 있다. 이에 해당하는 경우라면 반드시 고객구분코드 값을 변수로 받아야 할 것이다. 또한 어차피 개인번호와 법인번호가 중복되지 않는다는 전제가 있다면 다음과 같은 SQL도 가능하다.

```
SELECT COALESCE(B.개인고객명, C.법인명) 고객명
  FROM 주문 A LEFT OUTER JOIN 개인고객 B
    ON (A.개인/법인번호 = B.개인번호) LEFT OUTER JOIN 법인고객 C
    ON (A.개인/법인번호 = C.법인번호)
WHERE A.주문번호 = 1100001;
```

개인번호와 법인번호는 중복되지 않기에 아우터 조인으로 연결하였다. 둘 중 하나는 조인에 성공하기 때문에 위와 같이 SQL을 작성해도 무방하다. 단 SELECT 절에서는 조인되는 테이블의 고객명을 가져와야 하기에 COALESCE 함수를 사용하였다. 두 방식의 SQL 차이점을 생각해보면, UNION ALL을 사용한 첫 번째 SQL은 만일 조인되는 결과가 없다면 공집합(NO ROWS)을 출력할 것이다. 아우터 조인을 활용한 두 번째 SQL은 조인되는 결과가 없다면 NULL값을 가진 한 건의 ROWS(NULL ROWS)를 출력하게 된다. 모델 상으로는 반드시 둘 중 하나의 값을 가져야 하지만, 데이터 품질문제로 이와 같은 결과가 출력될 수도 있으니 이 역시 SQL 작성 시 고려해야 할 사안이다. 이처럼 모델을 정확히 이해하고 SQL을 작성하는 습관을 길러야 한다.

제 3 절 모델이 표현하는 트랜잭션의 이해

트랜잭션은 데이터베이스의 논리적 연산단위다. 흔히 계좌이체를 많이 설명하는데, 이보다 더 적합한 사례는 찾아보기가 힘들다. 돈을 보내는 사람의 계좌에서 이체금액을 차감하고, 돈을 받는 사람의 계좌에 이체금액을 가산한다. 즉 계좌이체라는 업무는 이러한 2가지 단계로 진행되며, 데이터 정합성을 위해 위 작업은 전부 실행되든지 아니면 전부 취소되든지 해야 한다. 즉 하나의 업무 단위로 묶여서 처리돼야 한다는 것이고 이러한 업무 단위를 트랜잭션이라고 한다. 여기까지는 익히 알고 있는 내용이다. 그렇다면 업무적으로 발생되는 트랜잭션 말고 모델에도 트랜잭션이 발생할 수 있다는 것을 알고 있는가? 데이터 모델링 진행 시에도 트랜잭션을 표현할 수 있다.

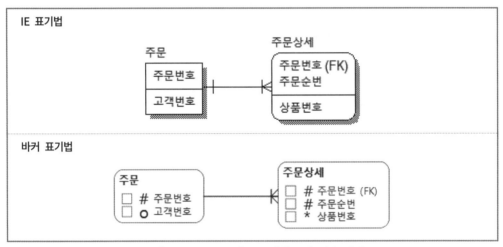

[그림 Ⅰ-2-18] 주문과 주문상세 모델 필수 관계

고객이 상품을 구매하면서 발생하는 것이 주문이다. 또한 하나의 주문은 여러 개의 상품을 구매할 수 있다. 이에 대한 모델이 [그림 Ⅰ-2-18]이다. 그렇다면 주문과 주문상세의 데이터는 함께 발생되는지, 아니면 독립적으로 발생되는지를 생각해보아야 한다. IE 표기법에서는 필수적인(Mandatory) 관계일 경우 관계선 끝에 원을 붙이지 않는다. 바커 표기법은 필수일 경우 관계선을 실선으로 표기한다. 즉 본 모델은 주문이 발생하면 주문상세 데이터도 함께 발생된다는 의미다.

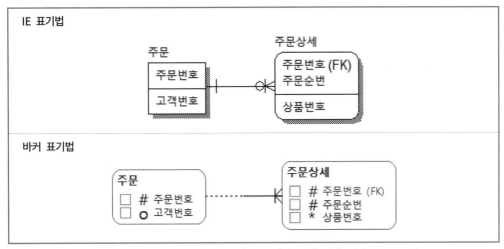

[그림 Ⅰ-2-19] 주문과 주문상세 모델 선택 관계

[그림 Ⅰ-2-19] 모델은 주문과 주문상세 모델의 관계가 선택적임을 표현하고 있다. 이는 주문에 대해 주문상세 데이터가 없을 수도 있다는 것이다. 주문만하고 상품을 구매하지 않을 수 있을까? 일반적인 쇼핑몰 업무라면 그럴 수는 없을 것이다. 애초에 주문은 고객이 상품을 구매함으로써 발생되기 때문이다. 이처럼 관계선택사양은 매우 중요한 정보를 보여주고 있지만, 실제로 주문 모델을 보면 위와 같이 주문과 주문상세를 선택적 관계로 표현하는 모델을 자주 볼 수 있다. 왜 이런 일이 발생하는지 추측해보면 대부분의 관계는 선택적인 경우가 더 많을 것이다. 이에 따라 대부분의 모델링 툴에서는 선택적 관계 표현이 기본 설정이다. 모델 작성자는 이를 꼭 인지하고, 습관적으로 관계의 선택사양을 간과하고 있는지 고려해봐야 한다.

일반적인 쇼핑몰 모델에서 주문과 주문상세는 [그림 Ⅰ-2-18]이 올바른 모델이라고 할 수 있다. 그렇다면 본 모델은 어떻게 개발해야 할까? 주문과 주문상세의 데이터가 태생적으로 동시에 발생된다면, 당연히 계좌이체의 경우처럼 하나의 트랜잭션으로 묶어서 처리해야 한다.

여기서 트랜잭션을 하나로 묶는다는 것은 어떻게 처리해야 한다는 것일까? All or Nothing인 원자성이 보장되도록 개발을 해야 한다는 것이다. 즉 커밋(Commit)의 단위를 하나로 묶어야 함을 의미한다. 그래야만 트랜잭션은 전체가 실행되거나 혹은 전체가 취소될 수 있다.

```
// A → B 계좌이체
Step1. 계좌이체API{잔고수정(고객번호=>A, 수정값=>현재잔고-이체금액);
              잔고수정(고객번호=>B, 수정값=>현재잔고+이체금액);
              commit();}
```

위 의사코드(Pseudo Code)는 A 고객이 B 고객에게 계좌이체하는 것을 표현한 것이다. 계좌이체를 하기 위해서는 먼저 A 고객의 잔고에서 이체금액을 차감하고, B 고객의 잔고에 이체금액을 가산해야 한다. 중요한 것은 잔고를 차감하고 가산하는 단계가 모두 완료된 후에 커밋을 수행하는 것이다. 잔고 차감/가산 단계가 모두 성공해야지만 커밋이 수행되어 정상적인 데이터를 반영할 수 있다.

그렇다면 과연 현장에서는 이렇게 개발하고 있을까? 재사용성이라는 이유로 또는 API 개발 패턴으로 인해 모든 트랜잭션의 SQL을 낱개로 뜯어내고 있지 않은지 생각해보아야 한다. 주문과 주문상세 모델은 애초 서로 독립적으로 데이터가 발생될 수 없다. 그렇기에 데이터 발생 시 주문의 INSERT문과 주문상세의 INSERT문이 따로 개발되어서는 안 된다.

만일 이를 따로 개발한다면 어떤 문제가 발생될 수 있을까?

```
// 고객의 주문 발생
Step1. 주문API{주문입력(주문번호=>110001, 고객명=>A, ...);
                commit();}
Step2. 주문상세API{주문상세입력(주문번호=>110001, 상품번호=>1234, ...);
                    commit();}
```

어차피 함께 수행되어야 하는 주문의 INSERT API와 주문상세의 INSERT API를 각각 호출해야 한다. 문제는 주문하는 도중에 핸드폰 배터리가 다 되었을 수도 있고, 앱을 실수로 꺼버렸을 수도 있으며, 장애가 발생되어 연결이 끊어질 수도 있다. 이렇게 다양한 요인들로 인해 주문과 주문상세 API가 함께 수행되지 못하고 하나만 수행된다면, 이는 주문과 주문상세에 잘못된 데이터가 발생할 수 있음을 의미한다. 모델에서 표현하는 트랜잭션은 어차피 따로 수행될 일 자체가 없으므로 재사용성의 이점도 얻을 수 없다고 봐야 한다. 다음과 같이 반드시 하나의 트랜잭션으로 처리되어야 할 것이다.

```
// 고객의 주문 발생
Step1. 주문API{주문입력(주문번호=>110001, 고객명=>A, ...);
                주문상세입력(주문번호=>110001, 상품번호=>1234, ...);
                commit();}
```

여기서 중요한 것은 업무적 트랜잭션보다 모델이 표현하는 트랜잭션은 태생 자체가 함께 발생하는 데이터이기에 재사용성의 이점도 없으므로 반드시 하나의 트랜잭션으로 처리해야 한다는 점이다. 프레임워크에서 autocommit 기능 지원으로 대부분 커밋에 대한 부분을 간과하지만, 잘못된 트랜잭션 처리는 데이터 정합성의 문제를 야기하고 데이터 품질에도 큰 영향을 미칠 수 있음을 염두에 둬야 한다.

제 4 절 Null 속성의 이해

DBMS를 사용하다 보면 Null 값으로 인한 많은 특이사항들을 접하게 된다. Null 값이 가지는 특성을 이해하지 못한다면 데이터 오류를 경험할 수 있으므로 반드시 숙지해야 할 부분 중 하나다. 다음 모델을 보고 사례별로 Null 값에 대해 알아보자.

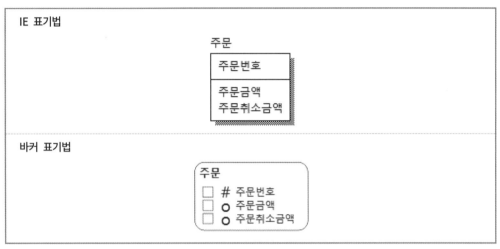

[그림 I-2-20] 주문 모델

[그림 I-2-20] 주문 모델을 보면 주문금액과 주문취소금액이 Null 허용인 것을 알 수 있다. IE 표기법에서는 Null 허용여부를 알 수 없지만, 바커 표기법에서 속성 앞에 동그라미가 Null 허용 속성임을 의미한다. 즉 해당 속성은 Null 값을 가질 수 있는 속성으로 몇 가지 특성이 존재한다.

1. Null 값의 연산은 언제나 Null이다

Null 값은 '공백이나 숫자 0'과는 전혀 다른 의미다. '아직 정의되지 않은 미지의 값' 또는 '현재 데이터를 입력하지 못하는 경우'를 의미한다. 즉 Null은 값이 존재하지 않음을 말한다.

[표 I-2-7] 주문 데이터

주문번호	주문금액	주문취소금액
1100001	100,000	20,000
1100002	15,000	

[표 I-2-7]은 주문 모델에 들어 있는 데이터다. 본 데이터를 바탕으로 다음 SQL의 결과를 예측해보자.

```
SELECT 주문금액 - 주문취소금액 COL1
     , NVL(주문금액-주문취소금액,0) COL2
     , NVL(주문금액,0)-NVL(주문취소금액,0) COL3
  FROM 주문
```

COL1, COL2, COL3는 최종 주문금액을 구하는 산식이다. 최종 주문금액은 각 주문의 주문금액에서 취소된 주문금액을 제외한 결과다. 이와 같은 요건에서는 주로 COL1, COL2, COL3의 방식으로 SQL을 작성할 것이다. 동일한 목적으로 작성된 COL1, COL2, COL3의 결과는 모두 동일할까?

[표 I-2-8] SQL 수행 결과

COL1	COL2	COL3
80,000	80,000	80,000
	0	15,000

[표 I-2-8] 결과를 보면 Null 값이 포함되었을 경우 COL1, COL2, COL3의 결과가 모두 다르게 출력하는 것을 알 수 있다. 이유는, Null 값의 연산은 언제나 Null이기 때문이다. Null은 아직 값이 존재하지 않는 것으로, 아무것도 존재하지 않는 값에 연산이 가능할까? 불가능하다. 그렇기에 Null 연산은 언제나 Null을 결과로 반환한다. 그럼 Null 값으로 가능한 연산은 무엇일까? 바로 'IS NULL, IS NOT NULL'밖에 없다. Null 값이냐? Null 값이 아니냐? 이 두 가지 연산만 가능하다. 논리적으로 천천히 생각해보면 충분히 수긍할 수 있을 것이다. 또한 위 SQL 이해를 위해서는 NVL 함수를 알아야 한다. NVL 함수는 첫 번째 인자값의 결과가 Null일 경우 두 번째 인자 값을 반환하는 함수다. 이러한 배경지식을 토대로 하나씩 풀어보자.

```
주문금액 - 주문취소금액 COL1
```

COL1은 최종주문금액을 구하기 위해 Null 값을 전혀 고려하지 않고, 주문금액에서 주문취소금액을 제외한 방식이다. Null 값이 존재하지 않는 첫 번째 행의 결과는 정상적으로 '100,000 – 20,000 = 80,000'이 나오겠지만, Null 값이 존재하는 두 번째 행의 결과는 '15,000 – Null = Null'이라는 Null 값을 반환하게 된다.

```
NVL(주문금액-주문취소금액,0) COL2
```

COL2는 주문금액에서 주문취소금액을 제외한 결과에 대해 NVL 처리를 하였다. COL1보다는 Null 값에 대한 고려한 것처럼 보이지만 과연 올바른 결과를 출력할까? Null 값이 존재하지 않는 첫 번째 행의 결과는 정상적으로 '100,000 – 20,000 = 80,000'이 나온다. 하지만 두 번째 결과는 '15,000 – Null = Null' 로 Null 값을 반환한다. 이때 NVL 함수로 인하여 Null 값을 0으로 변환하여 반환한다. 두 번째 행의 최종주문금액이 0이 맞는가? 우리가 원하는 값은 15,000일 것이다.

```
NVL(주문금액,0)-NVL(주문취소금액,0) COL3
```

COL3은 각 속성별로 NVL 처리를 하고, 이후 주문금액에서 주문취소금액을 제외하였다. Null 값에 대한 이해를 숙지한 경우로 볼 수 있다. 첫 번째 행의 결과는 정상적으로 '100,000 – 20,000 = 80,000'이 나온다. 문제는 Null 값을 보유한 두 번째 행의 경우다. 속성별로 Null일 경우 NVL 함수를 사용하여 0으로 변환 후 연산을 처리하였다. 그리하여 '15,000 – 0 = 15,000'이라는 결과가 나오게 된다. 우리가 원하던 결과를 반환할 수 있게 되었다.

이처럼 Null에 대한 특성을 인지하지 않는다면 COL1, COL2처럼 잘못된 결과를 반환할 수 있다는 것을 숙지해야 한다.

2. 집계함수는 Null 값을 제외하고 처리한다

[표 Ⅰ-2-9] 주문 데이터

주문번호	주문금액	주문취소금액
1100001	100,000	
1100002	15,000	
1100003	40,000	
1100004	45,000	
1100005	100,000	

[표 Ⅰ-2-9]은 주문 모델에 다른 데이터 입력해 보았다. 주문취소금액은 전부 Null 값으로 아직 취소된 주문이 없는 상태다. 본 데이터를 바탕으로 다음 SQL 결과를 예측해보자.

```
SELECT SUM(주문금액) – SUM(주문취소금액) COL1
     , NVL(SUM(주문금액-주문취소금액),0) COL2
     , NVL(SUM(주문금액),0)-NVL(SUM(주문취소금액),0) COL3
  FROM 주문
```

COL1, COL2, COL3는 최종주문금액 총합을 구하는 산식이다. 최종주문금액은 각 주문의 주문금액에서 취소된 주문금액을 제외하고, 총합은 이를 합산한 결과다. 이와 같은 요건이 있을 경우 주로 COL1, COL2, COL3 방식으로 SQL을 작성할 것이다. 동일한 목적으로 작성된 COL1, COL2, COL3의 결과는 모두 동일할까?

[표 I-2-10] SQL 수행 결과

COL1	COL2	COL3
	0	300,000

[표 I-2-10]의 결과를 보면 COL1, COL2, COL3은 모두 다른 결과를 출력한다. 앞서 배웠듯 Null 값의 연산은 언제나 Null이다. 또한 집계함수는 Null 값의 경우는 제외하고 연산한다. SUM 함수는 정의된 칼럼의 값을 모두 합산하는 함수로서 Null 값이 들어올 경우 이는 제외하고 처리한다.

```
SUM(주문금액) - SUM(주문취소금액) COL1
```

COL1은 속성별로 SUM 함수로 합산을 먼저 수행하고, 총주문금액에서 총주문취소금액을 제외하였다. SUM(주문금액)은 주문금액을 모두 합산하라는 의미다. [표 I-2-9]에서 주문금액을 모두 합산한 결과는 300,000이다. SUM(주문취소금액)은 주문취소금액을 모두 합산하라는 의미다. 주문취소금액은 한 건도 존재하지 않기에 합산한 결과는 Null이 된다. 즉 '300,000 – Null'을 수행하게 되고 결과로 Null 값을 반환한 것이다.

```
NVL(SUM(주문금액-주문취소금액),0) COL2
```

COL2는 주문금액에서 주문취소금액을 제외한 결과를 SUM 함수로 합산하고, 최종결과가 Null일 경우 0을 반환하는 NVL 처리를 하였다. SUM(주문금액-주문취소금액)은 주문별로 '주문금액-주문취소금액'을 한 결과를 모두 합산하라는 의미다. 첫 번째 행은 '100,000 – Null'을 하여 결과로 Null 값을 반환한다. 두 번째 행도 '15,000 – Null'을 수행하여 결과로 Null 값을 반환한다. 세 번째·네 번째·다섯 번째 모두 같은 결과로 Null 값을 반환하며, 이를 합산한 결과는 Null이 된다. 그리고 최종적으로 NVL 함수를 수행한다. 이는 값이 Null일 경우 두 번째 인자 값인 0으로 결과를 반환하는 것으로 최종결과로 0을 반환한다.

```
NVL(SUM(주문금액),0)-NVL(SUM(주문취소금액),0) COL3
```

COL3은 각 속성별로 SUM 함수로 합산하고 최종결과가 Null일 경우 0을 반환한 후, 총주문금액에서 총주문취소금액을 제외하였다. NVL(SUM(주문금액),0)은 주문금액을 모두 합산하고, 합산한 결과가 Null일 경우 0을 반환하라는 의미다. 마찬가지로 NVL(SUM(주문취소금액),0) 역시 주문취소금액을 모두 합산하고 결과가 Null일 경우 0을 반환하게 된다. 이를 수행하면 최종적으로 '300,000 – 0'이 되며, 결과로 300,000를 반환하게 된다. 총주문금액은 300,000 으로 원하는 결과를 얻을 수 있다.

집계함수의 경우 Null 값을 제외한다는 특성을 이해하여야만 올바른 결과를 출력할 수 있다. 과연 제대로 숙지하였는지 문제 하나를 더 풀어보자.

[표 Ⅰ-2-11] 주문 데이터

주문번호	주문금액	주문취소금액
1100001	100,000	20,000
1100002	15,000	
1100003	40,000	10,000
1100004	45,000	10,000
1100005	100,000	10,000

[표 Ⅰ-2-11]은 주문 모델에 또 다른 데이터를 입력해 보았다. 주문취소금액의 평균은 얼마일까? 알고 있는 평균을 구하는 공식은 아래와 같다.

$$평균 = \frac{자료전체의합}{자료의개수}$$

본 데이터에서 구하고자 하는 평균값은 10,000일까? 12,500일까? 즉 자료의 개수에 Null 값을 포함해야 하는지 제외해야 하는지를 정의해야 평균을 구할 수 있다.

```
SELECT SUM(주문취소금액)/COUNT(*) COL1
     , AVG(주문취소금액) COL2
  FROM 주문
```

위와 같은 SQL에서 COL1과 COL2의 결과는 다르게 나온다.

[표 Ⅰ-2-12] SQL 수행 결과

COL1	COL2
10,000	12,500

[표 Ⅰ-2-12]의 결과를 이해할 수 있어야 한다. 왜 COL1과 COL2가 다른 결과를 출력하는지 살펴보자.

```
NVL(SUM(주문취소금액),0)/COUNT(*) COL1
```

COL1은 주문취소금액의 합계를 총건수로 나누었다. 익히 알고 있는 평균을 구하는 공식으로 '50,000 / 5'의 연산 결과로 10,000을 반환하였다.

```
AVG(주문취소금액) COL2
```

COL2는 평균값을 구하는 집계함수 AVG를 사용하였다. 집계함수는 Null 값을 제외한다는 특성으로 '50,000 / 4'로 연산하였다. 주문취소금액이 Null인 주문번호 1100002 데이터를 제외한 것이다. 그 결과로 12,500을 반환하였다.

원하는 평균값은 주문취소금액이 발생한 주문만을 대상으로 해야 하는지, 아니면 전체를 대상으로 해야 하는지에 대한 정의가 먼저 정해져야 올바른 값을 구할 수 있다. 하지만 그전에 집계함수가 가지고 있는 특성을 이해해야 함을 위 사례를 통해 알 수 있다.

사실 이밖에도 Null 값에 문제가 발생하는 경우는 많다. 중요한 것은 속성에 Null 값이 존재한다면 이처럼 많은 사항을 고려해야 한다는 점이다. 그렇기에 모델을 생성할 때, 업무를 정확히 파악하여 Null 허용 여부를 판단해야 한다.

모델을 생성하는 모델러 혹은 개발자는 속성의 의미를 정확히 파악하고 Null 값을 허용하였는지, 아니면 너무 쉽게 Null 값을 허용해 Null에 대한 관리비용을 증가시킨 것은 아닌지 다시 한번 생각해 보아야 할 것이다.

제 5 절 본질식별자 vs. 인조식별자

빠른 배포를 지향하는 개발 트렌드에서 개발 편의성을 위해 종종 발생하는 문제점 중 하나로 인조식별자의 남용에 대해 알아보자. 개발 편의성은 증대될 수 있겠지만 이에 따라 어떤 부작용을 야기하는지를 확실히 이해하고자 한다. 그전에 인조식별자와 본질식별자에 대해 무엇인지 알아보자.

엔터티는 반드시 데이터를 식별할 수 있는 속성이 존재해야 한다. 이를 우리는 식별자라고 배웠다. 식별자는 대체 여부에 따라 본질식별자와 인조식별자로 분류할 수 있다.

- 본질식별자 : 업무에 의해 만들어진 식별자
- 인조식별자 : 업무적으로 만들어지지는 않지만 본질식별자가 복잡한 구성을 갖고 있으므로 인위적으로 만든 식별자

제1장 5절에서 배운 내용이다. 그럼 본질식별자와 인조식별자를 모델로 만나보자.

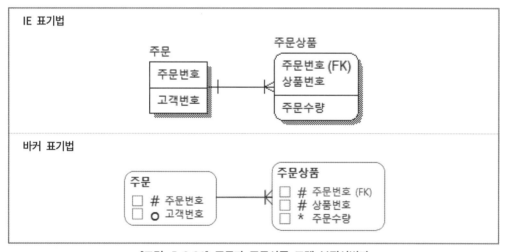

[그림 Ⅰ-2-21] 주문과 주문상품 모델 본질식별자

[그림 Ⅰ-2-21] 주문상품 모델의 식별자가 본질식별자다. 주문상품 모델은 주문 시 구매한 상품 정보를 관리한다.

[표 Ⅰ-2-13] 주문상품

주문번호	상품번호	주문수량
110001	1234	1
110001	1566	5
110001	234	2

[표 Ⅰ-2-13]은 하나의 주문에 3개의 상품을 구매한 것을 데이터로 표현하였다. 이러한 데이터로 개발을 진행하여 주문상품 모델에 값을 Insert하는 경우를 생각해보자.

```
INSERT INTO 주문상품 VALUES(110001, 1234, 1);
INSERT INTO 주문상품 VALUES(110001, 1566, 5);
INSERT INTO 주문상품 VALUES(110001, 234, 2);
```

크게 어려울 게 없다. 해당 주문에 구매한 상품에 대한 정보를 Insert하면 된다. 하지만 종종 다음과 같은 모델이 목격된다.

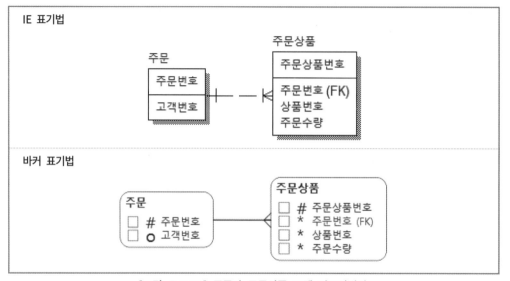

[그림 Ⅰ-2-22] 주문과 주문상품 모델 인조식별자

[그림 Ⅰ-2-22] 모델은 주문상품번호라는 새로운 식별자를 생성하였다. 이 식별자를 외부식별자라고 배웠다. 이와 같은 모델의 Insert 문은 다음과 같을 것이다.

```
INSERT INTO 주문상품 VALUES(주문상품번호SEQ.NEXTVAL, 110001, 1234, 1);
INSERT INTO 주문상품 VALUES(주문상품번호SEQ.NEXTVAL, 110001, 1566, 5);
INSERT INTO 주문상품 VALUES(주문상품번호SEQ.NEXTVAL, 110001, 234, 2);
```

위 SQL문은 '주문상품번호SEQ'라는 시퀀스(Sequence) 객체를 생성하고 NEXTVAL 기능을 이용하여 자동으로 값을 채번하여 Insert하는 방식이다. [그림 Ⅰ-2-21] 모델에 비해 전혀 좋은 점이 없다. 오히려 불필요한 시퀀스를 생성할 뿐이다. 그렇다면 왜 이런 모델을 생성하였을까? 아마도 여러 가지 이유가 있을 수 있겠으나, 가장 큰 이유는 본질식별자에 대해 고민하지 않았기 때문이다. 대체로 모델에 대한 이해도가 높지 않은 상태에서 모델을 설계하다 보면, 식별자는 유일성과 존재성(Unique, Not null)만 만족하면 된다고 생각할 수 있기 때문이다. DBMS에서 기본키(Primary key)를 생성하면 Unique와 Not null 제약이 생기므로 데이터 입력 시 오류가 발생한다. 즉 데이터 입력 시 에러가 발생하는 것에 대해서만 고려하고, 실제 해당 엔터티의 본질식별자에 대한 고민을 하지 않았기 때문에 [그림 Ⅰ-2-22]와 같은 모델이 만들어진다.

그럼 이번에는 조금 다른 모델의 경우를 살펴보자.

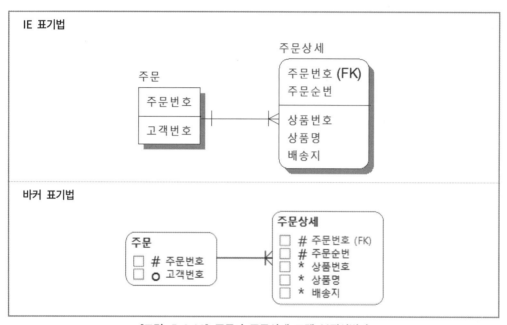

[그림 Ⅰ-2-23] 주문과 주문상세 모델 본질식별자

하나의 주문에 동일상품을 중복으로 구매하고 싶다면, [그림 Ⅰ-2-21] 모델에서는 불가능할 것이다. 상품번호가 중복되기 때문이다. [그림 Ⅰ-2-23]의 주문상세 모델은 상품번호를 식별자로 구성하지 않고 하나의 주문에 발생하는 상품의 Count를 주문순번이라는 속성으로 식별자를 구성하였다. 이렇게 모델을 구성하면 어떤 업무의 변화가 생기는지 확인해보자.

[표 Ⅰ-2-14] 본질식별자 주문상세

주문번호	주문순번	상품번호	상품명	배송지
110001	1	1234	제주감귤 1box	우리집
110001	2	1234	제주감귤 1box	부모님집
110001	3	1234	제주감귤 1box	친구집

[표 Ⅰ-2-14] 데이터를 보면, 동일상품을 하나의 주문에서 처리하고 있다. 즉 쇼핑몰에서 동일한 상품을 몇 개를 각기 다른 배송지에 보내고 싶은 요건을 나타낸 것이다. 충분히 있을 수 있는 요건이다. 만일 [그림 Ⅰ-2-21]의 주문상품 모델이라면 위와 같은 요건을 처리하기 위해서는 주문을 따로 세 번 해야 할 것이다. 실제 자주 사용하는 쇼핑몰에서 주문을 해보면 동일상품 주문이 가능한 곳도, 그렇지 않은 곳도 있음을 알 수 있다. 모델에 대한 이해가 되었다면, 다시 [그림 Ⅰ-2-23] 모델로 개발한다고 생각해보자.

```
INSERT INTO 주문상세 VALUES(110001, 1, 1234, '제주감귤 1box', '우리집');
INSERT INTO 주문상세 VALUES(110001, 2, 1234, '제주감귤 1box', '부모님집');
INSERT INTO 주문상세 VALUES(110001, 3, 1234, '제주감귤 1box', '친구집');
```

아마도 위와 같은 SQL로 입력될 것이다. 이전 모델과 다른 점은 주문순번 값을 위해 하나의 주문에 구매하는 상품의 Count를 계산하여 입력해야 한다. 이와 같은 작업은 어려운 일은 아니더라도 번거로운 작업이 추가된 것은 분명한 사실이다. 그리하여 다음과 같은 모델을 종종 발견할 수 있다.

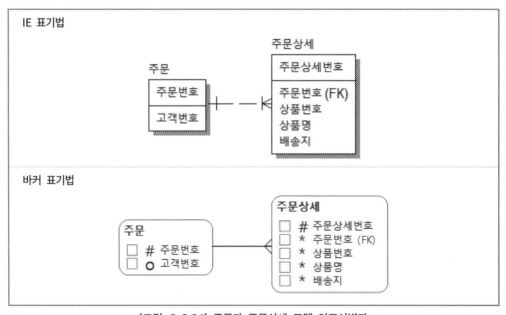

[그림 Ⅰ-2-24] 주문과 주문상세 모델 인조식별자

[그림 Ⅰ-2-24] 주문상세 모델은 식별자를 주문상세번호로 정의하였다. 이전 모델과 차이점은 식별자를 하나의 속성으로 구성한 외부식별자로 생성하였다. 주문순번 속성이 사라졌지만 대신 주문상세번호가 생성되었다. 언뜻 보면 큰 차이는 없어 보이지만 실제 개발 시 편의성이 향상되는 방식이다. 다음 데이터로 어떤 부분에서 개발의 편의성이 향상되었는지 확인해 보자.

[표 Ⅰ-2-15] 인조식별자 주문상세

주문상세번호	주문번호	상품번호	상품명	배송지
1	110001	1234	제주감귤 1box	우리집
2	110001	1234	제주감귤 1box	부모님집
3	110001	1234	제주감귤 1box	친구집

[표 Ⅰ-2-14]와 비교하여 보면 주문순번이 주문상세번호로 바뀐 것 말고는 다른 점이 없어 보인다. 하지만 실제 해당 값을 구하는 방식을 비교해보면 차이점을 알 수 있다. 주문순번은 하나의 주문번호에 대해 구매가 일어나는 상품의 Count를 구하는 것이므로 시퀀스 객체를 활용할 수 없어 따로 작업을 해줘야 한다. 하지만 주문상세번호는 단일식별자로 구성된 키값이기 때문에 시퀀스 객체로 해결이 가능하다. 즉 시퀀스 객체만 활용한다면 따로 작업해줄 필요가 없다. 다음 SQL을 보면 더 명확하게 이해할 수 있다.

```
INSERT INTO 주문상세 VALUES(주문상세번호SEQ.NEXTVAL, 110001, 1234, '귤 1box', '우리집');
INSERT INTO 주문상세 VALUES(주문상세번호SEQ.NEXTVAL, 110001, 1234, '귤 1box', '부모집');
INSERT INTO 주문상세 VALUES(주문상세번호SEQ.NEXTVAL, 110001, 1234, '귤 1box', '친구집');
```

'주문상세번호SEQ'라는 시퀀스 객체를 만들고 NEXTVAL을 활용하면 기본키에 대한 부분은 더이상 신경쓰지 않아도 된다. 실제 작업량이 줄어들다 보니 이러한 방식을 선호하는 것도 이해는 간다. 만일 이러한 방식에 대한 문제점이 없다면 편하게 개발할 수 있는 방식을 채택하는 것이 당연할 것이다. 그렇다면 위 방식의 문제점에 대해 알아보자.

외부식별자를 사용하는 방식에는 크게 두 가지 문제점이 있다.

- 중복 데이터로 인한 품질
- 불필요한 인덱스 생성

1. 중복 데이터로 인한 품질 문제

외부식별자를 사용하면 중복 데이터를 막을 수 없다. 기본키의 제약을 활용한다면 중복 데이터를 원천 차단할 수 있지만, 기본키를 인위적으로 생성한 속성으로 정의하였기 때문이다. 데이터를 보면서 확인해보자.

```
INSERT INTO 주문상세 VALUES(주문상세번호SEQ.NEXTVAL, 110001, 1234, '귤 1box', '우리집');
INSERT INTO 주문상세 VALUES(주문상세번호SEQ.NEXTVAL, 110001, 1234, '귤 1box', '우리집');
INSERT INTO 주문상세 VALUES(주문상세번호SEQ.NEXTVAL, 110001, 1234, '귤 1box', '우리집');
INSERT INTO 주문상세 VALUES(주문상세번호SEQ.NEXTVAL, 110001, 1234, '귤 1box', '부모집');
```

```
INSERT INTO 주문상세 VALUES(주문상세번호SEQ.NEXTVAL, 110001, 1234, '귤 1box', '친구집');
```

위 SQL의 두 번째 Insert 문이 로직 오류로 인해 중복으로 발생되었다고 하자. 이럴 경우 데이터는 어떻게 저장될까? 중복된 데이터를 막을 수 있을까? 결론은 막을 수 없다. 기본키를 인위적인 인조식별자로 구성하였으므로 기본키 제약은 주문상세번호에 대해 적용되어 있기 때문이다. 그로인해 실제 데이터는 다음과 같이 저장되었을 것이다.

[표 Ⅰ-2-16] 인조식별자 주문상세

주문상세번호	주문번호	상품번호	상품명	배송지
1	110001	1234	제주감귤 1box	우리집
2	**110001**	**1234**	**제주감귤 1box**	**우리집**
3	110001	1234	제주감귤 1box	부모님집
4	110001	1234	제주감귤 1box	친구집

[표 Ⅰ-2-16]의 두 번째 행 데이터를 보면, 이는 중복으로 발생된 데이터임에도 저장된 것을 볼 수 있다. 왜냐하면 주문상세번호에 기본키 제약이 적용되어 있고, 주문상세번호는 시퀀스를 사용하였기에 제약에 위배된 사항이 없다. 그렇다면 [그림 Ⅰ-2-24] 주문상세 모델의 본질식별자의 경우는 어떨까?

```
INSERT INTO 주문상세 VALUES(110001, 1, 1234, '제주감귤 1box', '우리집');
INSERT INTO 주문상세 VALUES(110001, 1, 1234, '제주감귤 1box', '우리집');
INSERT INTO 주문상세 VALUES(110001, 2, 1234, '제주감귤 1box', '부모님집');
INSERT INTO 주문상세 VALUES(110001, 3, 1234, '제주감귤 1box', '친구집');
```

두 번째 Insert 문을 보면 로직의 오류로 인해 동일한 Insert 문이 발생하였지만, '주문번호+주문순번'이 식별자이기에 기본키 제약조건에 의해 두 번째 Insert 문은 에러가 발생될 것이다. 최소 위와 같은 경우는 DBMS에서 원천적으로 차단을 해준다는 것이다.

그러므로 최대한 본질식별자를 지향해야 한다. 만일 외부식별자를 사용하였다면, DBMS에서는 해당 경우를 막아줄 수 없기에 애플리케이션에서 이를 방어해주어야 한다.

2. 불필요한 인덱스 생성

본질식별자와 인조식별자를 사용했을 때 인덱스 구성에 대해 어떤 차이가 있는지 알아보자.

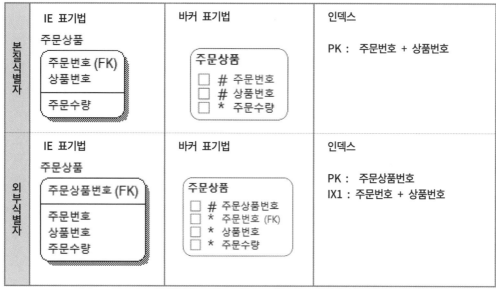

	IE 표기법	바커 표기법	인덱스
본질식별자	주문상품 주문번호 (FK) 상품번호 주문수량	주문상품 □ # 주문번호 □ # 상품번호 □ * 주문수량	PK : 주문번호 + 상품번호
외부식별자	주문상품 주문상품번호 (FK) 주문번호 상품번호 주문수량	주문상품 □ # 주문상품번호 □ * 주문번호 (FK) □ * 상품번호 □ * 주문수량	PK : 주문상품번호 IX1 : 주문번호 + 상품번호

[그림 I-2-25] 주문과 주문상세 모델 인조식별자

주문상품 모델 데이터에 액세스한다고 가정해보자. 여러 가지 액세스 패턴이 있겠지만, 가장 기본적인 액세스 패턴을 다음 SQL과 같을 것이다.

```
SELECT *
  FROM 주문상품
 WHERE 주문번호 = :B1;
```

또는 다음 SQL과 같을 것이다.

```
SELECT *
  FROM 주문상품
 WHERE 주문번호 = :B1
   AND 상품번호 = :B2;
```

가장 기본적이면서 일반적인 액세스 패턴이다. 이러한 SQL에 대해 본질식별자로 구성하면 PK 인덱스를 활용할 수 있겠지만, 인조식별자로 구성한다면 [그림 Ⅰ-2-25]의 IX1과 같은 인덱스를 추가로 생성해주어야 할 것이다. 즉 인조식별자를 사용한다면 불필요한 인덱스를 추가로 생성해야 하는 점을 기억해야 한다. 또한 추가로 생성한 인덱스는 용량과 DML 성능에 영향을 줄 수 있음을 염두에 둬야 한다.

인조식별자를 사용했을 때 발생하는 장점과 단점에 대해 여러 사례를 들어 알아봤다. 인조식별자는 무조건 사용하지 말라는 것이 아니다. 제1장 5절에서 소개한 것처럼 식별자의 속성이 너무 많아지는 경우 본질식별자와 인조식별자의 장단점을 따져보고 사용하자는 것이다. 그리하여 인조식별자의 남용을 피하고 꼭 필요한 경우에만 사용하는 것이 바람직하다고 할 수 있다.

장 요약

제1절 정규화

데이터 모델에서 반드시 수행해야 할 제1·2·3정규형에 대해 학습하고, 사례를 통해 발생할 수 있는 문제점을 이해한다. 또한 반정규화가 미치는 성능에 대한 부분도 사례와 함께 학습한다.

제2절 관계와 조인의 이해

SQL을 학습할 때 가장 처음으로 난관을 맞이하는 조인에 대한 개념을 설명하고, 관계가 갖는 유형을 이해하여 조인에 대한 이해를 돕고자 한다.

제3절 모델이 표현하는 트랜잭션의 이해

데이터 품질을 보장받기 위해 반드시 알고 있어야 하는 트랜잭션의 개념을 이해하고, 모델에 의해 발생되는 트랜잭션을 구현하는 방법을 알아본다.

제4절 Null 속성의 이해

Null 속성이 가지는 특성을 이해하여 SQL 개발 시 유의해야 할 점에 대해 학습한다. 본 절은 SQL을 학습한 후 한 번 더 읽어볼 것을 권장한다.

제5절 본질식별자 와 인조식별자

본질식별자와 인조식별자가 무엇인지 알아보고 그로 인해 발생할 수 있는 문제점을 사례와 함께 이해한다. 또한 향후 식별자를 선정하는 데 있어서 올바르게 판단할 수 있도록 돕고자 한다.

연습문제

문제 1. 아래 데이터 모델을 보고 몇 정규형 위배인지 고르시오.

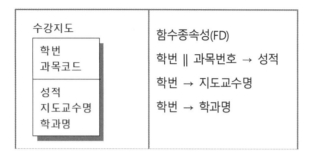

① 제1정규형
② 제2정규형
③ 제3정규형
④ 보이스코드정규형

문제 2. 다음 중 조인에 대한 설명으로 가장 부적절한 것을 고르시오.
① 조인은 엔터티 간 관계에서 비롯된다.
② 조인은 매핑키를 통해 데이터를 연결하는 것이다.
③ 계층형 데이터 모델은 자기 자신에게 조인할 수 없다.
④ 상호배타적 관계에서는 조인키가 배타적으로 상속된다.

문제 3. 다음 중 트랜잭션에 대한 설명으로 가장 부적절한 것을 고르시오.
① 트랜잭션은 업무의 논리적 단위이다.
② 트랜잭션의 원자성을 보장받기 위해서는 하나의 커밋 단위로 묶여야 한다.
③ 트랜잭션의 범위는 모델로는 표현되지 않는다.
④ 잘못된 트랜잭션의 처리는 데이터 품질을 저해한다.

문제 4. 다음 중 Nul 속성에 대한 설명으로 가장 부적절한 것을 고르시오.
① Null은 문자의 경우 "와 숫자의 경우 0과 같다.
② Null 값에 대한 사칙 연산의 결과는 언제나 Null이다.
③ 집계함수에서 Null은 제외된다.
④ Null은 is null/is not null 연산만 가능하다.

문제 5. 다음 중 인조식별자에 대한 설명으로 가장 부적절한 것을 고르시오.

① 인조식별자는 불필요한 인덱스를 발생시킬 수 있다.

② 인조식별자를 활용하면 본질적인 데이터의 중복을 차단할 수 있다.

③ 인조식별자는 식별자의 수가 많아졌을 경우 고려하는 것이 바람직하다.

④ 인조식별자는 반드시 본질식별자와의 장단점을 고려하여 생성해야 한다.

Professional • Developer

과목 소개

이 과목은 3개의 장으로 구성됐다. 1장에서는 현재 가장 많이 사용되고 관계형 데이터베이스를 유일하게 액세스할 수 있는 언어인 SQL(Structured Query Language)의 기본적인 내용을 알아본다. 또한 데이터 모델링 과정에서 정규화에 의해 여러 집합으로 분산된 데이터를 추출하는 조인의 기본 원리를 파악하고, ANSI/ISO 표준 조인 문장을 살펴본다. 2장에서는 주종 관계의 서브 쿼리·집합 연산자·계층형 질의·셀프 조인 등 다양한 방법을 사용해 데이터를 추출하고, 사용자가 원하는 정보 요구 사항을 효과적으로 구현하기 위한 PIVOT 절과 UNPIVOT 절·정규표현식·고급 함수를 살펴본다. 3장에서는 데이터 조작어(DML)를 통해 데이터를 입력·조회·수정·삭제하고, 트랜잭션 제어어(TCL)을 통해 작업단위(트랜잭션)별로 조작된 결과를 제어하는 문장을 살펴본다. 또한 데이터 정의어(DDL)를 통해 테이블의 구조를 생성·변경·삭제·재명명하고, 데이터 제어어(DCL)를 통해 객체 사용권한 부여와 회수 명령어를 살펴본다.

참고로 본 가이드에서는 SQL에 대한 이해를 높이고자 다양한 예시와 실행 결과를 수록하고 있는데, Oracle과 SQL Server 사례를 중심으로 설명한다.

과목 II

SQL 기본과 활용

과목 구성

SELECT 문장으로 요구 사항에 맞는 데이터를 출력한다. 테이블과 테이블 간의 관계를 구현하기 위해 조인과 서브 쿼리 등 다양한 SQL 관계 구현 방법을 사용한다. 데이터를 관리하기 위한 DML, TCL, DDL, DCL 구문을 사용한다.

Professional · Developer

학습목표

- 관계형 데이터베이스와 SQL 이해
- SELECT 문 이해
- 내장 함수 이해
- Where 조건절 이해
- Group By, Having 절 이해
- Order By 절 이해
- 테이블 간 JOIN 이해
- 서브 쿼리 이해
- 집합 연산자 이해
- 고급 함수 이해
- 다양한 데이터 추출을 위한 SQL 문 이해
- 데이터 조작어 이해
- 트랜잭션 처리 이해
- 데이터 정의어 이해
- 데이터 제어어 이해

SQL 기본

장 소개

관계형 데이터베이스와 SQL의 관계를 이해하고, 원하는 데이터를 조회하기 위한 SELECT 문장을 구성하는 WHERE 절, GROUP BY 절, HAVING 절, ORDER BY 절의 기능과 내장함수를 알아본다. 집합 간 관계를 연결하기 위한 WHERE 절 기반의 기본적인 조인(JOIN)을 이해하고, ANSI/ISO 표준 조인 문장도 알아본다.

장 구성

관계형 데이터베이스와 SQL의 중요성을 이해한다. 원하는 데이터를 조회하기 위해 SELECT 절, FROM 절, WHERE 절, 내장함수, GROUP BY 절, HAVING 절, ORDER BY 절을 사용한다. 집합과 집합의 관계를 연결하는 WHERE 절을 통한 조인(JOIN)과 ANSI/ISO 표준 조인을 구현한다.

제 1 절 관계형 데이터베이스 개요

1. 데이터베이스

흔히 현대 사회를 가리켜 정보화 사회라고 한다. 그만큼 일상생활에서 수없이 쏟아져 나오는 다양한 정보가 우리의 생활과 밀접한 관계를 맺고 있다. 이런 다양한 정보를 수집·처리하고, 분석·응용하는 것은 현대 사회 어느 곳에서나 꼭 필요한 요소가 됐다.

넓은 의미에서의 데이터베이스는 이러한 일상적인 정보를 모아 놓은 것 자체를 의미한다. 그러나 일반적으로 데이터베이스라고 말할 때는 특정 기업이나 조직, 개인이 필요에 따라(예, 부가가치가 발생하는) 데이터를 일정한 형태로 저장해 놓은 것을 의미한다.

예를 들어 학교에서는 학생 관리를 목적으로 학생 개개인의 정보를 모아둘 것이다. 기업에서는 직원들을 관리하기 위해 직원들의 이름, 부서, 월급 등의 정보를 모아둘 것이다. 이러한 정보를 관리하기 위해 엑셀과 같은 소프트웨어를 이용해 보기 좋게 정리·저장해 놓을 것이다.

그러나 관리 대상이 되는 데이터의 양이 점점 많아지고 같은 데이터를 여러 사람이 동시에 다양한 용도로 사용하게 되면 단순히 엑셀 같은 개인이 관리하는 소프트웨어만으로는 한계가 따른다. 경우에 따라서는 개인의 사소한 부주의로 인해 기업의 사활이 걸린 중요한 데이터가 손상되거나 유실되는 상황까지 발생할 수도 있다.

따라서 많은 사용자들은 더 효율적인 데이터 관리뿐 아니라 예기치 못한 사건으로 인한 데이터 손상을 피하고, 필요한 데이터를 복구하기 위한 강력한 기능의 소프트웨어를 필요로 하게 됐다. 이 기본적인 요구 사항을 만족시켜 주는 시스템을 DBMS(Database Management System)라고 한다.

■ 데이터베이스의 발전

- 1960년대 : 플로우차트 중심의 개발 방법을 사용했으며 파일 구조로 데이터를 저장·관리했다.
- 1970년대 : 데이터베이스 관리 기법이 태동했던 시기였으며 계층형(Hierarchical) 데이터베이스, 망형 (Network) 데이터베이스 같은 제품들이 상용화가 됐다.
- 1980년대 : 현재 대부분의 기업에서 사용되는 관계형 데이터베이스가 상용화가 됐다. Oracle, Sybase, DB2와 같은 제품이 사용됐다.
- 1990년대 : Oracle, Sybase, Informix, DB2, Teradata, SQL Server 외 많은 제품이 더 향상된 기능으로 정보시스템의 핵심 솔루션으로 자리잡았다. 인터넷 환경의 급속한 발전에 발맞춰 객체지향 정보를 지원하기 위해 객체 관계형 데이터베이스로 발전했다.

■ 관계형 데이터베이스

1970년 영국의 수학자였던 E.F. Codd 박사의 논문에서 처음으로 관계형 데이터베이스(Relational Database)가 소개된 이후, IBM의 SQL 개발 단계를 거쳐 Oracle을 선발로 여러 회사에서 상용화한 제품을 내놓았다. 이후 관계형 데이터베이스의 여러 장점이 알려지면서 기존의 파일 시스템과 계층형·망형 데이터베이스를 대부분 대체하면서 주력 데이터베이스가 됐다.

현재 기업에서 사용하고 있는 대부분의 데이터베이스는 기존 관계형 데이터베이스에 객체 지원 기능을 추가한 객체 관계형 데이터베이스이다. 하지만 현실적으로 기업의 핵심 데이터는 대부분 관계형 데이터베이스 구조로 저장되고, 관계형 데이터베이스를 유일하게 조작할 수 있는 SQL 문장에 의해 관리되고 있으므로 관계형 데이터베이스와 SQL의 중요성은 아무리 강조해도 지나치지 않다.

파일 시스템은 하나의 파일을 많은 사용자가 동시에 검색할 수 있지만 동시에 입력·수정·삭제할 수 없기 때문에 정보의 관리가 어렵다. 하나의 파일을 여러 사용자나 애플리케이션에서 동시에 사용하기 위해 원래의 데이터 파일을 여러 개 복사해 사용하게 된다.

하지만 여러 개의 데이터 파일이 존재하면서 동일한 데이터가 여러 곳에 저장되는 문제가 발생했다. 하나의 원본 파일에 대한 변경 작업이 발생했을 때 모든 복사본 파일에 변경 작업을 한꺼번에 병행 처리하지 않으면, 서로 다른 정보 파일이 존재하므로 데이터 불일치성이 발생한다.

결과적으로 파일 시스템은 분산된 데이터 간 정합성을 유지하는 데 과다한 노력이 필요하고 데이터의 정합성을 보장하기 힘들게 된다(단, 단일 사용자나 단일 애플리케이션이 파일 시스템을 사용하는 경우 데이터베이스보다 처리 성능이 뛰어나므로 특정 업무에서는 아직도 파일 시스템을 유용하게 사용하고 있다).

이러한 문제에 대해 관계형 데이터베이스는 정규화를 통한 합리적인 테이블 모델링을 통해 이상(ANOMALY) 현상을 제거하고 데이터 중복을 피할 수 있으며, 동시성 관리와 병행 제어를 통해 많은 사용자가 동시에 데이터를 공유 및 조작할 수 있는 기능을 제공하고 있다.

또한 관계형 데이터베이스는 메타 데이터를 총괄 관리할 수 있으므로 데이터의 성격·속성 또는 표현 방법 등을 체계화할 수 있고, 데이터 표준화를 통한 데이터 품질을 확보할 수 있는 장점을 갖고 있다.

여기다 DBMS는 인증된 사용자만 참조할 수 있도록 보안 기능을 제공한다. 테이블 생성 시에 사용할 수 있는 다양한 제약조건을 이용해 사용자가 실수로 조건에 위배되는 데이터를 입력한다든지, 관계를 연결하는 중요 데이터 삭제를 방지해 데이터 무결성(Integrity)을 보장할 수 있다.

추가로 DBMS는 시스템의 갑작스런 장애로부터 사용자가 입력·수정·삭제하던 데이터가 제대로 반영될 수 있도록 보장해주는 기능과, 시스템 다운·재해 등의 상황에서도 데이터를 회복·복구할 수 있는 기능을 제공한다.

2. SQL

SQL(Structured Query Language)은 관계형 데이터베이스에서 데이터 정의, 데이터 조작, 데이터를 제어하기 위해 사용하는 언어이다. SQL의 최초 이름이 SEQUEL(Structured English QUEry Language)이었기 때문에 '시큐얼'로 읽는 경우도 있지만, 표준은 SQL이므로 '에스큐엘'로 읽는 것을 권한다.

SQL의 문법이 영어 문법과 흡사하기 때문에 SQL 자체는 다른 개발언어보다 기초 단계 학습은 쉬운 편이지만, SQL이 시스템에 미치는 영향이 크므로 고급 SQL이나 SQL 튜닝의 중요성은 계속 올라가고 있다. 참고로 SQL 교육은 정확한 데이터를 출력하는 것이 목표이고, SQL 튜닝의 목적은 시스템에 큰 영향을 주는 SQL을 가장 효과적 (응답시간, 자원 활용 최소화)으로 작성하는 것이 목표다.

1986년부터 ANSI/ISO를 통해 표준화하고 정의된 SQL 기능은 벤더별 DBMS 개발의 목표가 된다. 일부 구체적인 용어는 다르더라도 대부분의 관계형 데이터베이스에서 ANSI/ISO 표준을 최대한 따르고 있으므로 SQL에 대한 지식은 다른 데이터베이스를 사용하더라도 상당 부분 기존 지식을 재활용할 수 있다. ANSI/ISO SQL-99, SQL-2003 이후의 기준을 준수하는 SQL이라면 프로그램의 이식성을 높이는 데도 공헌한다.

각 벤더의 관계형 데이터베이스(RDBMS)는 표준화한 SQL 이외에도 벤더 차별화 및 이용 편리성을 위해 추가 기능이나 내장 함수 등에서 독자적 개발을 계속하고 있다. 상호 호환성이 뛰어난 표준 기능과, 벤더별 특징을 갖고 있는 독자적 기능 중 어떤 기능을 선택할지는 사용자의 몫이다. 하지만 가능한 ANSI/ISO 표준을 기준으로 할 것을 권고한다.

SQL 문장은 단순 스크립트가 아니라 이름에도 포함돼 있듯이, 일반적인 개발언어처럼 독립된 하나의 개발언어다. 하지만 일반적인 프로그래밍 언어와는 달리 SQL은 관계형 데이터베이스에 대한 전담 접속(다른 언어는 관계형 데이터베이스에 접속할 수 없다) 용도로 사용되며 세미콜론(;)으로 분리된 SQL 문장 단위로 독립돼 있다.

관계형 데이터베이스는 수학의 집합 논리에 입각한 것이므로 SQL도 데이터를 집합으로 취급한다. 예를 들어 '포지션이 미드필더(MF)인 선수 정보를 검색한다'고 하자. 선수라는 큰 집합에서 포지션이 미드필더인 조건을 만족하는 요구 집합을 추출하는 조작이 된다.

이렇게 특정 데이터들의 집합에서 필요로 하는 데이터를 꺼내서 조회하고 새로운 데이터를 입력·수정·삭제하는 행위를 통해 사용자는 데이터베이스와 대화하게 된다. 그리고 SQL은 이러한 대화를 가능하도록 매개 역할을 한다. 결과적으로 SQL 문장을 배우는 것이 곧 관계형 데이터베이스를 배우는 기본 단계라 할 수 있다.

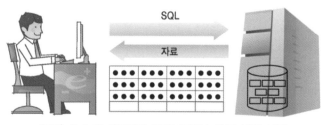

[그림 Ⅱ-1-1] 사용자와 데이터베이스 간의 대화 과정

SQL 문장과 관련된 용어 중에서 먼저 테이블에 대한 내용은 건드리지 않고 단순히 조회하는 SELECT 문장이 있다. 그리고 INSERT, UPDATE, DELETE 문장은 테이블에 들어 있는 데이터들을 조작하는 SQL 문장들이다. 그 외 테이블을 생성하고 수정·변경·삭제하는 테이블 관련 SQL 문장이 있고, 추가로 데이터에 대한 권한을 제어하는 SQL 문장도 있다.

[표 Ⅱ-1-1] SQL 문장들의 종류

명령어의 종류	명령어	설명
데이터 조작어 (DML, Data Manipulation Language)	SELECT	데이터베이스에 들어 있는 데이터를 조회하거나 검색하기 위한 명령어로 RETRIEVE라고도 한다.
	INSERT UPDATE DELETE	데이터베이스의 테이블에 들어 있는 데이터에 변형을 가하는 종류의 명령어들을 말한다. 예를 들어 테이블에 새로운 행을 집어넣거나, 기존 데이터를 수정하거나 원하지 않는 데이터를 삭제하는 것들의 명령어들을 DML이라고 한다.

명령어의 종류	명령어	설명
데이터 정의어 (DDL, Data Definition Language)	CREATE ALTER DROP RENAME	테이블과 같은 데이터 구조를 정의하는 데 사용되는 명령어들이다. 구조를 생성·변경·삭제하거나 이름을 바꾸는 데이터 구조와 관련된 명령어들을 DDL이라고 한다.
데이터 제어어 (DCL, Data Control Language)	GRANT REVOKE	데이터베이스에 접근하고 객체들을 사용하도록 권한을 주고 회수하 는 명령어를 DCL이라고 한다.
트랜잭션 제어어 (TCL, Transaction Control Language)	COMMIT ROLLBACK	논리적인 작업 단위를 묶어서 DML에 의해 조작된 결과를 작업단위 (트랜잭션)별로 제어하는 명령어를 말한다.

이들 SQL 명령어는 3가지 SAVEPOINT 그룹인 DDL, DML, DCL로 나눌 수 있다. TCL의 경우 굳이 나눈다면 일부에서 DCL로 분류하기도 하지만, 다소 성격이 다르므로 별도의 4번째 그룹으로 분리할 것을 권고한다.

3. STANDARD SQL 개요

1970년: Dr. E.F.Codd 관계형 DBMS(Relational DB) 논문 발표

1974년: IBM SQL 개발

1979년: Oracle 상용 DBMS 발표

1980년: Sybase SQL Server 발표(이후 Sybase ASE로 개명)

1983년: IBM DB2 발표

1986년: ANSI/ISO SQL 표준 최초 제정(SQL-86, SQL1)

1992년: ANSI/ISO SQL 표준 개정(SQL-92, SQL2)

1993년: MS SQL Server 발표(Windows OS, Sybase Code 활용)

1999년: ANSI/ISO SQL 표준 개정(SQL-99, SQL3)

2003년: ANSI/ISO SQL 표준 개정(SQL:2003)

2006년: ANSI/ISO SQL 표준 개정(SQL:2006)

2008년: ANSI/ISO SQL 표준 개정(SQL:2008)

2011년: ANSI/ISO SQL 표준 개정(SQL:2011)

2016년: ANSI/ISO SQL 표준 개정(SQL:2016)

국내뿐만 아니라 전 세계적으로 많이 사용되는 관계형 데이터베이스는 오브젝트 개념을 포함한 여러 새로운 기능들이 꾸준히 추가되고 있다. 현재 기업형 DBMS는 순수 관계형 데이터베이스가 아닌, 객체 지원 기능이 포함된 객체관계형(Object Relational) 데이터베이스가 대부분이다.

많은 시스템의 두뇌 역할을 하는 관계형 데이터베이스를 유일하게 접속할 수 있는 언어가 바로 SQL이다. 사용자와 개발자 입장에서는 SQL의 진화 및 변화가 가장 큰 관심사이다. 초창기 SQL의 기본 기능을 정리했던 최초의 SQL-86 표준과 관계형 DBMS의 폭발적인 전성기를 주도했던 ANSI/ISO SQL2 세대를 지나면서 기술적으로 많은 발전이 있었다.

그러나 ANSI/ISO SQL2은 표준 SQL에 대한 명세가 부족한 부분이 있었고, DBMS 벤더별로 문법이나 사용되는 용어의 차이가 너무 커져서 상호 호환성이나 SQL 학습 효율이 떨어지는 문제가 발생했다.

이에 향후 SQL에서 필요한 기능을 정리하고 호환 가능한 여러 기준을 제정한 것이 1999년에 정해진 ANSI/ISO SQL3이다. 이후 가장 먼저 ANSI/ISO SQL3의 기능을 시현한 것이 Oracle의 8i/9i 버전이라고 할 수 있다. 참고로 2003년에 ANSI/ISO SQL 기준이 소폭 추가·개정됐다. 현재 사용되는 데이터베이스는 대부분 SQL:2003 표준을 기준으로 하고 있다. 다른 벤더들의 DBMS도 2006년 이후 발표된 버전에서 ANSI/ISO SQL-99와 SQL:2003의 핵심 기능을 만족스러운 수준으로 지원하는 것으로 평가 받고 있다. 마지막으로 2008년에 진행된 추가 개정 내용은 아직 사용자 레벨에 큰 영향을 미치지 않고 있다.

아직도 벤더별로 일부 기능의 개발이 진행중인 경우도 있고, 벤더별 특이한 기술 용어는 여전히 호환이 안 되고 있다. 하지만 ANSI/ISO SQL 표준을 통해 STANDARD JOIN을 포함한 많은 기능이 상호 벤치마킹되고 발전되면서 DBMS 간에 평준화를 이루어 가고 있다고 볼 수 있다.

예를 들면 IBM DB2나 SYBASE ASE DBMS는 과거 버전부터 CASE 기능이나 FULL OUTER JOIN 기능을 지원했다. 하지만 Oracle DBMS는 양쪽(FULL) OUTER JOIN의 경우 (+) 표시를 이용한 두 개의 SQL 문장을 UNION 오퍼레이션으로 처리하거나, CASE 기능을 구현하기 위해 DECODE 함수를 복잡하게 구현해야 하는 불편함이 있었다. 이런 불편 사항은 Oracle에서 표준 SQL에 포함된 CASE 기능과 FULL OUTER JOIN 기능을 추가함으로써 문제가 해결됐다(참고로 Oracle DECODE 함수가 CASE 기능보다 장점도 있으므로 Oracle 사용자는 요구 사항에 따라 DECODE나 CASE 함수를 선택할 수 있다).

결과적으로 사용자 입장에서는 ANSI/ISO SQL의 새로운 기능들을 사용함으로써 더 쉽게 데이터를 추출하거나 SQL 튜닝 효과를 함께 얻을 수 있게 됐다. 대표적인 ANSI/ISO 표준 SQL의 기능은 다음 내용을 포함한다.

- STANDARD JOIN 기능 추가(CROSS, OUTER JOIN 등 새로운 FROM 절 JOIN 기능들)
- SCALAR SUBQUERY, TOP-N QUERY 등의 새로운 SUBQUERY 기능들
- ROLLUP, CUBE, GROUPING SETS 등의 새로운 리포팅 기능
- WINDOW FUNCTION 같은 새로운 개념의 분석 기능들

가. 일반 집합 연산자

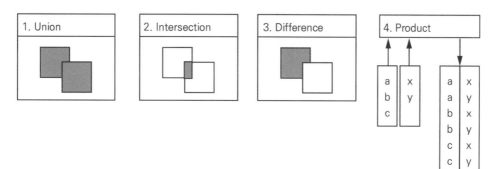

[그림 II-1-2] E.F.CODD 일반 집합 연산자

현재 사용하는 SQL의 많은 기능이 관계형 데이터베이스의 이론을 수립한 E.F.Codd 박사의 논문에 언급돼 있다. 논문에 언급된 8가지 관계형 대수는 다시 각각 4개의 일반 집합 연산자와 순수 관계 연산자로 나눌 수 있다. 이는 관계형 데이터베이스 엔진 및 SQL의 기반 이론이 됐다.

일반 집합 연산자를 현재의 SQL과 비교하면 다음과 같다.

1. UNION 연산은 UNION 기능으로,
2. INTERSECTION 연산은 INTERSECT 기능으로,
3. DIFFERENCE 연산은 EXCEPT(Oracle은 MINUS) 기능으로,
4. PRODUCT 연산은 CROSS JOIN 기능으로 구현됐다.

첫 번째 UNION 연산은 수학적 합집합을 제공하고 공통 교집합의 중복을 없애기 위한 사전 작업으로 시스템에 부하를 주는 정렬 작업이 발생했다. 이후 UNION ALL 기능이 추가됐는데, 특별한 요구 사항이 없다면 공통집합을 중복해 그대로 보여 주기 때문에 정렬 작업이 일어나지 않는 장점을 가진다. 만일 UNION과 UNION ALL의 출력 결과가 같다면, 응답 속도 향상이나 자원 효율화 측면에서 데이터 정렬 작업이 발생하지 않는 UNION ALL 사용을 권고한다.

두 번째, INTERSECTION은 수학의 교집합으로써 두 집합의 공통집합을 추출한다.

세 번째, DIFFERENCE는 수학의 차집합으로서 첫 번째 집합에서 두 번째 집합과의 공통집합을 제외한 부분이다. 대다수 벤더는 EXCEPT를 사용하는 반면, Oracle은 MINUS 용어를 사용한다(SQL 표준에는 EXCEPT로 표시돼 있으며, 벤더에서 SQL 표준 기능을 구현할 때 다른 용어를 사용하는 것은 현실적으로 허용되고 있다).

네 번째, PRODUCT는 CROSS(ANIS/ISO 표준) PRODUCT라고 불리는 곱집합으로, JOIN 조건이 없는 경우 생길 수 있는 모든 데이터의 조합을 말한다. 양쪽 집합의 M * N 건의 데이터 조합이 발생하며, CARTESIAN(수학자 이름) PRODUCT라고도 표현한다.

나. 순수 관계 연산자

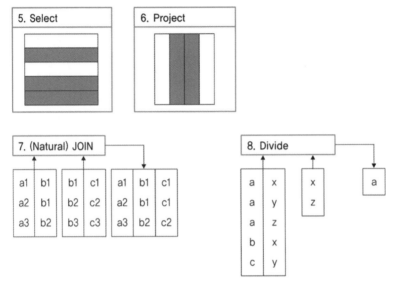

[그림 II-1-3] E.F.CODD 순수 관계 연산자

순수 관계 연산자는 관계형 데이터베이스를 구현하기 위해 새롭게 만들어진 연산자다. 순수 관계 연산자를 현재의 SQL 문장과 비교하면 다음과 같다.

5. SELECT 연산은 WHERE 절로 구현됐다.
6. PROJECT 연산은 SELECT 절로 구현됐다.
7. (NATURAL) JOIN 연산은 다양한 JOIN 기능으로 구현됐다.
8. DIVIDE 연산은 현재 사용되지 않는다.

다섯 번째, SELECT 연산은 SQL 문장에서는 WHERE 절의 조건절 기능으로 구현됐다(SELECT 연산과 SELECT 절의 의미가 다름을 유의하자).

여섯 번째, PROJECT 연산은 SQL 문장에서는 SELECT 절의 칼럼 선택 기능으로 구현됐다.

일곱 번째, JOIN 연산은 WHERE 절의 INNER JOIN 조건과 함께 FROM 절의 NATURAL JOIN, INNER JOIN, OUTER JOIN, USING 조건절, ON 조건절 등으로 가장 다양하게 발전했다.

여덟 번째, DIVIDE 연산은 나눗셈과 비슷한 개념으로 왼쪽의 집합을 'XZ'로 나누었을 때, 즉 'XZ'를 모두 갖고 있는 'A'가 답이 되는 기능으로 현재 사용되지 않는다.

관계형 데이터베이스의 경우 요구 사항 분석, 개념적 데이터 모델링, 논리적 데이터 모델링, 물리적 데이터 모델링 단계를 거치게 된다. 이 단계에서 엔터티 확정 및 정규화 과정, M:M(다대다) 관계를 분해하는 절차를 거치게 된다.

특히 정규화 과정의 경우 데이터 정합성과 데이터 저장 공간의 절약을 위해 엔터티를 최대한 분리하는 작업으로, 일반적으로 3차 정규형이나 보이스코드 정규형까지 진행하게 된다. 이런 정규화를 거치면 하나의 주제에 관련된 엔터티가 여러 개로 나뉘게 된다. 이 엔터티들이 주로 테이블이 되는데, 이렇게 흩어진 데이터를 연결해 원하는 데이터를 가져오는 작업이 바로 JOIN이라고 할 수 있다.

관계형 데이터베이스에 있어서 JOIN은 SQL의 가장 중요한 기능이므로 충분히 이해할 필요가 있다.

4. 테이블

월드컵 4강 및 16강으로 한국 축구에 대한 관심이 올라갔다. 케이리그에 등록된 팀들의 정보와 선수들과 관련된 데이터에 관심을 두고 선수정보를 데이터베이스화했다.

다음은 케이리그 홈페이지를 방문해 팀과 선수 정보를 찾아서 선수들의 이름과 소속 팀, 포지션, 생년월일, 키, 몸무게, 등번호를 노트에 적어본 것이다. 참고로 본 가이드의 케이리그 데이터는 팀명이나 일부 실명이 포함돼 있지만 전체적으로는 가공의 데이터다.

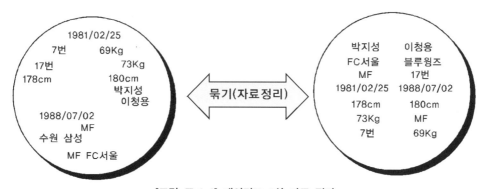

[그림 II-1-4] 케이리그 1차 자료 정리

별도의 정리 작업을 하지 않은 [그림 II-1-4]의 왼쪽 내용은 본인이 아니라면 알아보기도 힘들고 다른 사용자에게 큰 도움이 되지 않는다. 그러나 오른쪽의 내용은 선수별로 필요한 정보가 정리돼 관심 있는 다른 사용자에게 도움이 될 수 있다.

그렇지만 오른쪽의 내용도 한두 명의 선수에 대한 정보는 쉽게 볼 수 있지만 많은 선수들의 정보를 비교하기는 다소 어려워 보인다. 즉 누가 키가 제일 큰지, 누가 몸무게가 제일 많이 나가는지를 판단하기가 어렵다. 엑셀처럼 키는 키대로, 몸무게는 몸무게대로 데이터의 순서를 정해서 비교하는 것이 바람직하다.

[표 II-1-2] 케이리그 2차 자료 정리

선수	팀	포지션	백넘버	생년월일	키	몸무게	⋯
박지성	서울FC	MF	7	1981-02-25	178cm	73kg	⋮
이청용	블루윙즈	MF	17	1988-07-02	180cm	69kg	⋮
⋮	⋮	⋮	⋮	⋮	⋮	⋮	⋮

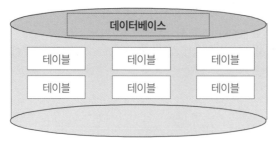

[그림 II-1-5] 데이터베이스의 테이블

데이터는 관계형 데이터베이스의 기본 단위인 테이블(TABLE) 형태로 저장된다. 모든 자료는 테이블에 등록되고, 우리는 테이블로부터 원하는 자료를 꺼내 올 수 있다.

테이블은 어느 특정한 주제와 목적으로 만들어지는 일종의 집합이다. [표 II-1-2]처럼 케이리그 선수들의 정보들을 하나의 표에서 정리할 수 있다면, 이 표만으로 내가 좋아하는 선수들의 상세한 정보를 볼 수 있고, 선수들의 정보를 상호 간 비교해 볼 수도 있다. 새로운 선수를 입력하려고 할 때, 새로운 테이블을 생성할 필요 없이 데이터만 추가함으로써 선수들의 정보를 모두 관리할 수 있다.

[표 II-1-3] 테이블에 저장할 수 있는 자료들

선수	팀	팀연고지	포지션	등번호	생년월일	키	몸무게
최강조	일화천마	성남	MF	6	1990-01-24	165	57
오춘식	대구FC	대구	MF	22	1988-03-08	168	75
하리	아이파크	부산	FW	10	1984-05-14	168	65
윤용구	드래곤즈	전남	MF	15	1987-08-08	168	60
정도용	FC서울	서울	MF	40	1986-05-28	168	68
전재호	일화천마	성남	MF	14	1989-08-08	168	64
홍종하	제주유나이티드FC	제주	MF	32	1988-12-21	169	74
오비나	시티즌	대전	MF	26	1990-06-03	169	70
고창현	블루윙즈	수원	MF	8	1993-09-15	170	64
이청용	블루윙즈	수원	MF	17	1988-07-02	180	69
⋮	⋮	⋮	⋮	⋮	⋮	⋮	⋮

[표 II-1-3]의 내용을 보면 선수, 팀, 팀연고지, 포지션, 등번호, 생년월일, 키, 몸무게가 각각의 칼럼이 된다. 해당 테이블은 반드시 하나 이상의 칼럼을 가져야 한다.

예를 들어 이청용 선수에 대한 정보는 아래와 같이 8개의 칼럼을 가지는 하나의 행으로 데이터화해 테이블에 저장된 것이다.

이청용	블루윙즈	수원	MF	17	1988-07-02	180	69

앞서 본 것처럼 테이블에는 등록된 자료들이 있으며, 이 자료들은 삭제하지 않는 한 지속적으로 유지된다. 만약 우리가 자료를 입력하지 않는다면 테이블은 본래 만들어졌을 때부터 갖고 있던 속성을 그대로 유지하면서 존재한다.

[표 II-1-4] 데이터가 있는 경우와 없는 경우

선수명	소속팀	포지션			
박지성	서울FC	MF			
이청용	블루윙즈	MF			
⋮	⋮	⋮			

테이블에 데이터가 있는 경우   테이블에 데이터가 없는 경우

테이블에 대해 좀 더 상세히 살펴보자. 테이블(TABLE)은 데이터를 저장하는 객체(Object)로서 관계형 데이터베이스의 기본 단위다. 관계형 데이터베이스에서는 모든 데이터를 칼럼과 행이라는 2차원 구조로 나타낸다. 세로 방향을 칼럼(Column), 가로 방향을 행(Row)이라고 한다. 칼럼과 행이 겹치는 하나의 공간을 필드(Field)라고 한다. 선수정보 테이블을 예로 들면, 선수명과 포지션 등의 칼럼이 있고 각 선수에 대한 데이터를 행으로 구성해 저장한다.

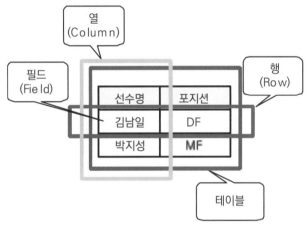

[그림 II-1-6] 테이블의 구조

[표 II-1-5] 테이블 용어

용어	설명
테이블	행과 칼럼의 2차원 구조를 가진 데이터의 저장 장소이며, 데이터베이스의 가장 기본적인 개념
칼럼·열	2차원 구조를 가진 테이블에서 세로 방향으로 이루어진 하나 하나의 특정 속성(더이상 나눌 수 없는 특성)
행	2차원 구조를 가진 테이블에서 가로 방향으로 연결된 데이터

선수와 관련된 데이터를 저장할 때 모든 데이터를 하나의 테이블로 저장하지 않는다. [그림 II-1-7]을 보면 선수와 관련된 데이터를 선수 테이블과 팀 테이블이라는 복수의 테이블로 분할·저장하고 있다.

분할된 테이블은 그 칼럼의 값에 의해 연결된다. 이렇게 테이블을 분할해 데이터의 불필요한 중복을 줄이는 것을 정규화(Normalization)라고 한다. 데이터의 정합성 확보와 데이터 입력·수정·삭제 시 발생할 수 있는 이상현상 (Anomaly)을 방지하기 위해 정규화는 관계형 데이터베이스 모델링에서 매우 중요한 프로세스다.

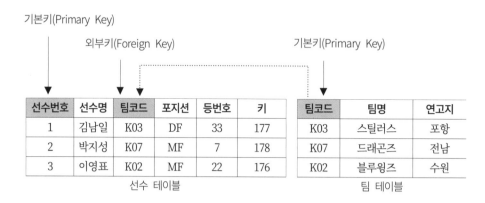

[그림 II-1-7] 테이블의 정규화

각 행을 한 가지 의미로 특정할 수 있는 한 개 이상의 칼럼을 기본키(Primary Key)라고 한다. 여기서는 <선수> 테이블의 '선수번호'와 <팀> 테이블의 '팀코드'가 기본키가 된다. 또 <선수> 테이블의 '팀코드'와 같이 다른 테이블의 기본키로 사용되면서 테이블과의 관계를 연결하는 역할을 하는 칼럼을 외부키(Foreign Key)라고 한다.

[표 II-1-6] 테이블 관계 용어들

용어	설명
정규화	테이블을 분할해 데이터의 정합성을 확보하고, 불필요한 중복을 줄이는 프로세스
기본키	테이블에 존재하는 각 행을 한 가지 의미로 특정할 수 있는 한 개 이상의 칼럼
외부키	다른 테이블의 기본키로 사용되고 있는 관계를 연결하는 칼럼

5. ERD

 팀 정보와 선수 정보 간에는 어떤 의미의 관계가 존재하며, 다른 테이블과도 어떤 의미의 연관성이나 관계를 갖고 있다. ERD(Entity Relationship Diagram)는 이와 같은 관계의 의미를 직관적으로 표현할 수 있는 좋은 수단이다.

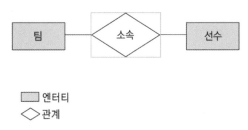

[그림 II-1-8] 팀-선수 ERD

 [그림 II-1-8]처럼 팀과 선수 간에는 '소속'이라는 관계가 맺어져 있다. 테이블 간 서로의 상관관계를 그림으로 도식화한 것을 E-R 다이어그램이라고 하며, 간략히 ERD라고 한다. ERD의 구성 요소는 엔터티(Entity), 관계(Relationship), 속성(Attribute) 3가지이며, 현실 세계의 데이터는 이 3가지 구성 요소로 모두 표현할 수 있다.
 [그림 II-1-9]와 [그림 II-1-10]은 앞으로 사용하게 될 케이리그의 테이블 관계를 IE(Information Engineering) 표기법과 Barker(Case*Method) 표기법으로 표현한 ERD다.
 케이리그 테이블 간의 양방향 관계는 다음과 같다.

- 하나의 팀은 여러 명의 선수를 포함할 수 있다.
- 한 명의 선수는 하나의 팀에 꼭 속한다.
- 하나의 팀은 하나의 전용 구장을 꼭 가진다.
- 하나의 운동장은 하나의 홈팀을 가질 수 있다.
- 하나의 운동장은 여러 게임의 스케줄을 가질 수 있다.
- 하나의 스케줄은 하나의 운동장에 꼭 배정된다.

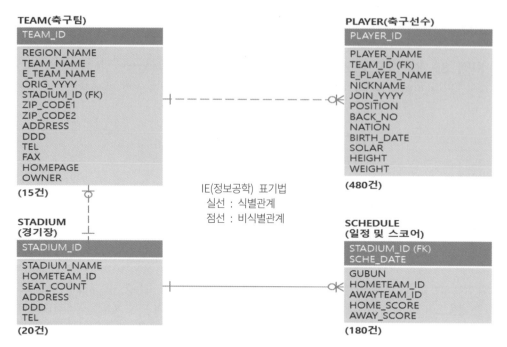

[그림 II-1-9] 케이리그 ERD(IE 표기법)

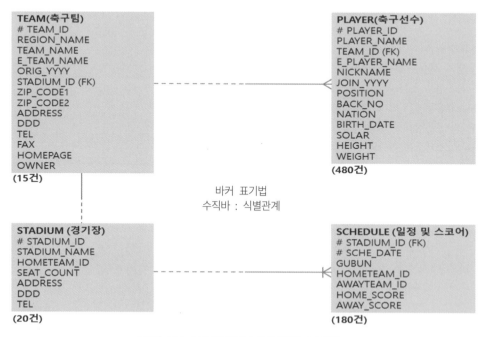

[그림 II-1-10] 케이리그 ERD(바커 표기법)

[그림 Ⅱ-1-11]과 [그림 Ⅱ-1-12]는 앞으로 사용하게 될 부서-사원 테이블 간의 관계를 IE 표기법과 Barker 표기법으로 표현한 ERD다.

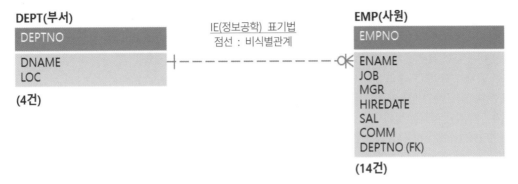

[그림 Ⅱ-1-11] 사원-부서 ERD(IE 표기법)

사원-부서 테이블 간의 양방향 관계는 다음과 같다.

- 하나의 부서는 여러 명의 사원을 보유할 수 있다.
- 한 명의 사원은 하나의 부서에 꼭 소속된다.

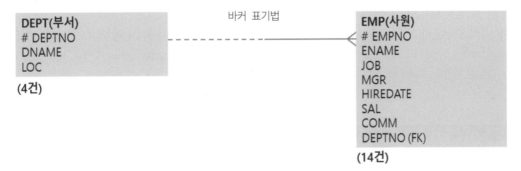

[그림 Ⅱ-1-12] 사원-부서 ERD(바커 표기법)

6. 데이터 유형

데이터 유형은 데이터베이스의 테이블에 특정 자료를 입력할 때, 그 자료를 받아들일 공간을 자료의 유형별로 나누는 기준이다. 즉 특정 칼럼을 정의할 때, 선언한 데이터 유형은 그 칼럼이 받아들일 수 있는 자료의 유형을 규정한다. 따라서 선언한 유형이 아닌 다른 종류의 데이터가 들어오려고 하면 데이터베이스는 에러를 발생시킨다. 예를 들어 선수의 몸무게 정보를 모아 놓은 공간에 '박지성'이라는 문자가 입력됐을 때, 숫자가 의미를 갖는 칼럼 정보에 문자가 입력됐으니 잘못된 데이터라고 판단할 수 있다.

또한 데이터 유형과 더불어 지정한 크기(Size)도 중요한 역할을 한다. 선언 당시에 지정한 데이터의 크기를 넘어선 자료가 입력되면 에러를 발생시킬 수 있기 때문이다.

데이터베이스에서 사용하는 데이터 유형은 다양한 형태로 제공된다. 벤더별로 SQL 문장의 차이는 줄어들고 있지만, 데이터 유형과 내장형 함수 부분에서는 차이가 많은 편이다. 물론 데이터베이스 내부의 구조적인 차이점은 더 크지만 본 가이드 범위를 벗어나므로 여기서는 언급하지 않는다.

숫자 타입을 예를 들어 보면 ANSI/ISO 기준에서는 NUMERIC Type의 하위 개념으로 NUMERIC, DECIMAL, DEC, SMALLINT, INTEGER, INT, BIGINT, FLOAT, REAL, DOUBLE PRECISION을 소개하고 있다. SQL Server와 Sybase는 ANSI/ISO 기준의 하위 개념에 맞추어서 작은 정수형·정수형·큰 정수형·실수형 등 여러 숫자 타입을 제공하고 있으며, 추가로 MONEY·SMALLMONEY 등의 숫자 타입도 갖고 있다.

반면 Oracle은 NUMBER 한 가지의 숫자 데이터 유형만 지원한다. 사용자 입장에서는 데이터 유형이나 내장형 함수까지 표준화가 되면 편리하겠지만, 벤더별 특화한 기능마다 장단점이 있으므로 사용자가 여러 상황을 고려해 판단할 문제다. 그리고 벤더에서 ANSI/ISO 표준을 사용할 때는 기능을 중심으로 구현하므로, 일반적으로 표준과 다른(예, NUMERIC→ NUMBER, WINDOW FUNCTION → ANALYTIC/RANK FUNCTION) 용어를 사용하는 것은 현실적으로 허용된다.

테이블의 칼럼이 갖고 있는 대표적인 4가지 데이터 유형을 정리했다. 아래 4가지 유형 외에도 ANSI/ISO에서는 Binary String Type, Binary Large Object String Type, National Character String Type, Boolean Type 등의 다양한 유형을 표시하고 있다.

[표 Ⅱ-1-7] 자주 쓰이는 데이터 유형

데이터 유형	설명
CHARACTER(s)	- 고정 길이 문자열 정보(Oracle, SQL Server 모두 CHAR로 표현) - s는 기본 길이 1바이트, 최대 길이 Oracle 2000바이트, SQL Server 8000바이트 - s만큼 최대 길이·고정 길이를 갖고 있으므로 할당된 변수 값의 길이가 s보다 작을 경우에는 그 차이 길이만큼 공간으로 채워진다.
VARCHAR(s)	- CHARACTER VARYING의 약자로 가변 길이 문자열 정보(Oracle은 VARCHAR2로 표현, SQL Server는 VARCHAR로 표현) - s는 최소 길이 1바이트, 최대 길이 Oracle 4000바이트, SQL Server 8000바이트 - s만큼의 최대 길이를 갖지만 가변 길이로 조정이 되기 때문에 할당된 변수값의 바이트만 적용된다 (Limit 개념).

데이터 유형	설명
NUMERIC	- 정수, 실수 등 숫자 정보(Oracle은 NUMBER로, SQL Server는 10가지 이상의 숫자 타입을 갖고 있음) - Oracle은 처음에 전체 자리 수를 지정하고, 그 다음 소수 부분의 자리 수를 지정한다. 예를 들어, 정수 부분이 6자리이고 소수점 부분이 2자리인 경우에는 'NUMBER(8,2)'와 같이 된다.
DATETIME	- 날짜와 시각 정보(Oracle은 DATE로 표현, SQL Server는 DATETIME으로 표현) - Oracle은 1초 단위, SQL Server는 3.33ms(millisecond) 단위 관리

문자열 유형의 경우, CHAR 유형과 VARCHAR 유형 중 어느 유형을 지정하는지에 대한 문제가 자주 논의된다. 중요한 것은 저장 영역과 문자열의 비교 방법이다. VARCHAR 유형은 가변 길이이므로 필요한 영역은 실제 데이터 크기뿐이다. 그렇기 때문에 길이가 다양한 칼럼과, 정의된 길이와 실제 데이터 길이에 차이가 있는 칼럼에 적합하다. 저장 측면에서도 CHAR 유형보다 작은 영역에 저장할 수 있으므로 장점이 있다.

또 하나는 비교 방법의 차이다. CHAR에서는 문자열을 비교할 때 공백(Blank)을 채워서 비교하는 방법을 사용한다. 공백 채우기 비교에서는 우선 짧은 쪽의 끝에 공백을 추가해 2개의 데이터가 같은 길이가 되도록 한다. 그리고 앞에서부터 한 문자씩 비교한다. 그러므로 끝의 공백만 다른 문자열은 같다고 판단된다. 그에 반해 VARCHAR 유형에서는 맨 처음부터 한 문자씩 비교하고 공백도 하나의 문자로 취급하므로 끝의 공백이 다르면 다른 문자로 판단한다.

```
예) CHAR 유형
   'AA' = 'AA  '
```

```
예) VARCHAR 유형
   'AA' ≠ 'AA  '
```

가장 많이 사용하는 VARCHAR 유형에 대해 예를 들어 알아보자. 영문 이름이 VARCHAR(40)으로, 40바이트가 지정되더라도 실제 'PARK,JISUNG'으로 데이터가 입력되는 경우 11바이트 공간만을 차지한다. 주민등록번호나 사번처럼 자료들이 고정된 길이의 문자열을 갖지 않는다면 데이터 유형은 VARCHAR 유형을 적용하는 것이 바람직하다. 예를 들자면 팀이나 운동장의 주소는 정확히 얼마의 문자 길이를 사용할지 예측할 수 없는 경우가 대부분이다.

CHAR가 아닌 VARCHAR, NUMERIC 유형에서 정의한 길이나 자릿수의 의미는 해당 데이터 유형이 가질 수 있는 최대한의 한계값을 정의한 것이라고 보아야 한다. 문자열(CHAR와 VARCHAR)에 대한 최대 길이와 NUMBER 칼럼의 정밀도(Precision)를 지정하는 것은 테이블 설계 시 반드시 고려해야 할 중요 요소다. 잘못된 판단은 추후 ALTER TABLE 명령으로 정정할 수 있지만, 데이터가 입력된 상황이라면 처리 과정이 쉽지 않다.

제2절 SELECT 문

1. SELECT

사용자가 입력한 데이터는 언제라도 조회할 수 있다. 앞에서 입력한 자료들을 조회해보는 SQL 문은 다음과 같다(별도 제공한 SQL SCRIPT를 통해 모든 테이블의 데이터를 새롭게 생성한 후, 본 가이드 내용을 진행하기 바란다).

```
SELECT [ALL/DISTINCT] 출력 대상 칼럼명, 출력 대상 칼럼명, ...
  FROM 출력 대상 칼럼들이 있는 테이블명;
```

- ALL : Default 옵션이므로 별도로 표시하지 않아도 된다. 즉 중복된 데이터가 있어도 모두 출력한다.
- DISTINCT : 중복된 데이터가 있을 경우 1건으로 처리해 출력한다.

[예제] SELECT한 다음 조회하기를 원하는 칼럼명을 콤마 구분자(,)로 구분해 나열하고, FROM 다음에 해당 칼럼이 존재하는 테이블명을 입력해 실행한다. 입력한 선수들의 데이터를 조회한다.

```
[예제]

SELECT PLAYER_ID, PLAYER_NAME, TEAM_ID, POSITION, HEIGHT, WEIGHT, BACK_NO
  FROM PLAYER;
```

```
[실행 결과]
```

PLAYER_ID	PLAYER_NAME	TEAM_ID	POSITION	HEIGHT	WEIGHT	BACK_NO
2000001	김태호	K10	DF			
2000002	정상수	K10	DF			
2000003	유동우	K10	DF	177	70	40
2000004	전기현	K10	DF			
2000011	정호곤	K06	DF	172	77	
2000012	최경훈	K06	DF			
2000013	정동훈	K06	DF	180	88	
2000014	정남표	K06	DF	180	77	
2000015	정광재	K06	DF	180	75	
2000016	권혁준	K06	DF	173	82	

```
...
480 개의 행이 선택됐습니다.
```

■ DISTINCT 옵션

[예제] 선수 테이블의 포지션 정보를 ALL과 DISTINCT 옵션으로 확인해 본다.

[예제]
```
SELECT ALL
       POSITION
  FROM PLAYER;
```

ALL은 생략 가능한 키워드이므로 아래 SQL 문장도 위 예제와 같은 결과를 출력한다.

[예제]
```
SELECT POSITION
  FROM PLAYER;
```

[실행 결과]
```
POSITION
--------
DF
...
FW
...
GK
...
MF
...
480 개의 행이 선택됐습니다.
```

[예제]
```
SELECT DISTINCT
       POSITION
  FROM PLAYER;
```

[실행 결과]
```
POSITION
--------
DF
FW
```

```
GK
MF
...
5 개의 행이 선택됐습니다.
```

위의 실행 결과를 보면 480개 행 모두 출력된 것이 아니라, 포지션의 종류인 4개의 행과 포지션 데이터가 아직 미정인 NULL까지 5건의 데이터만 출력된 것을 확인할 수 있다.

■ 애스터리스크(*) 사용하기

입력한 정보들을 보기 위해 테이블에서 보고 싶은 정보들이 있는 칼럼들을 선택해 조회할 수 있다. 해당 테이블의 모든 칼럼 정보를 보고 싶을 경우에는 애스터리스크(*)를 사용해 조회한다.

```
SELECT *
  FROM 테이블명;
```

[예제] 사원 테이블의 정보를 모두 조회한다.

```
[예제]
SELECT *
  FROM EMP;
```

```
[실행 결과]
```

EMPNO	ENAME	JOB	MGR	HIREDATE	SAL	COMM	DEPTNO
7369	SMITH	CLERK	7902	1980-12-17	800		20
7499	ALLEN	SALESMAN	7698	1981-02-20	1600	300	30
7521	WARD	SALESMAN	7698	1981-02-22	1250	500	30
7566	JONES	MANAGER	7839	1981-04-02	2975		20
7654	MARTIN	SALESMAN	7698	1981-09-28	1250	1400	30
7698	BLAKE	MANAGER	7839	19 1-05-01	2850		30
7782	CLARK	MANAGER	7839	1981-06-09	2450		10
7788	SCOTT	ANALYST	7566	1987-04-19	3000		20
7839	KING	PRESIDENT		1981-11-17	5000		10
7844	TURNER	SALESMAN	7698	1981-09-08	1500	0	30

```
...
14 개의 행이 선택됐습니다.
```

실행 결과 화면을 보면 칼럼 레이블(LABLE)이 맨 위에 보이고, 레이블 밑에 점선이 보인다. 실질적인 자료는 다음 줄부터 시작된다.

레이블은 기본적으로 대문자로 보이고, 첫 라인에 보이는 레이블의 정렬은 다음과 같다.

- 좌측 정렬 : 문자 및 날짜 데이터
- 우측 정렬 : 숫자 데이터

본 가이드에서는 가독성을 위해 일부 칼럼의 좌정렬, 우정렬을 무시한 경우가 있으니 참고하기 바란다.

■ ALIAS 부여하기

조회된 결과에 일종의 별명(ALIAS, ALIASES)을 부여해 칼럼 레이블을 변경할 수 있다. 칼럼 별명(ALIAS)에 대한 사항을 정리하면 다음과 같다.

- 칼럼명 바로 뒤에 온다.
- 칼럼명과 ALIAS 사이에 AS, as 키워드를 사용할 수 있다(옵션).
- 이중 인용부호(Double quotation)는 ALIAS가 공백, 특수문자를 포함할 경우와 대소문자 구분이 필요할 때 사용한다.

[예제] 선수들의 정보를 칼럼 별명을 이용해 출력한다.

[예제]
```
SELECT PLAYER_NAME AS 선수명, POSITION AS 위치, HEIGHT AS 키, WEIGHT AS 몸무게
  FROM PLAYER;
```

[실행 결과]

선수명	위치	키	몸무게
김태호	DF		
정상수	DF		
유동우	DF	177	70
전기현	DF		
정호곤	DF	172	77
최경훈	DF		
정동훈	DF	180	88
정남표	DF	180	77
정광재	DF	180	75
권혁준	DF	173	82

```
...
480 개의 행이 선택됐습니다.
```

칼럼 별명에서 AS를 꼭 사용하지 않아도 되므로, 아래 SQL은 위 SQL과 같은 결과를 출력한다. 하지만 가독성 측면에서 AS를 사용하는 편이 바람직하다.

[예제]
```
SELECT PLAYER_NAME 선수명, POSITION 위치, HEIGHT 키, WEIGHT 몸무게
  FROM PLAYER;
```

[예제] 칼럼 별명을 적용할 때 별명 중간에 공백이 들어가는 경우 『 "   " 』를 사용해야 한다. SQL Server의 경우
   『 "   " 』, 『 '   ' 』, 『[   ]』와 같이 3가지의 방식으로 별명을 부여할 수 있다.

[예제]
```
SELECT PLAYER_NAME AS "선수 명", POSITION AS 포지션, HEIGHT AS 키, WEIGHT AS 몸무게
  FROM PLAYER;
```

[실행 결과]

선수 명	포지션	키	몸무게
김태호	DF		
정상수	DF		
유동우	DF	177	70
전기현	DF		
정호곤	DF	172	77
최경훈	DF		
정동훈	DF	180	88
정남표	DF	180	77
정광재	DF	180	75
권혁준	D	173	82

```
...
480 개의 행이 선택됐습니다.
```

2. 산술 연산자와 합성 연산자

■ 산술 연산자

산술 연산자는 NUMBER와 DATE 자료형에 대해 적용되며, 일반적으로 수학의 4사칙연산과 동일하다. 그리고 우선순위를 위한 괄호 적용이 가능하다.

일반적으로 산술 연산을 사용하거나 특정 함수를 적용하면 칼럼의 레이블이 길어지고, 기존의 칼럼에 대해 새로운 의미를 부여한 것이므로 적절한 ALIAS를 새롭게 부여하는 것이 좋다.

산술 연산자는 수학에서와 같이 (), *, /, +, - 의 우선순위를 가진다.

[표 II-1-8] 산술 연산자의 종류

산술 연산자	설 명	산술 연산자	설 명
( )	연산자 우선순위를 변경하기 위한 괄호(괄호 안의 연산이 우선된다)		나누기
		+	더하기
*	곱하기	-	빼기

[예제] 선수들의 키에서 몸무게를 뺀 값을 알아본다.

```
[예제]
SELECT PLAYER_NAME AS 선수명, HEIGHT - WEIGHT AS "키-몸무게"
  FROM PLAYER;
```

```
[실행 결과]

선수명          키-몸무게
-------        ---------
김태호
정상수
유동우          107
전기현
정호곤          95
최경훈
정동훈          92
정남표          103
정광재          105
권혁준          91
...
480 개의 행이 선택됐습니다.
```

[예제] 선수들의 키와 몸무게를 이용해서 BMI(Body Mass Index) 비만지수를 측정한다.

※ 예제에서 사용된 ROUND( ) 함수는 반올림을 위한 내장 함수로서 3절에서 학습한다.

```
[예제]
SELECT PLAYER_NAME AS 선수명, ROUND (WEIGHT / ((HEIGHT / 100) * (HEIGHT / 100)), 2)
  AS BMI비만지수
  FROM PLAYER;
```

```
[실행 결과]
선수명            BMI비만지수
------           ----------
김태호
정상수
유동우            22.34
전기현
정호곤            26.03
최경훈
정동훈            27.16
정남표            23.77
정광재            23.15
권혁준            27.40
. . .
480 개의 행이 선택됐습니다.
```

■ 합성 연산자

문자와 문자를 연결하는 합성(CONCATENATION) 연산자를 사용하면 별도의 프로그램 도움 없이도 SQL 문장만으로도 유용한 리포트를 출력할 수 있다. 합성(CONCATENATION) 연산자의 특징은 다음과 같다.

- 문자와 문자를 연결하는 경우 2개의 수직 바(||)를 사용한다(Oracle).
- 문자와 문자를 연결하는 경우 + 표시를 사용한다(SQL Server).
- CONCAT (string1, string2) 함수를 사용할 수 있다(Oracle, SQL Server).
- 칼럼과 문자 또는 다른 칼럼과 연결한다.
- 문자 표현식의 결과에 의해 새로운 칼럼을 생성한다.

[예제] 다음과 같은 선수들의 출력 형태를 만들어 본다.

> 출력 형태) 선수명 선수, 키 cm, 몸무게 kg
>   예) 박지성 선수, 176 cm, 70 kg

[예제] Oracle

```
SELECT PLAYER_NAME || ' 선수, ' || HEIGHT || ' cm, ' || WEIGHT || ' kg' AS 체격정보
  FROM PLAYER;
```

[예제] SQL Server

```
SELECT PLAYER_NAME + ' 선수, ' + HEIGHT + ' cm, ' + WEIGHT + ' kg' AS 체격정보
  FROM PLAYER;
```

[실행 결과]

```
체격정보
-------------------------
유동우 선수, 177 cm, 70 kg
정호곤 선수, 172 cm, 77 kg
정동훈 선수, 180 cm, 88 kg
정남표 선수, 180 cm, 77 kg
정광재 선수, 180 cm, 75 kg
권혁준 선수, 173 cm, 82 kg
박상남 선수, 188 cm, 80 kg
빅토르 선수, 183 cm, 79 kg
이윤겸 선수, 178 cm, 80 kg
하재훈 선수, 174 cm, 67 kg
...
480 개의 행이 선택됐습니다.
```

제3절 함수

1. 내장 함수 개요

함수(Function)는 다양한 기준으로 분류할 수 있는데, 벤더에서 제공하는 함수인 내장 함수(Built-in Function)와 사용자가 정의할 수 있는 함수(User Defined Function)로 나눌 수 있다.

본 절에서는 각 벤더에서 제공하는 데이터베이스를 설치하면 기본적으로 제공되는 SQL 내장 함수에 대해 설명한다. 내장 함수는 SQL을 더욱 강력하게 해주고 데이터 값을 간편하게 조작하는 데 사용된다. 내장 함수는 벤더별로 가장 큰 차이를 보이는 부분이지만, 핵심적인 기능들은 이름이나 표현법이 다르더라도 대부분의 데이터베이스가 공통적으로 제공한다.

내장 함수는 다시 함수 입력 값이 단일행 값이 입력되는 단일행 함수(Single-Row Function)와 여러 행의 값이 입력되는 다중행 함수(Multi-Row Function)로 나눌 수 있다. 다중행 함수는 다시 집계함수(Aggregate Function), 그룹 함수(Group Function), 윈도우 함수(Window Function)로 나눌 수 있다. 집계함수는 1장 5절에서, 그룹 함수는 2장 3절에서, 윈도우 함수는 2장 4절에서 설명하고 여기서는 단일행 함수에 대해서만 설명한다.

함수는 입력되는 값이 아무리 많아도 출력은 하나만 되는 M:1 관계라는 중요한 특징을 갖고 있다. 단일행 함수의 경우 단일행 내에 있는 하나의 값 또는 여러 값이 입력 인수로 표현될 수 있다. 다중행 함수의 경우 여러 레코드의 값들을 입력 인수로 사용한다.

```
함수명 (칼럼이나 표현식 [, Arg1, Arg2, ... ])
```

단일행 함수는 처리하는 데이터의 형식에 따라서 문자형, 숫자형, 날짜형, 변환형, NULL 관련 함수로 나눌 수 있다. 벤더에서 제공하는 내장 함수는 상당히 종류가 많고 벤더별로 사용법이 다른 경우가 많아, 본 절에서는 Oracle과 SQL Server에서 공통으로 사용하는 중요 함수 위주로 설명한다.

함수에 대한 자세한 내용이나 버전에 따른 변경 내용은 벤더에서 제공하는 매뉴얼을 참고하기 바란다. 아래 함수의 예에서 SUBSTR / SUBSTRING으로 표시한 것은 같은 기능을 하지만, 다르게 표현되는 Oracle 내장 함수와 SQL Server 내장 함수를 순서대로 표현한 것이다.

[표 Ⅱ-1-9] 단일행 함수의 종류

종류	내용	함수의 예
문자형 함수	문자를 입력하면 문자나 숫자 값을 반환한다.	LOWER, UPPER, ASCII, CHR/CHAR, CONCAT, SUBSTR/SUBSTRING, LENGTH/LEN, LTRIM, RTRIM, TRIM
숫자형 함수	숫자를 입력하면 숫자 값을 반환한다.	ABS, SIGN, MOD, CEIL/CEILING, FLOOR, ROUND, TRUNC, SIN, COS, TAN, EXP, POWER, SQRT, LOG, LN

종류	내용	함수의 예
날짜형 함수	DATE 타입의 값을 연산한다.	SYSDATE/GETDATE, EXTRACT/DATEPART, TO_NUMBER(TO_CHAR(d,'YYYY'|'MM'|'DD'))/ YEAR|MONTH|DAY
변환형 함수	문자, 숫자, 날짜형 값의 데이터 타입을 변환한다.	(CAST, TO_NUMBER, TO_CHAR, TO_DATE)/ (CAST, CONVERT)
NULL 관련 함수	NULL을 처리하기 위한 함수	NVL/ISNULL, NULLIF, COALESCE

※ 주: Oracle 함수/SQL Server 함수 표시, '/' 없는 것은 공통 함수

단일행 함수의 중요한 특징은 다음과 같다.

- SELECT, WHERE, ORDER BY 절에 사용 가능하다.
- 각 행들에 대해 개별적으로 작용해 데이터 값들을 조작하고, 각각의 행에 대한 조작 결과를 리턴한다.
- 여러 인자(Argument)를 입력해도 단 하나의 결과만 리턴한다.
- 함수의 인자로 상수·변수·표현식이 사용 가능하고, 하나의 인수를 가지는 경우도 있지만 여러 개의 인수를 가질 수도 있다.
- 특별한 경우가 아니면 함수의 인자로 함수를 사용하는 함수의 중첩이 가능하다.

2. 문자형 함수

문자형 함수는 문자 데이터를 매개 변수로 받아들여서 문자나 숫자 값의 결과를 돌려주는 함수다. 몇몇 문자형 함수는 결과를 숫자로 리턴하기도 한다.

[표 II-1-10] 단일행 문자형 함수의 종류

문자형 함수	함수 설명
LOWER(문자열)	문자열의 알파벳 문자를 소문자로 바꾸어 준다.
UPPER(문자열)	문자열의 알파벳 문자를 대문자로 바꾸어 준다.
ASCII(문자)	문자나 숫자를 ASCII 코드 번호로 바꾸어 준다.
CHR/CHAR(ASCII번호)	ASCII 코드 번호를 문자나 숫자로 바꾸어 준다.
CONCAT (문자열1, 문자열2)	문자열1과 문자열2를 연결한다. 합성 연산자 '||'(Oracle)나 '+'(SQL Server)와 동일하다.
SUBSTR/SUBSTRING (문자열, m[, n])	문자열 중 m위치에서 n개의 문자 길이에 해당하는 문자를 돌려준다. n이 생략되면 마지막 문자까지이다.
LENGTH/LEN(문자열)	문자열의 개수를 숫자값으로 돌려준다.

문자형 함수	함수 설명
LTRIM (문자열 [,지정문자])/ LTRIM (문자열)	문자열의 첫 문자부터 확인해서 지정 문자가 나타나면 해당 문자를 제거한다(지정 문자가 생략되면 공백 값이 디폴트). SQL Server에서는 LTRIM 함수에 지정문자 사용 불가. 공백만 제거할 수 있다.
RTRIM (문자열 [,지정문자])/ RTRIM (문자열)	문자열의 마지막 문자부터 확인해서 지정 문자가 나타나는 동안 해당 문자를 제거한다 (지정 문자가 생략되면 공백 값이 디폴트). SQL Server에서는 LTRIM 함수에 지정문자를 사용할 수 없다. 즉 공백만 제거할 수 있다.
TRIM ([leading|trailing|both] 지정문자 FROM 문자열) / TRIM (지정문자 FROM 문자열)	문자열에서 머리말, 꼬리말 또는 양쪽에 있는 지정 문자를 제거한다(leading | trailing | both가 생략되면 both가 디폴트). SQL Server에서는 TRIM 함수에 leading, trailing, both를 사용할 수 없다. 즉 양쪽에 있는 지정 문자만 제거할 수 있다.

※ 주: Oracle 함수/SQL Server 함수 표시, '/' 없는 것은 공통 함수

■ 문자형 함수들이 적용됐을 때 리턴되는 값을 예를 들어 설명한다.

[표 II-1-11] 단일행 문자형 함수 사례

문자형 함수 사용	결과 값 및 설명
LOWER('SQL Expert')	'sql expert'
UPPER('SQL Expert')	'SQL EXPERT'
ASCII('A')	65
CHR(65) / CHAR(65)	'A'
CONCAT('RDBMS',' SQL') 'RDBMS' || ' SQL' / 'RDBMS' + ' SQL'	'RDBMS SQL'
SUBSTR('SQL Expert', 5, 3) SUBSTRING('SQL Expert', 5, 3)	'Exp'
LENGTH('SQL Expert') / LEN('SQL Expert')	10
LTRIM('xxxYYZZxYZ','x')	'YYZZxYZ'
RTRIM('XXYYzzXYzz','z') RTRIM('XXYYZZXYZ ')	'XXYYzzXY' 'XXYYZZXYZ'
TRIM('x' FROM 'xxYYZZxYZxx')	'YYZZxYZ'

함수 RTRIM은 공백 제거 및 CHAR와 VARCHAR 데이터 유형을 비교할 때 유용하게 사용된다.

[예제] 'SQL Expert'라는 문자형 데이터의 길이를 구하는 문자형 함수를 사용한다.

```
[예제] Oracle

SELECT LENGTH ('SQL Expert') AS LEN
  FROM DUAL;
```

```
[실행 결과]

LEN
---
 10

1 개의 행이 선택됐습니다.
```

예제 및 실행 결과를 보면 함수에 대한 결과 값을 마치 테이블에서 값을 조회했을 때와 비슷하게 표현한다.
  Oracle은 SELECT 절과 FROM 절 두 개의 절을 SELECT 문장의 필수 절로 지정했으므로, 사용자 테이블이
필요 없는 SQL 문장의 경우에도 필수적으로 DUAL이라는 테이블을 FROM 절에 지정한다.
  DUAL 테이블의 특성은 다음과 같다.

- 사용자 SYS가 소유하며 모든 사용자가 액세스 가능한 테이블이다.
- SELECT ~ FROM ~ 의 형식을 갖추기 위한 일종의 DUMMY 테이블이다.
- DUMMY라는 문자열 유형의 칼럼에 'X'라는 값이 들어 있는 행 1건을 포함하고 있다.

```
[예제] Oracle

DESC DUAL;
```

```
[실행 결과]

칼럼            NULL 가능        데이터 유형
-----          ---------       ----------
DUMMY                          VARCHAR2(1)

1 개의 행이 선택됐습니다.
```

```
[예제] Oracle

SELECT * FROM DUAL;
```

[실행 결과]

```
DUMMY
-----
    X

1 개의  행이  선택됐습니다.
```

반면 Sybase나 SQL Server는 SELECT 절만으로도 SQL 문장이 수행 가능하도록 정의했기 때문에 DUAL이란 DUMMY 테이블이 필요 없다. 그러나 Sybase나 SQL Server에서 사용자 테이블의 칼럼을 사용할 때는 FROM 절을 필수적으로 적용해야 한다.

[예제] 'SQL Expert'라는 문자형 데이터의 길이를 구하는 문자형 함수를 사용한다.

[예제] SQL Server

```
SELECT LEN('SQL Expert') AS Len;
```

[실행 결과]

```
Len
---
10

(1개  행  적용됨)
```

[예제] 선수 테이블에서 CONCAT 문자형 함수를 이용해 축구선수란 문구를 추가한다.

[예제]

```
SELECT CONCAT (PLAYER_NAME, ' 축구선수') AS 선수명
  FROM PLAYER;
```

CONCAT 함수는 Oracle의 '||' 합성 연산자와 같은 기능이다.

[예제] Oracle

```
SELECT PLAYER_NAME || ' 축구선수' AS 선수명
  FROM PLAYER;
```

SQL Server에서 위의 예제와 같은 결과를 얻으려면 다음과 같이 수행한다.

[예제] SQL Server

```
SELECT PLAYER_NAME + ' 축구선수' AS 선수명
  FROM PLAYER;
```

[실행 결과]

```
선수명
---------------
김태호 축구선수
정상수 축구선수
유동우 축구선수
전기현 축구선수
정호곤 축구선수
최경훈 축구선수
정동훈 축구선수
정남표 축구선수
정광재 축구선수
권혁준 축구선수
...
480 개의 행이 선택됐습니다.
```

실행 결과를 보면 실제적으로 함수가 모든 행에 대해 적용돼 '~ 축구선수'라는 각각의 결과로 출력됐다. 특별한 제약조건이 없다면 함수는 여러 개 중첩해 사용할 수 있다. 함수 내부에 다른 함수를 사용하면 안쪽에 위치한 함수부터 실행돼, 그 결과 값이 바깥쪽의 함수에 인자(Argument)로 사용된다.

```
함수3 (함수2 (함수1 (칼럼이나 표현식 [, Arg1]) [, Arg2]) [, Arg3 ])
```

[예제] 경기장의 지역번호와 전화번호를 합친 번호의 길이를 구하시오. 연결연산자의 결과가 LENGTH(SQL Server는 LEN 사용) 함수의 인수가 된다.

[예제] Oracle

```
SELECT STADIUM_ID, DDD || ')' || TEL AS TEL, LENGTH (DDD || '-' || TEL) AS T_LEN
  FROM STADIUM;
```

[예제] SQL Server

```
SELECT STADIUM_ID, DDD + ')' + TEL AS TEL, LEN (DDD + '-' + TEL) AS T_LEN
  FROM STADIUM;
```

```
[실행 결과]

STADIUM_ID      TEL                     T_LEN
-----------     ------------            -----
D03             063)273-1763            12
B02             031)753-3956            12
C06             054)282-2002            12
D01             061)792-5600            12
B05             02)2128-2973            12
B01             031)666-0496            12
C05             055)6644-8468           13
C04             052)220-2468            12
D02             042)252-2002            12
B04             031)259-2150            12
A02             062)2468-8642           13
C02             051)247-5771            12
A03             033)459-3631            12
A04             064)3631-2460           13
A05             053)602-2011            12
F01             054)                    4
F02             051)                    4
F03             031)                    4
F04             055)                    4
F05             031)                    4

20 개의 행이 선택됐습니다.
```

3. 숫자형 함수

숫자형 함수는 숫자 데이터를 입력받아 처리하고 숫자를 리턴하는 함수다.

[표 II-1-12] 단일행 숫자형 함수 종류

숫자형 함수	함수 설명
ABS(숫자)	숫자의 절댓값을 돌려준다.
SIGN(숫자)	숫자가 양수인지, 음수인지 0인지를 구별한다.
MOD(숫자1, 숫자2)	숫자1을 숫자2로 나누어 나머지 값을 리턴한다. MOD 함수는 % 연산자로도 대체 가능(예, 7%3)
CEIL/CEILING(숫자)	숫자보다 크거나 같은 최소 정수를 리턴한다.
FLOOR(숫자)	숫자보다 작거나 같은 최대 정수를 리턴한다.

숫자형 함수	함수 설명
ROUND(숫자 [, m])	숫자를 소수점 m자리에서 반올림해 리턴한다. m이 생략되면 디폴트 값은 0이다.
TRUNC(숫자 [, m])	숫자를 소수 m자리에서 잘라서 버린다. m이 생략되면 디폴트 값은 0이다. SQL Server에서 TRUNC 함수는 제공하지 않는다.
SIN, COS, TAN,...	숫자의 삼각함수 값을 리턴한다.
EXP(숫자)	숫자의 지수 값을 리턴한다. 즉 e(e=2.7182813...)의 숫자 제곱 값을 리턴한다(=e숫자).
POWER(숫자1,숫자2)	숫자의 거듭제곱 값을 리턴한다. 즉 숫자1의 숫자2 제곱 값(=숫자1숫자2)을 리턴한다.
SQRT(숫자)	숫자의 제곱근(=√숫자) 값을 리턴한다.
LOG(숫자1, 숫자2) /LOG(숫자2, 숫자1)	숫자1을 밑수로 하는 숫자2의 로그 값(=LOG숫자1숫자2)을 리턴한다. SQL Server는 숫자2를 밑수로 하는 숫자1의 로그 값(=LOG숫자2숫자1)을 리턴한다.
LN(숫자)	숫자의 자연 로그 값(=LOGe숫자)을 리턴한다. SQL Server에서 LN 함수는 제공하지 않는다.

※ 주: Oracle 함수/SQL Server 함수 표시, '/' 없는 것은 공통 함수

■ 숫자형 함수들이 적용됐을 때 리턴되는 값을 예를 들어 설명한다.

[표 II-1-13] 단일행 숫자형 함수 사례

숫자형 함수 사용	결과 값 및 설명
ABS(-15)	15
SIGN(-20) SIGN(0) SIGN(+20)	-1 0 1
MOD(7,3) / 7%3	1
CEIL(38.123) / CEILING(38.123) CEILING(-38.123)	39 39 -38
FLOOR(38.123) FLOOR(-38.123)	38 -39
ROUND(38.5235, 3) ROUND(38.5235, 1) ROUND(38.5235, 0) ROUND(38.5235)	38.524 38.5 39 39(인수 0이 Default)

숫자형 함수 사용	결과 값 및 설명
TRUNC(38.5235, 3)	38.523
TRUNC(38.5235, 1)	38.5
TRUNC(38.5235, 0)	38
TRUNC(38.5235)	38(인수 0이 Default)
SIN(0)	0
COS(0)	1
TAN(0)	0
EXP(2)	7.3890561
POWER(2, 3)	8
SQRT(4)	2
LOG(10, 100) / LOG(100, 10)	2
LN(7.3890561)	2

[예제] 반올림 및 내림해 소수점 이하 한 자리까지 출력한다.

[예제] Oracle

```
SELECT ENAME, ROUND (SAL / 12, 1) AS SAL_ROUND, TRUNC (SAL / 12, 1) AS SAL_TRUNC
  FROM EMP;
```

[실행 결과]

```
ENAME        SAL_ROUND        SAL_TRUNC
------       ----------       ----------
SMITH             66.7             66.6
ALLEN            133.3            133.3
WARD             104.2            104.1
JONES            247.9            247.9
MARTIN           104.2            104.1
BLAKE            237.5            237.5
CLARK            204.2            204.1
SCOTT             250              250
KING             416.7            416.6
TURNER            125              125
ADAMS             91.7             91.6
JAMES             79.2             79.1
FORD              250              250
MILLER           108.3            108.3

14 개의 행이 선택됐습니다.
```

[예제] 반올림 및 올림해 정수 기준으로 출력한다.

[예제] Oracle

```
SELECT ENAME, ROUND (SAL / 12) AS SAL_ROUND, CEIL (SAL / 12) AS SAL_CEIL
   FROM EMP;
```

[실행 결과]

ENAME	SAL_ROUND	SAL_CEIL
SMITH	67	67
ALLEN	133	134
WARD	104	105
JONES	248	248
MARTIN	104	105
BLAKE	238	238
CLARK	204	205
SCOTT	250	250
KING	417	417
TURNER	125	125
ADAMS	92	92
JAMES	79	80
FORD	250	250
MILLER	108	109

14 개의 행이 선택됐습니다.

4. 날짜형 함수

날짜형 함수는 DATE 타입의 값을 연산하는 함수다. Oracle의 TO_NUMBER(TO_CHAR( )) 함수는 변환형 함수로 구분할 수도 있으나 SQL Server의 YEAR, MONTH,DAY 함수와 매핑하기 위해 날짜형 함수에서 설명한다.

[표 II-1-14] 단일행 날짜형 함수 종류

날짜형 함수	함수 설명
SYSDATE / GETDATE()	현재 날짜와 시각을 출력한다.
EXTRACT('YEAR'|'MONTH'|'DAY' from d) / DATEPART('YEAR'|'MONTH'|'DAY',d)	날짜 데이터에서 연월일 데이터를 출력할 수 있다. 시분초도 가능하다.
TO_NUMBER(TO_CHAR(d,'YYYY')) / YEAR(d), TO_NUMBER(TO_CHAR(d,'MM')) / MONTH(d), TO_NUMBER(TO_CHAR(d,'DD')) / DAY(d)	날짜 데이터에서 연월일 데이터를 출력할 수 있다. Oracle EXTRACT YEAR/MONTH/DAY 옵션이나 SQL Server DEPART YEAR/MONTH/DAY 옵션과 같은 기능이다. TO_NUMBER 함수 제외 시 문자형으로 출력된다.

※ 주: Oracle 함수/SQL Server 함수 표시, '/' 없는 것은 공통 함수

DATE 변수가 데이터베이스에 어떻게 저장되는지 살펴보면, 데이터베이스는 날짜를 저장할 때 내부적으로 세기(Century), 연(Year), 월(Month), 일(Day), 시(Hours), 분(Minutes), 초(Seconds)와 같은 숫자 형식으로 변환해 저장한다. 날짜는 여러 가지 형식으로 출력되고 날짜 계산에도 사용되기 때문에 그 편리성을 위해서 숫자형으로 저장하는 것이다.

데이터베이스는 날짜를 숫자로 저장하기 때문에 덧셈, 뺄셈 같은 산술 연산자로도 계산이 가능하다. 즉 날짜에 숫자 상수를 더하거나 뺄 수 있다.

[표 II-1-15] 단일행 날짜형 데이터 연산

연산	결과	설명
날짜 + 숫자	날짜	숫자만큼의 날수를 날짜에 더한다.
날짜 - 숫자	날짜	숫자만큼의 날수를 날짜에서 뺀다.
날짜1 - 날짜2	날짜수	다른 하나의 날짜에서 하나의 날짜를 빼면 일수가 나온다.
날짜 + 숫자/24	날짜	시간을 날짜에 더한다.

[예제] Oracle의 SYSDATE 함수와 SQL Server의 GETDATE( ) 함수를 사용해 데이터베이스에서 사용하는 현재의 날짜 데이터를 확인한다. 날짜 데이터는 시스템 구성에 따라 다양하게 표현될 수 있으므로 사용자마다 다른 결과가 나올 수 있다.

[예제] Oracle

```
SELECT SYSDATE
  FROM DUAL;
```

[실행 결과]

```
SYSDATE
-------------------
2019-09-28 14:17:17
```

1 개의 행이 선택됐습니다.

[예제] SQL Server

```
SELECT GETDATE() AS CURRENTTIME;
```

[실행 결과]

```
CURRENTTIME
-----------------------
2019-09-28 14:17:17.080
```

(1개 행 적용됨)

[예제] 사원(EMP) 테이블의 입사일자에서 년, 월, 일 데이터를 각각 출력한다. 아래 4개의 SQL 문장은 같은 기능을 하는 문장이다.

[예제] Oracle

```
SELECT ENAME AS 사원명, HIREDATE AS 입사일자
     , EXTRACT (YEAR  FROM HIREDATE) AS 입사년도
     , EXTRACT (MONTH FROM HIREDATE) AS 입사월
     , EXTRACT (DAY   FROM HIREDATE) AS 입사일
  FROM EMP;
```

[예제] SQL Server
```
SELECT ENAME AS 사원명, HIREDATE AS 입사일자
    , DATEPART (YEAR , HIREDATE) AS 입사년도
    , DATEPART (MONTH, HIREDATE) AS 입사월
    , DATEPART (DAY  , HIREDATE) AS 입사일
  FROM EMP;
```

[예제] Oracle
```
SELECT ENAME AS 사원명, HIREDATE AS 입사일자
    , TO_NUMBER (TO_CHAR (HIREDATE, 'YYYY')) AS 입사년도
    , TO_NUMBER (TO_CHAR (HIREDATE, 'MM')) AS 입사월
    , TO_NUMBER (TO_CHAR (HIREDATE, 'DD')) AS 입사일
  FROM EMP;
```

TO_NUMBER 함수를 제외하고 TO_CHAR만 사용하면 문자형으로 출력(예, 01,02,03,...)되므로, 숫자형으로 출력(예, 1,2,3,...)하기 위해 TO_NUMBER 함수를 사용한다.

[예제] SQL Server
```
SELECT ENAME AS 사원명, HIREDATE AS 입사일자
    , YEAR (HIREDATE) AS 입사년도
    , MONTH (HIREDATE) AS 입사월
    , DAY (HIREDATE) AS 입사일
  FROM EMP;
```

[실행 결과]

사원명	입사일자	입사년도	입사월	입사일
SMITH	1980-12-17	1980	12	17
ALLEN	1981-02-20	1981	2	20
WARD	1981-02-22	1981	2	22
JONES	1981-04-02	1981	4	2
MARTIN	1981-09-28	1981	9	28
BLAKE	1981-05-01	1981	5	1
CLARK	1981-06-09	1981	6	9
SCOTT	1987-04-19	1987	4	19
KING	1981-11-17	1981	11	17

TURNER	1981-09-08	1981	9	8
ADAMS	1987-05-23	1987	5	23
JAMES	1981-12-03	1981	12	3
FORD	1981-12-03	1981	12	3
MILLER	1982-01-23	1982	1	23

(14개 행이 영향을 받음)

5. 변환형 함수

변환형 함수는 특정 데이터 타입을 다양한 형식으로 출력하고 싶을 경우에 사용된다. 변환형 함수는 크게 두 가지 방식이 있다.

[표 II-1-16] 데이터 유형 변환의 종류

종류	설명
명시적(Explicit) 데이터 유형 변환	데이터 변환형 함수를 사용해 데이터 유형을 변환하도록 명시해 주는 경우
암시적(Implicit) 데이터 유형 변환	데이터베이스가 자동으로 데이터 유형을 변환해 계산하는 경우

암시적 데이터 유형 변환의 경우 성능 저하가 발생할 수 있다. 자동으로 데이터베이스가 알아서 계산하지 않는 경우가 있어 에러를 발생할 수 있으므로 명시적인 데이터 유형 변환 방법을 사용하는 것이 바람직하다.

명시적 데이터 유형 변환에 사용되는 대표적인 변환형 함수는 다음과 같다.

[표 II-1-17] 단일행 변환형 함수의 종류

변환형 함수	함수 설명
TO_NUMBER (문자열) / CAST (expression AS data_type [(length)])	숫자로 변환 가능한 문자열을 숫자로 변환한다. expression을 목표 데이터 유형으로 변환한다.
TO_CHAR (숫자|날짜 [, FORMAT]) / CONVERT (data_type [(length)], expression [, style])	숫자나 날짜를 주어진 FORMAT 형태인 문자열 타입으로 변환한다. expression을 주어진 style 형태인 목표 데이터 유형으로 변환한다.
TO_DATE (문자열 [, FORMAT]) / CONVERT (data_type [(length)], expression [, style])	문자열을 주어진 FORMAT 형태인 날짜 타입으로 변환한다. expression을 주어진 style 형태인 목표 데이터 유형으로 변환한다.

변환형 함수를 사용해 출력 형식을 지정할 때, 숫자형과 날짜형의 경우 상당히 많은 포맷이 벤더별로 제공된다. 벤더별 데이터 유형과 함께 데이터 출력의 포맷 부분은 벤더의 고유 항목이 많으므로 매뉴얼을 참고하기 바라며, 아래는 대표적인 사례 몇 가지이다.

[예제] 날짜를 정해진 문자 형태로 변형한다.

[예제] Oracle
```
SELECT TO_CHAR (SYSDATE, 'YYYY/MM/DD') AS 날짜
     , TO_CHAR (SYSDATE, 'YYYY. MON, DAY') AS 문자형
  FROM DUAL;
```

[실행 결과]
```
날짜           문자형
----------    ------------------
2019/09/28    2019. 9월 , 토요일

1 개의 행이 선택됐습니다.
```

[예제] SQL Server
```
SELECT CONVERT(VARCHAR(10),GETDATE(),111) AS CURRENTDATE;
```

[실행 결과]
```
CURRENTDATE
-----------
2019-09-28

(1개 행 적용됨)
```

CONVERT 함수에서 111은 날짜 형식을 'yyyy/mm/dd'로 지정하는 정수다.

[예제] 금액을 달러와 원화로 표시한다. 두 번째 칼럼의 L999에서 L은 로컬 화폐 단위를 의미한다.

[예제] Oracle
```
SELECT TO_CHAR (123456789 / 1200, '$999,999,999.99') AS 환율반영달러
     , TO_CHAR (123456789, 'L999,999,999') AS 원화
  FROM DUAL;
```

[실행 결과]

환율반영달러   원화
―――――――   ―――――――
 $102,880.66 ₩123,456,789

1 개의 행이 선택됐습니다.

[예제] 팀(TEAM) 테이블의 ZIP코드1과 ZIP코드2를 숫자로 변환한 후 두 항목을 더한 숫자를 출력한다.

[예제] Oracle

```
SELECT TEAM_ID AS 팀ID
     , TO_NUMBER (ZIP_CODE1, '999') + TO_NUMBER (ZIP_CODE2, '999') AS 우편번호합
  FROM TEAM;
```

[예제] SQL Server

```
SELECT TEAM_ID AS 팀ID
     , CAST (ZIP_CODE1 AS INT) + CAST (ZIP_CODE2 AS INT) AS 우편번호합
  FROM TEAM;
```

[실행 결과]

팀I	D 우편번호합
K01	742
K02	660
K03	840
K04	838
K05	750
K06	620
K07	554
K08	592
K09	359
K10	331
K11	333
K12	869
K13	777
K14	1221
K15	1665

15 개의 행이 선택됐습니다.

6. CASE 표현

CASE 표현은 IF-THEN-ELSE 논리와 유사한 방식으로 표현식을 작성해 SQL의 비교 연산 기능을 보완하는 역할을 한다. ANSI/ISO SQL 표준에는 CASE Expression이라고 표시돼 있는데, 함수와 같은 성격을 갖고 있으며 Oracle의 Decode 함수와 같은 기능을 하므로 단일행 내장 함수에서 같이 설명한다.

일반 프로그램 및 PL/SQL의 IF-THEN-ELSE-END 로직은 다음과 같다.

```
[예제]

IF SAL > 2000
    THEN REVISED_SALARY = SAL
    ELSE REVISED_SALARY = 2000
END IF
```

위 예제와 같은 기능을 하는 CASE 표현은 다음과 같다.

```
[예제]

SELECT ENAME
    , CASE
        WHEN SAL > 2000 THEN SAL
        ELSE 2000
      END AS REVISED_SALARY
  FROM EMP;
```

```
[실행 결과]

ENAME       REVISED_SALARY
------      --------------
SMITH               2000
ALLEN               2000
WARD                2000
JONES               2975
MARTIN              2000
BLAKE               2850
CLARK               2450
SCOTT               3000
KING                5000
TURNER              2000
ADAMS               2000
```

```
JAMES                2000
FORD                 3000
MILLER               2000

14 개의 행이 선택됐습니다.
```

CASE 표현을 하기 위해서는 조건절을 표현하는 두 가지 방법이 있다. Oracle은 DECODE 함수를 사용할 수 있다.

[표 Ⅱ-1-18] 단일행 CASE 표현의 종류

CASE 표현	함수 설명
CASE SIMPLE_CASE_EXPRESSION 조건 [ELSE 디폴트값] END	SIMPLE_CASE_EXPRESSION 조건이 맞으면 SIMPLE_CASE _EXPRESSION 조건 내의 THEN 절을 수행하고, 조건이 맞지 않으면 ELSE 절을 수행한다.
CASE SEARCHED_CASE_EXPRESSION 조건 [ELSE 디폴트값] END	SEARCHED_CASE_EXPRESSION 조건이 맞으면 SEARCHED_ CASE_EXPRESSION 조건 내의 THEN 절을 수행하고, 조건이 맞지 않으면 ELSE 절을 수행한다.
DECODE(표현식, 기준값1, 값1 [, 기준값2, 값2, ... , 디폴트값])	Oracle에서만 사용되는 함수로, 표현식 값이 기준값1이면 값1을 출력하고, 기준값2이면 값2를 출력한다. 기준값이 없으면 디폴트 값을 출력한다. CASE 표현의 SIMPLE_ CASE_EXPRESSION 조건과 동일하다.

IF-THEN-ELSE 논리를 구현하는 CASE Expressions은 Simple Case Expression과 Searched Case Expression 두 가지 표현법 중 하나를 선택해서 사용하게 된다.

```
CASE
    SIMPLE_CASE_EXPRESSION 조건  or  SEARCHED_CASE_EXPRESSION 조건
    [ELSE 디폴트값]
END
```

첫 번째 SIMPLE_CASE_EXPRESSION은 CASE 다음 바로 조건에 사용되는 칼럼이나 표현식이다. 다음 WHEN 절에서 앞에서 정의한 칼럼이나 표현식과 같은지와 다른지를 판단하는 문장으로 EQUI(=) 조건만 사용한다면 SEARCHED_CASE_EXPRESSION보다 간단하게 사용할 수 있는 장점이 있다. Oracle의 DECODE 함수와 기능 면에서 동일하다.

```
CASE
    EXPR WHEN COMPARISON_EXPR THEN RETURN_EXPR
    ELSE DEFAULT_EXPR
END
```

[예제] 부서 정보에서 부서 위치를 미국의 동부, 중부, 서부로 구분하라.

[예제]
```
SELECT LOC
     , CASE LOC
           WHEN 'NEW YORK' THEN 'EAST'
           WHEN 'BOSTON'   THEN 'EAST'
           WHEN 'CHICAGO'  THEN 'CENTER'
           WHEN 'DALLAS'   THEN 'CENTER'
           ELSE 'ETC'
       END AS AREA
  FROM DEPT;
```

[실행 결과]
```
LOC             AREA
--------        ------
NEW YORK        EAST
DALLAS          CENTER
CHICAGO         CENTER
BOSTON          EAST

4 개의 행이 선택됐습니다.
```

두 번째 SEARCHED_CASE_EXPRESSION은 CASE 다음에는 칼럼이나 표현식을 표시하지 않고, 다음 WHEN 절에서 EQUI(=) 조건 포함 여러 조건(>, >=, <, <=)을 이용한 조건절을 사용할 수 있으므로 SIMPLE_CASE_EXPRESSION보다 훨씬 다양한 조건을 적용할 수 있는 장점이 있다.

```
CASE
    WHEN CONDITION THEN RETURN_EXPR
    ELSE DEFAULT_EXPR
END
```

[예제] 사원 정보에서 급여가 3000 이상이면 상등급으로, 1000 이상이면 중등급으로, 1000 미만이면 하등급으로 분류하라.

```
[예제]

SELECT ENAME
     , CASE
            WHEN SAL >= 3000 THEN 'HIGH'
            WHEN SAL >= 1000 THEN 'MID'
            ELSE 'LOW'
       END AS SALARY_GRADE
  FROM EMP;
```

```
[실행 결과]

ENAME            SALARY_GRADE
------           ------------
SMITH            LOW
ALLEN            MID
WARD             MID
JONES            MID
MARTIN           MID
BLAKE            MID
CLARK            MID
SCOTT            HIGH
KING             HIGH
TURNER           MID
ADAMS            MID
JAMES            LOW
FORD             HIGH
MILLER           MID

14 개의 행이 선택됐습니다.
```

CASE 표현은 함수의 성질을 갖고 있으므로 다른 함수처럼 중첩해 사용할 수 있다

[예제] 사원 정보에서 급여가 2000 이상이면 보너스를 1000으로, 1000 이상이면 500으로, 1000 미만이면 0으로 계산한다.

```
[예제]

SELECT ENAME, SAL
     , CASE
            WHEN SAL >= 2000 THEN 1000
```

```
        ELSE (CASE
                WHEN SAL >= 1000 THEN 500
                ELSE 0
            END)
    END AS BONUS
  FROM EMP;
```

[실행 결과]

ENAME	SAL	BONUS
SMITH	800	0
ALLEN	1600	500
WARD	1250	500
JONES	2975	1000
MARTIN	1250	500
BLAKE	2850	1000
CLARK	2450	1000
SCOTT	3000	1000
KING	5000	1000
TURNER	1500	500
ADAMS	1100	500
JAMES	950	0
FORD	3000	1000
MILLER	1300	500

14 개의 행이 선택됐습니다.

7. NULL 관련 함수

가. NVL/ISNULL 함수

다시 한 번 NULL에 대한 특성을 정리한다.

- 널 값은 아직 정의되지 않은 값으로 0 또는 공백과 다르다. 0은 숫자고, 공백은 하나의 문자다.
- 테이블을 생성할 때 NOT NULL 또는 PRIMARY KEY로 정의되지 않은 모든 데이터 유형은 NULL 값을 포함할 수 있다.
- NULL 값을 포함하는 연산의 경우 결과 값도 NULL 값이다. 모르는 데이터에 숫자를 더하거나 빼도 결과는 마찬가지로 모르는 데이터인 것과 같다.

- 결과 값을 NULL이 아닌 다른 값을 얻고자 할 때 NVL/ISNULL 함수를 사용한다. NULL 값의 대상이 숫자 유형 데이터인 경우는 주로 0(Zero)으로, 문자 유형 데이터인 경우는 블랭크보다는 'x' 같이 해당 시스템에서 의미 없는 문자로 바꾸는 경우가 많다.

[표 II-1-19] NULL 포함 연산의 결과

연산	연산의 결과
NULL + 2, 2 + NULL	NULL
NULL - 2, 2 - NULL	NULL
NULL * 2, 2 * NULL	NULL
NULL / 2, 2 / NULL	NULL

NVL/ISNULL 함수를 유용하게 사용하는 예는 산술적인 계산에서 데이터 값이 NULL일 경우다. 칼럼 간 계산을 수행하는 경우 NULL 값이 존재하면 해당 연산 결과가 NULL 값이 되므로 원하는 결과를 얻을 수 없는 경우가 발생한다. 이런 경우는 NVL 함수를 사용해 숫자인 0(Zero)으로 변환을 시킨 후 계산을 해서 원하는 데이터를 얻는다.

관계형 데이터베이스의 중요한 데이터인 NULL을 처리하는 주요 함수는 다음과 같다.

[표 II-1-20] 단일행 NULL 관련 함수의 종류

일반형 함수	함수 설명
NVL(표현식1, 표현식2) / ISNULL(표현식1, 표현식2)	표현식1의 결과 값이 NULL이면 표현식2의 값을 출력한다. 단 표현식1과 표현식2의 결과 데이터 타입이 같아야 한다. NULL 관련 가장 많이 사용되는 함수이므로 상당히 중요하다.
NULLIF(표현식1, 표현식2)	표현식1이 표현식2와 같으면 NULL을, 같지 않으면 표현식1을 리턴한다.
COALESCE(표현식1, 표현식2, ……)	임의의 개수 표현식에서 NULL이 아닌 최초의 표현식을 나타낸다. 모든 표현식이 NULL이라면 NULL을 리턴한다.

※ 주: Oracle 함수/SQL Server 함수 표시, '/' 없는 것은 공통 함수

Oracle의 경우 NVL 함수를 사용한다.

```
NVL (NULL 판단 대상, 'NULL일 때 대체값')
```

[예제] Oracle
```
SELECT NVL (NULL, 'NVL-OK') AS NVL_TEST
  FROM DUAL;
```

[실행 결과]

```
NVL_TEST
---------
NVL-OK
```

1 개의 행이 선택됐습니다.

[예제] Oracle

```
SELECT NVL ('Not-Null', 'NVL-OK') NVL_TEST
  FROM DUAL;
```

[실행 결과]

```
NVL_TEST
---------
Not-Null
```

1 개의 행이 선택됐습니다.

SQL Server의 경우 ISNULL 함수를 사용한다.

```
ISNULL (NULL 판단 대상, 'NULL일 때 대체값')
```

[예제] SQL Server

```
SELECT ISNULL(NULL, 'NVL-OK') AS ISNULL_TEST;
```

[실행 결과]

```
ISNULL_TEST
-----------
NVL-OK
(1개 행 적용됨)
```

[예제] SQL Server

```
SELECT ISNULL('Not-Null', 'NVL-OK') AS ISNULL_TEST;
```

[실행 결과]

```
ISNULL_TEST
-----------
Not-Null

(1개 행 적용됨)
```

[예제] 선수 테이블에서 성남 일화천마(K08) 소속 선수의 이름과 포지션을 출력하는데, 포지션이 없는 경우는 '없음'으로 표시한다.

[예제] Oracle

```
SELECT PLAYER_NAME AS 선수명, POSITION AS 포지션, NVL (POSITION, '없음') AS NL포지션
  FROM PLAYER
 WHERE TEAM_ID = 'K08';
```

[예제] SQL Server

```
SELECT PLAYER_NAME AS 선수명, POSITION AS 포지션, ISNULL (POSITION, '없음') AS NL포지션
  FROM PLAYER
 WHERE TEAM_ID = 'K08';
```

[예제] NVL 함수와 ISNULL 함수를 사용한 SQL 문장은 벤더 공통적으로 CASE 문장으로 표현할 수 있다.

[예제]

```
SELECT PLAYER_NAME 선수명, POSITION AS 포지션
     , CASE
            WHEN POSITION IS NULL THEN '없음'
            ELSE POSITION
       END AS NL포지션
  FROM PLAYER
 WHERE TEAM_ID = 'K08';
```

[실행 결과]

선수명	포지션	NL포지션
차경복	DF	DF
정학범		없음

```
안익수                    없음
차상광                    없음
최충균        DF          DF
노태경        DF          DF
홍도표        MF          MF
정현수        DF          DF
샤샤          FW          FW
조태용        MF          MF
...
45 개의 행이 선택됐습니다.
```

[예제] 급여와 커미션을 포함한 연봉을 계산하면서 NVL 함수의 필요성을 알아본다.

[예제]

```
SELECT ENAME AS 사원명, SAL AS 월급, COMM AS 커미션
     , (SAL * 12) + COMM AS 연봉A, (SAL * 12) + NVL (COMM, 0) AS 연봉B
  FROM EMP;
```

[실행 결과]

사원명	월급	커미션	연봉A	연봉B
SMITH	800			9600
ALLEN	1600	300	19500	19500
WARD	1250	500	15500	15500
JONES	2975			35700
MARTIN	1250	1400	16400	16400
BLAKE	2850			34200
CLARK	2450			29400
SCOTT	3000			36000
KING	5000			60000
TURNER	1500	0	18000	18000
ADAMS	1100			13200
JAMES	950			11400
FORD	3000			36000
MILLER	1300			15600

14 개의 행이 선택됐습니다.

실행 결과에서 월급에 커미션을 더해서 연봉을 계산하는 산술식이 있을 때, 커미션에 NULL 값이 있는 경우 커미션 값에 NVL() 함수를 사용하지 않으면, 연봉A의 계산 결과가 NULL이 돼서 잘못 계산한 결과를 확인할 수 있다. 따라서 연봉B 결과와 같이 NVL(COMM,0)처럼 NULL 값을 0으로 변환해 연봉을 계산해야 한다. 물론 곱셈을 사용해야 하는 경우에는 NVL(COMM,1)을 해야 한다.

그러나 NVL 함수를 다중행 함수의 인자로 사용하는 경우는 오히려 불필요한 부하를 발생할 수 있으므로 굳이 이 함수를 사용할 필요가 없다. 다중행 함수는 입력 값으로 전체 건수가 NULL 값인 경우만 함수의 결과가 NULL이 나오고, 전체 건수 중에서 일부만 NULL인 경우는 다중행 함수의 대상에서 제외한다.

예를 들면 100명 중 10명의 성적이 NULL 값일 때 평균을 구하는 다중행 함수 AVG를 사용하면 NULL 값이 아닌, 90명의 성적에 대해서 평균값을 구하게 된다. 자세한 내용은 1장 5절에서 추가로 설명한다.

나. NULL과 공집합

■ 일반적인 NVL/ISNULL 함수 사용

STEP1. 정상적으로 매니저 정보를 갖고 있는 SCOTT의 매니저를 출력한다.

```
[예제]
SELECT MGR
  FROM EMP
 WHERE ENAME = 'SCOTT';
```

```
[실행 결과]
 MGR
----
7566

1 개의 행이 선택됐습니다.
```

'SCOTT'의 관리자(MGR=Manager)는 7566 사번을 가진 JONES다.

STEP2. 매니저에 NULL이 들어있는 KING의 매니저를 출력한다.

```
[예제]
SELECT MGR
  FROM EMP
 WHERE ENAME = 'KING';
```

```
[실행 결과]
MGR
---

1 개의 행이 선택됐습니다.
```

빈 칸으로 표시됐지만 실 데이터는 NULL이다. 'KING'은 EMP 테이블에서 사장이므로 MGR(관리자) 필드에 NULL이 입력돼 있다.

STEP3. 매니저가 NULL인 경우 빈칸이 아닌 9999로 출력하기 위해 NVL/ISNULL 함수를 사용한다.

```
[예제]
SELECT NVL (MGR, 9999) AS MGR
  FROM EMP
 WHERE ENAME = 'KING';
```

```
[실행 결과]
 MGR
----
9999

1 개의 행이 선택됐습니다.
```

■ 공집합의 NVL/ISNULL 함수 사용

조건에 맞는 데이터가 한 건도 없는 경우를 공집합이라고 하고, SELECT 1 FROM DUAL WHERE 1 = 2; 와 같은 조건이 대표적인 공집합을 발생시키는 쿼리다. 공집합은 NULL 데이터와는 또 다르게 이해해야 한다.

STEP1. 공집합을 발생시키기 위해 사원 테이블에 존재하지 않는 'JSC'라는 이름으로 데이터를 검색한다.

```
[예제]
SELECT MGR
  FROM EMP
 WHERE ENAME = 'JSC';
```

[실행 결과]

선택된 레코드가 없습니다.

EMP 테이블에 ENAME이 'JSC'란 사람은 없으므로 공집합이 발생한다.

STEP2. NVL/ISNULL 함수를 이용해 공집합을 9999로 바꾸고자 시도한다.

[예제] Oracle

```
SELECT NVL (MGR, 9999) AS MGR
  FROM EMP
 WHERE ENAME = 'JSC';
```

[실행 결과]

선택된 레코드가 없습니다.

많은 경우에 공집합을 NVL/ISNULL 함수를 이용해 처리하려고 하는데, 인수의 값이 공집합인 경우는 NVL/ISNULL 함수를 사용해도 역시 공집합이 출력된다. NVL/ISNULL 함수는 NULL 값을 대상으로 다른 값으로 바꾸는 함수이지 공집합을 대상으로 하지 않는다.

STEP3. 적절한 집계함수를 찾아서 NVL 함수 대신 적용한다.

[예제]

```
SELECT MAX (MGR) AS MGR
  FROM EMP
 WHERE ENAME = 'JSC';
```

[실행 결과]

```
MGR
---

1 개의 행이 선택됐습니다.
```

빈 칸으로 표시됐지만 실 데이터는 NULL이다. 다른 함수와 달리 집계함수와 Scalar Subquery의 경우는 인수의 결과 값이 공집합인 경우에도 NULL을 출력한다.

STEP4. 집계함수를 인수로 한 NVL/ISNULL 함수를 이용해서 공집합인 경우에도 빈칸이 아닌 9999로 출력하게 한다.

[예제] Oracle

```
SELECT NVL (MAX (MGR), 9999) AS MGR
  FROM EMP
 WHERE ENAME = 'JSC';
```

[실행 결과]

```
MGR
----
9999

1 개의 행이 선택됐습니다.
```

공집합의 경우는 NVL 함수를 사용해도 공집합이 출력되므로, 그룹 함수와 NVL 함수를 같이 사용해서 처리한다. 예제는 그룹 함수를 NVL 함수의 인자로 사용해서 인수 값이 공집합인 경우에도 원하는 9999라는 값으로 변환한 사례다.

Oracle의 SQL*PLUS 같이 화면에서 데이터베이스와 직접 대화하는 환경이라면, 화면상에서 "선택된 레코드가 없습니다."라는 문구로 공집합을 구분할 수 있다. 하지만 다른 개발언어 내에 SQL 문장이 포함된 경우에는 NULL과 공집합을 쉽게 구분하기 힘들다.

개발자들은 NVL/ISNULL 함수를 사용해야 하는 경우와, 집계함수를 포함한 NVL/ISNULL 함수를 사용해야 하는 경우, 1장 5절에서 설명할 NVL/ISNULL 함수를 포함한 집계함수를 사용하지 않아야 될 경우까지 잘 이해해서 NVL/ISNULL 함수를 정확히 사용해야 한다.

다. NULLIF

NULLIF 함수는 EXPR1이 EXPR2와 같으면 NULL을, 같지 않으면 EXPR1을 리턴한다. 특정 값을 NULL로 대체하는 경우에 유용하게 사용할 수 있다.

```
NULLIF (EXPR1, EXPR2)
```

[예제] 사원 테이블에서 MGR와 7698이 같으면 NULL을 표시하고, 같지 않으면 MGR를 표시한다.

[예제]
```
SELECT ENAME, EMPNO, MGR, NULLIF (MGR, 7698) AS NUIF
  FROM EMP;
```

NULLIF 함수를 CASE 문장으로 표현할 수 있다.

[예제]
```
SELECT ENAME, EMPNO, MGR
     , CASE
           WHEN MGR = 7698 THEN NULL
           ELSE MGR
       END AS NUIF
  FROM EMP;
```

[실행 결과]

ENAME	EMPNO	MGR	NUIF
SMITH	7369	7902	7902
ALLEN	7499	7698	
WARD	7521	7698	
JONES	7566	7839	7839
MARTIN	7654	7698	
BLAKE	7698	7839	7839
CLARK	7782	7839	7839
SCOTT	7788	7566	7566
KING	7839		
TURNER	7844	7698	
ADAMS	7876	7788	7788
JAMES	7900	7698	
FORD	7902	7566	7566
MILLER	7934	7782	7782

14 개의 행이 선택됐습니다.

실행 결과를 보면 MGR의 값이 7698이란 상수가 같은 경우 NUIF 칼럼에 NULL이 표시됐다. KING이 속한 행의 NUIF 칼럼에 NULL이 표시된 것은 원래 MGR 데이터가 NULL이었기 때문이다.

라. 기타 NULL 관련 함수(COALESCE)

COALESCE 함수는 인수의 숫자가 한정돼 있지 않으며, 임의의 개수 EXPR에서 NULL이 아닌 최초의 EXPR을 나타낸다. 만일 모든 EXPR이 NULL이라면 NULL을 리턴한다.

```
COALESCE (EXPR1, EXPR2, …)
```

[예제] 사원 테이블에서 커미션을 1차 선택 값으로, 급여를 2차 선택 값으로 선택하되, 두 칼럼 모두 NULL인 경우는 NULL로 표시한다.

[예제]

```
SELECT ENAME, COMM, SAL, COALESCE (COMM, SAL) AS COAL
  FROM EMP;
```

COALESCE 함수는 두 개의 중첩된 CASE 문장으로 표현할 수 있다.

[예제]

```
SELECT ENAME, COMM, SAL
     , CASE
           WHEN COMM IS NOT NULL THEN COMM
           ELSE (CASE
                    WHEN SAL IS NOT NULL THEN SAL
                    ELSE NULL
                END)
       END AS COAL
  FROM EMP;
```

[실행 결과]

ENAME	COMM	SAL	COAL
SMITH		800	800
ALLEN	300	1600	300
WARD	500	1250	500
JONES		2975	2975
MARTIN	1400	1250	1400
BLAKE		2850	2850

CLARK	2450	2450
SCOTT	3000	3000
KING	5000	5000
TURNER	0 1500	0
ADAMS	1100	1100
JAMES	950	950
FORD	3000	3000
MILLER	1300	1300

14 개의 행이 선택됐습니다.

제4절 WHERE 절

1. WHERE 조건절 개요

자료를 검색할 때 SELECT 절과 FROM 절만 사용해 기본적인 SQL 문장을 구성한다면, 테이블에 있는 모든 자료가 결과로 출력돼 실제로 원하는 자료를 확인하기 어려울 수 있다. 사용자들은 자신이 원하는 자료만을 검색하기 위해 SQL 문장에 WHERE 절을 이용해 자료를 제한할 수 있다.

WHERE 절에는 두 개 이상의 테이블에 대한 조인 조건을 기술하거나 결과를 제한하기 위한 조건을 기술할 수도 있다. WHERE 절의 JOIN 조건에 대해서는 1장 7절에서 설명하고 FROM 절의 JOIN에 대해서는 1장 8절에서 설명하도록 한다.

현실의 데이터베이스는 많은 사용자나 프로그램들이 동시에 접속해 다량의 트랜잭션을 발생하고 있다. WHERE 조건절을 사용하지 않고 필요 없는 많은 자료를 데이터베이스로부터 요청하는 SQL 문장은 대량의 데이터를 검색하기 위해 데이터베이스가 설치된 서버의 CPU나 메모리 등의 시스템 자원을 과다하게 사용한다. 또한 많은 사용자들의 쿼리(Query)에 대해 바로 처리해 주지 못하게 되고, 또한 검색된 많은 자료가 네트워크를 통해 전달됨으로써 문제점들을 발생시킨다. 이런 문제점을 방지하기 위해 WHERE 절에 조건이 없는 FTS(Full Table Scan) 문장은 SQL 튜닝의 1차적인 검토 대상이 된다(FTS가 무조건 나쁜 것은 아니며 병렬 처리 등을 이용해 유용하게 사용하는 경우도 많다).

기본적인 SQL 문장은 Oracle의 경우 필수적으로 SELECT 절과 FROM 절로 이루어져 있다. SQL Server와 Sybase 문장은 SELECT 목록에 상수·변수·산술식(열 이름 없이)만 포함되는 경우는 FROM 절이 필요 없지만, 테이블의 칼럼이 사용된 경우는 FROM 절이 필요하다. WHERE 절은 조회하려는 데이터에 특정 조건을 부여할 목적으로 사용하기 때문에 FROM 절 뒤에 오게 된다.

```
SELECT [DISTINCT/ALL]
       칼럼명 [ALIAS명]
  FROM 테이블명
 WHERE 조건식;
```

WHERE 절은 FROM 절 다음에 위치하며, 조건식은 아래 내용으로 구성된다.

- 칼럼명(보통 조건식의 좌측에 위치)
- 비교 연산자
- 문자, 숫자, 표현식(보통 조건식의 우측에 위치)
- 비교 칼럼명(JOIN 사용 시)

2. 연산자의 종류

WHERE 절에 조건식을 사용할 때, 사용되는 비교 연산자에 대해 살펴본다. 연산자에 대해 알아보기 전에 위에서 나왔던 조건을 조금 더 복잡하게 바꿔 본다.

케이리그 일부 선수들의 이름과 포지션, 백넘버를 알고 싶다.
조건은 소속팀이 삼성블루윙즈이거나 전남드래곤즈에 소속된 선수들 중에서
포지션이 미드필더(MF:Mid Fielder) 이면서,
키는 170 센티미터 이상, 180 이하여야 한다.

위의 요구 조건을 모두 만족하는 쿼리 문장을 구성하기 위해서는 다양한 연산자들을 사용해야만 한다.
WHERE 절에 사용되는 연산자는 3가지 종류가 있다.

- 비교 연산자(부정 비교 연산자 포함)
- SQL 연산자(부정 SQL 연산자 포함)
- 논리 연산자

[표 II-1-21] 연산자의 종류

구분	연산자	연산자의 의미
비교 연산자	=	같다.
	>	보다 크다.
	>=	보다 크거나 같다.
	<	보다 작다.
	<=	보다 작거나 같다.
SQL 연산자	BETWEEN a AND b	a와 b의 값 사이의 값을 갖는다(a와 b 값이 포함됨).
	IN (list)	리스트에 있는 값 중에서 어느 하나라도 일치한다.
	LIKE '비교문자열'	비교문자열과 형태가 일치한다(%, _ 사용).
	IS NULL	NULL 값을 갖는다.
논리 연산자	AND	앞에 있는 조건과 뒤에 오는 조건이 참(TRUE)이 되면 결과도 참(TRUE)이 된다. 즉 앞의 조건과 뒤의 조건을 동시에 만족해야 한다.
	OR	앞의 조건이 참(TRUE)이거나 뒤의 조건이 참(TRUE)이 돼야 결과도 참(TRUE)이 된다. 즉 앞뒤의 조건 중 하나만 참(TRUE)이면 된다.
	NOT	뒤에 오는 조건에 반대되는 결과를 되돌려 준다.
부정 비교 연산자	!=	같지 않다.
	^=	같지 않다.
	<>	같지 않다(ISO 표준, 모든 운영체제에서 사용 가능).

구분	연산자	연산자의 의미
부정 SQL 연산자	NOT 칼럼명 =	~와 같지 않다.
	NOT 칼럼명 >	~보다 크지 않다.
	NOT BETWEEN a AND b	a와 b의 값 사이에 있지 않다(a, b 값을 포함하지 않는다).
	NOT IN (list)	list 값과 일치하지 않다.
	IS NOT NULL	NULL 값을 갖지 않다.

[표 II-1-22] 연산자의 우선순위

연산자 우선순위	설 명
1	괄호 ()
2	비교 연산자, SQL 연산자
3	NOT 연산자
4	AND
5	OR

연산자의 우선순위를 살펴보면 다음과 같다.

- 괄호로 묶은 연산이 제일 먼저 연산 처리된다.
- 연산자들 중에는 비교 연산자(=,>,>=,<,<=), SQL 연산자(BETWEEN a AND b, IN (list), LIKE, IS NULL)가 먼저 처리되고,
- 부정 연산자(NOT)가 처리되고,
- 논리 연산자 중에서는 AND, OR가 순서대로 처리된다.

만일 이 연산에 있어서 연산자들의 우선순위를 염두에 두지 않고 WHERE 절을 작성한다면 테이블에서 자기가 원하는 자료를 찾지 못하거나, 혹은 틀린 자료인지도 모른 채 사용할 수도 있다. 실수하기 쉬운 비교 연산자와 논리 연산자의 경우 괄호를 사용해 우선순위를 표시하는 것을 권고한다.

3. 비교 연산자

비교 연산자의 종류는 [표 II-1-23]과 같으며, 비교 연산자들을 적절히 사용해 다양한 조건을 구성할 수 있다.

[표 II-1-23] 비교 연산자의 종류

연산자	연산자의 의미
=	같다.
>	보다 크다.
>=	보다 크거나 같다.
<	보다 작다.
<=	보다 작거나 같다.

앞의 요구 사항을 다음과 같이 비교 연산자를 적용해 표현할 수 있다.

소속팀이 삼성블루윙즈이거나 전남드래곤즈에 소속된 선수들이어야 하고,
포지션이 미드필더(MF:Midfielder)이어야 한다.
키는 170 센티미터 이상이고 180 이하여야 한다.

1) 소속팀코드 = 삼성블루윙즈팀 코드(K02)
2) 소속팀코드 = 전남드래곤즈팀 코드(K07)
3) 포지션   = 미드필더 코드(MF)
4) 키   >= 170 센티미터
5) 키   <= 180 센티미터

각각의 예를 보면 비교 연산자로 소속팀, 포지션, 키와 같은 칼럼(Column)들을 특정한 값들과 조건을 비교하는 데 사용되는 것을 알 수 있다.

[예제] 첫 번째 요구 사항인 소속팀이 삼성블루윙즈라는 조건을 WHERE 조건절로 옮겨서 SQL 문장을 완성해 실행한다.

[예제]
```
SELECT PLAYER_NAME AS 선수명, POSITION AS 포지션, BACK_NO AS 백넘버, HEIGHT AS 키
  FROM PLAYER
 WHERE TEAM_ID = K02;
```

3행에 오류:
ORA-00904: "K02": 부적합한 식별자

실행 결과는 '부적합한 식별자'라는 에러 메시지를 보여주고, SQL 문장의 세 번째 줄에 오류가 있다고 나와 있다. TEAM_ID라는 팀명의 데이터 타입은 CHAR(3)인데 비교 연산자 오른쪽에 K02의 값을 작은따옴표(' ')와 같은 인용 부호로 묶어서 처리하지 않았기 때문에 발생하는 에러다.

CHAR 변수나 VARCHAR2와 같은 문자형 타입을 가진 칼럼을 특정 값과 비교하기 위해서는 작은따옴표로 묶어 비교 처리해야 한다. 하지만 NUMERIC과 같은 숫자형 형태의 값은 인용부호를 사용하지 않는다.

[예제] 첫 번째 요구 사항을 수정해 다시 실행한다.

[예제]

```
SELECT PLAYER_NAME AS 선수명, POSITION AS 포지션, BACK_NO AS 백넘버, HEIGHT AS 키
  FROM PLAYER
 WHERE TEAM_ID = 'K02';
```

[실행 결과]

선수명	포지션	백넘버	키
정호	DF		
왕선재	DF		
코샤	DF		
윤성효	DF		
조홍기	DF	15	175
김운재	GK	1	182
김병근	DF	3	175
정진우	DF	7	179
김현두	MF	12	176
최건하	FW	18	180

...
49 개의 행이 선택됐습니다.

[예제] 세 번째 요구 사항인 포지션이 미드필더(MF)인 조건을 WHERE 조건절로 옮겨서 SQL 문장을 완성해 실행한다.

```
[예제]
SELECT PLAYER_NAME AS 선수명, POSITION AS 포지션, BACK_NO AS 백넘버 , HEIGHT AS 키
  FROM PLAYER
 WHERE POSITION = 'MF';
```

```
[실행 결과]

선수명          포지션         백넘버          키
------        ------       ------        ---
정민규          MF           35           178
박정수          MF            8           170
장철민          MF           24           179
김현두          MF           12           176
고종수          MF           22           176
김재민          MF           35           180
전경준          MF           16           178
홍도표          MF            9           173
정명곤          MF            2           177
정기동          MF            6           171
...
162 개의 행이 선택됐습니다.
```

추가로 문자 유형 간 비교 조건이 발생하는 경우는 [표 II-1-24]와 같이 처리한다.

[표 II-1-24] 문자 유형 비교 방법

구분	비교 방법
비교 연산자의 양쪽이 모두 CHAR 유형 타입인 경우	길이가 서로 다른 CHAR형 타입이면 작은 쪽에 스페이스를 추가해 길이를 같게 한 후 비교한다.
	서로 다른 문자가 나올 때까지 비교한다.
	달라진 첫 번째 문자의 값에 따라 크기를 결정한다.
	문자 끝 블랭크 수만 다르다면 서로 같은 값으로 결정한다.
비교 연산자의 어느 한 쪽이 VARCHAR 유형 타입인 경우	서로 다른 문자가 나올 때까지 비교한다.
	길이가 다르다면 짧은 것이 끝날 때까지만 비교한 후 길이가 긴 것이 크다고 판단한다.
	길이가 같고 다른 것이 없다면 같다고 판단한다.
	VARCHAR는 NOT NULL까지 길이를 말한다. 즉 문자 끝 블랭크도 문자로 취급한다.
상수값과 비교할 경우	상수 쪽을 변수 타입과 동일하게 바꾸고 비교한다.
	변수 쪽이 CHAR 유형 타입이면 위의 CHAR 유형 타입의 경우를 적용한다.
	변수 쪽이 VARCHAR 유형 타입이면 위의 VARCHAR 유형 타입의 경우를 적용한다.

[예제] 네 번째 요구 사항인 '키 170 센티미터 이상'인 조건도 WHERE 절로 옮겨서 SQL 문장을 완성해 실행한다.

[예제]

```
SELECT PLAYER_NAME AS 선수명, POSITION AS 포지션, BACK_NO AS 백넘버, HEIGHT AS 키
  FROM PLAYER
 WHERE HEIGHT >= 170;
```

[실행 결과]

선수명	포지션	백넘버	키
유동우	DF	40	177
정호곤	DF		172
정동훈	DF		180
정남표	DF		180
정광재	DF		180
권혁준	DF		173
박상남	FW	32	188
빅토르	FW	28	183
이윤겸	DF		178
하재훈	DF		174

...
439 개의 행이 선택됐습니다.

문자 유형 칼럼의 경우 WHERE TEAM_ID = K02 사례에서 ' ' 표시가 없는 경우 에러가 발생했지만, 숫자 유형 칼럼의 경우 숫자로 변환 가능한 문자열(Alpha Numeric)과 비교되면 상대 타입을 숫자 타입으로 바꾸어 비교한다.

예를 들면 [예제]의 WHERE HEIGHT >= 170 조건을 WHERE HEIGHT >= '170'이라고 표현하더라도, HEIGHT라는 칼럼이 숫자 유형의 변수이므로 내부적으로 '170'이라는 문자열을 숫자 유형 170으로 바꿔 처리한다.

4. SQL 연산자

SQL 연산자는 SQL 문장에서 사용하도록 기본적으로 예약돼 있는 연산자로서 모든 데이터 타입에 대해 연산이 가능한 4가지 종류가 있다.

[표 II-1-25] SQL 연산자의 종류

연산자	연산자의 의미
BETWEEN a AND b	a와 b의 값 사이의 값을 갖는다(a와 b 값이 포함됨).
IN (list)	리스트에 있는 값 중에서 어느 하나라도 일치한다.
LIKE '비교문자열'	비교문자열과 형태가 일치한다(%, _ 사용).
IS NULL	NULL 값인 경우를 의미한다.

앞의 요구 사항을 다음과 같이 비교 연산자와 SQL 연산자를 적용해 표현할 수 있다.

1) 소속팀코드 IN(삼성블루윙즈 코드(K02), 전남드래곤즈 코드(K07))
2) 포지션 LIKE 미드필더(MF)
3) 키 BETWEEN 170 센티미터 AND 180 센티미터

■ IN (list) 연산자

[예제] 소속팀 코드와 관련된 IN (list) 형태의 SQL 연산자를 사용해 WHERE 절에 사용한다.

[예제]

```
SELECT PLAYER_NAME AS 선수명, POSITION AS 포지션, BACK_NO AS 백넘버, HEIGHT AS 키
  FROM PLAYER
 WHERE TEAM_ID IN ('K02', 'K07');
```

[실행 결과]

선수명	포지션	백넘버	키
정호	DF		
왕선재	DF		
코샤	DF		
윤성효	DF		
김회택	DF		
서현옥	DF		
정상호	DF		
최철우	DF		
조홍기	DF	15	175
김운재	GK	1	182

...
100 개의 행이 선택됐습니다.

[예제] 사원 테이블에서 JOB이 MANAGER이면서 20번 부서에 속하거나, JOB이 CLERK이면서 30번 부서에 속하는 사원의
정보를 IN 연산자의 다중 리스트를 이용해 출력하라.

[예제]
```
SELECT ENAME, JOB, DEPTNO
  FROM EMP
 WHERE (JOB, DEPTNO) IN (('MANAGER', 20), ('CLERK', 30));
```

[실행 결과]
```
ENAME           JOB               DEPTNO
-----           -------           ------

JONES           MANAGER               20
JAMES           CLERK                 30

2 개의 행이 선택됐습니다.
```

사용자들이 잘 모르고 있는 다중 리스트를 이용한 IN 연산자는 SQL 문장을 짧게 만들어 주면서도 성능 측면에서도
장점을 가질 수 있는 매우 유용한 존재다. 적극 사용을 권고한다. 다만 아래 SQL 문장과는 다른 결과가 나오게
되므로 용도를 구분해 사용해야 한다.

[예제]
```
SELECT ENAME, JOB, DEPTNO
  FROM EMP
 WHERE JOB IN ('MANAGER', 'CLERK') AND DEPTNO IN (20, 30);
```

[실행 결과]
```
ENAME           JOB               DEPTNO
-----           -------           ------

SMITH           CLERK                 20
JONES           MANAGER               20
BLAKE           MANAGER               30
ADAMS           CLERK                 20
JAMES           CLERK                 30

5 개의 행이 선택됐습니다.
```

■ LIKE 연산자

[예제] 요구 사항의 두 번째 조건에 대해서 LIKE 연산자를 WHERE 절에 적용해서 실행한다.

[예제]

```
SELECT PLAYER_NAME AS 선수명, POSITION AS 포지션, BACK_NO AS 백넘버, HEIGHT AS 키
  FROM PLAYER
 WHERE POSITION LIKE 'MF';
```

[실행 결과]

선수명	포지션	백넘버	키
정민규	MF	35	178
박정수	MF	8	170
장철민	MF	24	179
김현두	MF	12	176
고종수	MF	22	176
김재민	MF	35	180
전경준	MF	16	178
홍도표	MF	9	173
정명곤	MF	2	177
정기동	MF	6	171
정한윤	MF	14	185

. . .
162 개의 행이 선택됐습니다.

LIKE의 사전적 의미는 '~와 같다'이다. 따라서 위와 같은 경우라면 비교 연산자인 '='을 사용해 작성해도 같은 결과를 얻을 수 있을 것이다.

그러나 만약 '장'씨 성을 가진 선수들을 조회할 경우는 어떻게 할까? 이런 문제를 해결하기 위해서 LIKE 연산자에서는 와일드카드(WildCard)를 사용할 수 있다. 와일드카드란 한 개 혹은 0개 이상의 문자를 대신해 사용하기 위한 특수 문자를 의미한다. 이를 조합해 사용하는 것도 가능하므로 SQL 문장에서 사용하는 스트링(STRING) 값으로 용이하게 사용할 수 있다.

[표 II-1-26] 와일드카드의 종류

와일드 카드	설명
%	0개 이상의 어떤 문자를 의미한다.
_	1개인 단일 문자를 의미한다.

[예제] '장'씨 성을 가진 선수들의 정보를 조회하는 WHERE 절을 작성한다.

[예제]

```
SELECT PLAYER_NAME AS 선수명, POSITION AS 포지션, BACK_NO AS 백넘버, HEIGHT AS 키
  FROM PLAYER
 WHERE PLAYER_NAME LIKE '장%';
```

[실행 결과]

선수명	포지션	백넘버	키
장형석	DF	36	181
장철민	MF	24	179
장철우	DF	7	172
장대일	DF	7	184
장재우	FW	12	172
장기봉	FW	12	180
장성철	MF	27	176
장윤정	DF	17	173
장서연	FW	7	180
장동현	FW	39	178
장경호	MF	39	174
장성욱	MF	19	174
장경진	DF	34	184

13 개의 행이 선택됐습니다.

[예제] 세 글자 이름을 가진 선수 중 '장'씨 성을 갖고 끝 글자가 '호'인 선수들의 정보를 조회하는 WHERE 절을 작성한다.

[예제]

```
SELECT PLAYER_NAME AS 선수명, POSITION AS 포지션, BACK_NO AS 백넘버, HEIGHT AS 키
  FROM PLAYER
 WHERE PLAYER_NAME LIKE '장_호';
```

[실행 결과]

선수명	포지션	백넘버	키
장경호	MF	39	174

1 개의 행이 선택됐습니다.

■ BETWEEN a AND b 연산자

[예제] 세 번째로 키가 170 센티미터 이상 180 센티미터 이하인 선수들의 정보를 BETWEEN a AND b 연산자를 사용해 WHERE 절을 완성한다.

```
[예제]

SELECT PLAYER_NAME AS 선수명, POSITION AS 포지션, BACK_NO AS 백넘버, HEIGHT AS 키
  FROM PLAYER
 WHERE HEIGHT BETWEEN 170 AND 180;
```

BETWEEN a AND b는 범위에서 'a'와 'b'의 값을 포함하는 범위를 말한다.

```
[실행 결과]

선수명         포지션        백넘버         키
--------      ------       ------       ---
유동우        DF              40         177
정호곤        DF                         172
정동훈        DF                         180
정남표        DF                         180
정광재        DF                         180
권혁준        DF                         173
이윤겸        DF                         178
하재훈        DF                         174
임기한        DF                         177
셀라하틴      FW              11         180
...
259 개의 행이 선택됐습니다.
```

■ IS NULL 연산자

NULL(ASCII 00)은 값이 존재하지 않는 것으로, 확정되지 않은 값을 표현할 때 사용한다. 따라서 어떤 값보다 크거나 작지도 않고 ' '(공백, ASCII 32)이나 0(Zero, ASCII 48)과 달리 비교 자체가 불가능한 값이다. 연산 관련 NULL의 특성은 다음과 같다.

- NULL 값과의 수치연산은 NULL 값을 리턴한다.
- NULL 값과의 비교연산은 거짓(FALSE)을 리턴한다.
- 어떤 값과 비교할 수도 없으며, 특정 값보다 크다/작다고 표현할 수 없다.

따라서 NULL 값의 비교는 비교 연산자인 '=', '>', '>'=, '<', '<='를 통해 비교할 수도 없고, 만일 비교 연산을 하게 되면 결과는 거짓(FALSE)을 리턴한다. 수치 연산자(+, -, *, / 등)를 통해 NULL 값과 연산을 하게 되면 NULL 값을 리턴한다. NULL 값의 비교 연산은 IS NULL, IS NOT NULL이라는 정해진 문구를 사용해야 제대로 된 결과를 얻을 수 있다.

[예제]

```
SELECT PLAYER_NAME AS 선수명, POSITION AS 포지션, BACK_NO AS 백넘버, HEIGHT AS 키
  FROM PLAYER
 WHERE POSITION = NULL;
```

[실행 결과]

선택된 레코드가 없습니다.

[예제]의 실행 결과로 '선택된 레코드가 없습니다.'는 메시지가 출력됐다. 앞에서 살펴본 대로 WHERE 절에서 POSITION = NULL을 사용했는데 문법 에러가 나지는 않았지만 WHERE 절의 조건이 거짓(FALSE)이 돼 WHERE 절의 조건을 만족하는 데이터를 한 건도 얻지 못하게 된 것으로 의미 없는 SQL이 되고 말았다.

[예제] POSITION 칼럼 값이 NULL인지를 판단하기 위해서는 IS NULL을 사용해 다음과 같이 SQL 문장을 수정해 실행한다.

[예제]

```
SELECT PLAYER_NAME AS 선수명, POSITION AS 포지션, TEAM_ID AS 팀ID
  FROM PLAYER
 WHERE POSITION IS NULL;
```

[실행 결과]

선수명	포지션	팀ID
정학범		K08
안익수		X08
차상광		K08

3 개의 행이 선택됐습니다.

5. 논리 연산자

논리 연산자는 비교 연산자나 SQL 연산자들로 이루어진 여러 개의 조건들을 논리적으로 연결시키기 위해서 사용되는 연산자라고 말할 수 있다. [표 II-1-27]을 보고 실제로 적용되는 예를 통해 사용방법을 이해한다.

[표 II-1-27] 논리 연산자의 종류

연산자	연산자의 의미
AND	앞에 있는 조건과 뒤에 오는 조건이 참(TRUE)이 되면 결과도 참(TRUE)이 된다. 즉 앞의 조건과 뒤의 조건을 동시에 만족해야 하는 것이다.
OR	앞의 조건이 참(TRUE)이거나 뒤의 조건이 참(TRUE)이 되면 결과도 참(TRUE)이 된다. 즉 앞뒤의 조건 중 하나만 참(TRUE)이면 된다.
NOT	뒤에 오는 조건에 반대되는 결과를 되돌려 준다.

[예제] '소속이 삼성블루윙즈'인 조건과 '키가 170 센티미터 이상'인 조건을 연결해 '소속이 삼성블루윙즈이고 키가 170 센티미터 이상인 조건을 가진 선수들의 자료를 조회'하는 WHERE 절을 완성한다.

```
[예제]
SELECT PLAYER_NAME AS 선수명, POSITION AS 포지션, BACK_NO AS 백넘버, HEIGHT AS 키
  FROM PLAYER
WHERE TEAM_ID = 'K02'
  AND HEIGHT >= 170;
```

```
[실행 결과]

선수명          포지션        백넘버         키
------        ------       ------        ---
조홍기         DF            15           175
김운재         GK            1            182
김병근         DF            3            175
정진우         DF            7            179
김현두         MF            12           176
최건하         FW            18           180
고종수         MF            22           176
김용우         FW            27           175
정광수         GK            41           182
데니스         FW            11           176
...
45 개의 행이 선택됐습니다.
```

[예제] '소속이 삼성블루윙즈이거나 전남드래곤즈'인 조건을 SQL 연산자로, '포지션이 미드필더(MF)'인 조건을 비교 연산자로 비교한 결과를 논리 연산자로 묶어서 처리한다.

```
[예제]

SELECT TEAM_ID AS 팀ID, PLAYER_NAME AS 선수명, POSITION AS 포지션
    , BACK_NO AS 백넘버, HEIGHT AS 키
  FROM PLAYER
 WHERE TEAM_ID IN ('K02', 'K07') AND POSITION = 'MF';
```

```
[실행 결과]

팀ID        선수명      포지션      백넘버      키
----       ------     ------     ------     ---
K02        김현두      MF          12        176
K02        고종수      MF          22        176
K02        김재민      MF          35        180
K07        정명곤      MF           2        177
K07        정도근      MF          10        181
K07        조진원      MF           9        176
K07        임관식      MF          29        172
K07        정종현      MF          11        173
K02        박용훈      MF           9        175
K02        정동현      MF          25        175
...
40 개의 행이 선택됐습니다.
```

실행 결과를 보면 소속이 (삼성블루윙즈이거나 전남드래곤즈이고) 포지션이 미드필더(MF)인 선수들의 데이터가 조회됐음을 확인할 수 있다.

[예제] 요구 사항을 하나씩 하나씩 AND, OR 같은 논리 연산자를 사용해 DBMS가 이해할 수 있는 SQL 형식으로 질문을 변경한다. 요구 사항을 순서대로 논리적인 조건으로 적용한다.

```
소속팀이 삼성블루윙즈이거나 전남드래곤즈에 소속된 선수들이어야 하고,
포지션이 미드필더(MF:Midfielder)이어야 한다.
키는 170 센티미터 이상이고 180 이하여야 한다.
```

```
1) 소속팀이 삼성블루윙즈 OR 소속팀이 전남드래곤즈
2) AND 포지션이 미드필더
3) AND 키는 170 센티미터 이상
4) AND 키는 180 센티미터 이하
```

[예제]
```
SELECT TEAM_ID AS 팀ID, PLAYER_NAME AS 선수명, POSITION AS 포지션
     , BACK_NO AS 백넘버, HEIGHT AS 키
  FROM PLAYER
 WHERE TEAM_ID = 'K02'
    OR TEAM_ID = 'K07'
   AND POSITION = 'MF'
   AND HEIGHT >= 170
   AND HEIGHT <= 180;
```

[실행 결과]

팀ID	선수명	포지션	백넘버	키
K02	정 호	DF		
K02	왕선재	DF		
K02	코 샤	DF		
K02	윤성효	DF		
K02	조홍기	DF	15	175
K02	김운재	GK	1	182
K02	김병근	DF	3	175
K02	정진우	DF	7	179
K02	김현두	MF	12	176
K02	최건하	FW	18	180

...
66 개의 행이 선택됐습니다.

실행 결과 내용을 보면, 포지션이 미드필더(MF)가 아닌 선수들의 명단이 출력됐다. 원하는 데이터는 삼성블루윙즈이거나 전남드래곤즈 중 포지션이 미드필더인 선수들에 대한 자료만 요청했는데 포지션이 미드필더가 아닌 FW나 GK, DF인 선수가 같이 출력된 것이다.

[예제]에서 '소속팀 코드가 삼성블루윙즈(K02)이거나 전남드래곤즈(K07)'라는 조건을 만족하고 '포지션이 미드필더(MF)'인 조건을 동시에 만족해야 하는데, 위의 SQL 문장에서는 괄호가 누락됨으로써 OR 논리 연산자보다 AND 논리 연산자를 먼저 실행하기 때문에 잘못된 결과를 나타낸 것이다.

논리 연산자들이 여러 개가 같이 사용됐을 때의 처리 우선순위는 ( ), NOT, AND, OR의 순이다.

[표 II-1-28] 논리 연산자의 순서 사례

잘못 해석한 예	조건에 맞게 올바르게 수정한 예
WHERE 소속팀 = 삼성블루윙즈 OR 소속팀 = 전남드래곤즈 AND 포지션 = 미드필더(MF) AND 키 >= 170 센티미터 AND 키 <= 180 센티미터	WHERE (소속팀 = 삼성블루윙즈 OR 소속팀 = 전남드래곤즈) AND 포지션 = 미드필더(MF) AND 키 >= 170 센티미터 AND 키 <= 180 센티미터

[예제] 잘못된 결과를 보여 준 SQL 문장을 괄호를 사용해 다시 적용한다.

[예제]

```
SELECT TEAM_ID AS 팀ID, PLAYER_NAME AS 선수명, POSITION AS 포지션
     , BACK_NO AS 백넘버, HEIGHT AS 키
  FROM PLAYER
 WHERE (TEAM_ID = 'K02' OR TEAM_ID = 'K07')
   AND POSITION = 'MF'
   AND HEIGHT >= 170
   AND HEIGHT <= 180;
```

[실행 결과]

```
팀ID        선수명       포지션        백넘버         키
----       ------      ------       ------       ---
K02        김현두       MF              12         176
K02        고종수       MF              22         176
K02        김재민       MF              35         180
K07        정명곤       MF               2         177
K07        조진원       MF               9         176
K07        임관식       MF              29         172
K07        정종현       MF              11         173
K02        박용훈       MF               9         175
K02        정동현       MF              25         175
K02        정기범       MF              28         173
...
33 개의 행이 선택됐습니다.
```

[예제] IN (list)와 BETWEEN a AND b 연산자를 활용해 같은 결과를 출력하는 SQL 문장을 작성한다. 두 개의 SQL 문장은 DBMS 내부적으로 같은 프로세스를 거쳐 수행되므로 당연히 실행 결과도 같다.

[예제]

```
SELECT TEAM_ID AS 팀ID, PLAYER_NAME AS 선수명, POSITION AS 포지션
```

```
    , BACK_NO AS 백넘버, HEIGHT AS 키
  FROM PLAYER
 WHERE TEAM_ID IN ('K02', 'K07')
   AND POSITION = 'MF'
   AND HEIGHT BETWEEN 170 AND 180;
```

앞서 살펴본 SQL 연산자인 'IN'과 논리 연산자인 'OR'는 결과도 같고 내부적으로 처리하는 방법도 같다. 즉 소속팀이 삼성블루윙즈이거나 전남드래곤즈인 선수들을 조회할 때 WHERE 절에 TEAM_ID = 'K02' OR TEAM_ID = 'K07'라는 논리 연산자 조건과 TEAM_ID IN ('K02', 'K07')라는 SQL 연산자 조건은 같다.

"HEIGHT >= 170 AND HEIGHT <= 180"인 비교 연산자 조건과 "HEIGHT BETWEEN 170 AND 180"인 SQL 연산자 조건도 결과도 같고 내부적으로 처리되는 방법도 같다.

6. 부정 연산자

비교 연산자, SQL 연산자에 대한 부정 표현을 부정 논리 연산자, 부정 SQL 연산자로 구분할 수 있다.

[표 II-1-29] 부정 연산자의 종류

종류	연산자	연산자의 의미
부정 논리 연산자	!=	같지 않다.
	^=	같지 않다.
	<>	같지 않다(ANIS/ISO 표준, 모든 OS에서 사용 가능).
	NOT 칼럼명 =	~와 같지 않다.
	NOT 칼럼명 >	~보다 크지 않다.
부정 SQL 연산자	NOT BETWEEN a AND b	a와 b의 값 사이에 있지 않다(a, b 값을 포함하지 않음).
	NOT IN (list)	list 값과 일치하지 않다.
	IS NOT NULL	NULL 값을 갖지 않다.

[예제] 삼성블루윙즈 소속인 선수들 중에서 포지션이 미드필더(MF)가 아니고, 키가 175센티미터 이상 185센티미터 이하가 아닌 선수들의 자료를 찾아본다.

```
[예제]
SELECT PLAYER_NAME AS 선수명, POSITION AS 포지션, BACK_NO AS 백넘버, HEIGHT AS 키
  FROM PLAYER
 WHERE TEAM_ID = 'K02'
   AND NOT POSITION = 'MF'
   AND NOT HEIGHT BETWEEN 175 AND 185;
```

앞의 SQL과 아래 SQL은 같은 내용을 나타내는 SQL이다.

[예제]
```
SELECT PLAYER_NAME AS 선수명, POSITION AS 포지션, BACK_NO AS 백넘버, HEIGHT AS 키
  FROM PLAYER
 WHERE TEAM_ID = 'K02'
     AND POSITION <> 'MF'
     AND HEIGHT NOT BETWEEN 175 AND 185;
```

[실행 결과]

선수명	포지션	백넘버	키
서정원	FW	14	173
최호진	GK	31	190
손승준	DF	32	186
손대호	DF	17	186
이성용	DF	20	173
김선우	FW	33	174
정유진	DF	37	188
미트로	FW	19	192

8 개의 행이 선택됐습니다.

[예제] 국적(NATION) 칼럼의 경우 내국인들은 별도 데이터를 입력하지 않았다. 국적 칼럼이 NULL이 아닌 선수와 국적을
표시하라.

[예제]
```
SELECT PLAYER_NAME AS 선수명, NATION AS 국적
  FROM PLAYER
 WHERE NATION IS NOT NULL;
```

[실행 결과]

선수명	국적
빅토르	나이지리아
롤란	리투아니아
셀라하틴	김탈리아

```
코샤            브라질
데니스          러시아
우르모브        유고
안드레          브라질
제프유          미국
하리            콜롬비아
히카르도        브라질
...
27 개의 행이 선택됐습니다.
```

제5절 GROUP BY, HAVING 절

1. 집계함수

여러 행들의 그룹이 모여서 그룹당 단 하나의 결과를 돌려주는 다중행 함수 중 집계함수(Aggregate Function)의 특성은 다음과 같다.

- 여러 행들의 그룹이 모여 그룹당 단 하나의 결과를 돌려주는 함수다.
- GROUP BY 절은 행들을 소그룹화한다.
- SELECT 절, HAVING 절, ORDER BY 절에 사용할 수 있다.

ANSI/ISO에서 데이터 분석 기능으로 분류한 함수 중 기본적인 집계함수는 본 절에서 설명하고, ROLLUP·CUBE·GROUPING SETS 같은 GROUP 함수는 2장 3절에서, 다양한 분석 기능을 가진 WINDOW 함수는 2장 4절에서 설명한다.

> 집계함수명 ([DISTINCT ¦ ALL] 칼럼이나 표현식)

집계함수명에 사용되는 2가지 옵션에 대한 설명은 다음과 같다.

- ALL : Default 옵션이므로 생략 가능하다.
- DISTINCT : 같은 값을 하나의 데이터로 간주할 때 사용하는 옵션이다.

자주 사용되는 주요 집계함수들은 다음과 같다. 집계함수는 그룹에 대한 정보를 제공하므로 주로 숫자 유형에 사용되지만, MAX·MIN·COUNT 함수는 문자·날짜 유형에도 적용 가능한 함수다.

[표 Ⅱ-1-30] 집계함수의 종류

집계함수	사용 목적
COUNT(*)	NULL 값을 포함한 행의 수를 출력한다.
COUNT(표현식)	표현식의 값이 NULL 값인 것을 제외한 행 수를 출력한다.
SUM([DISTINCT | ALL] 표현식)	표현식의 NULL 값을 제외한 합계를 출력한다.
AVG([DISTINCT | ALL] 표현식)	표현식의 NULL 값을 제외한 평균을 출력한다.
MAX([DISTINCT | ALL] 표현식)	표현식의 최댓값을 출력한다. (문자, 날짜 데이터 타입도 사용가능)

집계함수	사용 목적
MIN([DISTINCT | ALL] 표현식)	표현식의 최소값을 출력한다. (문자, 날짜 데이터 타입도 사용가능)
STDDEV([DISTINCT | ALL] 표현식)	표현식의 표준 편차를 출력한다.
VARIANCE/VAR([DISTINCT | ALL] 표현식)	표현식의 분산을 출력한다.
기타 통계 함수	벤더별로 다양한 통계식을 제공한다.

[예제] 일반적으로 집계함수는 GROUP BY 절과 같이 사용되지만 아래와 같이 테이블 전체가 하나의 그룹이 되는 경우에는 GROUP BY 절 없이 단독으로도 사용 가능하다.

```
[예제]
SELECT COUNT (*) AS 전체행수, COUNT (HEIGHT) AS 키건수
   , MAX (HEIGHT) AS 최대키, MIN (HEIGHT) AS 최소키, ROUND (AVG (HEIGHT), 2) AS 평균키
   FROM PLAYER;
```

```
[실행 결과]
전체행수      키건수        최대키        최소키        평균키
--------     ------       ------       ------       ------
     480        447          196          165       179.31

1 개의 행이 선택됐습니다.
```

　실행 결과를 보면 COUNT(HEIGHT)는 NULL 값이 아닌 키(HEIGHT) 칼럼의 건수만 출력하므로 COUNT(*)의 480보다 작은 것을 볼 수 있다. 그 이유는 COUNT(*) 함수에 사용된 와일드카드(*)는 전체 칼럼을 뜻한다. 전체 칼럼이 NULL인 행은 존재할 수 없으므로 결국 COUNT(*)는 전체 행의 개수를 출력한 것이고, COUNT(HEIGHT)는 HEIGHT 칼럼 값이 NULL인 33건은 제외된 건수의 합이다.

2. GROUP BY 절

　WHERE 절을 통해 조건에 맞는 데이터를 조회했지만 테이블에 1차적으로 존재하는 데이터 이외의 정보, 예를 들면 팀별로 선수가 몇 명인지, 선수들의 평균 신장과 몸무게가 얼마나 되는지, 또는 각 팀에서 가장 큰 키의 선수가 누구인지 등의 2차 가공 정보도 필요하다.

　GROUP BY 절은 SQL 문에서 FROM 절과 WHERE 절 뒤에 오며, 데이터들을 작은 그룹으로 분류해 소그룹에 대한 항목별로 통계 정보를 얻을 때 추가로 사용된다.

```
SELECT [DISTINCT] 칼럼명 [ALIAS명]
FROM 테이블명
[WHERE 조건식]
[GROUP BY 칼럼(Column)이나 표현식]
[HAVING 그룹조건식] ;
```

GROUP BY 절과 HAVING 절은 다음과 같은 특성을 가진다.

- GROUP BY 절을 통해 소그룹별 기준을 정한 후, SELECT 절에 집계함수를 사용한다.
- 집계함수의 통계 정보는 NULL 값을 가진 행을 제외하고 수행한다.
- GROUP BY 절에서는 SELECT 절과는 달리 ALIAS 명을 사용할 수 없다.
- 집계함수는 WHERE 절에는 올 수 없다.
  (집계함수를 사용할 수 있는 GROUP BY 절보다 WHERE 절이 먼저 수행된다)
- WHERE 절은 전체 데이터를 GROUP으로 나누기 전에 행들을 미리 제거한다.
- HAVING 절은 GROUP BY 절의 기준 항목이나 소그룹의 집계함수를 이용한 조건을 표시할 수 있다.
- GROUP BY 절에 의한 소그룹별로 만들어진 집계 데이터 중, HAVING 절에서 제한 조건을 두어 조건을 만족하는 내용만 출력한다.
- HAVING 절은 일반적으로 GROUP BY 절 뒤에 위치한다.

일부 데이터베이스의 과거 버전에서 데이터베이스가 GROUP BY 절에 명시된 칼럼의 순서대로 오름차순 정렬을 자동으로 실시(비공식적인 지원이었음)하는 경우가 있었다. 하지만 원칙적으로 관계형 데이터베이스 환경에서는 뒤에서 언급할 ORDER BY 절을 명시해야 데이터 정렬이 수행된다. ANSI/ISO 기준에서도 데이터 정렬에 대한 내용은 ORDER BY 절에서만 언급돼 있지, GROUP BY 절에는 언급돼 있지 않다.

[예제] 케이리그 선수들의 포지션별 평균키는 어떻게 되는가?란 요구 사항을 접수했다. **GROUP BY 절을 사용하지 않고 집계함수를 사용했을 때 어떤 결과를 보이는지 포지션별 평균키를 구해본다.**

[예제]

```
SELECT POSITION AS 포지션, AVG (HEIGHT) AS 평균키
  FROM PLAYER;
```

[실행 결과]

```
SELECT POSITION AS 포지션, AVG (HEIGHT) AS 평균키
       *
1행에 오류:
ORA-00937: 단일 그룹의 그룹 함수가 아닙니다.
```

GROUP BY 절에서 그룹 단위를 표시해 주어야 SELECT 절에서 그룹 단위의 칼럼과 집계함수를 사용할 수 있다. 그렇지 않으면 예제와 같이 에러를 발생하게 된다.

[예제] SELECT 절에서 사용된 포지션이라는 한글 ALIAS를 GROUP BY 절의 기준으로 사용해 본다.

[예제]

```
SELECT  POSITION AS 포지션, AVG (HEIGHT) AS 평균키
    FROM PLAYER
GROUP BY 포지션;
```

[실행 결과]

```
 GROUP BY 포지션
         *
3행에 오류:
ORA-00904: "포지션": 부적합한 식별자
```

실행 결과를 살펴보면 GROUP BY 절에 '포지션'이라고 표시된 부분에 에러가 발생했음을 알 수 있다. 칼럼에 대한 ALIAS는 SELECT 절에서 정의하고 ORDER BY 절에서는 재활용할 수 있지만, GROUP BY 절에서는 ALIAS 명을 사용할 수 없다는 것을 보여 주는 사례다.

[예제] 포지션별 최대키, 최소키, 평균키를 출력한다(포지션별이란 소그룹의 조건을 제시했기 때문에 GROUP BY 절을 사용한다).

[예제]

```
SELECT  POSITION AS 포지션, COUNT (*) AS 인원수, COUNT (HEIGHT) AS 키대상
    , MAX (HEIGHT) AS 최대키, MIN (HEIGHT) AS 최소키
    , ROUND (AVG (HEIGHT), 2) AS 평균키
    FROM PLAYER
GROUP BY POSITION;
```

[실행 결과]

포지션	인원수	키대상	최대키	최소키	평균키
	3	0			
GK	43	43	196	174	186.26
DF	172	142	190	170	180.21
FW	100	100	194	168	179.91
MF	162	162	189	165	176.31

5 개의 행이 선택됐습니다.

실행 결과를 보면 포지션별로 평균키 외에도 인원수, 키대상 인원수, 최대키, 최소키가 제대로 출력된 것을 확인할 수 있다. ORDER BY 절이 없기 때문에 포지션별로 정렬은 되지 않았다.

추가로 포지션과 키 정보가 없는 선수가 3명이라는 정보를 얻을 수 있으며, 포지션이 DF인 172명 중 30명은 키에 대한 정보가 없는 것도 알 수 있다.

GK, DF, FW, MF의 최대키·최소키·평균키를 구할 때, 키 값이 NULL인 경우는 계산 대상에서 제외된다. 즉 포지션 DF의 최대키, 최소키, 평균키 결과는 키 값이 NULL인 30명을 제외한 142명을 대상으로 수행한 통계 결과다.

3. HAVING 절

[예제] 케이리그 선수들의 포지션별 평균키를 구하는데, 평균키가 180cm 이상인 정보만 표시하라라는 요구 사항이 접수됐으므로 WHERE 절과 GROUP BY 절을 사용해 SQL 문장을 작성한다.

[예제]

```
SELECT   POSITION AS 포지션, ROUND (AVG (HEIGHT), 2) AS 평균키
    FROM PLAYER
   WHERE AVG (HEIGHT) >= 180
GROUP BY POSITION;
```

[실행 결과]

```
 WHERE AVG (HEIGHT) >= 180
       *
3행에 오류:
ORA-00934: 그룹 함수는 허가되지 않습니다.
```

실행 결과에서 WHERE 절의 집계함수 AVG(HEIGHT) 부분에서 '그룹 함수는 허가되지 않는다'는 에러 메시지가 출력됐다. 즉 WHERE 절에는 AVG()라는 집계함수는 사용할 수 없다. WHERE 절은 FROM 절에 정의된 집합(주로 테이블)의 개별 행에 WHERE 절의 조건절이 먼저 적용되고, WHERE 절의 조건에 맞는 행이 GROUP BY 절의 대상이 된다.

그런 다음 결과 집합의 행에 HAVING 조건절이 적용된다. 결과적으로 HAVING 절의 조건을 만족하는 내용만 출력된다. 즉 HAVING 절은 WHERE 절과 비슷하지만 그룹을 나타내는 결과 집합의 행에 조건이 적용된다는 점에서 차이가 있다.

[예제] HAVING 조건절에는 GROUP BY 절에서 정의한 소그룹의 집계함수를 이용한 조건을 표시할 수 있으므로, HAVING 절을 이용해 평균키가 180cm 이상인 정보만 표시한다.

```
[예제]
SELECT   POSITION AS 포지션, ROUND (AVG (HEIGHT), 2) AS 평균키
    FROM PLAYER
GROUP BY POSITION
  HAVING AVG (HEIGHT) >= 180;
```

```
[실행 결과]

포지션        평균키
------       ------
GK           186.26
DF           180.21

2 개의 행이 선택됐습니다.
```

GROUP BY 절과 HAVING 절의 순서를 바꾸어서 수행하더라도 문법 에러가 없고 결과물도 동일한 결과를 출력한다(SQL Server에서는 문법오류가 발생한다).

실행 결과에서 전체 4개 포지션 중 평균키가 180cm가 넘는 2개의 데이터만 출력된 것을 확인할 수 있다.

[예제] SQL 문장은 GROUP BY 절과 HAVING 절의 순서를 바꾸어서 수행한다.

```
[예제]
SELECT   POSITION AS 포지션, AVG (HEIGHT) AS 평균키
    FROM PLAYER
  HAVING AVG (HEIGHT) >= 180
GROUP BY POSITION;
```

```
[실행 결과]

포지션        평균키
------       ----------
GK           186.255814
DF           180.211268

2 개의 행이 선택됐습니다.
```

GROUP BY 절과 HAVING 절의 순서를 바꾸어서 수행하더라도 문법 에러도 없고 결과물도 동일한 결과를 출력한다. 그렇지만 SQL 내용을 보면, 포지션이란 소그룹으로 그룹핑(GROUPING)돼 통계 정보가 만들어지고, 이후 적용된 결과 값에 대한 HAVING 절의 제한 조건에 맞는 데이터만을 출력하는 것이므로 논리적으로 GROUP BY 절과 HAVING 절의 순서를 지키는 것을 권고한다.

[예제] 케이리그의 선수들 중 삼성블루윙즈(K02)와 FC서울(K09)의 인원수는 얼마인가란 요구 사항이 접수됐다. WHERE 절과 GROUP BY 절을 사용한 SQL과 GROUP BY 절과 HAVING 절을 사용한 SQL을 모두 작성한다.

```
[예제]
SELECT   TEAM_ID AS 팀ID, COUNT (*) AS 인원수
    FROM PLAYER
   WHERE TEAM_ID IN ('K09', 'K02')
GROUP BY TEAM_ID;
```

```
[예제]
SELECT   TEAM_ID AS 팀ID, COUNT (*) AS 인원수
    FROM PLAYER
GROUP BY TEAM_ID
  HAVING TEAM_ID IN ('K09', 'K02');
```

```
[실행 결과]
팀ID        인원수
----       ------
K02          49
K09          49

2 개의 행이 선택됐습니다.
```

GROUP BY 소그룹의 데이터 중 일부만 필요한 경우, GROUP BY 연산 전 WHERE 절에서 조건을 적용해 필요한 데이터만 추출해 GROUP BY 연산을 하는 방법과, GROUP BY 연산 후 HAVING 절에서 필요한 데이터만 필터링하는 두 가지 방법을 사용할 수 있다.

같은 실행 결과를 얻는 두 가지 방법 중 HAVING 절에서 TEAM_ID 같은 GROUP BY 기준 칼럼에 대한 조건을 추가할 수도 있으나, 가능하면 WHERE 절에서 조건절을 적용해 GROUP BY의 계산 대상을 줄이는 것이 효율적인 자원 활용 측면에서 바람직하다.

[예제] 포지션별 평균키만 출력하는데, 최대키가 190cm 이상인 선수를 갖고 있는 포지션의 정보만 출력한다.

```
[예제]

SELECT   POSITION AS 포지션, ROUND (AVG (HEIGHT), 2) AS 평균키
    FROM PLAYER
GROUP BY POSITION
  HAVING MAX (HEIGHT) >= 190;
```

```
[실행 결과]

포지션        평균키
------      ------

GK          186.26
DF          180.21
FW          179.91

3 개의 행이 선택됐습니다.
```

SQL을 보면 SELECT 절에서 사용하지 않는 MAX 집계함수를 HAVING 절에서 조건절로 사용한 사례다. 즉 HAVING 절은 SELECT 절에 사용되지 않은 칼럼이나 집계함수가 아니더라도 GROUP BY 절의 기준 항목이나 소그룹의 집계함수를 이용한 조건을 표시할 수 있다. 이 부분은 1장 6절의 SELECT 문장 실행 순서에서 추가 설명했다.

여기서 주의할 것은 WHERE 절의 조건 변경은 대상 데이터의 개수가 변경되므로 결과 데이터 값이 변경될 수 있지만, HAVING 절의 조건 변경은 결과 데이터 변경은 없고 출력되는 레코드 개수만 변경될 수 있다. 실행 결과를 보면 다른 결과 값 변경 없이 MAX(HEIGHT)가 189cm로 190cm 미만인 MF 포지션의 데이터와 포지션 없는 데이터만 HAVING 조건에 의해 누락된 것을 확인할 수 있다(다른 포지션은 모두 MAX(HEIGHT)가 190 이상이다).

누락된 데이터의 통계 정보는 다음과 같다(GROUP BY 절 예제 참조).

포지션	인원수	키대상	최대키	최소키	평균키
	3	0			
MF	162	162	189	165	176.31

2 개의 행이 선택됐습니다.

4. CASE 표현을 활용한 월별 데이터 집계

'집계함수(CASE( ))~GROUP BY' 기능은 모델링의 제1정규화로 인해 반복되는 칼럼의 경우 구분 칼럼을 두고 여러 개의 레코드로 만들어진 집합을 정해진 칼럼 수만큼 확장해 집계 보고서를 만드는 유용한 기법이다.

부서별로 월별 입사자의 평균 급여를 알고 싶다는 고객의 요구 사항이 있다. 입사 후 1년마다 급여 인상이나 보너스 지급과 같은 일정이 정기적으로 잡힌다면 업무적으로 중요한 정보가 될 수 있다.

STEP 1. 개별 데이터 확인

[예제] 먼저 개별 입사정보에서 월별 데이터를 추출하는 작업을 진행한다. 이 단계는 월별 정보가 있다면 생략 가능하다.

[예제] Oracle
```
SELECT ENAME AS 사원명, DEPTNO AS 부서번호
     , EXTRACT (MONTH FROM HIREDATE) AS 입사월, SAL AS 급여
  FROM EMP;
```

[예제] SQL Server
```
SELECT ENAME AS 사원명, DEPTNO AS 부서번호
     , DATEPART (MONTH, HIREDATE) AS 입사월, SAL AS 급여
  FROM EMP;
```

[예제] SQL Server
```
SELECT ENAME AS 사원명, DEPTNO AS 부서번호
     , MONTH (HIREDATE) AS 입사월, SAL AS 급여
  FROM EMP;
```

[실행 결과]

사원명	부서번호	입사월	급여
SMITH	20	12	800
ALLEN	30	2	1600
WARD	30	2	1250
JONES	20	4	2975
MARTIN	30	9	1250
BLAKE	30	5	2850
CLARK	10	6	2450
SCOTT	20	4	3000
KING	10	11	5000

TURNER	30	9	1500
ADAMS	20	5	1100
JAMES	30	12	950
FORD	20	12	3000
MILLER	10	1	1300

14 개의 행이 선택됐습니다.

STEP 2. 월별 데이터 구분

[예제] 추출된 MONTH 데이터를 Simple Case Expression을 이용해 12개의 월별 칼럼으로 구분한다. 실행 결과에서 보여주는 사원명(ENAME)은 최종 리포트에서 요구되는 데이터는 아니지만, 정보의 흐름을 이해하기 위해 부가적으로 보여주는 임시 정보이다. FROM 절에서 사용된 인라인 뷰는 2장 1절에서 설명한다.

[예제] Oracle

```
SELECT ENAME AS 사원명, DEPTNO AS 부서번호
     , CASE MONTH WHEN  1 THEN SAL END AS M01, CASE MONTH WHEN  2 THEN SAL END AS M02
     , CASE MONTH WHEN  3 THEN SAL END AS M03, CASE MONTH WHEN  4 THEN SAL END AS M04
     , CASE MONTH WHEN  5 THEN SAL END AS M05, CASE MONTH WHEN  6 THEN SAL END AS M06
     , CASE MONTH WHEN  7 THEN SAL END AS M07, CASE MONTH WHEN  8 THEN SAL END AS M08
     , CASE MONTH WHEN  9 THEN SAL END AS M09, CASE MONTH WHEN 10 THEN SAL END AS M10
     , CASE MONTH WHEN 11 THEN SAL END AS M11, CASE MONTH WHEN 12 THEN SAL END AS M12
  FROM (SELECT ENAME, DEPTNO, EXTRACT (MONTH FROM HIREDATE) AS MONTH, SAL
          FROM EMP);
```

[실행 결과]

사원명	부서번호	M01	M02	M03	M04	M05	M06	M07	M08	M09	M10	M11	M12
SMITH	20												800
ALLEN	30		1600										
WARD	30		1250										
JONES	20				2975								
MARTIN	30									1250			
BLAKE	30					2850							
CLARK	10						2450						
SCOTT	20				3000								
KING	10											5000	
TURNER	30									1500			
ADAMS	20					1100							
JAMES	30												950

```
FORD          20                                                    3000
MILLER        10  1300
```

14 개의 행이 선택됐습니다.

STEP 3. 부서별 데이터 집계

[예제] 최종적으로 보여주는 리포트는 부서별로 월별 입사자의 평균 급여를 알고 싶다는 요구 사항이므로 부서별 평균값을 구하기 위해 GROUP BY 절과 AVG 집계함수를 사용한다. 직원 개인에 대한 정보는 더이상 필요 없으므로 제외한다. ORDER BY 절을 사용하지 않았기 때문에 부서번호별로 정렬되지는 않았다.

[예제] Oracle

```
SELECT   DEPTNO AS 부서번호
      , AVG (CASE MONTH WHEN  1 THEN SAL END) AS M01, AVG (CASE MONTH WHEN  2 THEN SAL END) AS M02
      , AVG (CASE MONTH WHEN  3 THEN SAL END) AS M03, AVG (CASE MONTH WHEN  4 THEN SAL END) AS M04
      , AVG (CASE MONTH WHEN  5 THEN SAL END) AS M05, AVG (CASE MONTH WHEN  6 THEN SAL END) AS M06
      , AVG (CASE MONTH WHEN  7 THEN SAL END) AS M07, AVG (CASE MONTH WHEN  8 THEN SAL END) AS M08
      , AVG (CASE MONTH WHEN  9 THEN SAL END) AS M09, AVG (CASE MONTH WHEN 10 THEN SAL END) AS M10
      , AVG (CASE MONTH WHEN 11 THEN SAL END) AS M11, AVG (CASE MONTH WHEN 12 THEN SAL END) AS M12
   FROM (SELECT ENAME, DEPTNO, EXTRACT (MONTH FROM HIREDATE) AS MONTH, SAL
           FROM EMP)
GROUP BY DEPTNO;
```

[실행 결과]

부서번호	M01	M02	M03	M04	M05	M06	M07	M08	M09	M10	M11	M12
10	1300					2450				5000		
20				2988	1100							1900
30		1425			2850				1375			950

3 개의 행이 선택됐습니다.

하나의 데이터에 여러 번 CASE 표현을 사용하고 집계함수가 적용되므로 SQL 처리 성능 측면에서 나쁜 것이 아니냐고 생각할 수도 있다. 그렇지만 같은 기능을 하는 리포트를 작성하기 위해 장문의 프로그램을 코딩하는 것에 비해, 위 방법을 활용하면 복잡한 프로그램이 아닌 하나의 SQL 문장으로 처리 가능하므로 DBMS 자원 활용이나 처리 속도에서 훨씬 효율적이다. 데이터 건수가 많아질수록 처리 속도 차이는 더 날 수 있다. 개발자들은 가능한 하나의 SQL 문장으로 비즈니스적인 요구 사항을 처리할 수 있도록 노력해야 한다.

[예제] Simple Case Expression으로 표현된 위의 SQL과 같은 내용으로 Oracle의 DECODE 함수를 사용한 SQL 문장을 작성한다.

```
[예제] Oracle
SELECT    DEPTNO AS 부서번호
       , AVG (DECODE (MONTH,  1, SAL)) AS M01, AVG (DECODE (MONTH,  2, SAL)) AS M02
       , AVG (DECODE (MONTH,  3, SAL)) AS M03, AVG (DECODE (MONTH,  4, SAL)) AS M04
       , AVG (DECODE (MONTH,  5, SAL)) AS M05, AVG (DECODE (MONTH,  6, SAL)) AS M06
       , AVG (DECODE (MONTH,  7, SAL)) AS M07, AVG (DECODE (MONTH,  8, SAL)) AS M08
       , AVG (DECODE (MONTH,  9, SAL)) AS M09, AVG (DECODE (MONTH, 10, SAL)) AS M10
       , AVG (DECODE (MONTH, 11, SAL)) AS M11, AVG (DECODE (MONTH, 12, SAL)) AS M12
    FROM (SELECT ENAME, DEPTNO, EXTRACT (MONTH FROM HIREDATE) AS MONTH, SAL
          FROM EMP)
GROUP BY DEPTNO;
```

DECODE 함수를 사용함으로써 SQL 문장이 조금 더 짧아졌다. CASE 표현과 Oracle의 DECODE 함수는 표현상 서로 장단점이 있으므로 어떤 기능을 선택할지는 사용자 몫이다.

5. 집계함수와 NULL 처리

리포트의 빈칸을 NULL이 아닌 ZERO로 표현하기 위해 NVL(Oracle)/ISNULL(SQL Server) 함수를 사용하는 경우가 많다. 다중 행 함수를 사용하는 경우는 오히려 불필요한 부하가 발생하므로 굳이 NVL 함수를 다중 행 함수 안에 사용할 필요가 없다.

다중 행 함수는 입력 값으로 전체 건수가 NULL 값인 경우만 함수의 결과가 NULL이 나오고 전체 건수 중에서 일부만 NULL인 경우는 NULL인 행을 다중 행 함수의 대상에서 제외한다. 예를 들면 100명 중 10명의 성적이 NULL 값일 때 평균을 구하는 다중 행 함수 AVG를 사용하면 NULL 값이 아닌 90명의 성적에 대해 평균값을 구하게 된다.

CASE 표현 사용 시 ELSE 절을 생략하게 되면 Default 값이 NULL이다. NULL은 연산의 대상이 아닌 반면, SUM (CASE MONTH WHEN 1 THEN SAL ELSE 0 END)처럼 ELSE 절에서 0(Zero)을 지정하면 불필요하게 0이 SUM 연산에 사용되므로 자원 사용이 많아진다. 같은 결과를 얻을 수 있다면, 가능한 ELSE 절에 상수값을 지정하지 않거나 ELSE 절을 작성하지 않도록 한다. 같은 이유로 Oracle의 DECODE 함수는 4번째 인자를 지정하지 않으면 NULL이 Default로 할당된다.

많이 실수하는 것 중 하나가 Oracle의 SUM (NVL (SAL,0)), SQL Server의 SUM (ISNULL (SAL,0)) 연산이다. 개별 데이터의 급여(SAL)가 NULL인 경우는 NULL의 특성으로 자동적으로 SUM 연산에서 빠지는데, 불필요하게 NVL/ISNULL 함수를 사용해 0(Zero)으로 변환시켜 데이터 건수만큼의 연산이 일어나게 하는 것은 시스템의 자원을 낭비하는 일이다.

리포트 출력 때 NULL이 아닌 0을 표시하고 싶은 경우에는 NVL (SUM (SAL),0)이나, ISNULL (SUM(SAL),0)처럼 전체 SUM의 결과가 NULL인 경우(대상 건수가 모두 NULL인 경우)에만 한 번 NVL/ISNULL 함수를 사용하면 된다.

[예제] 팀별 포지션별 FW, MF, DF, GK 포지션의 인원수와 팀별 전체 인원수를 구하는 SQL 문장을 작성한다. 데이터가 없는 경우는 0으로 표시한다.

```
[예제] SIMPLE_CASE_EXPRESSION 조건 - Oracle

SELECT    TEAM_ID
        , NVL (SUM (CASE POSITION WHEN 'FW' THEN 1 ELSE 0 END), 0) AS FW
        , NVL (SUM (CASE POSITION WHEN 'MF' THEN 1 ELSE 0 END), 0) AS MF
        , NVL (SUM (CASE POSITION WHEN 'DF' THEN 1 ELSE 0 END), 0) AS DF
        , NVL (SUM (CASE POSITION WHEN 'GK' THEN 1 ELSE 0 END), 0) AS GK
        , COUNT(*) AS SUM
     FROM PLAYER
 GROUP BY TEAM_ID;
```

CASE 표현의 ELSE 0, ELSE NULL 문구는 생략 가능하므로 다음과 같이 조금 더 짧게 SQL 문장을 작성할 수 있다. Default 값으로 NULL이 적용된다.

```
[예제] SIMPLE_CASE_EXPRESSION 조건 - Oracle

SELECT    TEAM_ID
        , NVL (SUM (CASE POSITION WHEN 'FW' THEN 1 END), 0) AS FW
        , NVL (SUM (CASE POSITION WHEN 'MF' THEN 1 END), 0) AS MF
        , NVL (SUM (CASE POSITION WHEN 'DF' THEN 1 END), 0) AS DF
        , NVL (SUM (CASE POSITION WHEN 'GK' THEN 1 END), 0) AS GK
        , COUNT(*) AS SUM
     FROM PLAYER
 GROUP BY TEAM_ID;
```

```
[예제] SEARCHED_CASE_EXPRESSION 조건 - Oracle

SELECT    TEAM_ID
        , NVL (SUM (CASE WHEN POSITION = 'FW' THEN 1 END), 0) AS FW
        , NVL (SUM (CASE WHEN POSITION = 'MF' THEN 1 END), 0) AS MF
        , NVL (SUM (CASE WHEN POSITION = 'DF' THEN 1 END), 0) AS DF
        , NVL (SUM (CASE WHEN POSITION = 'GK' THEN 1 END), 0) AS GK
        , COUNT(*) AS SUM
     FROM PLAYER
 GROUP BY TEAM_ID;
```

[예제] SEARCHED_CASE_EXPRESSION 조건 - SQL Server

```
SELECT   TEAM_ID
       , ISNULL (SUM (CASE WHEN POSITION = 'FW' THEN 1 END), 0) AS FW
       , ISNULL (SUM (CASE WHEN POSITION = 'MF' THEN 1 END), 0) AS MF
       , ISNULL (SUM (CASE WHEN POSITION = 'DF' THEN 1 END), 0) AS DF
       , ISNULL (SUM (CASE WHEN POSITION = 'GK' THEN 1 END), 0) AS GK
       , COUNT(*) AS SUM
    FROM PLAYER
GROUP BY TEAM_ID;
```

[실행 결과]

TEAM_ID	FW	MF	DF	GK	SUM
K01	12	15	13	5	45
K02	10	18	17	4	49
K03	6	15	23	5	49
K04	13	11	18	4	46
K05	10	19	17	5	51
K06	11	11	20	4	46
K07	9	22	16	4	51
K08	8	15	15	4	45
K09	12	18	15	4	49
K10	5	15	13	3	36
K11	1	1	1	0	3
K12	1	0	1	0	2
K13	1	0	1	1	3
K14	0	1	1	0	2
K15	1	1	1	0	3

15 개의 행이 선택됐습니다.

4개의 예제 SQL 문장은 같은 실행 결과를 출력한다. ORDER BY 절이 적용되지 않았으므로 TEAM_ID별로 정렬돼 있지 않다. TEAM_ID 'K08'의 경우 POSITION이 NULL인 3건이 포지션별 분류에는 빠져 있지만 SUM에는 추가돼 있다. 이는 TEAM_ID 'K08'의 각 POSITION의 합계(FW+MF+DF+GK)가 42건이고 SUM 값이 45건인 것으로 계산할 수 있다(45-42=3).

[예제] GROUP BY 절 없이 전체 선수들의 포지션별 평균키 및 전체 평균키를 출력할 수도 있다.

[예제]

```
SELECT ROUND (AVG (CASE WHEN POSITION = 'MF' THEN HEIGHT END), 2) AS 미드필더
    , ROUND (AVG (CASE WHEN POSITION = 'FW' THEN HEIGHT END), 2) AS 포워드
    , ROUND (AVG (CASE WHEN POSITION = 'DF' THEN HEIGHT END), 2) AS 디펜더
    , ROUND (AVG (CASE WHEN POSITION = 'GK' THEN HEIGHT END), 2) AS 골키퍼
    , ROUND (AVG (HEIGHT), 2) 전체평균키
  FROM PLAYER;
```

[실행 결과]

미드필더	포워드	디펜더	골키퍼	전체평균키
176.31	179.91	180.21	186.26	179.31

1 개의 행이 선택됐습니다.

제6절 ORDER BY 절

1. ORDER BY 정렬

ORDER BY 절은 SQL 문장으로 조회한 데이터들을 다양한 목적에 맞게 특정 칼럼을 기준으로 정렬·출력하는데 사용한다.

ORDER BY 절에 칼럼(Column)명 대신에 SELECT 절에서 사용한 ALIAS 명이나 칼럼 순서를 나타내는 정수도 사용 가능하다. 그리고 별도로 정렬 방식을 지정하지 않으면 기본적으로 오름차순이 적용되며, SQL 문장의 제일 마지막에 위치한다.

```
SELECT 칼럼명 [ALIAS명]
FROM    테이블명
[WHERE 조건식]
[GROUP BY 칼럼(Column)이나 표현식]
[HAVING 그룹조건식]
[ORDER BY 칼럼(Column)이나 표현식 [ASC 또는 DESC]] ;
```

ORDER BY 절은 2가지의 정렬 방식이 있다.
- ASC(Ascending) : 조회한 데이터를 오름차순으로 정렬한다(기본 값이므로 생략 가능).
- DESC(Descending) : 조회한 데이터를 내림차순으로 정렬한다.

[예제] **ORDER BY 절의 예로 선수 테이블에서 선수들의 이름, 포지션, 백넘버를 출력하는데 사람 이름을 내림차순으로 정렬해 출력한다.**

```
[예제]

SELECT   PLAYER_NAME AS 선수명, POSITION AS 포지션, BACK_NO AS 백넘버
    FROM PLAYER
ORDER BY PLAYER_NAME DESC;
```

```
[실행 결과]

선수명          포지션         백넘버
-------       -------       ------
히카르도        MF              10
황철민          MF              35
황연석          FW              16
```

황승주	DF	98
홍종하	MF	32
홍인기	DF	35
홍성요	DF	28
홍복표	FW	19
홍명보	DF	20
홍도표	MF	9

. . .
480 개의 행이 선택됐습니다.

[예제] ORDER BY 절의 예로 선수 테이블에서 선수들의 이름, 포지션, 백넘버를 출력하는데 선수들의 포지션을 내림차순으로 출력한다. 칼럼명이 아닌 ALIAS를 이용한다.

[예제]

```
SELECT    PLAYER_NAME AS 선수명, POSITION AS 포지션, BACK_NO AS 백넘버
    FROM PLAYER
ORDER BY 포지션 DESC;
```

[실행 결과] Oracle

선수명	포지션	백넘버
정학범		
차상광		
안익수		
최정주	MF	33
남익경	MF	30
김동식	MF	33
김창호	MF	36
최길영	MF	38
김중규	MF	42
전상배	MF	14

. . .
480 개의 행이 선택됐습니다.

실행 결과에서 포지션에 아무 것도 없는 값들이 있다. 현재 선수 테이블에서 포지션 칼럼에 NULL이 들어 있는데 포지션의 내림차순에서 NULL 값이 앞에 출력됐다는 것은 Oracle이 NULL 값을 가장 큰 값으로 취급했음을 말한다. 반면 SQL Server는 반대의 정렬 순서를 가진다.

ORDER BY 절의 특징은 다음과 같다.

- 기본적인 정렬 순서는 오름차순(ASC)이다.
- 숫자형 데이터 타입은 오름차순으로 정렬했을 경우에 가장 작은 값부터 출력된다.
- 날짜형 데이터 타입은 오름차순으로 정렬했을 경우 날짜 값이 가장 빠른 값이 먼저 출력된다. 예를 들어 '01-JAN-2012'는 '01-SEP-2012'보다 먼저 출력된다.
- Oracle에서는 NULL 값을 가장 큰 값으로 간주해 오름차순으로 정렬했을 경우에는 가장 마지막에, 내림차순으로 정렬했을 경우에는 가장 먼저 위치한다.
- 반면 SQL Server에서는 NULL 값을 가장 작은 값으로 간주하므로 오름차순으로 정렬했을 경우에는 가장 먼저, 내림차순으로 정렬했을 경우에는 가장 마지막에 위치한다.

[예제] 한 개의 칼럼이 아닌 여러 가지 칼럼을 기준으로 정렬해본다. 먼저 키가 큰 순서대로, 키가 같은 경우 백넘버 순으로 ORDER BY 절을 적용해 SQL 문장을 작성한다. 이때 키가 NULL인 데이터는 제외한다.

```
[예제]
SELECT   PLAYER_NAME AS 선수명, POSITION AS 포지션, BACK_NO AS 백넘버, HEIGHT AS 키
    FROM PLAYER
   WHERE HEIGHT IS NOT NULL
ORDER BY HEIGHT DESC, BACK_NO;
```

[실행 결과]

선수명	포지션	백넘버	키
서동명	GK	21	196
권정혁	GK	1	195
김석	FW	20	194
정경두	GK	41	194
이현	GK	1	192
황연석	FW	16	192
미트로	FW	19	192
김대희	GK	31	192
조의손	GK	44	192
김창민	GK	1	191

...
447 개의 행이 선택됐습니다.

실행 결과를 보면 키가 192cm인 선수가 5명 있다. ORDER BY 절에서 키 큰 순서대로 출력하고, 키가 같으면 백넘버 순으로 정렬하라는 조건에 따라 백넘버 순으로 정렬돼 있음을 확인할 수 있다.

칼럼명이나 ALIAS 명을 대신해서 SELECT 절의 칼럼 순서를 정수로 매핑해 사용할 수도 있다. SELECT 절의 칼럼명이 길거나 정렬 조건이 많으면 편리하게 사용할 수 있으나 향후 유지보수성이나 가독성이 떨어지므로 가능한 칼럼명이나 ALIAS 명을 권고한다. ORDER BY 절에서 칼럼명, ALIAS 명, 칼럼 순서를 같이 혼용하는 것도 가능하다.

[예제] ORDER BY 절의 예로 선수 테이블에서 선수들의 이름, 포지션, 백넘버를 출력하는데 선수들의 백넘버 내림차순, 백넘버가 같은 경우 포지션, 포지션까지 같은 경우 선수명 순서로 출력한다. BACK_NO가 NULL인 경우는 제외하고, 칼럼명이나 ALIAS가 아닌 칼럼 순서를 매핑해 사용한다.

[예제]

```
SELECT   PLAYER_NAME AS 선수명, POSITION AS 포지션, BACK_NO AS 백넘버
    FROM PLAYER
   WHERE BACK_NO IS NOT NULL
ORDER BY 3 DESC, 2, 1;
```

[실행 결과]

선수명	포지션	백넘버
뚜따	FW	99
쿠키	FW	99
황승주	DF	98
무스타	MF	77
다보	FW	63
다오	DF	61
김충호	GK	60
최동우	GK	60
최주호	GK	51
안동원	DF	49

...
438 개의 행이 선택됐습니다.

[예제] DEPT 테이블 정보를 부서명, 지역, 부서번호 내림차순으로 정렬해서 출력한다. 아래의 SQL 문장은 출력되는 칼럼 레이블은 다를 수 있지만 결과는 모두 같다.

Case 1. 칼럼명 사용 ORDER BY 절 사용

[예제]

```
SELECT   DNAME, LOC, DEPTNO
    FROM DEPT
ORDER BY DNAME, LOC, DEPTNO DESC;
```

[실행 결과]

```
DNAME           LOC            DEPTNO
----------      ----------     ------
ACCOUNTING      NEW YORK           10
OPERATIONS      BOSTON             40
RESEARCH        DALLAS             20
SALES           CHICAGO            30
```

4 개의 행이 선택됐습니다.

Case 2. 칼럼명 + ALIAS 명 사용 ORDER BY 절 사용

[예제]

```
SELECT   DNAME AS DEPT, LOC AS AREA, DEPTNO
    FROM DEPT
ORDER BY DNAME, AREA, DEPTNO DESC;
```

[실행 결과]

```
DEPT            AREA           DEPTNO
----------      --------       ------
ACCOUNTING      NEW YORK           10
OPERATIONS      BOSTON             40
RESEARCH        DALLAS             20
SALES           CHICAGO            30
```

4 개의 행이 선택됐습니다.

Case 3. 칼럼 순서번호 + ALIAS 명 사용 ORDER BY 절 사용

[예제]

```
SELECT   DNAME, LOC AS AREA, DEPTNO
    FROM DEPT
ORDER BY 1, AREA, 3 DESC;
```

```
[실행 결과]
DNAME          AREA           DEPTNO
---------      ---------      ------
ACCOUNTING     NEW YORK         10
OPERATIONS     BOSTON           40
RESEARCH       DALLAS           20
SALES          CHICAGO          30

4 개의 행이 선택됐습니다.
```

2. SELECT 문장 실행 순서

GROUP BY 절과 ORDER BY가 같이 사용될 때 SELECT 문장은 6개의 절로 구성되고, SELECT 문장의 수행 단계는 아래와 같다.

```
5. SELECT   칼럼명 [ALIAS명]
1.    FROM 테이블명
2.   WHERE 조건식
3. GROUP BY 칼럼(Column)이나 표현식
4.  HAVING 그룹조건식
6. ORDER BY 칼럼(Column)이나 표현식;
```

1. 발췌 대상 테이블을 참조한다(FROM).
2. 발췌 대상 데이터가 아닌 것은 제거한다(WHERE).
3. 행들을 소그룹화한다(GROUP BY).
4. 그룹핑된 값의 조건에 맞는 것만을 출력한다(HAVING).
5. 데이터 값을 출력·계산한다(SELECT).
6. 데이터를 정렬한다(ORDER BY).

위 순서는 옵티마이저가 SQL 문장의 SYNTAX, SEMANTIC 에러를 점검하는 순서이기도 하다. 예를 들면 FROM 절에 정의되지 않은 테이블의 칼럼을 WHERE 절, GROUP BY 절, HAVING 절, SELECT 절, ORDER BY 절에서 사용하면 에러가 발생한다.

그러나 ORDER BY 절에는 SELECT 목록에 나타나지 않은 문자형 항목이 포함될 수 있다. 단 SELECT DISTINCT를 지정하거나 SQL 문장에 GROUP BY 절이 있거나, SELECT 문에 UNION 연산자가 있으면 열 정의가

SELECT 목록에 표시돼야 한다.

이 부분은 관계형 데이터베이스가 데이터를 메모리에 올릴 때 행 단위로 모든 칼럼을 가져오게 되므로, SELECT 절에서 일부 칼럼만 선택하더라도 ORDER BY 절에서 메모리에 올라와 있는 다른 칼럼의 데이터를 사용할 수 있다.

SQL 문장 실행 순서는 오라클 옵티마이저가 SQL 문장을 해석하는 논리적인 순서이므로, SQL 문장이 실제로 실행되는 물리적인 순서가 아님을 유의하기 바란다. SQL 문장이 실제 수행되는 물리적인 순서는 실행계획에 의해 정해진다.

[예제] SELECT 절에 없는 MGR 칼럼을 ORDER BY 절에 사용한다.

```
[예제]
SELECT   EMPNO, ENAME
    FROM EMP
ORDER BY MGR;
```

```
[실행 결과]

EMPNO          ENAME
------          ------
 7902          FORD
 7788          SCOTT
 7900          JAMES
 7499          ALLEN
 7521          WARD
 7844          TURNER
 7654          MARTIN
 7934          MILLER
 7876          ADAMS
 7698          BLAKE
 7566          JONES
 7782          CLARK
 7369          SMITH
 7839          KING

14 개의 행이 선택됐습니다.
```

위의 예제를 통해 ORDER BY 절에 SELECT 절에서 정의하지 않은 칼럼을 사용해도 문제없음을 확인할 수 있다.

[예제] 인라인 뷰에 정의된 **SELECT 칼럼을 메인 쿼리에서 사용한다.**

```
[예제]

SELECT EMPNO
  FROM (SELECT    EMPNO, ENAME
              FROM EMP
        ORDER BY MGR);
```

```
[실행 결과]

EMPNO
-----
 7902
 7788
 7900
 7499
 7521
 7844
 7654
 7934
 7876
 7698
 7566
 7782
 7369
 7839

14 개의 행이 선택됐습니다.
```

위의 예제를 통해 2장에서 배울 인라인 뷰의 SELECT 절에서 정의한 칼럼은 메인 쿼리에서도 사용할 수 있음을 확인할 수 있다.

[예제] 인라인 뷰에 미정의된 칼럼을 메인 쿼리에서 사용해 본다.

```
[예제]

SELECT MGR
  FROM (SELECT    EMPNO, ENAME
              FROM EMP
        ORDER BY MGR);
```

```
[실행 결과]
SELECT MGR
       *
1행에 오류:
ORA-00904: "MGR": 부적합한 식별자
```

그러나 서브 쿼리의 SELECT 절에서 선택되지 않은 칼럼들은 계속 유지되는 것이 아니라 서브 쿼리 범위를 벗어나면 더이상 사용할 수 없게 된다(인라인 뷰도 동일함).

GROUP BY 절에서 그룹핑 기준을 정의하게 되면 데이터베이스는 일반적인 SELECT 문장처럼 FROM 절에 정의된 테이블의 구조를 그대로 갖고 가는 것이 아니다. GROUP BY 절의 그룹핑 기준에 사용된 칼럼과 집계함수에 사용될 수 있는 숫자형 데이터 칼럼들의 집합을 새로 만든다.

GROUP BY 절을 사용하게 되면 그룹핑 기준에 사용된 칼럼과 집계함수에 사용될 수 있는 숫자형 데이터 칼럼들의 집합을 새로 만드는데, 개별 데이터는 필요 없으므로 저장하지 않는다. GROUP BY 이후 수행 절인 SELECT 절이나 ORDER BY 절에서 개별 데이터를 사용하는 경우 에러가 발생한다.

결과적으로 SELECT 절에서는 그룹핑 기준과 숫자 형식 칼럼의 집계함수를 사용할 수 있지만, 그룹핑 기준 외의 문자 형식 칼럼은 정할 수 없다.

[예제] GROUP BY 절 사용시 SELECT 절에 일반 칼럼을 사용해 본다.

```
[예제]
SELECT   JOB, SAL
    FROM EMP
GROUP BY JOB
  HAVING COUNT (*) > 0
ORDER BY SAL;
```

```
[실행 결과]
SELECT   JOB, SAL
              *
1행에 오류:
ORA-00979: GROUP BY 표현식이 아닙니다.
```

[예제] GROUP BY 절 사용시 ORDER BY 절에 일반 칼럼을 사용해 본다.

[예제]

```
SELECT    JOB
      FROM EMP
GROUP BY JOB
  HAVING COUNT (*) > 0
ORDER BY SAL;
```

[실행 결과]

```
ORDER BY SAL
          *
5행에 오류:
ORA-00979: GROUP BY 표현식이 아닙니다.
```

[예제] GROUP BY 절 사용시 ORDER BY 절에 집계 칼럼을 사용해 본다.

[예제]

```
SELECT    JOB, SUM(SAL) AS SALARY_SUM
      FROM EMP
GROUP BY JOB
  HAVING SUM (SAL) > 5000
ORDER BY SUM (SAL);
```

[실행 결과]

```
JOB                  SALARY_SUM
--------             ----------
SALESMAN                 5600
ANALYST                  6000
MANAGER                  8275

3 개의 행이 선택됐습니다.
```

위의 예제를 통해 SELECT SQL에서 GROUP BY 절이 사용됐기 때문에 SELECT 절에 정의하지 않은 MAX, SUM, COUNT 집계함수도 ORDER BY 절에서 사용할 수 있음을 확인할 수 있다.

제 7 절 조인

1. 조인 개요

　지금까지는 하나의 테이블에서 데이터를 출력하는 것을 살펴보았다. 하지만 이것만으로 일상생활에서 발생하는 다양한 조건을 만족하는 SQL 문장을 작성하기에는 부족하다. 예를 들어 [그림 II-1-13]과 같이 선수들의 소속팀에 대한 정보나 프로 축구팀의 전용구장에 대한 정보 등 다른 정보가 들어 있는 두 개 이상의 테이블들을 연결해 데이터를 출력하는 경우가 아주 많이 발생한다.

　두 개 이상의 테이블들을 연결해 데이터를 출력하는 것을 조인(JOIN)이라고 한다. 일반적으로 사용되는 SQL 문장의 상당수가 조인이라고 생각하면 조인의 중요성을 이해하기 쉬울 것이다. 조인은 관계형 데이터베이스의 가장 큰 장점이면서 핵심 기능이라고 할 수 있다.

　일반적인 경우 행들은 PK(PRIMARY KEY)나 FK(FOREIGN KEY) 값의 연관에 의해 조인이 성립된다. 하지만 어떤 경우에는 이러한 PK, FK의 관계가 없어도 논리적인 값들의 연관만으로 조인이 성립될 수 있다.

　예를 들면, 선수라는 테이블과 팀이라는 테이블이 있다고 하자. 선수 테이블을 기준으로 필요한 데이터를 검색하고 이 데이터와 연관된 팀 테이블의 특정 행들을 찾아서 연결하는 것이 조인이다.

　팀과 운동장 테이블도 조인 조건을 통해 필요한 데이터를 조합해서 가져올 수 있으며, 하나의 SQL 문장에서 선수·팀·운동장 등 여러 테이블을 조인해서 사용할 수도 있다.

　다만 한 가지 주의할 점은 FROM 절에 여러 테이블이 나열되더라도 SQL에서 데이터를 처리할 때는 단 두 개의 집합 간에만 조인이 일어난다는 것이다. FROM 절에 A, B, C 테이블이 나열됐더라도 특정 2개의 테이블만 먼저 조인 처리되고, 조인의 결과인 중간 데이터 집합과 남은 한 개의 테이블이 다음 차례로 조인되는 것이다. 이 순서는 4개 이상의 테이블이 사용되더라도 같은 프로세스를 반복한다.

　예를 들어 A, B, C, D 4개의 테이블을 조인하고자 할 경우 옵티마이저는 (((A JOIN D) JOIN C) JOIN B)와 같이 순차적으로 조인을 처리한다. 먼저 A와 D 테이블을 조인 처리하고, 그 결과 집합과 C 테이블을 다음 순서에 조인 처리하고, 마지막으로 3개의 테이블을 조인 처리한 집합과 B 테이블을 조인한다. 이때 테이블의 조인 순서는 내부적으로 DBMS(옵티마이저)에 의해 결정된다.

　[그림 II-1-13]은 선수와 팀, 팀과 운동장 테이블 간의 관계를 설명한 것이다. 경기일정 테이블은 복잡성을 피하기 위해 설명 상 제외했다.

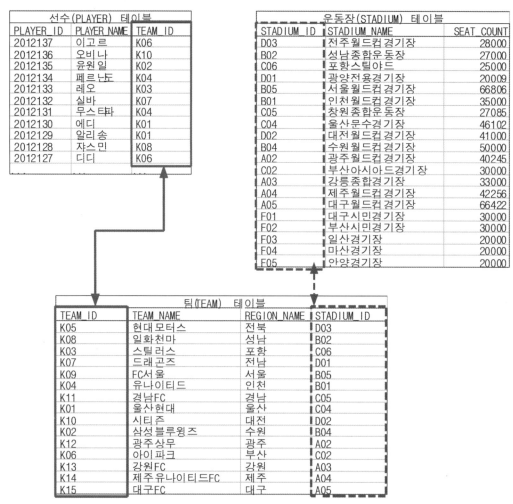

[그림 II-1-13] 테이블 간의 관계도

2. EQUI JOIN

EQUI(등가) JOIN은 두 개의 테이블 간에 칼럼 값들이 서로 정확하게 일치하는 경우에 사용되는 방법으로 대부분 PK ↔ FK의 관계를 기반으로 한다. 그러나 일반적으로 테이블 설계 시에 나타난 PK ↔ FK의 관계를 이용하는 것이지 반드시 PK ↔ FK의 관계로만 EQUI JOIN이 성립하는 것은 아니다. 이 기능은 계층형(Hierarchical)이나 망형(Network) 데이터베이스와 비교해서 관계형 데이터베이스의 큰 장점이다.

JOIN의 조건은 WHERE 절에 기술하게 되는데 "=" 연산자를 사용해서 표현한다.

다음은 EQUI JOIN의 대략적인 형태다.

```
SELECT 테이블1.칼럼명, 테이블2.칼럼명, ...
  FROM 테이블1, 테이블2
 WHERE 테이블2.칼럼명 = 테이블1.칼럼명 -- WHERE 절에 JOIN 조건을 기술한다.
;
```

같은 내용을 ANSI/ISO SQL 표준 방식으로 표현하면 아래와 같다. ANSI/ISO SQL 표준 방식의 조인 문법은 8절에서 자세히 다룬다.

```
SELECT 테이블1.칼럼명, 테이블2.칼럼명, ...
  FROM 테이블1 INNER JOIN 테이블2
    ON 테이블2.칼럼명 = 테이블1.칼럼명 -- ON 절에 JOIN 조건을 기술한다.
;
```

[예제] 선수 테이블과 팀 테이블에서 선수 이름과 소속된 팀의 이름을 출력하시오.

```
[예제]
SELECT PLAYER.PLAYER_NAME AS 선수명, TEAM.TEAM_NAME AS 소속팀명
  FROM PLAYER, TEAM
 WHERE TEAM.TEAM_ID = PLAYER.TEAM_ID;
```

또는 INNER JOIN을 명시해 사용할 수도 있다(ANSI/ISO SQL 표준 방식의 JOIN 문법).

```
[예제]
SELECT PLAYER.PLAYER_NAME AS 선수명, TEAM.TEAM_NAME AS 소속팀명
  FROM PLAYER INNER JOIN TEAM
    ON TEAM.TEAM_ID = PLAYER.TEAM_ID;
```

위 SQL을 보면 SELECT 구문에 단순히 칼럼명이 오지 않고 '테이블명.칼럼명'처럼 테이블명과 칼럼명을 함께 기술했다. 이렇게 특정 칼럼에 접근하기 위해 그 칼럼이 어느 테이블에 존재하는 칼럼인지를 명시하는 것은 두 가지 이유가 있다.

먼저 조인에 사용되는 여러 개의 테이블에 같은 칼럼명이 존재하는 경우, DBMS는 어떤 칼럼을 사용해야 할지 모르기 때문에 파싱 단계에서 오류가 난다.

두 번째는 개발자나 사용자가 조회할 데이터가 어느 테이블에 있는 칼럼인지 쉽게 알 수 있게 하므로 SQL에 대한 가독성이나 유지보수성을 높이는 효과가 있다.

하나의 SQL 문장 내에서 여러 테이블에 존재하지 않는 칼럼명이라면, 칼럼명 앞에 테이블 명을 붙이지 않아도 오류가 발생하지는 않는다. 하지만 현재는 유일한 칼럼명이라고 하더라도, 새로운 칼럼이 추가되거나 칼럼명이 변경되는 등 테이블 구조가 변경됨에 따라 향후 오류가 발생할 수 있다. 따라서 여러 테이블의 조인을 포함한 SQL 문장에서는 칼럼명 앞에 테이블명(또는 ALIAS)을 붙여서 사용하는 것을 권장한다.

조인 조건에 맞는 데이터만 출력하는 INNER JOIN에 참여하는 대상 테이블이 N개라고 했을 때, N개의 테이블로부터 필요한 데이터를 조회하기 위해 필요한 조인 조건은 대상 테이블의 개수에서 하나를 뺀 N-1개 이상이 필요하다. 즉 FROM 절에 테이블이 3개가 표시돼 있다면, 조인 조건은 3-1=2개 이상이 필요하다. 테이블 4개가 표시돼 있다면, 조인 조건은 4 - 1 = 3개 이상이 필요하다(옵티마이저의 발전으로 옵티마이저가 일부 조인 조건을 실행계획 수립 단계에서 추가할 수도 있지만 예외적인 사항이다).

조인 조건은 WHERE 절에 기술한다. 조인은 두 개 이상의 테이블에서 필요한 데이터를 출력하기 위한 가장 기본적인 조건이다. FROM 절에 조인 조건을 명시하는 또 다른 방법은 8절에서 설명한다.

앞의 예제에서는 FROM 절의 두 개 테이블(PLAYER, TEAM)에 대해 WHERE 절에 한 개의 조인 조건(TEAM.TEAM_ID = PLAYER.TEAM_ID)을 기술했다.

가. 선수-팀 EQUI JOIN 사례

[그림 II-1-14]과 같이 선수(PLAYER) 테이블과 팀(TEAM) 테이블에서 케이리그 소속 선수들의 이름, 백넘버와 그 선수가 소속돼 있는 팀명 및 연고지를 알고 싶다는 요구 사항을 확인한다.

선수(PLAYER) 테이블		
PLAYER-NAME	BACK_NO	TEAM_ID
이 고 르	21	K06
오 비 나	26	K10
윤 원 일	45	K02
페 르 난 도	44	K04
레 오	45	K03
실 바	45	K07
무 스 타 파	77	K04
에 디	7	K01
알리송	14	K014
쟈스민	33	K08
디디	8	K06
⋮	⋮	⋮

팀(TEAM) 테이블		
TEAM_ID	TEAM_NAME	REGION_NAME
K05	현대모터스	전북
K08	일화천마	성남
K03	스틸러스	포항
K07	드래곤즈	전남
K09	FC서울	서울
K04	유나이티드	인천
K11	경남FC	경남
K01	울산현대	울산
K10	시티즌	대전
K02	삼성블루윙즈	수원
K12	광주상무	광주
K06	아이파크	부산
K13	강원FC	강원
K14	제주유나이티드FC	재주
K15	대구FC	대구

[그림 II-1-14] EQUI JOIN을 설명하기 위한 선수-팀 테이블 관계도

이 질의를 해결하기 위해 테이블 간의 관계를 이해할 필요가 있다. 우선 선수(PLAYER) 테이블과 팀(TEAM) 테이블에 있는 데이터와 이들 간의 관계를 나타내는 그림을 통해서 실제로 데이터들이 어떻게 연결되는지 살펴본다.

앞과 같이 선수들 정보가 들어 있는 선수(PLAYER) 테이블이 있고, 팀 정보가 들어 있는 팀(TEAM) 테이블이 있다. 그런데 선수(PLAYER) 테이블에 있는 소속팀ID(TEAM_ID) 칼럼이 팀(TEAM) 테이블의 팀ID(TEAM_ID) 칼럼과 FK(Foreign Key) 관계에 있다.

선수들과 선수들이 소속된 팀명 및 연고지를 알아보기 위해서 선수 테이블의 소속팀ID를 기준으로 팀 테이블에 있는 데이터를 다음과 같이 순서를 바꾸어 주면 아래 [그림 II-1-15]와 같다.

선수(PLAYER) 테이블			팀(TEAM) 테이블		
PLAYER-NAME	BACK_NO	TEAM_ID	TEAM_ID	TEAM_NAME	REGION_NAME
이 고 르	21	K06	K06	아이파크	부산
오 비 나	26	K10	K10	시티즌	대전
윤 원 일	45	K02	K02	삼성블루윙즈	수원
페 르 난 도	44	K04	K04	유나이티드	인천
레 오	45	K03	K03	스틸러스	포항
실 바	45	K07	K07	드래곤즈	전남
무 스 타 파	77	K04	K04	유나이티드	인천
에 디	7	K01	K01	울산현대	울산
알리송	14	K014	K01	울산현대	울산
쟈스민	33	K08	K08	일화천마	성남
디디	8	K06	K06	아이파크	부산
⋮	⋮	⋮	⋮	⋮	⋮

[그림 II-1-15] EQUI JOIN을 설명하기 위한 데이터 재배열 후

[그림 II-1-15]의 실바 선수를 예로 들면 백넘버는 45번이고, 소속팀ID는 'K07'이다. 팀ID가 'K07'인 팀의 팀명은 드래곤즈이고 연고지는 전남이라는 결과를 얻을 수 있게 된다.

[예제] [그림 II-1-15]의 데이터를 출력하기 위한 SELECT SQL 문장을 작성한다.

```
[예제]
SELECT PLAYER.PLAYER_NAME, PLAYER.BACK_NO, PLAYER.TEAM_ID
     , TEAM.TEAM_NAME, TEAM.REGION_NAME
  FROM PLAYER, TEAM
 WHERE TEAM.TEAM_ID = PLAYER.TEAM_ID;
```

```
[실행 결과]

PLAYER_NAME        BACK_NO      TEAM_ID      TEAM_NAME      REGION_NAME
-----------        -------      -------      ---------      -----------
김태호                           K10          시티즌           대전
```

정상수		K10	시티즌	대전
유동우	40	K10	시티즌	대전
전기현		K10	시티즌	대전
정호곤		K06	아이파크	부산
최경훈		K06	아이파크	부산
정동훈		K06	아이파크	부산
정남표		K06	아이파크	부산
정광재		K06	아이파크	부산
권혁준		K06	아이파크	부산

...
480 개의 행이 선택됐습니다.

위 예제를 확인하면 조인 대상이 되는 테이블명이 조회하고자 하는 칼럼 앞에 반복해 나오는 것을 알 수 있다. 긴 테이블명을 계속 되풀이해 입력하다 보면, 개발 생산성이 떨어지는 문제점과 함께 개발자의 실수가 발생할 가능성이 높아지는 문제가 있다.

그래서 SELECT 절에서 칼럼에 대한 ALIAS를 사용하는 것처럼, FROM 절의 테이블에 대해서도 ALIAS를 사용할 수 있다. 조회할 칼럼명 앞에 테이블명을 명시적으로 기술하는 것이 이론적으로는 가장 좋은 방법일 수 있지만, 테이블명이 길고 SQL의 복잡도가 높아지면 오히려 가독성이 떨어지기 때문에 테이블명 대신 ALIAS를 주로 사용한다.

단일 테이블을 사용하는 SQL 문장에서는 꼭 사용하진 않아도 되지만 사용하더라도 에러가 발생하진 않으며, 여러 테이블을 조인하는 SQL 문장에서는 매우 유용하게 사용할 수 있다.

[예제] 칼럼과 테이블에 ALIAS를 적용해 위 SQL을 수정한다. 실행 결과는 ALIAS 적용 전과 동일하다.

[예제]

```
SELECT A.PLAYER_NAME AS 선수명, A.BACK_NO AS 백넘버, A.TEAM_ID AS 팀코드
     , B.TEAM_NAME AS 팀명, B.REGION_NAME AS 연고지
  FROM PLAYER A, TEAM B
 WHERE B.TEAM_ID = A.TEAM_ID;
```

[실행 결과]

선수명	백넘버	팀코드	팀명	연고지
김태호		K10	시티즌	대전
정상수		K10	시티즌	대전
유동우	40	K10	시티즌	대전
전기현		K10	시티즌	대전
정호곤		K06	아이파크	부산
최경훈		K06	아이파크	부산

정동훈	K06	아이파크	부산
정남표	K06	아이파크	부산
정광재	K06	아이파크	부산
권혁준	K06	아이파크	부산

. . .
480 개의 행이 선택됐습니다.

나. 선수-팀 WHERE 절 검색 조건 사례

지금까지는 EQUI JOIN에 대한 조인 조건만을 다루었다. 추가로 WHERE 절에서 조인 조건 이외의 검색 조건 (제한 조건)을 덧붙여 사용할 수 있다. 즉 EQUI JOIN의 최소한의 연관 관계를 위해서 테이블 개수 - 1개의 조인 조건을 WHERE 절에 명시하고, 논리 연산자와 함께 추가적인 제한 조건을 입력할 수 있다.

[예제] 위 SQL 문장의 WHERE 절에 포지션이 골키퍼인(골키퍼에 대한 포지션 코드는 'GK'임) 선수들 데이터만을 백넘버 순으로 출력하는 SQL 문을 만들어 본다.

[예제]
```
SELECT   A.PLAYER_NAME AS 선수명, A.BACK_NO AS 백넘버
       , B.REGION_NAME AS 연고지, B.TEAM_NAME AS 팀명
    FROM PLAYER A, TEAM B
   WHERE A.POSITION = 'GK'
     AND B.TEAM_ID = A.TEAM_ID
ORDER BY A.BACK_NO;
```

[실행 결과]

선수명	백넘버	연고지	팀명
정병지	1	포항	스틸러스
김운재	1	수원	삼성블루윙즈
최종문	1	전남	드래곤즈
정해운	1	성남	일화천마
김승준	1	대전	시티즌
박유석	1	부산	아이파크
이현	1	인천	유나이티드
권정혁	1	울산	울산현대
김창민	1	전북	현대모터스
최동석	1	서울	FC서울

. . .
43 개의 행이 선택됐습니다.

조인 조건을 기술할 때 주의해야 할 사항이 한 가지 있다. 만약 테이블에 대한 ALIAS를 적용해서 SQL 문장을 작성했을 경우, WHERE 절과 SELECT 절에는 테이블명이 아닌 테이블에 대한 ALIAS를 사용해야 한다.

[예제] FROM 절에서 테이블에 대한 ALIAS를 정의했는데, SELECT 절이나 WHERE 절에서 테이블명을 사용한다면 오류가 발생한다.

[예제]
```
SELECT   PLAYER.PLAYER_NAME AS 선수명, A.BACK_NO AS 백넘버
       , B.REGION_NAME AS 연고지, B.TEAM_NAME AS 팀명
    FROM PLAYER A, TEAM B
  WHERE A.POSITION = 'GK'
      AND B.TEAM_ID = A.TEAM_ID
ORDER BY A.BACK_NO;
```

[실행 결과]
```
1행에 오류:
ORA-00904: "PLAYER"."PLAYER_NAME": 부적합한 식별자
```

다. 팀-경기장 EQUI 조인 사례

팀(TEAM) 테이블			
TEAM_ID	TEAM_NAME	REGION_NAMES	STADIUM_ID
K05	현대모터스	전북	D03
K08	일화천마	성남	B02
K03	스틸러스	포항	C06
K07	드래곤즈	전남	D01
K09	FC서울	서울	B05
K04	유나이티드	인천	B01
K11	경남FC	경남	C05
K01	울산현대	울산	C04
K10	시티즌	대전	D02
K02	삼성블루윙즈	수원	B04
K12	광주상무	광주	A02
K06	아이파크	부산	C02
K13	강원FC	강원	A03
K14	제주유나이티드FC	제주	A04
K15	대구FC	대구	A05

경기장(STADIUM) 테이블		
STADIUM_ID	STADIUM_NAME	SEAT_COUNT
D03	전주월드컵경기장	28000
B02	성남종합운동장	27000
C06	포항스틸야드	25000
D01	광양전용경기장	20000
B05	서울월드컵경기장	66806
B01	인천월드컵경기장	35000
C05	창원종합운동장	27085
C04	울산문수경기장	46102
D02	대전월드컵경기장	41000
B04	수원월드컵경기장	50000
A02	광주월드컵경기장	40245
C02	부산아시아드경기장	30000
A03	강릉종합경기장	33000
A04	제주월드컵경기장	42256
A05	대구월드컵경기장	66422
F01	대구시민경기장	30000
F02	부산시민경기장	30000
F03	일산경기장	20000
F04	마산경기장	20000
F05	안양경기장	20000

[그림 II-1-16] EQUI JOIN을 설명하기 위한 팀-경기장 테이블 관계도

[예제] 이번에는 [그림 II-1-16]에 나와 있는 팀(TEAM) 테이블과 경기장(STADIUM) 테이블의 관계를 이용해 소속팀이 갖고 있는 전용구장의 정보를 팀 정보와 함께 출력하는 SQL 문을 작성한다.

[예제]
```
SELECT TEAM.REGION_NAME, TEAM.TEAM_NAME, TEAM.STADIUM_ID
    , STADIUM.STADIUM_NAME, STADIUM.SEAT_COUNT
  FROM TEAM, STADIUM
 WHERE STADIUM.STADIUM_ID = TEAM.STADIUM_ID;
```

위 SQL 문과 ALIAS를 사용한 아래 SQL 문은 같은 결과를 얻을 수 있다.

[예제]
```
SELECT A.REGION_NAME, A.TEAM_NAME, A.STADIUM_ID
    , B.STADIUM_NAME, B.SEAT_COUNT
  FROM TEAM A, STADIUM B
 WHERE B.STADIUM_ID = A.STADIUM_ID;
```

FROM 절에 기술된 테이블 간에 중복되지 않는 칼럼의 경우 아래와 같이 ALIAS를 사용하지 않아도 오류가 발생하지는 않는다. 하지만 가독성 및 일관성 측면에서 SELECT 절에 기술된 모든 칼럼에 대해 ALIAS를 사용하는 것이 바람직하다.

[예제]
```
SELECT REGION_NAME, TEAM_NAME, A.STADIUM_ID
    , STADIUM_NAME, SEAT_COUNT
  FROM TEAM A, STADIUM B
 WHERE B.STADIUM_ID = A.STADIUM_ID;
```

[실행 결과]

REGION_NAME	TEAM_NAME	STADIUM_ID	STADIUM_NAME	SEAT_COUNT
광주	광주상무	A02	광주월드컵경기장	40245
강원	강원FC	A03	강릉종합경기장	33000
제주	제주유나이티드FC	A04	제주월드컵경기장	42256
대구	대구FC	A05	대구월드컵경기장	66422
인천	유나이티드	B01	인천월드컵경기장	35000

성남	일화천마	B02	성남종합운동장	27000
수원	삼성블루윙즈	B04	수원월드컵경기장	50000
서울	FC서울	B05	서울월드컵경기장	66806
부산	아이파크	C02	부산아시아드경기장	30000
울산	울산현대	C04	울산문수경기장	46102
경남	경남FC	C05	창원종합운동장	27085
포항	스틸러스	C06	포항스틸야드	25000
전남	드래곤즈	D01	광양전용경기장	20009
대전	시티즌	D02	대전월드컵경기장	41000
전북	현대모터스	D03	전주월드컵경기장	28000

15 개의 행이 선택됐습니다.

3. Non EQUI JOIN

Non EQUI(비등가) JOIN은 두 개의 테이블 간에 논리적인 연관 관계를 갖고 있으나, 칼럼 값들이 서로 일치하지 않는 경우에 사용된다. Non EQUI JOIN의 경우에는 "=" 연산자가 아닌 다른(Between, >, >=, <, <= 등) 연산자들을 사용해 JOIN을 수행한다. 두 개의 테이블이 PK-FK로 연관관계를 갖거나 논리적으로 같은 값이 존재하는 경우에는 "=" 연산자를 이용해 EQUI JOIN을 사용한다. 그러나 두 테이블 간에 칼럼 값들이 서로 정확하게 일치하지 않는 경우에는 EQUI JOIN을 사용할 수 없다. 이런 경우 Non EQUI JOIN을 시도할 수 있으나 데이터 모델에 따라서 Non EQUI JOIN이 불가능한 경우도 있다.

다음은 Non EQUI JOIN의 대략적인 형태이다. 아래 BETWEEN JOIN 조건은 Non EQUI JOIN의 한 사례일 뿐이다.

```
SELECT 테이블1.칼럼명, 테이블2.칼럼명, ...
  FROM 테이블1, 테이블2
 WHERE 테이블1.칼럼명 BETWEEN 테이블2.칼럼명1 AND 테이블2.칼럼명2;
```

[예제] Non EQUI JOIN에 대한 샘플은 케이리그 관련 테이블로 구현되지 않으므로, 사원(EMP) 테이블과 가상의 급여등급 (SAL_GRADE) 테이블로 설명을 하도록 한다. 어떤 사원이 받고 있는 급여가 어느 등급에 속하는지 알고 싶은 요구 사항에 대한 Non EQUI JOIN의 사례는 다음과 같다.

[예제]
```
SELECT A.ENAME, A.JOB, A.SAL, B.GRADE
  FROM EMP A, SALGRADE B
 WHERE A.SAL BETWEEN B.LOSAL AND B.HISAL;
```

테이블 간 관계를 설명하기 위해 먼저 사원(EMP) 테이블과 급여등급(SALGRADE) 테이블에 있는 데이터와 이들 간 관계를 나타내는 [그림 Ⅱ-1-17]을 갖고 실제 데이터들이 어떻게 연결되는지 설명한다. 급여등급 (SALGRADE) 테이블에는 1등급(700 이상 ~ 1200 이하), 2등급(1201 이상 ~ 1400 이하), 3등급(1401 이상 ~ 2000 이하), 4등급(2001 이상 ~ 3000 이하), 5등급(3001 이상 ~ 9999 이하)으로 구분한 5개의 급여등급이 존재한다고 가정한다.

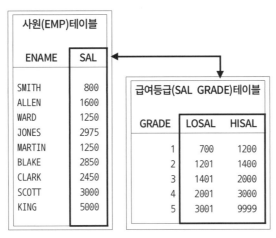

[그림 Ⅱ-1-17] Non EQUI JOIN을 설명하기 위한 두 개의 테이블 관계도

사원(EMP) 테이블에서 사원들의 급여가 급여등급(SALGRADE) 테이블의 등급으로 표시되기 위해서는 "=" 연산 자로 조인을 이용할 수 없다. 각 사원들의 급여가 급여등급 테이블의 어디에 해당하는지 알아보기 위해 사원 테이블에 들어 있는 데이터를 기준으로 급여등급 테이블의 데이터를 1:1로 나열해 보면 [그림 Ⅱ-1-18]과 같이 바꿀 수 있다.

<table>
<thead>
<tr><th colspan="2">사원(EMP)
테이블</th><th colspan="3">급여등급(SAL GRADE)테이블</th></tr>
<tr><th>ENAME</th><th>SAL</th><th>GRADE</th><th>LOSAL</th><th>HISAL</th></tr>
</thead>
<tbody>
<tr><td>SMITH</td><td>800</td><td>1</td><td>700</td><td>1200</td></tr>
<tr><td>ALLEN</td><td>1600</td><td>3</td><td>1401</td><td>2000</td></tr>
<tr><td>WARD</td><td>1250</td><td>2</td><td>1201</td><td>1400</td></tr>
<tr><td>JONES</td><td>2975</td><td>4</td><td>2001</td><td>3000</td></tr>
<tr><td>MARTIN</td><td>1250</td><td>2</td><td>1201</td><td>1400</td></tr>
<tr><td>BLAKE</td><td>2850</td><td>4</td><td>2001</td><td>3000</td></tr>
<tr><td>CLARK</td><td>2450</td><td>4</td><td>2001</td><td>3000</td></tr>
<tr><td>SCOTT</td><td>3000</td><td>4</td><td>2001</td><td>3000</td></tr>
<tr><td>KING</td><td>5000</td><td>5</td><td>3001</td><td>9999</td></tr>
</tbody>
</table>

[그림 Ⅱ-1-18] Non EQUI JOIN을 설명하기 위한 데이터 재배열 후

[그림 II-1-18]을 보면 이름이 SCOTT인 사원의 급여는 3,000달러($)이고, 3,000달러는 급여등급 테이블에서 2,001 ~ 3,000달러 사이에 속하므로 급여등급이 4등급임을 알 수 있다.

[예제] 사원 14명 모두에 대해 아래 SQL로 급여와 급여등급을 알아본다.

[예제]
```
SELECT A.ENAME AS 사원명, A.SAL AS 급여, B.GRADE AS 급여등급
  FROM EMP A, SALGRADE B
 WHERE A.SAL BETWEEN B.LOSAL AND B.HISAL;
```

[실행 결과]

사원명	급여	급여등급
SMITH	800	1
ALLEN	1600	3
WARD	1250	2
JONES	2975	4
MARTIN	1250	2
BLAKE	2850	4
CLARK	2450	4
SCOTT	3000	4
KING	5000	5
TURNER	1500	3
ADAMS	1100	1
JAMES	950	1
FORD	3000	4
MILLER	1300	2

14 개의 행이 선택됐습니다.

앞에서도 언급했지만 BETWEEN a AND b와 같은 SQL 연산자뿐 아니라 "=" 연산자가 아닌 ">"나 "<"와 같은 다른 연산자를 사용했을 경우에도 모두 Non EQUI JOIN에 해당한다. 단지 BETWEEN SQL 연산자가 Non EQUI JOIN을 설명하기 쉽기 때문에 예를 들어 설명한 것에 불과하며, 데이터 모델에 따라서 Non EQUI JOIN이 불가능한 경우도 있다.

4. 3개 이상 TABLE JOIN

조인을 처음 설명할 때 나왔던 [그림 II-1-13]을 보면서 세 개의 테이블에 대한 조인을 구현해 보도록 한다. [그림 II-1-13]에서는 선수 테이블, 팀 테이블, 운동장 테이블을 예로 들었다. 선수별로 홈그라운드 경기장이 어디인지를 출력하고 싶다고 했을 때, 선수 테이블과 운동장 테이블이 서로 관계가 없으므로 중간에 팀 테이블이라는 서로 연관관계가 있는 테이블을 추가해 세 개의 테이블을 조인해야만 원하는 데이터를 얻을 수 있다.

[예제] 앞의 예제에서 보았듯이 선수 테이블의 소속팀ID(TEAM_ID)가 팀 테이블의 팀ID(TEAM_ ID)와 PK-FK의 관계가 있음을 알 수 있다. 경기장 테이블의 경기장ID(STADIUM_ID)와 팀 테이블의 전용구장ID (STADIUM_ID)가 PK-FK 관계인 것을 생각하며 다음 SQL을 작성한다. 세 개의 테이블에 대한 조인이므로 WHERE 절에 2개 이상의 조인 조건이 필요하다.

[예제]

```
SELECT   A.PLAYER_NAME AS 선수명, A.POSITION AS 포지션
       , B.REGION_NAME AS 연고지, B.TEAM_NAME AS 팀명
       , C.STADIUM_NAME AS 구장명
    FROM PLAYER A, TEAM B, STADIUM C
   WHERE B.TEAM_ID = A.TEAM_ID
     AND C.STADIUM_ID = B.STADIUM_ID
ORDER BY 선수명;
```

[실행 결과]

선수명	포지션	연고지	팀명	구장명
가비	MF	수원	삼성블루윙즈	수원월드컵경기장
가이모토	DF	성남	일화천마	성남종합운동장
강대희	MF	수원	삼성블루윙즈	수원월드컵경기장
강성일	GK	대전	시티즌	대전월드컵경기장
강용	DF	포항	스틸러스	포항스틸야드
강정훈	MF	대전	시티즌	대전월드컵경기장
강철	DF	전남	드래곤즈	광양전용경기장
고관영	MF	전북	현대모터스	전주월드컵경기장
고규억	DF	광주	광주상무	광주월드컵경기장
고민기	FW	전북	현대모터스	전주월드컵경기장

...
480 개의 행이 선택됐습니다.

5. OUTER JOIN

앞서 다루었던 EQUI JOIN, Non EQUI JOIN은 모두 조인 조건의 결과가 참(TRUE)인 행들만 반환하는 INNER (내부) 조인이다. OUTER(외부) JOIN은 조인 조건을 만족하지 않는 행들도 함께 반환할 때 사용한다.

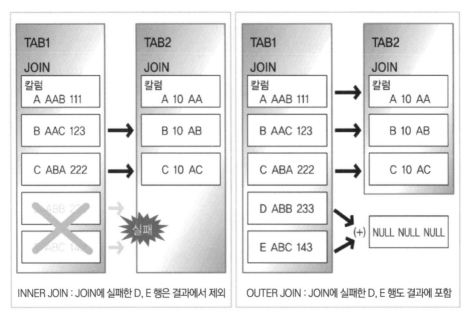

[그림 II-1-19] OUTER JOIN 설명

[그림 II-1-19]는 TAB1 테이블과 TAB2 테이블을 조인하되 TAB2에 JOIN할 데이터가 있으면 TAB2의 데이터를 함께 출력하고, TAB2에 JOIN할 데이터가 없어도 TAB1의 모든 데이터를 표시하고 싶은 경우다. TAB1의 모든 값에 대해 TAB2의 데이터가 반드시 존재한다는 보장이 없는 경우 OUTER JOIN을 사용해 해결할 수 있다.

Oracle은 다음과 같이 조인 칼럼 뒤에 '(+)' 기호를 표시해 OUTER JOIN을 나타낸다.

```
SELECT 테이블1.칼럼명, 테이블2.칼럼명, ...
   FROM 테이블1, 테이블2
  WHERE 테이블2.칼럼명(+) = 테이블1.칼럼명;
```

OUTER JOIN을 사용하기 위해 '(+)'를 표시할 때, 주의할 점은 '(+)' 기호의 위치다. 위의 예시에서 OUTER JOIN의 기준이 되는 테이블(조인할 데이터가 없는 경우에도 모든 데이터를 표시하는 테이블)은 '테이블1'이다. 즉 '(+)' 표시의 반대편에 있는 테이블이 OUTER JOIN의 기준 테이블이 된다.

OUTER JOIN의 결과에서 조인에 성공한 행들은 INNER JOIN과 동일하게 조인에 참여한 각 테이블의 칼럼 값들이 표시된다. 반면 조인에 실패한 행들의 경우 기준 테이블(예, 테이블1)은 칼럼들의 값이 표시되고, 그 외 테이블(예, 테이블2)에서 가져오는 칼럼들은 NULL로 표시된다.

[예제] STADIUM에 등록된 경기장 중에는 홈팀이 없는 경기장도 있다. STADIUM과 TEAM을 조인하되 홈팀이 없는 경기장의 정보도 같이 출력하도록 한다.

[예제]

```
SELECT   A.STADIUM_NAME, A.STADIUM_ID, A.SEAT_COUNT, A.HOMETEAM_ID
       , B.TEAM_NAME
    FROM STADIUM A, TEAM B
   WHERE B.TEAM_ID(+) = A.HOMETEAM_ID
ORDER BY A.HOMETEAM_ID;
```

[실행 결과]

STADIUM_NAME	STADIUM_ID	SEAT_COUNT	HOMETEAM_ID	TEAM_NAME
울산문수경기장	C04	46102	K01	울산현대
수원월드컵경기장	B04	50000	K02	삼성블루윙즈
포항스틸야드	C06	25000	K03	스틸러스
인천월드컵경기장	B01	35000	K04	유나이티드
전주월드컵경기장	D03	28000	K05	현대모터스
부산아시아드경기장	C02	30000	K06	아이파크
광양전용경기장	D01	20009	K07	드래곤즈
성남종합운동장	B02	27000	K08	일화천마
서울월드컵경기장	B05	66806	K09	FC서울
대전월드컵경기장	D02	41000	K10	시티즌
창원종합운동장	C05	27085	K11	경남FC
광주월드컵경기장	A02	40245	K12	광주상무
강릉종합경기장	A03	33000	K13	강원FC
제주월드컵경기장	A04	42256	K14	주유나이티드FC
대구월드컵경기장	A05	66422	K15	대구FC
안양경기장	F05	20000		
마산경기장	F04	20000		
일산경기장	F03	20000		
부산시민경기장	F02	30000		
대구시민경기장	F01	30000		

20 개의 행이 선택됐습니다.

INNER JOIN이라면 홈팀이 배정된 15개의 경기장만 출력됐겠지만, OUTER JOIN을 사용했기 때문에 홈팀이 없는 안양경기장, 마산경기장, 일산경기장, 부산시민경기장, 대구시민경기장의 정보까지 추가로 출력됐다.

[예제] DEPT에 등록된 부서 중에는 사원이 없는 부서도 있다. DEPT와 EMP를 조인하되 사원이 없는 부서 정보도 같이 출력하도록 한다.

```
[예제]
SELECT A.ENAME, A.DEPTNO, B.DNAME, B.LOC
  FROM EMP A, DEPT B
 WHERE B.DEPTNO = A.DEPTNO(+);
```

```
[실행 결과]
ENAME            DEPTNO              DNAME              LOC
------           ------              -----------        --------

SMITH              20                RESEARCH           DALLAS
ALLEN              30                SALES              CHICAGO
WARD               30                SALES              CHICAGO
JONES              20                RESEARCH           DALLAS
MARTIN             30                SALES              CHICAGO
BLAKE              30                SALES              CHICAGO
CLARK              10                ACCOUNTING         NEW YORK
SCOTT              20                RESEARCH           DALLAS
KING               10                ACCOUNTING         NEW YORK
TURNER             30                SALES              CHICAGO
ADAMS              20                RESEARCH           DALLAS
JAMES              30                SALES              CHICAGO
FORD               20                RESEARCH           DALLAS
MILLER             10                ACCOUNTING         NEW YORK
                                     OPERATIONS         BOSTON

15 개의 행이 선택됐습니다.
```

INNER JOIN이라면 사원 정보와 함께 사원이 배정된 3개의 부서 정보와 14명의 사원 정보만 출력됐을 것이다. 하지만 OUTER JOIN을 사용했으므로 사원이 배정되지 않은 부서번호 40의 OPERATIONS 부서의 LOC 정보까지 출력됐다.

지금까지 조인에 대한 기본적인 사용법을 확인해 보았다. 조인이 필요한 기본적인 이유는 과목1에서 배운 정규화에서부터 출발한다. 정규화란 불필요한 데이터의 정합성을 확보하고 이상현상(Anomaly) 발생을 피하기 위해 테이블을 분할해 생성한다.

사실 데이터 조회의 편리성만 생각한다면, 데이터 웨어하우스 모델처럼 하나의 테이블에 모든 데이터를 집중시켜 놓고 그 테이블로부터 필요한 데이터를 조회할 수도 있다. 그러나 이렇게 됐을 경우 가장 중요한 데이터의 정합성에 더 큰 비용을 지불해야 하며, 데이터를 추가·삭제·수정하는 작업 역시 상당한 노력이 요구될 것이다.

성능 측면에서도 간단한 데이터를 조회하는 경우에도 규모가 큰 테이블에서 필요한 데이터를 찾아야 하므로 오히려 검색 속도가 떨어질 수도 있다.

테이블을 정규화해 데이터를 분할하면 위와 같은 문제는 자연스럽게 해결된다. 그렇지만 특정 요구 사항을 만족하는 데이터들을 분할된 테이블로부터 조회하기 위해서는 테이블 간의 논리적인 연관관계가 필요하고 그런 관계성을 통해 다양한 데이터들을 출력할 수 있다. 그리고 이런 논리적인 관계를 구체적으로 표현하는 것이 바로 SQL 문장의 조인 조건이다.

관계형 데이터베이스의 큰 장점이면서 SQL 튜닝의 중요 대상이 되는 조인을 잘못 기술하면, 시스템 자원 부족이나 과다한 응답시간 지연을 발생시키는 중요 원인이 되므로 조인 조건은 신중하게 작성해야 한다.

제8절 표준 조인

1. FROM 절 조인 형태

ANSI/ISO SQL에서 표시하는 FROM 절의 조인 형태는 다음과 같다.

- INNER JOIN
- NATURAL JOIN
- USING 조건절
- ON 조건절
- CROSS JOIN
- OUTER JOIN

ANSI/ISO SQL에서 규정한 조인 문법은 WHERE 절에 조인 조건을 기술하는 전통적인 방식의 조인 문법과 차이가 있다. 사용자는 기존 WHERE 절의 검색 조건과 테이블 간의 조인 조건을 구분 없이 사용하던 방식을 그대로 사용할 수 있으면서, 추가된 선택 기능으로 테이블 간의 조인 조건을 FROM 절에서 명시적으로 정의할 수 있게 됐다.

INNER JOIN은 조인의 DEFAULT 옵션으로 조인 조건을 만족하는 행들만 반환한다. DEFAULT 옵션이므로 생략이 가능하지만, CROSS JOIN, OUTER JOIN과는 같이 사용할 수 없다.

NATURAL JOIN은 INNER JOIN의 하위 개념으로 볼 수 있으며, 두 테이블 간에 동일한 이름을 갖는 모든 칼럼들에 대해 EQUI(=) JOIN을 수행한다. NATURAL INNER JOIN이라고도 표시할 수 있으며, 결과는 NATURAL JOIN과 같다.

ANSI/ISO SQL 표준 방식의 JOIN 문법에서 가장 두드러진 특징은 ON 조건절을 통해 JOIN 조건과 데이터 제한 조건을 분리해 기술하는 것이다. 전통적인 방식의 JOIN 문법에서는 WHERE 절에 JOIN 조건과 데이터 제한 조건이 같이 사용돼 용도가 불분명한 경우가 발생할 수 있었는데, WHERE 절의 JOIN 조건을 FROM 절의 ON 조건절로 분리해 표시함으로써 사용자가 이해하기 쉽도록 한다.

ON 조건절의 경우 NATURAL JOIN처럼 JOIN 조건이 숨어 있지 않고, 명시적으로 JOIN 조건을 구분할 수 있다. 또한 NATURAL JOIN이나 USING 조건절처럼 칼럼명이 똑같아야 된다는 제약 없이 칼럼명이 상호 다르더라도 JOIN 조건으로 사용할 수 있으므로 다양한 요구 사항에 대해 유연하게 사용할 수 있다. 다만 FROM 절에 테이블이 많이 사용될 경우 다소 복잡하게 보여 가독성이 떨어지는 단점이 있다.

그런 측면에서 SQL Server의 경우 ON 조건절만 지원하고 NATURAL JOIN과 USING 조건절을 지원하지 않고 있는 것으로 보인다. 본 가이드는 ANSI/ISO SQL 기준에 NATURAL JOIN과 USING 조건절이 표시돼 있으므로 이 부분도 설명한다.

2. INNER JOIN

INNER JOIN은 OUTER(외부) 조인과 대비해 내부 조인이라고 하며 조인 조건을 만족하는 행들만 반환한다. INNER JOIN 표시는 전통적인 방식의 조인 문법에서는 WHERE 절에 기술하던 조인 조건을 FROM 절에서 정의하겠다는 표시이므로 USING 조건절이나 ON 조건절을 필수적으로 사용해야 한다.

[예제] 사원 번호와 사원 이름, 소속부서 번호와 소속부서 이름을 찾아본다.

[예제]

WHERE 절 조인 조건

```
SELECT A.EMPNO, A.ENAME, B.DEPTNO, B.DNAME
  FROM EMP A, DEPT B
 WHERE B.DEPTNO = A.DEPTNO;
```

위 SQL과 아래 SQL은 같은 결과를 얻을 수 있다.

[예제]

FROM 절 조인 조건

```
SELECT A.EMPNO, A.ENAME, B.DEPTNO, B.DNAME
  FROM EMP A INNER JOIN DEPT B
    ON B.DEPTNO = A.DEPTNO;
```

INNER는 JOIN의 디폴트 옵션으로 아래 SQL 문과 같이 생략할 수 있다.

[예제]

```
SELECT A.EMPNO, A.ENAME, B.DEPTNO, B.DNAME
  FROM EMP A JOIN DEPT B
    ON B.DEPTNO = A.DEPTNO;
```

[실행 결과]

```
EMPNO        ENAME        DEPTNO       DNAME
------       ------       ------       ----------
7369         SMITH            20       RESEARCH
```

7499	ALLEN	30	SALES
7521	WARD	30	SALES
7566	JONES	20	RESEARCH
7654	MARTIN	30	SALES
7698	BLAKE	30	SALES
7782	CLARK	10	ACCOUNTING
7788	SCOTT	20	RESEARCH
7839	KING	10	ACCOUNTING
7844	TURNER	30	SALES
7876	ADAMS	20	RESEARCH
7900	JAMES	30	SALES
7902	FORD	20	RESEARCH
7934	MILLER	10	ACCOUNTING

14 개의 행이 선택됐습니다.

위에서 사용한 ON 조건절에 대해서는 뒤에서 추가 설명하도록 한다.

3. NATURAL JOIN

NATURAL JOIN은 두 테이블 간에 동일한 이름을 갖는 모든 칼럼들에 대해 EQUI(=) JOIN을 수행한다. NATURAL JOIN이 명시되면 추가로 USING 조건절, ON 조건절, WHERE 절에서 조인 조건을 정의할 수 없다. 그리고 SQL Server에서는 지원하지 않는 기능이다.

[예제] 사원 번호와 사원 이름, 소속부서 번호와 소속부서 이름을 찾아본다.

[예제]
```
SELECT A.EMPNO, A.ENAME, DEPTNO, B.DNAME
  FROM EMP A NATURAL JOIN DEPT B;
```

[실행 결과]

EMPNO	ENAME	DEPTNO	DNAME
7369	SMITH	20	RESEARCH
7499	ALLEN	30	SALES
7521	WARD	30	SALES
7566	JONES	20	RESEARCH

```
7654        MARTIN          30        SALES
7698        BLAKE           30        SALES
7782        CLARK           10        ACCOUNTING
7788        SCOTT           20        RESEARCH
7839        KING            10        ACCOUNTING
7844        TURNER          30        SALES
7876        ADAMS           20        RESEARCH
7900        JAMES           30        SALES
7902        FORD            20        RESEARCH
7934        MILLER          10        ACCOUNTING
```

14 개의 행이 선택됐습니다.

위 SQL은 별도의 조인 칼럼을 지정하지 않았지만, 두 개의 테이블에서 DEPTNO라는 공통된 칼럼을 자동으로 인식해 조인을 처리한 것이다. 조인에 사용된 칼럼들은 같은 데이터 유형이어야 하며, ALIAS나 테이블 명과 같은 접두사를 붙일 수 없다.

[예제]
```
SELECT A.EMPNO, A.ENAME, B.DEPTNO, B.DNAME
  FROM EMP A NATURAL JOIN DEPT B;
```

[실행 결과]
```
1행에 오류:
ORA-25155: NATURAL 조인에 사용된 열은 식별자를 가질 수 없음
```

NATURAL JOIN은 조인이 되는 테이블의 데이터 성격(도메인)과 칼럼명 등이 동일해야 하는 제약조건이 있다. 간혹 모델링 상의 부주의로 인해 동일한 칼럼명이더라도 다른 용도의 데이터를 저장하는 경우도 있으므로 주의해서 사용해야 한다.

[예제] 아래 '*' 애스터리스크처럼 별도의 칼럼 순서를 지정하지 않으면 NATURAL JOIN의 기준이 되는 칼럼 들이 다른 칼럼보다 먼저 출력된다(예, DEPTNO가 첫 번째 칼럼이 된다). 이때 NATURAL JOIN은 조인에 사용된 같은 이름의 칼럼을 하나로 처리한다.

[예제]
```
SELECT *
  FROM EMP A NATURAL JOIN DEPT B;
```

[실행 결과]

DEPTNO	EMPNO	ENAME	JOB	MGR	HIREDATE	SAL	COMM	DNAME	LOC
20	7369	SMITH	CLERK	7902	1980-12-17	800		RESEARCH	DALLAS
30	7499	ALLEN	SALESMAN	7698	1981-02-20	1600	300	SALES	CHICAGO
30	7521	WARD	SALESMAN	7698	1981-02-22	1250	500	SALES	CHICAGO
20	7566	JONES	MANAGER	7839	1981-04-02	2975		RESEARCH	DALLAS
30	7654	MARTIN	SALESMAN	7698	1981-09-28	1250	1400	SALES	CHICAGO
30	7698	BLAKE	MANAGER	7839	1981-05-01	2850		SALES	CHICAGO
10	7782	CLARK	MANAGER	7839	1981-06-09	2450		ACCOUNTING	NEW YORK
20	7788	SCOTT	ANALYST	7566	1987-04-19	3000		RESEARCH	DALLAS
10	7839	KING	PRESIDENT		1981-11-17	5000		ACCOUNTING	NEW YORK
30	7844	TURNER	SALESMAN	7698	1981-09-08	1500	0	SALES	CHICAGO
20	7876	ADAMS	CLERK	7788	1987-05-23	1100		RESEARCH	DALLAS
30	7900	JAMES	CLERK	7698	1981-12-03	950		SALES	CHICAGO
20	7902	FORD	ANALYST	7566	1981-12-03	3000		RESEARCH	DALLAS
10	7934	MILLER	CLERK	7782	1982-01-23	1300		ACCOUNTING	NEW YORK

14 개의 행이 선택됐습니다.

[예제] 반면 INNER JOIN의 경우 첫 번째 테이블, 두 번째 테이블의 칼럼 순서대로 데이터가 출력된다. 이때 NATURAL JOIN은 조인에 사용된 같은 이름의 칼럼을 하나로 처리하지만, INNER JOIN은 별개의 칼럼으로 표시한다.

[예제]
```
SELECT *
  FROM EMP A INNER JOIN DEPT B
    ON B.DEPTNO = A.DEPTNO;
```

[실행 결과]

EMPNO	ENAME	JOB	MGR	HIREDATE	SAL	COMM	DEPTNO	DEPTNO	DNAME	LOC
7369	SMITH	CLERK	7902	1980-12-17	800		20	20	RESEARCH	DALLAS
7499	ALLEN	SALESMAN	7698	1981-02-20	1600	300	30	30	SALES	CHICAGO
7521	WARD	SALESMAN	7698	1981-02-22	1250	500	30	30	SALES	CHICAGO
7566	JONES	MANAGER	7839	1981-04-02	2975		20	20	RESEARCH	DALLAS
7654	MARTIN	SALESMAN	7698	1981-09-28	1250	1400	30	30	SALES	CHICAGO
7698	BLAKE	MANAGER	7839	1981-05-01	2850		30	30	SALES	CHICAGO
7782	CLARK	MANAGER	7839	1981-06-09	2450		10	10	ACCOUNTING	NEW YORK
7788	SCOTT	ANALYST	7566	1987-04-19	3000		20	20	RESEARCH	DALLAS

7839	KING	PRESIDENT		1981-11-17	5000		**10**	**10**	ACCOUNTING	NEW YORK
7844	TURNER	SALESMAN	7698	1981-09-08	1500	0	**30**	**30**	SALES	CHICAGO
7876	ADAMS	CLERK	7788	1987-05-23	1100		**20**	**20**	RESEARCH	DALLAS
7900	JAMES	CLERK	7698	1981-12-03	950		**30**	**30**	SALES	CHICAGO
7902	FORD	ANALYST	7566	1981-12-03	3000		**20**	**20**	RESEARCH	DALLAS
7934	MILLER	CLERK	7782	1982-01-23	1300		**10**	**10**	ACCOUNTING	NEW YORK

14 개의 행이 선택됐습니다.

[예제] NATURAL JOIN과 INNER JOIN의 차이를 자세히 설명하기 위하여 DEPT_TEMP 테이블을 임시로 만든다.

[예제] Oracle

```
CREATE TABLE DEPT_TEMP AS SELECT * FROM DEPT;
```

테이블이 생성됐습니다.

[예제] SQL Server

```
SELECT * INTO DEPT_TEMP FROM DEPT;
```

(4개 행이 영향을 받음)

[예제]

```
UPDATE DEPT_TEMP
   SET DNAME = 'CONSULTING'
 WHERE DNAME = 'RESEARCH';
```

[예제]

```
UPDATE DEPT_TEMP
   SET DNAME = 'MARKETING'
 WHERE DNAME = 'SALES';
```

[예제]

```
SELECT *
  FROM DEPT_TEMP;
```

```
[실행 결과]

DEPTNO          DNAME               LOC
-------         ----------          ---------
    10          ACCOUNTING          NEW YORK
    20          CONSULTING          DALLAS
    30          MARKETING           CHICAGO
    40          OPERATIONS          BOSTON

4 개의 행이 선택됐습니다.
```

부서번호 20과 30의 DNAME이 'CONSULTING'과 'MARKETING'으로 변경된 것을 확인할 수 있다.

[예제] 세 개의 칼럼명이 모두 같은 DEPT와 DEPT_TEMP 테이블을 NATURAL [INNER] JOIN으로 수행한다.

```
[예제]

SELECT *
  FROM DEPT A NATURAL INNER JOIN DEPT_TEMP B;
```

INNER는 DEFAULT 옵션으로 아래와 같이 생략 가능하므로 위 SQL과 아래 SQL은 같은 결과를 얻을 수 있다.

```
[예제]

SELECT *
  FROM DEPT A NATURAL JOIN DEPT_TEMP B;
```

```
[실행 결과]

DEPTNO          DNAME               LOC
-------         ----------          ---------
    10          ACCOUNTING          NEW YORK
    40          OPERATIONS          BOSTON

2 개의 행이 선택됐습니다.
```

위 SQL의 경우 DNAME의 내용이 바뀐 부서번호 20, 30의 데이터는 실행 결과에서 제외된 것을 알 수 있다.

[예제] 다음에는 같은 조건이지만 출력 칼럼에서 차이가 나는 일반적인 INNER JOIN을 수행한다.

```
[예제]
SELECT *
  FROM DEPT A JOIN DEPT_TEMP B
    ON B.DEPTNO = A.DEPTNO
   AND B.DNAME = A.DNAME
   AND B.LOC = A.LOC;
```

```
[실행 결과]
DEPTNO     DNAME        LOC         DEPTNO     DNAME        LOC
------     ----------   --------    ------     ----------   --------
    10     ACCOUNTING   NEW YORK        10     ACCOUNTING   NEW YORK
    40     OPERATIONS   BOSTON          40     OPERATIONS   BOSTON

2 개의 행이 선택됐습니다.
```

위 SQL의 경우 DNAME의 내용이 바뀐 부서번호 20, 30의 경우는 결과에서 제외된 것을 알 수 있다. 차이가 나는 부분은 NATURAL JOIN은 조인에 사용된 같은 이름의 칼럼을 하나로 처리하지만, INNER JOIN의 경우는 2개의 칼럼으로 표시된다.

4. USING 조건절

NATURAL JOIN에서는 같은 이름을 가진 모든 칼럼들에 대해 조인이 이루어지지만, FROM 절의 USING 조건절을 이용하면 같은 이름을 가진 칼럼들 중에서 원하는 칼럼에 대해서만 선택적으로 EQUI JOIN을 할 수가 있다. 다만 이 기능은 SQL Server에서는 지원하지 않는다.

[예제] 세 개의 칼럼명이 모두 같은 DEPT와 DEPT_TEMP 테이블을 DEPTNO 칼럼을 이용한 [INNER] JOIN의 USING 조건절로 수행한다.

```
[예제]
SELECT *
  FROM DEPT A JOIN DEPT_TEMP B
 USING (DEPTNO);
```

[실행 결과]

DEPTNO	DNAME	LOC	DNAME	LOC
10	ACCOUNTING	NEW YORK	ACCOUNTING	NEW YORK
20	RESEARCH	DALLAS	CONSULTING	DALLAS
30	SALES	CHICAGO	MARKETING	CHICAGO
40	OPERATIONS	BOSTON	OPERATIONS	BOSTON

4 개의 행이 선택됐습니다.

위 SQL의 '*' 애스터리스크처럼 별도의 칼럼 순서를 지정하지 않으면 USING 조건절의 기준이 되는 칼럼이 다른 칼럼보다 먼저 출력된다(예, DEPTNO가 첫 번째 칼럼이 된다). 이때 USING JOIN은 조인에 사용된 같은 이름의 칼럼을 하나로 처리한다.

[예제] USING 조건절을 이용한 EQUI JOIN에서도 NATURAL JOIN과 마찬가지로 조인 칼럼에 대해서는 ALIAS나 테이블 이름과 같은 접두사를 붙일 수 없다(A.DEPTNO → DEPTNO).

[예제]

```
SELECT A.DEPTNO, A.DNAME, A.LOC, B.DNAME, B.LOC
  FROM DEPT A JOIN DEPT_TEMP B
 USING (DEPTNO);
```

[실행 결과]

```
1행에 오류:
ORA-25154: USING 절의 열 부분은 식별자를 가질 수 없음
```

[예제]

```
SELECT DEPTNO, A.DNAME, A.LOC, B.DNAME, B.LOC
  FROM DEPT A JOIN DEPT_TEMP B
 USING (DEPTNO);
```

[실행 결과]

DEPTNO	DNAME	LOC	DNAME	LOC
10	ACCOUNTING	NEW YORK	ACCOUNTING	NEW YORK

```
   20      RESEARCH      DALLAS      CONSULTING   DALLAS
   30      SALES         CHICAGO     MARKETING    CHICAGO
   40      OPERATIONS    BOSTON      OPERATIONS   BOSTON
```

4 개의 행이 선택됐습니다.

[예제] 이번에는 DEPT와 DEPT_TEMP 테이블의 일부 데이터 내용이 변경됐던 DNAME 칼럼을 조인 조건으로 [INNER] JOIN의 USING 조건절을 수행한다.

[예제]
```
SELECT *
  FROM DEPT A JOIN DEPT_TEMP B
 USING (DNAME);
```

[실행 결과]
```
DNAME          DEPTNO    LOC         DEPTNO    LOC
----------     ------    --------    ------    --------
ACCOUNTING         10    NEW YORK        10    NEW YORK
OPERATIONS         40    BOSTON          40    BOSTON
```

2 개의 행이 선택됐습니다.

위 SQL의 경우 DNAME의 내용이 바뀐 부서번호 20, 30의 경우는 결과에서 제외된 것을 알 수 있다. 그리고 USING 조건절에 사용된 DNAME이 첫 번째 칼럼으로 출력된 것과 함께, 조인 조건에 참여하지 않은 DEPTNO와 LOC가 2개의 칼럼으로 표시된 것을 알 수 있다.

[예제] 이번에는 세 개의 칼럼명이 모두 같은 DEPT와 DEPT_TEMP 테이블을 LOC와 DEPTNO 2개 칼럼을 이용한 [INNER] JOIN의 USING 조건절로 수행한다.

[예제]
```
SELECT *
  FROM DEPT A JOIN DEPT_TEMP B
 USING (LOC, DEPTNO);
```

[실행 결과]

LOC	DEPTNO	DNAME	DNAME
NEW YORK	10	ACCOUNTING	ACCOUNTING
DALLAS	20	RESEARCH	CONSULTING
CHICAGO	30	SALES	MARKETING
BOSTON	40	OPERATIONS	OPERATIONS

4 개의 행이 선택됐습니다.

USING에 사용된 LOC와 DEPTNO가 첫 번째, 두 번째 칼럼으로 출력, 조인 조건에 참여하지 않은 DNAME 칼럼은 2개의 칼럼으로 표시된 것을 알 수 있다.

[예제] 이번에는 DEPTNO, DNAME 2개의 칼럼을 이용한 [INNER] JOIN의 USING 조건절로 수행한다.

[예제]
```
SELECT *
  FROM DEPT A JOIN DEPT_TEMP B
 USING (DEPTNO, DNAME);
```

[실행 결과]

DEPTNO	DNAME	LOC	LOC
10	ACCOUNTING	NEW YORK	NEW YORK
40	OPERATIONS	BOSTON	BOSTON

2 개의 행이 선택됐습니다.

위 SQL의 경우 DNAME의 내용이 바뀐 부서번호 20, 30의 경우는 결과에서 제외된 것을 알 수 있다. 그리고 USING에 사용된 DEPTNO, DNAME이 첫 번째와 두 번째 칼럼으로 출력된 것과 함께, 조인 조건에 참여하지 않은 LOC가 2개의 칼럼으로 표시된 것을 알 수 있다

5. ON 조건절

조인 서술부(ON 조건절)와 비 조인 서술부(WHERE 조건절)를 분리해 이해가 쉬우며, 칼럼명이 다르더라도 조인 조건을 사용할 수 있는 장점이 있다.

[예제] 사원 테이블과 부서 테이블에서 사원 번호와 사원 이름, 소속부서 코드, 소속부서 이름을 출력한다.

```
[예제]
SELECT A.EMPNO, A.ENAME, B.DEPTNO, B.DNAME
  FROM EMP A JOIN DEPT B
    ON (B.DEPTNO = A.DEPTNO);
```

[실행 결과]

EMPNO	ENAME	DEPTNO	DNAME
7369	SMITH	20	RESEARCH
7499	ALLEN	30	SALES
7521	WARD	30	SALES
7566	JONES	20	RESEARCH
7654	MARTIN	30	SALES
7698	BLAKE	30	SALES
7782	CLARK	10	ACCOUNTING
7788	SCOTT	20	RESEARCH
7839	KING	10	ACCOUNTING
7844	TURNER	30	SALES
7876	ADAMS	20	RESEARCH
7900	JAMES	30	SALES
7902	FORD	20	RESEARCH
7934	MILLER	10	ACCOUNTING

14 개의 행이 선택됐습니다.

NATURAL JOIN의 조인 조건은 기본적으로 같은 이름을 가진 모든 칼럼들에 대한 동등 조건이다. 하지만 임의의 조인 조건을 지정하고, 이름이 다른 칼럼명을 조인 조건으로 사용하고, 조인 칼럼을 명시하기 위해서는 ON 조건절을 사용한다. ON 조건절에 사용된 괄호는 옵션 사항이다.

USING 조건절을 이용한 조인에서는 조인 칼럼에 대해서 ALIAS나 테이블 명과 같은 접두사를 사용하면 SYNTAX 에러가 발생하지만, 반대로 ON 조건절을 사용한 조인의 경우는 이름이 같은 칼럼들에 대해 ALIAS나 테이블 명과 같은 접두사를 명확하게 지정해주어야 한다(DEPTNO → E.DEPTNO).

ON 조건절은 WHERE 절의 조인 조건과 같은 기능을 하면서도, 명시적으로 조인의 조건을 구분할 수 있다. 다만 FROM 절에 테이블이 많이 사용될 경우 다소 복잡하게 보여 가독성이 떨어지는 단점이 있다.

가. WHERE 절과의 혼용

[예제] ON 조건절과 WHERE 검색 조건은 충돌 없이 사용할 수 있다. 부서번호 30인 부서의 소속 사원 이름 및 소속 부서번호, 부서번호, 부서 이름을 찾아본다.

```
[예제]
SELECT A.ENAME, A.DEPTNO, B.DEPTNO, B.DNAME
  FROM EMP A JOIN DEPT B
    ON B.DEPTNO = A.DEPTNO
 WHERE B.DEPTNO = 30;
```

```
[실행 결과]
ENAME          DEPTNO          DEPTNO          DNAME
------         ------          ------          ------
ALLEN          30              30              SALES
WARD           30              30              SALES
MARTIN         30              30              SALES
BLAKE          30              30              SALES
TURNER         30              30              SALES
JAMES          30              30              SALES

6 개의 행이 선택됐습니다.
```

나. ON 조건절 + 데이터 검증 조건 추가

ON 조건절에 JOIN 조건 외에도 데이터 검색 조건을 추가할 수는 있으나, 검색 조건 목적인 경우는 WHERE 절을 사용할 것을 권고한다(다만, 아우터 조인에서 조인의 대상을 제한하기 위한 목적으로 사용되는 추가 조건의 경우는 ON 절에 표기돼야 한다).

[예제] 매니저 사원번호가 7698번인 사원들의 이름, 매니저 사원번호, 소속 부서번호, 부서 이름을 찾아본다.

```
[예제]
SELECT A.ENAME, A.MGR, A.DEPTNO, B.DNAME
  FROM EMP A JOIN DEPT B
    ON B.DEPTNO = A.DEPTNO
   AND A.MGR = 7698;
```

[예제]
```
SELECT A.ENAME, A.MGR, A.DEPTNO, B.DNAME
  FROM EMP A JOIN DEPT B
    ON B.DEPTNO = A.DEPTNO
 WHERE A.MGR = 7698;
```

앞의 SQL과 아래 SQL은 같은 결과를 얻을 수 있다.

[실행 결과]

ENAME	MGR	DEPTNO	DNAME
ALLEN	7698	30	SALES
WARD	7698	30	SALES
MARTIN	7698	30	SALES
TURNER	7698	30	SALES
JAMES	7698	30	SALES

5 개의 행이 선택됐습니다.

다. ON 조건절 예제

[예제] 팀과 경기장 테이블을 경기장ID로 조인해 팀이름, 경기장ID, 경기장명을 찾아본다.

[예제]
```
SELECT   A.TEAM_NAME, A.STADIUM_ID, B.STADIUM_NAME
    FROM TEAM A JOIN STADIUM B
      ON B.STADIUM_ID = A.STADIUM_ID
ORDER BY A.STADIUM_ID;
```

위 SQL은 STADIUM_ID라는 공통된 칼럼이 있기 때문에 아래처럼 USING 조건절로 구현할 수도 있다.

[예제]
```
SELECT   A.TEAM_NAME, STADIUM_ID, B.STADIUM_NAME
    FROM TEAM A JOIN STADIUM B
   USING (STADIUM_ID)
ORDER BY STADIUM_ID;
```

[실행 결과]

TEAM_NAME	STADIUM_ID	STADIUM_NAME
광주상무	A02	광주월드컵경기장
강원FC	A03	강릉종합경기장
제주유나이티드FC	A04	제주월드컵경기장
대구FC	A05	대구월드컵경기장
유나이티드	B01	인천월드컵경기장
일화천마	B02	성남종합운동장
삼성블루윙즈	B04	수원월드컵경기장
FC서울	B05	서울월드컵경기장
아이파크	C02	부산아시아드경기장
울산현대	C04	울산문수경기장
경남FC	C05	창원종합운동장
스틸러스	C06	포항스틸야드
드래곤즈	D01	광양전용경기장
시티즌	D02	대전월드컵경기장
현대모터스	D03	전주월드컵경기장

15 개의 행이 선택됐습니다.

[예제] 팀과 경기장 테이블을 팀ID로 조인해 팀이름, 팀ID, 경기장명을 찾아본다. 경기장(STADIUM)에는 팀ID가 HOMETEAM_ID 라는 칼럼으로 표시돼 있다.

[예제]

```
SELECT   A.TEAM_NAME, A.TEAM_ID, B.STADIUM_NAME
    FROM TEAM A JOIN STADIUM B
       ON B.HOMETEAM_ID = A.TEAM_ID
ORDER BY A.TEAM_ID;
```

위 SQL은 TEAM_ID와 HOMETEAM_ID라는 다른 이름의 칼럼을 사용하기 때문에 USING 조건절을 사용할 수는 없다.

[실행 결과]

TEAM_NAME	TEAM_ID	STADIUM_NAME
울산현대	K01	울산문수경기장

삼성블루윙즈	K02	수원월드컵경기장
스틸러스	K03	포항스틸야드
유나이티드	K04	인천월드컵경기장
현대모터스	K05	전주월드컵경기장
아이파크	K06	부산아시아드경기장
드래곤즈	K07	광양전용경기장
일화천마	K08	성남종합운동장
FC서울	K09	서울월드컵경기장
시티즌	K10	대전월드컵경기장
경남FC	K11	창원종합운동장
광주상무	K12	광주월드컵경기장
강원FC	K13	강릉종합경기장
제주유나이티드FC	K14	제주월드컵경기장
대구FC	K15	대구월드컵경기장

15 개의 행이 선택됐습니다.

라. 다중 테이블 조인

[예제] 사원과 DEPT 테이블의 소속 부서명, DEPT_TEMP 테이블의 바뀐 부서명 정보를 출력한다.

[예제]

```
SELECT A.EMPNO, A.DEPTNO, B.DNAME, C.DNAME AS NEW_DNAME
  FROM EMP A JOIN DEPT B
    ON B.DEPTNO = A.DEPTNO
       JOIN DEPT_TEMP C
  ON C.DEPTNO = B.DEPTNO;
```

위 SQL은 전통적인 방식인 WHERE 절의 INNER JOIN으로 구현할 수도 있다.

[예제]

```
SELECT A.EMPNO, A.DEPTNO, B.DNAME, C.DNAME AS NEW_DNAME
  FROM EMP A, DEPT B, DEPT_TEMP C
 WHERE B.DEPTNO = A.DEPTNO
   AND C.DEPTNO = B.DEPTNO;
```

[실행 결과]

EMPNO	DEPTNO	DNAME	NEW_DNAME
7369	20	RESEARCH	CONSULTING
7499	30	SALES	MARKETING
7521	30	SALES	MARKETING
7566	20	RESEARCH	CONSULTING
7654	30	SALES	MARKETING
7698	30	SALES	MARKETING
7782	10	ACCOUNTING	ACCOUNTING
7788	20	RESEARCH	CONSULTING
7839	10	ACCOUNTING	ACCOUNTING
7844	30	SALES	MARKETING
7876	20	RESEARCH	CONSULTING
7900	30	SALES	MARKETING
7902	20	RESEARCH	CONSULTING
7934	10	ACCOUNTING	ACCOUNTING

14 개의 행이 선택됐습니다.

[예제] GK 포지션의 선수별 연고지명, 팀명, 구장명을 출력한다.

[예제]

```
SELECT   A.PLAYER_NAME AS 선수명, A.POSITION AS 포지션
       , B.REGION_NAME AS 연고지명, B.TEAM_NAME AS 팀명
       , C.STADIUM_NAME AS 구장명
    FROM PLAYER A JOIN TEAM B
      ON B.TEAM_ID = A.TEAM_ID
         JOIN STADIUM C
      ON C.STADIUM_ID = B.STADIUM_ID
   WHERE A.POSITION = 'GK'
ORDER BY 선수명;
```

위 SQL은 전통적인 방식인 WHERE 절의 INNER JOIN으로 구현할 수도 있다.

[예제]

```
SELECT   A.PLAYER_NAME AS 선수명, A.POSITION AS 포지션
       , B.REGION_NAME AS 연고지명, B.TEAM_NAME AS 팀명
       , C.STADIUM_NAME AS 구장명
```

```
    FROM PLAYER A, TEAM B, STADIUM C
   WHERE A.POSITION = 'GK'
     AND B.TEAM_ID = A.TEAM_ID
     AND C.STADIUM_ID = B.STADIUM_ID
ORDER BY 선수명;
```

[실행 결과]

선수명	포지션	연고지명	팀명	구장명
강성일	GK	대전	시티즌	대전월드컵경기장
권정혁	GK	울산	울산현대	울산문수경기장
권찬수	GK	성남	일화천마	성남종합운동장
김대희	GK	포항	스틸러스	포항스틸야드
김승준	GK	대전	시티즌	대전월드컵경기장
김용발	GK	전북	현대모터스	전주월드컵경기장
김운재	GK	수원	삼성블루윙즈	수원월드컵경기장
김정래	GK	전남	드래곤즈	광양전용경기장
김준호	GK	포항	스틸러스	포항스틸야드
김창민	GK	전북	현대모터스	전주월드컵경기장

...
43 개의 행이 선택됐습니다.

[예제] 홈팀이 3점 이상 차이로 승리한 경기의 경기장 이름, 경기 일정, 홈 팀 이름과 원정팀 이름 정보를 출력한다.

[예제]
```
SELECT B.STADIUM_NAME, B.STADIUM_ID, A.SCHE_DATE
    , C.TEAM_NAME, D.TEAM_NAME
    , A.HOME_SCORE, A.AWAY_SCORE
  FROM SCHEDULE A JOIN STADIUM B
   ON B.STADIUM_ID = A.STADIUM_ID
       JOIN TEAM C
   ON C.TEAM_ID = A.HOMETEAM_ID
       JOIN TEAM D
   ON D.TEAM_ID = A.AWAYTEAM_ID
 WHERE A.HOME_SCORE >= A.AWAY_SCORE + 3;
```

위 SQL은 전통적인 방식인 WHERE 절의 INNER JOIN으로 구현할 수도 있다.

[예제]
```
SELECT B.STADIUM_NAME, B.STADIUM_ID, A.SCHE_DATE
     , C.TEAM_NAME, D.TEAM_NAME
     , A.HOME_SCORE, A.AWAY_SCORE
  FROM SCHEDULE A, STADIUM B, TEAM C, TEAM D
 WHERE A.HOME_SCORE >= A.AWAY_SCORE + 3
   AND B.STADIUM_ID = A.STADIUM_ID
   AND C.TEAM_ID = A.HOMETEAM_ID
   AND D.TEAM_ID = A.AWAYTEAM_ID;
```

[실행 결과]

STADIUM_NAME	STADIUM_ID	SCHE_DATE	TEAM_NAME	TEAM_NAME	HOME_SCORE	AWAY_SCORE
성남종합운동장	B02	20120317	일화천마	유나이티드	6	0
서울월드컵경기장	B05	20120714	FC서울	삼성블루윙즈	3	0
창원종합운동장	C05	20120427	경남FC	아이파크	5	2
울산문수경기장	C04	20120803	울산현대	스틸러스	3	0
부산아시아드경기장	C02	20120727	아이파크	시티즌	3	0

5 개의 행이 선택됐습니다.

6. CROSS JOIN

CROSS JOIN은 E.F.CODD 박사가 언급한 일반 집합 연산자의 PRODUCT의 개념으로 테이블 간 조인 조건이 없는 경우 생길 수 있는 모든 데이터의 조합을 말한다.

두 개의 테이블에 대한 CARTESIAN PRODUCT 또는 CROSS PRODUCT와 같은 표현으로, 결과는 양쪽 집합의 M*N 건의 데이터 조합이 발생한다(아래 56건의 데이터는 EMP 14건 * DEPT 4건의 데이터 조합 건수이다).

[예제] 사원, 부서 테이블을 CROSS JOIN 해 사원 이름 및 소속 부서 이름을 조회해본다.

[예제]
```
SELECT   A.ENAME, B.DNAME
    FROM EMP A CROSS JOIN DEPT B
ORDER BY A.ENAME;
```

[실행 결과]

```
ENAME           DNAME
------          ----------
ADAMS           ACCOUNTING
ADAMS           RESEARCH
ADAMS           SALES
ADAMS           OPERATIONS
ALLEN           ACCOUNTING
ALLEN           RESEARCH
ALLEN           SALES
ALLEN           OPERATIONS
BLAKE           ACCOUNTING
BLAKE           RESEARCH
...
56 개의 행이 선택됐습니다.
```

실행 결과에서 모든 사원 각각은 DEPT의 모든 부서명과 연결이 돼서 4번의 조합이 출력됐음을 알 수 있다.

[예제] NATURAL JOIN의 경우 WHERE 절에서 조인 조건을 추가할 수 없지만, CROSS JOIN의 경우 WHERE 절에 조인 조건을 추가할 수 있다. 그러나, 이 경우는 CROSS JOIN이 아니라 INNER JOIN과 같은 결과를 얻기 때문에 CROSS JOIN을 사용하는 의미가 없어지므로 권고하지 않는다.

[예제]

```
SELECT A.ENAME, B.DNAME
  FROM EMP A CROSS JOIN DEPT B
 WHERE B.DEPTNO = A.DEPTNO;
```

위 SQL과 아래 SQL은 같은 결과를 얻을 수 있다.

[예제]

```
SELECT A.ENAME, B.DNAME
  FROM EMP A INNER JOIN DEPT B
    ON B.DEPTNO = A.DEPTNO;
```

```
[실행 결과]

ENAME        DNAME
------       ----------
SMITH        RESEARCH
ALLEN        SALES
WARD         SALES
JONES        RESEARCH
MARTIN       SALES
BLAKE        SALES
CLARK        ACCOUNTING
SCOTT        RESEARCH
KING         ACCOUNTING
TURNER       SALES
ADAMS        RESEARCH
JAMES        SALES
FORD         RESEARCH
MILLER       ACCOUNTING

14 개의 행이 선택됐습니다.
```

정상적인 데이터 모델이라면 CROSS PRODUCT가 필요한 경우는 많지 않지만, 간혹 튜닝이나 리포트를 작성하기 위해 고의적으로 사용하는 경우가 있을 수 있다. 그리고 데이터 웨어하우스의 개별 DIMENSION(차원)을 FACT (사실) 칼럼과 조인하기 전에 모든 DIMENSION의 CROSS PRODUCT를 먼저 구할 때 유용하게 사용할 수 있다.

7. OUTER JOIN

전통적인 방식의 조인 문법에서 Oracle은 조인 칼럼 뒤에 '(+)'를 표시했고, Sybase는 비교 연산자의 앞이나 뒤에 '(+)'를 표시했었다. 조인 조건과 WHERE 절 검색 조건의 구분이 불명확하다는 단점, IN이나 OR 연산자 사용 시 에러 발생, '(+)' 표시가 누락된 조인 및 검색 조건 존재 시 OUTER JOIN이 아닌 INNER JOIN으로 수행, FULL OUTER JOIN 미지원 등 불편함이 많았다.

ANSI/ISO SQL 표준 방식의 OUTER JOIN 문법을 사용하면 위에서 언급한 문제점들을 해결할 수 있다. 또 대부분의 관계형 DBMS에서 지원하므로 높은 호환성을 가지는 장점이 있다.

OUTER JOIN 역시 조인 조건을 FROM 절에서 정의하겠다는 표시이므로 USING 조건절이나 ON 조건절을 필수적으로 사용해야 한다.

가. LEFT OUTER JOIN

조인 수행 시 먼저 표기된 좌측 테이블에 해당하는 데이터를 먼저 읽은 후, 나중 표기된 우측 테이블에서 조인 대상 데이터를 읽어 온다. 즉 Table A와 B가 있을 때(Table 'A'가 기준이 됨), A와 B를 비교해서 B의 조인 칼럼에 조인 조건을 만족하는 값이 있으면 해당 로우의 데이터를 가져오고, 조인 조건을 만족하는 값이 없는 경우에는 B 테이블에서 가져오는 칼럼들은 NULL 값으로 채운다. 그리고 LEFT JOIN으로 OUTER 키워드를 생략해서 사용할 수 있다.

[예제] STADIUM에 등록된 경기장 중에는 홈팀이 없는 경기장도 있다. STADIUM과 TEAM을 조인 하되 홈팀이 없는 경기장의 정보도 같이 출력하도록 한다.

```
[예제]
SELECT   A.STADIUM_NAME, A.STADIUM_ID, A.SEAT_COUNT, A.HOMETEAM_ID
     , B.TEAM_NAME
   FROM STADIUM A LEFT OUTER JOIN TEAM B
     ON B.TEAM_ID = A.HOMETEAM_ID
ORDER BY A.HOMETEAM_ID;
```

OUTER는 생략 가능한 키워드이므로 아래 SQL은 같은 결과를 얻을 수 있다.

```
[예제]
SELECT   A.STADIUM_NAME, A.STADIUM_ID, A.SEAT_COUNT, A.HOMETEAM_ID
     , B.TEAM_NAME
   FROM STADIUM A LEFT JOIN TEAM B
     ON B.TEAM_ID = A.HOMETEAM_ID
ORDER BY A.HOMETEAM_ID;
```

```
[실행 결과]

STADIUM_NAME        STADIUM_ID   SEAT_COUNT   HOMETEAM_ID   TEAM_NAME
------------        ----------   ----------   -----------   ---------
울산문수경기장        C04              46102   K01           울산현대
수원월드컵경기장      B04              50000   K02           삼성블루윙즈
포항스틸야드          C06              25000   K03           스틸러스
인천월드컵경기장      B01              35000   K04           유나이티드
전주월드컵경기장      D03              28000   K05           현대모터스
부산아시아드경기장    C02              30000   K06           아이파크
광양전용경기장        D01              20009   K07           드래곤즈
```

성남종합운동장	B02	27000	K08	일화천마
서울월드컵경기장	B05	66806	K09	FC서울
대전월드컵경기장	D02	41000	K10	시티즌
창원종합운동장	C05	27085	K11	경남FC
광주월드컵경기장	A02	40245	K12	광주상무
강릉종합경기장	A03	33000	K13	강원FC
제주월드컵경기장	A04	42256	K14	제주유나이티드FC
대구월드컵경기장	A05	66422	K15	대구FC
안양경기장	F05	20000		
마산경기장	F04	20000		
일산경기장	F03	20000		
부산시민경기장	F02	30000		
대구시민경기장	F01	30000		

20 개의 행이 선택됐습니다.

INNER JOIN이라면 홈팀이 배정된 15개의 경기장만 출력됐겠지만, LEFT OUTER JOIN을 사용했기 때문에 홈팀이 없는 안양경기장, 마산경기장, 일산경기장, 부산시민경기장, 대구시민경기장의 정보까지 추가로 출력됐다.

나. RIGHT OUTER JOIN

조인 수행 시 LEFT JOIN과 반대로 우측 테이블이 기준이 돼 결과를 생성한다. 즉 TABLE A와 B가 있을 때 (TABLE 'B'가 기준이 됨), A와 B를 비교해서 A의 조인 칼럼에 조인 조건을 만족하는 값이 있으면 해당 로우의 데이터를 가져오고, 조인 조건을 만족하는 값이 없는 경우에는 A 테이블에서 가져오는 칼럼들은 NULL 값으로 채운다. 그리고 RIGHT JOIN으로 OUTER 키워드를 생략해서 사용할 수 있다.

[예제] DEPT에 등록된 부서 중에는 사원이 없는 부서도 있다. DEPT와 EMP를 조인하되 사원이 없는 부서 정보도 같이 출력하도록 한다.

```
[예제]

SELECT A.ENAME, B.DEPTNO, B.DNAME, B.LOC
  FROM EMP A RIGHT OUTER JOIN DEPT B
    ON B.DEPTNO = A.DEPTNO;
```

OUTER는 생략 가능한 키워드이므로 다음 SQL은 같은 결과를 얻을 수 있다.

[예제]

```
SELECT A.ENAME, B.DEPTNO, B.DNAME, B.LOC
  FROM EMP A RIGHT JOIN DEPT B
    ON B.DEPTNO = A.DEPTNO;
```

[실행 결과]

ENAME	DEPTNO	DNAME	LOC
CLARK	10	ACCOUNTING	NEW YORK
KING	10	ACCOUNTING	NEW YORK
MILLER	10	ACCOUNTING	NEW YORK
JONES	20	RESEARCH	DALLAS
FORD	20	RESEARCH	DALLAS
ADAMS	20	RESEARCH	DALLAS
SMITH	20	RESEARCH	DALLAS
SCOTT	20	RESEARCH	DALLAS
WARD	30	SALES	CHICAGO
TURNER	30	SALES	CHICAGO
ALLEN	30	SALES	CHICAGO
JAMES	30	SALES	CHICAGO
BLAKE	30	SALES	CHICAGO
MARTIN	30	SALES	CHICAGO
	40	OPERATIONS	BOSTON

15 개의 행이 선택됐습니다.

INNER JOIN이라면 사원 정보와 함께 사원이 배정된 3개의 부서 정보와 14명의 사원 정보만 출력 됐겠지만, RIGHT OUTER JOIN을 사용했기 때문에 사원이 배정되지 않은 부서번호 40의 OPERATIONS 부서의 LOC 정보까지 출력됐다.

다. FULL OUTER JOIN

조인 수행 시 좌측, 우측 테이블의 모든 데이터를 읽어 조인해 결과를 생성한다. 즉 TABLE A와 B가 있을 때 (TABLE 'A', 'B' 모두 기준이 됨), RIGHT OUTER JOIN과 LEFT OUTER JOIN의 결과를 합집합으로 처리한 결과와 동일하다. 단 조인에 성공한 행들은 한번만 표시한다. 그리고 FULL JOIN으로 OUTER 키워드를 생략해서 사용할 수 있다.

[예제] DEPT 테이블과 DEPT_TEMP 테이블의 FULL OUTER JOIN 사례를 만들기 위해 DEPT_TEMP의 DEPTNO를 수정한다. 결과적으로 DEPT_TEMP 테이블의 새로운 DEPTNO 칼럼 값은 DETP 테이블의 기존 DEPTNO 칼럼 값과 서로 2건은 동일하고 2건은 다르다.

```
[예제]

UPDATE DEPT_TEMP
   SET DEPTNO = DEPTNO + 20;
```

```
[예제]

SELECT *
  FROM DEPT_TEMP;
```

```
[실행 결과]

DEPTNO          DNAME              LOC
------          ----------         --------
    30          ACCOUNTING         NEW YORK
    40          CONSULTING         DALLAS
    50          MARKETING          CHICAGO
    60          OPERATIONS         BOSTON

4 개의 행이 선택됐습니다.
```

[예제] DEPTNO 기준으로 DEPT와 DEPT_TEMP 데이터를 FULL OUTER JOIN으로 출력한다.

```
[예제]

SELECT *
  FROM DEPT A FULL OUTER JOIN DEPT_TEMP B
    ON B.DEPTNO = A.DEPTNO;
```

OUTER는 생략 가능한 키워드이므로 아래 SQL은 같은 결과를 얻을 수 있다.

```
[예제]

SELECT *
  FROM DEPT A FULL JOIN DEPT_TEMP B
    ON B.DEPTNO = A.DEPTNO;
```

[실행 결과]

DEPTNO	DNAME	LOC	DEPTNO	DNAME	LOC
30	SALES	CHICAGO	30	ACCOUNTING	NEW YORK
40	OPERATIONS	BOSTON	40	CONSULTING	DALLAS
			50	MARKETING	CHICAGO
			60	OPERATIONS	BOSTON
20	RESEARCH	DALLAS			
10	ACCOUNTING	NEW YORK			

6 개의 행이 선택됐습니다.

INNER JOIN이라면 부서번호가 동일한 30, 40 부서의 2개 정보만 출력됐을 것이다. 하지만 FULL OUTER JOIN을 사용했으므로 DEPT 테이블에만 있는 부서번호 10, 20의 부서 정보와 DEPT_TEMP 테이블에만 있는 부서번호 50, 60의 부서 정보까지 동시에 출력됐다.

8. INNER vs. OUTER vs. CROSS JOIN 비교

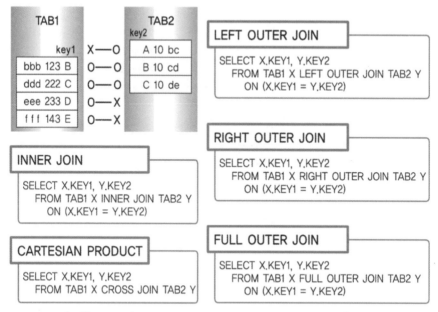

[그림 II-1-20] INNER vs. OUTER vs. CROSS JOIN 문장 비교

첫 번째, INNER JOIN의 결과는 다음과 같다.

양쪽 테이블에 모두 존재하는 키 값이 B-B, C-C인 2건이 출력된다.

두 번째, LEFT OUTER JOIN의 결과는 다음과 같다.

TAB1을 기준으로 키 값 조합이 B-B, C-C, D-NULL, E-NULL인 4건이 출력된다.

세 번째, RIGHT OUTER JOIN의 결과는 다음과 같다.

TAB2를 기준으로 키 값 조합이 NULL-A, B-B, C-C인 3건이 출력된다.

네 번째, FULL OUTER JOIN의 결과는 다음과 같다.

양쪽 테이블을 기준으로 키 값 조합이 NULL-A, B-B, C-C, D-NULL, E-NULL인 5건이 출력된다.

다섯 번째, CROSS JOIN의 결과는 다음과 같다.

조인 가능한 모든 경우의 수를 표시하지만, 단 OUTER JOIN은 제외한다.

양쪽 테이블 TAB1과 TAB2의 데이터를 곱한 개수인 4 * 3 = 12건이 추출된다.

키 값 조합이 B-A, B-B, B-C, C-A, C-B, C-C, D-A, D-B, D-C, E-A, E-B, E-C인 12건이 출력된다.

장 요약

제1절 관계형 데이터베이스 개요

특정 데이터들의 집합에서 필요로 하는 데이터를 꺼내서 조회하고 새로운 데이터를 입력·수정·삭제하는 행위를 통해 사용자는 데이터베이스와 대화하게 된다. 그리고 SQL(Structured Query Language)은 이러한 대화를 가능하도록 매개 역할을 하는 것이다. SQL은 관계형 데이터베이스의 데이터 정의, 데이터 조작, 데이터 제어를 위해 사용하는 언어이다.

제2절 SELECT 문

SELECT 문장을 사용해 데이터를 조회할 수 있다. 데이터 조회 시 산술연산자와 합성연산자를 사용해 데이터 간의 연산을 수행할 수 있다. 산술연산자는 NUMBER와 DATE 자료형에 대해 적용되며 (), *, /, +, - 의 우선순위를 가진다. 합성연산자는 문자와 문자를 연결하며, CONCAT(string1, string2) 함수를 사용할 수 있다.

제3절 함수

사용자는 벤더에서 제공하는 내장 함수(FUNCTION)를 통해 데이터 값을 간편하게 조작할 수 있다. 단일행 함수는 처리하는 데이터의 형식에 따라서 문자형, 숫자형, 날짜형, 변환형, NULL 관련 함수로 나눌 수 있다.

제4절 WHERE 절

WHERE 조건절에 제한을 두어 원하는 자료만을 조회할 수 있다. WHERE 절에 사용되는 연산자는 비교 연산자, SQL 연산자, 논리 연산자, 부정 연산자가 있다.

제5절 GROUP BY, HAVING 절

집계함수(Aggregate Function)는 여러 행들이 모여서 그룹당 단 하나의 결과를 돌려주는 다중행 함수의 일부로서 COUNT, SUM, AVG, MAX, MIN 등이 있다. GROUP BY 절은 집합별 통계 정보의 기준을 명시하고, HAVING 절에는 집합에 대한 제한 조건을 두어 조건을 만족하는 내용만 출력한다.

제6절 ORDER BY 절

ORDER BY 절은 조회된 자료를 원하는 칼럼 순으로 정렬하는 기능을 수행하고, SELECT 문장의 제일 마지막에 위치한다. SELECT 문장은 FROM 절, WHERE 절, GROUP BY 절, HAVING 절, SELECT 절, ORDER BY 절 순서로 실행된다.

제7절 조인

두 개 이상의 테이블들을 연결해 데이터를 출력하는 것을 조인(JOIN)이라고 하며, 전통적인 방식의 조인 문법에서는 WHERE 절에 조인 조건과 데이터 제한 조건을 함께 기술한다.

제8절 표준 조인

ANSI/ISO SQL에서 규정한 조인은 INNER JOIN, NATURAL JOIN, CROSS JOIN, OUTER JOIN의 조인 유형으로 분류할 수 있다. ANSI/ISO 표준 방식의 조인 문법에서 가장 두드러진 특징은 ON 조건 절 및 USING 조건 절을 사용해 조인 조건을 WHERE 절의 데이터 제한 조건으로부터 분리해 기술한다는 것이다.

연습문제

문제 1. 다음 설명 중 맞는 것은 무엇인가?

① 데이터베이스에는 단 한 개의 테이블만 존재할 수 있다.

② 데이터베이스 내에 테이블이란 존재하지 않는다.

③ 아주 복잡한 자료도 테이블은 하나만 만드는 것이 바람직하다.

④ 모든 자료는 실질적으로 테이블에 저장되며, 테이블에 있는 자료들을 꺼내 볼 수 있다.

문제 2. 데이터 유형에 대한 설명 중 틀린 것은 무엇인가?

① CHAR 유형은 고정 길이 문자형이다.

② VARCHAR 유형은 가변 길이 숫자형이다.

③ NUMERIC 유형은 숫자형 데이터를 표현한다.

④ DATE 유형은 날짜 데이터를 다룰 때 사용한다.

문제 3. 다음 레코드 건수가 다른 SQL 문은 무엇인가?

① SELECT COUNT(*) FROM EMP WHERE 1=0;

② SELECT MAX(EMPNO) FROM EMP WHERE 1=0;

③ SELECT NVL(EMPNO, 9999) FROM EMP WHERE 1=0;

④ SELECT NVL(MAX(EMPNO), 0000) FROM EMP WHERE 1=0;

문제 4. 다음 SQL 문장의 결과 출력되는 데이터는 무엇인가?

```
SELECT PLAYER_NAME 선수명, E_PLAYER_NAME 선수영문명
  FROM PLAYER
 WHERE E_PLAYER_NAME LIKE '_A%';
```

① 선수의 영문 이름이 A로 시작하는 선수들의 이름

② 선수의 영문 이름이 A나 a로 시작하는 선수들의 이름

③ 선수의 영문 이름의 두번째 문자가 A인 선수들의 이름

④ 위치에 상관없이 선수의 영문 이름에 A를 포함하는 선수들의 이름

문제 5. 문자 유형과 숫자 유형 모두 사용이 가능한 집계함수는 어느 것인가?

① COUNT

② SUM

③ AVG

④ STDDEV

문제 6. SQL 문장에서 집합별로 집계된 데이터에 대한 조회 조건을 제한하기 위해서 사용하는 절은 어느 것인가?
① WHERE 절
② GROUP BY 절
③ HAVING 절
④ FROM 절

문제 7. 다음과 같은 SQL 문장이 있다. 예제의 ORDER BY 절과 같은 결과를 갖는 구문은 어떤 것인가?

```
SELECT   PLAYER_NAME 선수명, POSITION 포지션, BACK_NO 백넘버
    FROM PLAYER
ORDER BY PLAYER_NAME, POSITION, BACK_NO DESC;
```

① ORDER BY 1 DESC, 2, 백넘버
② ORDER BY 선수명, 2, DESC 백넘버
③ ORDER BY PLAYER_NAME ASC, 2, 3
④ ORDER BY 선수명 ASC, 포지션, 3 DESC

문제 8. 다음 SQL 문장에서 틀린 부분은 어디인가?
① SELECT   PLAYER.PLAYER_NAME 선수명, TEAM.TEAM_NAME 팀명
② FROM   PLAYER P, TEAM T
③ WHERE   T.TEAM_ID = P.TEAM_ID
④ ORDER   BY 선수명;

문제 9. 다음 조인의 종류에 대한 설명 중 틀린 것은 무엇인가?
① EQUI JOIN은 반드시 PK, FK 관계에 의해서만 성립된다.
② NON-EQUI JOIN은 등가 조건이 성립되지 않은 테이블에 조인을 걸어주는 방법이다.
③ OUTER JOIN은 조인 조건을 만족하지 않는 데이터도 볼 수 있는 조인 방법이다.
④ SELF JOIN은 한 테이블을 논리적으로 분리시켜 EQUI JOIN을 이용하는 방법이다.

문제 10. 4개의 테이블로부터 필요한 칼럼을 조회하려고 한다. 최소 몇 개의 조인 조건이 필요한가?
① 2개   ② 3개
③ 4개   ④ 5개

Professional·Developer

학습목표

- 서브 쿼리의 이해
- 집합 연산자의 이해
- 그룹 함수와 윈도우 함수의 이해
- Top N 쿼리의 이해
- 계층형 질의와 셀프 조인의 이해
- PIVOT 절과 UNPIVOT 절의 이해
- 정규 표현식의 이해

## 제2장

SQL 활용

장 소개

메인 쿼리와 주종의 개념을 가지는 서브 쿼리에 대해 알아보고, 집합과 집합을 연결하는 집합 연산자의 사용법을 알아본다. 데이터 분석을 위한 그룹 함수와 윈도우 함수의 기능을 소개한다. OLTP 환경에서 중요한 Top N 쿼리와 데이터의 계층 구조를 질의하는 방법과 셀프 조인을 이해한다. DW 환경에서 중요한 PIVOT 절과 UNPIVOT 절, 문자열 검색과 치환에 사용할 수 있는 정규 표현식에 대해 살펴본다.

장 구성

데이터 모델과 데이터 관계를 다양한 형태의 서브 쿼리로 구현하고, 집합 연산자 및 그룹 함수와 윈도우 함수를 이용한 데이터 분석 기법을 활용해 본다. Top N 쿼리와 계층형 질의에 대해 이해하고, PIVOT 절과 UNPIVOT 절, 정규 표현식 기능을 살펴본다.

제1절 서브 쿼리
제2절 집합 연산자
제3절 그룹 함수
제4절 윈도우 함수
제5절 Top N 쿼리
제6절 계층형 질의와 셀프 조인
제7절 PIVOT 절과 UNPIVOT 절
제8절 정규 표현식

제1절 서브 쿼리

서브 쿼리(Subquery)란 하나의 SQL 문안에 포함돼 있는 또 다른 SQL 문을 말한다. 서브 쿼리는 [그림 II-2-1]와 같이 메인 쿼리가 서브 쿼리를 포함하는 종속적인 관계이다.

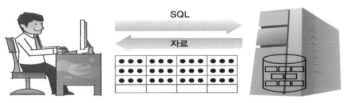

[그림 II-2-1] 메인 쿼리와 서브 쿼리

조인은 조인에 참여하는 모든 테이블이 대등한 관계에 있기 때문에 조인에 참여하는 모든 테이블의 칼럼을 어느 위치에서라도 자유롭게 사용할 수 있다. 그러나 서브 쿼리는 메인 쿼리의 칼럼을 모두 사용할 수 있지만, 메인 쿼리는 서브 쿼리의 칼럼을 사용할 수 없다. 질의 결과에 서브 쿼리 칼럼을 표시해야 한다면 조인 방식으로 변환하거나 함수, 스칼라 서브 쿼리(Scalar Subquery) 등을 사용해야 한다.

조인은 집합간의 곱(Product)의 관계이다. 즉 1:1 관계의 테이블이 조인하면 1(= 1 * 1) 레벨의 집합이 생성되고, 1:M 관계의 테이블을 조인하면 M(= 1 * M) 레벨의 집합이 생성된다. 그리고 M:N 관계의 테이블을 조인하면 MN(= M * N) 레벨의 집합이 결과로서 생성된다. 예를 들어 조직(1)과 사원(M) 테이블을 조인하면 결과는 사원 레벨(M)의 집합이 생성된다. 그러나 서브 쿼리는 서브 쿼리 레벨과는 상관없이 항상 메인 쿼리 레벨로 결과 집합이 생성된다. 예를 들어 메인 쿼리로 조직(1), 서브 쿼리로 사원(M) 테이블을 사용하면 결과 집합은 조직(1) 레벨이 된다.

SQL 문에서 서브 쿼리 방식을 사용해야 할 때 잘못 판단해 조인 방식을 사용하는 경우가 있다. 예를 들어 결과는 조직 레벨이고 사원 테이블에서 체크해야 할 조건이 존재한다고 가정하자. 이런 상황에서 SQL 문을 작성할 때 조인을 사용한다면 결과 집합은 사원(M) 레벨이 될 것이다. 이렇게 되면 원하는 결과가 아니기 때문에 SQL 문에 DISTINCT를 추가해 결과를 다시 조직(1) 레벨로 만든다. 이와 같은 상황에서는 조인 방식이 아니라 서브 쿼리 방식을 사용해야 한다. 메인 쿼리로 조직을 사용하고 서브 쿼리로 사원 테이블을 사용하면 결과 집합은 조직 레벨이 되기 때문에 원하는 결과가 된다.

서브 쿼리를 사용할 때 다음 사항에 주의해야 한다.

① 서브 쿼리는 괄호로 감싸서 기술한다.
② 서브 쿼리는 단일 행(Single Row) 또는 복수 행(Multiple Row) 비교 연산자와 함께 사용 가능하다. 단일 행 비교 연산자는 서브 쿼리의 결과가 반드시 1건 이하이어야 하고, 복수 행 비교 연산자는 서브 쿼리의 결과 건수와 상관 없다.
③ 중첩 서브 쿼리 및 스칼라 서브 쿼리에서는 ORDER BY를 사용하지 못한다.

서브 쿼리의 종류는 동작하는 방식이나 반환되는 데이터의 형태에 따라 분류할 수 있다. 동작하는 방식에 따라 서브 쿼리를 분류하면 [표 II-2-1]와 같이 두 가지로 나눌 수 있다.

[표 II-2-1] 동작하는 방식에 따른 서브 쿼리 분류

서브 쿼리 종류	설명
Un-Correlated(비연관) 서브 쿼리	서브 쿼리가 메인 쿼리 칼럼을 갖고 있지 않는 형태의 서브 쿼리다. 메인 쿼리에 값(서브 쿼리가 실행된 결과)을 제공하기 위한 목적으로 주로 사용한다.
Correlated(연관) 서브 쿼리	서브 쿼리가 메인 쿼리 칼럼을 갖고 있는 형태의 서브 쿼리다. 일반적으로 메인 쿼리가 먼저 수행돼 읽혀진 데이터를 서브 쿼리에서 조건이 맞는지 확인하고자 할 때 주로 사용한다.

서브 쿼리는 메인 쿼리 안에 포함된 종속적인 관계다. 따라서 논리적인 실행 순서는 항상 메인 쿼리에서 읽힌 데이터를 서브 쿼리에서 해당 조건이 만족하는지 확인하는 방식으로 수행돼야 한다. 그러나 실제 서브 쿼리의 실행순서는 상황에 따라 달라질 수 있다.

반환되는 데이터의 형태에 따라 서브 쿼리는 [표 II-2-2]와 같이 세 가지로 분류된다.

[표 II-2-2] 반환되는 데이터의 형태에 따른 서브 쿼리 분류

서브 쿼리 종류	설명
Single Row 서브 쿼리 (단일 행 서브 쿼리)	서브 쿼리의 실행 결과가 항상 1건 이하인 서브 쿼리를 의미한다. 단일 행 서브 쿼리는 단일 행 비교 연산자와 함께 사용된다. 단일 행 비교 연산자에는 =, <, <=, >, >=, <> 등이 있다.
Multi Row 서브 쿼리 (다중 행 서브 쿼리)	서브 쿼리의 실행 결과가 여러 건인 서브 쿼리를 의미한다. 다중 행 서브 쿼리는 다중 행 비교 연산자와 함께 사용된다. 다중 행 비교 연산자에는 IN, ALL, ANY, SOME, EXISTS가 있다.
Multi Column 서브 쿼리 (다중 칼럼 서브 쿼리)	서브 쿼리의 실행 결과로 여러 칼럼을 반환한다. 메인 쿼리의 조건절에 여러 칼럼을 동시에 비교할 수 있다. 서브 쿼리와 메인 쿼리에서 비교하고자 하는 칼럼 개수와 칼럼의 위치가 동일해야 한다.

1. 단일 행 서브 쿼리

서브 쿼리가 단일 행 비교 연산자(=, <, <=, >, >=, <> 등)와 함께 사용될 때는 서브 쿼리의 결과 건수가 반드시 1건 이하이어야 한다. 만약 서브 쿼리의 결과 건수가 2건 이상을 반환하면 SQL 문은 실행시간(Run Time) 오류가 발생한다. 이런 종류의 오류는 컴파일할 때(Compile Time)는 알 수 없는 오류이다. 단일 행 서브 쿼리의 예로 '정남일' 선수가 소속된 팀의 선수들에 대한 정보를 표시하는 문제를 갖고 설명해 보면 다음과 같다.

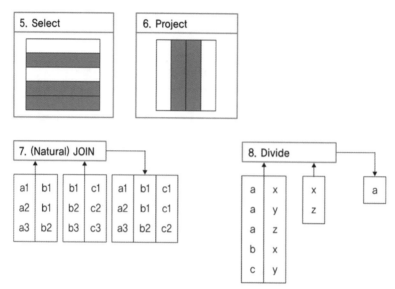

[그림 II-2-2] 단일 행 서브 쿼리의 예제1

[그림 II-2-2]은 2개의 SQL 문으로 구성돼 있다. 정남일 선수의 소속팀을 알아내는 SQL 문(서브 쿼리 부분)과 이 결과를 이용해 해당 팀에 소속된 선수들의 정보를 출력하는 SQL 문(메인 쿼리 부분)으로 구성된다.

정남일 선수가 소속된 팀의 선수들에 대한 정보를 표시하는 문제를 서브 쿼리 방식의 SQL 문으로 작성하면 다음과 같다.

```
[예제]
SELECT   PLAYER_NAME AS 선수명, POSITION AS 포지션, BACK_NO AS 백넘버
    FROM PLAYER
   WHERE TEAM_ID = (SELECT TEAM_ID
                      FROM PLAYER
                     WHERE PLAYER_NAME = '정남일')
ORDER BY PLAYER_NAME;
```

```
[실행 결과]

선수명         포지션          백넘버
------        ------         ------

강철          DF                3
김반          MF               14
김영수        MF               30
김정래        GK               33
```

김창원	DF	5
김회택	DF	
꼬레아	FW	16
노병준	MF	22
노상래	FW	8
마시엘	DF	24

...
51 개의 행이 선택됐습니다.

정남일 선수의 소속팀을 알아내는 서브 쿼리가 먼저 수행돼 정남일 선수의 소속팀ID가 반환된다. 메인 쿼리는 서브 쿼리에서 반환된 결과를 이용해서 조건을 만족하는 선수들의 정보를 출력한다. 만약 정남일 선수와 같은 이름을 가진 동명이인이 있었다면, 2건 이상의 결과가 반환돼 SQL 문에 오류가 발생할 것이다.

테이블 전체에 대해 집계함수를 적용할 때는 그 결과 값이 단 1건만 생성되기 때문에 단일 행 서브 쿼리로서 사용할 수 있다. 선수들 중에서 키가 평균키 이하인 선수들의 정보를 출력하는 문제를 갖고 집계함수를 사용한 서브 쿼리를 알아보자.

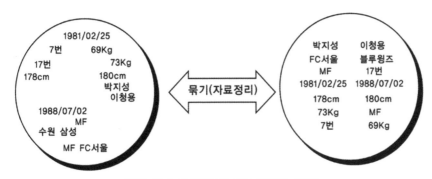

[그림 II-2-3] 단일 행 서브 쿼리의 예제2

[그림 II-2-3]은 2개의 SQL 문으로 구성돼 있다. 선수들의 평균키를 알아내는 SQL 문(서브 쿼리 부분)과 이 결과를 이용해 키가 평균키 이하인 선수들의 정보를 출력하는 SQL 문(메인 쿼리 부분)으로 구성된다. [그림 II-2-3]을 SQL 문으로 작성하면 다음과 같다.

[예제]
```
SELECT    PLAYER_NAME AS 선수명, POSITION AS 포지션, BACK_NO AS 백넘버
    FROM PLAYER
  WHERE HEIGHT <= (SELECT AVG (HEIGHT)
                     FROM PLAYER)
ORDER BY PLAYER_NAME;
```

```
[실행 결과]

선수명        포지션      백넘버
------       ------      ------
가비         MF          10
강대희        MF          26
강용         DF           2
강정훈        MF          38
강철         DF           3
고규억        DF          29
고민기        FW          24
고종수        MF          22
고창현        MF           8
공오균        MF          22
. . .
228 개의 행이 선택됐습니다.
```

2. 다중 행 서브 쿼리

서브 쿼리의 결과가 2건 이상 반환될 수 있다면, 반드시 다중 행 비교 연산자(IN, ALL, ANY, SOME)와 함께 사용해야 한다. 그렇지 않으면 SQL 문은 오류를 반환한다.

다중 행 비교 연산자는 다음과 같다.

[표 II-2-3] 다중 행 비교 연산자

다중 행 연산자	설명
IN(서브 쿼리)	서브 쿼리의 결과에 존재하는 임의의 값과 동일한 조건을 의미한다(Multiple OR 조건).
비교연산자 ALL(서브 쿼리)	서브 쿼리의 결과에 존재하는 모든 값을 만족하는 조건을 의미한다. 비교 연산자로 '>'를 사용했다면 메인 쿼리는 서브 쿼리의 모든 결과 값을 만족해야 하므로, 서브 쿼리 결과의 최댓값보다 큰 모든 건이 조건을 만족한다.
비교연산자 ANY(서브 쿼리)	서브 쿼리의 결과에 존재하는 어느 하나의 값이라도 만족하는 조건을 의미한다. 비교 연산자로 '>'를 사용했다면 메인 쿼리는 서브 쿼리의 값들 중 어떤 값이라도 만족하면 되므로, 서브 쿼리의 결과의 최소값보다 큰 모든 건이 조건을 만족한다(SOME은 ANY와 동일함).
EXISTS(서브 쿼리)	서브 쿼리의 결과를 만족하는 값이 존재하는지 여부를 확인하는 조건을 의미한다. 조건을 만족하는 건이 여러 건이더라도 1건만 찾으면 더이상 검색하지 않는다.

선수들 중에서 '정현수'라는 선수가 소속된 팀 정보를 출력하는 서브 쿼리를 작성하면 다음과 같다.

[예제]
```
SELECT    REGION_NAME AS 연고지명, TEAM_NAME AS 팀명, E_TEAM_NAME AS 영문팀명
    FROM TEAM
  WHERE TEAM_ID = (SELECT TEAM_ID
                        FROM PLAYER
                       WHERE PLAYER_NAME = '정현수')
ORDER BY TEAM_NAME;
```

[실행 결과]
```
3행에 오류:
ORA-01427: 단일 행 하위 질의에 2개 이상의 행이 리턴됐습니다.
```

위의 SQL 문은 서브 쿼리의 결과로 2개 이상의 행이 반환돼 단일 행 비교 연산자인 '='로는 처리가 불가능하기 때문에 에러가 반환됐다. 따라서 다중 행 비교 연산자로 바꾸어서 SQL 문을 작성하면 다음과 같다.

[예제]
```
SELECT    REGION_NAME AS 연고지명, TEAM_NAME AS 팀명, E_TEAM_NAME AS 영문팀명
    FROM TEAM
  WHERE TEAM_ID IN (SELECT TEAM_ID
                        FROM PLAYER
                       WHERE PLAYER_NAME = '정현수')
ORDER BY TEAM_NAME;
```

[실행 결과]
```
연고지명       팀명           영문팀명
--------      --------      ------------------------
전남          드래곤즈        CHUNNAM DRAGONS FC
성남          일화천마        SEONGNAM ILHWA CHUNMA FC

2 개의 행이 선택됐습니다.
```

실행 결과를 보면 '정현수'란 이름을 가진 선수가 두 명이 존재한다. 소속팀은 각각 전남 드래곤즈 팀(K07)과 성남 일화천마 팀(K08)이다. 본 예제에서는 동명이인에 대한 내용을 예로 들었지만, 서브 쿼리의 실행 결과가 2건 이상이 나오는 모든 경우에 다중 행 비교 연산자를 사용해야 한다.

3. 다중 칼럼 서브 쿼리

다중 칼럼 서브 쿼리는 서브 쿼리의 결과로 여러 개의 칼럼이 반환돼 메인 쿼리의 조건과 동시에 비교되는 것을 의미한다. SQL Server에서는 지원되지 않는 문법이다.

소속팀별 키가 가장 작은 사람들의 정보를 출력하는 문제를 갖고 다중 칼럼 서브 쿼리를 알아보도록 한다. 소속팀별 키가 가장 작은 사람들의 정보는 GROUP BY를 이용해 찾을 수 있으므로 다음과 같이 SQL 문을 작성할 수 있다.

```
[예제]
SELECT  TEAM_ID AS 팀코드, PLAYER_NAME AS 선수명, POSITION AS 포지션
      , BACK_NO AS 백넘버, HEIGHT AS 키
   FROM PLAYER
  WHERE (TEAM_ID, HEIGHT) IN (SELECT  TEAM_ID, MIN (HEIGHT)
                                FROM PLAYER
                               GROUP BY TEAM_ID)
ORDER BY TEAM_ID, PLAYER_NAME;
```

```
[실행 결과]
팀코드       선수명       포지션      백넘버      키
------      --------     ------      ------     ---
K01         마르코스      FW           44        170
K01         박정수        MF            8        170
K02         고창현        MF            8        170
K02         정준          MF           44        170
K03         김중규        MF           42        170
K03         유현구        MF           26        170
K04         정기동        MF            6        171
K05         변재섭        MF           11        170
K05         쿠키          FW           99        170
K06         하리          FW           10        168
...
19 개의 행이 선택됐습니다.
```

SQL 문의 실행 결과를 보면 서브 쿼리의 결과 값으로 소속팀ID(TEAM_ID)와 소속팀별 가장 작은 키를 의미하는 MIN(HEIGHT)라는 두 개의 칼럼을 반환했다. 메인 쿼리에서는 조건절에 TEAM_ID와 HEIGHT 칼럼을 괄호로 묶어 서브 쿼리 결과와 비교해 원하는 결과를 얻었다. 실행 결과를 보면 하나 팀에서 키가 제일 작은 선수 한 명씩만 반환된 것이 아니라 같은 팀에서 여러 명이 반환된 것을 확인할 수 있다. 이것은 동일 팀 내에서 조건(팀별 가장 작은 키)을 만족하는 선수가 여러 명 존재하기 때문이다.

4. 연관 서브 쿼리

연관 서브 쿼리(Correlated Subquery)는 서브 쿼리 내에 메인 쿼리 칼럼이 사용된 서브 쿼리다. 선수 자신이 속한 팀의 평균키보다 작은 선수들의 정보를 출력하는 SQL 문을 연관 서브 쿼리를 이용하여 작성해 보면 다음과 같다.

```
[예제]
SELECT   B.TEAM_NAME AS 팀명, A.PLAYER_NAME AS 선수명, A.POSITION AS 포지션
     , A.BACK_NO AS 백넘버, A.HEIGHT AS 키
   FROM PLAYER A, TEAM B
  WHERE A.HEIGHT < (SELECT   AVG (X.HEIGHT)
                    FROM PLAYER X
                   WHERE X.TEAM_ID = A.TEAM_ID
                  GROUP BY X.TEAM_ID)
    AND B.TEAM_ID = A.TEAM_ID
ORDER BY 선수명;
```

[실행 결과]

팀명	선수명	포지션	백넘버	키
삼성블루윙즈	가비	MF	10	177
삼성블루윙즈	강대희	MF	26	174
스틸러스	강용	DF	2	179
시티즌	강정훈	MF	38	175
드래곤즈	강철	DF	3	178
현대모터스	고관영	MF	32	180
현대모터스	고민기	FW	24	178
삼성블루윙즈	고종수	MF	22	176
삼성블루윙즈	고창현	MF	8	170
시티즌	공오균	MF	22	177

...
224 개의 행이 선택됐습니다.

예를 들어 가비 선수는 삼성블루윙즈 팀 소속이므로 삼성블루윙즈 팀 소속 선수들의 평균키를 구하고, 가비 선수의 키가 그 평균보다 작으므로 해당 선수의 정보를 출력한다. 같은 소속 팀 선수들의 평균키보다 크거나 같은 선수들은 조건에 맞지 않기 때문에 출력되지 않는다. 이와 같은 작업을 메인 쿼리에 존재하는 모든 행에 대해서 반복 수행한다.

EXISTS 서브 쿼리는 항상 연관 서브 쿼리로 사용된다. 또한 EXISTS 서브 쿼리의 특징은 아무리 조건을 만족하는 건이 여러 건이더라도 조건을 만족하는 1건만 찾으면 추가적인 검색을 진행하지 않는다.

다음은 EXISTS 서브 쿼리를 사용해 '20120501'부터 '20120502' 사이에 경기가 있는 경기장을 조회하는 SQL문이다.

```
[예제]
SELECT A.STADIUM_ID AS ID, A.STADIUM_NAME AS 경기장명
  FROM STADIUM A
 WHERE EXISTS (SELECT 1
                 FROM SCHEDULE X
                WHERE X.STADIUM_ID = A.STADIUM_ID
                  AND X.SCHE_DATE BETWEEN '20120501' AND '20120502');
```

```
[실행 결과]

ID        경기장명
---       -------------------
B01       인천월드컵경기장
B04       수원월드컵경기장
B05       서울월드컵경기장
C02       부산아시아드경기장

4 개의 행이 선택됐습니다.
```

5. 그 밖의 위치에서 사용하는 서브 쿼리

가. SELECT 절에 서브 쿼리 사용하기

다음은 SELECT 절에서 사용하는 스칼라 서브 쿼리(Scalar Subquery)에 대해 알아본다. 스칼라 서브 쿼리는 한 행, 한 칼럼(1 Row 1 Column)만을 반환하는 서브 쿼리를 말한다. 스칼라 서브 쿼리는 칼럼을 쓸 수 있는 대부분의 곳에서 사용할 수 있다.

선수 정보와 해당 선수가 속한 팀의 평균키를 함께 출력하는 예제로 스칼라 서브 쿼리를 설명하면 다음과 같다.

[그림 II-2-4] 스칼라 서브 쿼리

[그림 II-2-4]는 2개의 SQL 문으로 구성돼 있다. 선수들의 정보를 출력하는 SQL 문(메인 쿼리 부분)과 해당 선수의 소속팀별 평균키를 알아내는 SQL 문(서브 쿼리 부분)으로 구성된다. 여기서 선수의 소속팀별 평균키를 알아내는 스칼라 서브 쿼리는 메인 쿼리의 결과 건수만큼 반복수행 된다. [그림 II-2-4]를 SQL 문으로 작성하면 다음과 같다.

```
[예제]
SELECT A.PLAYER_NAME AS 선수명, A.HEIGHT AS 키
    , ROUND ((SELECT AVG (X.HEIGHT)
              FROM PLAYER X
              WHERE X.TEAM_ID = A.TEAM_ID), 3) AS 팀평균키
  FROM PLAYER A;
```

```
[실행 결과]

선수명        키          팀평균키
------      ---        -------
김성환       183        179.067
가비        177        179.067
강대희       174        179.067
고종수       176        179.067
고창현       170        179.067
정기범       173        179.067
정동현       175        179.067
정두현       175        179.067
정준        170        179.067
정진우       179        179.067
...
480 개의 행이 선택됐습니다.
```

스칼라 서브 쿼리 또한 단일 행 서브 쿼리이기 때문에 결과가 2건 이상 반환되면 SQL 문은 오류를 반환한다.

나. FROM 절에서 서브 쿼리 사용하기

FROM 절에서 사용되는 서브 쿼리를 인라인 뷰(Inline View)라고 한다. 인라인 뷰를 사용하면 서브 쿼리의 결과를 마치 테이블처럼 사용할 수 있다. 데이터베이스에 SELECT 문을 객체로서 저장해 테이블처럼 사용하는 뷰(View)와 달리, 인라인 뷰는 쿼리 내에서 즉시 처리된다. 뷰에 대해서는 뒤에서 좀 더 설명하기로 한다.

케이리그 선수들 중에서 포지션이 미드필더(MF)인 선수들의 소속팀명 및 선수 정보를 출력하고자 한다. 인라인 뷰를 활용해서 SQL 문을 만들어 보자.

```
[예제]
SELECT   B.TEAM_NAME AS 팀명, A.PLAYER_NAME AS 선수명, A.BACK_NO AS 백넘버
   FROM (SELECT TEAM_ID, PLAYER_NAME, BACK_NO
           FROM PLAYER
          WHERE POSITION = 'MF') A
       , TEAM B
  WHERE B.TEAM_ID = A.TEAM_ID
ORDER BY 선수명;
```

```
[실행 결과]
팀명              선수명           백넘버
------------    --------       ------
삼성블루윙즈       가비             10
삼성블루윙즈       강대희           26
시티즌            강정훈           38
현대모터스         고관영           32
삼성블루윙즈       고종수           22
삼성블루윙즈       고창현            8
시티즌            공오균           22
일화천마          곽치국           32
시티즌            김관우            8
시티즌            김광진           13
...
162 개의 행이 선택됐습니다.
```

SQL 문을 보면 선수들 중에서 포지션이 미드필더(MF) 선수들을 인라인 뷰를 통해 추출하고 인라인 뷰의 결과와 TEAM 테이블과 조인해서 팀명(TEAM_NAME)을 출력하고 있다.

인라인 뷰에서는 ORDER BY절을 사용할 수 있다. 인라인 뷰에 먼저 정렬을 수행하고 정렬된 결과 중에서 일부 데이터를 추출하는 것을 TOP-N 쿼리라고 한다. TOP-N 쿼리에 대해서는 5절에서 자세히 설명한다.

```
[예제] Oracle
SELECT PLAYER_NAME AS 선수명, POSITION AS 포지션
     , BACK_NO AS 백넘버, HEIGHT AS 키
  FROM (SELECT  PLAYER_NAME, POSITION, BACK_NO, HEIGHT
          FROM PLAYER
           WHERE HEIGHT IS NOT NULL
        ORDER BY HEIGHT DESC)
 WHERE ROWNUM <= 5;
```

```
[예제] SQL Server
SELECT  TOP (5) PLAYER_NAME AS 선수명, POSITION AS 포지션
              , BACK_NO AS 백넘버, HEIGHT AS 키
   FROM PLAYER
  WHERE HEIGHT IS NOT NULL
ORDER BY HEIGHT DESC;
```

```
[실행 결과]

선수명        포지션       백넘버        키
------      ------      ------      ---
서동명       GK           21        196
권정혁       GK            1        195
김석         FW           20        194
정경두       GK           41        194
김대희       GK           31        192

5 개의 행이 선택됐습니다.
```

인라인 뷰 내에서 선수들의 키를 기준으로 내림차순 정렬한 후, 메인 쿼리에서 ROWNUM을 사용해 5명의 선수 정보만을 추출했다. 이것은 모든 선수들 중에서 키가 큰 순서로 5명의 선수를 출력한 것이다. 만약 다른 선수 중에서 키가 192인 선수가 더 존재하더라도 해당 SQL 문에서는 데이터가 출력되지 않는다. 이런 데이터까지 추출하고자 한다면 RANK 관련 분석함수를 사용해야 한다.

다. HAVING 절에서 서브 쿼리 사용하기

HAVING 절은 집계함수와 함께 사용될 때 그룹핑 된 결과에 대해 부가적인 조건을 주기 위해 사용한다. 평균키가 삼성 블루윙즈 팀의 평균키보다 작은 팀에 대해 팀 이름과 팀 소속 선수들의 평균키를 구하는 SQL 문을 작성하면 다음과 같다.

[예제]
```
SELECT   A.TEAM_ID AS 팀코드, B.TEAM_NAME AS 팀명
       , ROUND (AVG (A.HEIGHT), 3) AS 평균키
    FROM PLAYER A, TEAM B
   WHERE B.TEAM_ID = A.TEAM_ID
 GROUP BY A.TEAM_ID, B.TEAM_NAME
  HAVING AVG (A.HEIGHT) < (SELECT AVG (X.HEIGHT)
                             FROM PLAYER X
                            WHERE X.TEAM_ID IN (SELECT TEAM_ID
                                                  FROM TEAM
                                                 WHERE TEAM_NAME = '삼성블루윙즈'));
```

[실행 결과]

팀코드	팀명	평균키
K07	드래곤즈	178.391
K08	일화천마	178.854
K10	시티즌	177.485
K11	경남FC	176.333
K12	광주상무	173.500
K13	강원FC	173.667
K14	제주유나이티드FC	169.500
K15	대구FC	75.333

8 개의 행이 선택됐습니다.

6. 뷰

  테이블은 실제로 데이터를 갖고 있는 반면, 뷰(View)는 실제 데이터를 갖고 있지 않다. 뷰는 단지 뷰 정의(View Definition)만을 갖고 있다. 질의에서 뷰가 사용되면 뷰 정의를 참조해서 DBMS 내부적으로 질의를 재작성(Rewrite)해 질의를 수행한다.
  뷰는 [표 II-2-4]와 같은 장점을 갖는다.

[표 II-2-4] 뷰 사용의 장점

뷰의 장점	설명
독립성	테이블 구조가 변경돼도 뷰를 사용하는 응용 프로그램은 변경하지 않아도 된다.
편리성	복잡한 질의를 뷰로 생성함으로써 관련 질의를 단순하게 작성할 수 있다. 또한 해당 형태의 SQL 문을 자주 사용할 때 뷰를 이용하면 편리하게 사용할 수 있다.
보안성	직원의 급여정보와 같이 숨기고 싶은 정보가 존재한다면, 뷰를 생성할 때 해당 칼럼을 빼고 생성함으로써 사용자에게 정보를 감출 수 있다.

뷰는 다음과 같이 CREATE VIEW 문으로 생성할 수 있다.

```
[예제]
CREATE VIEW V_PLAYER_TEAM AS
SELECT A.PLAYER_NAME, A.POSITION, A.BACK_NO
     , B.TEAM_ID, B.TEAM_NAME
  FROM PLAYER A, TEAM B
 WHERE B.TEAM_ID = A.TEAM_ID;
```

해당 뷰는 선수 정보와 해당 선수가 속한 팀명을 함께 추출하는 것이다. 뷰의 명칭은 'V_PLAYER_TEAM'이다. 뷰는 테이블뿐만 아니라 이미 존재하는 뷰를 참조해서도 생성할 수 있다.

```
[예제]
CREATE VIEW V_PLAYER_TEAM_FILTER AS
SELECT PLAYER_NAME, POSITION, BACK_NO, TEAM_NAME
  FROM V_PLAYER_TEAM
 WHERE POSITION IN ('GK', 'MF');
```

V_PLAYER_TEAM_FILTER 뷰는 이미 앞에서 생성했던 V_PLAYER_TEAM 뷰를 기반으로 해서 생성된 뷰다. V_PLAYER_TEAM_FILTER 뷰는 선수 포지션이 골키퍼(GK), 미드필더(MF)인 선수만을 추출하고자 하는 뷰다(뷰를 포함하는 뷰를 잘못 생성하는 경우 성능상의 문제를 유발할 수 있으므로, 뷰와 SQL의 수행원리를 잘 이해하고 사용하기 바란다).

뷰를 사용하기 위해서는 해당 뷰의 이름을 이용하면 된다. 뷰를 사용하는 방법은 다음과 같다.

[예제]

```
SELECT PLAYER_NAME, POSITION, BACK_NO, TEAM_ID, TEAM_NAME
  FROM V_PLAYER_TEAM
 WHERE PLAYER_NAME LIKE '황%';
```

[실행 결과]

PLAYER_NAME	POSITION	BACK_NO	TEAM_ID	TEAM_NAME
황승주	DF	98	K05	현대모터스
황연석	FW	16	K08	일화천마
황철민	MF	35	K06	아이파크

3 개의 행이 선택됐습니다.

이것은 V_PLAYER_TEAM 뷰에서 성이 '황'인 선수만을 추출하는 SQL 문이다. 결과로서 3건이 추출됐다. 뷰를 사용하는 경우에는 DBMS가 내부적으로 SQL 문을 다음과 같이 재작성한다.

```
SELECT PLAYER_NAME, POSITION, BACK_NO, TEAM_ID, TEAM_NAME
  FROM (SELECT A.PLAYER_NAME, A.POSITION, A.BACK_NO
             , B.TEAM_ID, B.TEAM_NAME
          FROM PLAYER A, TEAM B
         WHERE B.TEAM_ID = A.TEAM_ID)
 WHERE PLAYER_NAME LIKE '황%';
```

이것은 앞에서 설명했던 인라인 뷰와 유사한 모습임을 알 수 있다. 이와 같은 형태로 사용되기 때문에 뷰는 데이터를 저장하지 않고도 데이터를 조회할 수 있다.

뷰를 제거하기 위해서는 DROP VIEW 문을 사용한다.

[예제]

```
DROP VIEW V_PLAYER_TEAM;
```

[예제]

```
DROP VIEW V_PLAYER_TEAM_FILTER;
```

제2절 집합 연산자

두 개 이상의 테이블에서 조인을 사용하지 않고 연관된 데이터를 조회하는 다른 방법이 있다. 바로 집합 연산자(Set Operator)를 사용하는 방법이다. 조인은 조인 조건을 사용해 여러 테이블의 행과 행을 서로 연결한다. 하지만 집합 연산자는 여러 개의 결과 집합 간의 연산을 통해 결합하는 방식을 사용한다. 즉 집합 연산자는 2개 이상의 질의 결과를 하나의 결과로 만들어 준다.

집합 연산자는 서로 다른 테이블에서 유사한 형태의 결과를 반환하는 것을 하나의 결과로 합치고자 할 때와 동일 테이블에서 서로 다른 질의를 수행해 결과를 합치고자 할 때 사용할 수 있다. 이외에도 튜닝 관점에서 실행계획을 분리하고자 하는 목적으로도 사용할 수 있다.

집합 연산자를 사용하기 위해서는 다음 조건을 만족해야 한다. SELECT 절의 칼럼 수가 동일하고 SELECT 절의 동일 위치에 존재하는 칼럼의 데이터 타입이 동일해야 한다. 그렇지 않으면 데이터베이스가 오류를 반환한다.

집합 연산자의 종류는 [표 Ⅱ-2-5]와 같다.

[표 Ⅱ-2-5] 집합 연산자의 종류

집합 연산자	연산자의 의미
UNION	개별 SQL 문의 결과에 대해 합집합 연산을 수행한다. 단 결과에서 모든 중복된 행은 하나의 행으로 만든다.
UNION ALL	개별 SQL 문의 결과에 대해 합집합 연산을 수행하며, 중복된 행도 그대로 표시된다. 즉 단순히 개별 SQL 문의 결과를 합쳐 하나의 결과로 출력하는 것이다. 일반적으로 여러 질의 결과가 상호 배타적인(Exclusive)일 때 많이 사용한다. 개별 SQL 문의 결과가 서로 중복되지 않는 경우 UNION과 결과가 동일하다(결과의 정렬 순서에는 차이가 있을 수 있음).
INTERSECT	개별 SQL 문의 결과에 대해 교집합 연산을 수행한다. 단, 결과에서 모든 중복된 행은 하나의 행으로 만든다.
EXCEPT	개별 SQL 문의 결과에 대해 차집합 연산을 수행한다. 단 결과에서 모든 중복된 행은 하나의 행으로 만든다(Oracle : MINUS 연산자, SQL Server : EXCEPT 연산자 사용).

집합 연산자는 개별 SQL 문의 결과 집합에 대해 합집합(UNION/UNION ALL), 교집합(INTERSECT), 차집합(EXCEPT)으로 집합간의 관계를 갖고 작업을 한다.

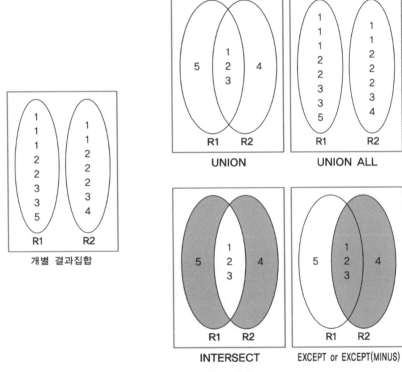

[그림 II-2-5] 집합 연산자의 연산

집합 연산자를 갖고 연산한 결과는 [그림 II-2-5]와 같다. [그림 II-2-5]의 왼쪽에 존재하는 R1, R2는 각각의 SQL 문을 실행해 생성된 개별 결과 집합을 의미한다. [그림 II-2-5]에서 보면 알 수 있듯이 UNION ALL을 제외한 다른 집합 연산자는 해당 집합 연산을 수행한 후, 결과에서 중복된 건을 배제하는 작업을 수행한다. UNION 연산을 통한 R1 집합과 R2 집합의 합집합(R1 ∪ R2) 결과는 {1, 2, 3, 4, 5}이다. 최종 결과에서 중복된 건이 배제된 것을 알 수 있다. 반면에 UNION ALL 연산의 결과는 중복에 대한 배제 없이 2개의 결과 집합을 단순히 합친 것이다. 따라서 UNION ALL의 결과는 {1, 1, 1, 2, 2, 3, 3, 5, 1, 1, 2, 2, 2, 3, 4}이다. INTERSECT 연산을 통한 R1 집합과 R2 집합의 교집합(R1 ∩ R2) 결과는 {1, 2, 3}이다. EXCEPT 연산을 통한 차집합(R1 ⊂ R2) 결과는 {5}이다. EXCEPT 연산에서는 집합의 순서에 따라 결과가 달라질 수 있다. 만약 순서가 반대로 바뀐다면, R2 집합과 R1 집합의 차집합(R2 ⊂ R1) 결과는 {4}가 된다.

집합 연산자를 사용해 만들어지는 SQL 문의 형태는 다음과 같다.

```
SELECT    칼럼명1, 칼럼명2, ...
     FROM 테이블명1
[    WHERE 조건식  ]
```

```
[ GROUP BY 칼럼(Column)이나 표현식 ]
[   HAVING 그룹조건식 ]
집합연산자
  SELECT  칼럼명1, 칼럼명2, ...
      FROM 테이블명2
[   WHERE 조건식 ]
[ GROUP BY 칼럼(Column)이나 표현식 ]
[   HAVING 그룹조건식 ]
[ ORDER BY 칼럼(Column)이나 표현식 [ ASC 또는 DESC ] ];
```

[예제]
```
SELECT  PLAYER_NAME AS 선수명, BACK_NO AS 백넘버
    FROM PLAYER
   WHERE TEAM_ID = 'K02'
UNION
SELECT  PLAYER_NAME AS 선수명, BACK_NO AS 백넘버
    FROM PLAYER
   WHERE TEAM_ID = 'K07'
ORDER BY 1;
```

집합 연산자는 사용상의 제한 조건(SELECT 절의 칼럼 수가 동일하고 SELECT 절의 동일 위치에 존재하는 칼럼의 데이터 타입이 동일)을 만족한다면, 어떤 형태의 SELECT 문이라도 이용할 수 있다. 즉 서로 완전히 다른 형태의 SELECT 문 사이에도 집합 연산자를 사용할 수 있다. ORDER BY 절은 집합 연산을 적용한 최종 결과에 대해 정렬을 수행하므로 가장 마지막에 한 번만 기술한다.

아래 질문에 대해 집합 연산자를 사용해 처리하는 방법을 알아보자.

[집합 연산자를 연습하기 위한 질문]

1) 케이리그 소속 선수들 중에서 소속이 삼성블루윙즈 팀인 선수들과 전남드레곤즈 팀인 선수들에 대한 내용을 모두 보고 싶다.
2) 케이리그 소속 선수들 중에서 소속이 삼성블루윙즈 팀인 선수들과 포지션이 골키퍼(GK)인 선수들을 모두 보고 싶다.
3) 케이리그 소속 선수들에 대한 정보 중에서 포지션별 평균키와 팀별 평균키를 알고 싶다.
4) 케이리그 소속 선수를 중에서 소속이 삼성블루윙즈 팀이면서 포지션이 미드필더(MF)가 아닌 선수들의 정보를 보고 싶다.
5) 케이리그 소속 선수들 중에서 소속이 삼성블루윙즈 팀이면서 포지션이 골키퍼(GK)인 선수들의 정보를 보고 싶다.

SQL 문을 작성하기에 전에 [집합 연산자를 연습하기 위한 질문]을 다음과 같이 집합 연산자를 사용 형태로 해석할 수 있다.

[질문을 집합 연산의 개념으로 해석한 결과]

1) 케이리그 소속 선수 중 소속이 삼성블루윙즈 팀인 선수들의 집합과
   케이리그 소속 선수 중 소속이 전남드레곤즈 팀인 선수들 집합의 합집합
2) 케이리그 소속 선수 중 소속이 삼성블루윙즈 팀인 선수들의 집합과
   케이리그 소속 선수 중 포지션이 골키퍼(GK)인 선수들 집합의 합집합
3) 케이리그 소속 선수 중 포지션별 평균키에 대한 집합과
   케이리그 소속 선수 중 팀별 평균키에 대한 집합의 합집합
4) 케이리그 소속 선수 중 소속이 삼성블루윙즈 팀인 선수들의 집합과
   케이리그 소속 선수 중 포지션이 미드필더(MF))인 선수들 집합의 차집합
5) 케이리그 소속 선수 중 소속이 삼성블루윙즈 팀인 선수들의 집합과
   케이리그 소속 선수 중 포지션이 골키퍼(GK)인 선수들 집합의 교집합

위의 결과를 집합 연산자를 사용해 SQL 문을 작성하고 그 결과를 확인해 보도록 하자. 먼저 첫 번째 질문에 대한 SQL 문을 작성하고 실행해 보자.

[질문 1]

1) 케이리그 소속 선수들 중에서 소속이 삼성블루윙즈 팀인 선수들과
   전남드레곤즈팀인 선수들에 대한 내용을 모두 보고 싶다.

1) 케이리그 소속 선수 중 소속이 삼성블루윙즈 팀인 선수들의 집합과
   케이리그 소속 선수 중 소속이 전남드레곤즈 팀인 선수들의 집합의 합집합

[예제]
```
SELECT TEAM_ID AS 팀코드, PLAYER_NAME AS 선수명, POSITION AS 포지션
    , BACK_NO AS 백넘버, HEIGHT AS 키
  FROM PLAYER
 WHERE TEAM_ID = 'K02'
UNION
SELECT TEAM_ID AS 팀코드, PLAYER_NAME AS 선수명, POSITION AS 포지션
    , BACK_NO AS 백넘버, HEIGHT AS 키
  FROM PLAYER
 WHERE TEAM_ID = 'K07';
```

[실행 결과]

팀코드	선수명	포지션	백넘버	키
K02	가비	MF	10	177
K02	강대희	MF	26	174
K02	고종수	MF	22	176
K02	고창현	MF	8	170
K02	김강진	DF	43	181
K02	김관희	FW	39	180
K02	김동욱	MF	40	176
K02	김만근	FW	34	177
K02	김반코비	MF	47	185
K02	김병국	DF	2	183

...
100 개의 행이 선택됐습니다.

두 집합의 조건이 모두 동일 테이블에 있다면, 아래와 같이 논리 연산자를 이용한 간단한 SQL 문으로도 변경 가능하다. 단 UNION 연산은 SELECT 절 칼럼에 대해 중복 건을 제외하므로 아래와 같이 SELECT 절에 DISTINCT 키워드를 기술해야 한다.

[예제] (비교)
```
SELECT DISTINCT
       TEAM_ID AS 팀코드, PLAYER_NAME AS 선수명, POSITION AS 포지션
     , BACK_NO AS 백넘버, HEIGHT AS 키
  FROM PLAYER
 WHERE TEAM_ID = 'K02'
    OR TEAM_ID = 'K07';
```

[예제] (비교)
```
SELECT DISTINCT
       TEAM_ID AS 팀코드, PLAYER_NAME AS 선수명, POSITION AS 포지션
     , BACK_NO AS 백넘버, HEIGHT AS 키
  FROM PLAYER
 WHERE TEAM_ID IN ('K02', 'K07');
```

두 번째 질문에 대해 SQL 문을 작성하고 결과를 확인해 보자.

[질문 2]

2) 케이리그 소속 선수들 중에서 소속이 삼성블루윙즈 팀인 선수들과
   포지션이 골키퍼(GK)인 선수들을 모두 보고 싶다.

2) 케이리그 소속 선수 중 소속이 삼성블루윙즈 팀인 선수들의 집합과
   케이리그 소속 선수 중 포지션이 골키퍼(GK)인 선수들 집합의 합집합

[예제]

```
SELECT TEAM_ID AS 팀코드, PLAYER_NAME AS 선수명, POSITION AS 포지션
    , BACK_NO AS 백넘버, HEIGHT AS 키
  FROM PLAYER
 WHERE TEAM_ID = 'K02'
UNION
SELECT TEAM_ID AS 팀코드, PLAYER_NAME AS 선수명, POSITION AS 포지션
    , BACK_NO AS 백넘버, HEIGHT AS 키
  FROM PLAYER
 WHERE POSITION = 'GK';
```

[실행 결과]

팀코드	선수명	포지션	백넘버	키
K01	권정혁	GK	1	195
K01	서동명	GK	21	196
K01	양지원	GK	45	181
K01	이무림	GK	31	185
K01	최창주	GK	40	187
K02	가비	MF	10	177
K02	강대희	MF	26	174
K02	고종수	MF	22	176
K02	고창현	MF	8	170
K02	김강진	DF	43	181

...
88 개의 행이 선택됐습니다.

두 집합의 조건이 모두 동일 테이블에 있다면, 다음과 같이 논리 연산자를 이용한 간단한 SQL 문으로도 변경
가능하다.

```
[예제] (비교)
SELECT DISTINCT
       TEAM_ID AS 팀코드, PLAYER_NAME AS 선수명, POSITION AS 포지션
     , BACK_NO AS 백넘버, HEIGHT AS 키
  FROM PLAYER
 WHERE TEAM_ID = 'K02'
    OR POSITION = 'GK';
```

만약 두 번째 질문에 대한 SQL 문에서 UNION이라는 집합 연산자 대신에 UNION ALL이라는 집합 연산자를 사용하면 어떻게 될지 한번 수행해 보자.

```
[예제]
SELECT TEAM_ID AS 팀코드, PLAYER_NAME AS 선수명, POSITION AS 포지션
     , BACK_NO AS 백넘버, HEIGHT AS 키
  FROM PLAYER
 WHERE TEAM_ID = 'K02'
UNION ALL
SELECT TEAM_ID AS 팀코드, PLAYER_NAME AS 선수명, POSITION AS 포지션
     , BACK_NO AS 백넘버, HEIGHT AS 키
  FROM PLAYER
 WHERE POSITION = 'GK';
```

[실행 결과]

팀코드	선수명	포지션	백넘버	키
K02	김성환	DF	5	183
K02	가비	MF	10	177
K02	강대희	MF	26	174
K02	고종수	MF	22	176
K02	고창현	MF	8	170
K02	정기범	MF	28	173
K02	정동현	MF	25	175
K02	정두현	MF	4	175
K02	정준	MF	44	170
K02	정진우	DF	7	179

...
92 개의 행이 선택됐습니다.

수행 결과에서 알 수 있듯이 UNION 연산을 사용한 SQL의 결과 건수는 88건이었으나, UNION ALL 연산을 적용한 SQL의 결과는 92건이다. 두 SQL 문의 결과가 다른 이유는 UNION 연산자는 결과에서 중복 건이 존재할 경우 중복을 제외하지만, UNION ALL 연산자는 각각의 질의 결과를 단순히 결합해 줄 뿐 중복된 건을 결과에서 제외하지 않기 때문이다. 이와 같이 결과 집합 간에 중복 건이 존재하면, UNION 연산자를 사용했을 때와 UNION ALL를 사용했을 때의 결과가 달라진다. 두 집합 간의 중복된 건을 확인해 보고자 할 때는 아래와 같은 SQL 문을 사용할 수 있다.

[예제]
```
SELECT  팀코드, 선수명, 포지션, 백넘버, 키, COUNT (*) AS 중복수
    FROM (SELECT TEAM_ID AS 팀코드, PLAYER_NAME AS 선수명
            , POSITION AS 포지션, BACK_NO AS 백넘버, HEIGHT AS 키
          FROM PLAYER
          WHERE TEAM_ID = 'K02'
          UNION ALL
          SELECT TEAM_ID AS 팀코드, PLAYER_NAME AS 선수명
            , POSITION AS 포지션, BACK_NO AS 백넘버, HEIGHT AS 키
          FROM PLAYER
          WHERE POSITION = 'GK')
GROUP BY 팀코드, 선수명, 포지션, 백넘버, 키
  HAVING COUNT (*) > 1;
```

[실행 결과]

팀코드	선수명	포지션	백넘버	키	중복수
K02	조범철	GK	21	185	2
K02	김운재	GK	1	182	2
K02	최호진	GK	31	190	2
K02	정광수	GK	41	182	2

4 개의 행이 선택됐습니다.

결과를 통해 삼성블루윙즈 팀(K02)인 선수 집합과 포지션이 골키퍼(GK)인 선수 집합 간에 중복 건이 존재함을 확인할 수 있다.

세 번째 질문에 대한 SQL 문을 작성하고 결과를 확인해 보자.

[질문 3]

3) 케이리그 소속 선수들에 대한 정보 중에서 포지션별 평균키와 팀별 평균키를 알고 싶다.

3) 케이리그 소속 선수 중 포지션별 평균키에 대한 집합과
   케이리그 소속 선수 중 팀별 평균키에 대한 집합의 합집합

[예제]

```
SELECT   'P' AS 구분코드, POSITION AS 포지션, ROUND (AVG (HEIGHT), 3) AS 평균키
    FROM PLAYER
GROUP BY POSITION
UNION ALL
SELECT   'T' AS 구분코드, TEAM_ID AS 팀명, ROUND (AVG (HEIGHT), 3) AS 평균키
    FROM PLAYER
GROUP BY TEAM_ID
ORDER BY 1;
```

[실행 결과]

구분코드	포지션	평균키
P	DF	180.211
P	FW	179.910
P	GK	186.256
P	MF	176.309
P		
T	K01	180.089
T	K02	179.067
T	K03	179.911
T	K04	180.511
T	K05	180.422

...
20 개의 행이 선택됐습니다.

세 번째 질문에서는 평균키에 대한 값들의 합집합을 구하는 것이다. 실제로 테이블에는 존재하지 않지만 결과 행을 구분하기 위해 SELECT 절에 임의의 칼럼(구분코드)을 추가할 수 있음을 알 수 있다. 이와 같이 특정 목적을 위해 SELECT 절에 임의의 칼럼을 추가하는 것은 다른 모든 SQL 문에서 적용 가능하다.

집합 연산자의 결과를 표시할 때 HEADING 부분은 첫 번째 SQL 문에서 사용된 ALIAS가 적용된다는 것을 알 수 있다. SQL 문에서 첫 번째 SELECT 절에서는 '포지션'이라는 ALIAS를 사용했고, 두 번째 SELECT 절에서는 '팀명'이라는 ALIAS를 적용했다. 그러나 최종 결과에는 '포지션'이 HEADING으로 표시됐다.

네 번째 질문인 삼성블루윙즈 팀인 집합과 포지션이 미드필더(MF)인 선수들의 차집합에 대한 SQL 문을 작성하고 결과를 확인해 보자.

[질문 4]

4) 케이리그 소속 선수를 중에서 소속이 삼성블루윙즈 팀이면서 포지션이 미드필더(MF)가
   아닌 선수들의 정보를 보고 싶다.

4) 케이리그 소속 선수 중 소속이 삼성블루윙즈 팀인 선수들의 집합과
   케이리그 소속 선수 중 포지션이 미드필더(MF))인 선수들 집합의 차집합

[예제] Oracle

```
SELECT   TEAM_ID AS 팀코드, PLAYER_NAME AS 선수명, POSITION AS 포지션
       , BACK_NO AS 백넘버, HEIGHT AS 키
    FROM PLAYER
   WHERE TEAM_ID = 'K02'
MINUS
SELECT   TEAM_ID AS 팀코드, PLAYER_NAME AS 선수명, POSITION AS 포지션
       , BACK_NO AS 백넘버, HEIGHT AS 키
    FROM PLAYER
   WHERE POSITION = 'MF'
ORDER BY 1, 2, 3, 4, 5;
```

SQL Server에서는 MINUS대신 EXCEPT를 사용할 수 있다.

[실행 결과]

팀코드	선수명	포지션	백넘버	키
K02	김강진	DF	43	181
K02	김관희	FW	39	180
K02	김만근	FW	34	177
K02	김병국	DF	2	183
K02	김병근	DF	3	175
K02	김선우	FW	33	174
K02	김성환	DF	5	183
K02	김용우	FW	27	175
K02	김운재	GK	1	182

K02	김태권	DF	46	180

...

31 개의 행이 선택됐습니다.

차집합은 앞의 집합의 결과에서 뒤의 집합의 결과를 빼는 것이다. 위 SQL 문은 삼성블루윙즈 팀의 선수들 중에서 포지션이 미드필더(MF)인 선수들의 정보를 빼는 것이다.

MINUS/EXCEPT 연산자는 NOT EXISTS 또는 NOT IN 서브 쿼리를 이용한 SQL 문으로도 변경할 수 있다.

[예제]

```
SELECT   DISTINCT
         A.TEAM_ID AS 팀코드, A.PLAYER_NAME AS 선수명, A.POSITION AS 포지션
       , A.BACK_NO AS 백넘버, A.HEIGHT AS 키
   FROM PLAYER A
  WHERE A.TEAM_ID = 'K02'
    AND NOT EXISTS (SELECT 1
                      FROM PLAYER X
                     WHERE X.PLAYER_ID = A.PLAYER_ID
                       AND X.POSITION = 'MF')
ORDER BY 1, 2, 3, 4, 5;
```

[예제]

```
SELECT   DISTINCT
         TEAM_ID AS 팀코드, PLAYER_NAME AS 선수명, POSITION AS 포지션
       , BACK_NO AS 백넘버, HEIGHT AS 키
   FROM PLAYER
  WHERE TEAM_ID = 'K02'
    AND PLAYER_ID NOT IN (SELECT PLAYER_ID
                            FROM PLAYER
                           WHERE POSITION = 'MF')
ORDER BY 1, 2, 3, 4, 5;
```

두 집합의 조건이 모두 동일 테이블에 있다면, 다음과 같이 논리 연산자를 이용한 간단한 SQL 문으로도 변경 가능하다.

[예제]

```
SELECT   DISTINCT
         TEAM_ID AS 팀코드, PLAYER_NAME AS 선수명, POSITION AS 포지션
       , BACK_NO AS 백넘버, HEIGHT AS 키
    FROM PLAYER
   WHERE TEAM_ID = 'K02'
     AND POSITION ◇ 'MF'
ORDER BY 1, 2, 3, 4, 5;
```

이제 마지막으로 삼성블루윙즈 팀이면서 포지션이 골키퍼인 선수들인 교집합을 얻기 위한 SQL 문을 작성해 보자.

[질문 5]

5) 케이리그 소속 선수들 중에서 소속이 삼성블루윙즈 팀이면서 포지션이 골키퍼(GK)인
   선수들의 정보를 보고 싶다.

5) 케이리그 소속 선수 중 소속이 삼성블루윙즈 팀인 선수들의 집합과
   케이리그 소속 선수 중 포지션이 골키퍼(GK)인 선수들의 집합의 교집합

[예제]

```
SELECT   TEAM_ID AS 팀코드, PLAYER_NAME AS 선수명, POSITION AS 포지션
       , BACK_NO AS 백넘버, HEIGHT AS 키
    FROM PLAYER A
   WHERE TEAM_ID = 'K02'
INTERSECT
SELECT   TEAM_ID AS 팀코드, PLAYER_NAME AS 선수명, POSITION AS 포지션
       , BACK_NO AS 백넘버, HEIGHT AS 키
    FROM PLAYER A
   WHERE POSITION = 'GK'
ORDER BY 1, 2, 3, 4, 5;
```

[실행 결과]

팀코드	선수명	포지션	백넘버	키
K02	김운재	GK	1	182
K02	정광수	GK	41	182
K02	조범철	GK	21	185
K02	최호진	GK	31	190

4 개의 행이 선택됐습니다.

INTERSECT 연산자는 EXISTS 또는 IN 서브 쿼리를 이용한 SQL 문으로 변경 가능하다.

```
[예제]
SELECT   DISTINCT
         A.TEAM_ID AS 팀코드, A.PLAYER_NAME AS 선수명, A.POSITION AS 포지션
       , A.BACK_NO AS 백넘버, A.HEIGHT AS 키
    FROM PLAYER A
   WHERE A.TEAM_ID = 'K02'
     AND EXISTS (SELECT 1
                   FROM PLAYER X
                  WHERE X.PLAYER_ID = A.PLAYER_ID
                    AND X.POSITION = 'GK')
ORDER BY 1, 2, 3, 4, 5;
```

```
[예제]
SELECT   DISTINCT
         TEAM_ID AS 팀코드, PLAYER_NAME AS 선수명, POSITION AS 포지션
       , BACK_NO AS 백넘버, HEIGHT AS 키
    FROM PLAYER
   WHERE TEAM_ID = 'K02'
     AND PLAYER_ID IN (SELECT PLAYER_ID
                         FROM PLAYER
                        WHERE POSITION = 'GK')
ORDER BY 1, 2, 3, 4, 5;
```

두 집합의 조건이 모두 동일 테이블에 있다면, 아래와 같이 논리 연산자를 이용한 간단한 SQL 문으로도 변경 가능하다.

```
[예제]
SELECT   DISTINCT
         TEAM_ID AS 팀코드, PLAYER_NAME AS 선수명, POSITION AS 포지션
       , BACK_NO AS 백넘버, HEIGHT AS 키
    FROM PLAYER
   WHERE TEAM_ID = 'K02'
     AND POSITION = 'GK'
ORDER BY 1, 2, 3, 4, 5;
```

제3절 그룹 함수

1. 데이터 분석 개요

ANSI/ISO SQL 표준은 데이터 분석을 위해서 다음의 세 가지 함수를 정의하고 있다.

- AGGREGATE FUNCTION
- GROUP FUNCTION
- WINDOW FUNCTION

■ AGGREGATE FUNCTION

GROUP AGGREGATE FUNCTION이라고도 부르며, GROUP FUNCTION의 한 부분으로 분류할 수 있다. 1장 5절에서 설명한 COUNT, SUM, AVG, MAX, MIN 외 각종 집계 함수들이 포함돼 있다.

■ GROUP FUNCTION

결산 개념의 업무를 가지는 원가나 판매 시스템의 경우는 소계, 중계, 합계, 총합계 등 여러 레벨의 결산 보고서를 만드는 것이 중요 업무 중 하나이다. 개발자들이 이런 보고서를 작성하기 위해서는 SQL이 포함된 3GL로 배치 프로그램을 작성하거나, 레벨별 집계를 위한 여러 단계의 SQL을 UNION과 UNION ALL로 묶은 후 하나의 테이블을 여러 번 읽어 다시 재정렬하는 복잡한 단계를 거쳐야 했다. 그러나 그룹 함수를 사용하면 하나의 SQL로 테이블을 한 번만 읽어서 빠르게 원하는 리포트를 작성할 수 있다. 추가로 소계·합계를 표시하기 위해 GROUPING 함수와 CASE 함수를 이용하면 쉽게 원하는 포맷의 보고서 작성도 가능하다.

그룹 함수로는 집계함수를 제외하고, 소그룹 간의 소계를 계산하는 ROLLUP 함수, GROUP BY 항목 간 다차원적인 소계를 계산할 수 있는 CUBE 함수, 특정 항목에 대한 소계를 계산하는 GROUPING SETS 함수가 있다.

ROLLUP은 GROUP BY의 확장된 형태로 사용하기가 쉬우며 병렬로 수행할 수 있어 매우 효과적일 뿐 아니라 시간 및 지역처럼 계층적 분류를 포함하고 있는 데이터의 집계에 적합하다.

CUBE는 결합 가능한 모든 값에 대해 다차원적인 집계를 생성하게 되므로 ROLLUP에 비해 다양한 데이터를 얻는 장점이 있는 반면, 시스템에 부하를 많이 주는 단점이 있다.

GROUPING SETS는 원하는 부분의 소계만 손쉽게 추출할 수 있는 장점이 있다.

ROLLUP, CUBE, GROUPING SETS 결과에 대한 정렬이 필요한 경우는 ORDER BY 절에 정렬 칼럼을 명시해야 한다.

■ WINDOW FUNCTION

분석 함수(ANALYTIC FUNCTION)나 순위 함수(RANK FUNCTION)로도 알려진 윈도우 함수는 데이터 웨어 하우스에서 발전한 기능이며, 자세한 내용은 다음 절에서 설명한다.

2. ROLLUP 함수

ROLLUP에 지정된 Grouping Columns의 List는 Subtotal을 생성하기 위해 사용되며, Grouping Columns의 수를 N이라고 했을 때 N+1 Level의 Subtotal이 생성된다. 중요한 것은, ROLLUP의 인수는 계층 구조이므로 인수 순서가 바뀌면 수행 결과도 바뀌게 되므로 인수의 순서에도 주의해야 한다.

ROLLUP과 CUBE의 효과를 알아보기 위해 단계별로 데이터를 출력해보자.

STEP 1. 일반적인 GROUP BY 절 사용

[예제]
```
SELECT   B.DNAME, A.JOB, COUNT (*) AS EMP_CNT, SUM (A.SAL) AS SAL_SUM
   FROM EMP A, DEPT B
  WHERE B.DEPTNO = A.DEPTNO
GROUP BY B.DNAME, A.JOB;
```

[실행 결과]

DNAME	JOB	EMP_CNT	SAL_SUM
RESEARCH	ANALYST	2	6000
ACCOUNTING	CLERK	1	1300
RESEARCH	CLERK	2	1900
SALES	CLERK	1	950
ACCOUNTING	MANAGER	1	2450
RESEARCH	MANAGER	1	2975
SALES	MANAGER	1	2850
ACCOUNTING	PRESIDENT	1	5000
SALES	SALESMAN	4	5600

9 행이 선택됐습니다.

Oracle을 포함한 일부 DBMS의 과거 버전에서는 GROUP BY 절 사용 시 자동으로 정렬을 수행했으나, 요즘 대부분의 DBMS 버전은 집계 기능만 지원한다. 정렬이 필요한 경우는 ORDER BY 절에 명시적으로 정렬 칼럼을 표시해야 한다.

STEP 1-2. GROUP BY 절 + ORDER BY 절 사용

[예제] 부서명과 업무명을 기준으로 집계한 일반적인 GROUP BY SQL 문장에 ORDER BY 절을 사용함으로써 부서·업무별로 정렬이 이루어진다.

```
[예제]

SELECT   B.DNAME, A.JOB, COUNT (*) AS EMP_CNT, SUM (A.SAL) AS SAL_SUM
    FROM EMP A, DEPT B
   WHERE B.DEPTNO = A.DEPTNO
GROUP BY B.DNAME, A.JOB
ORDER BY B.DNAME, A.JOB;
```

```
[실행 결과]

DNAME           JOB             EMP_CNT         SAL_SUM
----------      ----------      -------         -------

ACCOUNTING      CLERK                 1            1300
ACCOUNTING      MANAGER               1            2450
ACCOUNTING      PRESIDENT             1            5000
RESEARCH        ANALYST               2            6000
RESEARCH        CLERK                 2            1900
RESEARCH        MANAGER               1            2975
SALES           CLERK                 1             950
SALES           MANAGER               1            2850
SALES           SALESMAN              4            5600

9 행이 선택됐습니다.
```

STEP 2. ROLLUP 함수 사용

[예제] 부서명과 업무명을 기준으로 집계한 일반적인 GROUP BY SQL 문장에 ROLLUP 함수를 사용한다.

```
[예제]

SELECT   B.DNAME, A.JOB, COUNT (*) AS EMP_CNT, SUM (A.SAL) AS SAL_SUM
    FROM EMP A, DEPT B
   WHERE B.DEPTNO = A.DEPTNO
GROUP BY ROLLUP (B.DNAME, A.JOB);
```

```
[실행 결과]

DNAME           JOB             EMP_CNT         SAL_SUM
----------      ----------      -------         -------
```

SALES	CLERK	1	950
SALES	MANAGER	1	2850
SALES	SALESMAN	4	5600
SALES		6	9400
RESEARCH	ANALYST	2	6000
RESEARCH	CLERK	2	1900
RESEARCH	MANAGER	1	2975
RESEARCH		5	10875
ACCOUNTING	CLERK	1	1300
ACCOUNTING	MANAGER	1	2450
ACCOUNTING	PRESIDENT	1	5000
ACCOUNTING		3	8750
		14	29025

13 행이 선택됐습니다.

실행 결과에서 2개의 GROUPING COLUMNS(DNAME, JOB)에 대해 다음과 같은 추가 LEVEL의 집계가 생성된 것을 볼 수 있다.

L1 - GROUP BY 수행 시 생성되는 표준 집계(9건)
L2 - DNAME 별 모든 JOB의 SUBTOTAL(3건)
L3 - GRAND TOTAL(마지막 행, 1건)

추가로 ROLLUP의 경우 계층 간 집계에 대해서는 LEVEL별 순서(L1→L2→L3)를 정렬하지만, 계층 내 GROUP BY 수행 시 생성되는 표준 집계에는 별도의 정렬을 지원하지 않는다.
L1, L2, L3 계층 내 정렬을 위해서는 별도의 ORDER BY 절을 사용해야 한다.

STEP 2-2. ROLLUP 함수 + ORDER BY 절 사용

[예제] 부서명과 업무명을 기준으로 집계한 일반적인 GROUP BY SQL 문장에 ROLLUP 함수를 사용한다. 추가로 ORDER BY 절을 사용해서 부서·업무별로 정렬한다.

```
[예제]
SELECT   B.DNAME, A.JOB, COUNT (*) AS EMP_CNT, SUM (A.SAL) AS SAL_SUM
    FROM EMP A, DEPT B
  WHERE B.DEPTNO = A.DEPTNO
GROUP BY ROLLUP (B.DNAME, A.JOB)
ORDER BY B.DNAME, A.JOB;
```

[실행 결과]

DNAME	JOB	EMP_CNT	SAL_SUM
ACCOUNTING	CLERK	1	1300
ACCOUNTING	MANAGER	1	2450
ACCOUNTING	PRESIDENT	1	5000
ACCOUNTING		3	8750
RESEARCH	ANALYST	2	6000
RESEARCH	CLERK	2	1900
RESEARCH	MANAGER	1	2975
RESEARCH		5	10875
SALES	CLERK	1	950
SALES	MANAGER	1	2850
SALES	SALESMAN	4	5600
SALES		6	9400
		14	29025

13 행이 선택됐습니다.

STEP 3. GROUPING 함수 사용

ROLLUP, CUBE, GROUPING SETS 등 새로운 그룹 함수를 지원하기 위해 GROUPING 함수가 추가됐다.

- ROLLUP이나 CUBE에 의한 소계가 계산된 결과에는 GROUPING(EXPR) = 1이 표시된다.
- 그 외의 결과에는 GROUPING(EXPR) = 0이 표시된다.

GROUPING 함수와 CASE/DECODE를 이용해, 소계를 나타내는 필드에 원하는 문자열을 지정할 수 있어서 보고서 작성 시 유용하게 사용할 수 있다.

[예제] ROLLUP 함수를 추가한 집계 보고서에서 집계 레코드를 구분할 수 있는 GROUPING 함수가 추가된 SQL 문장이다.

[예제]
```
SELECT   B.DNAME, GROUPING (B.DNAME) AS DNAME_GRP
     , A.JOB  , GROUPING (A.JOB ) AS JOB_GRP
     , COUNT (*) AS EMP_CNT, SUM (A.SAL) AS SAL_SUM
   FROM EMP A, DEPT B
  WHERE B.DEPTNO = A.DEPTNO
GROUP BY ROLLUP (B.DNAME, A.JOB)
ORDER BY B.DNAME, A.JOB;
```

[실행 결과]

DNAME	DNAME_GRP	JOB	JOB_GRP	EMP_CNT	SAL_SUM
ACCOUNTING	0	CLERK	0	1	1300
ACCOUNTING	0	MANAGER	0	1	2450
ACCOUNTING	0	PRESIDENT	0	1	5000
ACCOUNTING	0		1	3	8750
RESEARCH	0	ANALYST	0	2	6000
RESEARCH	0	CLERK	0	2	1900
RESEARCH	0	MANAGER	0	1	2975
RESEARCH	0		1	5	10875
SALES	0	CLERK	0	1	950
SALES	0	MANAGER	0	1	2850
SALES	0	SALESMAN	0	4	5600
SALES	0		1	6	9400
	1		1	14	29025

13 행이 선택됐습니다.

부서별·업무별과 전체 집계를 표시한 레코드에서는 GROUPING 함수가 1을 반환한 것을 확인할 수 있다. 그리고 전체 합계를 나타내는 결과 라인에서는 부서별 GROUPING 함수와 업무별 GROUPING 함수가 둘 다 1인 것을 알 수 있다.

STEP 4. GROUPING 함수 + CASE 사용

[예제] ROLLUP 함수를 추가한 집계 보고서에서 집계 레코드를 구분할 수 있는 GROUPING 함수와 CASE 함수를 함께 사용한 SQL 문장을 작성한다.

[예제]
```
SELECT   CASE GROUPING (B.DNAME) WHEN 1 THEN 'All Departments' ELSE B.DNAME END AS DNAME
       , CASE GROUPING (A.JOB  ) WHEN 1 THEN 'All Jobs'        ELSE A.JOB   END AS JOB
       , COUNT (*) AS EMP_CNT, SUM (A.SAL) AS SAL_SUM
    FROM EMP A, DEPT B
   WHERE B.DEPTNO = A.DEPTNO
GROUP BY ROLLUP (B.DNAME, A.JOB)
ORDER BY B.DNAME, A.JOB;
```

Oracle의 경우는 DECODE 함수를 사용해서 좀 더 간결하게 표현할 수 있다.

[예제]
```
SELECT  DECODE (GROUPING (B.DNAME), 1, 'All Departments', B.DNAME) AS DNAME
      , DECODE (GROUPING (A.JOB), 1, 'All Jobs'        , A.JOB  ) AS JOB
      , COUNT (*) AS EMP_CNT, SUM (A.SAL) AS SAL_SUM
   FROM EMP A, DEPT B
  WHERE B.DEPTNO = A.DEPTNO
GROUP BY ROLLUP (B.DNAME, A.JOB)
ORDER BY B.DNAME, A.JOB;
```

[실행 결과]

DNAME	JOB	EMP_CNT	SAL_SUM
ACCOUNTING	CLERK	1	1300
ACCOUNTING	MANAGER	1	2450
ACCOUNTING	PRESIDENT	1	5000
ACCOUNTING	All Jobs	3	8750
RESEARCH	ANALYST	2	6000
RESEARCH	CLERK	2	1900
RESEARCH	MANAGER	1	2975
RESEARCH	All Jobs	5	10875
SALES	CLERK	1	950
SALES	MANAGER	1	2850
SALES	SALESMAN	4	5600
SALES	All Jobs	6	9400
All Departments	All Jobs	14	29025

13 행이 선택됐습니다.

부서별과 전체 집계를 표시한 레코드에서 'All Departments'와 'All jobs'라는 사용자 정의 텍스트를 확인할 수 있다. 일부 DBMS는 GROUPING_ID라는 비슷한 용도의 함수를 추가로 사용할 수도 있다.

STEP 4-2. ROLLUP 함수 일부 사용

[예제] GROUP BY ROLLUP (DNAME, JOB) 조건에서 GROUP BY DNAME, ROLLUP(JOB) 조건으로 변경한 경우다.

[예제]
```
SELECT  CASE GROUPING (B.DNAME) WHEN 1 THEN 'All Departments' ELSE B.DNAME END AS DNAME
      , CASE GROUPING (A.JOB  ) WHEN 1 THEN 'All Jobs'        ELSE A.JOB   END AS JOB
      , COUNT (*) AS EMP_CNT, SUM (A.SAL) AS SAL_SUM
   FROM EMP A, DEPT B
  WHERE B.DEPTNO = A.DEPTNO
GROUP BY B.DNAME, ROLLUP (A.JOB)
ORDER BY B.DNAME, A.JOB;
```

[실행 결과]
```
DNAME           JOB             EMP_CNT        SAL_SUM
----------      ----------      -------        -------
ACCOUNTING      CLERK                 1           1300
ACCOUNTING      MANAGER               1           2450
ACCOUNTING      PRESIDENT             1           5000
ACCOUNTING      All Jobs              3           8750
RESEARCH        ANALYST               2           6000
RESEARCH        CLERK                 2           1900
RESEARCH        MANAGER               1           2975
RESEARCH        All Jobs              5          10875
SALES           CLERK                 1            950
SALES           MANAGER               1           2850
SALES           SALESMAN              4           5600
SALES           All Jobs              6           9400
```

12 행이 선택됐습니다.

결과는 마지막 All Departments & All Jobs 줄만 계산이 되지 않았다. ROLLUP이 JOB 칼럼에만 사용돼 DNAME에 대한 집계는 필요하지 않기 때문이다.

(삭제된 레코드)

All Departments All Jobs		14	29025

STEP 4-3. ROLLUP 함수 결합 칼럼 사용

[예제] JOB과 MGR은 하나의 집합으로 간주하고 부서별, JOB & MGR에 대한 ROLLUP 결과를 출력한다.

[예제]

```
SELECT   B.DNAME, A.JOB, A.MGR
      , COUNT (*) AS EMP_CNT, SUM (A.SAL) AS SAL_SUM
   FROM EMP A, DEPT B
  WHERE B.DEPTNO = A.DEPTNO
GROUP BY ROLLUP (B.DNAME, (A.JOB, A.MGR))
ORDER BY B.DNAME, A.JOB, A.MGR;
```

[실행 결과]

DNAME	JOB	MGR	EMP_CNT	SAL_SUM
ACCOUNTING	CLERK	7782	1	1300
ACCOUNTING	MANAGER	7839	1	2450
ACCOUNTING	PRESIDENT		1	5000
ACCOUNTING			3	8750
RESEARCH	ANALYST	7566	2	6000
RESEARCH	CLERK	7788	1	1100
RESEARCH	CLERK	7902	1	800
RESEARCH	MANAGER	7839	1	2975
RESEARCH			5	10875
SALES	CLERK	7698	1	950
SALES	MANAGER	7839	1	2850
SALES	SALESMAN	7698	4	5600
SALES			6	9400
			14	29025

14 행이 선택됐습니다.

ROLLUP 함수 사용 시 괄호로 묶은 JOB과 MGR의 경우 하나의 집합(JOB+MGR) 칼럼으로 간주해 괄호 내 칼럼별 집계를 구하지 않는다.

3. CUBE 함수

ROLLUP에서는 단지 가능한 Subtotal만을 생성하지만, CUBE는 결합 가능한 모든 값에 대해 다차원 집계를 생성한다. CUBE를 사용할 때는 내부적으로는 Grouping Columns의 순서를 바꾸어서 또 한 번의 쿼리를 추가 수행해야 한다. 그뿐만 아니라 Grand Total은 양쪽의 쿼리에서 모두 생성되므로 한 번의 쿼리에서는 제거돼야만 하므로 ROLLUP에 비해 시스템의 연산 대상이 많다.

이처럼 GROUPING 칼럼이 가질 수 있는 모든 경우에 대해 Subtotal을 생성해야 하는 때는 CUBE를 사용하는 것이 바람직하나, ROLLUP에 비해 시스템에 많은 부담을 주므로 사용에 주의해야 한다.

CUBE 함수의 경우 표시된 인수들에 대한 계층별 집계를 구할 수 있으며, 이때 표시된 인수 간에는 계층 구조인 ROLLUP과는 달리 평등한 관계이므로 인수의 순서가 바뀌는 경우 행간에 정렬 순서는 바뀔 수 있어도 데이터 결과는 같다.

그리고 CUBE도 결과에 대한 정렬이 필요한 경우는 ORDER BY 절에 명시적으로 정렬 칼럼이 표시돼야 한다.

STEP 5. CUBE 함수 이용

[예제] GROUP BY ROLLUP (DNAME, JOB) 조건에서 GROUP BY CUBE (DNAME, JOB) 조건으로 변경해 수행한다.

[예제]
```
SELECT   CASE GROUPING (B.DNAME) WHEN 1 THEN 'All Departments' ELSE B.DNAME END AS DNAME
       , CASE GROUPING (A.JOB  ) WHEN 1 THEN 'All Jobs'        ELSE A.JOB   END AS JOB
       , COUNT (*) AS EMP_CNT, SUM (A.SAL) AS SAL_SUM
    FROM EMP A, DEPT B
   WHERE B.DEPTNO = A.DEPTNO
 GROUP BY CUBE (B.DNAME, A.JOB)
 ORDER BY B.DNAME, A.JOB;
```

[실행 결과]

DNAME	JOB	EMP_CNT	SAL_SUM
ACCOUNTING	CLERK	1	1300
ACCOUNTING	MANAGER	1	2450
ACCOUNTING	PRESIDENT	1	5000
ACCOUNTING	All Jobs	3	8750
RESEARCH	ANALYST	2	6000
RESEARCH	CLERK	2	1900
RESEARCH	MANAGER	1	2975
RESEARCH	All Jobs	5	10875
SALES	CLERK	1	950

SALES	MANAGER	1	2850
SALES	SALESMAN	4	5600
SALES	All Jobs	6	9400
All Departments	ANALYST	2	6000
All Departments	CLERK	4	4150
All Departments	MANAGER	3	8275
All Departments	PRESIDENT	1	5000
All Departments	SALESMAN	4	5600
All Departments	All Jobs	14	29025

18 행이 선택됐습니다.

CUBE는 GROUPING 칼럼이 가질 수 있는 모든 경우의 수에 대해 Subtotal을 생성하므로 GROUPING COLUMNS의 수가 N이라고 가정하면, 2의 N승 LEVEL의 Subtotal을 생성하게 된다.

실행 결과에서 CUBE 함수 사용으로 ROLLUP 함수의 결과에다 업무별 집계까지 추가해서 출력할 수 있는데, ROLLUP 함수와 비교하면 업무별 집계를 표시한 5건의 레코드가 추가된 것을 확인할 수 있다(All Departments-CLERK, ANALYST, MANAGER, SALESMAN, PRESIDENT별 집계가 5건 추가됐다).

STEP 5-2. UNION ALL 사용 SQL

UNION ALL은 Set Operation 내용으로, 여러 SQL 문장을 연결하는 역할을 할 수 있다. 위 SQL은 첫 번째 SQL 모듈부터 차례대로 결과가 나오므로 위 CUBE SQL과 결과 데이터는 같으나 행들의 정렬은 다를 수 있다.

```
[예제]
SELECT   DNAME, JOB
       , COUNT (*) AS EMP_CNT, SUM (SAL) AS SAL_SUM
    FROM EMP A, DEPT B
   WHERE B.DEPTNO = A.DEPTNO
GROUP BY DNAME, JOB
UNION ALL
SELECT   DNAME, 'All Jobs' AS JOB
       , COUNT (*) AS EMP_CNT, SUM (SAL) AS SAL_SUM
    FROM EMP A, DEPT B
   WHERE B.DEPTNO = A.DEPTNO
GROUP BY DNAME
UNION ALL
SELECT   'All Departments' AS DNAME, JOB
       , COUNT (*) AS EMP_CNT, SUM (SAL) AS SAL_SUM
```

```
   FROM EMP A, DEPT B
  WHERE B.DEPTNO = A.DEPTNO
GROUP BY JOB
UNION ALL
SELECT 'ALL DEPARTMENTS' AS DNAME, 'ALL JOBS' AS JOB
    , COUNT (*) AS EMP_CNT, SUM (SAL) AS SAL_SUM
  FROM EMP A, DEPT B
 WHERE B.DEPTNO = A.DEPTNO;
```

CUBE 함수를 사용하면서 가장 크게 개선되는 부분은 CUBE 사용 전 SQL에서 EMP, DEPT 테이블을 네 번이나 반복 액세스하는 부분을 CUBE 사용 SQL에서는 한 번으로 줄일 수 있는 부분이다. 기존에 같은 테이블을 네 번 액세스하는 이유가 됐던 부서와 업무별 소계와 총계 부분을 CUBE 함수를 사용함으로써 한 번의 액세스만으로 구현한다.

결과적으로 수행속도 및 자원 사용률을 개선할 수 있으며, SQL 문장도 더 짧아졌으므로 가독성도 높아졌다. 실행 결과는 STEP5의 결과와 같다. ROLLUP 함수도 같은 개선 효과를 얻을 수 있다.

4. GROUPING SETS 함수

GROUPING SETS를 이용해 더욱 다양한 소계 집합을 만들 수 있는데, GROUP BY SQL 문장을 여러 번 반복하지 않아도 원하는 결과를 쉽게 얻을 수 있게 됐다.

GROUPING SETS에 표시된 인수들에 대한 개별 집계를 구할 수 있으며, 이때 표시된 인수 간에는 계층 구조인 ROLLUP과 달리 평등한 관계이므로 인수의 순서가 바뀌어도 결과는 같다.

그리고 GROUPING SETS 함수도 결과에 대한 정렬이 필요한 경우는 ORDER BY 절에 명시적으로 정렬 칼럼이 표시돼야 한다.

■ 일반 그룹 함수를 이용한 SQL

[예제] 일반 그룹 함수를 이용해 부서별, JOB별 인원수와 급여 합을 구하라.

```
[예제]
SELECT   DNAME, 'All Jobs' AS JOB
       , COUNT (*) AS EMP_CNT, SUM (SAL) AS SAL_SUM
    FROM EMP A, DEPT B
   WHERE B.DEPTNO = A.DEPTNO
GROUP BY DNAME
```

```
UNION ALL
SELECT   'All Departments' AS DNAME, JOB
       , COUNT (*) AS EMP_CNT, SUM (SAL) AS SAL_SUM
    FROM EMP A, DEPT B
   WHERE B.DEPTNO = A.DEPTNO
 GROUP BY JOB;
```

[실행 결과]

DNAME	JOB	EMP_CNT	SAL_SUM
ACCOUNTING	All Jobs	3	8750
RESEARCH	All Jobs	5	10875
SALES	All Jobs	6	9400
All Departments	ANALYST	2	6000
All Departments	CLERK	4	4150
All Departments	MANAGER	3	8275
All Departments	PRESIDENT	1	5000
All Departments	SALESMAN	4	5600

8 행이 선택됐습니다.

실행 결과는 별도의 ORDER BY 조건을 명시하지 않았기 때문에 DNAME이나 JOB에 대해 정렬돼 있지 않다.

■ GROUPING SETS 사용 SQL

[예제] 일반 그룹 함수를 GROUPING SETS 함수로 변경해 부서별, JOB별 인원수와 급여 합을 구하라.

[예제] Oracle

```
SELECT   CASE GROUPING (B.DNAME) WHEN 1 THEN 'All Departments' ELSE B.DNAME END AS DNAME
       , CASE GROUPING (A.JOB  ) WHEN 1 THEN 'All Jobs'        ELSE A.JOB    END AS JOB
       , COUNT (*) AS EMP_CNT, SUM (A.SAL) AS SAL_SUM
    FROM EMP A, DEPT B
   WHERE B.DEPTNO = A.DEPTNO
 GROUP BY GROUPING SETS (B.DNAME, A.JOB)
 ORDER BY B.DNAME, A.JOB;
```

[실행 결과]

DNAME	JOB	EMP_CNT	SAL_SUM
ACCOUNTING	All Jobs	3	8750
RESEARCH	All Jobs	5	10875
SALES	All Jobs	6	9400
All Departments	ANALYST	2	6000
All Departments	CLERK	4	4150
All Departments	MANAGER	3	8275
All Departments	PRESIDENT	1	5000
All Departments	SALESMAN	4	5600

8 행이 선택됐습니다.

GROUPING SETS 함수 사용 시 UNION ALL을 사용한 일반 그룹 함수를 사용한 SQL과 같은 결과를 얻을 수 있으며, 괄호로 묶은 집합 별로(괄호 내는 계층 구조가 아닌 하나의 데이터로 간주함) 집계를 구할 수 있다.

GROUPING SETS의 경우 일반 그룹 함수를 이용한 SQL과 결과 데이터는 같으나 행들의 정렬 순서는 다를 수 있다.

■ GROUPING SETS 사용 SQL - 순서 변경

[예제] 일반 그룹 함수를 GROUPING SETS 함수로 변경해 부서별, JOB별 인원수와 급여 합을 구할 때 GROUPING SETS의 인수 순서를 바꾸어 본다.

[예제] Oracle

```
SELECT   CASE GROUPING (B.DNAME) WHEN 1 THEN 'All Departments' ELSE B.DNAME END AS DNAME
       , CASE GROUPING (A.JOB  ) WHEN 1 THEN 'All Jobs'        ELSE A.JOB   END AS JOB
       , COUNT (*) AS EMP_CNT, SUM (A.SAL) AS SAL_SUM
    FROM EMP A, DEPT B
   WHERE B.DEPTNO = A.DEPTNO
GROUP BY GROUPING SETS (A.JOB, B.DNAME)
ORDER BY B.DNAME, A.JOB;
```

[실행 결과]

DNAME	JOB	EMP_CNT	SAL_SUM
ACCOUNTING	All Jobs	3	8750
RESEARCH	All Jobs	5	10875
SALES	All Jobs	6	9400
All Departments	ANALYST	2	6000
All Departments	CLERK	4	4150
All Departments	MANAGER	3	8275
All Departments	PRESIDENT	1	5000
All Departments	SALESMAN	4	5600

8 행이 선택됐습니다.

GROUPING SETS 인수들은 평등한 관계이므로 인수의 순서가 바뀌어도 결과는 같다(JOB과 DNAME의 순서가 바뀌었지만 결과는 같다).

■ 3개의 인수를 이용한 GROUPING SETS 이용

[예제] 부서-JOB-매니저별 집계, 부서-JOB별 집계, JOB-매니저별 집계를 GROUPING SETS 함수를 이용하여 구해본다. GROUPING SETS 함수 사용 시 괄호로 묶은 집합별로(괄호 내는 계층 구조가 아닌 하나의 데이터로 간주함) 집계를 구할 수 있다.

[예제]

```
SELECT  B.DNAME, A.JOB, A.MGR
      , COUNT (*) AS EMP_CNT, SUM (A.SAL) AS SAL_SUM
    FROM EMP A, DEPT B
   WHERE B.DEPTNO = A.DEPTNO
GROUP BY GROUPING SETS ((B.DNAME, A.JOB, A.MGR), (B.DNAME, A.JOB), (A.JOB, A.MGR));
```

[실행 결과]

DNAME	JOB	MGR	EMP_CNT	SAL_SUM
ACCOUNTING	CLERK	7782	1	1300
ACCOUNTING	CLERK		1	1300
ACCOUNTING	MANAGER	7839	1	2450
ACCOUNTING	MANAGER		1	2450
ACCOUNTING	PRESIDENT		1	5000

ACCOUNTING	PRESIDENT		1	5000
RESEARCH	ANALYST	7566	2	6000
RESEARCH	ANALYST		2	6000
RESEARCH	CLERK	7788	1	1100
RESEARCH	CLERK	7902	1	800
RESEARCH	CLERK		2	1900
RESEARCH	MANAGER	7839	1	2975
RESEARCH	MANAGER		1	2975
SALES	CLERK	7698	1	950
SALES	CLERK		1	950
SALES	MANAGER	7839	1	2850
SALES	MANAGER		1	2850
SALES	SALESMAN	7698	4	5600
SALES	SALESMAN		4	5600
	ANALYST	7566	2	6000
	CLERK	7698	1	950
	CLERK	7782	1	1300
	CLERK	7788	1	1100
	CLERK	7902	1	800
	MANAGER	7839	3	8275
	PRESIDENT		1	5000
	SALESMAN	7698	4	5600

27 행이 선택됐습니다.

실행 결과에서 첫 번째 10건의 데이터는 (DNAME+JOB+MGR) 기준의 집계이며, 두 번째 9건의 데이터는 (DNAME+JOB) 기준의 집계이다. 세 번째 8건의 데이터는 (JOB+MGR) 기준의 집계이다.

제 4 절 윈도우 함수

1. 윈도우 함수 개요

기존 관계형 데이터베이스는 칼럼과 칼럼 간의 연산·비교·연결이나 집합에 대한 집계는 쉬운 반면, 행과 행간의 관계를 정의하거나 행과 행간을 비교·연산하는 것을 하나의 SQL 문으로 처리하는 것은 매우 어려운 문제였다. PL/SQL, SQL/PL, T-SQL, PRO*C 같은 절차형 프로그램을 작성하거나, INLINE VIEW를 이용해 복잡한 SQL 문을 작성해야 하던 것을 부분적이나마 행과 행간의 관계를 쉽게 정의하기 위해 만든 함수가 바로 WINDOW FUNCTION이다. 윈도우 함수를 활용하면 복잡한 프로그램을 하나의 SQL 문장으로 쉽게 해결할 수 있다.

분석 함수(ANALYTIC FUNCTION)나 순위 함수(RANK FUNCTION)로도 알려진 윈도우 함수(ANSI/ISO SQL 표준은 WINDOW FUNCTION이란 용어를 사용함)는 데이터 웨어하우스에서 발전한 기능이다. SQL 사용자로서는 INLINE VIEW 이후 SQL의 중요한 기능이 추가됐다고 할 수 있으며, 많은 프로그램이나 튜닝 팁을 대체할 수 있을 것이다.

복잡하거나 자원을 많이 사용하는 튜닝 기법들을 대체할 수 있는 DBMS의 새로운 기능은 튜닝 관점에서도 최적화된 방법이므로 적극적으로 활용할 필요가 있다. 같은 결과가 나오는 변형된 튜닝 문장보다는 DBMS 벤더에서 최적화한 자원을 사용하도록 만들어진 새로운 기능을 사용하는 것이 일반적으로 더욱 효과가 좋기 때문이다.

윈도우 함수(WINDOW FUNCTION)는 기존에 사용하던 집계함수도 있고, 새로이 윈도우 함수 전용으로 만들어진 기능도 있다. 그리고 윈도우 함수는 다른 함수와는 달리 중첩(NEST)해서 사용하지는 못하지만, 서브 쿼리에서는 사용할 수 있다.

■ 윈도우 함수 종류

윈도우 함수의 종류는 크게 다섯 개의 그룹으로 분류할 수 있는데 벤더별로 지원하는 함수에는 차이가 있다.

첫 번째, 그룹 내 순위(RANK) 관련 함수는 RANK, DENSE_RANK, ROW_NUMBER가 있다. ANSI/ISO SQL 표준과 Oracle, SQL Server 등 대부분의 DBMS에서 지원한다.

두 번째, 그룹 내 집계(AGGREGATE) 관련 함수는 일반적으로 많이 사용하는 SUM, MAX, MIN, AVG, COUNT가 있다. ANSI/ISO SQL 표준과 Oracle, SQL Server 등 대부분의 DBMS에서 지원하고 있는데, SQL Server의 경우 집계함수는 뒤에서 설명할 OVER 절 내의 ORDER BY 구문을 지원하지 않는다.

세 번째, 그룹 내 행 순서 관련 함수는 FIRST_VALUE, LAST_VALUE, LAG, LEAD가 있다. Oracle에서만 지원하는 함수이기는 하지만, FIRST_VALUE, LAST_VALUE 함수는 MAX, MIN 함수와 비슷한 결과를 얻을 수 있다. LAG, LEAD 함수는 DW에서 유용하게 사용되는 기능이므로 같이 설명하도록 한다.

네 번째, 그룹 내 비율 관련 함수는 CUME_DIST, PERCENT_RANK, NTILE, RATIO_TO_REPORT가 있다. CUME_DIST, PERCENT_RANK 함수는 ANSI/ISO SQL 표준과 Oracle DBMS에서 지원한다. NTILE 함수는 ANSI/ISO SQL 표준에는 없지만, Oracle과 SQL Server에서 지원한다. 마지막으로 RATIO_TO_REPORT 함수는 Oracle에서만 지원하지만, 현업에서 유용한 기능을 구현하는 데 참조하기 위해 설명하도록 한다.

다섯 번째, 선형 분석을 포함한 통계 분석 관련 함수가 있다. 통계에 특화한 기능이므로 본 가이드에서는 설명을 생략한다. 다음은 Oracle의 통계 관련 함수를 참조로 표시한 것이다.

CORR, COVAR_POP, COVAR_SAMP, STDDEV, STDDEV_POP, STDDEV_SAMP, VARIANCE, VAR_POP, VAR_SAMP, REGR_(LINEAR REGRESSION), REGR_SLOPE, REGR_INTERCEPT, REGR_COUNT, REGR_R2, REGR_AVGX, REGR_AVGY, REGR_SXX, REGR_SYY, REGR_SXY

■ WINDOW FUNCTION SYNTAX

- 윈도우 함수에는 OVER 문구가 키워드로 필수 포함된다.

```
SELECT WINDOW_FUNCTION (ARGUMENTS) OVER ([PARTITION BY 칼럼] [ORDER BY 절] [WINDOWING 절])
  FROM 테이블 명;
```

- WINDOW_FUNCTION : 기존에 사용하던 함수도 있고, 새롭게 WINDOW 함수용으로 추가된 함수도 있다.
- ARGUMENTS (인수) : 함수에 따라 0 ~ N개의 인수가 지정될 수 있다.
- PARTITION BY 절 : 전체 집합을 기준에 의해 소그룹으로 나눌 수 있다.
- ORDER BY 절 : 어떤 항목에 대해 순위를 지정할지 ORDER BY 절을 기술한다.
- WINDOWING 절 : WINDOWING 절은 함수의 대상이 되는 행 기준의 범위를 강력하게 지정할 수 있다.

ROWS는 물리적인 결과 행의 수를, RANGE는 논리적인 값에 의한 범위를 나타낸다. 둘 중 하나를 선택해서 사용할 수 있다. 다만 WINDOWING 절은 SQL Server에서는 지원하지 않는다.

```
[BETWEEN 사용 타입]
ROWS ¦ RANGE BETWEEN UNBOUNDED PRECEDING ¦ CURRENT ROW ¦ VALUE_EXPR PRECEDING/FOLLOWING
              AND UNBOUNDED FOLLOWING ¦ CURRENT ROW ¦ VALUE_EXPR PRECEDING/FOLLOWING

[BETWEEN 미사용 타입]
ROWS ¦ RANGE UNBOUNDED PRECEDING ¦ CURRENT ROW ¦ VALUE_EXPR PRECEDING
```

2. 그룹 내 순위 함수

가. RANK 함수

RANK는 ORDER BY를 포함한 QUERY 문에서 특정 항목(칼럼)에 대한 순위를 구하는 함수다. 이때 특정 범위 (PARTITION) 내에서 순위를 구할 수도 있고, 전체 데이터에 대한 순위를 구할 수도 있다. 또한 동일한 값에 대해서는 동일한 순위를 부여한다.

[예제] 사원 데이터에서 급여가 높은 순서와 JOB별로 급여가 높은 순서를 같이 출력한다.

```
[예제]
SELECT JOB, ENAME, SAL
    , RANK () OVER (ORDER BY SAL DESC) AS ALL_RK
    , RANK () OVER (PARTITION BY JOB ORDER BY SAL DESC) AS JOB_RK
  FROM EMP;
```

```
[실행 결과]
JOB           ENAME       SAL       ALL_RK      JOB_RK
--------      -------     ----      -------     ------
PRESIDENT     KING        5000            1           1
ANALYST       FORD        3000            2           1
ANALYST       SCOTT       3000            2           1
MANAGER       JONES       2975            4           1
MANAGER       BLAKE       2850            5           2
MANAGER       CLARK       2450            6           3
SALESMAN      ALLEN       1600            7           1
SALESMAN      TURNER      1500            8           2
CLERK         MILLER      1300            9           1
SALESMAN      WARD        1250           10           3
SALESMAN      MARTIN      1250           10           3
CLERK         ADAMS       1100           12           2
CLERK         JAMES        950           13           3
CLERK         SMITH        800           14           4

14 행이 선택됐습니다.
```

업무 구분이 없는 ALL_RK 칼럼에서 FORD와 SCOTT, WARD와 MARTIN은 동일한 SALARY이므로 같은 순위를 부여한다. 그리고 업무를 PARTITION으로 구분한 JOB_RK는 같은 업무 내 범위에서만 순위를 부여한다.

하나의 SQL 문장에 ORDER BY SAL DESC 조건과 PARTITION BY JOB 조건이 충돌났기 때문에 JOB별로는 정렬되지 않고 ORDER BY SAL DESC 조건으로 정렬됐다.

[예제] 앞 SQL 문의 결과는 JOB과 SALARY 기준으로 정렬돼 있지 않다. 새로운 SQL에서는 전체 SALARY 순위를 구하는 ALL_RK 칼럼은 제외하고, 업무별로 SALARY 순서를 구하는 JOB_RK만 알아보도록 한다.

```
[예제]
SELECT JOB, ENAME, SAL
    , RANK () OVER (PARTITION BY JOB ORDER BY SAL DESC) AS JOB_RK
  FROM EMP;
```

```
[실행 결과]
JOB            ENAME        SAL          JOB_RK
---------      ------       ----         ------
ANALYST        FORD         3000              1
ANALYST        SCOTT        3000              1
CLERK          MILLER       1300              1
CLERK          ADAMS        1100              2
CLERK          JAMES         950              3
CLERK          SMITH         800              4
MANAGER        JONES        2975              1
MANAGER        BLAKE        2850              2
MANAGER        CLARK        2450              3
PRESIDENT      KING         5000              1
SALESMAN       ALLEN        1600              1
SALESMAN       TURNER       1500              2
SALESMAN       MARTIN       1250              3
SALESMAN       WARD         1250              3

14 행이 선택됐습니다.
```

업무별로 SALARY 순서를 구하는 JOB_RANK만 사용한 경우 파티션의 기준이 된 JOB과 SALARY별로 정렬이 돼 있는 것을 알 수 있다.

나. DENSE_RANK 함수

DENSE_RANK 함수는 RANK와 유사하나 동일한 순위를 하나의 건수로 취급하는 점이 다르다.

[예제] 사원 데이터에서 급여가 높은 순서와, 동일한 순위를 하나의 등수로 간주한 결과도 같이 출력한다.

```
[예제]
SELECT JOB, ENAME, SAL
     , RANK () OVER (ORDER BY SAL DESC) AS RK
     , DENSE_RANK () OVER (ORDER BY SAL DESC) AS DR
  FROM EMP;
```

```
[실행 결과]

JOB            ENAME        SAL         RK          DR
----------     ------       ----        --          --
PRESIDENT      KING         5000         1           1
ANALYST        FORD         3000         2           2
ANALYST        SCOTT        3000         2           2
MANAGER        JONES        2975         4           3
MANAGER        BLAKE        2850         5           4
MANAGER        CLARK        2450         6           5
SALESMAN       ALLEN        1600         7           6
SALESMAN       TURNER       1500         8           7
CLERK          MILLER       1300         9           8
SALESMAN       WARD         1250        10           9
SALESMAN       MARTIN       1250        10           9
CLERK          ADAMS        1100        12          10
CLERK          JAMES         950        13          11
CLERK          SMITH         800        14          12

14 행이 선택됐습니다.
```

FORD와 SCOTT, WARD와 MARTIN은 동일한 SALARY이므로 RANK와 DENSE_RANK 칼럼에서 모두 같은 순위를 부여한다.

그러나 RANK와 DENSE_RANK의 차이를 알 수 있는 데이터는 FORD와 SCOTT의 다음 순위인 JONES의 경우 RANK는 4등으로, DENSE_RANK는 3등으로 표시돼 있다. 마찬가지로 WARD와 MARTIN의 다음 순위인 ADAMS의 경우 RANK는 12등으로 DENSE_RANK는 10등으로 표시돼 있다.

다. ROW_NUMBER 함수

ROW_NUMBER 함수는 RANK나 DENSE_RANK 함수가 동일한 값에 대해서는 동일한 순위를 부여하는 데 반해, 동일한 값이라도 고유한 순위를 부여한다.

[예제] 사원 데이터에서 급여가 높은 순서와, 동일한 순위를 인정하지 않는 등수도 같이 출력한다.

```
[예제]
SELECT JOB, ENAME, SAL
     , RANK () OVER (ORDER BY SAL DESC) AS RK
     , ROW_NUMBER () OVER (ORDER BY SAL DESC) AS RN
  FROM EMP;
```

[실행 결과]

JOB	ENAME	SAL	RK	RN
PRESIDENT	KING	5000	1	1
ANALYST	FORD	3000	2	2
ANALYST	SCOTT	3000	2	3
MANAGER	JONES	2975	4	4
MANAGER	BLAKE	2850	5	5
MANAGER	CLARK	2450	6	6
SALESMAN	ALLEN	1600	7	7
SALESMAN	TURNER	1500	8	8
CLERK	MILLER	1300	9	9
SALESMAN	WARD	1250	10	10
SALESMAN	MARTIN	1250	10	11
CLERK	ADAMS	1100	12	12
CLERK	JAMES	950	13	13
CLERK	SMITH	800	14	14

14 행이 선택됐습니다.

FORD와 SCOTT, WARD와 MARTIN은 동일한 SALARY이므로 RANK는 같은 순위를 부여했지만, ROW_NUMBER의 경우 동일한 순위를 배제하기 위해 유니크한 순위를 정한다. 위 경우는 같은 SALARY에서는 어떤 순서가 정해질지 알 수 없다(Oracle의 경우 rowid가 적은 행이 먼저 출력된다).

이 부분은 데이터베이스별로 다른 결과가 나올 수 있으므로, 만일 동일 값에 대한 순서까지 관리하고 싶으면 ROW_NUMBER( ) OVER (ORDER BY SAL DESC, ENAME) 같이 ORDER BY 절을 이용해 추가적인 정렬 기준을 정의해야 한다.

3. 일반 집계함수

가. SUM 함수

SUM 함수를 이용해 파티션별 윈도우의 합을 구할 수 있다.

[예제] 사원들의 급여와 같은 매니저를 두고 있는 사원들의 SALARY 합을 구한다. PARTITION BY MGR 구문을 통해 매니저별로 데이터를 파티션화 한다.

[예제]

```
SELECT MGR, ENAME, SAL
     , SUM (SAL) OVER (PARTITION BY MGR) AS SAL_SUM
  FROM EMP;
```

[실행 결과]

MGR	ENAME	SAL	SAL_SUM
7566	FORD	3000	6000
7566	SCOTT	3000	6000
7698	JAMES	950	6550
7698	ALLEN	1600	6550
7698	WARD	1250	6550
7698	TURNER	1500	6550
7698	MARTIN	1250	6550
7782	MILLER	1300	1300
7788	ADAMS	1100	1100
7839	BLAKE	2850	8275
7839	JONES	2975	8275
7839	CLARK	2450	8275
7902	SMITH	800	800
	KING	5000	5000

14 행이 선택됐습니다.

[예제] OVER 절 내에 ORDER BY 절을 추가해 파티션 내 데이터를 정렬하고 이전 SALARY 데이터까지의 누적값을 출력한다. RANGE UNBOUNDED PRECEDING은 현재 행을 기준으로 파티션 내의 첫 번째 행까지의 범위를 지정한다(SQL Server의 집계함수인 경우 OVER 절 내의 ORDER BY 절을 지원하지 않는다).

[예제]

```
SELECT MGR, ENAME, SAL
     , SUM (SAL) OVER (PARTITION BY MGR ORDER BY SAL RANGE UNBOUNDED PRECEDING) AS SAL_SUM
  FROM EMP;
```

[실행 결과]

MGR	ENAME	SAL	SAL_SUM
7566	SCOTT	3000	6000
7566	FORD	3000	6000
7698	JAMES	950	950
7698	**WARD**	**1250**	**3450 -- ***
7698	**MARTIN**	**1250**	**3450 -- ***
7698	TURNER	1500	4950
7698	ALLEN	1600	6550
7782	MILLER	1300	1300
7788	ADAMS	1100	1100
7839	CLARK	2450	2450
7839	BLAKE	2850	5300
7839	JONES	2975	8275
7902	SMITH	800	800
	KING	5000	5000

14 행이 선택됐습니다.

---

*로 표시한 WARD(7698)와 MARTIN(7698)의 급여가 같으므로, 같은 ORDER로 취급해 950+ 1250+ 1250=3450의 값이 됐다. TURNER(7698)의 경우 950+1250+1250+1500=4950의 누적 합을 가진다.

나. MAX 함수

MAX 함수를 이용해 파티션별 윈도우의 최댓값을 구할 수 있다.

[예제] 사원들의 급여와 같은 매니저를 두고 있는 사원들의 SALARY 중 최댓값을 함께 구한다. 실행 결과를 확인하면 파티션 내의 최댓값을 파티션 내 모든 행에서 MAX_SAL라는 칼럼 값으로 가질 수 있다.

[예제]
```
SELECT MGR, ENAME, SAL
     , MAX (SAL) OVER (PARTITION BY MGR) AS MAX_SAL
  FROM EMP;
```

[실행 결과]

MGR	ENAME	SAL	MAX_SAL
7566	FORD	3000	3000
7566	SCOTT	3000	3000
7698	JAMES	950	1600
7698	ALLEN	1600	1600
7698	WARD	1250	1600
7698	TURNER	1500	1600
7698	MARTIN	1250	1600
7782	MILLER	1300	1300
7788	ADAMS	1100	1100
7839	BLAKE	2850	2975
7839	JONES	2975	2975
7839	CLARK	2450	2975
7902	SMITH	800	800
	KING	5000	5000

14 행이 선택됐습니다.

[예제] 추가로, INLINE VIEW를 이용해 파티션별 최댓값을 가진 행만 추출할 수도 있다. 실행 결과를 보면 MGR이 7566인 SCOTT, FORD는 같은 최댓값을 가지므로, WHERE SAL = MAX_SAL 조건에 의해 2건이 추출됐다.

[예제]
```
SELECT MGR, ENAME, SAL
  FROM (SELECT MGR, ENAME, SAL
             , MAX (SAL) OVER (PARTITION BY MGR) AS MAX_SAL
         FROM EMP)
 WHERE SAL = MAX_SAL;
```

[실행 결과]

MGR	ENAME	SAL
7566	FORD	3000
7566	SCOTT	3000
7698	ALLEN	1600
7782	MILLER	1300
7788	ADAMS	1100
7839	JONES	2975
7902	SMITH	800
	KING	5000

8 행이 선택됐습니다.

[예제] 이전 예제는 쿼리의 성능이 저하될 수 있다. 파티션별 최댓값을 가진 행만 추출할 때는 아래처럼 순위 함수를 사용하는 것이 바람직하다.

[예제]

```
SELECT MGR, ENAME, SAL
  FROM (SELECT MGR, ENAME, SAL
              , RANK () OVER (PARTITION BY MGR ORDER BY SAL DESC) AS SAL_RK
          FROM EMP)
 WHERE SAL_RK = 1;
```

다. MIN 함수

MIN 함수를 이용해 파티션별 윈도우의 최솟값을 구할 수 있다.

[예제] 사원들의 급여와 같은 매니저를 두고 있는 사원들을 입사일자를 기준으로 정렬하고, SALARY 최솟값을 함께 구한다.

[예제]

```
SELECT MGR, ENAME, HIREDATE, SAL
   , MIN (SAL) OVER (PARTITION BY MGR ORDER BY HIREDATE) AS MIN_SAL
  FROM EMP;
```

[실행 결과]

MGR	ENAME	HIREDATE	SAL	MIN_SAL
7566	FORD	1981-12-03	3000	3000
7566	SCOTT	1987-04-19	3000	3000
7698	ALLEN	1981-02-20	1600	1600
7698	WARD	1981-02-22	1250	1250
7698	TURNER	1981-09-08	1500	1250
7698	MARTIN	1981-09-28	1250	1250
7698	JAMES	1981-12-03	950	950
7782	MILLER	1982-01-23	1300	1300
7788	ADAMS	1987-05-23	1100	1100
7839	JONES	1981-04-02	2975	2975
7839	BLAKE	1981-05-01	2850	2850
7839	CLARK	1981-06-09	2450	2450
7902	SMITH	1980-12-17	800	800
	KING	1981-11-17	5000	5000

14 행이 선택됐습니다.

라. AVG 함수

AVG 함수와 파티션별 ROWS 윈도우를 이용해 원하는 조건에 맞는 데이터에 대한 통곗값을 구할 수 있다.

[예제] EMP 테이블에서 같은 매니저를 두고 있는 사원들의 평균 SALARY를 구하는데, 조건은 같은 매니저 내에서 자기 바로 앞의 사번과 바로 뒤의 사번인 직원만을 대상으로 한다. ROWS BETWEEN 1 PRECEDING AND 1 FOLLOWING은 현재 행을 기준으로 파티션 내에서 앞의 한 건, 현재 행, 뒤의 한 건을 범위로 지정한다(ROWS는 현재 행의 앞뒤 건수를 말함).

[예제]
```
SELECT MGR, ENAME, HIREDATE, SAL
     , ROUND (AVG (SAL) OVER (PARTITION BY MGR ORDER BY HIREDATE
                          ROWS BETWEEN 1 PRECEDING AND 1 FOLLOWING)) AS AVG_SAL
  FROM EMP;
```

[실행 결과]

MGR	ENAME	HIREDATE	SAL	AVG_SAL
7566	FORD	1981-12-03	3000	3000
7566	SCOTT	1987-04-19	3000	3000
7698	ALLEN	1981-02-20	1600	1425
7698	WARD	1981-02-22	1250	1450
7698	TURNER	1981-09-08	1500	1333
7698	MARTIN	1981-09-28	1250	1233
7698	JAMES	1981-12-03	950	1100
7782	MILLER	1982-01-23	1300	1300
7788	ADAMS	1987-05-23	1100	1100
7839	JONES	1981-04-02	2975	2913
7839	BLAKE	1981-05-01	2850	2758
7839	CLARK	1981-06-09	2450	2650
7902	SMITH	1980-12-17	800	800
	KING	1981-11-17	5000	5000

14 행이 선택됐습니다.

실행 결과에서 ALLEN의 경우 파티션 내에서 첫 번째 데이터이므로 앞의 한 건은 평균값 집계 대상이 없다. 결과적으로 평균값 집계 대상은 본인의 데이터와 뒤의 한 건으로 평균값을 구한다(1600 + 1250) / 2 = 1425의 값을 가진다.

TURNER의 경우 앞의 한 건, 본인의 데이터, 뒤의 한 건으로 평균값을 구한다. (1250 + 1500 + 1250) / 3 = 1333의 값을 가진다.

JAMES는 파티션 내에서 마지막 데이터이므로 뒤의 한 건을 제외한, 앞의 한 건과 본인의 데이터를 갖고 평균값을 구한다. (1250 + 950) / 2 = 1100의 값을 가진다.

마. COUNT 함수

COUNT 함수와 파티션별 ROWS 윈도우를 이용해 원하는 조건에 맞는 데이터에 대한 통곗값을 구할 수 있다.

[예제] 사원들을 급여 기준으로 정렬하고, 본인의 급여보다 50 이하가 적거나 150 이하로 많은 급여를 받는 인원수를 출력하라. RANGE BETWEEN 50 PRECEDING AND 150 FOLLOWING은 현재 행의 급여값을 기준으로 급여가 −50에서 +150의 범위 안에 포함된 모든 행이 대상이 된다(RANGE는 현재 행의 데이터 값을 기준으로 앞뒤 데이터 값의 범위를 표시하는 것임).

```
[예제]
SELECT ENAME , SAL
     , COUNT (*) OVER (ORDER BY SAL RANGE BETWEEN 50 PRECEDING AND 150 FOLLOWING) AS EMP_CNT
  FROM EMP;
```

```
[실행 결과]
ENAME          SAL          EMP_CNT
------         ----         ----------------
SMITH          800          2 -- 750 ~ 950
JAMES          950          2 -- 900 ~ 1100
ADAMS          1100         3 -- 1050 ~ 1250 -- *
WARD           1250         3 -- 1200 ~ 1400
MARTIN         1250         3 -- 1200 ~ 1400
MILLER         1300         3 -- 1250 ~ 1450
TURNER         1500         2 -- 1450 ~ 1650
ALLEN          1600         1 -- 1550 ~ 1750
CLARK          2450         1 -- 2400 ~ 2600
BLAKE          2850         4 -- 2800 ~ 3000
JONES          2975         3 -- 2925 ~ 3125
SCOTT          3000         3 -- 2950 ~ 3150
FORD           3000         3 -- 2950 ~ 3150
KING           5000         1 -- 4950 ~ 5150

14 행이 선택됐습니다.
```

위 SQL 문장은 파티션이 지정되지 않았으므로 모든 건수를 대상으로 −50 ~ +150 기준에 맞는지 검사하게 된다. ORDER BY SAL로 정렬이 돼 있으므로 비교 연산이 쉬워진다.

*로 표시한 ADAMS의 경우 자신이 갖고 있는 SALARY 1100을 기준으로 −50에서 +150까지 값을 가진 1050에서, 1250까지의 값을 가진 ADAMS(1100), WARD(1250), MARTIN(1250)라는 3명의 데이터 건수를 구할 수 있다.

4. 그룹 내 행 순서 함수

가. FIRST_VALUE 함수

FIRST_VALUE 함수를 이용해 파티션별 윈도우에서 가장 먼저 나온 값을 구한다. SQL Server에서는 지원하지 않는 함수다. MIN 함수를 활용해 같은 결과를 얻을 수도 있다.

[예제] 부서별 직원들을 연봉이 높은 순서부터 정렬하고, 파티션 내에서 가장 먼저 나온 값을 출력한다. RANGE UNBOUNDED PRECEDING은 현재 행을 기준으로 파티션 내 첫 번째 행까지의 범위를 지정한다.

[예제]

```
SELECT DEPTNO, ENAME, SAL
     , FIRST_VALUE (ENAME) OVER (PARTITION BY DEPTNO ORDER BY SAL DESC
                                 ROWS UNBOUNDED PRECEDING) AS ENAME_FV
   FROM EMP;
```

[실행 결과]

DEPTNO	ENAME	SAL	ENAME_FV
10	KING	5000	KING
10	CLARK	2450	KING
10	MILLER	1300	KING
20	SCOTT	3000	SCOTT -- *
20	FORD	3000	SCOTT -- *
20	JONES	2975	SCOTT
20	ADAMS	1100	SCOTT
20	SMITH	800	SCOTT
30	BLAKE	2850	BLAKE
30	ALLEN	1600	BLAKE
30	TURNER	1500	BLAKE
30	MARTIN	1250	BLAKE
30	WARD	1250	BLAKE
30	JAMES	950	BLAKE

14 행이 선택됐습니다.

실행 결과를 보면 같은 부서 내에 최고 급여를 받는 사람 둘이 있을 경우, 즉 *로 표시한 부서번호 20의 SCOTT과 FORD 중에서 어느 사람이 최고 급여자로 선택될지는 위의 SQL 문만 갖고는 판단할 수 없다.

FIRST_VALUE는 다른 함수와 달리 공동 등수를 인정하지 않고 처음 나온 행만 처리한다. 위처럼 공동 등수가 있을 때 의도적으로 세부 항목을 정렬하고 싶다면, 별도의 정렬 조건을 가진 INLINE VIEW를 사용하거나 OVER () 내의 ORDER BY 절에 칼럼을 추가해야 한다.

[예제] 앞의 SQL 문장에서 같은 값을 가진 FIRST_VALUE를 처리하기 위해 ORDER BY 정렬 조건을 추가한다.

```
[예제]
SELECT DEPTNO, ENAME, SAL
    , FIRST_VALUE (ENAME) OVER (PARTITION BY DEPTNO ORDER BY SAL DESC, ENAME
                      ROWS UNBOUNDED PRECEDING) AS ENAME_FV
  FROM EMP;
```

```
[실행 결과]

DEPTNO      ENAME          SAL          ENAME_FV
------      -----          ----         --------
   10       KING           5000         KING
   10       CLARK          2450         KING
   10       MILLER         1300         KING
   20       FORD           3000         FORD
   20       SCOTT          3000         FORD
   20       JONES          2975         FORD
   20       ADAMS          1100         FORD
   20       SMITH           800         FORD
   30       BLAKE          2850         BLAKE
   30       ALLEN          1600         BLAKE
   30       TURNER         1500         BLAKE
   30       MARTIN         1250         BLAKE
   30       WARD           1250         BLAKE
   30       JAMES           950         BLAKE

14 행이 선택됐습니다.
```

SQL에서 같은 부서 내에 최고 급여를 받는 사람 둘이 있는 경우를 대비해 이름을 두 번째 정렬 조건으로 추가한다. 실행 결과를 확인하면 부서번호 20의 최고 급여자가 이전의 SCOTT 값에서 ASCII 코드가 적은 값인 FORD로 변경된 것을 확인할 수 있다.

나. LAST_VALUE 함수

LAST_VALUE 함수를 이용해 파티션별 윈도우에서 가장 나중에 나온 값을 구한다. SQL Server에서는 지원하지 않는 함수다. MAX 함수를 활용해 같은 결과를 얻을 수도 있다.

[예제] 부서별 직원들을 연봉이 높은 순서부터 정렬하고, 파티션 내에서 가장 마지막에 나온 값을 출력한다. ROWS BETWEEN CURRENT ROW AND UNBOUNDED FOLLOWING은 현재 행을 포함해서 파티션 내의 마지막 행까지의 범위를 지정한다.

```
[예제]

SELECT DEPTNO, ENAME, SAL
     , LAST_VALUE (ENAME) OVER (PARTITION BY DEPTNO ORDER BY SAL DESC
                                 ROWS BETWEEN CURRENT ROW AND UNBOUNDED FOLLOWING) AS ENAME_LV
  FROM EMP;
```

```
[실행 결과]

DEPTNO          ENAME           SAL             ENAME_LV
------          ------          ----            --------
    10          KING            5000            MILLER
    10          CLARK           2450            MILLER
    10          MILLER          1300            MILLER
    20          SCOTT           3000            SMITH
    20          FORD            3000            SMITH
    20          JONES           2975            SMITH
    20          ADAMS           1100            SMITH
    20          SMITH            800            SMITH
    30          BLAKE           2850            JAMES
    30          ALLEN           1600            JAMES
    30          TURNER          1500            JAMES
    30          MARTIN          1250            JAMES
    30          WARD            1250            JAMES
    30          JAMES            950            JAMES

14 행이 선택됐습니다.
```

실행 결과에서 LAST_VALUE는 다른 함수와 달리 공동 등수를 인정하지 않고 가장 나중에 나온 행만을 처리한다. 만일 공동 등수가 있고, 결과를 의도적으로 정렬하고 싶다면 별도의 정렬 조건을 가진 INLINE VIEW를 사용하거나 OVER () 내의 ORDER BY 조건에 칼럼을 추가해야 한다.

다. LAG 함수

LAG 함수를 이용해 파티션별 윈도우에서 이전 몇 번째 행의 값을 가져올 수 있다. SQL Server에서는 지원하지 않는 함수다.

[예제] 직원들을 입사일자가 빠른 기준으로 정렬하고, 본인보다 입사일자가 한 명 앞선 사원의 급여를 본인의 급여와 함께 출력한다.

```
[예제]

SELECT ENAME, HIREDATE, SAL
     , LAG (SAL) OVER (ORDER BY HIREDATE) AS LAG_SAL
  FROM EMP
 WHERE JOB = 'SALESMAN';
```

```
[실행 결과]

ENAME          HIREDATE          SAL          LAG_SAL
--------       ----------        ----         --------
ALLEN          1981-02-20        1600
WARD           1981-02-22        1250         1600
TURNER         1981-09-08        1500         1250
MARTIN         1981-09-28        1250         1500

4 행이 선택됐습니다.
```

[예제] LAG 함수는 3개의 ARGUMENTS까지 사용할 수 있다. 두 번째 인자는 몇 번째 앞의 행을 가져올지 결정하는 것이고 (DEFAULT 1), 세 번째 인자는 예를 들어 파티션의 첫 번째 행의 경우 가져올 데이터가 없어 NULL 값이 들어온다. 이 경우 다른 값으로 바꿔 줄 수 있다. 결과적으로 NVL이나 ISNULL 기능과 같다. LAG(SAL, 2, 0)의 기능은 두 행 앞의 SALARY를 가져오고, 가져올 값이 없으면 0으로 처리한다.

```
[예제]

SELECT ENAME, HIREDATE, SAL
     , LAG (SAL, 2, 0) OVER (ORDER BY HIREDATE) AS LAG_SAL
  FROM EMP
 WHERE JOB = 'SALESMAN';
```

```
[실행 결과]

ENAME          HIREDATE            SAL      LAG_SAL
------         ----------          ----     -------
ALLEN          1981-02-20          1600           0
WARD           1981-02-22          1250           0
TURNER         1981-09-08          1500        1600
MARTIN         1981-09-28          1250        1250

4 행이 선택됐습니다.
```

라. LEAD 함수

LEAD 함수를 이용해 파티션별 윈도우에서 이후 몇 번째 행의 값을 가져올 수 있다. 참고로 SQL Server에서는 지원하지 않는 함수다.

[예제] 직원들을 입사일자가 빠른 기준으로 정렬을 하고, 바로 다음에 입사한 인력의 입사일자를 함께 출력한다.

```
[예제]

SELECT ENAME, HIREDATE
     , LEAD (HIREDATE, 1) OVER (ORDER BY HIREDATE) AS LEAD_HIREDATE
  FROM EMP
 WHERE JOB = 'SALESMAN';
```

```
[실행 결과]

ENAME          HIREDATE            LEAD_HIREDATE
------         ----------          -------------
ALLEN          1981-02-20          1981-02-22
WARD           1981-02-22          1981-09-08
TURNER         1981-09-08          1981-09-28
MARTIN         1981-09-28

4 행이 선택됐습니다.
```

LEAD 함수는 3개의 ARGUMENTS까지 사용할 수 있는데, 두 번째 인자는 몇 번째 후의 행을 가져올지 결정하는 것이다(DEFAULT 1). 세 번째 인자는, 예를 들어 파티션의 마지막 행은 가져올 데이터가 없어 NULL 값이 들어오는 데 이 경우 다른 값으로 바꿀 수 있다. 결과적으로 NVL이나 ISNULL 기능과 같다.

5. 그룹 내 비율 함수

가. RATIO_TO_REPORT 함수

RATIO_TO_REPORT 함수를 이용해 파티션 내 전체 SUM(칼럼) 값에 대한 행별 칼럼 값의 백분율을 소수점으로 구할 수 있다. 결과 값은 > 0 & <= 1의 범위를 가진다. 개별 RATIO의 합을 구하면 1이 된다. SQL Server에서는 지원하지 않는 함수다.

[예제] JOB이 SALESMAN인 사원들을 대상으로 전체 급여에서 본인이 차지하는 비율을 출력한다.

```
[예제] Oracle

SELECT ENAME, SAL
     , ROUND (RATIO_TO_REPORT (SAL) OVER (), 2) AS SAL_RR
  FROM EMP
 WHERE JOB = 'SALESMAN';
```

```
[실행 결과]

ENAME        SAL          SAL_RR
-------      -----        --------------------
ALLEN        1600         0.29 -- 1600 / 5600
WARD         1250         0.22 -- 1250 / 5600
MARTIN       1250         0.22 -- 1250 / 5600
TURNER       1500         0.27 -- 1500 / 5600

4 행이 선택됐습니다.
```

실행 결과에서 전체 값은 1650 + 1250 + 1250 + 1500 = 5600이 되고, RATIO_TO_REPORT 함수 연산의 분모로 사용된다.

그리고 개별 RATIO의 전체 합을 구하면 1이 되는 것을 확인할 수 있다.

```
0.29 + 0.22 + 0.22 + 0.27 = 1
```

나. PERCENT_RANK 함수

PERCENT_RANK 함수를 이용해 파티션별 윈도우에서 제일 먼저 나오는 것을 0으로, 제일 늦게 나오는 것을 1로 해, 값이 아닌 행의 순서별 백분율을 구한다. 결과 값은 >= 0 & <= 1 의 범위를 가진다. 참고로 SQL Server에서는 지원하지 않는 함수다.

[예제] 같은 부서 소속 사원들의 집합에서 본인의 급여가 순서상 몇 번째 위치에 있는지 0과 1 사이의 값으로 출력한다.

[예제] Oracle

```
SELECT DEPTNO, ENAME, SAL
     , PERCENT_RANK () OVER (PARTITION BY DEPTNO ORDER BY SAL DESC) AS PR
  FROM EMP;
```

[실행 결과]

DEPTNO	ENAME	SAL	PR
10	KING	5000	0.00
10	CLARK	2450	0.50
10	MILLER	1300	1.00
20	SCOTT	3000	0.00
20	FORD	3000	0.00
20	JONES	2975	0.50
20	ADAMS	1100	0.75
20	SMITH	800	1.00
30	BLAKE	2850	0.00
30	ALLEN	1600	0.20
30	TURNER	1500	0.40
30	MARTIN	1250	0.60
30	WARD	1250	0.60
30	JAMES	950	1.00

14 행이 선택됐습니다.

DEPTNO 10의 경우 3건이므로 구간은 2개다.

0과 1 사이를 2개의 구간으로 나누면 0, 0.5, 1이다.

DEPTNO 20의 경우 5건이므로 구간은 4개다.

0과 1 사이를 4개의 구간으로 나누면 0, 0.25, 0.5, 0.75, 1이다.

DEPTNO 30의 경우 6건이므로 구간은 5개다.

0과 1 사이를 5개의 구간으로 나누면 0, 0.2, 0.4, 0.6, 0.8, 1이다.

SCOTT, FORD, WARD, MARTIN의 경우 ORDER BY SAL DESC 구문에 의해 급여가 같으므로 같은 ORDER로 취급한다.

다. CUME_DIST 함수

CUME_DIST 함수를 이용해 파티션별 윈도우의 전체 건수에서 현재 행보다 작거나 같은 건수에 대한 누적백분율을 구한다. 결과 값은 > 0 & <= 1 의 범위를 가진다. 참고로 SQL Server에서는 지원하지 않는 함수다.

[예제] 같은 부서 소속 사원들의 집합에서 본인의 급여가 누적 순서상 몇 번째 위치쯤에 있는지 0과 1 사이의 값으로 출력한다.

[예제] Oracle

```
SELECT DEPTNO, ENAME, SAL
     , CUME_DIST () OVER (PARTITION BY DEPTNO ORDER BY SAL DESC) AS CD
  FROM EMP;
```

[실행 결과]

```
DEPTNO        ENAME         SAL           CD
------        ------        ----          ----
    10        KING          5000          0.33
    10        CLARK         2450          0.67
    10        MILLER        1300          1.00
    20        SCOTT         3000          0.40 -- *
    20        FORD          3000          0.40 -- *
    20        JONES         2975          0.60
    20        ADAMS         1100          0.80
    20        SMITH          800          1.00
    30        BLAKE         2850          0.17
    30        ALLEN         1600          0.33
    30        TURNER        1500          0.50
    30        MARTIN        1250          0.83 -- **
    30        WARD          1250          0.83 -- **
    30        JAMES          950          1.00
```

14 행이 선택됐습니다.

DEPTNO가 10인 경우 윈도우가 전체 3건이므로 0.3333 단위의 간격을 가진다.
즉 0.3333, 0.6667, 1의 값이다.
DEPTNO가 20인 경우 윈도우가 전체 5건이므로 0.2000 단위의 간격을 가진다.
즉 0.2000, 0.4000, 0.6000, 0.8000, 1의 값이다.
DEPTNO가 30인 경우 윈도우가 전체 6건이므로 0.1667 단위의 간격을 가진다.
즉 0.1667, 0.3333, 0.5000, 0.6667, 0.8333, 1의 값이다.

　* 표시가 있는 SCOTT, FORD와 ** 표시가 있는 WARD, MARTIN의 경우 ORDER BY SAL에 의해 SAL이 같으므로 같은 ORDER로 취급한다. 다른 WINDOW 함수의 경우 동일 순서이면, 앞 행의 함수 결과 값을 따른다. CUME_DIST의 경우는 동일 순서면 뒤 행의 함수 결과 값을 기준으로 한다.

라. NTILE 함수

　NTILE 함수를 이용해 파티션별 전체 건수를 ARGUMENT 값으로 N 등분한 결과를 구할 수 있다.

[예제] 전체 사원을 급여가 높은 순서로 정렬하고, 급여를 기준으로 4개의 그룹으로 분류한다.

```
[예제]
SELECT ENAME, SAL
     , NTILE (4) OVER (ORDER BY SAL DESC) AS NT
  FROM EMP;
```

```
[실행 결과]
ENAME          SAL          NT
------         ----         ---
KING           5000          1
FORD           3000          1
SCOTT          3000          1
JONES          2975          1
BLAKE          2850          2
CLARK          2450          2
ALLEN          1600          2
TURNER         1500          2
MILLER         1300          3
WARD           1250          3
MARTIN         1250          3
ADAMS          1100          4
JAMES           950          4
SMITH           800          4

14 행이 선택됐습니다.
```

　위 예제에서 NTILE(4)는 14명의 팀원을 4개 조로 나눈다는 의미다. 전체 14명을 4개의 집합으로 나누면 몫이 3명, 나머지가 2명이다. 나머지 두 명은 앞의 조부터 할당한다. 즉 4명 + 4명 + 3명 + 3명으로 조를 나누게 된다.

제 5 절 Top N 쿼리

1. ROWNUM 슈도 칼럼

Oracle의 ROWNUM은 칼럼과 비슷한 성격의 Pseudo Column으로서 SQL 처리 결과 집합의 각 행에 대해 임시로 부여되는 일련번호다. 테이블이나 집합에서 원하는 만큼의 행만 가져오고 싶을 때 WHERE 절에서 행의 개수를 제한하는 목적으로 사용한다.

한 건의 행만 가져오고 싶을 때는
- SELECT PLAYER_NAME FROM PLAYER WHERE ROWNUM <= 1;이나
- SELECT PLAYER_NAME FROM PLAYER WHERE ROWNUM < 2;처럼 사용할 수 있다.

두 건 이상의 N 행을 가져오고 싶을 때는 ROWNUM = N;처럼 사용할 수 없으며
- SELECT PLAYER_NAME FROM PLAYER WHERE ROWNUM <= N;이나
- SELECT PLAYER_NAME FROM PLAYER WHERE ROWNUM < N+1;처럼 출력되는 행의 한계를 지정할 수 있다.

Oracle에서 순위가 높은 N개의 로우를 추출하기 위해 ORDER BY 절과 WHERE 절의 ROWNUM 조건을 같이 사용하는 경우가 있다. 이 두 조건으로는 원하는 결과를 얻을 수 없다. Oracle의 경우 정렬이 완료된 후 데이터의 일부가 출력되는 것이 아니라, 데이터의 일부가 먼저 추출된 후(ORDER BY 절은 결과 집합을 결정하는 데 관여하지 않음) 데이터에 대한 정렬 작업이 일어나므로 주의해야 한다.

[예제] 사원 테이블에서 급여가 높은 3명만 내림차순으로 출력하고자 하는데, 잘못 사용된 SQL의 사례다.

```
[예제] Oracle
SELECT    ENAME, SAL
    FROM EMP
   WHERE ROWNUM < 4
ORDER BY SAL DESC;
```

```
[실행 결과]

ENAME        SAL
-----       ----
ALLEN       1600
WARD        1250
```

```
SMITH           800

3 행이 선택됐습니다.
```

　　실행 결과의 3명은 급여가 상위인 3명을 출력한 것이 아니라, 급여 순서에 상관없이 무작위로 추출된 3명에 한해 급여를 내림차순으로 정렬한 결과이다. 따라서 원하는 결과를 출력한 것이 아니다.

[예제] **ORDER BY 절이 없으면 ORACLE의 ROWNUM 조건과 SQL Server의 TOP 절은 같은 결과를 보인다. 그렇지만 ORDER BY 절이 사용되는 경우 ORACLE은 ROWNUM 조건을 ORDER BY 절보다 먼저 처리되는 WHERE 절에서 처리하므로, 정렬 후 원하는 데이터를 얻기 위해서는 인라인 뷰에서 먼저 데이터를 정렬한 후 메인 쿼리에서 ROWNUM 조건을 사용해야 한다.**

[예제] Oracle

```
SELECT ENAME, SAL
  FROM (SELECT   ENAME, SAL
             FROM EMP
          ORDER BY SAL DESC)
 WHERE ROWNUM <= 3;
```

[실행 결과]

```
ENAME           SAL
------          ----
KING            5000
SCOTT           3000
FORD            3000

3 행이 선택됐습니다.
```

　　위 사례에서는 인라인 뷰를 사용해 추출하고자 하는 접합을 정렬한 후 ROWNUM을 적용시킴으로써 결과에 참여하는 순서와 추출되는 로우 순서를 일치시켜 Top N 쿼리의 결과를 만들어냈다. 실행 결과를 보면 EMP 테이블의 데이터를 급여가 많은 순서부터 정렬한 후 상위 3건의 데이터를 출력한 것을 알 수 있다.

2. TOP 절

SQL Server는 TOP 절을 사용해 결과 집합으로 출력되는 행의 수를 제한할 수 있다. TOP 절의 표현식은 다음과 같다.

```
TOP (Expression) [PERCENT] [WITH TIES]
```

- Expression : 반환할 행 수를 지정하는 숫자이다.
- PERCENT : 쿼리 결과 집합에서 처음 Expression%의 행만 반환됨을 나타낸다.
- WITH TIES : ORDER BY 절이 지정된 경우에만 사용할 수 있으며, TOP N(PERCENT)의 마지막 행과 같은 값이 있는 경우 추가 행이 출력되도록 지정할 수 있다.

한 건의 행만 가져오고 싶을 때는
- SELECT TOP(1) PLAYER_NAME FROM PLAYER;처럼 사용할 수 있다.

두 건 이상의 N 행을 가져오고 싶을 때는
- SELECT TOP(N) PLAYER_NAME FROM PLAYER;처럼 출력되는 행의 개수를 지정할 수 있다.

[예제] 사원 테이블에서 급여가 높은 2명을 내림차순으로 출력하고자 한다.

[예제] SQL Server

```
SELECT   TOP(2)
         ENAME, SAL
    FROM EMP
ORDER BY SAL DESC;
```

[실행 결과]

```
ENAME      SAL
-----      ----
KING       5000
SCOTT      3000

(2개 행 적용됨)
```

[예제] 사원 테이블에서 급여가 높은 2명을 내림차순으로 출력하는데 같은 급여를 받는 사원이 있으면 같이 출력한다. TOP(2) WITH TIES 옵션은 동일 수치의 데이터를 추가로 더 추출하는 것으로, SCOTT과 FORD의 급여가 공동 2위이므로 TOP(2) WITH TIES의 실행 결과는 3건의 데이터가 출력된다.

```
[예제] SQL Server
SELECT   TOP(2) WITH TIES
         ENAME, SAL
    FROM EMP
ORDER BY SAL DESC;
```

```
[실행 결과]

ENAME        SAL
-----        ----
KING         5000
SCOTT        3000
FORD         3000

(3개 행 적용됨)
```

3. ROW LIMITING 절

Oracle은 12.1 버전, SQL Server는 2012 버전부터 ROW LIMITING 절로 Top N 쿼리를 작성할 수 있다. ROW LIMITING 절은 ANSI 표준 SQL 문법이다.

아래는 ROW LIMITING 절의 구문이다. ROW LIMITING 절은 ORDER BY 절 다음에 기술하며, ORDER BY 절과 함께 수행된다. ROW와 ROWS는 구분하지 않아도 된다.

```
[OFFSET offset {ROW | ROWS}]
[FETCH {FIRST | NEXT} [{rowcount | percent PERCENT}] {ROW | ROWS} {ONLY | WITH TIES}]
```

- OFFSET offset : 건너뛸 행의 개수를 지정한다.
- FETCH : 반환할 행의 개수나 백분율을 지정한다.
- ONLY : 지정된 행의 개수나 백분율만큼 행을 반환한다.
- WITH TIES : 마지막 행에 대한 동순위를 포함해서 반환한다.

[예제] 아래는 ROW LIMITING 절을 사용한 Top N 쿼리다.

[예제]

SELECT EMPNO, SAL FROM EMP ORDER BY SAL, EMPNO FETCH FIRST 5 ROWS ONLY;

[실행 결과]

EMPNO	SAL
7369	800
7900	950
7876	1100
7654	1250
7521	1250

5 행이 선택됐습니다.

[예제] 아래와 같이 OFFSET만 기술하면 건너뛴 행 이후의 전체 행이 반환된다.

[예제]

SELECT EMPNO, SAL FROM EMP ORDER BY SAL, EMPNO OFFSET 5 ROWS;

[실행 결과]

EMPNO	SAL
7934	1300
7844	1500
7499	1600
...	

9 행이 선택됐습니다.

제 6 절 계층형 질의와 셀프 조인

1. 개요

테이블에 계층형 데이터가 존재하는 경우 데이터를 조회하기 위해서 계층형 질의(Hierarchical Query)를 사용한다. 계층형 데이터란 동일 테이블에 계층적으로 상위와 하위 데이터가 포함된 데이터를 말한다. 예를 들어 사원테이블에서는 사원들 사이에 상위 사원(관리자)과 하위 사원 관계가 존재하고, 조직 테이블에서는 조직들 사이에 상위 조직과 하위 조직 관계가 있다. 엔터티를 순환 관계 데이터 모델로 설계할 경우 계층형 데이터가 발생한다. 순환 관계 데이터 모델의 예로는 조직, 사원, 메뉴 등이 있다.

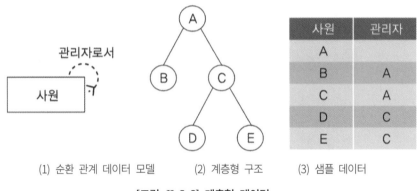

(1) 순환 관계 데이터 모델   (2) 계층형 구조   (3) 샘플 데이터

[그림 II-2-6] 계층형 데이터

[그림 II-2-6]은 사원에 대한 순환 관계 데이터 모델을 표현한 것이다. (2)계층형 구조에서 A의 하위 사원은 B, C이고 B 밑에는 하위 사원이 없고 C의 하위 사원은 D, E가 있다. 계층형 구조를 데이터로 표현한 것이 (3)샘플 데이터다. 순환 관계 데이터 모델은 셀프 조인이나 계층형 질의로 조회할 수 있다.

2. 셀프 조인

셀프 조인(Self Join)이란 동일 테이블 사이의 조인을 말한다. 따라서 FROM 절에 동일 테이블이 두 번 이상 나타난다. 동일 테이블 사이의 조인을 수행하면 테이블과 칼럼 이름이 모두 동일하므로 식별을 위해 반드시 테이블 별칭(Alias)을 사용해야 한다. 그리고 칼럼에도 모두 테이블 별칭을 사용해서 어느 테이블의 칼럼인지 식별해줘야 한다. 이외 사항은 조인과 동일하다.

셀프 조인에 대한 기본적인 사용법은 다음과 같다.

```
SELECT ALIAS명1.칼럼명, ALIAS명2.칼럼명, ...
  FROM 테이블1 ALIAS명1, 테이블2 ALIAS명2
 WHERE ALIAS명2.칼럼명 = ALIAS명1.칼럼명;
```

```
SELECT WORKER.EMPNO AS 사원번호, WORKER.ENAME AS 사원명, MANAGER.ENAME AS 관리자명
  FROM EMP WORKER, EMP MANAGER
 WHERE MANAGER.EMPNO = WORKER.MGR;
```

순환 관계로 설계된 사원 테이블은 사원과 관리자가 모두 하나의 사원이라는 개념으로 동일시해 같이 입력돼 있다. 이것을 이용해서 다음 문제를 셀프 조인으로 해결해 보면 다음과 같다. '자신과 상위, 차상위 관리자를 같은 줄에 표시하라.' 이 문제를 해결하기 위해서는 FROM 절에 사원 테이블을 두 번 사용해야 한다.

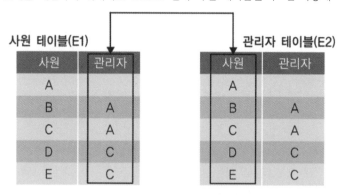

[그림 II-2-7] 셀프 조인 개념

셀프 조인은 동일한 테이블(사원)이지만 [그림 II-2-7]과 같이 개념적으로는 두 개의 서로 다른 테이블(사원, 관리자)을 사용하는 것과 동일하다. 동일 테이블을 다른 테이블인 것처럼 처리하기 위해 테이블 별칭을 사용해야 한다. 여기서는 E1(사원), E2(관리자) 테이블 별칭을 사용했다. 차상위 관리자를 구하기 위해서 E2.사원 = E1.관리자 조인 조건을 사용해야 한다.

아래는 JONES의 자식 노드를 조회하는 쿼리다. mgr가 JONES의 empno인 행을 조회하면 된다.

[예제]
```
SELECT B.EMPNO, B.ENAME, B.MGR
  FROM EMP A, EMP B
 WHERE A.ENAME = 'JONES'
   AND B.MGR = A.EMPNO;
```

[실행 결과]

EMPNO	ENAME	MGR
7788	SCOTT	7566
7902	FORD	7566

2 행이 선택됐습니다.

아래는 JONES의 자식 노드의 자식 노드를 조회하는 쿼리다. mgr이 JONES의 자식 노드인 SCOTT과 FORD의 empno인 행을 조회하면 된다. 이런 계층 전개 방식을 순방향 전개라고 한다.

[예제]
```
SELECT C.EMPNO, C.ENAME, C.MGR
  FROM EMP A, EMP B, EMP C
 WHERE A.ENAME = 'JONES'
   AND B.MGR = A.EMPNO
   AND C.MGR = B.EMPNO;
```

[실행 결과]

EMPNO	ENAME	MGR
7369	SMITH	7902
7876	ADAMS	7788

2 행이 선택됐습니다.

아래는 SMITH의 부모 노드를 조회하는 쿼리다. empno가 SMITH의 mgr인 행을 조회하면 된다.

[예제]
```
SELECT B.EMPNO, B.ENAME, B.MGR
  FROM EMP A, EMP B
 WHERE A.ENAME = 'SMITH'
   AND B.EMPNO = A.MGR;
```

EMPNO	ENAME	MGR
7902	FORD	7566

1개의 행이 선택됐습니다.

아래는 SMITH의 부모 노드의 부모 노드를 조회하는 쿼리다. empno가 SMITH의 부모 노드인 FORD의 mgr인 행을 조회하면 된다. 이런 계층 전개 방식을 역방향 전개라고 한다.

[예제]

```
SELECT C.EMPNO, C.ENAME, C.MGR
  FROM EMP A, EMP B, EMP C
 WHERE A.ENAME = 'SMITH'
   AND B.EMPNO = A.MGR
   AND C.EMPNO = B.MGR;
```

[실행 결과]

EMPNO	ENAME	MGR
7566	JONES	7839

1개의 행이 선택됐습니다.

지금까지 살펴본 것처럼 깊은 레벨의 노드를 조회하기 위해서는 셀프 조인을 반복해야 한다. Oracle과 SQL Server는 순환 관계를 가진 데이터를 조회할 수 있는 계층 질의 기능을 제공한다.

3. 계층형 질의

계층형 데이터 조회는 DBMS 벤더와 버전에 따라 다른 방법으로 지원한다. 여기서는 Oracle과 SQL Server 기준으로 설명한다.

가. Oracle 계층형 질의

Oracle은 계층형 질의를 지원하기 위해서 [그림 II-2-8]과 같은 계층형 질의 구문을 제공한다.

```
SELECT    ···
      FROM 테이블
      WHERE condition
          AND condition ···
START WITH condition
          AND condition ···
CONNECT BY [NOCYCLE] condition
          AND condition ···
[ORDER SIBLINGS BY column, column, ···]
```

[그림 II-2-8] 계층형 질의 구문

- START WITH절은 계층 구조 전개의 시작 위치를 지정하는 구문이다. 즉 루트 데이터를 지정한다(액세스).
- CONNECT BY절은 다음에 전개될 자식 데이터를 지정하는 구문이다. 자식 데이터는 CONNECT BY 절에 주어진 조건을 만족해야 한다.(조인)
- PRIOR : CONNECT BY절에 사용되며, 현재 읽은 칼럼을 지정한다. (FK) = PRIOR (PK) 형태를 사용하면 부모 데이터에서 자식 데이터(부모 → 자식) 방향으로 전개하는 순방향 전개를 한다. 그리고 (PK) = PRIOR (FK) 형태를 사용하면 반대로 자식 데이터에서 부모 데이터(자식 → 부모) 방향으로 전개하는 역방향 전개를 한다.
- NOCYCLE : 데이터를 전개하면서 이미 나타났던 동일한 데이터가 전개 중에 다시 나타난다면, 이것을 가리켜 사이클(Cycle)이 발생했다고 한다. 사이클이 발생한 데이터는 런타임 오류가 발생한다. NOCYCLE를 추가하면 오류를 발생시키지 않고 사이클이 발생한 이후의 데이터를 전개하지 않는다.
- ORDER SIBLINGS BY : 형제 노드(동일 LEVEL) 사이에서 정렬을 수행한다.
- WHERE : 모든 전개를 수행한 후에 지정된 조건을 만족하는 데이터만 추출한다(필터링).

Oracle은 계층형 질의를 사용할 때 다음과 같은 가상 칼럼(Pseudo Column)을 제공한다.

[표 II-2-6] 계층형 질의에서 사용되는 가상 칼럼

가상 칼럼	설명
LEVEL	루트 데이터이면 1, 그 하위 데이터이면 2다. 리프(Leaf) 데이터까지 1씩 증가한다.
CONNECT_BY_ISLEAF	전개 과정에서 해당 데이터가 리프 데이터이면 1, 그렇지 않으면 0이다.
CONNECT_BY_ISCYCLE	전개 과정에서 자식을 갖는데, 해당 데이터가 조상으로서 존재하면 1, 그렇지 않으면 0이다. 여기서 조상이란 자신으로부터 루트까지의 경로에 존재하는 데이터를 말한다. CYCLE 옵션을 사용했을 때만 사용할 수 있다.

다음은 emp 테이블을 계층형 질의 구문을 이용해서 조회한 것이다. PK인 empno 앞쪽에 PRIOR 연산자를 기술했다. 여기서는 결과 데이터를 들여쓰기하기 위해 LPAD 함수를 사용했다.

[예제]

```
SELECT    LEVEL AS LV, LPAD (' ', (LEVEL - 1) * 2) || EMPNO AS EMPNO, MGR
        , CONNECT_BY_ISLEAF AS ISLEAF
    FROM EMP
START WITH MGR IS NULL
CONNECT BY MGR = PRIOR EMPNO;
```

[실행 결과]

```
LV        EMPNO         MGR            ISLEAF
--        -----         ----           ------
1         7839                         0
2         7566          7839           0
3         7788          7566           0
4         7876          7788           1
3         7902          7566           0
4         7369          7902           1
2         7698          7839           0
3         7499          7698           1
3         7521          7698           1
3         7654          7698           1
3         7844          7698           1
3         7900          7698           1
2         7782          7839           0
3         7934          7782           1

14 행이 선택됐습니다.
```

7839는 루트 데이터이기 때문에 레벨이 1이다. 7839의 하위 데이터인 7566, 5698, 7782는 레벨이 2다. 그리고 7566의 하위 데이터인 7788, 7902는 레벨이 3이다. 리프 데이터는 7876, 7369, 7499, 7521, 7654, 7844, 7900, 7934다. 관리자 → 사원 방향을 전개하기 때문에 순방향 전개다. [그림 Ⅱ-2-9]은 계층형 질의에 대한 논리적인 실행 모습이다.

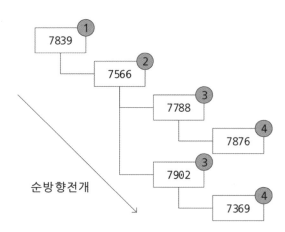

[그림 Ⅱ-2-9] 순방향 계층형 질의 결과의 논리적인 모습

다음 예제는 사원 'D'로부터 자신의 상위관리자를 찾는 역방향 전개의 예다. FK인 mgr 앞쪽에 PRIOR 연산자를 기술했다.

[예제]
```
SELECT    LEVEL AS LV, LPAD (' ', (LEVEL - 1) * 2) || EMPNO AS EMPNO, MGR
        , CONNECT_BY_ISLEAF AS ISLEAF
    FROM EMP
START WITH EMPNO = 7876
CONNECT BY EMPNO = PRIOR MGR;
```

[실행 결과]
```
LV        EMPNO        MGR        ISLEAF
--        -----        ----       ------
 1         7876        7788          0
 2         7788        7566          0
 3         7566        7839          0
 4         7839                      1

4 행이 선택됐습니다.
```

본 예제는 역방향 전개이기 때문에 하위 데이터에서 상위 데이터로 전개된다. 결과를 보면 내용을 제외하고 표시 형태는 순방향 전개와 동일하다. 7876는 루트 데이터이기 때문에 레벨이 1이다. 7876의 상위 데이터인 7788은 레벨이 2다. 7788의 상위 데이터인 7566는 레벨이 3이다. 리프 데이터는 7839이다. 루트 및 레벨은 전개되는 방향에 따라 반대가 됨을 알 수 있다.

[그림 II-2-10]는 역방향 전개에 대한 계층형 질의에 대한 논리적인 실행 모습이다.

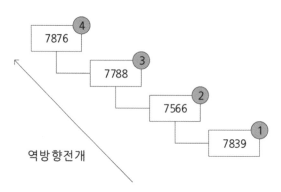

[그림 II-2-10] 역방향 계층형 질의 결과의 논리적인 모습

Orcle은 계층형 질의를 사용할 때 사용자 편의성을 제공하기 위해서 [표 II-2-7]과 같은 함수를 제공한다.

[표 II-2-7] 계층형 질의에서 사용되는 함수

함수	설명
SYS_CONNECT_BY_PATH	루트 데이터부터 현재 전개할 데이터까지의 경로를 표시한다. 사용법 : SYS_CONNECT_BY_PATH(칼럼, 경로분리자)
CONNECT_BY_ROOT	현재 전개할 데이터의 루트 데이터를 표시한다. 단항 연산자이다. 사용법 : CONNECT_BY_ROOT 칼럼

SYS_CONNECT_BY_PATH, CONNECT_BY_ROOT를 사용한 예는 다음과 같다. START WITH를 통해 추출된 루트 데이터가 1건이기 때문에 루트사원은 모두 A이다. 경로는 루트로부터 현재 데이터까지의 경로를 표시한다. 예를 들어 7876의 경로는 7839 → 7566 → 7788 → 7876이다.

```
[예제]
SELECT    CONNECT_BY_ROOT (EMPNO) AS ROOT_EMPNO
        , SYS_CONNECT_BY_PATH (EMPNO, ',') AS PATH
        , EMPNO, MGR
     FROM EMP
```

```
START WITH MGR IS NULL
CONNECT BY MGR = PRIOR EMPNO;
```

[실행 결과]

ROOT_EMPNO	PATH	EMPNO	MGR
7839	,7839	7839	
7839	,7839,7566	7566	7839
7839	,7839,7566,7788	7788	7566
7839	,7839,7566,7788,7876	7876	7788
7839	,7839,7566,7902	7902	7566
7839	,7839,7566,7902,7369	7369	7902
7839	,7839,7698	7698	7839
7839	,7839,7698,7499	7499	7698
7839	,7839,7698,7521	7521	7698
7839	,7839,7698,7654	7654	7698
7839	,7839,7698,7844	7844	7698
7839	,7839,7698,7900	7900	7698
7839	,7839,7782	7782	7839
7839	,7839,7782,7934	7934	7782

14 행이 선택됐습니다.

나. SQL Server 계층형 질의

SQL Server 2000 버전까지는 계층형 질의를 작성할 수 있는 문법을 지원하지 않았다. 조직도처럼 계층적 구조를 가진 데이터는 저장 프로시저를 재귀 호출하거나 While 루프 문에서 임시 테이블을 사용하는 등 (순수한 쿼리가 아닌) 프로그램 방식으로 전개해야만 했다. 그러나 SQL Server 2005 버전부터는 하나의 질의로 원하는 결과를 얻을 수 있게 됐다.

먼저 NORTHWIND 데이터베이스에 접속해 EMPLOYEES 테이블의 데이터를 조회해 보자. 총 9개 로우가 있다. ReportsTo 칼럼이 상위 사원에 해당하며, EmployeeID 칼럼과 재귀적 관계를 맺고 있다. EmployeeID가 2인 Fuller 사원을 살펴보면, ReportsTo 칼럼 값이 NULL이므로 계층 구조의 최상위에 있음을 알 수 있다.

```
USE NORTHWIND
GO

SELECT EMPLOYEEID, LASTNAME, FIRSTNAME, REPORTSTO
  FROM EMPLOYEES
GO
*************************************
```

```
EmployeeID     LastName       FirstName      ReportsTo
----------     ----------     ----------     ----------
1              Davolio        Nancy          2
2              Fulle          Andrew         NULL
3              Leverling      Janet          2
4              Peacock        Margaret       2
5              Buchanan       Steven         2
6              Suyama         Michael        5
7              King           Robert         5
8              Callahan       Laura          2
9              Dodsworth      Anne           5

(9개 행 적용됨)
```

CTE(Common Table Expression)를 재귀 호출함으로써 Employees 데이터의 최상위부터 시작해 하위 방향으로 계층 구조를 전개하도록 작성한 쿼리와 결과는 다음과 같다.

```
WITH EMPLOYEES_ANCHOR AS (
SELECT EMPLOYEEID, LASTNAME, FIRSTNAME, REPORTSTO, 0 AS LEVEL
  FROM EMPLOYEES
 WHERE REPORTSTO IS NULL /* 재귀 호출의 시작점 */
UNION ALL
SELECT R.EMPLOYEEID, R.LASTNAME, R.FIRSTNAME, R.REPORTSTO, A.LEVEL + 1
  FROM EMPLOYEES_ANCHOR A
     , EMPLOYEES R
 WHERE R.REPORTSTO = A.EMPLOYEEID)
SELECT LEVEL, EMPLOYEEID, LASTNAME, FIRSTNAME, REPORTSTO
  FROM EMPLOYEES_ANCHOR

GO
********************************************************************

LEVEL      EmployeeID     LastName       FirstName      ReportsTo
-----      ----------     ----------     ----------     ----------
   0                2     Fuller         Andrew         NULL
   1                1     Davolio        Nancy          2
   1                3     Leverling      Janet          2
   1                4     Peacock        Margaret       2
   1                5     Buchanan       Steven         2
   1                8     Callahan       Laura          2
   2                6     Suyama         Michael        5
```

| 2 | 7 | King | Robert | 5 |
| 2 | 9 | Dodsworth | Anne | 5 |

(9개 행 적용됨)

WITH 절의 CTE 쿼리를 보면, UNION ALL 연산자로 쿼리 두 개를 결합했다. 둘 중 위에 있는 쿼리를 '앵커 멤버'(Anchor Member)라고 하고, 아래에 있는 쿼리를 '재귀 멤버'(Recursive Member)라고 한다. 아래는 재귀적 쿼리의 처리 과정이다.

1. CTE 식을 앵커 멤버와 재귀 멤버로 분할한다.
2. 앵커 멤버를 실행해 첫 번째 호출 또는 기본 결과 집합(T0)을 생성한다.
3. Ti는 입력으로 사용하고 Ti+1은 출력으로 사용해 재귀 멤버를 실행한다.
4. 빈 집합이 반환될 때까지 3단계를 반복한다.
5. 결과 집합을 반환한다. 이것은 T0에서 Tn까지의 UNION ALL이다.

정리하자면 다음과 같다. 먼저 앵커 멤버가 시작점이자 Outer 집합이 돼 Inner 집합인 재귀 멤버와 조인을 시작한다. 이어서 앞서 조인한 결과가 다시 Outer 집합이 돼 재귀 멤버와 조인을 반복하다가 조인 결과가 비어 있으면, 즉 더 조인할 수 없으면 지금까지 만들어진 결과 집합을 모두 합해 리턴한다.

[그림 II-2-11]에 있는 조직도를 쿼리로 출력했을 때, 대부분 사용자는 아래와 같은 결과를 기대할 것이다(보기 편하도록 각 로우 앞쪽에 자신의 레벨만큼 빈칸을 삽입했다).

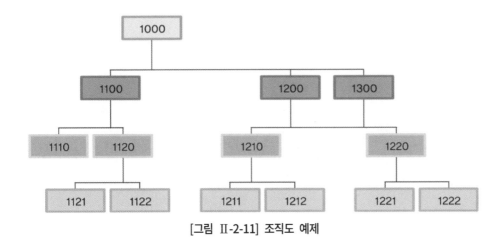

[그림 II-2-11] 조직도 예제

```
EmployeeID    ManagerID
----------    ---------
      1000         NULL
      1100         1000
      1110         1100
      1120         1100
      1121         1120
      1122         1120
      1200         1000
      1210         1200
      1211         1210
      1212         1210
      1220         1200
      1221         1220
      1222         1220
      1300         1000
```

아래에 T_EMP 데이터의 최상위부터 시작해 하위 방향으로 계층 구조를 전개하도록 작성한 쿼리와 그 결과다. 보다시피, 계층 구조를 단순히 하위 방향으로 전개했을 뿐 [그림 II-2-11]에 있는 조직도와는 많이 다른 모습이다. 앞서 보았듯이 CTE 재귀 호출로 만들어낸 계층 구조는 실제와 다른 모습으로 출력된다. 따라서 조직도와 같은 모습으로 출력하려면 ORDER BY 절을 추가해 원하는 순서대로 결과를 정렬해야 한다.

```
WITH T_EMP_ANCHOR AS (
SELECT EMPLOYEEID, MANAGERID, 0 AS LEVEL
  FROM T_EMP
 WHERE MANAGERID IS NULL /* 재귀 호출의 시작점 */
UNION ALL
SELECT R.EMPLOYEEID, R.MANAGERID, A.LEVEL + 1
  FROM T_EMP_ANCHOR A
     , T_EMP R
 WHERE R.MANAGERID = A.EMPLOYEEID)
SELECT LEVEL, REPLICATE (' ', LEVEL * 2) + EMPLOYEEID AS EMPLOYEEID, MANAGERID
  FROM T_EMP_ANCHOR
GO


**************************

Level      EmployeeID      ManagerID
-----      ----------      ---------
    0            1000           NULL
    1            1100           1000
```

1	1200	1000
1	1300	1000
2	1210	1200
2	1220	1200
3	1221	1220
3	1222	1220
3	1211	1210
3	1212	1210
2	1110	1100
2	1120	1100
3	1121	1120
3	1122	1120

(14개 행 적용됨)

실제 조직도와 같은 모습의 결과를 출력하도록, CTE에 Sort라는 정렬용 칼럼을 추가하고 쿼리 마지막에 ORDER BY 조건을 추가해보자(단 앵커 멤버와 재귀 멤버 양쪽에서 convert 함수 등으로 데이터 형식을 일치시켜야 한다).

```
WITH T_EMP_ANCHOR AS (
SELECT EMPLOYEEID, MANAGERID, 0 AS LEVEL, CONVERT(VARCHAR(1000), EMPLOYEEID) AS SORT
  FROM T_EMP
 WHERE MANAGERID IS NULL /* 재귀 호출의 시작점 */
UNION ALL
SELECT R.EMPLOYEEID, R.MANAGERID, A.LEVEL + 1
    , CONVERT(VARCHAR(1000), A.SORT + ',' + R.EMPLOYEEID) AS SORT
  FROM T_EMP_ANCHOR A, T_EMP R
 WHERE R.MANAGERID = A.EMPLOYEEID)
SELECT   LEVEL, REPLICATE(' ', LEVEL * 2) + EMPLOYEEID AS EMPLOYEEID, MANAGERID, SORT
    FROM T_EMP_ANCHOR
ORDER BY SORT
GO
```

CTE 안에서 Sort 칼럼에 사번(=EmployeeID)을 재귀적으로 더해 나가면 정렬 기준으로 삼을 수 있는 값이 만들어진다. 다음은 Sort 칼럼으로 정렬해 출력한 결과인데, [그림 II-2-11]에 있는 조직도의 모습과 일치한다. 가상의 Sort 칼럼을 추가해 정렬하는 게 아쉽기는 하지만, SQL Server에서 계층 구조를 실제 모습대로 출력하려면 현재(2005, 2008 버전 기준)로서는 감수해야 할 수밖에 없다.

Level	EmployeeID	ManagerID	Sort
0	1000	NULL	1000
1	1100	1000	1000,1100
2	1110	1100	1000,1100,1110
2	1120	1100	1000,1100,1120
3	1121	1120	1000,1100,1120,1121
3	1122	1120	1000,1100,1120,1122
1	1200	1000	1000,1200
2	1210	1200	1000,1200,1210
3	1211	1210	1000,1200,1210,1211
3	1212	1210	1000,1200,1210,1212
2	1220	1200	1000,1200,1220
3	1221	1220	1000,1200,1220,1221
3	1222	1220	1000,1200,1220,1222
1	1300	1000	1000,1300

(14개 행 적용됨)

제 7 절 PIVOT 절과 UNPIVOT 절

1. 개요

PIVOT은 회전시킨다는 의미를 갖고 있다. PIVOT 절은 행을 열로 회전시키고, UNPIVOT 절은 열을 행으로 회전시킨다.

2. PIVOT 절

PIVOT 절은 행을 열로 전환한다. PIVOT 절의 구문은 아래와 같다.

```
PIVOT [XML]
      (aggregate_function (expr) [[AS] alias]
    [, aggregate_function (expr) [[AS] alias]]…
      FOR {column | (column [, column]…)}
      IN ({{{expr | (expr [, expr]…)} [[AS] alias]}…
          | subquery
          | ANY [, ANY]…
          })
    )
```

- aggregate_function은 집계할 열을 지정한다.
- FOR 절은 PIVOT할 열을 지정한다.
- IN 절은 PIVOT할 열 값을 지정한다.

다음은 PIVOT 절을 사용한 쿼리다. PIVOT 절은 집계함수와 FOR 절에 지정되지 않은 열을 기준으로 집계되기 때문에 인라인 뷰를 통해 사용할 열을 지정해야 한다.

```
[예제]
SELECT  *
    FROM (SELECT JOB, DEPTNO, SAL FROM EMP)
    PIVOT (SUM (SAL) FOR DEPTNO IN (10, 20, 30))
ORDER BY 1;
```

[실행 결과]

JOB	10	20	30
ANALYST		6000	
CLERK	1300	1900	950
MANAGER	2450	2975	2850
PRESIDENT	5000		
SALESMAN			5600

5 행이 선택됐습니다.

다음 쿼리는 인라인 뷰에 yyyy 표현식을 추가한 것이다. 행 그룹에 yyyy 표현식이 추가된 것을 확인할 수 있다.

[예제]
```
SELECT  *
    FROM (SELECT TO_CHAR (HIREDATE, 'YYYY') AS YYYY, JOB, DEPTNO, SAL FROM EMP)
    PIVOT (SUM (SAL) FOR DEPTNO IN (10, 20, 30))
ORDER BY 1, 2;
```

[실행 결과]

YYYY	JOB	10	20	30
1980	CLERK		800	
1981	ANALYST		3000	
1981	CLERK			950
1981	MANAGER	2450	2975	2850
...				

9 행이 선택됐습니다.

다음 쿼리는 집계함수와 IN 절에 별칭을 지정했다. 별칭을 지정하면 결과 집합의 열 명이 변경된다.

[예제]
```
SELECT  *
    FROM (SELECT JOB, DEPTNO, SAL FROM EMP)
    PIVOT (SUM (SAL) AS SAL FOR DEPTNO IN (10 AS D10, 20 AS D20, 30 AS D30))
ORDER BY 1;
```

[실행 결과]

```
JOB              D10_SAL          D20_SAL          D30_SAL
---------        -------          -------          -------
ANALYST                           6000
CLERK            1300             1900             950
MANAGER          2450             2975             2850
PRESIDENT        5000
SALESMAN                                           5600
```

5 행이 선택됐습니다.

집계함수와 IN 절에 지정한 별칭에 따라 아래와 같은 규칙으로 열 명이 부여된다. 집계함수와 IN 절 모두 별칭을 지정하는 편이 바람직하다.

	10	10 AS d10
SUM (sal)	10	D10
SUM (sal) AS sal	10_SAL	D10_SAL

SELECT 절에 부여된 열 명을 지정하면 필요한 열만 조회할 수 있다.

[예제]

```
SELECT   JOB, D20_SAL
   FROM (SELECT JOB, DEPTNO, SAL FROM EMP)
   PIVOT (SUM (SAL) AS SAL FOR DEPTNO IN (10 AS D10, 20 AS D20, 30 AS D30))
   WHERE D20_SAL > 2500
ORDER BY 1;
```

[실행 결과]

```
JOB              D20_SAL
-------          -------
ANALYST          6000
MANAGER          2975
```

2 행이 선택됐습니다.

PIVOT 절은 다수의 집계함수를 지원한다. 다음 쿼리는 SUM 함수와 COUNT 함수를 함께 사용했다.

[예제]
```
SELECT  *
    FROM (SELECT JOB, DEPTNO, SAL FROM EMP)
  PIVOT (SUM (SAL) AS SAL, COUNT (*) AS CNT FOR DEPTNO IN (10 AS D10, 20 AS D20))
ORDER BY 1;
```

[실행 결과]

JOB	D10_SAL	D10_CNT	D20_SAL	D20_CNT
ANALYST		0	6000	2
CLERK	1300	1	1900	2
MANAGER	2450	1	2975	1
PRESIDENT	5000	1		0
SALESMAN		0		0

5 행이 선택됐습니다.

FOR 절에도 다수의 열을 기술할 수 있다. 다음과 같이 IN 절에 다중 열을 사용해야 한다.

[예제]
```
SELECT  *
    FROM (SELECT TO_CHAR (HIREDATE, 'YYYY') AS YYYY, JOB, DEPTNO, SAL FROM EMP)
  PIVOT (SUM (SAL) AS SAL, COUNT (*) AS CNT
            FOR (DEPTNO, JOB) IN ((10, 'ANALYST') AS D10A, (10, 'CLERK') AS D10C
                        , (20, 'ANALYST') AS D20A, (20, 'CLERK') AS D20C))
ORDER BY 1;
```

[실행 결과]

YYYY	D10A_SAL	D10A_CNT	D10C_SAL	D10C_CNT	D20A_SAL	D20A_CNT	D20C_SAL	D20C_CNT
1980		0		0		0	800	1
1981		0		0	3000	1		0
1982		0	1300	1		0		0
1987		0		0	3000	1	1100	1

4 행이 선택됐습니다.

PIVOT 절을 사용할 수 없는 경우 집계함수와 CASE 표현식으로 PIVOT을 수행할 수 있다.

```
[예제]
SELECT   JOB
       , SUM (CASE DEPTNO WHEN 10 THEN SAL END) AS D10_SAL
       , SUM (CASE DEPTNO WHEN 20 THEN SAL END) AS D20_SAL
       , SUM (CASE DEPTNO WHEN 30 THEN SAL END) AS D30_SAL
    FROM EMP
GROUP BY JOB
ORDER BY JOB;
```

```
[실행 결과]

JOB              D10_SAL         D20_SAL         D30_SAL
--------         -------         -------         -------
ANALYST                             6000
CLERK               1300            1900             950
MANAGER             2450            2975            2850
PRESIDENT           5000
SALESMAN                                            5600

5 행이 선택됐습니다.
```

2. UNPIVOT 절

UNPIVOT 절은 PIVOT 절과 반대로 동작한다. 열이 행으로 전환된다. UNPIVOT 절의 구문은 아래와 같다.

```
UNPIVOT [{INCLUDE | EXCLUDE} NULLS]
      (    {column | (column [, col]···)}
       FOR {column | (column [, col]···)}
       IN ({column | (column [, col]···)} [AS {literal | (literal [, literal]···)}]
        [, {column | (column [, col]···)} [AS {literal | (literal [, literal]···)}]]···
          )
      )
```

- UNPIVOT column 절은 UNPIVOT된 값이 들어갈 열을 지정한다.
- FOR 절은 UNPIVOT된 값을 설명할 값이 들어갈 열을 지정한다.
- IN 절은 UNPIVOT할 열과 설명할 값의 리터럴 값을 지정한다.

예제를 위해 다음과 같이 테이블을 생성하자.

```
DROP TABLE T1 PURGE;

CREATE TABLE T1 AS
SELECT JOB, D10_SAL, D20_SAL, D10_CNT, D20_CNT
  FROM (SELECT JOB, DEPTNO, SAL FROM EMP WHERE JOB IN ('ANALYST', 'CLERK'))
 PIVOT (SUM (SAL) AS SAL, COUNT (*) AS CNT FOR DEPTNO IN (10 AS D10, 20 AS D20));
```

아래는 t1 테이블을 조회한 결과다.

[예제]

```
SELECT * FROM T1 ORDER BY JOB;
```

[실행 결과]

JOB	D10_SAL	D20_SAL	D10_CNT	D20_CNT
ANALYST		6000	0	2
CLERK	1300	1900	1	2

2 행이 선택됐습니다.

아래는 UNPIVOT 절을 사용한 쿼리다. d10_sal, d20_sal 열이 행으로 전환된다.

[예제]

```
SELECT   JOB, DEPTNO, SAL
    FROM T1
 UNPIVOT (SAL FOR DEPTNO IN (D10_SAL, D20_SAL))
ORDER BY 1, 2;
```

[실행 결과]

JOB	DEPTNO	SAL
ANALYST	D20_SAL	6000
CLERK	D10_SAL	1300
CLERK	D20_SAL	1900

3 행이 선택됐습니다.

IN 절에 별칭을 지정하면 FOR 절에 지정한 열의 값을 변경할 수 있다. 다음 쿼리는 10, 20으로 값을 변경했다.

[예제]

```
SELECT   JOB, DEPTNO, SAL
    FROM T1
 UNPIVOT (SAL FOR DEPTNO IN (D10_SAL AS 10, D20_SAL AS 20))
 ORDER BY 1, 2;
```

[실행 결과]

JOB	DEPTNO	SAL
ANALYST	20	6000
CLERK	10	1300
CLERK	20	1900

3 행이 선택됐습니다.

다음과 같이 INCLUDE NULLS 키워드를 기술하면 UNPIVOT된 열의 값이 널인 행도 결과에 포함된다.

[예제]

```
SELECT   JOB, DEPTNO, SAL
    FROM T1
 UNPIVOT INCLUDE NULLS (SAL FOR DEPTNO IN (D10_SAL AS 10, D20_SAL AS 20))
 ORDER BY 1, 2;
```

```
[실행 결과]

JOB          DEPTNO       SAL
--------     --------     ----
ANALYST          10
ANALYST          20       6000
CLERK            10       1300
CLERK            20       1900

4 행이 선택됐습니다.
```

FOR 절에 다수의 열, IN 절에 다수의 별칭을 지정할 수도 있다.

```
[예제]
SELECT  *
    FROM T1
 UNPIVOT ((SAL, CNT)
         FOR DEPTNO IN ((D10_SAL, D10_CNT) AS 10, (D20_SAL, D20_CNT) AS 20))
ORDER BY 1, 2;
```

```
[실행 결과]

JOB          DEPTNO       SAL       CNT
--------     --------     ----      ---
ANALYST          10                   0
ANALYST          20       600         2
CLERK            10       1300        1
CLERK            20       1900        2

4 행이 선택됐습니다.
```

FOR 절에 다수의 열, IN 절에 다수의 별칭을 지정할 수도 있다.

```
[예제]
SELECT  *
    FROM T1
 UNPIVOT ((SAL, CNT)
```

```
             FOR (DEPTNO, DNAME) IN ((D10_SAL, D10_CNT) AS (10, 'ACCOUNTING')
                                   , (D20_SAL, D20_CNT) AS (20, 'RESEARCH'   )))
ORDER BY 1, 2;
```

[실행 결과]

JOB	DEPTNO	DNAME	SAL	CNT
ANALYST	10	ACCOUNTING		0
ANALYST	20	RESEARCH	6000	2
CLERK	10	ACCOUNTING	1300	1
CLERK	20	RESEARCH	1900	2

4 행이 선택됐습니다.

UNPIVOT 절을 사용할 수 없는 경우 카티션 곱을 사용해 UNPIVOT을 수행할 수 있다. UNPIVOT할 열의 개수만큼 행을 복제하고, CASE 표현식으로 UNPIVOT할 열을 선택하는 방식이다.

[예제]

```
SELECT   A.JOB
       , CASE B.LV WHEN 1 THEN 10        WHEN 2 THEN 20       END AS DEPTNO
       , CASE B.LV WHEN 1 THEN A.D10_SAL WHEN 2 THEN A.D20_SAL END AS SAL
       , CASE B.LV WHEN 1 THEN A.D10_CNT WHEN 2 THEN A.D20_CNT END AS CNT
    FROM T1 A
       , (SELECT LEVEL AS LV FROM DUAL CONNECT BY LEVEL <= 2) B
ORDER BY 1, 2;
```

[실행 결과]

JOB	DEPTNO	SAL	CNT
ANALYST	10		0
ANALYST	20	6000	2
CLERK	10	1300	1
CLERK	20	1900	2

4 행이 선택됐습니다.

다음 실행 결과에서 강조한 부분이 CASE 표현식으로 선택한 값이다.

[예제]
```
SELECT   A.JOB, B.LV, A.D10_SAL, A.D20_SAL, A.D10_CNT, A.D20_CNT
   FROM T1 A
      , (SELECT LEVEL AS LV FROM DUAL CONNECT BY LEVEL <= 2) B
ORDER BY A.JOB, B.LV;
```

[실행 결과]

JOB	LV	D10_SAL	D20_SAL	D10_CNT	D20_CNT
ANALYST	1		6000	0	2
ANALYST	2		**6000**	0	2
CLERK	1	**1300**	1900	1	2
CLERK	2	1300	**1900**	1	2

4 행이 선택됐습니다.

제8절 정규 표현식

1. 개요

정규 표현식(regular expression)은 문자열의 규칙을 표현하는 검색 패턴으로 주로 문자열 검색과 치환에 사용된다.

2. 기본 문법

가. POSIX 연산자

정규 표현식의 POSIX 연산자(POSIX operator)를 살펴보자.

다음은 정규 표현식의 기본 연산자다.

연산자	영문	설명
.	dot	모든 문자와 일치(newline 제외)
|	or	대체 문자를 구분
\	backslash	다음 문자를 일반 문자로 취급

다음은 dot 연산자를 사용한 쿼리다. REGEXP_SUBSTR 함수는 문자열에서 일치하는 패턴을 반환한다. 조금 후에 자세히 살펴보자. c1, c2, c3, c4 열의 dot 연산자는 각각 a, b, c, d 문자와 일치한다. c4 열은 세 번째 문자인 c가 패턴의 세 번째 문자인 b와 일치하지 않기 때문에 널을 반환한다.

```
[예제]
SELECT REGEXP_SUBSTR ('aab', 'a.b') AS C1
     , REGEXP_SUBSTR ('abb', 'a.b') AS C2
     , REGEXP_SUBSTR ('acb', 'a.b') AS C3
     , REGEXP_SUBSTR ('adc', 'a.b') AS C4
  FROM DUAL;
```

```
C1        C2        C3        C4
---       ---       ---       --
aab       abb       acb

1개의 행이 선택됐습니다.
```

다음은 or 연산자를 사용한 쿼리다. c3 열의 c는 a 또는 b와 일치하지 않고, c6 열의 bc는 ab 또는 cd와 일치하지 않기 때문에 널을 반환한다. or 연산자는 기술 순서에 따라 패턴을 일치시킨다. c7 열은 a, c8 열은 aa가 일치한다.

[예제]
```
SELECT REGEXP_SUBSTR ('a' , 'a|b'  ) AS C1 -- a 또는 b
     , REGEXP_SUBSTR ('b' , 'a|b'  ) AS C2
     , REGEXP_SUBSTR ('c' , 'a|b'  ) AS C3
     , REGEXP_SUBSTR ('ab', 'ab|cd') AS C4 -- ab 또는 cd
     , REGEXP_SUBSTR ('cd', 'ab|cd') AS C5
     , REGEXP_SUBSTR ('bc', 'ab|cd') AS C6
     , REGEXP_SUBSTR ('aa', 'a|aa' ) AS C7 -- a 또는 aa
     , REGEXP_SUBSTR ('aa', 'aa|a' ) AS C8
  FROM DUAL;
```

[실행 결과]
```
C1     C2     C3     C4     C5     C6     C7     C8
--     --     --     --     --     --     --     --
a      b             ab     cd            a      aa

1개의 행이 선택됐습니다.
```

아래는 backslash 연산자를 사용한 쿼리다. c1 열은 | 문자가 or 연산자로 동작해 a 문자가 일치하지만, c2 열은 | 문자가 일반 문자로 처리돼 a|b 문자열이 일치한다.

[예제]
```
SELECT REGEXP_SUBSTR ('a|b', 'a|b' ) AS C1
     , REGEXP_SUBSTR ('a|b', 'a\|b') AS C2
  FROM DUAL;
```

```
C1        C2
--        ---
a         a|b
```

1개의 행이 선택됐습니다.

앵커(anchor)는 검색 패턴의 시작과 끝을 지정한다.

연산자	영문	설명
^	carrot	문자열의 시작
$	dollar	문자열의 끝

다음은 carrot 연산자와 dollar 연산자를 사용한 쿼리다. CHR (10) 표현식은 개행(line feed) 문자를 반환한다. c1 열은 전체 문자열의 시작 문자인 a를, c2 열은 전체 문자열의 두 번째 시작 문자가 존재하지 않으므로 널을 반환한다. c3 열은 전체 문자열의 끝 문자인 d를, c4 열은 전체 문자열의 두 번째 끝 문자가 존재하지 않기 때문에 널을 반환한다.

[예제]
```
SELECT REGEXP_SUBSTR ('ab' || CHR (10) || 'cd', '^.', 1, 1) AS C1
     , REGEXP_SUBSTR ('ab' || CHR (10) || 'cd', '^.', 1, 2) AS C2
     , REGEXP_SUBSTR ('ab' || CHR (10) || 'cd', '.$', 1, 1) AS C3
     , REGEXP_SUBSTR ('ab' || CHR (10) || 'cd', '.$', 1, 2) AS C4
  FROM DUAL;
```

[실행 결과]
```
C1        C2        C3        C4
--        --        --        --
a                   d
```

1개의 행이 선택됐습니다.

수량사(quantifier)는 선행 표현식의 일치 횟수를 지정한다. 패턴을 최대로 일치시키는 탐욕적(greedy) 방식으로 동작한다.

연산자	설명
?	0회 또는 1회 일치
*	0회 또는 그 이상의 횟수로 일치
+	1회 또는 그 이상의 횟수로 일치
{m}	m회 일치
{m,}	최소 m회 일치
{,m}	최대 m회 일치
{m,n}	최소 m회, 최대 n회 일치

다음은 ?, *, + 연산자를 사용한 쿼리다. 주석에 일치할 수 있는 문자열을 기술했다. c3 열은 b가 0회 또는 1회 일치해야 하기 때문에 널을 반환한다.

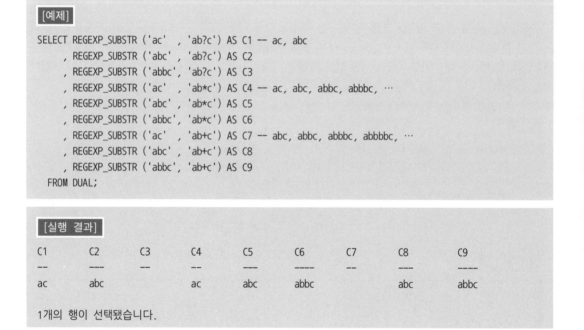

```
[예제]
SELECT REGEXP_SUBSTR ('ac'  , 'ab?c') AS C1 -- ac, abc
    , REGEXP_SUBSTR ('abc' , 'ab?c') AS C2
    , REGEXP_SUBSTR ('abbc', 'ab?c') AS C3
    , REGEXP_SUBSTR ('ac'  , 'ab*c') AS C4 -- ac, abc, abbc, abbbc, …
    , REGEXP_SUBSTR ('abc' , 'ab*c') AS C5
    , REGEXP_SUBSTR ('abbc', 'ab*c') AS C6
    , REGEXP_SUBSTR ('ac'  , 'ab+c') AS C7 -- abc, abbc, abbbc, abbbbc, …
    , REGEXP_SUBSTR ('abc' , 'ab+c') AS C8
    , REGEXP_SUBSTR ('abbc', 'ab+c') AS C9
  FROM DUAL;
```

```
[실행 결과]

C1      C2      C3      C4      C5      C6      C7      C8      C9
--      ---     --      --      ---     ----    --      ---     ----
ac      abc             ac      abc     abbc            abc     abbc

1개의 행이 선택됐습니다.
```

다음은 {m}, {m,}, {m,n} 연산자를 사용한 쿼리다. c5 열은 a가 최소 4회, 최대 5회 일치해야 하기 때문에 널을 반환한다.

[예제]
```
SELECT REGEXP_SUBSTR ('ab'   , 'a{2}'  ) AS C1 -- aa
     , REGEXP_SUBSTR ('aab'  , 'a{2}'  ) AS C2
     , REGEXP_SUBSTR ('aab'  , 'a{3,}' ) AS C3 -- aaa, aaaa, ···
     , REGEXP_SUBSTR ('aaab' , 'a{3,}' ) AS C4
     , REGEXP_SUBSTR ('aaab' , 'a{4,5}') AS C5 -- aaaa, aaaaa
     , REGEXP_SUBSTR ('aaaab', 'a{4,5}') AS C6
  FROM DUAL;
```

[실행 결과]
```
C1       C2       C3       C4       C5       C6
--       --       --       ---      --       ----
         aa                aaa               aaaa
```

1개의 행이 선택됐습니다.

앵커(anchor)는 검색 패턴의 시작과 끝을 지정한다.

연산자	설명
(expr)	괄호 안의 표현식을 하나의 단위로 취급

다음은 서브 표현식을 사용한 쿼리다. c1 열은 ab, c2 열은 b가 1회 이상 반복된다. c3 열은 b 또는 c, c4 열은 ab 또는 cd가 대체된다.

[예제]
```
SELECT REGEXP_SUBSTR ('ababc', '(ab)+c' ) AS C1 -- abc, ababc, ···
     , REGEXP_SUBSTR ('ababc', 'ab+c'   ) AS C2 -- abc, abbc, ···
     , REGEXP_SUBSTR ('abd'  , 'a(b|c)d') AS C3 -- abd, acd
     , REGEXP_SUBSTR ('abd'  , 'ab|cd'  ) AS C4 -- ab, cd
  FROM DUAL;
```

[실행 결과]
```
C1       C2       C3       C4
-----    ---      ---      --
ababc    abc      abd      ab
```

1개의 행이 선택됐습니다.

역 참조(back reference)를 사용하면 일치한 서브 표현식을 다시 참조할 수 있다. 반복되는 패턴을 검색하거나 서브 표현식의 위치를 변경하는 용도로 사용할 수 있다.

연산자	설명
\n	n번째 서브 표현식과 일치, n은 1에서 9 사이의 정수

다음은 역 참조를 사용한 쿼리다. c1, c2, c3 열의 패턴은 abxab, cdxcd 문자열과 일치한다. c4, c5, c6 열은 동일한 문자열이 1회 이상 반복되는 패턴을 검색한다.

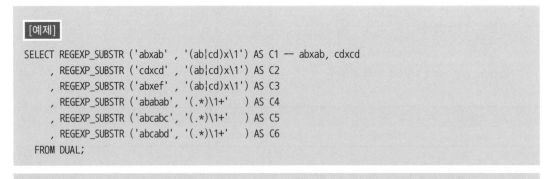

[예제]
```
SELECT REGEXP_SUBSTR ('abxab' , '(ab|cd)x\1') AS C1 -- abxab, cdxcd
     , REGEXP_SUBSTR ('cdxcd' , '(ab|cd)x\1') AS C2
     , REGEXP_SUBSTR ('abxef' , '(ab|cd)x\1') AS C3
     , REGEXP_SUBSTR ('ababab', '(.*)\1+'   ) AS C4
     , REGEXP_SUBSTR ('abcabc', '(.*)\1+'   ) AS C5
     , REGEXP_SUBSTR ('abcabd', '(.*)\1+'   ) AS C6
  FROM DUAL;
```

[실행 결과]
```
C1        C2        C3        C4        C5        C6
-----     -----     -----     ------    ------    -----
abxab     cdxcd               ababab    abcabc
```

1개의 행이 선택됐습니다.

문자 리스트(character list)는 문자를 대괄호로 묶은 표현식이다. 문자 리스트 중 한 문자만 일치하면 패턴이 일치한 것으로 처리된다. 문자 리스트에서 하이픈(-)은 범위 연산자로 동작한다.

연산자	설명
[char…]	문자 리스트 중 한 문자와 일치
[^char…]	문자 리스트에 포함되지 않은 한 문자와 일치

    다음은 문자 리스트를 사용한 쿼리다. c1, c2, c3 열의 패턴은 ac, bc 문자열과 일치한다. c4, c5, c6 열의 패턴은 ac, bc가 아닌 문자열과 일치한다.

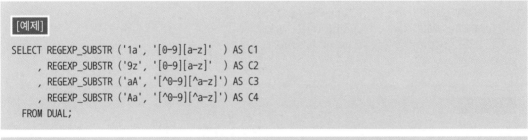

[예제]
```
SELECT REGEXP_SUBSTR ('ac', '[ab]c' ) AS C1 -- ac, bc
     , REGEXP_SUBSTR ('bc', '[ab]c' ) AS C2
     , REGEXP_SUBSTR ('cc', '[ab]c' ) AS C3
     , REGEXP_SUBSTR ('ac', '[^ab]c') AS C4 -- ac, bc가 아닌 문자열
     , REGEXP_SUBSTR ('bc', '[^ab]c') AS C5
     , REGEXP_SUBSTR ('cc', '[^ab]c') AS C6
  FROM DUAL;
```

[실행 결과]
```
C1        C2        C3        C4        C5        C6
--        --        --        --        --        --
ac        bc                                      cc
```

1개의 행이 선택됐습니다.

    다음은 문자 리스트의 범위 연산자를 사용한 쿼리다. c4 열은 첫 번째 문자는 숫자가 아닌 문자, 두 번째 문자는 소문자가 아닌 문자와 일치해야 하므로 널을 반환한다.

[예제]
```
SELECT REGEXP_SUBSTR ('1a', '[0-9][a-z]'  ) AS C1
     , REGEXP_SUBSTR ('9z', '[0-9][a-z]'  ) AS C2
     , REGEXP_SUBSTR ('aA', '[^0-9][^a-z]') AS C3
     , REGEXP_SUBSTR ('Aa', '[^0-9][^a-z]') AS C4
  FROM DUAL;
```

[실행 결과]
```
C1        C2        C3        C4
--        --        --        --
1a        9z        aA
```

1개의 행이 선택됐습니다.

문자 리스트(character list)는 문자를 대괄호로 묶은 표현식이다. 문자 리스트 중 한 문자만 일치하면 패턴이 일치한 것으로 처리된다. 문자 리스트에서 하이픈(-)은 범위 연산자로 동작한다.

연산자	설명	동일
[:digit:]	숫자	[0-9]
[:lower:]	소문자	[a-z]
[:upper:]	대문자	[A-Z]
[:alpha:]	영문자	[a-zA-Z]
[:alnum:]	영문자와 숫자	[0-9a-zA-Z]
[:xdigit:]	16진수	[0-9a-fA-F]
[:punct:]	구두점 기호	[^[:alnum:][:cntrl:]]
[:blank:]	공백 문자	
[:space:]	공간 문자 (space, enter, tab)	

다음은 POSIX 문자 클래스를 사용한 쿼리다. c7 열은 [:punct:] 클래스를 사용해 특수 문자를 검색한다.

[예제]
```
SELECT REGEXP_SUBSTR ('gF1,', '[[:digit:]]' ) AS C1
     , REGEXP_SUBSTR ('gF1,', '[[:alpha:]]' ) AS C2
     , REGEXP_SUBSTR ('gF1,', '[[:lower:]]' ) AS C3
     , REGEXP_SUBSTR ('gF1,', '[[:upper:]]' ) AS C4
     , REGEXP_SUBSTR ('gF1,', '[[:alnum:]]' ) AS C5
     , REGEXP_SUBSTR ('gF1,', '[[:xdigit:]]') AS C6
     , REGEXP_SUBSTR ('gF1,', '[[:punct:]]' ) AS C7
  FROM DUAL;
```

[실행 결과]
```
C1      C2      C3      C4      C5      C6      C7
--      --      --      --      --      --      --
1       g       g       F       g       F       ,
```

1개의 행이 선택됐습니다.

나. PERL 정규 표현식 연산자

정규 표현식의 PERL 정규 표현식 연산자(PERL regular expression operator)를 살펴보자. 다음의 PERL 정규 표현식 연산자는 POSIX 문자 클래스와 유사하게 동작한다.

연산자	설명	동일
\d	숫자	[[:digit:]]
\D	숫자가 아닌 모든 문자	[^[:digit:]]
\w	숫자와 영문자(underbar 포함)	[[:alnum:]_]
\W	숫자와 영문자가 아닌 모든 문자(underbar 제외)	[^[:alnum:]_]
\s	공백 문자	[[:space:]]
\S	공백 문자가 아닌 모든 문자	[^[:space:]]

다음은 \d 연산자와 \D 연산자를 사용한 쿼리다. c1, c2열의 패턴은 '(숫자3자리) 숫자3자리-숫자4자리' 패턴의 전화번호를 검색한다. c5 열은 세 번째 문자인 2가 숫자이므로 널을 반환한다.

```
[예제]
SELECT REGEXP_SUBSTR ('(650) 555-0100', '^\(\d{3}\) \d{3}-\d{4}$') AS C1
    , REGEXP_SUBSTR ('650-555-0100' , '^\(\d{3}\) \d{3}-\d{4}$') AS C2
    , REGEXP_SUBSTR ('b2b', '\w\d\D') AS C3
    , REGEXP_SUBSTR ('b2_', '\w\d\D') AS C4
    , REGEXP_SUBSTR ('b22', '\w\d\D') AS C5
  FROM DUAL;
```

```
[실행 결과]

C1                  C2       C3      C4      C5
--------------      --       ---     ---     --
(650) 555-0100               b2b     b2_

1개의 행이 선택됐습니다.
```

다음은 \w 연산자와 \W 연산자를 사용한 쿼리다. c1, c2 열의 패턴은 '숫자문자@숫자문자' 다음에 '.숫자문자'가 1회 이상 반복되는 패턴의 이메일 주소를 검색한다. c4 열은 \W에 해당하는 문자가 문자열에 존재하지 않기 때문에 널을 반환한다.

```
[예제]
SELECT REGEXP_SUBSTR ('jdoe@company.co.uk', '\w+@\w+(\.\w+)+') AS C1
    , REGEXP_SUBSTR ('jdoe@company'      , '\w+@\w+(\.\w+)+') AS C2
    , REGEXP_SUBSTR ('to: bill', '\w+\W\s\w+') AS C3
    , REGEXP_SUBSTR ('to bill' , '\w+\W\s\w+') AS C4
  FROM DUAL;
```

[실행 결과]

```
C1                        C2      C3         C4
-------------------       --      --------   --
jdoe@company.co.uk                to: bill

1개의 행이 선택됐습니다.
```

다음은 \s 연산자와 \S 연산자를 사용한 쿼리다. c1 열은 \s 연산자가 공백 문자, c4 열은 \S 연산자가 공백이 아닌 문자(.)와 일치한다.

[예제]

```
SELECT REGEXP_SUBSTR ('(a b )', '\(\w\s\w\s\)') AS C1
     , REGEXP_SUBSTR ('(a b )', '\(\w\S\w\S\)') AS C2
     , REGEXP_SUBSTR ('(a,b.)', '\(\w\s\w\s\)') AS C3
     , REGEXP_SUBSTR ('(a,b.)', '\(\w\S\w\S\)') AS C4
  FROM DUAL;
```

[실행 결과]

```
C1           C2      C3      C4
------       --      --      ------
(a b )                       (a,b.)

1개의 행이 선택됐습니다.
```

다음의 PERL 정규 표현식 연산자는 수량사와 유사하게 동작한다. 패턴을 최소로 일치시키는 비탐욕적 (nongreedy) 방식으로 동작한다.

연산자	설명
??	0회 또는 1회 일치
*?	0회 또는 그 이상의 횟수로 일치
+?	1회 또는 그 이상의 횟수로 일치
{m}?	m회 일치
{m,}?	최소 m회 일치
{,m}?	최대 m회 일치
{m,n}?	최소 m회, 최대 n회 일치

아래는 ??, *?, +? 연산자를 사용한 쿼리다. c1 열은 패턴을 최소로 일치시키는 nongreedy 방식을 사용했기 때문에 aa까지만 일치한다. 패턴을 최대로 일치시키는 greedy 방식을 사용한 c2 열은 aaa까지 일치한다.

[예제]
```
SELECT REGEXP_SUBSTR ('aaaa'  , 'a??aa'  ) AS C1 -- nongreedy 방식
     , REGEXP_SUBSTR ('aaaa'  , 'a?aa'   ) AS C2 -- greedy 방식
     , REGEXP_SUBSTR ('xaxbxc', '\w*?x\w') AS C3
     , REGEXP_SUBSTR ('xaxbxc', '\w*x\w' ) AS C4
     , REGEXP_SUBSTR ('abxcxd', '\w+?x\w') AS C5
     , REGEXP_SUBSTR ('abxcxd', '\w+x\w' ) AS C6
  FROM DUAL;
```

[실행 결과]
```
C1      C2      C3      C4          C5        C6
--      ---     --      ------      ----      ------
aa      aaa     xa      xaxbxc      abxc      abxcxd
```
1개의 행이 선택됐습니다.

다음은 {m}?, {m,}?, {m,n}? 연산자를 사용한 쿼리다. c1, c2 열은 m회 일치를 사용했기 때문에 greedy 방식과 관계없이 결과가 동일하다. c3 열은 최소 일치므로 aa와, c4 열은 최대 일치이므로 aaaaa와 일치한다. c5 열은 최소로 aa, c6 열은 최대로 aaaa와 일치한다.

[예제]
```
SELECT REGEXP_SUBSTR ('aaaa'  , 'a{2}?'  ) AS C1 -- nongreedy 방식
     , REGEXP_SUBSTR ('aaaa'  , 'a{2}'   ) AS C2 -- greedy 방식
     , REGEXP_SUBSTR ('aaaaa ', 'a{2,}?' ) AS C3
     , REGEXP_SUBSTR ('aaaaa ', 'a{2,}'  ) AS C4
     , REGEXP_SUBSTR ('aaaaa ', 'a{2,4}?') AS C5
     , REGEXP_SUBSTR ('aaaaa ', 'a{2,4}' ) AS C6
  FROM DUAL;
```

[실행 결과]
```
C1      C2      C3      C4          C5      C6
--      --      --      ------      --      ----
aa      aa      aa      aaaaa       aa      aaaa
```

1개의 행이 선택됐습니다.

다음은 dot 연산자를 사용한 쿼리다. REGEXP_SUBSTR 함수는 문자열에서 일치하는 패턴을 반환한다. 조금 후에 자세히 살펴보자. c1, c2, c3, c4 열의 dot 연산자는 각각 a, b, c, d 문자와 일치한다. c4 열은 세 번째 문자인 c가 패턴의 세 번째 문자인 b와 일치하지 않기 때문에 널을 반환한다.

[예제]
```
SELECT REGEXP_SUBSTR ('aab', 'a.b') AS C1
     , REGEXP_SUBSTR ('abb', 'a.b') AS C2
     , REGEXP_SUBSTR ('acb', 'a.b') AS C3
     , REGEXP_SUBSTR ('adc', 'a.b') AS C4
  FROM DUAL;
```

[실행 결과]
```
C1        C2        C3        C4
---       ---       ---       --
aab       abb       acb
```
1개의 행이 선택됐습니다.

3. 정규 표현식 조건과 함수

가. REGEXP_LIKE 조건

REGEXP_LIKE 조건은 source_char가 pattern과 일치하면 TRUE를, 일치하지 않으면 FALSE를 반환한다.

```
REGEXP_LIKE (source_char, pattern [, match_param])
```

- source_char는 검색 문자열을 지정한다.
- pattern은 검색 패턴을 지정한다.
- match_param은 일치 옵션을 지정한다(i: 대소문자 무시, c: 대소문자 구분, n: dot(.)를 개행 문자와 일치, m: 다중 행 모드, x: 검색 패턴의 공백 문자를 무시, 기본값은 c다. icnmx 형식으로 다수의 옵션을 함께 지정할 수도 있다).

다음은 REGEXP_LIKE 조건을 사용한 쿼리다. first_name 값이 Ste로 시작하고 v나 ph 다음에 en으로 끝나는 행을 검색한다.

[예제]

```
SELECT FIRST_NAME, LAST_NAME
  FROM HR.EMPLOYEES
 WHERE REGEXP_LIKE (FIRST_NAME, '^Ste(v|ph)en$');
```

[실행 결과]

```
FIRST_NAME            LAST_NAME
----------            ---------
Stephen               Stiles
Steven                King
Steven                Markle

3 행이 선택됐습니다.
```

나. REGEXP_REPLACE 함수

REGEXP_REPLACE 함수는 source_char에서 일치한 pattern을 replace_string으로 변경한 문자 값을 반환한다.

```
REGEXP_REPLACE (source_char, pattern [, replace_string [, position [, occurrence [, match_param]]]])
```

- replace_string은 변경 문자열을 지정한다.
- position은 검색 시작 위치를 지정한다(기본값은 1).
- occurrence는 패턴 일치 횟수를 지정한다(기본값은 1).

다음은 REGEXP_REPLACE 함수를 사용한 쿼리다. '숫자3자리.숫자3자리.숫자4자리' 패턴을 '(첫 번째 일치) 두 번째 일치-세 번째 일치' 형식으로 변경한다. 일치한 패턴이 없으면 원본 값을 반환한다.

[예제]

```
SELECT PHONE_NUMBER
     , REGEXP_REPLACE (PHONE_NUMBER
```

```
                     , '([[:digit:]]{3})\.([[:digit:]]{3})\.([[:digit:]]{4})'
                     , '(\1) \2-\3') AS C1
  FROM HR.EMPLOYEES
 WHERE EMPLOYEE_ID IN (144, 145);
```

[실행 결과]

```
PHONE_NUMBER              C1
─────────────────         ─────────────────
650.121.2004              (650) 121-2004
011.44.1344.429268        011.44.1344.429268
```

2 행이 선택됐습니다.

다. REGEXP_SUBSTR 함수

REGEXP_SUBSTR 함수는 source_char에서 일치한 pattern을 반환한다.

```
REGEXP_SUBSTR (source_char, pattern [, position [, occurrence [, match_param [, subexpr]]]])
```

- subexpr은 서브 표현식을 지정한다(0은 전체 패턴, 1 이상은 서브 표현식, 기본값은 0).

다음 쿼리는 URL 패턴과 일치한 문자열을 반환한다.

[예제]

```
SELECT REGEXP_SUBSTR ('http://www.example.com/products'
                    , 'http://([[:alnum:]]+\.?){3,4}/?') AS C1
  FROM DUAL;
```

[실행 결과]

```
C1
─────────────────────
http://www.example.com/
```

1개의 행이 선택됐습니다.

다음 쿼리는 일치한 서브 표현식을 반환한다. 강조한 부분이 일치한 서브 표현식이다. 서브 표현식의 순서는 좌측 괄호의 순서와 동일하다.

```
[예제]

SELECT REGEXP_SUBSTR ('1234567890', '(123)(4(56)(78))', 1, 1, 'i', 1) AS C1
     , REGEXP_SUBSTR ('1234567890', '(123)(4(56)(78))', 1, 1, 'i', 4) AS C1
  FROM DUAL;
```

```
[실행 결과]

C1      C2
---     --
123     78

1개의 행이 선택됐습니다.
```

라. REGEXP_INSTR 함수

REGEXP_INSTR 함수는 source_char에서 일치한 pattern의 시작 위치를 정수로 반환한다.

```
REGEXP_INSTR (source_char, pattern [, position [, occurrence [, return_opt [, match_param [, subexpr]]]]])
```

- return_opt은 반환 옵션을 지정한다(0은 시작 위치, 1은 다음 위치, 기본값은 0).

다음 쿼리는 서브 표현식의 시작 위치를 반환한다. 강조한 부분이 일치한 서브 표현식이다.

```
[예제]

SELECT REGEXP_INSTR ('1234567890', '(123)(4(56)(78))', 1, 1, 0, 'i', 1) AS C1
     , REGEXP_INSTR ('1234567890', '(123)(4(56)(78))', 1, 1, 0, 'i', 2) AS C2
     , REGEXP_INSTR ('1234567890', '(123)(4(56)(78))', 1, 1, 0, 'i', 4) AS C3
  FROM DUAL;
```

```
[실행 결과]
C1        C2        C3
--        --        --
 1         4         7

1개의 행이 선택됐습니다.
```

마. REGEXP_COUNT 함수

REGEXP_COUNT 함수는 source_char에서 일치한 pattern의 횟수를 반환한다.

```
REGEXP_COUNT (source_char, pattern [, position [, match_param]])
```

다음은 REGEXP_COUNT 함수를 사용한 쿼리다. 강조한 부분이 일치한 문자열이다. c1 열은 5회, c2 열은 3회 일치한다.

```
[예제]
SELECT REGEXP_COUNT ('123123123123123', '123', 1) AS C1
     , REGEXP_COUNT ('123123123123'   , '123', 3) AS C2
  FROM DUAL;
```

```
[실행 결과]
A1        A2
--        --
 5         3

1개의 행이 선택됐습니다.
```

장 요약

제1절 서브 쿼리

서브 쿼리란 하나의 메인 쿼리 안에 포함된 종속적인 SQL 문장을 말하는 것으로, 위치나 기능에 따라 NESTED SUBQUERY, INLINE VIEW, SCALAR SUBQUERY로 구분할 수 있다.

제2절 집합 연산자

집합 연산자는 결과 집합 간의 연산을 통해 결합하는 방식을 사용한다. UNION 연산자와 UNION ALL 연산자는 개별 SQL 문의 결과에 대해 합집합 연산을, INTERSECT 연산자는 교집합 연산을, EXCEPT/MINUS 연산자는 차집합을 수행한다. UNION ALL 연산자를 제외한 모든 집합 연산자는 최종 결과에서 중복된 행은 제외하고 출력한다.

제3절 그룹 함수

데이터 분석을 위한 GROUP FUNCTION으로는 소그룹 간의 소계를 계산하는 ROLLUP 함수, GROUP BY 항목들 간의 다차원적인 소계를 계산할 수 있는 CUBE 함수, 특정 항목에 대한 소계를 계산하는 GROUPING SETS 함수가 있다.

제4절 윈도우 함수

데이터 분석을 위한 WINDOW FUNCTION은 부분적이나마 행과 행간의 관계를 쉽게 정의하기 위해 만든 함수다. WINDOW FUNCTION을 이용한 순위(RANK) 관련 함수는 RANK, DENSE_RANK, ROW_NUMBER가 있으며, 그 외 그룹 내 집계(AGGREGATE) 관련 함수, 그룹 내 비율 관련 함수 등이 있다.

제5절 Top N 쿼리

Top-N 쿼리는 말 그대로 상위(Top) N개의 행을 조회하는 쿼리다. Oracle은 ROWNUM 슈도 칼럼, SQL Server는 TOP 절을 사용할 수 있다. Oracle은 12.1 버전, SQL Server는 2012 버전부터 ROW LIMITING 절로 Top N 쿼리를 작성할 수 있다.

제6절 계층형 질의와 셀프 조인

테이블에 계층형 데이터가 존재하는 경우 데이터를 조회하기 위해서 계층형 질의(HIERARCHICAL QUERY)를 사용한다. 셀프 조인(SELF JOIN)이란 동일 테이블 사이의 조인을 말하며, FROM 절에 동일 테이블이 두 번 이상 나타난다.

제7절 PIVOT 절과 UNPIVOT 절

PIVOT은 회전시킨다는 의미다. PIVOT 절은 행을 열로 회전시키고, UNPIVOT 절은 열을 행으로 회전시킨다. PIVOT 절은 CASE 표현식과 GROUP BY 절, UNPIVOT 절은 행 복제를 사용해 수행할 수도 있다.

제8절 정규 표현식

정규 표현식(regular expression)은 문자열의 규칙을 표현하는 검색 패턴으로 주로 문자열 검색과 치환에 사용된다. REGEXP_LIKE 조건과 REGEXP_REPLACE 함수, REGEXP_SUBSTR 함수, REGEXP_INSTR 함수, REGEXP_COUNT 함수를 사용할 수 있다.

연습문제

문제 1. 일반적으로 FROM 절에 정의된 후 먼저 수행돼, SQL 문장 내에서 절차성을 주는 효과를 볼 수 있는 것은 어떤 유형의 서브 쿼리 문장인가?

① SCALAR SUBQUERY   ② NESTED SUBQUERY

③ CORRELATED SUBQUERY   ④ INLINE VIEW

문제 2. 다음 서브 쿼리에 대한 설명 중 틀린 것을 고르시오.

① 다중 행 연산자는 IN, ANY, ALL이 있으며, 서브 쿼리의 결과로 하나 이상의 데이터가 RETURN되는 서브 쿼리다.

② Top N 서브 쿼리는 INLINE VIEW의 정렬된 데이터를 ROWNUM을 이용해 결과 행수를 제한하거나, TOP (N) 조건을 사용하는 서브 쿼리다.

③ INLINE VIEW는 FROM 절에 사용되는 서브 쿼리로서 실질적인 OBJECT는 아니지만, SQL 문장에서 마치 VIEW나 테이블처럼 사용되는 서브 쿼리다.

④ 상호연관 서브 쿼리는 처리 속도가 가장 빠르므로 최대한 활용하는 것이 좋다.

문제 3. 다음 SET 연산자에 대한 설명 중 틀린 것은 무엇인가?

① UNION 연산자는 조회 결과에 대한 합집합을 나타내며 자동으로 정렬해준다.

② UNION ALL 연산자는 조회 결과를 정렬하고 중복되는 데이터를 한 번만 표현한다.

③ INTERSECT 연산자는 조회 결과에 대한 교집합을 의미한다.

④ EXCEPT 연산자는 조회 결과에 대한 차집합을 의미한다.

문제 4. 소계, 중계, 합계처럼 계층적 분류를 포함하고 있는 데이터의 집계에 적합한 GROUP 함수 두 가지는 무엇인가?

① ROLLUP, SUM   ② ROLLUP, CUBE

③ GROUPING, SUM   ④ CUBE, SUM

문제 5. 그룹 내 순위 관련 WINDOW 함수의 특징이 틀린 것은 무엇인가?

① RANK 함수는 동일한 값에 대해서는 동일한 순위를 부여한다(같은 등수에 여럿이 존재하는 경우 등수가 SKIP 될 수 있음).

② DENSE_RANK 함수는 RANK 함수와 흡사하나, 동일한 순위를 하나의 건수로 취급하는 것이 틀린 점이다(같은 등수에 여럿이 존재해도 등수가 SKIP되지 않음).

③ CUMM_RANK 함수는 누적된 순위를 부여할 수 있다(등수를 누적 순위로 표현함).

④ RANK 함수가 동일한 값에 대해서는 동일한 순위를 부여하는데 반해, ROW_NUMBER 함수는 고유한 순위를 부여한다(같은 등수가 존재할 수 없음).

문제 6. 다음 SQL 문장은 몇 행의 결과를 반환하는가?

```
VAR V_PR NUMBER = 5;
VAR V_PN NUMBER = 2;

SELECT EMPNO, SAL, RN
  FROM (SELECT EMPNO, SAL, ROWNUM AS RN
          FROM (SELECT EMPNO, SAL FROM EMP ORDER BY SAL, EMPNO)
         WHERE ROWNUM <= :V_PR * :V_PN)
 WHERE RN >= (:V_PR * (:V_PN - 1)) + 1;
```

① 0행   ② 2행   ③ 5행   ④ 10행

문제 7. 다음 중 SELF JOIN을 수행해야 할 때는 어떤 경우인가?
① 두 테이블에 공통 칼럼이 존재하고 두 테이블이 연관 관계가 있다.
② 두 테이블에 연관된 칼럼은 없으나 조인해야 한다.
③ 한 테이블 내에서 두 칼럼이 연관 관계가 있다.
④ 한 테이블 내에서 연관된 칼럼은 없으나 조인해야 한다.

문제 8. 다음 SQL 문장의 결과에서 ename이 SCOTT인 pt 값은 무엇인가?

```
SELECT     ename, SYS_CONNECT_BY_PATH (ename, ',') AS pt
      FROM emp
START WITH mgr IS NULL
CONNECT BY mgr = PRIOR empno;
```

① ,KING   ② ,KING,JONES
③ ,KING,JONES,SCOTT   ④ ,KING,JONES,SCOTT,ADAMS

문제 9. 다음 SQL 문장에서 sal 값은 어떤 열로 집계되는가?

```
SELECT   *
    FROM (SELECT TO_CHAR (hiredate, 'YYYY') AS yyyy, job, deptno, sal FROM emp)
   PIVOT (SUM (sal) FOR deptno IN (10, 20, 30))
ORDER BY 1, 2;
```

① 전체   ② yyyy   ③ yyyy. job   ④ yyyy. job, deptno

문제 10. 다음 SQL 문장의 결과로서 출력되는 데이터는 무엇인가?

```
SELECT REGEXP_COUNT ('123123123123123', '123', 1) AS c1
  FROM DUAL;
```

① 3   ② 4   ③ 5   ④ 6

SQL
Professional · Developer

학습목표

- DML 문의 이해
- TCL 문의 이해
- DDL 문의 이해
- DCL 문의 이해

제3장

관리 구문

장 소개

데이터를 관리하기 위한 SQL 구문인 DML, TCL, DDL, DCL의 기능과 종류를 이해한다.

장 구성

DML 문을 사용해 데이터를 입력·수정·삭제하고, TCL 문을 통해 변경된 데이터를 반영하거나 취소한다. DDL 문을 사용하면 테이블 구조를 생성·변경·삭제할 수 있다. DCL 문을 통해 데이터에 대한 권한을 부여하거나 회수한다.

제 1 절 DML

본 절에서는 관리할 자료들을 테이블에 입력, 수정, 삭제하는 DML(Data Manipulation Language) 문의 사용 방법을 알아본다. 1절의 예제들은 실제 테이블에 저장된 데이터를 변경하므로, 각 예제 SQL 문들을 실행한 후 앞 장에서 배웠던 SELECT 문을 통해 테이블의 데이터가 어떻게 변경됐는지 확인해본다. 데이터의 변경 사항을 확인했으면 ROLLBACK 명령어를 통해 변경 내용을 취소하고, 다음 예제를 실행한다. ROLLBACK 명령어는 2절 TCL에서 자세히 다룬다.

1. INSERT

가. 단일 행 INSERT 문

단일 행 INSERT 문은 VALUES 절을 포함하며, 한 번에 한 행만 입력된다.

```
INSERT INTO 테이블명 [(칼럼1, 칼럼2, ...)] VALUES (값1, 값2, ...);
```

INTO 절의 칼럼명과 VALUES 절의 값(해당 칼럼에 입력할 값)을 서로 1:1로 매핑해 기술한다. 이때 칼럼명의 기술 순서는 테이블에 정의된 칼럼 순서와 동일할 필요는 없으며, INTO 절에 기술하지 않은 칼럼은 Default로 NULL 값이 입력된다. 단 Primary Key 제약 또는 Not NULL 제약이 지정된 칼럼은 NULL 값 입력을 허용하지 않으므로 오류가 발생한다.

해당 칼럼의 데이터 유형이 CHAR나 VARCHAR2 등 문자 유형일 경우 ' '(SINGLE QUOTATION)과 함께 값을 입력한다. 숫자 유형일 경우엔 ' '(SINGLE QUOTATION) 없이 숫자만 입력한다.

[예제] 선수 테이블에 박지성 선수의 데이터를 일부 칼럼만 입력한다.

```
[예제]
INSERT
  INTO PLAYER (PLAYER_ID, PLAYER_NAME, TEAM_ID, POSITION, HEIGHT, WEIGHT, BACK_NO)
VALUES ('2002007', '박지성', 'K07', 'MF', 178, 73, 7);

1 개의 행이 만들어졌습니다.
```

[표 II-3-1]은 데이터베이스 내의 PLAYER 테이블에 박지성 선수 데이터가 입력된 것을 나타낸 것이다. INSERT 문장에서 BACK_NO가 마지막에 정의됐더라도 테이블에는 칼럼 순서대로 데이터가 입력됐다. 칼럼명이 정의되지 않은 경우 NULL 값이 입력됐다.

[표 II-3-1] 박지성 선수 자료가 들어가 있는 테이블

PLAYER_ID	PLAYER_NAME	TEAM_ID	E_PLAYER_NAME	NICKNAME	JOIN_YYYY	
2002007	박지성	K07				

POSITION	BACK_NO	NATION	BIRTH_DATE	SOLAR	HEIGHT	WEIGHT
MF	7				178	73

INTO 절의 칼럼명은 생략할 수 있다. 단 INTO 절에 칼럼명을 지정하지 않는 경우, 테이블에 정의된 칼럼 순서대로 VALUES 절에 모든 값들을 빠짐없이 기술해야 한다. 테이블에 새로운 칼럼이 추가되거나 기존 칼럼이 삭제되는 경우, VALUES 절의 값의 개수와 테이블의 칼럼 개수가 일치하지 않아 오류가 발생할 수 있다. 따라서 INTO 절에 칼럼명을 지정하는 편이 쿼리의 안정성 측면에서 바람직하다.

[예제] 해당 테이블에 이청용 선수의 데이터를 입력해본다.

```
[예제]

INSERT
  INTO PLAYER
VALUES ('2002010', '이청용', 'K07', '', 'BlueDragon', '2002', 'MF'
    , '17', NULL, NULL, '1', 180, 69);

1 개의 행이 만들어졌습니다.
```

[표 II-3-2] 이청용 선수 자료가 들어가 있는 테이블

PLAYER_ID	PLAYER_NAME	TEAM_ID	E_PLAYER_NAME	NICKNAME	JOIN_YYYY	
2002010	이청용	K07		BlueDragon	2002	

POSITION	BACK_NO	NATION	BIRTH_DATE	SOLAR	HEIGHT	WEIGHT
MF	17			1	180	69

데이터를 입력하는 경우 정의되지 않은 미지의 값인 E_PLAYER_NAME은 두 개의 ' " ' 홑따오픔(SINGLE QUOTATION)을 붙여서 표현하거나, NATION이나 BIRTH_DATE의 경우처럼 NULL이라고 명시적으로 표현할 수 있다.

[예제] PLAYER 테이블에 '홍길동'이라는 선수를 삽입하고자 한다. 이때 PLAYER_ID의 값을 현재 사용중인 PLAYER_ID에 1을 더한 값으로 넣고자 한다. 다음과 같이 VALUES 절에 서브 쿼리를 사용해 SQL 문을 작성할 수 있다.

[예제]

```
INSERT
  INTO PLAYER (PLAYER_ID, PLAYER_NAME, TEAM_ID)
VALUES ((SELECT TO_CHAR (MAX (TO_NUMBER (PLAYER_ID)) + 1) FROM PLAYER), '홍길동', 'K06');
```

나. 서브 쿼리를 이용한 다중 행 INSERT 문

INSERT 문에 서브 쿼리를 사용하면 서브 쿼리의 결과를 테이블에 입력할 수 있다. 서브 쿼리의 결과가 다중 행이면, 한 번에 여러 건이 입력된다. 단 INTO 절의 칼럼명 개수와 서브 쿼리의 SELECT 절 칼럼 개수가 일치해야 한다.

```
INSERT INTO 테이블명 [(칼럼1, 칼럼2, ...)]
서브 쿼리;
```

[예제] 서브 쿼리를 사용해 TEAM 테이블에 데이터를 입력한다.

[예제]

```
INSERT
  INTO TEAM (TEAM_ID, REGION_NAME, TEAM_NAME, ORIG_YYYY, STADIUM_ID)
SELECT REPLACE(TEAM_ID, 'K', 'A') AS TEAM_ID
     , REGION_NAME, REGION_NAME || ' 올스타' AS TEAM_NAME
     , 2019 AS ORIG_YYYY, STADIUM_ID
  FROM TEAM
 WHERE REGION_NAME IN ('성남', '인천');

2 개의 행이 만들어졌습니다.
```

[예제] 서브 쿼리를 사용해 PLAYER 테이블에 데이터를 입력한다.

[예제]

```
INSERT
  INTO PLAYER (PLAYER_ID, PLAYER_NAME, TEAM_ID, POSITION)
SELECT 'A' || SUBSTR(PLAYER_ID, 2) AS PLAYER_ID, PLAYER_NAME
     , REPLACE(TEAM_ID, 'K', 'A') AS TEAM_ID, POSITION
  FROM PLAYER
 WHERE TEAM_ID IN ('K04', 'K08');
```

91 개의 행이 만들어졌습니다.

2. UPDATE

입력한 데이터 중에 잘못 입력되거나 변경이 발생해 데이터를 수정해야 하는 경우가 발생할 수 있다. 다음은 UPDATE 문장의 기본 형태다. UPDATE 다음에 데이터를 수정할 대상 테이블명을 입력한다. SET 절에는 수정할 칼럼명과 해당 칼럼에 수정될 값을 기술하고, WHERE 절에는 수정 대상이 될 행을 식별할 수 있도록 조건식을 기술한다. 단 WHERE 절을 사용하지 않는다면 테이블의 전체 데이터가 수정된다.

```
UPDATE 테이블명
   SET 수정할 칼럼명1 = 수정될 새로운 값1
   [ , 수정할 칼럼명2 = 수정될 새로운 값2 ]
   [ , ...                         ]
[ WHERE 수정 대상 식별 조건식 ] ;
```

[예제] 선수 테이블의 백넘버를 일괄적으로 99로 수정한다.

```
[예제]

UPDATE PLAYER
   SET BACK_NO = 99;

480 행이 갱신됐습니다.
```

[예제] 선수 테이블에서 포지션이 NULL인 선수들의 포지션을 'MF'로 수정한다.

```
[예제]

UPDATE PLAYER
   SET POSITION = 'MF'
 WHERE POSITION IS NULL;

3 행이 갱신됐습니다.
```

UPDATE 문의 SET 절에 서브 쿼리를 사용하면, 서브 쿼리의 결과로 값이 수정된다. 서브 쿼리를 사용한 변경 작업을 할 때, 서브 쿼리의 결과가 NULL을 반환할 경우 해당 칼럼의 결과가 NULL이 될 수 있기 때문에 주의해야 한다.

[예제] 팀 테이블에서 창단년도가 2000년 이후인 팀의 주소를 홈팀 경기장의 주소로 수정한다.

```
[예제]

UPDATE TEAM A
   SET A.ADDRESS = (SELECT X.ADDRESS
                     FROM STADIUM X
                     WHERE X.HOMETEAM_ID = A.TEAM_ID)
 WHERE A.ORIG_YYYY > 2000;

4 행이 갱신됐습니다.
```

[예제] 모든 경기장의 지역번호와 전화번호를 홈팀의 지역번호와 전화번호로 수정한다.

```
[예제]

UPDATE STADIUM A
   SET (A.DDD, A.TEL) = (SELECT X.DDD, X.TEL
                          FROM TEAM X
                          WHERE X.TEAM_ID = A.HOMETEAM_ID);

20 행이 갱신됐습니다.
```

UPDATE 문의 WHERE 절에 서브 쿼리를 사용해, 수정될 행을 식별할 수도 있다. 수정될 행을 식별함으로써 불필요한 수정을 방지할 수 있다.

[예제] 홈팀의 정보가 존재하는 경기장의 지역번호와 전화번호를 홈팀의 지역번호와 전화번호로 수정한다.

```
[예제]

UPDATE STADIUM A
   SET (A.DDD, A.TEL) = (SELECT X.DDD, X.TEL
                          FROM TEAM X
                          WHERE X.TEAM_ID = A.HOMETEAM_ID)
 WHERE EXISTS (SELECT 1
                 FROM TEAM X
                WHERE X.TEAM_ID = A.HOMETEAM_ID);
```

15 행이 갱신됐습니다.

앞 UPDATE 문은 TEAM 테이블을 2번 조회하는 비효율이 있다. 다음 MERGE 문을 사용하면 TEAM 테이블을 1번만 조회하여 데이터를 수정할 수 있다. MERGE 문은 조금 후에 살펴보도록 하자.

[예제]

```
MERGE
  INTO STADIUM T
USING TEAM S
    ON (T.TEAM_ID = S.HOMETEAM_ID)
WHEN MATCHED THEN
      UPDATE
        SET T.DDD = S.DDD
          , T.TEL = S.TEL;

15 행이 병합됐습니다.
```

3. DELETE

테이블에 저장된 데이터가 더이상 필요 없게 됐을 경우 데이터 삭제를 수행한다. 다음은 DELETE 문장의 기본적인 형태이다. DELETE FROM 다음에 삭제를 원하는 자료가 저장된 테이블명을 입력하고 실행한다. 이때 FROM은 생략이 가능한 키워드이며, WHERE 절에는 삭제 대상이 될 행을 식별할 수 있도록 조건식을 기술한다. 단 WHERE 절을 사용하지 않는다면 테이블의 전체 데이터가 삭제된다.

```
DELETE [FROM] 테이블명
[WHERE 삭제 대상 식별 조건식] ;
```

[예제] 선수 테이블의 데이터를 전부 삭제한다.

[예제]

```
DELETE FROM PLAYER;
```

480 행이 삭제됐습니다.

[예제] 선수 테이블에서 포지션이 'DF'이고, 입단년도가 2010년 이전인 선수의 데이터를 삭제한다.

[예제]
```
DELETE PLAYER
 WHERE POSITION = 'DF'
   AND JOIN_YYYY < 2010;

35 행이 삭제됐습니다.
```

DELETE 문의 WHERE 절에 서브 쿼리를 사용하면, 다른 테이블을 참조해 삭제할 행을 식별할 수 있다.

[예제] 선수 테이블에서 창단년도가 1980년 이전인 팀에 소속된 선수의 데이터를 삭제한다.

[예제]
```
DELETE PLAYER A
 WHERE EXISTS (SELECT 1
                 FROM TEAM X
                WHERE X.TEAM_ID = A.TEAM_ID
                  AND X.ORIG_YYYY < 1980);

49 행이 삭제됐습니다.
```

[예제] 선수 테이블에서 소속 선수가 10명 이하인 팀에 소속된 선수의 데이터를 삭제한다.

[예제]
```
DELETE PLAYER
 WHERE TEAM_ID IN (SELECT   TEAM_ID
                     FROM PLAYER
                    GROUP BY TEAM_ID
                    HAVING COUNT (*) <= 10);

13 행이 삭제됐습니다.
```

4. MERGE

MERGE 문을 사용하면 새로운 행을 입력하거나, 기존 행을 수정하는 작업을 한 번에 할 수 있다. 다음은 MERGE 문장의 기본 형태이다. MERGE 다음에 입력·수정돼야 할 타겟 테이블명을 입력하고, USING 절에 입력·수정에 사용할 소스 테이블을 입력한다. ON 절에는 타겟 테이블과 소스 테이블 간의 조인 조건식을 기술해, 입력 또는 수정할 대상을 결정한다. ON 절의 조인 조건에 따라 조인에 성공한 행들에 대해서는 WHEN MATCHED THEN 아래 UPDATE 구문을 수행하고, 조인에 실패한 행들에 대해서는 WHEN NOT MATCHED THEN 아래 INSERT 구문을 수행한다.

```
MERGE
 INTO 타겟 테이블명
USING 소스 테이블명
   ON (조인 조건식)
WHEN MATCHED THEN
   UPDATE
      SET 수정할 칼럼명1 = 수정될 새로운 값1
      [ , 수정할 칼럼명2 = 수정될 새로운 값2, ... ]
WHEN NOT MATCHED THEN
   INSERT [(칼럼1, 칼럼2, ...)]
   VALUES (값1, 값2, ...)
;
```

[예제] MERGE 문을 자세히 설명하기 위해 TEAM_TMP 테이블을 임시로 만든다.

```
[예제] Oracle

CREATE TABLE TEAM_TMP AS
SELECT NVL(B.TEAM_ID, 'K' ||
          ROW_NUMBER() OVER (ORDER BY B.TEAM_ID, A.STADIUM_ID)) AS TEAM_ID
   , SUBSTR(A.STADIUM_NAME, 1, 2) AS REGION_NAME
   , SUBSTR(A.STADIUM_NAME, 1, 2)
   || NVL2(B.TEAM_NAME, 'FC', '시티즌') AS TEAM_NAME
   , A.STADIUM_ID, A.DDD, A.TEL
 FROM STADIUM A, TEAM B
 WHERE B.STADIUM_ID(+) = A.STADIUM_ID;

테이블이 생성됐습니다.
```

[예제] SQL Server

```
SELECT ISNULL(B.TEAM_ID, 'K' + CONVERT(VARCHAR(2),
            ROW_NUMBER() OVER (ORDER BY ISNULL(B.TEAM_ID, 'ZZZ')
                                    , A.STADIUM_ID))) AS TEAM_ID
    , SUBSTRING(A.STADIUM_NAME, 1, 2) AS REGION_NAME
    , SUBSTRING(A.STADIUM_NAME, 1, 2)
        + CASE WHEN B.TEAM_NAME IS NOT NULL THEN 'FC' ELSE '시티즌' END AS TEAM_NAME
    , A.STADIUM_ID, A.DDD, A.TEL
  INTO TEAM_TMP
  FROM STADIUM A LEFT JOIN TEAM B
    ON B.STADIUM_ID = A.STADIUM_ID;
```

(20개 행이 영향을 받음)

[예제]

```
SELECT *
  FROM TEAM_TMP;
```

[실행 결과]

TEAM_ID	REGION_NAME	TEAM_NAME	STADIUM_ID	DDD	TEL
K01	울산	울산FC	C04	052	220-2468
K02	수원	수원FC	B04	031	259-2150
K03	포항	포항FC	C06	054	282-2002
K04	인천	인천FC	B01	031	666-0496
K05	전주	전주FC	D03	063	273-1763
K06	부산	부산FC	C02	051	247-5771
K07	광양	광양FC	D01	061	792-5600
K08	성남	성남FC	B02	031	753-3956
K09	서울	서울FC	B05	02	2128-2973
K10	대전	대전FC	D02	042	252-2002
K11	창원	창원FC	C05	055	6644-8468
K12	광주	광주FC	A02	062	2468-8642
K13	강릉	강릉FC	A03	033	459-3631
K14	제주	제주FC	A04	064	3631-2460
K15	대구	대구FC	A05	053	602-2011
K16	대구	대구시티즌	F01	054	
K17	부산	부산시티즌	F02	051	
K18	일산	일산시티즌	F03	031	

| K19 | 마산 | 마산시티즌 | F04 | 055 |
| K20 | 안양 | 안양시티즌 | F05 | 031 |

20 개의 행이 선택됐습니다.

[예제] **TEAM_TMP 테이블을 이용해 TEAM 테이블에 데이터를 입력·수정한다.**

```
[예제]

MERGE
 INTO TEAM T
USING TEAM_TMP S
   ON (T.TEAM_ID = S.TEAM_ID)
 WHEN MATCHED THEN
    UPDATE
       SET T.REGION_NAME = S.REGION_NAME
       , T.TEAM_NAME = S.TEAM_NAME
       , T.DDD = S.DDD
       , T.TEL = S.TEL
 WHEN NOT MATCHED THEN
    INSERT (T.TEAM_ID, T.REGION_NAME, T.TEAM_NAME, T.STADIUM_ID, T.DDD, T.TEL)
    VALUES (S.TEAM_ID, S.REGION_NAME, S.TEAM_NAME, S.STADIUM_ID, S.DDD, S.TEL);

20 행이 병합됐습니다.
```

MERGE 문의 USING 절에 소스 테이블 대신 서브 쿼리를 사용해 입력·수정할 수도 있다.

[예제] **서브 쿼리를 이용해 TEAM 테이블에 데이터를 입력·수정한다.**

```
[예제]

MERGE
 INTO TEAM T
USING (SELECT * FROM TEAM_TMP WHERE REGION_NAME IN ('성남', '부산', '대구', '전주')) S
   ON (T.TEAM_ID = S.TEAM_ID)
 WHEN MATCHED THEN
    UPDATE
       SET T.REGION_NAME = S.REGION_NAME
       , T.TEAM_NAME = S.TEAM_NAME
       , T.DDD = S.DDD
       , T.TEL = S.TEL
```

```
WHEN NOT MATCHED THEN
    INSERT (T.TEAM_ID, T.REGION_NAME, T.TEAM_NAME, T.STADIUM_ID, T.DDD, T.TEL)
    VALUES (S.TEAM_ID, S.REGION_NAME, S.TEAM_NAME, S.STADIUM_ID, S.DDD, S.TEL);
```

6 행이 병합됐습니다.

최신 버전의 Oracle 및 SQL Server 환경에서는 MERGE UPDATE 절(WHEN MATCHED THEN 이하) 및 MERGE INSERT 절(WHEN NOT MATCHED THEN 이하)을 선택적으로 사용할 수 있다.

[예제] TEAM_TMP 테이블을 이용해 TEAM 테이블의 기존 데이터를 수정한다.

[예제]

```
MERGE
 INTO TEAM T
USING TEAM_TMP S
  ON (T.TEAM_ID = S.TEAM_ID)
 WHEN MATCHED THEN
    UPDATE
       SET T.REGION_NAME = S.REGION_NAME
         , T.TEAM_NAME = S.TEAM_NAME
         , T.DDD = S.DDD
         , T.TEL = S.TEL;
```

15 행이 병합됐습니다.

[예제] TEAM_TMP 테이블을 이용해 TEAM 테이블에 없는 데이터를 입력한다.

[예제]

```
MERGE
 INTO TEAM T
USING TEAM_TMP S
  ON (T.TEAM_ID = S.TEAM_ID)
 WHEN NOT MATCHED THEN
    INSERT (T.TEAM_ID, T.REGION_NAME, T.TEAM_NAME, T.STADIUM_ID, T.DDD, T.TEL)
    VALUES (S.TEAM_ID, S.REGION_NAME, S.TEAM_NAME, S.STADIUM_ID, S.DDD, S.TEL);
```

5 행이 병합됐습니다.

참고로 데이터베이스는 3절에서 다룰 DDL 명령어와 DML 명령어를 처리하는 방식에 있어서 차이를 보인다. DDL(CREATE, ALTER, RENAME, DROP) 명령어의 경우, 데이터 구조의 변경이 DDL 명령어 수행이 완료됨과 동시에 즉시 반영된다.

하지만 DML(INSERT, UPDATE, DELETE, SELECT) 명령어 사용 시 데이터의 변경 사항을 테이블에 영구적으로 저장하기 위해서는 COMMIT 명령을 수행해 TRANSACTION을 종료해야 한다. 단 SQL Server는 기본적으로 DML 명령어를 AUTO COMMIT 방식으로 처리하기 때문에 데이터의 변경 사항이 즉시 테이블에 반영된다.

테이블의 전체 데이터를 삭제하는 경우, 시스템 활용 측면에서는 삭제된 데이터를 로그로 저장하는 DELETE TABLE보다는 시스템 부하가 적은 TRUNCATE TABLE을 권고한다.

단 TRUNCATE TABLE의 경우 삭제된 데이터의 로그가 없어 ROLLBACK이 불가능하므로 주의해야 한다. 그러나 SQL Server의 경우 사용자가 임의적으로 트랜잭션을 시작한 후 TRUNCATE TABLE을 이용해 데이터를 삭제한 이후 오류가 발견돼, 다시 복구를 원할 경우 ROLLBACK 문을 이용해 테이블 데이터를 원 상태로 되돌릴 수 있다.

트랜잭션과 COMMIT, ROLLBACK에 대해서는 다음 절에서 설명한다.

제2절 TCL

1. 트랜잭션 개요

트랜잭션은 데이터베이스의 논리적 연산단위다. 트랜잭션(TRANSACTION)이란 밀접히 관련돼 분리될 수 없는 한 개 이상의 데이터베이스 조작을 가리킨다. 하나의 트랜잭션에는 하나 이상의 SQL 문장이 포함된다. 트랜잭션은 분할할 수 없는 최소의 단위다. 그러므로 전부 적용하거나 전부 취소한다. 즉 TRANSACTION은 ALL OR NOTHING의 개념이다.

은행에서의 계좌이체 상황을 연상하면 트랜잭션을 이해하는 데 도움이 된다. 계좌이체는 최소한 두 가지 이상의 작업으로 이루어져 있다. 우선 자신의 계좌에서 잔액을 확인하고 이체할 금액을 인출한 다음 나머지 금액을 저장한다. 그리고 이체할 계좌를 확인하고 앞에서 인출한 금액을 더한 다음에 저장하면 계좌이체가 성공한다.

계좌이체 사례
- STEP1. 100번 계좌의 잔액에서 10,000원을 뺀다.
- STEP2. 200번 계좌의 잔액에 10,000원을 더한다.

계좌이체라는 작업 단위는 이런 두 개의 업데이트가 모두 성공적으로 완료됐을 때 종료된다. 둘 중 하나라도 실패할 경우 계좌이체는 원래의 금액을 유지하고 있어야만 한다. 만약 어떠한 장애에 의해 어느 쪽이든 한 쪽만 실행했을 경우, 이체한 금액은 어디로 증발해 버렸거나 마음대로 증가하게 된다. 당연히 그런 일이 있어서는 안 되므로 이 경우에는 수정을 취소해 원 상태로 되돌려야 한다.

이런 계좌이체 같은 하나의 논리적인 작업 단위를 구성하는 세부적인 연산들의 집합을 트랜잭션이라 한다. 이런 관점에서 데이터베이스 응용 프로그램은 트랜잭션의 집합으로 정의할 수도 있다.

올바르게 반영된 데이터를 데이터베이스에 반영시키는 커밋(COMMIT) 명령어, 데이터를 트랜잭션 시작 이전의 상태로 되돌리는 롤백(ROLLBACK) 명령어, 트랜잭션의 일부만 취소할 수 있게 만드는 저장점(SAVEPOINT) 명령어까지, 이 3가지 명령어를 트랜잭션을 제어하는 TCL(Transaction Control Language)로 분류한다.

트랜잭션의 대상이 되는 SQL 문은 INSERT, UPDATE, DELETE 등 데이터를 변경하는 DML 문이다. SELECT 문장은 직접적인 트랜잭션의 대상이 아니지만, SELECT FOR UPDATE 등 배타적 LOCK을 요구하는 SELECT 문장은 트랜잭션의 대상이 될 수 있다.

트랜잭션의 특성을 살펴보면 [표 II-3-3]과 같다.

[표 II-3-3] 트랜잭션의 특성

특성	설명
원자성 (atomicity)	트랜잭션에서 정의된 연산들은 모두 성공적으로 실행되던지 아니면 전혀 실행되지 않은 상태로 남아 있어야 한다(all or nothing).

특성	설명
일관성 (consistency)	트랜잭션이 실행되기 전의 데이터베이스 내용이 잘못 돼 있지 않다면 트랜잭션이 실행된 이후에도 데이터베이스의 내용에 잘못이 있으면 안 된다.
고립성 (isolation)	트랜잭션이 실행되는 도중에 다른 트랜잭션의 영향을 받아 잘못된 결과를 만들어서는 안 된다.
지속성 (durability)	트랜잭션이 성공적으로 수행되면, 그 트랜잭션이 갱신한 데이터베이스의 내용은 영구적으로 저장된다.

계좌이체는 한 계좌에서 현금이 인출된 후에 다른 계좌로 입금되는데, 현금이 인출되기 전에 다른 계좌에 입금되는 것은 문제를 발생시킬 수 있다. 그리고 이체가 결정되기 전까지는 다른 사람이 이 계좌의 정보를 변경할 수 없다. 이것을 보통 문에 자물쇠를 채우듯이 한다고 해 잠금(LOCKING)이라고 표현한다.

트랜잭션의 특성(특히 원자성)을 충족하기 위해 데이터베이스는 다양한 레벨의 잠금 기능을 제공한다. 잠금은 기본적으로 트랜잭션이 수행하는 동안 특정 데이터에 대해서 다른 트랜잭션이 동시에 접근하지 못하도록 제한하는 기법이다. 잠금이 걸린 데이터는 잠금을 실행한 트랜잭션만 독점적으로 접근할 수 있고, 다른 트랜잭션으로부터 간섭이나 방해를 받지 않는 것이 보장된다. 잠금이 걸린 데이터는 잠금을 수행한 트랜잭션만 해제할 수 있다.

2. COMMIT

입력, 수정, 삭제한 데이터에 대해 전혀 문제가 없다고 판단됐을 경우 COMMIT 명령어로 트랜잭션을 완료할 수 있다. COMMIT이나 ROLLBACK 이전의 데이터 상태는 다음과 같다.

- 데이터의 변경을 취소해 이전 상태로 복구 가능하다.
- 현재 사용자는 SELECT 문장으로 결과를 확인 가능하다.
- 다른 사용자는 현재 사용자가 수행한 명령의 결과를 볼 수 없다.
- 변경된 행은 잠금(LOCKING)이 설정돼서 다른 사용자가 변경할 수 없다.

[예제] PLAYER 테이블에 데이터를 입력하고 COMMIT을 실행한다.

```
[예제] Oracle

INSERT
  INTO PLAYER (PLAYER_ID, TEAM_ID, PLAYER_NAME, POSITION, HEIGHT, WEIGHT, BACK_NO)
VALUES ('1997035', 'K02', '이운재', 'GK', 182, 82, 1);

1 개의 행이 만들어졌습니다.
COMMIT;
```

```
커밋이 완료됐습니다.
```

[예제] **PLAYER** 테이블에 있는 데이터를 수정하고 **COMMIT**을 실행한다.

```
[예제] Oracle
UPDATE PLAYER SET HEIGHT = 100;

481 행이 갱신됐습니다.

COMMIT ;

커밋이 완료됐습니다.
```

[예제] **PLAYER** 테이블에 있는 데이터를 삭제하고 **COMMIT**을 실행한다.

```
[예제] Oracle
DELETE FROM PLAYER;

481 행이 삭제됐습니다.

COMMIT ;

커밋이 완료됐습니다.
```

COMMIT 명령어는 이처럼 INSERT 문장, UPDATE 문장, DELETE 문장을 사용한 후에 이런 변경 작업이 완료됐음을 데이터베이스에 알려 주기 위해 사용한다.

COMMIT 이후의 데이터 상태는 다음과 같다.

- 데이터에 대한 변경 사항이 데이터베이스에 반영된다.
- 이전 데이터는 영원히 잃어버리게 된다.
- 모든 사용자는 결과를 볼 수 있다.
- 관련된 행에 대한 잠금(LOCKING)이 풀리고, 다른 사용자들이 행을 조작할 수 있게 된다.

■ SQL Server의 COMMIT

Oracle은 DML을 실행하는 경우 DBMS가 트랜잭션을 내부적으로 실행하며, DML 문장 수행 후 사용자가 임의로 COMMIT 혹은 ROLLBACK을 수행해 주어야 트랜잭션이 종료된다(일부 툴에서는 AUTO COMMIT을 옵션으로 선택할 수 있다).

하지만 SQL Server는 기본적으로 AUTO COMMIT 모드이기 때문에 DML 수행 후 사용자가 COMMIT이나 ROLLBACK을 처리할 필요가 없다. DML 구문이 성공이면 자동으로 COMMIT이 되고, 오류가 발생할 경우 자동으로 ROLLBACK 처리된다. 위 예제를 SQL Server용으로 변경하면 다음과 같다.

[예제] PLAYER 테이블에 데이터를 입력한다.

```
[예제] SQL Server

INSERT
  INTO PLAYER (PLAYER_ID, TEAM_ID, PLAYER_NAME, POSITION, HEIGHT, WEIGHT, BACK_NO)
VALUES ('1997035', 'K02', '이운재', 'GK', 182, 82, 1);

(1개 행이 영향을 받음)
```

[예제] PLAYER 테이블에 있는 데이터를 수정한다.

```
[예제] SQL Server

UPDATE PLAYER SET HEIGHT = 100;

(481개 행이 영향을 받음)
```

[예제] PLAYER 테이블에 있는 데이터를 삭제한다.

```
[예제] SQL Server

DELETE FROM PLAYER;

(481개 행이 영향을 받음)
```

SQL Server에서의 트랜잭션은 기본적으로 3가지 방식으로 이뤄진다.

1) AUTO COMMIT

SQL Server의 기본 방식이며, DML과 DDL을 수행할 때마다 DBMS가 트랜잭션을 컨트롤하는 방식이다. 명령어가 성공적으로 수행되면 자동으로 COMMIT을 수행하고, 오류가 발생하면 자동으로 ROLLBACK을 수행한다.

2) 암시적 트랜잭션

Oracle과 같은 방식으로 처리된다. 즉 트랜잭션의 시작은 DBMS가 처리하고 트랜잭션의 끝은 사용자가 명시적으로 COMMIT 또는 ROLLBACK으로 처리한다. 인스턴스 단위 또는 세션 단위로 설정할 수 있다. 인스턴스 단위로 설정하려면 서버 속성 창의 연결화면에서 기본연결 옵션 중 암시적 트랜잭션에 체크해 주면 된다. 세션 단위로 설정하기 위해서는 세션 옵션 중 SET IMPLICIT TRANSACTION ON을 사용하면 된다.

3) 명시적 트랜잭션

트랜잭션의 시작과 끝을 모두 사용자가 명시적으로 지정하는 방식이다. BEGIN TRANSACTION(BEGIN TRAN 구문도 가능)으로 트랜잭션을 시작하고, COMMIT TRANSACTION(TRANSACTION은 생략 가능) 또는 ROLLBACK TRANSACTION(TRANSACTION은 생략 가능)으로 트랜잭션을 종료한다. ROLLBACK 구문을 만나면 최초의 BEGIN TRANSACTION 시점까지 모두 ROLLBACK이 수행된다.

3. ROLLBACK

테이블 내 입력한 데이터나 수정한 데이터, 삭제한 데이터에 대해 COMMIT 이전에는 변경 사항을 취소할 수 있다. 데이터베이스에서는 롤백(ROLLBACK) 기능을 사용한다. 롤백은 데이터 변경 사항이 취소돼 데이터가 이전 상태로 복구되며, 관련된 행에 대한 잠금(LOCKING)이 풀리고 다른 사용자들이 데이터 변경을 할 수 있게 된다.

[예제] PLAYER 테이블에 데이터를 입력하고 ROLLBACK을 실행한다.

```
[예제] Oracle

INSERT
  INTO PLAYER (PLAYER_ID, TEAM_ID, PLAYER_NAME, POSITION, HEIGHT, WEIGHT, BACK_NO)
VALUES ('1997035', 'K02', '이운재', 'GK', 182, 82, 1);

1 개의 행이 만들어졌습니다.

ROLLBACK;

롤백이 완료됐습니다.
```

[예제] PLAYER 테이블에 있는 데이터를 수정하고 ROLLBACK을 실행한다.

```
[예제] Oracle

UPDATE PLAYER SET HEIGHT = 100;

480 행이 갱신됐습니다.

ROLLBACK;

롤백이 완료됐습니다.
```

[예제] PLAYER 테이블에 있는 데이터를 삭제하고 ROLLBACK을 실행한다.

```
[예제] Oracle

DELETE FROM PLAYER;

480 행이 삭제됐습니다.

ROLLBACK;

롤백이 완료됐습니다.
```

■ SQL Server의 ROLLBACK

SQL Server는 위에서 언급한 바와 같이 AUTO COMMIT이 기본 방식이므로 임의적으로 ROLLBACK을 수행하려면 명시적으로 트랜잭션을 선언해야 한다. 위의 예제는 다음과 같이 변경된다.

[예제] PLAYER 테이블에 데이터를 입력하고 ROLLBACK을 실행한다.

```
[예제] SQL Server

BEGIN  TRAN

INSERT
  INTO PLAYER (PLAYER_ID, TEAM_ID, PLAYER_NAME, POSITION, HEIGHT, WEIGHT, BACK_NO)
VALUES ('1997035', 'K02', '이운재', 'GK', 182, 82, 1);

(1개 행이 영향을 받음)

ROLLBACK;
```

명령이 완료됐습니다.

[예제] PLAYER 테이블에 있는 데이터를 수정하고 ROLLBACK을 실행한다.

[예제] SQL Server

```
BEGIN  TRAN

UPDATE PLAYER SET HEIGHT = 100;

(480개 행이 영향을 받음)

ROLLBACK;

명령이 완료됐습니다.
```

[예제] PLAYER 테이블에 있는 데이터를 삭제하고 ROLLBACK을 실행한다.

[예제] SQL Server

```
BEGIN  TRAN

DELETE FROM PLAYER;

(480개 행이 영향을 받음)

ROLLBACK;

명령이 완료됐습니다.
```

ROLLBACK 후의 데이터 상태는 다음과 같다.

- 데이터에 대한 변경 사항은 취소된다.
- 데이터가 트랜잭션 시작 이전의 상태로 되돌려진다.
- 관련된 행에 대한 잠금(LOCKING)이 풀리고, 다른 사용자들이 행을 조작할 수 있게 된다.

COMMIT과 ROLLBACK을 사용함으로써 다음과 같은 효과를 볼 수 있다.

- 데이터 무결성 보장
- 영구적인 변경을 하기 전에 데이터의 변경 사항 확인 가능
- 논리적으로 연관된 작업을 그룹핑해 처리 가능

4. SAVEPOINT

저장점(SAVEPOINT)을 정의하면 롤백(ROLLBACK)할 때 트랜잭션에 포함된 전체 작업을 롤백하는 것이 아니라, 현 시점에서 SAVEPOINT까지 트랜잭션의 일부만 롤백할 수 있다. 따라서 복잡한 대규모 트랜잭션에서 에러가 발생했을 때 SAVEPOINT까지의 트랜잭션만 롤백하고 실패한 부분에 대해서만 다시 실행할 수 있다(일부 툴에서는 지원을 안 할 수 있음).

복수의 저장점을 정의할 수 있으며, 동일이름으로 여러 개의 저장점을 정의했을 때는 마지막에 정의한 저장점만 유효하다. 다음의 SQL 문은 SVPT1이라는 저장점을 정의하고 있다.

```
Oracle
SAVEPOINT SVPT1;
```

저장점까지 롤백할 때는 ROLLBACK 뒤에 저장점 명을 지정한다.

```
Oracle
ROLLBACK TO SVPT1;
```

위와 같이 롤백에 SAVEPOINT 명을 부여해 실행하면, 저장점 설정 이후에 있었던 데이터 변경에 대해서만 원래 데이터 상태로 되돌아가게 된다.

SQL Server는 SAVE TRANSACTION을 사용해 동일한 기능을 수행할 수 있다. 다음의 SQL 문은 SVTR1이라는 저장점을 정의하고 있다.

```
SQL Server
SAVE TRANSACTION SVTR1;
```

저장점까지 롤백할 때는 롤백 뒤에 저장점 명을 지정한다.

```
SQL Server

ROLLBACK TRANSACTION SVTR1;
```

[예제] **SAVEPOINT**를 지정하고, **PLAYER** 테이블에 데이터를 입력한 다음 롤백을 이전에 설정한 저장점까지 실행한다.

```
[예제] Oracle

SAVEPOINT SVPT1;

저장점이 생성됐습니다.

INSERT
 INTO PLAYER (PLAYER_ID, TEAM_ID, PLAYER_NAME, POSITION, HEIGHT, WEIGHT, BACK_NO)
VALUES ('1997035', 'K02', '이운재', 'GK', 182, 82, 1);

1 개의 행이 만들어졌습니다.

ROLLBACK TO SVPT1;

롤백이 완료됐습니다.
```

```
[예제] SQL Server

BEGIN  TRAN

SAVE TRAN SVTR1;

명령이 완료됐습니다.

INSERT
 INTO PLAYER (PLAYER_ID, TEAM_ID, PLAYER_NAME, POSITION, HEIGHT, WEIGHT, BACK_NO)
VALUES ('1997035', 'K02', '이운재', 'GK', 182, 82, 1);

(1개 행이 영향을 받음)

ROLLBACK TRAN SVTR1;

명령이 완료됐습니다.
```

[예제] 먼저 SAVEPOINT를 지정하고 PLAYER 테이블에 있는 데이터를 수정한 다음 롤백을 이전에 설정한 저장점까지 실행한다.

```
[예제] Oracle

SAVEPOINT SVPT2;

저장점이 생성됐습니다.

UPDATE PLAYER SET HEIGHT = 100;

480 행이 갱신됐습니다.

ROLLBACK TO SVPT2;

롤백이 완료됐습니다.
```

```
[예제] SQL Server

BEGIN  TRAN

SAVE TRAN SVTR2;

명령이 완료됐습니다.

UPDATE PLAYER SET HEIGHT = 100;

(480개 행이 영향을 받음)

ROLLBACK TRAN SVTR2;

명령이 완료됐습니다.
```

[예제] SAVEPOINT를 지정하고, PLAYER 테이블에 있는 데이터를 삭제한 다음 롤백을 이전에 설정한 저장점까지 실행한다.

```
[예제] Oracle

SAVEPOINT SVPT3;

저장점이 생성됐습니다.

DELETE FROM PLAYER;

480 행이 삭제됐습니다.
```

```
ROLLBACK TO SVPT3;

롤백이 완료됐습니다.
```

```
[예제] SQL Server

SAVE TRAN SVTR3;

명령이 완료됐습니다.

DELETE FROM PLAYER;

(480개 행이 영향을 받음)

ROLLBACK TRAN SVTR3;

명령이 완료됐습니다.
```

[그림 Ⅱ-3-1]은 여러 개의 SAVEPOINT 설정 후 롤백이 이루어지는 범위에 대해 표현한 것이다.

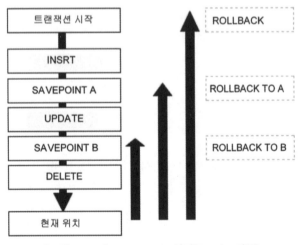

[그림 Ⅱ-3-1] ROLLBACK 원리(Oracle 기준)

[그림 Ⅱ-3-1]에서 보듯이 저장점 A로 되돌리고 나서 다시 B와 같이 미래 방향으로 되돌릴 수는 없다. 일단 특정 저장점까지 롤백하면 그 저장점 이후에 설정한 저장점이 무효가 되기 때문이다. 즉 'ROLLBACK TO A'를 실행한 시점에서 저장점 A 이후에 정의한 저장점 B는 존재하지 않는다.

저장점 지정 없이 롤백을 실행할 경우, 반영되지 않은 모든 변경 사항을 취소하고 트랜잭션을 종료한다.

[예제] 새로운 트랜잭션을 시작하기 전에 PLAYER 테이블의 데이터 건수와 몸무게가 100인 선수의 데이터 건수를 확인한다.

[예제]

```
SELECT COUNT (*) AS CNT FROM PLAYER;
```

[실행 결과]

```
CNT
---
480
```

1개의 행이 선택됐습니다.

[예제]

```
SELECT COUNT (*) AS CNT FROM PLAYER WHERE WEIGHT = 100;
```

[실행 결과]

```
CNT
---
  0
```

1개의 행이 선택됐습니다.

[예제] [그림 II-3-1]을 확인하기 위해 새로운 트랜잭션을 시작하고 SAVEPOINT A와 SAVEPOINT B를 지정한다(툴에 AUTO COMMIT 옵션이 적용된 경우 해제함).

[예제 및 실행 결과] Oracle

```
/* 새로운 트랜잭션 시작 */

INSERT
  INTO PLAYER (PLAYER_ID, TEAM_ID, PLAYER_NAME, POSITION, HEIGHT, WEIGHT, BACK_NO)
VALUES ('1999035', 'K02', '이운재', 'GK', 182, 82, 1);

1 개의 행이 만들어졌습니다.
```

```
SAVEPOINT SVPT_A;

저장점이 생성됐습니다.

UPDATE PLAYER SET WEIGHT = 100;

481 행이 갱신됐습니다.

SAVEPOINT SVPT_B;

저장점이 생성됐습니다.

DELETE FROM PLAYER;

481 행이 삭제됐습니다.
```

현재 위치에서 [예제] CASE 1, 2, 3을 순서대로 수행해본다.

[예제] CASE 1. SAVEPOINT B 저장점까지 롤백을 수행하고 롤백 전후 데이터를 확인해본다.

[예제 및 실행 결과] Oracle

```
SELECT COUNT (*) AS CNT FROM PLAYER;

CNT
---
  0

1개의 행이 선택됐습니다.

ROLLBACK TO SVPT_B;

롤백이 완료됐습니다.

SELECT COUNT (*) AS CNT FROM PLAYER;

CNT
---
481

1개의 행이 선택됐습니다.
```

[예제] CASE 2. SAVEPOINT A 저장점까지 롤백(ROLLBACK)을 수행하고 롤백 전후 데이터를 확인해본다.

```
SELECT COUNT (*) AS CNT FROM PLAYER WHERE WEIGHT = 100;

CNT
---
481

1개의 행이 선택됐습니다.

ROLLBACK TO SVPT_A;

롤백이 완료됐습니다.
SELECT COUNT (*) AS CNT FROM PLAYER WHERE WEIGHT = 100;

CNT
---
  0

1개의 행이 선택됐습니다.
```

[예제] CASE 3. 트랜잭션 최초 시점까지 롤백을 수행하고 롤백 전후 데이터를 확인해본다.

```
SELECT COUNT (*) AS CNT FROM PLAYER;

CNT
---
481

1개의 행이 선택됐습니다.

ROLLBACK;

롤백이 완료됐습니다.

SELECT COUNT (*) AS CNT FROM PLAYER;

CNT
---
480

1개의 행이 선택됐습니다.
```

■ **앞서 배운 트랜잭션에 대해서 다시 한번 정리한다.**

해당 테이블에 데이터의 변경을 발생시키는 입력(INSERT), 수정(UPDATE), 삭제(DELETE) 명령어 수행 시 변경되는 데이터의 무결성을 보장하는 것이 커밋과 롤백의 목적이다.

커밋은 '변경된 데이터를 테이블이 영구적으로 반영해라'라는 의미를 갖는 것이고, 롤백은 '변경된 데이터가 문제가 있으니 변경 사항을 취소하고 변경 이전의 데이터로 복구하라'는 의미다. 저장점(SAVEPOINT/SAVE TRANSACTION)은 '데이터 변경을 사전에 지정한 저장점까지만 롤백하라'는 의미다.

Oracle의 트랜잭션은 트랜잭션의 대상이 되는 SQL 문장을 실행하면 자동으로 시작되고, COMMIT 또는 롤백을 실행한 시점에서 종료된다. 단 다음의 경우에는 COMMIT과 ROLLBACK을 실행하지 않아도 자동으로 트랜잭션이 종료된다.

- CREATE, ALTER, DROP, RENAME, TRUNCATE TABLE 등 DDL 문장을 실행하면, 그 전후 시점에 자동으로 커밋(Auto Commit)이 수행된다. 즉 DML 문장 이후에 명시적 커밋 없이도 DDL 문장이 실행되면 데이터의 변경 사항이 자동으로 커밋된다.
- 데이터베이스를 정상적으로 접속 종료하면 자동으로 트랜잭션이 커밋된다.
- 애플리케이션의 이상 종료로 데이터베이스와의 접속이 단절됐을 때는 트랜잭션이 자동으로 롤백된다.

SQL Server의 트랜잭션은 DBMS가 트랜잭션을 컨트롤하는 방식인 AUTO COMMIT이 기본 방식이다. 다음의 경우는 Oracle과 같이 자동으로 트랜잭션이 종료된다.

- 애플리케이션의 이상 종료로 데이터베이스(인스턴스)와의 접속이 단절됐을 때는 트랜잭션이 자동으로 롤백된다.

제3절 DDL

1. CREATE TABLE

테이블은 데이터베이스의 가장 기본적인 객체로, 행과 열의 구조로 데이터를 저장한다. 테이블 생성을 위해서는 해당 테이블에 입력될 데이터를 정의하고, 정의한 데이터를 어떠한 데이터 유형으로 선언할 것인지를 결정해야 한다.

가. 테이블과 칼럼 정의

테이블에 존재하는 모든 데이터를 고유하게 식별할 수 있으면서 반드시 값이 존재하는 단일 칼럼이나 칼럼의 조합들(후보키) 중에 하나를 선정해 기본키 칼럼으로 지정한다. 선수 테이블을 예로 들면 '선수ID' 칼럼이 기본키로 적당할 것이다. 기본키는 단일 칼럼이 아닌 여러 개의 칼럼으로 구성될 수도 있다.

테이블과 테이블 간에 정의된 관계는 기본키(PRIMARY KEY)와 외부키(FOREIGN KEY)를 활용해 설정하도록 한다.

선수 테이블에 선수의 소속팀 정보가 같이 존재한다고 가정하면, 특정 팀의 이름이 변경됐을 경우 그 팀에 소속된 선수 데이터를 일일이 찾아서 수정하거나, 팀이 해체됐을 경우 선수 관련 정보까지 삭제되는 수정·삭제 이상 (Anomaly) 현상이 발생할 수 있다. 이런 이상 현상을 방지하기 위해 팀 정보를 관리하는 팀 테이블을 별도로 분리해서 팀ID와 팀 이름을 저장하고, 선수 테이블에서는 팀ID를 외부키로 참조하게 한다.

데이터 모델링 및 정규화에 대한 내용은 업무를 개선시킬 수 있는 고급 SQL을 작성하는 데 필요한 내용이므로 이 부분도 기본적인 내용은 학습할 것을 권고한다.

■ 아래는 선수 정보와 함께 케이리그와 관련 있는 다른 데이터들도 같이 살펴본 내용이다.

[표 II-3-4] 케이리그의 테이블과 칼럼 정보

테이블	칼럼 설명
선수 정보 (PLAYER)	선수에 대한 상세 정보 (선수ID, 선수명, 소속팀ID, 영문선수명, 선수별명, 입단년도, 포지션, 등번호, 국적, 생년월일, 양/음력, 키, 몸무게)
팀 정보 (TEAM)	소속팀에 대한 상세 정보 (팀ID, 연고지명, 팀명, 영문팀명, 창단년도, 운동장ID, 우편번호1, 우편번호2, 주소, 지역번호, 전화번호, 팩스, 홈페이지, 구단주)
운동장 정보 (STADIUM)	운동장에 대한 상세 정보 (운동장ID, 운동장명, 홈팀ID, 좌석수, 주소, 지역번호, 전화번호)
경기일정 (SCHEDULE)	경기일정 및 스코어에 대한 정보 (운동장ID, 경기일자, 경기진행여부, 홈팀ID, 원정팀ID, 홈팀득점, 원정팀 득점)

■ 케이리그와는 별개로 회사의 부서와 사원 테이블의 칼럼들도 정리한다.

[표 II-3-5] 부서-사원 관계의 칼럼 정보

테이블	칼럼 설명
부서 (DEPT)	부서에 대한 상세 정보 (부서ID, 부서명, 부서지역)
사원 (EMP)	사원에 대한 상세 정보 (사원ID, 사원명, 업무, 매니저, 입사일자, 급여, 커미션, 부서ID)

나. CREATE TABLE

테이블을 생성하는 구문 형식은 다음과 같다.

```
CREATE TABLE 테이블명 (
    칼럼명1     데이터유형     [기본 값]     [NOT NULL]
,   칼럼명2     데이터유형     [기본 값]     [NOT NULL]
,   칼럼명3     데이터유형     [기본 값]     [NOT NULL]
,   ...
);
```

다음은 테이블 생성 시에 주의해야 할 몇 가지 규칙이다.

- 테이블명은 객체를 의미할 수 있는 적절한 이름을 사용한다. 가능한 단수형을 권고한다.
- 테이블 명은 다른 테이블의 이름과 중복되지 않아야 한다.
- 한 테이블 내에서는 칼럼명이 중복되게 지정될 수 없다.
- 테이블 이름을 지정하고 각 칼럼들은 괄호 '( )'로 묶어 지정한다.
- 각 칼럼들은 콤마 ','로 구분되고, 테이블 생성문의 끝은 항상 세미콜론 ';'으로 끝난다.
- 칼럼에 대해서는 다른 테이블까지 고려해 데이터베이스 내에서는 일관성 있게 사용하는 것이 좋다(데이터 표준화 관점).
- 칼럼 뒤에 데이터 유형은 꼭 지정돼야 한다.
- 테이블명과 칼럼명은 반드시 문자로 시작해야 하고, 벤더별로 길이에 대한 한계가 있다.
- 벤더에서 사전에 정의한 예약어(Reserved word)는 쓸 수 없다.
- A-Z, a-z, 0-9, _, $, # 문자만 허용된다.
- 테이블명이 잘못된 사례

10_PLAYER	반드시 숫자가 아닌 문자로 시작돼야 함
T-PLAYER	특수 문자 '-'는 허용되지 않음

한 테이블 안에서 칼럼 이름은 달라야 하지만, 다른 테이블의 칼럼 이름과는 같을 수 있다. 예를 들면 선수 테이블의 TEAM_ID, 팀 테이블의 TEAM_ID는 같은 칼럼 이름을 갖고 있다. 실제 DBMS는 팀 테이블의 TEAM_ID를 PC나 유닉스의 디렉터리 구조처럼 'DB명+DB사용자명+테이블명+칼럼명'과 같이 계층적 구조를 가진 전체 경로로 관리하고 있다.

이처럼 같은 이름을 가진 칼럼들은 기본키와 외래키의 관계를 갖는 경우가 많으며, 향후 테이블 간의 조인 조건으로 주로 사용되는 중요한 연결고리 칼럼들이다.

[예제] 다음 조건의 형태로 팀(TEAM) 테이블을 생성한다.

```
테이블명     : TEAM
테이블 설명 : 케이리그 선수들의 소속팀에 대한 정보를 갖고 있는 테이블
칼럼명       : TEAM_ID        (팀 고유 ID)          문자 고정 자릿수 3자리,
              REGION_NAME     (연고지 명)           문자 가변 자릿수 8자리,
              TEAM_NAME       (한글 팀 명)          문자 가변 자릿수 40자리,
              E_TEAM_NAME     (영문 팀 명)          문자 가변 자릿수 50자리,
              ORIG_YYYY       (창단년도)            문자 고정 자릿수 4자리,
              STADIUM_ID      (구장 고유 ID)        문자 고정 자릿수 3자리,
              ZIP_CODE1       (우편번호 앞 3자리)   문자 고정 자릿수 3자리,
              ZIP_CODE2       (우편번호 뒤 3자리)   문자 고정 자릿수 3자리,
              ADDRESS         (주소)                문자 가변 자릿수 80자리,
              DDD             (지역번호)            문자 가변 자릿수 3자리,
              TEL             (전화번호)            문자 가변 자릿수 10자리,
              FAX             (팩스번호)            문자 가변 자릿수 10자리,
              HOMEPAGE        (홈페이지)            문자 가변 자릿수 50자리,
              OWNER           (구단주)              문자 가변 자릿수 10자리
제약조건     : PRIMARY KEY (제약조건명은 TEAM_ID_PK)  → TEAM_ID
              NOT NULL    (제약조건명은 미적용)      → REGION_NAME, TEAM_NAME, STADIUM_ID
```

[예제] Oracle

```
CREATE TABLE TEAM (
    TEAM_ID         CHAR(3)         NOT NULL
  , REGION_NAME     VARCHAR2(8)     NOT NULL
  , TEAM_NAME       VARCHAR2(40)    NOT NULL
  , E_TEAM_NAME     VARCHAR2(50)
  , ORIG_YYYY       CHAR(4)
  , STADIUM_ID      CHAR(3)         NOT NULL
  , ZIP_CODE1       CHAR(3)
  , ZIP_CODE2       CHAR(3)
  , ADDRESS         VARCHAR2(80)
  , DDD             VARCHAR2(3)
  , TEL             VARCHAR2(10)
```

```
  , FAX             VARCHAR2(10)
  , HOMEPAGE        VARCHAR2(50)
  , OWNER           VARCHAR2(10)
, CONSTRAINT TEAM_PK PRIMARY KEY (TEAM_ID)
);
```

테이블이 생성됐습니다.

[예제] SQL Server

```
CREATE TABLE TEAM (
    TEAM_ID         CHAR(3)         NOT NULL
  , REGION_NAME     VARCHAR(8)      NOT NULL
  , TEAM_NAME       VARCHAR(40)     NOT NULL
  , E_TEAM_NAME     VARCHAR(50)
  , ORIG_YYYY       CHAR(4)
  , STADIUM_ID      CHAR(3)         NOT NULL
  , ZIP_CODE1       CHAR(3)
  , ZIP_CODE2       CHAR(3)
  , ADDRESS         VARCHAR(80)
  , DDD             VARCHAR(3)
  , TEL             VARCHAR(10)
  , FAX             VARCHAR(10)
  , HOMEPAGE        VARCHAR(50)
  , OWNER           VARCHAR(10)
, CONSTRAINT TEAM_PK PRIMARY KEY (TEAM_ID)
);
```

명령이 완료됐습니다.

[예제] 다음 조건의 형태로 선수(PLAYER) 테이블을 생성한다.

```
테이블명    : PLAYER
테이블 설명 : 케이리그 선수들의 정보를 갖고 있는 테이블
칼럼명      : PLAYER_ID      (선수ID)        문자 고정 자릿수 7자리,
            PLAYER_NAME     (선수명)        문자 가변 자릿수 20자리,
            TEAM_ID         (팀ID)          문자 고정 자릿수 3자리,
            E_PLAYER_NAME   (영문선수명)    문자 가변 자릿수 40자리,
            NICKNAME        (선수별명)      문자 가변 자릿수 30자리,
            JOIN_YYYY       (입단년도)      문자 고정 자릿수 4자리,
            POSITION        (포지션)        문자 가변 자릿수 10자리,
            BACK_NO         (등번호)        숫자 2자리,
```

```
            NATION      (국적)      문자 가변 자릿수 20자리,
            BIRTH_DATE  (생년월일)   날짜,
            SOLAR       (양/음)     문자 고정 자릿수 1자리,
            HEIGHT      (신장)      숫자 3자리,
            WEIGHT      (몸무게)     숫자 3자리
제약조건    : PRIMARY KEY (제약조건명은 PLAYER_ID_PK) → PLAYER_ID
            FOREIGN KEY (제약조건명은 PLAYER_FK)    → TEAM_ID (참조 : TEAM.TEAM_ID)
            NOT NULL    (제약조건명은 미적용)       → PLAYER_NAME, TEAM_ID
```

[예제] Oracle

```
CREATE TABLE PLAYER (
    PLAYER_ID       CHAR(7)         NOT NULL
,   PLAYER_NAME     VARCHAR2(20)    NOT NULL
,   TEAM_ID         CHAR(3)         NOT NULL
,   E_PLAYER_NAME   VARCHAR2(40)
,   NICKNAME        VARCHAR2(30)
,   JOIN_YYYY       CHAR(4)
,   POSITION        VARCHAR2(10)
,   BACK_NO         NUMBER(2)
,   NATION          VARCHAR2(20)
,   BIRTH_DATE      DATE
,   SOLAR           CHAR(1)
,   HEIGHT          NUMBER(3)
,   WEIGHT          NUMBER(3)
, CONSTRAINT PLAYER_PK PRIMARY KEY (PLAYER_ID)
, CONSTRAINT PLAYER_FK FOREIGN KEY (TEAM_ID) REFERENCES TEAM (TEAM_ID)
);
```

테이블이 생성됐습니다.

[예제] SQL Server

```
CREATE TABLE PLAYER (
    PLAYER_ID       CHAR(7)         NOT NULL
,   PLAYER_NAME     VARCHAR(20)     NOT NULL
,   TEAM_ID         CHAR(3)         NOT NULL
,   E_PLAYER_NAME   VARCHAR(40)
,   NICKNAME        VARCHAR(30)
,   JOIN_YYYY       CHAR(4)
,   POSITION        VARCHAR(10)
,   BACK_NO         TINYINT
```

```
  , NATION          VARCHAR(20)
  , BIRTH_DATE      DATE
  , SOLAR           CHAR(1)
  , HEIGHT          SMALLINT
  , WEIGHT          SMALLINT
, CONSTRAINT PLAYER_PK PRIMARY KEY (PLAYER_ID)
, CONSTRAINT PLAYER_FK FOREIGN KEY (TEAM_ID) REFERENCES TEAM (TEAM_ID)
);

명령이 완료됐습니다.
```

테이블 생성 예제에서 추가적인 주의 사항 몇 가지를 확인하면 다음과 같다.

- 테이블 생성시 대소문자 구분은 하지 않는다.
  기본적으로 테이블이나 칼럼명은 대문자로 만들어진다.
- DATETIME 데이터 유형에는 별도로 크기를 지정하지 않는다.
- 문자 데이터 유형은 반드시 가질 수 있는 최대 길이를 표시해야 한다.
- 칼럼과 칼럼의 구분은 콤마로 하되, 마지막 칼럼은 콤마를 찍지 않는다.
- 칼럼에 대한 제약조건이 있으면 CONSTRAINT를 이용해 추가할 수 있다.

테이블 생성문에서 제약조건은 각 칼럼의 데이터 유형 뒤에 기술하는 칼럼 LEVEL 정의 방식(예, PLAYER_NAME VARCHAR(20) NOT NULL)과, 테이블 정의 마지막에 모든 제약조건을 기술하는 테이블 LEVEL 정의 방식(예, CONSTRAINT PLAYER_PK PRIMARY KEY (PLAYER_ID))이 있다. 하나의 SQL 문장 내에서 두 가지 방식은 혼용해서 사용할 수 있으며, 같은 기능을 갖고 있다.

다. 제약조건

제약조건(CONSTRAINT)이란 사용자가 원하는 조건의 데이터만 유지하기 위한, 즉 데이터의 무결성을 유지하기 위한 데이터베이스의 보편적인 방법으로, 테이블의 특정 칼럼에 설정하는 제약이다.

테이블을 생성할 때 제약조건을 반드시 기술할 필요는 없지만, 이후에 ALTER TABLE을 이용해 추가·수정하는 경우 데이터가 이미 입력된 경우라면 처리 과정이 쉽지 않으므로 초기 테이블 생성 시점부터 적합한 제약조건에 대한 충분한 검토가 있어야 한다.

■ 제약조건의 종류

[표 II-3-6] 제약조건의 종류

구분	설명
PRIMARY KEY (기본키)	테이블에 저장된 행 데이터를 고유하게 식별하기 위한 기본키를 정의한다. 하나의 테이블에 하나의 기본키 제약만 정의할 수 있다. 기본키 제약을 정의하면 DBMS는 자동으로 UNIQUE 인덱스를 생성하며, 기본키를 구성하는 칼럼에는 NULL을 입력할 수 없다. 결국 '기본키 제약 = 고유키 제약 & NOT NULL 제약'이 된다.
UNIQUE (고유키)	테이블에 저장된 행 데이터를 고유하게 식별하기 위한 고유키를 정의한다. 단 NULL은 고유키 제약의 대상이 아니므로, NULL 값을 가진 행이 여러 개 있더라도 고유키 제약 위반이 되지 않는다.
NOT NULL	NULL 값의 입력을 금지한다. 디폴트 상태에서는 모든 칼럼에서 NULL을 허가하고 있지만, 이 제약을 지정함으로써 해당 칼럼은 입력 필수가 된다. NOT NULL을 CHECK의 일부분으로 이해할 수도 있다.
CHECK	입력할 수 있는 값의 범위 등을 제한한다. CHECK 제약으로는 TRUE or FALSE로 평가할 수 있는 논리식을 지정한다.
FOREIGN KEY (외래키)	관계형 데이터베이스에서 테이블 간의 관계를 정의하기 위해 기본키를 다른 테이블의 외래키로 복사하는 경우 외래키가 생성된다. 외래키 지정시 참조 무결성 제약 옵션을 선택할 수 있다.

■ NULL 의미

NULL(ASCII 코드 00번)은 공백(BLANK, ASCII 코드 32번)이나 숫자 0(ZERO, ASCII 48)과는 전혀 다른 값이며, 조건에 맞는 데이터가 없을 때의 공집합과도 다르다. 'NULL'은 '아직 정의되지 않은 미지의 값'이거나 '아직 데이터가 입력되지 않은 경우'를 의미한다.

■ DEFAULT 의미

데이터 입력 시 칼럼 값을 지정하지 않은 경우에 NULL 값이 입력된다. 하지만 사전에 DEFAULT 값을 정의했다면, NULL 값 대신 사전에 정의된 기본 값(DEFAULT)이 자동으로 입력된다.

라. 생성된 테이블 구조 확인

테이블을 생성한 후 테이블의 구조가 제대로 만들어졌는지 확인할 필요가 있다. Oracle은 'DESCRIBE 테이블명;' 또는 간략히 'DESC 테이블명;'으로 해당 테이블에 대한 정보를 확인할 수 있다. SQL Server의 경우 'sp_help `dbo.테이블명`'으로 해당 테이블에 대한 정보를 확인할 수 있다.

[예제] 선수(PLAYER) 테이블의 구조를 확인한다.

[실행 결과] Oracle

```
DESCRIBE PLAYER;
```

이름	널?	유형
PLAYER_ID	NOT NULL	CHAR(7)
PLAYER_NAME	NOT NULL	VARCHAR2(20)
TEAM_ID	NOT NULL	CHAR(3)
E_PLAYER_NAME		VARCHAR2(40)
NICKNAME		VARCHAR2(30)
JOIN_YYYY		CHAR(4)
POSITION		VARCHAR2(10)
BACK_NO		NUMBER(2)
NATION		VARCHAR2(20)
BIRTH_DATE		DATE
SOLAR		CHAR(1)
HEIGHT		NUMBER(3)
WEIGHT		NUMBER(3)

[실행 결과] SQL Server

```
exec sp_help 'dbo.PLAYER'
go
```

Column_name	Type	Length	Nullable
PLAYER_ID	char	7	no
PLAYER_NAME	varchar	20	no
TEAM_ID	char	3	no
E_PLAYER_NAME	varchar	40	yes
NICKNAME	varchar	30	yes
JOIN_YYYY	char	4	yes
POSITION	varchar	10	yes
BACK_NO	tinyint	1	yes
NATION	varchar	20	yes
BIRTH_DATE	date	3	yes
SOLAR	char	1	yes
HEIGHT	smallint	2	yes
WEIGHT	smallint	2	yes

마. SELECT 문장으로 테이블 생성 사례

SELECT 문장을 활용해서 테이블을 생성할 수 있는 방법(CTAS, Create Table ~ As Select ~)이 있다. 기존 테이블을 이용한 CTAS 방법을 사용하면 칼럼별로 데이터 유형을 다시 정의하지 않아도 되는 장점이 있다.

그러나 CTAS 기법 사용 시 주의할 점은 기존 테이블의 제약조건 중에 NOT NULL 제약만 새로 생성되는 테이블에 적용되고, 기본키·고유키·외래키·CHECK 등의 다른 제약조건은 없어진다는 점이다. 이와 같은 제약조건을 새로 생성한 테이블에 적용하기 위해서는 뒤에 나오는 ALTER TABLE 기능을 사용해야 한다.

SQL Server에서는 Select ~ Into ~ 문장을 사용해 위와 같은 결과를 얻을 수 있다. 단 칼럼 속성에 Identity를 사용했다면 Identity 속성까지 같이 적용된다.

[예제] 선수(PLAYER) 테이블과 같은 내용으로 **TEAM_TEMP**라는 복사 테이블을 만들어 본다.

[예제] Oracle

```
CREATE TABLE TEAM_TEMP AS SELECT * FROM TEAM;

테이블이 생성됐습니다.
```

[실행 결과] Oracle

```
DESC TEAM_TEMP;

이름            널?           유형
-----------    --------      ------------
TEAM_ID        NOT NULL      CHAR(3)
REGION_NAME    NOT NULL      VARCHAR2(8)
TEAM_NAME      NOT NULL      VARCHAR2(40)
E_TEAM_NAME                  VARCHAR2(50)
ORIG_YYYY                    CHAR(4)
STADIUM_ID     NOT NULL      CHAR(3)
ZIP_CODE1                    CHAR(3)
ZIP_CODE2                    CHAR(3)
ADDRESS                      VARCHAR2(80)
DDD                          VARCHAR2(3)
TEL                          VARCHAR2(10)
FAX                          VARCHAR2(10)
HOMEPAGE                     VARCHAR2(50)
OWNER                        VARCHAR2(10)
```

[예제] SQL Server

```
SELECT * INTO TEAM_TEMP FROM TEAM;

(0개 행이 영향을 받음)
```

[실행 결과] SQL Server

```
exec sp_help 'dbo.TEAM_TEMP'
go
```

Column_name	Type	Length	Nullable
TEAM_ID	char	3	no
REGION_NAME	varchar	8	no
TEAM_NAME	varchar	40	no
E_TEAM_NAME	varchar	50	yes
ORIG_YYYY	char	4	yes
STADIUM_ID	char	3	no
ZIP_CODE1	char	3	yes
ZIP_CODE2	char	3	yes
ADDRESS	varchar	80	yes
DDD	varchar	3	yes
TEL	varchar	10	yes
FAX	varchar	10	yes
HOMEPAGE	varchar	50	yes
OWNER	varchar	10	yes

2. ALTER TABLE

한 번 생성된 테이블은 특별히 사용자가 구조를 변경하기 전까지 생성 당시의 구조를 유지하게 된다. 처음의 테이블 구조를 그대로 유지하는 것이 최선이지만, 업무적인 요구 사항이나 시스템 운영상 테이블을 사용하는 도중에 변경해야 할 일들이 발생할 수도 있다. 이 경우 주로 칼럼을 추가/삭제하거나 제약조건을 추가/삭제하는 작업을 진행하게 된다.

가. ADD COLUMN

다음은 기존 테이블에 필요한 칼럼을 추가하는 명령이다.

```
Oracle

ALTER TABLE 테이블명
        ADD (   추가할 칼럼명1  데이터유형  [기본 값]  [NOT NULL]
             [, 추가할 칼럼명2  데이터유형  [기본 값]  [NOT NULL]
              , ...  ] );
```

```
SQL Server

ALTER TABLE 테이블명
        ADD    추가할 칼럼명1  데이터유형  [기본 값]  [NOT NULL]
             [, 추가할 칼럼명2  데이터유형  [기본 값]  [NOT NULL]
              , ...  ];
```

주의할 것은 새롭게 추가된 칼럼은 테이블의 마지막 칼럼이 되며 칼럼의 위치를 지정할 수는 없다.

[예제] PLAYER 테이블에 ADDRESS(데이터 유형은 가변 문자로 자릿수 80자리로 설정한다) 칼럼을 추가한다.

```
[예제] Oracle

ALTER TABLE PLAYER ADD (ADDRESS VARCHAR2(80));

테이블이 변경됐습니다.
```

```
[실행 결과] Oracle

DESC PLAYER;

이름                 널?                  유형
-------------        -------              ------------
PLAYER_ID            NOT NULL            CHAR(7)
PLAYER_NAME          NOT NULL            VARCHAR2(20)
TEAM_ID              NOT NULL            CHAR(3)
E_PLAYER_NAME                            VARCHAR2(40)
NICKNAME                                 VARCHAR2(30)
JOIN_YYYY                                CHAR(4)
POSITION                                 VARCHAR2(10)
```

```
BACK_NO                          NUMBER(2)
NATION                           VARCHAR2(20)
BIRTH_DATE                       DATE
SOLAR                            CHAR(1)
HEIGHT                           NUMBER(3)
WEIGHT                           NUMBER(3)
ADDRESS                          VARCHAR2(80)
```

[예제] SQL Server

ALTER TABLE PLAYER ADD ADDRESS VARCHAR(80);

명령이 완료됐습니다.

[실행 결과] SQL Server

exec sp_help 'dbo.PLAYER'
go

Column_name	Type	Length	Nullable
PLAYER_ID	char	7	no
PLAYER_NAME	varchar	20	no
TEAM_ID	char	3	no
E_PLAYER_NAME	varchar	40	yes
NICKNAME	varchar	30	yes
JOIN_YYYY	char	4	yes
POSITION	varchar	10	yes
BACK_NO	tinyint	1	yes
NATION	varchar	20	yes
BIRTH_DATE	date	3	yes
SOLAR	char	1	yes
HEIGHT	smallint	2	yes
WEIGHT	smallint	2	yes
ADDRESS	varchar	80	yes

나. DROP COLUMN

DROP COLUMN은 테이블에서 필요 없는 칼럼을 삭제할 수 있으며, 데이터가 있거나 없거나 모두 삭제 가능하다. 단 칼럼 삭제 후 최소 하나 이상의 칼럼이 테이블에 존재해야 하며, 한 번 삭제된 칼럼은 복구할 수 없다.

다음은 테이블의 불필요한 칼럼을 삭제하는 명령이다.

ALTER TABLE 테이블명 DROP (삭제할 칼럼명1 [, 삭제할 칼럼명2, ...]);

ALTER TABLE 테이블명 DROP COLUMN 삭제할 칼럼명1 [, 삭제할 칼럼명2, ...] ;

[예제] 앞에서 PLAYER 테이블에 새롭게 추가한 ADDRESS 칼럼을 삭제한다.

[예제] Oracle

ALTER TABLE PLAYER DROP (ADDRESS);

테이블이 변경됐습니다.

[예제] SQL Server

ALTER TABLE PLAYER DROP COLUMN ADDRESS;

명령이 완료됐습니다.

실행 결과에서 삭제된 칼럼 ADDRESS가 존재하지 않는 것을 확인할 수 있다.

[실행 결과] Oracle

DESC PLAYER;

이름	널?	유형
PLAYER_ID	NOT NULL	CHAR(7)
PLAYER_NAME	NOT NULL	VARCHAR2(20)
TEAM_ID	NOT NULL	CHAR(3)
E_PLAYER_NAME		VARCHAR2(40)
NICKNAME		VARCHAR2(30)
JOIN_YYYY		CHAR(4)
POSITION		VARCHAR2(10)
BACK_NO		NUMBER(2)
NATION		VARCHAR2(20)

BIRTH_DATE	DATE
SOLAR	CHAR(1)
HEIGHT	NUMBER(3)
WEIGHT	NUMBER(3)

[실행 결과] SQL Server

```
exec sp_help 'dbo.PLAYER'
go
```

Column_name	Type	Length	Nullable
PLAYER_ID	char	7	no
PLAYER_NAME	varchar	20	no
TEAM_ID	char	3	no
E_PLAYER_NAME	varchar	40	yes
NICKNAME	varchar	30	yes
JOIN_YYYY	char	4	yes
POSITION	varchar	10	yes
BACK_NO	tinyint	1	yes
NATION	varchar	20	yes
BIRTH_DATE	date	3	yes
SOLAR	char	1	yes
HEIGHT	smallint	2	yes
WEIGHT	smallint	2	yes

다. MODIFY COLUMN

테이블에 존재하는 칼럼에 대해 ALTER TABLE 명령을 이용해 칼럼의 데이터 유형, 디폴트(DEFAULT) 값, NOT NULL 제약조건에 대한 변경을 포함할 수 있다.

다음은 테이블의 칼럼 정의를 변경하는 명령이다.

Oracle

```
ALTER TABLE 테이블명
    MODIFY (   칼럼명1  데이터유형  [기본 값]  [NOT NULL]
          [, 칼럼명2  데이터유형  [기본 값]  [NOT NULL]
            , ...  ] );
```

```
SQL Server

ALTER TABLE 테이블명 ALTER COLUMN 칼럼명  데이터유형  [NOT NULL];
```

칼럼을 변경할 때는 몇 가지 사항을 고려해 변경해야 한다.

- 해당 칼럼의 크기를 늘릴 수는 있지만, 테이블에 데이터가 존재한다면 칼럼의 크기를 줄이는 데는 제약이 있다. 기존의 데이터가 훼손될 수 있기 때문이다.
- 해당 칼럼이 NULL 값만 갖고 있거나 테이블에 아무 행도 없으면 칼럼의 크기를 줄일 수 있다.
- 해당 칼럼이 NULL 값만을 갖고 있으면 데이터 유형을 변경할 수 있다.
- 해당 칼럼의 DEFAULT 값을 바꾸면 변경 작업 이후 발생하는 행 삽입에만 영향을 미치게 된다.
- 해당 칼럼에 NULL 값이 없을 경우에만 NOT NULL 제약조건을 추가할 수 있다.

[예제] TEAM 테이블의 ORIG_YYYY 칼럼의 데이터 유형을 CHAR(4)→VARCHAR2(8)로 변경하고, 향후 입력되는 데이터의 DEFAULT 값으로 '20020129'를 적용하고, 모든 행의 ORIG_YYYY 칼럼에 NULL이 없으므로 제약조건을 NULL → NOT NULL로 변경한다.

```
[예제] Oracle

ALTER TABLE TEAM_TEMP MODIFY (ORIG_YYYY VARCHAR2(8) DEFAULT '20020129' NOT NULL);

테이블이 변경됐습니다.
```

```
[예제] SQL Server

 ALTER TABLE TEAM_TEMP ALTER COLUMN ORIG_YYYY VARCHAR(8) NOT NULL;

명령이 완료됐습니다.
```

```
[예제] SQL Server

ALTER TABLE TEAM_TEMP ADD CONSTRAINT DF_ORIG_YYYY DEFAULT '20020129' FOR ORIG_YYYY;

명령이 완료됐습니다.
```

실행 결과에서 테이블 구조의 변경 사항을 확인할 수 있다.

[실행 결과] Oracle

```
DESC TEAM_TEMP;

Name                Null?            Type
-----------         --------         ------------
TEAM_ID             NOT NULL         CHAR(3)
REGION_NAME         NOT NULL         VARCHAR2(8)
TEAM_NAME           NOT NULL         VARCHAR2(40)
E_TEAM_NAME                          VARCHAR2(50)
ORIG_YYYY           NOT NULL         VARCHAR2(8)
STADIUM_ID          NOT NULL         CHAR(3)
ZIP_CODE1                            CHAR(3)
ZIP_CODE2                            CHAR(3)
ADDRESS                              VARCHAR2(80)
DDD                                  VARCHAR2(3)
TEL                                  VARCHAR2(10)
FAX                                  VARCHAR2(10)
HOMEPAGE                             VARCHAR2(50)
OWNER                                VARCHAR2(10)
```

[실행 결과] SQL Server

```
exec sp_help 'dbo.TEAM_TEMP'
go

Column_name         Type        Length        Nullable
-----------         -------     -------       --------
TEAM_ID             char            3         no
REGION_NAME         varchar         8         no
TEAM_NAME           varchar        40         no
E_TEAM_NAME         varchar        50         yes
ORIG_YYYY           char            4         yes
STADIUM_ID          char            3         no
ZIP_CODE1           char            3         yes
ZIP_CODE2           char            3         yes
ADDRESS             varchar        80         yes
DDD                 varchar         3         yes
TEL                 varchar        10         yes
FAX                 varchar        10         yes
HOMEPAGE            varchar        50         yes
OWNER               varchar        10         yes
```

■ RENAME COLUMN

다음은 테이블을 생성하면서 만들었던 칼럼명을 어떤 이유로 불가피하게 변경해야 하는 경우에 유용하게 쓸 수 있는 RENAME COLUMN 구문이다.

Oracle

ALTER TABLE 테이블명 RENAME COLUMN 기존 칼럼명 TO 새로운 칼럼명;

RENAME COLUMN으로 칼럼명이 변경되면, 해당 칼럼과 관계된 제약조건에 대해서도 자동으로 변경되는 장점이 있다. 하지만 ADD/DROP COLUMN 기능처럼 ANSI/ISO에 명시돼 있는 기능이 아니고 Oracle 등 일부 DBMS에서만 지원한다.

[예제] Oracle

ALTER TABLE PLAYER RENAME COLUMN PLAYER_ID TO TEMP_ID;

테이블이 변경됐습니다.

[예제] Oracle

ALTER TABLE PLAYER RENAME COLUMN TEMP_ID TO PLAYER_ID;

테이블이 변경됐습니다.

SQL Server에서는 sp_rename 저장 프로시저를 이용해 칼럼 이름을 변경할 수 있다.

SQL Server

sp_rename '기존 칼럼명', '새로운 칼럼명', 'COLUMN';

[예제] SQL Server

sp_rename 'dbo.PLAYER.PLAYER_ID', 'TEMP_ID', 'COLUMN';

주의: 개체 이름 부분을 변경하면 스크립트 및 저장 프로시저를 손상시킬 수 있습니다.

```
sp_rename 'dbo.PLAYER.TEMP_ID', 'PLAYER_ID', 'COLUMN';
```

주의: 개체 이름 부분을 변경하면 스크립트 및 저장 프로시저를 손상시킬 수 있습니다.

라. DROP CONSTRAINT

테이블 생성 시 부여했던 제약조건을 삭제하는 명령어 형태는 다음과 같다.

```
ALTER TABLE 테이블명 DROP CONSTRAINT 제약조건명;
```

[예제] PLAYER 테이블의 외래키 제약조건을 삭제한다.

[예제] Oracle

```
ALTER TABLE PLAYER DROP CONSTRAINT PLAYER_FK;
```

테이블이 변경됐습니다.

[예제] SQL Server

```
ALTER TABLE PLAYER DROP CONSTRAINT PLAYER_FK;
```

명령이 완료됐습니다.

마. ADD CONSTRAINT

테이블 생성 시 제약조건을 적용하지 않았다면, 생성 이후에 필요에 의해 제약조건을 추가할 수 있다. 다음은 특정 칼럼에 제약조건을 추가하는 명령어 형태다.

```
ALTER TABLE 테이블명 ADD CONSTRAINT 제약조건명 제약조건 (칼럼명);
```

[예제] PLAYER 테이블에 TEAM 테이블과의 외래키 제약조건을 추가한다. 제약조건명은 PLAYER_FK로 하고, PLAYER 테이블의 TEAM_ID 칼럼이 TEAM 테이블의 TEAM_ID를 참조하는 조건이다.

[예제] Oracle

```
ALTER TABLE PLAYER ADD CONSTRAINT PLAYER_FK FOREIGN KEY (TEAM_ID) REFERENCES TEAM(TEAM_ID);
```

테이블이 변경됐습니다.

[예제] SQL Server

ALTER TABLE PLAYER ADD CONSTRAINT PLAYER_FK FOREIGN KEY (TEAM_ID) REFERENCES TEAM(TEAM_ID);

명령이 완료됐습니다.

[예제] PLAYER 테이블이 참조하는 TEAM 테이블을 제거해본다.

[예제] Oracle

DROP TABLE TEAM;

1행에 오류:
ORA-02449: 외래 키에 의해 참조되는 고유/기본 키가 테이블에 있습니다

[예제] SQL Server

DROP TABLE TEAM;

메시지 3726, 수준 16, 상태 1, 줄 1
개체 'TEAM'은(는) FOREIGN KEY 제약조건에서 참조하므로 삭제할 수 없습니다.

※ 위 예제에선 오류가 발생했으므로 테이블은 삭제되지 않는다.

[예제] TEAM 테이블과 PLAYER 테이블에 각각 데이터를 1건씩 입력한다.

[예제]

INSERT
  INTO TEAM (TEAM_ID, REGION_NAME, TEAM_NAME, STADIUM_ID)
VALUES ('K10', '대전', '시티즌', 'D02');

1 개의 행이 만들어졌습니다.

INSERT
  INTO PLAYER (PLAYER_ID, TEAM_ID, PLAYER_NAME, POSITION, HEIGHT, WEIGHT, BACK_NO)
VALUES ('2000003', 'K10', '유동우', 'DF', 177, 70, 40);

```
1 개의 행이 만들어졌습니다.

COMMIT;

커밋이 완료됐습니다.
```

[예제] **PLAYER 테이블이 참조하는 TEAM 테이블의 데이터를 삭제해 본다.**

[예제] Oracle

```
DELETE TEAM WHERE TEAM_ID = 'K10';

1행에 오류:
ORA-02292: 무결성 제약조건(U_DDL.PLAYER_FK)이 위배됐습니다- 자식 레코드가 발견됐습니다.
```

[예제] SQL Server

```
DELETE TEAM WHERE TEAM_ID = 'K10';

메시지 547, 수준 16, 상태 0, 줄 1
DELETE 문이 REFERENCE 제약조건 "PLAYER_FK"과(와) 충돌했습니다. 데이터베이스 "test", 테이블 "dbo.PLAYER",
column 'TEAM_ID'에서 충돌이 발생했습니다.
```

※ 위 예제에선 오류가 발생했으므로 데이터는 삭제되지 않는다.

위와 같이 참조 제약조건을 추가하면 PLAYER 테이블의 TEAM_ID 칼럼이 TEAM 테이블의 TEAM_ID 칼럼을 참조하게 된다. 참조 무결성 옵션에 따라서 만약 TEAM 테이블이나 TEAM 테이블의 데이터를 삭제하려 할 경우 외부(PLAYER 테이블)에서 참조되고 있기 때문에 삭제가 불가능하게 제약할 수 있다. 즉 외부키(FK)를 설정함으로써 실수에 의한 테이블 삭제나 필요한 데이터의 의도하지 않은 삭제와 같은 불상사를 방지하는 효과를 볼 수 있다.

3. RENAME TABLE

RENAME 명령어를 사용해 테이블의 이름을 변경할 수 있다.

```
RENAME 기존 테이블명 TO 새로운 테이블명;
```

SQL Server에서는 sp_rename을 이용해 테이블 이름을 변경할 수 있다.

```
sp_rename '기존 테이블명', '새로운 테이블명';
```

[예제] RENAME 문장을 이용해 TEAM 테이블 이름을 다른 것으로 변경하고, 다시 TEAM 테이블로 변경한다.

[예제] Oracle

```
RENAME TEAM TO TEAM_BACKUP;
```

테이블 이름이 변경됐습니다.

```
RENAME TEAM_BACKUP TO TEAM;
```

테이블 이름이 변경됐습니다.

[예제] SQL Server

```
sp_rename 'dbo.TEAM','TEAM_BACKUP';
```

주의: 개체 이름 부분을 변경하면 스크립트 및 저장 프로시저를 손상시킬 수 있습니다.

```
sp_rename 'dbo.TEAM_BACKUP','TEAM';
```

주의: 개체 이름 부분을 변경하면 스크립트 및 저장 프로시저를 손상시킬 수 있습니다.

4. DROP TABLE

테이블을 잘못 만들었거나 테이블이 더이상 필요 없을 경우 해당 테이블을 삭제해야 한다. 다음은 불필요한 테이블을 삭제하는 명령이다.

```
DROP TABLE 테이블명 [CASCADE CONSTRAINT];
```

DROP 명령어를 사용하면 테이블의 모든 데이터 및 구조를 삭제한다. CASCADE CONSTRAINT 옵션은 해당 테이블과 관계가 있었던 참조되는 제약조건에 대해서도 삭제함을 의미한다.

SQL Server에서는 CASCADE 옵션이 존재하지 않으며 테이블을 삭제하기 전에 참조하는 FOREIGN KEY 제약조건 또는 참조하는 테이블을 먼저 삭제해야 한다.

[예제] **PLAYER 테이블을 제거한다.**

[예제] Oracle

```
DROP TABLE PLAYER;

테이블이 삭제됐습니다.
```

[실행 결과] Oracle

```
DESC PLAYER;

ORA-04043: PLAYER 객체는 존재하지 않습니다.
```

[예제] SQL Server

```
DROP TABLE PLAYER;

명령이 완료됐습니다.
```

[실행 결과] SQL Server

```
exec sp_help 'dbo.PLAYER';

메시지 15009, 수준 16, 상태 1, 프로시저 sp_help, 줄 79
데이터베이스 'northwind'에 개체 'dbo.PLAYER'이(가) 없거나 이 작업에 적합하지 않습니다.
```

5. TRUNCATE TABLE

TRUNCATE TABLE은 테이블 자체가 삭제되는 것이 아니고, 해당 테이블에 들어 있던 모든 행들이 제거되고 저장 공간을 재사용 가능하도록 해제한다. 테이블 구조를 완전히 삭제하기 위해서는 DROP TABLE을 실행하면 된다.

```
TRUNCATE TABLE 테이블명;
```

[예제] **TRUNCATE TABLE을 사용해 해당 테이블의 모든 행을 삭제하고 테이블 구조를 확인한다.**

[예제] Oracle

```
TRUNCATE TABLE TEAM;

테이블이 잘렸습니다.
```

[실행 결과] Oracle

```
DESC TEAM;
```

이름	널?	유형
TEAM_ID	NOT NULL	CHAR(3)
REGION_NAME	NOT NULL	VARCHAR2(8)
TEAM_NAME	NOT NULL	VARCHAR2(40)
E_TEAM_NAME		VARCHAR2(50)
ORIG_YYYY		CHAR(4)
STADIUM_ID	NOT NULL	CHAR(3)
ZIP_CODE1		CHAR(3)
ZIP_CODE2		CHAR(3)
ADDRESS		VARCHAR2(80)
DDD		VARCHAR2(3)
TEL		VARCHAR2(10)
FAX		VARCHAR2(10)
HOMEPAGE		VARCHAR2(50)
OWNER		VARCHAR2(10)

```
TRUNCATE TABLE TEAM;
```

명령이 완료됐습니다.

```
exec sp_help 'dbo.TEAM'
go
```

Column_name	Type	Length	Nullable
TEAM_ID	char	3	no
REGION_NAME	varchar	8	no
TEAM_NAME	varchar	40	no
E_TEAM_NAME	varchar	50	yes
ORIG_YYYY	char	4	yes
STADIUM_ID	char	3	no
ZIP_CODE1	char	3	yes
ZIP_CODE2	char	3	yes
ADDRESS	varchar	80	yes
DDD	varchar	3	yes
TEL	varchar	10	yes
FAX	varchar	10	yes
HOMEPAGE	varchar	50	yes
OWNER	varchar	10	yes

[예제] DROP TABLE을 사용해 해당 테이블을 제거하고 테이블 구조를 확인한다.

```
DROP TABLE TEAM;
```

테이블이 삭제됐습니다.

```
DESC TEAM;
```

ORA-04043: TEAM 객체는 존재하지 않습니다.

[예제] SQL Server

```
DROP TABLE TEAM;
```

명령이 완료됐습니다.

[예제] SQL Server

```
exec sp_help 'dbo.TEAM';
```

메시지 15009, 수준 16, 상태 1, 프로시저 sp_help, 줄 79
데이터베이스 'northwind'에 개체 'dbo.TEAM'이(가) 없거나 이 작업에 적합하지 않습니다.

DROP TABLE의 경우는 테이블 자체가 없어지기 때문에 테이블 구조를 확인할 수 없다. 반면 TRUNCATE TABLE의 경우는 테이블 구조는 그대로 유지한 채 데이터만 전부 삭제하는 기능이다. TRUNCATE는 데이터 구조의 변경 없이 테이블의 데이터를 일괄 삭제하는 명령어로 DML로 분류할 수도 있지만 내부 처리 방식이나 Auto Commit 특성 등으로 인해 DDL로 분류했다.

테이블에 있는 데이터를 삭제하는 명령어는 TRUNCATE TABLE 명령어 이외에도 DELETE 명령어가 있다. 그러나 DELETE와 TRUNCATE는 처리하는 방식 자체가 다르다. 테이블의 전체 데이터를 삭제하는 경우, 시스템 활용 측면에서는 DELETE보다는 시스템 부하가 적은 TRUNCATE TABLE을 권고한다. 단 TRUNCATE TABLE의 경우 정상적인 복구가 불가능하므로 주의해야 한다.

제 4 절 DCL

1. DCL 개요

지금까지 살펴본 SQL 문장을 분류하면 테이블 생성과 조작에 관련된 명령어(DDL)와, 데이터를 조작하기 위한 명령어(DML), 트랜잭션을 제어하기 위한 명령어(TCL)다. 추가로, 이런 명령어들 이외에도 유저를 생성하고 권한을 제어할 수 있는 DCL(Data Control Language) 명령어가 있다.

2. 유저와 권한

다른 부서 간에 또는 다른 회사 간에 데이터를 공유하기 위해 데이터베이스를 공개해야 하는 경우가 가끔 발생한다. 물론 데이터베이스를 공개하는 것 자체가 문제가 될 수 있다. 즉 운영 시스템에서 사용하던 유저를 공개하면 데이터의 손실 우려가 너무 커진다. 이런 경우에 새로운 유저를 생성하고, 생성한 유저에게 공유할 테이블이나 기타 오브젝트에 대한 접근 권한만을 부여한다면 문제를 쉽게 해결할 수 있다.

일반적으로 회원제 웹사이트를 방문해 서비스를 이용하려면 먼저 회원 가입을 해야 한다. 유저 아이디, 패스워드, 기타 개인정보를 입력하고 약관에 동의하면 회원 가입이 된다. 그리고 유저 아이디와 패스워드로 로그인하면 웹사이트의 서비스를 이용할 수 있다. 그러나 영화나 유료 게임과 같은 특정 콘텐츠를 이용하려 하면 '권한이 없다'라는 메시지가 나온다. 유저 아이디와 패스워드를 유저라 할 수 있고, 유료 서비스에 대한 결재 여부를 권한이라 할 수 있다.

대부분의 데이터베이스는 데이터 보호와 보안을 위해서 유저와 권한을 관리하고 있다. 예를 들어 Oracle을 설치하면 기본적으로 제공되는 유저들인 SYS, SYSTEM, SCOTT 유저에 대해 [표 II-3-7]에서 간단하게 알아본다.

[표 II-3-7] Oracle에서 제공하는 유저들

유저	역할
SCOTT	Oracle 테스트용 샘플 계정 Default 패스워드 : TIGER
SYS	백업 및 복구 등 데이터베이스 상의 모든 관리 기능을 수행할 수 있는 최상위 관리자 계정
SYSTEM	백업, 복구 등 일부 관리 기능을 제외한 모든 시스템 권한을 부여받은 DBA 계정 (Oracle 설치 시에 패스워드 설정)

Oracle과 SQL Server의 사용자에 대한 아키텍처는 다른 면이 많다. Oracle은 유저를 통해 데이터베이스에 접속하는 형태다. 즉 아이디와 비밀번호 방식으로 인스턴스에 접속을 하고 그에 해당하는 스키마에 오브젝트 생성 등의 권한을 부여받게 된다.

SQL Server는 인스턴스에 접속하기 위해 로그인이라는 것을 생성하게 되며, 인스턴스 내에 존재하는 다수의 데이터베이스에 연결해 작업하기 위해 유저를 생성한 후 로그인과 유저를 매핑해 주어야 한다. 더 나아가 특정 유저는 특정 데이터베이스 내의 특정 스키마에 대해 권한을 부여받을 수 있다. SQL Server 로그인은 두 가지 방식으로 가능하다.

첫 번째, 마이크로소프트 윈도우 운영체제 인증 방식으로 윈도우에 로그인한 정보를 갖고 SQL Server에 접속하는 방식이다.

윈도우 사용자 계정을 통해 연결되면 SQL Server는 운영체제의 윈도우 보안 주체 토큰을 사용해 계정 이름과 암호가 유효한지 확인한다. 즉 윈도우에서 사용자 ID를 확인한다. SQL Server는 암호를 요청하지 않으며, ID의 유효성 검사를 수행하지 않는다. 윈도우 인증은 기본 인증 모드이며 SQL Server 인증보다 훨씬 더 안전하다. 윈도우 인증은 Kerberos 보안 프로토콜을 사용하고, 암호 정책을 적용해 강력한 암호에 대해 적합한 복잡성 수준을 유지하도록 하며, 계정 잠금 및 암호 만료를 지원한다. SQL Server가 윈도우에서 제공하는 자격 증명을 신뢰하므로 윈도우 인증을 사용한 연결을 트러스트된 연결이라고도 한다.

두 번째, 혼합 모드(Windows 인증 또는 SQL 인증) 방식으로 기본적으로 Windows 인증으로도 SQL Server에 접속 가능하며, Oracle의 인증과 같은 방식으로 사용자 아이디와 비밀번호로 SQL Server에 접속하는 방식이다. SQL 인증을 사용할 때는 강력한 암호(숫자+문자+특수문자 등을 혼합해 사용)를 사용해야 한다.

예를 들어 [그림 II-3-2]를 보면 SCOTT이라는 LOGIN 이름으로 인스턴스 INST1에 접속해 미리 매핑돼 있는 SCOTT이라는 유저를 통해 PRODUCT 스키마에 속한 ITEM이라는 테이블의 데이터를 액세스하고 있다.

SCOTT LOGIN INST1   SCOTT USER   PRODUCT SCHEMA

(INST1.DB1.PRODUCT.ITEM)

[그림 II-3-2] SQL Server 접속 경로

가. 유저 생성과 시스템 권한 부여

유저를 생성하고 데이터베이스에 접속한다. 하지만 데이터베이스에 접속했더라도 테이블, 뷰, 인덱스 등과 같은 오브젝트(OBJECT)는 생성할 수 없다. 사용자가 실행하는 모든 DDL 문장(CREATE, ALTER, DROP, RENAME 등)은 그에 해당하는 적절한 권한이 있어야만 문장을 실행할 수 있다.

이러한 권한을 시스템 권한이라고 하며 약 100개 이상의 종류가 있다. 일반적으로 시스템 권한은 일일이 유저에게 부여되지 않는다. 100개 이상의 시스템 권한을 일일이 사용자에게 설정하는 것은 너무 복잡하고, 특히 유저로부터 권한을 관리하기가 어렵기 때문이다.

그래서 롤(ROLE)을 이용해 간편하고 쉽게 권한을 부여하게 된다. 롤에 대한 자세한 설명은 차후에 하도록 하고 먼저 유저를 생성하고 권한을 부여한다. 새로운 유저를 생성하려면 일단 유저 생성 권한(CREATE USER)이 있어야 한다.

[예제] SCOTT 유저로 접속한 다음 SQLD 유저(패스워드: DB2019)를 생성해 본다.

> **[예제] Oracle**
>
> CONN SCOTT/TIGER
>
> 연결됐습니다.

> **[예제] Oracle**
>
> CREATE USER SQLD IDENTIFIED BY DB2019;
>
> 1행에 오류:
> ORA-01031: 권한이 불충분합니다

　　현재 SCOTT 유저는 유저를 생성할 권한을 부여받지 못했기 때문에 권한이 불충분하다는 오류가 발생한다. Oracle의 DBA 권한을 갖고 있는 SYSTEM 유저로 접속하면 유저 생성 권한(CREATE USER)을 다른 유저에게 부여할 수 있다.

[예제] SCOTT 유저에게 유저생성 권한(CREATE USER)을 부여한 후 다시 SQLD 유저를 생성한다.

> **[예제] Oracle**
>
> GRANT CREATE USER TO SCOTT;
>
> 권한이 부여됐습니다.

> **[예제] Oracle**
>
> CONN SCOTT/TIGER
>
> 연결됐습니다.

> **[예제] Oracle**
>
> CREATE USER SQLD IDENTIFIED BY DB2019;
>
> 사용자가 생성됐습니다.

SQL Server는 유저를 생성하기 전에 먼저 로그인을 생성해야 한다. 로그인을 생성할 수 있는 권한을 가진 로그인은 기본적으로 sa이다.

[예제] sa로 로그인을 한 후 SQL 인증을 사용하는 SQLD라는 로그인(패스워드: DB2019)를 생성해 본다. 로그인 후 최초로 접속할 데이터베이스는 AdventureWorks 데이터베이스로 설정한다.

> **[예제] SQL Server**
>
> CREATE LOGIN SQLD WITH PASSWORD='DB2019', DEFAULT_DATABASE=AdventureWorks;
>
> 명령이 완료됐습니다.

SQL Server에서의 유저는 데이터베이스마다 존재한다. 그러므로 유저를 생성하기 위해서는 생성하고자 하는 유저가 속할 데이터베이스로 이동한 후 처리해야 한다.

> **[예제 및 실행 결과] SQL Server**
>
> USE ADVENTUREWORKS;
> GO
> CREATE USER SQLD FOR LOGIN SQLD WITH DEFAULT_SCHEMA = dbo;
>
> 명령이 완료됐습니다.

[예제] 생성된 SQLD 유저로 로그인한다.

> **[예제 및 실행 결과] Oracle**
>
> CONN SQLD/DB2019;
>
> ERROR:
> ORA-01045: user SQLD lacks CREATE SESSION privilege; logon denied

SQLD 유저가 생성됐지만 아무런 권한도 부여받지 못했기 때문에 로그인을 하면 CREATE SESSION 권한이 없다는 오류가 발생한다. 유저가 로그인을 하려면 CREATE SESSION 권한을 부여받아야 한다.

[예제] **SYSTEM 유저로 접속해 SQLD 유저가 로그인할 수 있도록 CREATE SESSION 권한을 부여한다.**

[예제] Oracle

CONN SYSTEM/MANAGER;

연결됐습니다.

[예제] Oracle

GRANT CREATE SESSION TO SQLD;

권한이 부여됐습니다.

[예제] Oracle

CONN SQLD/DB2019;

연결됐습니다.

[예제] **SQLD 유저로 테이블을 생성한다.**

[예제] Oracle

SELECT * FROM USER_TABLES;

선택된 레코드가 없습니다.

[예제 및 실행 결과] Oracle

CREATE TABLE MENU (MENU_SEQ NUMBER NOT NULL, TITLE VARCHAR2(10));

1행에 오류:
ORA-01031: 권한이 불충분합니다

[예제 및 실행 결과] SQL Server

CREATE TABLE MENU (MENU_SEQ INT NOT NULL, TITLE VARCHAR(10));

메시지 262, 수준 14, 상태 1, 줄 1
데이터베이스 'ADVENTUREWORKS'에서 CREATE TABLE 사용 권한이 거부됐습니다.

SQLD 유저는 로그인 권한만 부여됐기 때문에 테이블을 생성하려면 테이블 생성 권한(CREATE TABLE)이 불충분하다는 오류가 발생한다(Oracle, SQL Server).

[예제] SYSTEM 유저를 통해 SQLD 유저에게 CREATE TABLE 권한을 부여한 후 다시 테이블을 생성한다.

> **[예제] Oracle**
>
> CONN SYSTEM/MANAGER;
>
> 연결됐습니다.

> **[예제] Oracle**
>
> GRANT CREATE TABLE TO SQLD;
>
> 권한이 부여됐습니다.

> **[예제] Oracle**
>
> CONN SQLD/DB2019;
>
> 연결됐습니다.

> **[예제 및 실행 결과] Oracle**
>
> CREATE TABLE MENU (MENU_SEQ NUMBER NOT NULL, TITLE VARCHAR2(10));
>
> 테이블이 생성됐습니다.

[예제] sa로 로그인해 SQLD 유저에게 CREATE TABLE 권한을 부여한 후 다시 테이블을 생성한다.

> **[예제] SQL Server**
>
> USE ADVENTUREWORKS;
> GO
> GRANT CREATE TABLE TO SQLD;
>
> 명령이 완료됐습니다.

스키마에 권한을 부여한다.

[예제] SQL Server

GRANT CONTROL ON SCHEMA::DBO TO SQLD;

명령이 완료됐습니다.

SQLD로 로그인한다.

[예제 및 실행 결과] SQL Server

CREATE TABLE MENU (MENU_SEQ INT NOT NULL, TITLE VARCHAR(10));

명령이 완료됐습니다.

나. OBJECT에 대한 권한 부여

앞에서 SQLD 유저를 생성해 로그인하고 테이블을 만드는 과정에서 몇 가지의 권한에 대해 살펴보았다. 이제는 특정 유저가 소유한 객체(OBJECT) 권한에 대해 알아본다.

오브젝트 권한은 특정 오브젝트인 테이블, 뷰 등에 대한 SELECT, INSERT, DELETE, UPDATE 작업 명령어를 의미한다. [표 II-3-8]과 [표 II-3-9]는 오브젝트 권한과 오브젝트와의 관계를 보여 주고 있다.

[표 II-3-8] 오브젝트 권한과 오브젝트와의 관계(Oracle 사례)

객체 권한	테이블	VIEWS	SEQUENCE	PROCEDURE
ALTER	○		○	
DELETE	○	○		
EXECUTE				○
INDEX	○			
INSERT	○	○		
REFERENCES	○			
SELECT	○	○	○	
UPDATE	○	○		

[표 II-3-9] 오브젝트 권한과 오브젝트와의 관계(SQL Server 사례)

객체 권한	테이블	VIEWS	FUNCTION	PROCEDURE
ALTER	○		○	
DELETE	○	○	○	
EXECUTE				○
INDEX	○			
INSERT	○	○		
REFERENCES	○			
SELECT	○	○	○	
UPDATE	○	○		

앞에서 SQLD 유저가 생성한 MENU 테이블을 SCOTT 유저를 통해 조회하면 어떻게 될까? SCOTT, SQLD 뿐만 아니라 모든 유저는 각각 자신이 생성한 테이블 외에 다른 유저의 테이블에 접근하려면 해당 테이블에 대한 오브젝트 권한을 소유자로부터 부여받아야 한다. 우리가 남의 집에 방문했을 때 집주인의 허락 없이는 집에 들어갈 수 없는 것과 같은 이치이다.

SQL Server도 같은 방식으로 동작한다. 한 가지 다른 점은 위에서 언급했듯이 유저는 단지 스키마에 대한 권한만을 가진다. 다시 말하면 테이블과 같은 오브젝트는 유저가 소유하는 것이 아니고 스키마가 소유하게 되며 유저는 스키마에 대해 특정한 권한을 가진다.

먼저 SCOTT 유저로 접속해 SQLD.MENU 테이블을 조회한다. 다른 유저가 소유한 객체에 접근하려면 객체 앞에 객체를 소유한 유저의 이름을 붙여야 한다.

```
[예제] Oracle
CONN SCOTT/TIGER;

연결됐습니다.
```

```
[예제 및 실행 결과] Oracle
SELECT * FROM SQLD.MENU;

2행에 오류:
ORA-00942: 테이블 또는 뷰가 존재하지 않습니다
```

SQL Server는 객체 앞에 소유한 유저의 이름 대신에 객체가 속한 스키마 이름을 붙여야 한다.

SCOTT으로 로그인한다.

[예제 및 실행 결과] SQL Server

```
SELECT * FROM DBO.MENU;

메시지 208, 수준 16, 상태 1, 줄 1
개체 이름 'dbo.MENU'이(가) 잘못됐습니다.
```

SCOTT 유저는 SQLD 유저로부터 MENU 테이블을 SELECT할 수 있는 권한을 부여받지 못했기 때문에 MENU 테이블을 조회할 수 없다.

[예제] SQLD 유저로 접속해 SCOTT 유저에게 MENU 테이블을 SELECT할 수 있는 권한을 부여한다.

[예제] Oracle

```
CONN SQLD/DB2019;

연결됐습니다.
```

[예제 및 실행 결과] Oracle

```
INSERT INTO MENU VALUES (1, '화이팅');

1 개의 행이 만들어졌습니다.

COMMIT;

커밋이 완료됐습니다.
```

[예제 및 실행 결과] Oracle

```
GRANT SELECT ON MENU TO SCOTT;

권한이 부여됐습니다.
```

SCOTT으로 로그인한다.

[예제 및 실행 결과] SQL Server

```
SELECT * FROM DBO.MENU;

메시지 208, 수준 16, 상태 1, 줄 1
개체 이름 'dbo.MENU'이(가) 잘못됐습니다.
```

SCOTT 유저는 SQLD 유저로부터 MENU 테이블을 SELECT할 수 있는 권한을 부여받지 못했기 때문에 MENU 테이블을 조회할 수 없다.

[예제] SQLD 유저로 접속해 SCOTT 유저에게 MENU 테이블을 SELECT할 수 있는 권한을 부여한다.

[예제] Oracle

```
CONN SQLD/DB2019;

연결됐습니다.
```

[예제 및 실행 결과] Oracle

```
INSERT INTO MENU VALUES (1, '화이팅');

1 개의 행이 만들어졌습니다.

COMMIT;

커밋이 완료됐습니다.
```

[예제 및 실행 결과] Oracle

```
GRANT SELECT ON MENU TO SCOTT;

권한이 부여됐습니다.
```

SQLD로 로그인한다.

[예제 및 실행 결과] SQL Server

INSERT INTO MENU VALUES (1, '화이팅');

(1개 행이 영향을 받음)

[예제 및 실행 결과] SQL Server

GRANT SELECT ON MENU TO SCOTT;

명령이 완료됐습니다.

다시 한 번 SCOTT 유저로 접속해 SQLD.MENU 테이블을 조회한다. 이제 SQLD.MENU 테이블을 SELECT하면 테이블 자료를 볼 수 있다.

SCOTT 유저는 SQLD.MENU 테이블을 SELECT하는 권한만 부여 받았기 때문에 UPDATE, INSERT, DELETE와 같은 다른 작업을 할 수 없다. 오브젝트 권한은 SELECT, INSERT, DELETE, UPDATE 등의 권한을 따로따로 관리한다.

[예제] SQLD.MENU 테이블에 UPDATE를 시도한다.

[예제 및 실행 결과] Oracle

CONN SCOTT/TIGER;

연결됐습니다.

[예제 및 실행 결과] Oracle

SELECT * FROM SQLD.MENU;

```
MENU_SEQ      TITLE
--------      ------
       1      화이팅
```

1개의 행이 선택됐습니다.

[예제 및 실행 결과] Oracle

```
UPDATE SQLD.MENU
   SET TITLE = '코리아'
 WHERE MENU_SEQ = 1;


1행에 오류:
ORA-01031: 권한이 불충분합니다
```

SCOTT으로 로그인한다.

[예제 및 실행 결과] SQL Server

```
SELECT * FROM DBO.MENU;


MENU_SEQ       TITLE
--------       ------
       1       파이팅

1개의 행이 선택됐습니다.
```

[예제 및 실행 결과] SQL Server

```
UPDATE DBO.MENU
   SET TITLE = '코리아'
 WHERE MENU_SEQ = 1;


메시지 229, 수준 14, 상태 5, 줄 1
개체 'MENU', 데이터베이스 'ADVENTUREWORKS', 스키마 'dbo'에 대한 UPDATE 권한이 거부됐습니다.
```

권한이 부족해 UPDATE할 수 없다는 오류가 나타난다. SQLD 유저에게 UPDATE 권한을 부여한 후 다시 시도하면 업데이트가 가능하다.

3. Role을 이용한 권한 부여

유저를 생성하면 기본적으로 CREATE SESSION, CREATE TABLE, CREATE PROCEDURE 등 많은 권한을 부여해야 한다.

데이터베이스 관리자는 유저가 생성될 때마다 각각의 권한들을 유저에게 부여하는 작업을 수행해야 하며, 간혹 권한을 빠뜨릴 수도 있으므로 유저별로 어떤 권한이 부여됐는지를 관리해야 한다.

하지만 관리해야 할 유저가 점점 늘어나고 자주 변경되는 상황에서는 매우 번거로운 작업이 될 것이다. 이와 같은 문제를 줄이기 위해 많은 데이터베이스에서 유저들과 권한들 사이에서 중개 역할을 하는 ROLE을 제공한다.

데이터베이스 관리자는 ROLE을 생성하고 ROLE에 각종 권한들을 부여한 후, ROLE을 다른 ROLE이나 유저에게 부여할 수 있다. 또한 ROLE에 포함된 권한들이 필요한 유저에게는 해당 ROLE만을 부여함으로써 빠르고 정확하게 필요한 권한을 부여할 수 있다.

[그림 II-3-3]에서는 유저들과 권한들 사이 간 ROLE의 역할을 보여 주고 있다. 왼쪽 그림은 권한을 직접 유저에게 할당할 때를 나타내는 것이며, 오른쪽 그림은 ROLE에 권한을 부여한 후 ROLE을 유저들에게 부여하는 것을 나타내고 있다.

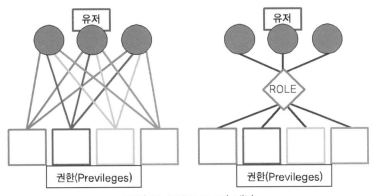

[그림 II-3-3] ROLE의 개념

ROLE에는 시스템 권한과 오브젝트 권한을 모두 부여할 수 있다. ROLE은 유저에게 직접 부여될 수도 있고, 다른 ROLE에 포함해 유저에게 부여될 수도 있다.

[예제] SQLD 유저에게 CREATE SESSION과 CREATE TABLE 권한을 가진 ROLE을 생성한 후 ROLE을 이용해 다시 권한을 할당한다. 권한을 취소할 때는 REVOKE를 사용한다.

```
[예제] Oracle
CONN SYSTEM/MANAGER;

연결됐습니다.
```

[예제] Oracle

REVOKE CREATE SESSION, CREATE TABLE FROM SQLD;

권한이 취소됐습니다.

[예제 및 실행 결과] Oracle

CONN SQLD/DB2019;

ERROR:
ORA-01045: user SQLD lacks CREATE SESSION privilege; logon denied

sa로 로그인한다.

[예제] SQL Server

USE ADVENTUREWORKS;
GO
REVOKE CREATE TABLE FROM SQLD;

명령이 완료됐습니다.

SQLD로 로그인한다.

[예제 및 실행 결과] SQL Server

CREATE TABLE MENU (MENU_SEQ INT NOT NULL, TITLE VARCHAR(10));

메시지 262, 수준 14, 상태 1, 줄 1
데이터베이스 'ADVENTUREWORKS'에서 CREATE TABLE 사용 권한이 거부됐습니다.

[예제] 이제 LOGIN_TABLE이라는 ROLE을 만들고, 이 ROLE을 이용해 SQLD 유저에게 권한을 부여한다.

[예제] Oracle

CONN SYSTEM/MANAGER;

연결됐습니다.

[예제] Oracle

```
CREATE ROLE LOGIN_TABLE;
```

롤이 생성됐습니다.

[예제] Oracle

```
GRANT CREATE SESSION, CREATE TABLE TO LOGIN_TABLE;
```

권한이 부여됐습니다.

[예제] Oracle

```
GRANT LOGIN_TABLE TO SQLD;
```

권한이 부여됐습니다.

[예제] Oracle

```
CONN SQLD/DB2019;
```

연결됐습니다.

[예제 및 실행 결과] Oracle

```
CREATE TABLE MENU (MENU_SEQ NUMBER NOT NULL, TITLE VARCHAR2(10));
```

테이블이 생성됐습니다.

이와 같이 ROLE을 만들어 사용하는 것이 권한을 직접 부여하는 것보다 빠르고 안전하게 유저를 관리할 수 있는 방법이다. Oracle에서는 기본적으로 몇 가지 ROLE을 제공한다. 그중 가장 많이 사용하는 ROLE은 CONNECT와 RESOURCE다. 참조를 위해 [표 II-3-10]은 CONNECT와 RESOURCE ROLE에 부여된 권한 목록을 정리한 것이다.

CONNECT는 CREATE SESSION과 같은 로그인 권한이 포함돼 있고, RESOURCE는 CREATE TABLE과 같은 오브젝트의 생성 권한이 포함돼 있다. 일반적으로 유저를 생성할 때 CONNECT와 RESOURCE ROLE을 사용해 기본 권한을 부여한다.

[표 II-3-10] CONNECT ROLE과 RESOURCE ROLE에 포함된 권한 목록(Oracle 사례)

CONNECT	RESOURCE
CREATE SESSION	CREATE CLUSTER
	CREATE INDEXTYPE
	CREATE OPERATOR
	CREATE PROCEDURE
	CREATE SEQUENCE
	CREATE TABLE
	CREATE TRIGGER
	CREATE TYPE

유저를 삭제하는 명령어는 DROP USER이고, CASCADE 옵션을 주면 해당 유저가 생성한 오브젝트를 먼저 삭제한 후 유저를 삭제한다.

[예제] 앞에서 MENU라는 테이블을 생성했기 때문에 CASCADE 옵션을 사용해 SQLD 유저를 삭제한 후, 유저 재생성 및 기본적인 ROLE을 부여한다.

[예제] Oracle

```
CONN SYSTEM/MANAGER;

연결됐습니다.
```

[예제] Oracle

```
DROP USER SQLD CASCADE;

사용자가 삭제됐습니다.
```

SQLD 유저를 삭제되면서 SQLD 유저가 만든 MENU 테이블도 같이 삭제됐다.

[예제] Oracle

```
CREATE USER SQLD IDENTIFIED BY DB2019;

사용자가 생성됐습니다.
```

```
GRANT CONNECT, RESOURCE TO SQLD;
```

권한이 부여됐습니다.

```
CONN SQLD/DB2019;
```

연결됐습니다.

```
CREATE TABLE MENU (MENU_SEQ NUMBER NOT NULL, TITLE VARCHAR2(10));
```

테이블이 생성됐습니다.

SQL Server에서는 위와 같이 ROLE을 생성해 사용하기보다는 기본적으로 제공되는 ROLE에 멤버로 참여하는 방식으로 사용한다. 특정 로그인이 멤버로 참여할 수 있는 서버 수준 역할(ROLE)은 [표 Ⅱ-3-11]과 같다.

[표 Ⅱ-3-11] 서버 수준 역할명(SQL Server 사례)

서버 수준 역할명	설명
public	모든 SQL Server 로그인은 PUBLIC 서버 역할에 속한다. 서버 보안 주체에게 보안 객체에 대한 특정 사용 권한이 부여되지 않았거나 거부된 경우 사용자는 해당 개체에 대해 PUBLIC 으로 부여된 사용 권한을 상속 받는다. 모든 사용자가 개체를 사용할 수 있도록 하려는 경우에만 개체에 PUBLIC 권한을 할당해야 한다.
bulkadmin	BULK INSERT 문을 수행할 수 있다.
dbcreator	데이터베이스를 생성, 변경, 삭제, 복원할 수 있다.
diskadmin	디스크 파일을 관리하는 데 사용된다.
processadmin	SQL Server의 인스턴스에서 실행중인 프로세스를 종료할 수 있다.
securityadmin	로그인 및 해당 속성을 관리한다. 서버 및 데이터베이스 수준의 사용 권한을 부여(GRANT), 거부(DENY), 취소(REVOKE)할 수 있다. 또한 로그인 암호를 다시 설정할 수 있다.
serveradmin	서버 차원의 구성 옵션을 변경하고 서버를 종료할 수 있다.
setupadmin	연결된 서버를 추가하거나 제거할 수 있다.
sysadmin	서버에서 모든 작업을 수행할 수 있다. 기본적으로 Windows BUILTIN \Administrators 그룹의 멤버인 로컬 관리자 그룹은 sysamdin 고정 서버 역할의 멤버이다.

데이터베이스에 존재하는 유저에 대해서는 아래와 같은 데이터베이스 역할의 멤버로 참여할 수 있다.

[표 II-3-12] 데이터베이스 수준 역할명(SQL Server 사례)

데이터베이스 수준 역할명	설명
db_accessadmin	Windows 로그인, Windows 그룹 및 SQL Server 로그인의 데이터베이스에 대한 액세스를 추가하거나 제거할 수 있다.
db_backupoperator	데이터베이스를 백업할 수 있다.
db_datareader	모든 사용자 테이블의 모든 데이터를 읽을 수 있다.
db_datawriter	모든 사용자 테이블에서 데이터를 추가, 삭제, 변경할 수 있다.
db_ddladmin	데이터베이스에서 모든 DDL 명령을 수행할 수 있다.
db_denydatareader	데이터베이스 내에 있는 사용자 테이블의 데이터를 읽을 수 없다.
db_denydatawriter	데이터베이스 내의 모든 사용자 테이블에 있는 데이터를 추가, 삭제, 변경할 수 없다.
db_owner	데이터베이스 내에 있는 모든 구성 및 유지관리 작업을 수행할 수 있고, 데이터베이스를 삭제할 수도 있다.
db_securityadmin	역할 멤버 자격을 수정하고 사용 권한 관리를 할 수 있다. 이 역할에 보안 주체를 추가하면 원하지 않는 권한 상승이 설정될 수 있다.

SQL Server에서는 Oracle과 같이 Role을 자주 사용하지 않는다. 대신 위에서 언급한 서버 수준 역할 및 데이터베이스 수준 역할을 이용해 로그인 및 사용자 권한을 제어한다. 인스턴스 수준의 작업이 필요한 경우 서버 수준 역할을 부여하고, 그보다 작은 개념인 데이터베이스 수준의 권한이 필요한 경우 데이터베이스 수준의 역할을 부여하면 된다. 즉 인스턴스 수준을 요구하는 로그인에는 서버 수준 역할을, 데이터베이스 수준을 요구하는 사용자에게는 데이터베이스 수준 역할을 부여한다.

장 요약

제1절 DML

DML(Data Manipulation Language) 문을 사용하면 테이블에 데이터를 입력, 수정, 삭제할 수 있다. INSERT 문을 사용해 데이터를 입력할 수 있으며, UPDATE 문으로 데이터를 다른 값으로 수정할 수 있다. DELETE 문은 테이블에 저장된 데이터를 삭제할 때 사용한다. 또한 MERGE 문을 사용하면 새로운 행을 입력하거나 기존 행을 수정하는 작업을 한 번에 할 수 있다.

제2절 TCL

TCL(Transaction Control Language) 문을 사용하면 데이터베이스의 논리적 연산 단위인 트랜잭션을 제어할 수 있다. 올바르게 반영된 데이터를 데이터베이스에 반영시키는 커밋(COMMIT) 명령어, 데이터를 트랜잭션 시작 이전의 상태로 되돌리는 롤백(ROLLBACK) 명령어, 트랜잭션의 일부만 취소할 수 있게 만드는 저장점(SAVEPOINT) 명령어가 있다.

제3절 DDL

DDL(Data Definition Language) 문을 사용하면 테이블을 포함한 데이터베이스 객체의 구조를 정의할 수 있다. CREATE TABLE, ALTER TABLE, DROP TABLE 등의 명령어를 통해 테이블 구조를 생성하거나 수정, 삭제한다. 또한 PRIMARY KEY, UNIQUE, NOT NULL, CHECK, FOREIGN KEY 제약조건을 정의해 칼럼의 데이터 무결성을 유지할 수 있다.

제4절 DCL

DCL(Data Control Language) 문을 사용하면 유저를 생성하거나 데이터베이스 권한을 제어할 수 있다. CREATE USER 문을 통해 새로운 사용자를 생성하고, DROP USER 문을 사용해 기존 사용자를 삭제한다. GRANT 문은 사용자에게 시스템 권한 및 객체 권한을 부여할 때 사용하며, REVOKE 문은 사용자로부터 부여된 권한을 회수할 때 사용한다.

연습문제

문제 1. 데이터를 입력하기 위해 사용하는 SQL 명령어는 무엇인가?
① CREATE ② UPDATE ③ INSERT ④ ALTER

문제 2. 데이터의 입력 및 수정 작업을 한 번에 할 수 있는 SQL 명령어는 무엇인가?
① MERGE ② MODIFY ③ TRUNCATE ④ DELETE

문제 3. Commit과 Rollback의 장점으로 적합하지 않은 것은 무엇인가?
① 데이터 무결성을 보장한다.
② 영구적인 변경을 하기 전에 데이터의 변경 사항을 확인할 수 있다.
③ 영구적인 변경을 할 수 없게 한다.
④ 논리적으로 연관된 작업을 그룹핑해 처리할 수 있다.

문제 4. 다음 중 테이블 명으로 가능한 것은 무엇인가?
① EMP100 ② 100EMP ③ EMP-100 ④ 100_EMP

문제 5. 다음 중 제약조건의 종류로 적절하지 않은 것은 무엇인가?
① CHECK ② UNION ③ PRIMARY KEY ④ NOT NULL

문제 6. TRUNCATE TABLE 문에 대한 설명으로 적절한 것은 무엇인가?
① COMMIT 명령어를 수행해야 영구적으로 반영된다.
② 내부 처리 방식이나 Auto Commit 특성 등으로 인해 DML로 분류한다.
③ 전체 데이터를 삭제하는 경우, DELETE 문에 비해 훨씬 더 느리다.
④ 테이블 구조는 그대로 유지한 채 데이터만 전부 삭제하는 명령어다.

문제 7. 다음 중 사용자로부터 데이터베이스 권한을 회수하는 명령어는 무엇인가?
① ROLLBACK ② REVOKE ③ DROP ④ GRANT

SQL
Professional·Developer

과목 소개

퀴리를 수행할 때 DBMS 내부적으로 어떤 처리 과정을 거치는지 전혀 관심을 두지 않는 개발자가 대부분이다. 물론 RDBMS를 처음 주창한 E.F.Codd 박사의 사상에 비추어 보면 사용자가 굳이 내부 원리를 알 필요는 없다. 하지만 DBMS 내부 아키텍처와 옵티마이징 원리를 이해하지 않고는 고성능 DB 애플리케이션을 구축하기 어려운 것이 현실이다. 기업의 데이터 보유량이 그만큼 초대형화가 돼 가고 있기 때문이다.

본 과목은 개발자가 고성능 SQL 구현 능력을 스스로 학습할 수 있도록 다양한 최적화 원리와 실전 튜닝 기법을 담고 있다.

과목 III

SQL 고급 활용 및 튜닝

과목 구성

SQL

Professional · Developer

학습목표

- 개괄적인 데이터베이스 아키텍처 이해
- DBMS가 SQL을 처리하는 과정 이해
- 데이터베이스 I/O 메커니즘 이해

## 제1장

SQL 수행 구조

장 소개

데이터베이스 성능 고도화 작업이 DBA 임무라고 생각하기 쉽지만, 실제로는 애플리케이션 개발자의 역할이 더 중요하다. 데이터베이스 성능을 결정짓는 가장 핵심적인 요소는 모두 애플리케이션에 집중돼 있기 때문이다. 고급 SQL을 작성하고 성능 튜닝까지 하려면 SQL 내부 수행 구조에 대한 이해가 필수이다. 문제는 애플리케이션 개발자가 DB 내부 아키텍처까지 이해하기가 결코 쉽지는 않다는 데 있다.

본 장은 복잡한 내부 구조에 대한 설명은 생략하고, SQL 튜닝을 위해 개발자가 필수적으로 알아야 할 내용 중심으로 설명한다.

장 구성

이 장은 3개 절로 구성돼 있다. 1절에서는 개괄적인 데이터베이스 아키텍처를 설명함으로써 이후에 설명할 튜닝 원리와 기술을 이해하는 데 필요한 기초 지식을 제공한다. 2절과 3절에서는 SQL 튜닝을 본격적으로 시작하기에 앞서 옵티마이저가 SQL을 어떻게 처리하는지, 서버 프로세스는 데이터를 어떻게 읽고 저장하는지 살펴본다. 3절에서 설명한 I/O 효율화의 세부 원리로서 옵티마이저 원리, 인덱스와 조인 원리, 기타 고급 SQL 활용방안에 대해서는 3~6장에서 상세히 다룬다.

제1절 데이터베이스 아키텍처
제2절 SQL 처리 과정
제3절 데이터베이스 I/O 메커니즘

제 1 절 데이터베이스 아키텍처

1. 데이터베이스 구조

가. Oracle 구조

DBMS마다 데이터베이스에 대한 정의가 조금씩 다르다. Oracle에서는 디스크에 저장된 데이터 집합(Datafile, Redo Log File, Control File 등)을 데이터베이스(Database)라고 부른다. 그리고 SGA 공유 메모리 영역과 이를 액세스하는 프로세스 집합을 합쳐서 인스턴스(Instance)라고 부른다(그림 III-1-1 참고).

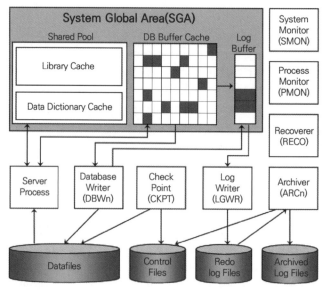

[그림 III-1-1] Oracle 아키텍처

기본적으로 하나의 인스턴스가 하나의 데이터베이스만 액세스하지만, RAC(Real Application Cluster) 환경에서는 여러 인스턴스가 하나의 데이터베이스를 액세스할 수 있다. 하나의 인스턴스가 여러 데이터베이스를 액세스할 수는 없다.

나. SQL Server 구조

[그림 III-1-1]과 대비해 SQL Server 아키텍처를 간단히 표현하면 [그림 III-1-2]와 같다.

SQL Server는 하나의 인스턴스당 최고 3만 2767개의 데이터베이스를 정의해 사용할 수 있다. 기본적으로 master, model, msdb, tempdb 등의 시스템 데이터베이스가 만들어지며, 여기에 사용자 데이터베이스를 추가로 생성하는 구조다.

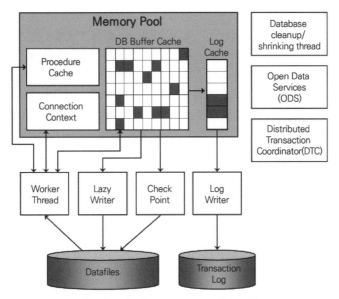

[그림 III-1-2] SQL Server 아키텍처

　　데이터베이스 하나를 만들 때마다 주(Primary 또는 Main) 데이터 파일과 트랜잭션 로그 파일이 하나씩 생긴다. 전자는 확장자가 mdf이고 후자는 ldf이다. 저장할 데이터가 많으면 보조(Non-Primary) 데이터 파일을 추가할 수 있으며 확장자는 ndf이다.

2. 프로세스

　　SQL Server는 쓰레드(Thread) 기반 아키텍처이므로 프로세스 대신 쓰레드라는 표현을 써야 한다. SQL Server 뿐만 아니라 Oracle도 윈도우 버전에선 쓰레드를 사용하지만, 프로세스와 일일이 구분하면서 설명하려면 복잡해지므로 특별히 쓰레드를 언급해야 할 경우가 아니라면 간단히 '프로세스'로 통칭하기로 한다. 잠시 후 표로써 정리해 제시하겠지만, 주요 쓰레드의 역할은 Oracle 프로세스와 크게 다르지 않다.
　　프로세스는 서버 프로세스와 백그라운드 프로세스 집합으로 나뉜다. 서버 프로세스는 전면에서 사용자로부터 전달받은 각종 명령을 처리하고, 백그라운드 프로세스는 뒤에서 묵묵히 할당받은 역할을 수행한다.

가. 서버 프로세스

　　서버 프로세스는 사용자 프로세스와 통신하면서 사용자의 각종 명령을 처리하며, SQL Server에선 Worker 쓰레드가 같은 역할을 담당한다.

좀 더 구체적으로 말하여 SQL을 파싱하고 필요하면 최적화를 수행한다. 커서를 열어 SQL을 실행하면서 블록을 읽어 이 데이터를 정렬해 클라이언트가 요청한 결과 집합을 만들어 네트워크를 통해 전송하는 일련의 작업을 모두 서버 프로세스가 처리해 준다. 스스로 처리하도록 구현되지 않은 기능, 이를테면 데이터 파일로부터 DB 버퍼 캐시로 블록을 적재하거나 Dirty 블록을 캐시에서 밀어냄으로써 Free 블록을 확보하는 일, Redo 로그 버퍼를 비우는 일 등은 OS와 I/O 서브시스템, 백그라운드 프로세스가 대신 처리하도록 시스템 Call을 통해 요청한다.

클라이언트가 서버 프로세스와 연결하는 방식은 DBMS마다 다르지만 Oracle을 예로 들면, 전용 서버 방식과 공유 서버 방식 두 가지가 있다.

1) 전용 서버 방식

[그림 III-1-3]은 전용 서버(Dedicated Server) 방식으로 접속할 때 내부적으로 어떤 과정을 거쳐 세션을 수립하고 사용자 명령을 처리하는지 잘 보여준다.

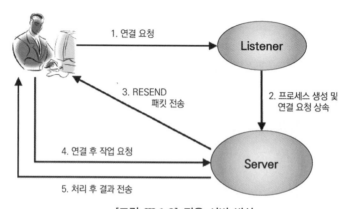

[그림 III-1-3] 전용 서버 방식

처음 연결 요청을 받는 리스너가 서버 프로세스(Window 환경에서는 쓰레드)를 생성해 주고, 이 서버 프로세스가 단 하나의 사용자 프로세스를 위해 전용 서비스를 제공한다는 점이 특징이다.

만약 SQL을 수행할 때마다 연결 요청을 반복하면 서버 프로세스의 생성과 해제도 반복하게 되므로 DBMS에 매우 큰 부담을 주고 성능을 크게 떨어뜨린다. 따라서 전용 서버 방식을 사용하는 OLTP성 애플리케이션에선 Connection Pooling 기법을 필수적으로 사용해야 한다. 예를 들어 50개의 서버 프로세스와 연결된 50개의 사용자 프로세스를 공유해 반복 재사용하는 방식이다.

2) 공유 서버 방식

공유 서버(Shared Server)는 말 그대로 하나의 서버 프로세스를 여러 사용자 세션이 공유하는 방식이다. 앞서 설명한 Connection Pooling 기법을 DBMS 내부에 구현해 놓은 것으로 생각하면 쉽다. 즉 미리 여러 개의 서버 프로세스를 띄어 놓고 이를 공유해 반복 재사용한다.

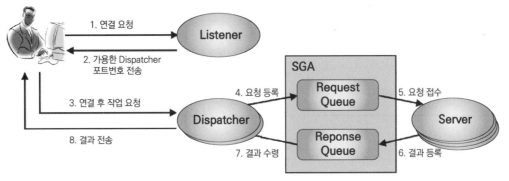

[그림 III-1-4] 공유 서버 방식

[그림 III-1-4]에서 보듯, 공유 서버 방식으로 Oracle에 접속하면 사용자 프로세스는 서버 프로세스와 직접 통신하지 않고 Dispatcher 프로세스를 거친다. 사용자 명령이 Dispatcher에게 전달되면 Dispatcher는 이를 SGA에 있는 요청 큐(Request Queue)에 등록한다. 이후 가장 먼저 가용한 서버 프로세스가 요청 큐에 있는 사용자 명령을 꺼내서 처리하고, 그 결과를 응답 큐(Response Queue)에 등록한다.

응답 큐를 모니터링하던 Dispatcher가 응답 결과를 발견하면 사용자 프로세스에게 전송해 준다.

나. 백그라운드 프로세스

[표 III-1-1] 백그라운드 프로세스

Oracle	SQL Server	설명
System Monitor (SMON)	Database cleanup/ shrinking thread	장애가 발생한 시스템을 재기동할 때 인스턴스 복구를 수행하고, 임시 세그먼트와 익스텐트를 모니터링한다.
Process Monitor (PMON)	Open Data Services (OPS)	이상이 생긴 프로세스가 사용하던 리소스를 복구한다.
Database Writers (DBWn)	Lazywriter thread	버퍼 캐시에 있는 Dirty 버퍼를 데이터 파일에 기록한다.
Log Writer(LGWR)	Log writer thread	로그 버퍼 엔트리를 Redo 로그 파일에 기록한다.
Archiver(ARCn)	N/A	꽉 찬 Redo 로그가 덮어 쓰여지기 전에 Archive 로그 디렉터리로 백업한다.
Checkpoint (CKPT)	Database Checkpoint thread	Checkpoint 프로세스는 이전에 Checkpoint가 일어났던 마지막 시점 이후의 데이터베이스 변경 사항을 데이터 파일에 기록하도록 트리거링하고, 기록이 완료되면 현재 어디까지 기록했는지를 컨트롤 파일과 데이터 파일 헤더에 저장한다. 좀 더 자세히 설명하면, Write Ahead Logging 방식(데이터 변경 전에 로그부터 남기는 메커니즘)을 사용하는 DBMS는 Redo 로그에 기록해 둔 버퍼 블록에 대한 변경사항 중 현재 어디까지를 데이터 파일에 기록했는지 체크포인트 정보를 관리해야 한다. 이는 버퍼 캐시와 데이터 파일이 동기화된 시점을 가리키며, 장애가 발생하면 마지막 체크포인트 이후 로그 데이터만 디스크에

Oracle	SQL Server	설명
		기록함으로써 인스턴스를 복구할 수 있도록 하는 용도로 사용된다. 이 정보를 갱신하는 주기가 길수록 장애 발생 시 인스턴스 복구 시간도 길어진다.
Recoverer(RECO)	Distributed Transaction Coordinator(DTC)	분산 트랜잭션 과정에 발생한 문제를 해결한다.

3. 데이터 저장 구조

가. 데이터 파일

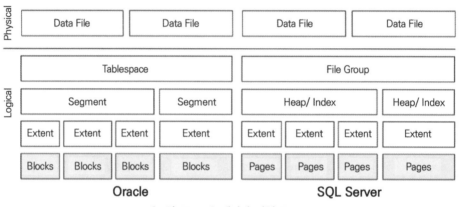

[그림 III-1-5] 데이터 파일 구조

Oracle과 SQL Server 모두 물리적으로는 데이터 파일에 데이터를 저장하고 관리한다. 공간을 할당하고 관리하기 위한 논리적인 구조도 크게 다르지 않지만 약간의 차이는 있다.

1) 블록(=페이지)

대부분 DBMS에서 I/O는 블록 단위로 이뤄진다. 데이터를 읽고 쓸 때의 논리적인 단위가 블록이다. Oracle은 '블록(Block)'이라고 하고, SQL Server는 '페이지(Page)'라고 한다. Oracle은 2KB, 4KB, 8KB, 16KB, 32KB의 다양한 블록 크기를 사용할 수 있지만, SQL Server에선 단일 크기인 8KB를 사용한다.

블록 단위로 I/O 한다는 것은, 하나의 레코드에서 하나의 칼럼만을 읽으려 할 때도 레코드가 속한 블록 전체를 읽게 됨을 뜻한다. SQL 성능을 좌우하는 가장 중요한 성능지표는 액세스하는 블록 개수이며, 옵티마이저의 판단에 가장 큰 영향을 미치는 것도 액세스해야 할 블록 개수다. 예를 들어 옵티마이저가 인덱스를 이용해 테이블을 액세스할지 아니면 Full Table Scan할지를 결정하는 데 있어 가장 중요한 판단 기준은 읽어야 할 레코드 수가 아니라 읽어야 하는 블록 개수다.

2) 익스텐트

데이터를 읽고 쓰는 단위는 블록이지만, 테이블스페이스로부터 공간을 할당하는 단위는 익스텐트(Extent)다. 테이블이나 인덱스에 데이터를 입력하다가 공간이 부족해지면 해당 오브젝트가 속한 테이블스페이스(물리적으로는 데이터 파일)로부터 추가적인 공간을 할당받는다. 이때 정해진 익스텐트 크기의 연속된 블록을 할당받는다. 예를 들어 블록 크기가 8KB인 상태에서 64KB 단위로 익스텐트를 할당하도록 정의했다면, 공간이 부족할 때마다 테이블스페이스로부터 8개의 연속된 블록을 찾아(찾지 못하면 새로운 익스텐트 추가) 세그먼트에 할당해 준다.

익스텐트 내 블록은 논리적으로 인접하지만, 익스텐트끼리 서로 인접하지는 않는다. 예를 들어 어떤 세그먼트에 익스텐트 2개가 할당됐는데, 데이터 파일 내에서 이 둘이 서로 멀리 떨어져 있을 수 있다.

참고로 Oracle은 다양한 크기의 익스텐트를 사용하지만, SQL Server에선 8개 페이지의 익스텐트만을 사용한다. 페이지 크기도 8KB로 고정됐으므로 익스텐트는 항상 64KB인 셈이다.

또한 Oracle은 한 익스텐트에 속한 모든 블록을 단일 오브젝트가 사용하지만, SQL Server에서는 2개 이상 오브젝트가 나누어 사용할 수도 있다. SQL Server는 다음 2가지 타입의 익스텐트를 사용한다.

■ 균일(Uniform) 익스텐트 : 64KB 이상의 공간을 필요로 하는 테이블이나 인덱스를 위해 사용되며, 8개 페이지 단위로 할당된 익스텐트를 단일 오브젝트가 모두 사용한다.
■ 혼합(Mixed) 익스텐트 : 한 익스텐트에 할당된 8개 페이지를 여러 오브젝트가 나누어 사용하는 형태다. 모든 테이블이 처음에는 혼합 익스텐트로 시작하지만 64KB를 넘으면서 2번째부터 균일 익스텐트를 사용하게 된다.

3) 세그먼트

SQL Server에서는 세그먼트라는 용어를 사용하지 않지만, 힙 구조 또는 인덱스 구조의 오브젝트가 여기에 속한다. 세그먼트는 테이블, 인덱스, Undo처럼 저장공간을 필요로 하는 데이터베이스 오브젝트다. 저장공간을 필요로 한다는 것은 한 개 이상의 익스텐트를 사용함을 뜻한다.

테이블을 생성할 때, 내부적으로는 테이블 세그먼트가 생성된다. 인덱스를 생성할 때, 내부적으로 인덱스 세그먼트가 생성된다. 다른 오브젝트는 세그먼트와 1:1 대응 관계를 갖지만 파티션은 1:M 관계를 갖는다. 즉 파티션 테이블(또는 인덱스)을 만들면, 내부적으로 여러 개의 세그먼트가 만들어진다.

한 세그먼트는 자신이 속한 테이블스페이스 내 여러 데이터 파일에 걸쳐 저장될 수 있다. 즉 세그먼트에 할당된 익스텐트가 여러 데이터 파일에 흩어져 저장되는 것이며, 그래야 디스크 경합을 줄이고 I/O 분산 효과를 얻을 수 있다.

4) 테이블스페이스

테이블스페이스는 세그먼트를 담는 콘테이너로서, 여러 데이터 파일로 구성된다. SQL Server의 파일 그룹이 Oracle 테이블스페이스에 해당한다.

데이터는 물리적으로 데이터 파일에 저장되지만, 사용자가 데이터 파일을 직접 선택하진 않는다. 사용자는 세그먼트를 위한 테이블스페이스를 지정할 뿐, 실제 값을 저장할 데이터 파일을 선택하고 익스텐트를 할당하는 것은 DBMS의 몫이다.

각 세그먼트는 정확히 한 테이블스페이스에만 속하지만, 한 테이블스페이스에는 여러 세그먼트가 존재할 수 있다. 특정 세그먼트에 할당된 모든 익스텐트는 해당 세그먼트와 관련된 테이블스페이스 내에서만 찾아진다. 한 세그먼트가 여러 테이블스페이스에 걸쳐 저장될 수는 없다.

하지만 앞서 얘기했듯이 한 세그먼트가 여러 데이터 파일에 걸쳐 저장될 수는 있다. 한 테이블스페이스가 여러 데이터 파일로 구성되기 때문이다.

지금까지 설명한 내용을 그림으로 요약하면 [그림 III-1-6]과 같다.

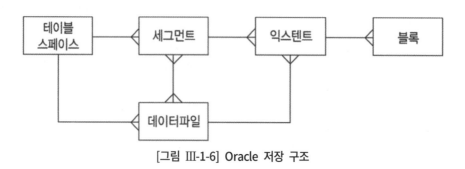

[그림 III-1-6] Oracle 저장 구조

SQL Server에서는 한 익스텐트에 속한 모든 페이지를 2개 이상 오브젝트가 나누어 사용할 수 있으므로(혼합 익스텐트) [그림 III-1-7]과 같다.

[그림 III-1-7] SQL Server 저장 구조

나. 임시 데이터 파일

임시(Temporary) 데이터 파일은 특별한 용도로 사용된다. 대량의 정렬이나 해시 작업을 수행하다가 메모리 공간이 부족해지면 중간 결과 집합을 저장하는 용도다.

임시 데이터 파일에 저장되는 오브젝트는 말 그대로 임시로 저장했다가 자동으로 삭제된다. Redo 정보를 생성하지 않기 때문에 나중에 파일에 문제가 생겼을 때 복구되지 않는다. 따라서 백업할 필요도 없다.

Oracle에선 임시 테이블스페이스를 여러 개 생성해 두고, 사용자마다 별도의 임시 테이블스페이스를 지정해 줄 수도 있다.

```
create temporary tablespace big_temp
tempfile '/usr/local/oracle/oradata/ora10g/big_temp.dbf' size 2000m;

alter user scott temporary tablespace big_temp;
```

SQL Server는 단 하나의 tempdb 데이터베이스를 사용한다. tempdb는 전역 리소스로서 시스템에 연결된 모든 사용자의 임시 데이터를 여기에 저장한다.

다. 로그 파일

DB 버퍼 캐시에 가해지는 모든 변경사항을 기록하는 파일을 Oracle은 'Redo 로그'라고 부르며, SQL Server는 '트랜잭션 로그'라고 부른다.

변경된 메모리 버퍼 블록을 디스크 상의 데이터 블록에 기록하는 작업은 Random I/O 방식으로 이뤄지기 때문에 느리다. 반면 로그 기록은 Append 방식으로 이뤄지기 때문에 상대적으로 매우 빠르다. 따라서 대부분 DBMS는 버퍼 블록에 대한 변경사항을 건건이 데이터 파일에 기록하기보다 우선 로그 파일에 Append 방식으로 빠르게 기록하는 방식을 사용한다. 그리고 나서 버퍼 블록과 데이터 파일 간 동기화는 적절한 수단(DBWR, Checkpoint)을 이용해 나중에 배치(Batch) 방식으로 일괄 처리한다.

사용자의 갱신내용이 메모리상의 버퍼 블록에만 기록된 채 아직 디스크에 기록되지 않았더라도 Redo 로그를 믿고 빠르게 커밋을 완료한다는 의미에서, 이를 'Fast Commit' 메커니즘이라고 부른다. 인스턴스 장애가 발생하더라도 로그 파일을 이용해 언제든 복구 가능하므로 안심하고 커밋을 완료할 수 있는 것이다. Fast Commit은 빠르게 트랜잭션을 처리해야 하는 모든 DBMS의 공통적인 메커니즘이다.

■ Online Redo 로그

캐시에 저장된 변경사항이 아직 데이터 파일에 기록되지 않은 상태에서 정전 등으로 인스턴스가 비정상 종료되면, 그때까지의 작업내용을 모두 잃게 된다. 이러한 트랜잭션 데이터의 유실에 대비하기 위해 Oracle은 Online Redo 로그를 사용한다. 마지막 체크포인트 이후부터 사고 발생 직전까지 수행됐던 트랜잭션들을 Redo 로그를 이용해 재현하는 것이며, 이를 '캐시 복구'라고 한다.

Online Redo 로그는 최소 두 개 이상의 파일로 구성된다. 현재 사용중인 파일이 꽉 차면 다음 파일로 로그 스위칭(log switching)이 발생하며, 계속 로그를 써 나가다가 모든 파일이 꽉 차면 다시 첫 번째 파일부터 재사용하는 라운드 로빈(round-robin) 방식을 사용한다.

■ 트랜잭션 로그

트랜잭션 로그는 Oracle의 Online Redo 로그와 대응되는 SQL Server의 로그 파일이다. 주 데이터 파일마다, 즉 데이터베이스마다 트랜잭션 로그 파일이 하나씩 생기며 확장자는 ldf이다.

트랜잭션 로그 파일은 내부적으로 '가상 로그 파일'이라 불리는 더 작은 단위의 세그먼트로 나뉘며, 이 가상 로그 파일의 개수가 너무 많아지지 않도록(즉 조각화가 발생하지 않도록) 옵션을 지정하는 게 좋다.

예를 들어 로그 파일을 애초에 넉넉한 크기로 만들어 자동 증가가 발생하지 않도록 하거나, 어쩔 수 없이 자동 증가한다면 증가하는 단위를 크게 지정하는 것이다.

■ Archived(=Offline) Redo 로그

Archived Redo 로그는 Oracle에서 Online Redo 로그가 재사용되기 전에 다른 위치로 백업해 둔 파일을 말한다. 디스크가 깨지는 등 물리적인 저장 매체에 문제가 생겼을 때 데이터베이스(또는 미디어) 복구를 위해 사용된다. 참고로, SQL Server에는 Archived Redo 로그에 대응되는 개념이 없다.

4. 메모리 구조

메모리 구조는 시스템 공유 메모리 영역과 프로세스 전용 메모리 영역으로 구분된다.

■ 시스템 공유 메모리 영역

시스템 공유 메모리는 말 그대로 여러 프로세스(또는 쓰레드)가 동시에 액세스할 수 있는 메모리 영역으로서, Oracle에선 'System Global Area(SGA)', SQL Server에선 'Memory Pool'이라고 부른다.

공유 메모리를 구성하는 캐시 영역은 매우 다양하지만, 모든 DBMS가 공통적으로 사용하는 캐시 영역으로는 DB 버퍼 캐시, 공유 풀, 로그 버퍼가 있다. 공유 메모리 영역은 그 외에 Large 풀(Large Pool), 자바 풀(Java Pool) 등을 포함하고, 시스템 구조와 제어 구조를 캐싱하는 영역도 포함한다.

시스템 공유 메모리 영역은 여러 프로세스에 공유되기 때문에 내부적으로 래치(Latch), 버퍼 Lock, 라이브러리 캐시 Lock/Pin 같은 액세스 직렬화 메커니즘이 사용된다.

■ 프로세스 전용 메모리 영역

Oracle은 프로세스 기반 아키텍처이므로 서버 프로세스가 자신만의 전용 메모리 영역을 가질 수 있다. 이를 'Process Global Area(PGA)'라고 부르며, 데이터를 정렬하고 세션과 커서에 관한 상태 정보를 저장하는 용도로 사용한다.

쓰레드(Thread) 기반 아키텍처를 사용하는 SQL Server는 프로세스 전용 메모리 영역을 갖지 않는다. 쓰레드는 전용 메모리 영역을 가질 수 없고, 부모 프로세스의 메모리 영역을 사용하기 때문이다. 참고로 Windows 버전 Oracle도 쓰레드를 사용하지만 프로세스 기반의 유닉스 버전과 같은 인터페이스를 제공하고 구조에 대한 개념과 설명도 구별하지 않는다.

지금부터 시스템 공유 메모리 영역의 구성요소인 DB 버퍼 캐시, 공유 풀, 로그 버퍼를 순서대로 살펴본다. 마지막으로 프로세스 전용 메모리 영역인 Process Global Area에 대해 살펴본다.

가. DB 버퍼 캐시

DB 버퍼 캐시(DB Buffer Cache)는 데이터 파일로부터 읽어 들인 데이터 블록을 담는 캐시 영역이다. 인스턴스에 접속한 모든 사용자 프로세스는 서버 프로세스를 통해 DB 버퍼 캐시의 버퍼 블록을 동시에(내부적으로는 버퍼 Lock을 통해 직렬화) 액세스할 수 있다.

일부 Direct Path Read 메커니즘이 작동하는 경우를 제외하면, 모든 블록 읽기는 버퍼 캐시를 통해 이뤄진다. 즉 읽고자 하는 블록을 먼저 버퍼 캐시에서 찾아보고 없을 때 디스크에서 읽는다. 디스크에서 읽을 때도 먼저 버퍼 캐시에 적재한 후에 읽는다.

데이터 변경도 버퍼 캐시에 적재된 블록을 통해 이뤄지며, 변경된 블록(Dirty 버퍼 블록)을 주기적으로 데이터 파일에 기록하는 작업은 DBWR 프로세스의 몫이다.

디스크 I/O는 물리적으로 액세스 암(Arm)이 움직이면서 헤드를 통해 이뤄지는 반면, 메모리 I/O는 전기적 신호에 불과하기 때문에 디스크 I/O에 비교할 수 없을 정도로 빠르다. 디스크에서 읽은 데이터 블록을 메모리 상에 보관해 두는 기능이 모든 데이터베이스 시스템에 필수적인 이유다.

1) 버퍼 블록의 상태

모든 버퍼 블록은 아래 세 가지 중 하나의 상태에 놓인다.

- Free 버퍼 : 인스턴스 기동 후 아직 데이터가 읽히지 않아 비어 있는 상태(Clean 버퍼)이거나, 데이터가 담겼지만 데이터 파일과 서로 동기화돼 있는 상태여서 언제든지 덮어 써도 무방한 버퍼 블록을 말한다. 데이터 파일로부터 새로운 데이터 블록을 로딩하려면 먼저 Free 버퍼를 확보해야 한다. Free 상태인 버퍼에 변경이 발생하면 그 순간 Dirty 버퍼로 상태가 바뀐다.
- Dirty 버퍼 : 버퍼에 캐시된 이후 변경이 발생했지만, 아직 디스크에 기록되지 않아 데이터 파일 블록과 동기화가 필요한 버퍼 블록을 말한다. 이 버퍼 블록들이 다른 데이터 블록을 위해 재사용되려면 디스크에 먼저 기록돼야 하며, 디스크에 기록되는 순간 Free 버퍼로 상태가 바뀐다.
- Pinned 버퍼 : 읽기 또는 쓰기 작업이 현재 진행 중인 버퍼 블록을 말한다.

2) LRU 알고리즘

버퍼 캐시는 유한한 자원이므로 모든 데이터를 캐싱해 둘 수 없다. 따라서 모든 DBMS는 사용빈도가 높은 데이터 블록 위주로 버퍼 캐시가 구성되도록 LRU(least recently used) 알고리즘을 사용한다. 모든 버퍼 블록 헤더를 LRU 체인에 연결해 사용빈도 순으로 위치를 옮겨가다가, Free 버퍼가 필요해질 때면 액세스 빈도가 낮은 쪽(LRU end) 데이터 블록부터 밀어내는 방식이다. [그림 III-1-8]과 같은 컨베이어 벨트를 연상하면 LRU 알고리즘을 쉽게 이해할 수 있다.

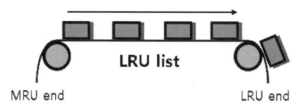

[그림 III-1-8] LRU list

나. 공유 풀

공유 풀(Shared Pool)은 딕셔너리 캐시와 라이브러리 캐시로 구성되며, 버퍼 캐시처럼 LRU 알고리즘을 사용한다. SQL Server에서 같은 역할을 하는 메모리 영역을 '프로시저 캐시(Procedure Cache)'라고 부른다.

■ 딕셔너리 캐시

데이터베이스 딕셔너리(Dictionary)는 테이블, 인덱스 같은 오브젝트는 물론 테이블스페이스, 데이터 파일, 세그먼트, 익스텐트, 사용자, 제약에 관한 메타 정보를 저장하는 곳이다. 그리고 딕셔너리 캐시는 말 그대로 딕셔너리 정보를 캐싱하는 메모리 영역이다. '주문' 테이블을 예로 들면, 입력한 주문 데이터는 데이터 파일에 저장됐다가 버퍼 캐시를 경유해 읽히지만, 테이블 메타 정보는 딕셔너리에 저장됐다가 딕셔너리 캐시를 경유해 읽힌다.

■ 라이브러리 캐시

라이브러리 캐시(Library Cache)는 사용자가 수행한 SQL 문과 실행계획, 저장 프로시저를 저장해 두는 캐시영역이다.

사용자가 SQL 명령어를 통해 결과 집합을 요청하면 이를 최적으로(가장 적은 리소스를 사용하면서 가장 빠르게) 수행하기 위한 처리 루틴을 생성해야 하는데, 그것을 실행계획(execution plan)이라고 한다. 빠른 쿼리 수행을 위해 내부적으로 생성한 일종의 프로시저와 같은 것이라고 이해하면 쉽다.

쿼리 구문을 분석해서 문법 오류 및 실행 권한 등의 체크, 최적화(Optimization) 과정을 거쳐 실행계획 생성, SQL 실행엔진이 이해할 수 있는 형태로 포맷팅 등의 전 과정을 하드 파싱(Hard Parsing)이라고 한다. 특히 최적화 과정은 하드 파싱을 무겁게 만드는 가장 결정적 요인인데, 같은 SQL을 처리하려고 이런 무거운 작업을 반복 수행하는 것은 매우 비효율적이다. 그래서 같은 SQL에 대한 반복적인 하드파싱을 최소화하기 위한 캐시 공간을 따로 두게 됐고, 그것이 바로 라이브러리 캐시 영역이다. 캐싱된 SQL과 그 실행계획의 재사용성을 높이는 것은 SQL 수행 성능을 높이고 DBMS 부하를 최소화하는 핵심 원리 중 한 가지다.

다. 로그 버퍼

DB 버퍼 캐시에 가해지는 모든 변경사항을 로그 파일에 기록한다고 앞서 설명했는데, 로그 엔트리도 파일에 곧바로 기록하는 것이 아니라 먼저 로그 버퍼(Log Buffer)에 기록한다. 건건이 디스크에 기록하기보다 일정량을 모았다가 기록하면 훨씬 빠르기 때문이다.

좀 더 자세히 설명하면, 서버 프로세스가 데이터 블록 버퍼에 변경을 가하기 전에 Redo 로그 버퍼에 먼저 기록해 두면 주기적으로 LGWR 프로세스가 Redo 로그 파일에 기록한다. Oracle의 Redo 로그, Redo 로그 버퍼와 대비되는 개념이 SQL Server의 트랜잭션 로그, 로그 캐시다.

변경이 가해진 Dirty 버퍼를 데이터 파일에 기록하기 전에 항상 로그 버퍼를 먼저 로그 파일에 기록해야만 하는데, 그 이유는 인스턴스 장애가 발생할 때면 로그 파일에 기록된 내용을 재현해 캐시 블록을 복구하고, 최종적으로 커밋되지 않은 트랜잭션은 롤백해야 한다. 이때 로그 파일에는 없는 변경내역이 이미 데이터 파일에 기록돼 있으면 사용자가 최종 커밋하지 않은 트랜잭션이 커밋되는 결과를 초래하기 때문이다.

정리해 보면 버퍼 캐시 블록을 갱신하기 전에 변경사항을 먼저 로그 버퍼에 기록해야 한다. Dirty 버퍼를 디스크에 기록하기 전에 해당 로그 엔트리를 먼저 로그 파일에 기록해야 하는데, 이를 'Write Ahead Logging'이라고 한다.

그리고 로그 버퍼를 주기적으로 로그 파일에 기록한다고 했는데, 늦어도 커밋 시점에는 로그 파일에 기록해야 한다(Log Force at commit). 메모리 상의 로그 버퍼는 언제든 유실될 가능성이 있기 때문이다. 로그를 이용한 Fast Commit이 가능한 이유는 로그를 이용해 언제든 복구 가능하기 때문이라고 설명한 것을 상기하기 바란다. 다시 말하지만 로그 파일에 기록했음이 보장돼야 안심하고 커밋을 완료할 수 있다.

라. PGA

각 Oracle 서버 프로세스는 자신만의 PGA(Process, Program, Private Global Area) 메모리 영역을 할당받고, 이를 프로세스에 종속적인 고유 데이터를 저장하는 용도로 사용한다. PGA는 다른 프로세스와 공유되지 않는 독립적인 메모리 공간으로서, 래치 메커니즘이 필요 없어 똑같은 개수의 블록을 읽더라도 SGA 버퍼 캐시에서 읽는 것보다 훨씬 빠르다.

■ User Global Area(UGA)

전용 서버(Dedicated Server) 방식으로 연결할 때는 프로세스와 세션이 1:1 관계를 갖지만, 공유 서버(Shared Server) 방식으로 연결할 때는 1:M 관계를 갖는다. 즉 세션이 프로세스 개수보다 많아질 수 있는 구조로서, 하나의 프로세스가 여러 개 세션을 위해 일한다. 따라서 각 세션을 위한 독립적인 메모리 공간이 필요한데, 이를 'UGA(User Global Area)'라고 한다.

전용 서버 방식이라고 해서 UGA를 사용하지 않는 것은 아니다. UGA는 전용 서버 방식으로 연결할 때는 PGA에 할당되고, 공유 서버 방식으로 연결할 때는 SGA에 할당된다. 구체적으로 후자는 Large Pool이 설정됐을 때는 Large Pool에, 그렇지 않을 때는 Shared Pool에 할당하는 방식이다.

■ Call Global Area(CGA)

PGA에 할당되는 메모리 공간으로는 CGA도 있다. Oracle은 하나의 데이터베이스 Call을 넘어서 다음 Call까지 계속 참조돼야 하는 정보는 UGA에 담고, Call이 진행되는 동안에만 필요한 데이터는 CGA에 담는다. CGA는 Parse Call, Execute Call, Fetch Call마다 매번 할당받는다. Call이 진행되는 동안 Recursive Call이 발생하면 그 안에서도 Parse, Execute, Fetch 단계별로 CGA가 추가로 할당된다. CGA에 할당된 공간은 하나의 Call이 끝나자마자 해제돼 PGA로 반환된다.

■ Sort Area

데이터 정렬을 위해 사용되는 Sort Area는 소트 오퍼레이션이 진행되는 동안 공간이 부족해질 때마다 청크 (Chunk) 단위로 조금씩 할당된다. 세션마다 사용할 수 있는 최대 크기를 예전에는 sort_area_size 파라미터로 설정했으나, 9i부터는 새로 생긴 workarea_size_policy 파라미터를 auto(기본 값)로 설정하면 Oracle이 내부적으로 결정한다. PGA 내에서 Sort Area가 할당되는 위치는 SQL 문 종류와 소트 수행 단계에 따라 다르다. DML 문장은 하나의 Execute Call 내에서 모든 데이터 처리를 완료하므로 Sort Area가 CGA에 할당된다. SELECT 문장의 경우 수행 중간 단계에 필요한 Sort Area는 CGA에 할당되고, 최종 결과 집합을 출력하기 직전 단계에 필요한 Sort Area는 UGA에 할당된다.

앞에서 이미 설명한 것처럼, 쓰레드(Thread) 기반 아키텍처를 사용하는 SQL Server는 프로세스 전용 메모리 영역을 갖지 않는다. 대신 데이터 정렬은 Memory Pool 안에 있는 버퍼 캐시에서 수행하며, 세션 관련 정보는 Memory Pool 안에 있는 Connection Context 영역에 저장한다.

제 2 절 SQL 처리 과정

1. 구조적, 집합적, 선언적 질의 언어

SQL은 'Structured Query Language'의 줄임말이다. 말 그대로 구조적 질의 언어다. 위키피디아(Wikipedia)에서 검색해 보면, 다음과 같은 정의도 발견할 수 있다.

- ■ SQL is designed for a specific purpose: to query data contained in a relational database.
- ■ SQL is a set-based, declarative query language, not an imperative language such as C or BASIC.

Oracle PL/SQL, SQL Server T-SQL처럼 절차적(procedural) 프로그래밍 기능을 구현할 수 있는 확장 언어도 제공하지만, SQL은 기본적으로 구조적(structured)이고 집합적(set-based)이고 선언적(declarative)인 질의 언어이다.

원하는 결과 집합을 구조적·집합적으로 선언하지만, 그 결과 집합을 만드는 과정은 절차적일 수밖에 없다. 즉 프로시저가 필요한데, 그런 프로시저를 만들어 내는 DBMS 내부 엔진이 바로 SQL 옵티마이저다. 옵티마이저가 프로그래밍을 대신해 주는 셈이다.

2. SQL 처리 과정

SQL 처리 과정을 Oracle 기준으로 좀 더 자세히 표현하면 [그림 III-1-9]과 같다.

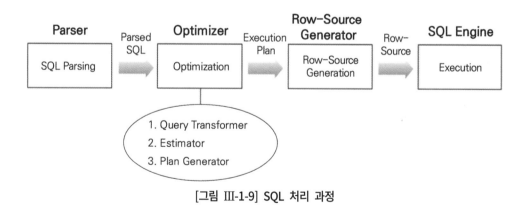

[그림 III-1-9] SQL 처리 과정

[표 III-1-2]는 [그림 III-1-9]에 표현된 각 서브엔진의 역할을 요약한 것이다.

[표 III-1-2] 서브엔진별 역할

엔진		역할
Parser		SQL 문장을 이루는 개별 구성요소를 분석하고 파싱해서 파싱 트리(내부적인 구조체)를 만든다. 이 과정에서 사용자 SQL에 문법적 오류가 없는지(→ Syntax 체크), 의미상 오류가 없는지(→ Semantic 체크) 확인한다.
Optimizer	Query Transformer	파싱된 SQL을 좀 더 일반적이고 표준적인 형태로 변환한다.
	Estimator	오브젝트 및 시스템 통계정보를 이용해 쿼리 수행 각 단계의 선택도·카디널리티·비용을 계산하고, 궁극적으로는 실행계획 전체에 대한 총 비용을 계산해 낸다.
	Plan Generator	하나의 쿼리를 수행할 때, 후보군이 될만한 실행계획들을 생성해 낸다.
Row-Source Generator		옵티마이저가 생성한 실행계획을 SQL 엔진이 실제 실행할 수 있는 코드(또는 프로시저) 형태로 포맷팅한다.
SQL Engine		SQL을 실행한다.

Oracle 뿐만 아니라 다른 DBMS도 비슷한 처리과정을 통해 실행계획을 생성한다.

참고로 M.Jarke와 J.Koch의 『Query Optimization in Database Systems』를 보면, 쿼리 최적화 과정을 다음과 같이 설명하고 있다. [그림 III-1-9]과 [표 III-1-2]에서 설명한 Parser와 Optimizer 역할에 해당하는 내용임을 알 수 있다.

- 쿼리를 내부 표현방식으로 변환
- 표준적인(canonical) 형태로 변환
- 후보군이 될 만한 (낮은 레벨의) 프로시저를 선택
- 실행계획을 생성하고 가장 비용이 적은 것을 선택

3. SQL 옵티마이저

SQL 옵티마이저(Optimizer)는 사용자가 원하는 작업을 가장 효율적으로 수행할 수 있는 최적의 데이터 액세스 경로를 선택해 주는 DBMS의 핵심 엔진이다. 옵티마이저의 최적화 단계를 요약하면 다음과 같다.

1. 사용자로부터 전달받은 쿼리를 수행하는 데 후보군이 될만한 실행계획들을 찾아낸다.
2. 데이터 딕셔너리(Data Dictionary)에 미리 수집해 둔 오브젝트 통계 및 시스템 통계정보를 이용해 각 실행계획의 예상비용을 산정한다.
3. 최저 비용을 나타내는 실행계획을 선택한다.

4. 실행계획과 비용

SQL 옵티마이저가 생성한 처리절차를 사용자가 확인할 수 있도록 다음과 같이 트리 구조로 표현한 것이 실행계획이다.

```
Execution Plan
--------------------------------------------------------
0     SELECT STATEMENT Optimizer=ALL_ROWS (Cost=209 Card=5 Bytes=175)
1  0   TABLE ACCESS (BY INDEX ROWID) OF 'EMP' (Cost=2 Card=5 Bytes=85)
2  1    NESTED LOOPS (Cost=209 Card=5 Bytes=175)
3  2     TABLE ACCESS (BY INDEX ROWID) OF 'DEPT' (Cost=207 Card=1 Bytes=18)
4  3      INDEX (RANGE SCAN) OF 'DEPT_LOC_IDX'(NON-UNIQUE) (Cost=7 Card=1)
5  2      INDEX (RANGE SCAN) OF 'EMP_DEPTNO_IDX'(NON-UNIQUE) (Cost=1 Card=5)
```

옵티마이저가 특정 실행계획을 선택하는 근거는 무엇일까? 이를 설명하기 위해 다음과 같이 테스트용 테이블을 생성해 보자.

```
SQL> create table t
  2  as
  3  select d.no, e.*
  4  from   scott.emp e
  5       , (select rownum no from dual connect by level <= 1000) d;
```

다음과 같이 인덱스도 생성하자.

```
SQL> create index t_x01 on t(deptno, no);
SQL> create index t_x02 on t(deptno, job, no);
```

아래 명령어는 방금 생성한 T 테이블에 통계정보를 수집하는 Oracle 명령어다.

```
SQL> exec dbms_stats.gather_table_stats( user, 't' );
```

다음과 같이 SQL을 작성하고 실행계획을 확인해 보자(실행계획 확인하는 방법은 2장에서 설명한다).

```
SQL> set autotrace traceonly exp;

SQL> select * from t
  2  where  deptno = 10
  3  and    no = 1 ;


--------------------------------------------------------------------
| Id | Operation                          | Name   | Rows | Bytes | Cost (%CPU) |
--------------------------------------------------------------------
|  0 | SELECT STATEMENT                   |        |    5 |   210 |    2   (0)|
|  1 |  TABLE ACCESS BY INDEX ROWID BATCHED | T    |    5 |   210 |    2   (0)|
|  2 |   INDEX RANGE SCAN                 | T_X01  |    5 |       |    1   (0)|
--------------------------------------------------------------------
```

옵티마이저가 T_X01 인덱스를 선택했다. T_X02 인덱스를 선택할 수 있고, 테이블을 Full Scan할 수도 있다. T_X01 인덱스를 선택한 근거는 무엇일까?

위 실행계획에서 맨 우측에 Cost가 2로 표시된 것을 확인하기 바란다. T_X02 인덱스를 사용하도록 index 힌트를 지정하고 실행계획을 확인해 보면, Cost가 다음과 같이 19로 표시된다.

```
SQL> select /*+ index(t t_x02) */ * from t
  2  where  deptno = 10
  3  and    no = 1 ;


--------------------------------------------------------------------
| Id | Operation                          | Name   | Rows | Bytes |  Cost (%CPU)|
--------------------------------------------------------------------
|  0 | SELECT STATEMENT                   |        |    5 |   210 |   19   (0)|
|  1 |  TABLE ACCESS BY INDEX ROWID BATCHED | T    |    5 |   210 |   19   (0)|
|  2 |   INDEX RANGE SCAN                 | T_X02  |    5 |       |   18   (0)|
--------------------------------------------------------------------
```

Table Full Scan하도록 full 힌트를 지정하고 실행계획을 확인해 보면, Cost가 다음과 같이 29로 표시된다.

```
SQL> select /*+ full(t) */ * from t
  2  where  deptno = 10
  3  and    no = 1 ;
```

```
---------------------------------------------------------------------
| Id | Operation          | Name  | Rows | Bytes | Cost (%CPU)|
---------------------------------------------------------------------
|  0 | SELECT STATEMENT   |       |    5 |  210 |   29   (0)|
|  1 |  TABLE ACCESS FULL | T     |    5 |  210 |   29   (0)|
---------------------------------------------------------------------
```

옵티마이저가 T_X01 인덱스를 선택한 근거가 비용임을 알 수 있다. 비용(Cost)은 쿼리를 수행하는 동안 발생할 것으로 예상하는 I/O 횟수 또는 예상 소요시간을 표현한 값이다. 실행경로를 선택하기 위해 옵티마이저가 여러 통계정보를 활용해서 계산해 낸 값이다. 실측치가 아니므로 실제 수행할 때 발생하는 I/O 또는 시간과 많은 차이가 날 수 있다. 비용(Cost)에 대한 더 정확한 의미는 5장 1절에서 설명한다.

5. 옵티마이저 힌트

통계정보가 정확하지 않거나 기타 다른 이유로 옵티마이저가 잘못된 판단을 할 수 있다. 그럴 때 프로그램이나 데이터 특성 정보를 정확히 알고 있는 개발자가 직접 인덱스를 지정하거나 조인 방식을 변경함으로써 더 좋은 실행계획으로 유도하는 메커니즘이 필요한데, 옵티마이저 힌트가 바로 그것이다.

힌트 종류와 구체적인 사용법은 DBMS마다 천차만별이다. 지면 관계상 모두 다룰 수 없으므로 Oracle과 SQL Server에 대해서만 설명하기로 한다.

가. Oracle 힌트

1) 힌트 기술 방법

Oracle에서 힌트를 기술하는 방법은 다음과 같다.

```
SELECT /*+ LEADING(e2 e1) USE_NL(e1) INDEX(e1 emp_emp_id_pk)
          USE_MERGE(j) FULL(j) */
      e1.first_name, e1.last_name, j.job_id, sum(e2.salary) total_sal
  FROM employees e1, employees e2, job_history j
 WHERE e1.employee_id = e2.manager_id
   AND e1.employee_id = j.employee_id
   AND e1.hire_date = j.start_date
 GROUP BY e1.first_name, e1.last_name, j.job_id
 ORDER BY total_sal;
```

index 힌트에는 인덱스명 대신 다음과 같이 칼럼명을 지정할 수 있다.

```
SELECT /*+ LEADING(e2 e1) USE_NL(e1) INDEX(e1 (employee_id))
```

2) 힌트가 무시되는 경우

다음과 같은 경우에 Oracle 옵티마이저는 힌트를 무시하고 최적화를 진행한다.

- 문법적으로 안 맞게 힌트를 기술
- 의미적으로 안 맞게 힌트를 기술 : 예를 들어 서브쿼리에 unnest와 push_subq를 같이 기술한 경우(unnest되지 않은 서브쿼리만이 push_subq 힌트의 적용 대상임)
- 잘못된 참조 사용: 없는 테이블이나 별칭(Alias)을 사용하거나 없는 인덱스명을 지정한 경우 등
- 논리적으로 불가능한 액세스 경로: 조인절에 등치(=) 조건이 하나도 없는데 해시 조인으로 유도하거나, 아래처럼 null 허용칼럼에 대한 인덱스를 이용해 전체 건수를 세려고 시도하는 등

```
select /*+ index(e emp_ename_idx) */ count(*) from emp e
```

- 버그

위 경우에 해당하지 않는 한 옵티마이저는 힌트를 가장 우선적으로 따른다. 즉 옵티마이저는 힌트를 선택 가능한 옵션 정도로 여기는 게 아니라 사용자로부터 주어진 명령어(directives)로 인식한다.

여기서 주의할 점이 있다. Oracle은 사용자가 힌트를 잘못 기술하거나 잘못된 참조를 사용하더라도 에러가 발생하지 않는다는 사실이다. 힌트와 관련한 Oracle의 이런 정책은 프로그램 안정성 측면에 도움이 되는가 하면, 성능 측면에서 불안할 때도 있다. 예를 들어 힌트에 사용된 인덱스를 어느 날 DBA가 삭제하거나 이름을 바꾸었다고 하자. 그럴 때 SQL Server에선 에러가 발생하므로 해당 프로그램을 수정하고 다시 컴파일해야 한다. 프로그램을 수정하다 보면 인덱스 변경이 발생했다는 사실을 발견하게 되고, 성능에 문제가 생기지 않도록 적절한 조치를 취할 것이다.

반면 Oracle에선 프로그램을 수정할 필요가 없어 좋지만, 내부적으로 Full Table Scan하거나 다른 인덱스가 사용되면서 성능이 갑자기 나빠질 수 있다. 애플리케이션 운영자는 사용자가 불평하기 전까지 그런 사실을 알지 못하며, 사용 빈도가 높은 프로그램에서 그런 현상이 발생해 시스템이 멎기도 한다.

DBMS마다 이처럼 차이가 있다는 사실을 미리 숙지하고, 애플리케이션 특성(안정성 우선, 성능 우선 등)에 맞게 개발 표준과 DB 관리정책을 수립할 필요가 있다.

3) 힌트 종류

Oracle은 공식적으로 다음과 같이 많은 종류의 힌트를 제공하며, 비공식 힌트까지 합치면 350여 개(12c 기준)에 이른다. 비공식 힌트까지 모두 알 필요는 없지만, 최소한 [표 III-1-3]에 나열한 힌트는 그 용도와 사용법을 숙지할 필요가 있다. 자세한 설명은 Oracle 매뉴얼을 참조하기 바란다.

[표 III-1-3] Oracle 힌트

분류	힌트
최적화 목표	all_rows first_rows(n)
액세스 경로	full cluster hash index, no_index index_asc, index_desc index_combine index_join index_ffs, no_index_ffs index_ss, no_index_ss index_ss_asc, index_ss_desc
쿼리 변환	no_query_transformation use_concat no_expand rewrite, no_rewrite merge, no_merge star_transformation, no_star_transformation fact, no_fact unnest, no_unnest
조인 순서	ordered leading
조인 방식	use_nl, no_use_nl use_nl_with_index use_merge, no_use_merge use_hash, no_use_hash
병렬 처리	parallel, no_parallel pq_distribute parallel_index, no_parallel_index
기타	append, noappend cache, nocache push_pred, no_push_pred push_subq, no_push_subq qb_name cursor_sharing_exact driving_site dynamic_sampling model_min_analysis

나. SQL Server 힌트

SQL Server에서 옵티마이저 힌트를 지정하는 방법으로는 크게 3가지가 있다.

■ 테이블 힌트

테이블명 다음에 WITH 절을 통해 지정한다. fastfirstrow, holdlock, nolock 등

■ 조인 힌트

FROM 절에 지정하며 두 테이블 간 조인 전략에 영향을 미친다. loop, hash, merge, remote 등

■ 쿼리 힌트

쿼리당 맨 마지막에 한번만 지정할 수 있는 쿼리 힌트는 다음과 같이 OPTION 절을 이용한다.

앞에서 설명했듯이 SQL Server는 문법이나 의미적으로 맞지 않게 힌트를 기술하면 프로그램에 에러가 발생한다.

제3절 데이터베이스 I/O 메커니즘

본 절에서는 데이터베이스 I/O 효율화 및 버퍼캐시 최적화 방법을 이해하는 데 필요한 기본 개념과 원리를 소개한다. 데이터베이스 I/O 튜닝을 위해서는 인덱스, 조인, 옵티마이저 원리, 소트 원리 등에 관한 종합적인 이해가 필요하다. 이에 대한 자세한 내용은 3~6장에서 다룬다.

1. 블록 단위 I/O

Oracle을 포함한 모든 DBMS에서 I/O는 블록(SQL Server 등 다른 DBMS는 페이지라는 용어를 사용) 단위로 이뤄진다. 즉 하나의 레코드를 읽더라도 레코드가 속한 블록 전체를 읽는다.

SQL 성능을 좌우하는 가장 중요한 성능지표는 액세스하는 블록 개수이며, 옵티마이저의 판단에 가장 큰 영향을 미치는 것도 액세스해야 할 블록 개수다.

블록 단위 I/O는 버퍼 캐시와 데이터 파일 I/O 모두에 적용된다.

- 데이터 파일에서 DB 버퍼 캐시로 블록을 적재할 때
- 데이터 파일에서 블록을 직접 읽고 쓸 때
- 버퍼 캐시에서 블록을 읽고 쓸 때
- 버퍼 캐시에서 변경된 블록을 다시 데이터 파일에 쓸 때

2. 메모리 I/O vs. 디스크 I/O

가. I/O 효율화 튜닝의 중요성

디스크를 경유한 데이터 입출력은 디스크의 액세스 암(Arm)이 움직이면서 헤드를 통해 데이터를 읽고 쓰기 때문에 느린 반면, 메모리를 통한 입출력은 전기적 신호에 불과하기 때문에 디스크를 통한 I/O에 비해 비교할 수 없을 정도로 빠르다. 모든 DBMS는 읽고자 하는 블록을 먼저 버퍼 캐시에서 찾아보고, 없을 경우에만 디스크에서 읽어 버퍼 캐시에 적재한 후 읽기/쓰기 작업을 수행한다.

물리적인 디스크 I/O가 필요할 때면 서버 프로세스는 시스템에 I/O Call을 하고 잠시 대기 상태에 빠진다. 디스크 I/O 경합이 심할수록 대기 시간도 길어진다([그림 III-1-10] 참조).

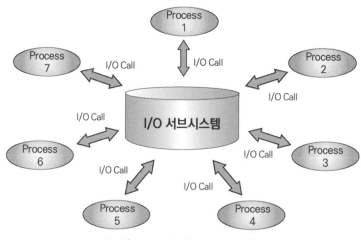

[그림 III-1-10] 디스크 I/O 경합

모든 데이터를 메모리에 올려 놓고 사용할 수 있다면 좋겠지만 비용과 기술 측면에 한계가 있다. 메모리는 물리적으로 한정된 자원이므로, 결국 디스크 I/O를 최소화하고 버퍼 캐시 효율을 높이는 것이 데이터베이스 I/O 튜닝의 목표가 된다.

나. 버퍼 캐시 히트율

버퍼 캐시 효율을 측정하는 지표로서, 전체 읽은 블록 중에서 메모리 버퍼 캐시에서 찾은 비율을 나타낸다. 즉 버퍼 캐시 히트율(BCHR, Buffer Cache Hit Ratio)은 물리적인 디스크 읽기를 수반하지 않고 곧바로 메모리에서 블록을 찾은 비율을 말한다. Direct Path Read 방식 이외의 모든 블록 읽기는 버퍼 캐시를 통해 이뤄진다. 읽고자 하는 블록을 먼저 버퍼 캐시에서 찾아보고, 없을 때만 디스크로부터 버퍼 캐시에 적재한 후 읽어 들인다.

BCHR = (버퍼 캐시에서 곧바로 찾은 블록 수 / 총 읽은 블록 수) × 100

BCHR은 주로 시스템 전체적인 관점에서 측정하지만, 개별 SQL 측면에서 구해볼 수도 있는데 이 비율이 낮은 것이 SQL 성능을 떨어뜨리는 주원인이라고 할 수 있다

call	count	cpu	elapsed	disk	query	current	rows
Parse	15	0.00	0.08	0	0	0	0
Execute	44	0.03	0.03	0	0	0	0
Fetch	44	0.01	0.13	18	822	0	44
total	103	0.04	0.25	18	822	0	44

앞에서 Disk 항목이 디스크를 경유한 블록 수를 의미하며, 버퍼 캐시에서 읽은 블록 수는 Query와 Current 항목을 더해서 구하게 된다. 따라서 위 샘플에서 BCHR은 98%다. 즉 100개 블록읽기를 요청하면 98개는 메모리에서 찾고, 나머지 2개는 디스크 I/O를 발생시켰다는 뜻이다.

- 총 읽은 블록 수 = 822
- 버퍼 캐시에서 곧바로 찾은 블록 수 = 822 - 18 = 804
- BCHR = (822 - 18) / 822 = 97.8%

모든 블록 읽기는 버퍼 캐시를 경유하며, 디스크 I/O가 수반되더라도 먼저 버퍼 캐시에 적재한 후 읽는다고 했다. 총 읽은 블록 수(Query + Current)가 디스크로부터 읽은 블록 수를 이미 포함하므로, 총 읽은 블록 수를 840개(Disk + Query + Current)로 잘못 해석하지 않도록 주의하기 바란다.

논리적인 블록 요청 횟수를 줄이고, 물리적으로 디스크에서 읽어야 할 블록 수를 줄이는 것이 I/O 효율화 튜닝의 핵심 원리다.

같은 블록을 반복적으로 액세스하는 형태의 SQL은 논리적인 I/O 요청이 비효율적으로 많이 발생함에도 불구하고 BCHR은 매우 높게 나타난다. 이는 BCHR이 성능지표로서 갖는 한계점이라 할 수 있다. 예를 들어 NL 조인에서 작은 Inner 테이블을 반복적으로 룩업(Lookup)하는 경우가 그렇다. 작은 테이블을 반복 액세스하면 모든 블록이 메모리에서 찾아져 BCHR은 높겠지만 일량이 작지 않고, 블록을 찾는 과정에서 래치(Latch) 경합과 버퍼 Lock 경합까지 발생한다면 메모리 I/O 비용이 디스크 I/O 비용보다 커질 수 있다. 따라서 논리적으로 읽어야 할 블록 수의 절대량이 많다면 반드시 튜닝을 통해 논리적인 블록 읽기를 최소화해야 한다.

다. 네트워크, 파일시스템 캐시가 I/O 효율에 미치는 영향

대용량 데이터를 읽고 쓰는 데 다양한 네트워크 기술(DB 서버와 스토리지 간에 NAS나 SAN을 사용)이 사용됨에 따라 네트워크 속도도 SQL 성능에 크게 영향을 미치고 있다. 이에 하드웨어나 DBMS 벤더는 네트워크를 통한 데이터 전송속도를 향상시키려고 노력하고 있지만, 네트워크 전송량이 많을 수밖에 없도록 SQL을 작성한다면 결코 좋은 성능을 기대할 수 없다. 따라서 SQL을 작성할 때는 다양한 I/O 튜닝 기법을 사용해서 네트워크 전송량을 줄이려고 노력하는 것이 중요하다.

RAC 같은 클러스터링 데이터베이스 환경에선 인스턴스 간 캐시된 블록을 공유하므로 메모리 I/O 성능에도 네트워크 속도가 지대한 영향을 미치게 됐다.

같은 양의 디스크 I/O가 발생하더라도 I/O 대기 시간이 크게 차이 날 때가 있다. 디스크 경합 때문일 수도 있고, OS에서 지원하는 파일 시스템 버퍼 캐시와 SAN 캐시 때문일 수도 있다. SAN 캐시는 크다고 문제될 것이 없지만, 파일 시스템 버퍼캐시는 최소화해야 한다. 데이터베이스 자체적으로 캐시 영역을 갖고 있으므로 이를 위한 공간을 크게 할당하는 것이 더 효과적이다.

네트워크 문제이든 파일시스템 문제이든 I/O 성능에 관한 가장 확실하고 근본적인 해결책은 논리적인 블록 요청 횟수를 최소화하는 것이다.

3. Sequential I/O vs. Random I/O

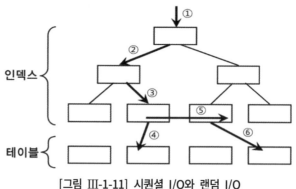

[그림 III-1-11] 시퀀셜 I/O와 랜덤 I/O

시퀀셜 액세스는 레코드간 논리적 또는 물리적인 순서를 따라 차례대로 읽어 나가는 방식이다. 인덱스 리프 블록에 위치한 모든 레코드는 포인터를 따라 논리적으로 연결돼 있고, 이 포인터를 따라 스캔하는 것([그림 III-1-11] 에서 ⑤번)은 시퀀셜 액세스 방식이다. 테이블 레코드 간에는 포인터로 연결되지 않지만 테이블을 스캔할 때는 물리적으로 저장된 순서대로 읽어 나가므로 이것 또한 시퀀셜 액세스 방식이다.

랜덤 액세스는 레코드간 논리적·물리적인 순서를 따르지 않고, 한 건을 읽기 위해 한 블록씩 접근하는 방식을 말한다([그림 III-1-11]에서 ④, ⑥번).

블록 단위 I/O를 하더라도 한번 액세스할 때 시퀀셜 방식으로 그 안에 저장된 모든 레코드를 읽는다면 비효율은 없다. 반면, 하나의 레코드를 읽으려고 한 블록씩 랜덤 액세스한다면 매우 비효율적이라고 할 수 있다.

여기서 I/O튜닝의 핵심 원리 두 가지를 발견할 수 있다.

- 시퀀셜 액세스에 의한 선택 비중을 높인다.
- 랜덤 액세스 발생량을 줄인다.

가. 시퀀셜 액세스에 의한 선택 비중 높이기

시퀀셜 액세스 효율성을 높이려면, 읽은 총 건수 중에서 결과 집합으로 선택되는 비중을 높여야 한다. 즉 같은 결과를 얻기 위해 얼마나 적은 레코드를 읽느냐로 효율성을 판단할 수 있다.

테스트를 통해 살펴보자.

```
-- 테스트용 테이블 생성
SQL> create table t
  2  as
  3  select * from all_objects
  4  order by dbms_random.value;
```

```
-- 테스트용 테이블 데이터 건수 : 49,906
SQL> select count(*) from t;

  COUNT(*)
  --------
     49906
```

T 테이블에는 49,906건의 레코드가 저장돼 있다.

```
select count(*) from t
where  owner like 'SYS%'

  Rows   Row Source Operation
  ----   ------------------------------
     1   SORT AGGREGATE (cr=691 pr=0 pw=0 time=13037 us)
 24613   TABLE ACCESS FULL T (cr=691 pr=0 pw=0 time=98473 us)
```

위 SQL은 24,613개 레코드를 선택하려고 49,906개 레코드를 읽었으므로 49%가 선택됐다. Table Full Scan에서 이 정도면 나쁘지 않다. 읽은 블록 수는 691개였다.

```
select count(*) from t
where   owner like 'SYS%'
and     object_name = 'ALL_OBJECTS'

  Rows   Row Source Operation
  ----   ------------------------------
     1   SORT AGGREGATE (cr=691 pr=0 pw=0 time=7191 us)
     1   TABLE ACCESS FULL T (cr=691 pr=0 pw=0 time=7150 us)
```

위 SQL은 49,906개 레코드를 스캔하고 1개 레코드를 선택했다. 선택 비중이 0.002%밖에 되지 않으므로 Table Full Scan 비효율이 높다. 여기서도 읽은 블록 수는 똑같이 691개다. 이처럼 테이블을 스캔하면서 읽은 레코드 중 대부분 필터링되고 일부만 선택된다면 아래처럼 인덱스를 이용하는 게 효과적이다.

```
create index t_idx on t(owner, object_name);

select /*+ index(t t_idx) */ count(*) from t
```

```
where   owner like 'SYS%'
and     object_name = 'ALL_OBJECTS'

   Rows   Row Source Operation
   ----   ------------------------------
      1    SORT AGGREGATE (cr=76 pr=0 pw=0 time=7009 us)
      1     INDEX RANGE SCAN T_IDX (cr=76 pr=0 pw=0 time=6972 us)(Object ID 55337)
```

위 SQL에서 참조하는 칼럼이 모두 인덱스에 있으므로 인덱스만 스캔하고 결과를 구할 수 있었다. 하지만 1개의 레코드를 읽기 위해 76개의 블록을 읽어야 했다. 테이블뿐만 아니라 인덱스를 시퀀셜 액세스 방식으로 스캔할 때도 비효율이 나타날 수 있다. 조건절에 사용된 칼럼과 연산자 형태, 인덱스 구성에 의해 효율성이 결정된다.

다음은 인덱스 구성 칼럼의 순서를 변경한 후에 테스트한 결과다.

```
drop index t_idx;
create index t_idx on t(object_name, owner);

select /*+ index(t t_idx) */ count(*) from t
where   owner like 'SYS%'
and     object_name = 'ALL_OBJECTS'

   Rows   Row Source Operation
   ----   ------------------------------
      1    SORT AGGREGATE (cr=2 pr=0 pw=0 time=44 us)
      1     INDEX RANGE SCAN T_IDX (cr=2 pr=0 pw=0 time=23 us)(Object ID 55338)
```

루트와 리프, 단 2개의 인덱스 블록만 읽었다. 한 건을 얻으려고 읽은 건수도 한 건일 것이므로 가장 효율적인 방식으로 시퀀셜 액세스를 수행했다.

나. 랜덤 액세스 발생량 줄이기

랜덤 액세스 발생량을 낮추는 방법을 살펴보자. 인덱스에 속하지 않는 칼럼(object_id)을 참조하도록 쿼리를 변경함으로써 테이블 액세스가 발생하도록 할 것이다.

```
drop index t_idx;

create index t_idx on t(owner);

select object_id from t
where   owner = 'SYS'
```

```
and     object_name = 'ALL_OBJECTS'

  Rows  Row Source Operation
  ----  -----------------------------
     1  TABLE ACCESS BY INDEX ROWID T (cr=739 pr=0 pw=0 time=38822 us)
 22934    INDEX RANGE SCAN T_IDX (cr=51 pr=0 pw=0 time=115672 us)(Object ID 55339)
```

인덱스로부터 조건을 만족하는 22,934건을 읽어 그 횟수만큼 테이블을 랜덤 액세스했다. 최종적으로 한 건이 선택된 것에 비해 너무 많은 랜덤 액세스가 발생했다.

아래는 인덱스를 변경해 테이블 랜덤 액세스 발생량을 줄인 결과다.

```
drop index t_idx;
create index t_idx on t(owner, object_name);

select object_id from t
where  owner = 'SYS'
and    object_name = 'ALL_OBJECTS'

  Rows  Row Source Operation
  ----  -----------------------------
     1  TABLE ACCESS BY INDEX ROWID T (cr=4 pr=0 pw=0 time=67 us)
     1    INDEX RANGE SCAN T_IDX (cr=3 pr=0 pw=0 time=51 us)(Object ID 55340)
```

인덱스로부터 1건을 출력했으므로 테이블을 1번 방문한다. 실제 발생한 테이블 랜덤 액세스도 1(=4-3)번이다. 같은 쿼리를 수행했는데 인덱스 구성이 바뀌자 테이블 랜덤 액세스가 대폭 감소한 것이다.

지금까지의 테스트 결과가 쉽게 이해되지 않을 수도 있다. 만약 그렇다면 세부적인 인덱스 튜닝 원리를 설명한 3장을 읽고서 다시 학습하기 바란다.

4. Single Block I/O vs. MultiBlock I/O

Single Block I/O는 한 번의 I/O Call에 하나의 데이터 블록만 읽어 메모리에 적재하는 방식이다. 인덱스를 통해 테이블을 액세스할 때는, 기본적으로 인덱스와 테이블 블록 모두 이 방식을 사용한다.

MultiBlock I/O는 I/O Call이 필요한 시점에, 인접한 블록들을 같이 읽어 메모리에 적재하는 방식이다. Table Full Scan처럼 물리적으로 저장된 순서에 따라 읽을 때는 인접한 블록들을 같이 읽는 것이 유리하다. '인접한 블록'이란, 한 익스텐트(Extent)내에 속한 블록을 말한다. 달리 말하면 MultiBlock I/O 방식으로 읽더라도 익스텐트 범위를 넘어서까지 읽지는 않는다.

인덱스 스캔 시에는 Single Block I/O 방식이 효율적이다. 인덱스 블록간 논리적 순서(이중 연결 리스트 구조로 연결된 순서)는 데이터 파일에 저장된 물리적인 순서와 다르기 때문이다. 물리적으로 한 익스텐트에 속한 블록들을 I/O Call 시점에 같이 메모리에 올렸는데, 그 블록들이 논리적 순서로는 한참 뒤쪽에 위치할 수 있다. 그러면 그 블록들은 실제 사용되지 못한 채 버퍼 상에서 밀려나는 일이 발생한다. 하나의 블록을 캐싱하려면 다른 블록을 밀어내야 하는데, 이런 현상이 자주 발생한다면 앞에서 소개한 버퍼 캐시 효율만 떨어뜨리게 된다.

대량의 데이터를 MultiBlock I/O 방식으로 읽을 때 Single Block I/O 보다 성능상 유리한 이유는 I/O Call 발생 횟수를 줄여주기 때문이다.

아래 예제를 통해 Single Block I/O 방식과 MultiBlock I/O 방식의 차이점을 설명해 보자.

```
create table t
as
select * from all_objects;

alter table t add
constraint t_pk primary key(object_id);

select /*+ index(t) */ count(*)
from   t where object_id > 0

call      count    cpu    elapsed    disk    query    current    rows
------    -----    ----   -------    ----    -----    -------    ----
Parse        1     0.00      0.00       0        0          0       0
Execute      1     0.00      0.00       0        0          0       0
Fetch        2     0.26      0.25      64       65          0       1
------    -----    ----   -------    ----    -----    -------    ----
total        4     0.26      0.25      64       65          0       1

     Rows     Row Source Operation
     ----     -------------------------------------------
        1     SORT AGGREGATE (cr=65 r=64 w=0 time=256400 us)
    31192       INDEX RANGE SCAN T_PK (cr=65 r=64 w=0 time=134613 us)

Elapsed times include waiting on following events:
  Event waited on                            Times    Max. Wait    Total Waited
  --------------------- Waited               ------   ---------    ------------
  SQL*Net message to client                      2        0.00            0.00
  db file sequential read                       64        0.00            0.00
  SQL*Net message from client                    2        0.05            0.05
```

위 실행 결과를 보면 64개 인덱스 블록을 디스크에서 읽으면서 64번의 I/O Call(db file sequential read 대기 이벤트)이 발생했다.

아래는 같은 양의 인덱스 블록을 MultiBlock I/O 방식으로 수행한 결과다.

```
-- 디스크 I/0가 발생하도록 버퍼 캐시 Flushing
alter system flush buffer_cache;

-- Multiblock I/0 방식으로 인덱스 스캔
select /*+ index_ffs(t) */ count(*)
from   t where object_id > 0

call      count   cpu      elapsed    disk    query   current   rows
----      -----   ---      -------    ----    -----   -------   ----
Parse       1     0.00     0.00        0       0        0        0
Execute     1     0.00     0.00        0       0        0        0
Fetch       2     0.26     0.26       64      69        0        1
----      -----   ---      -------    ----    -----   -------   ----
total       4     0.26     0.26       64      69        0        1


         Rows    Row Source Operation
         ----    --------------------
            1    SORT AGGREGATE (cr=69 r=64 w=0 time=267453 us)
        31192      INDEX FAST FULL SCAN T_PK (cr=69 r=64 w=0 time=143781 us)


Elapsed times include waiting on following events:
  Event waited on                         Times    Max. Wait    Total Waited
  ----------------------- Waited          ------   ---------    -----------
  SQL*Net message to client                 2        0.00          0.00
  db file scattered read                    9        0.00          0.00
  SQL*Net message from client               2        0.35          0.36
```

똑같이 64개 블록을 디스크에서 읽었는데, I/O Call이 9번(db file scattered read 대기 이벤트)에 그쳤다. 참고로 위 테스트는 Oracle 9i에서 수행한 것이다. Oracle 10g부터는 Index Range Scan 또는 Index Full Scan일 때도 Multiblock I/O 방식으로 읽는 경우가 있다. 위처럼 테이블 액세스 없이 인덱스만 읽고 처리할 때가 그렇다. 인덱스를 스캔하면서 테이블을 랜덤 액세스할 때는 9i 이전과 동일하게 테이블과 인덱스 블록을 모두 Single Block I/O 방식으로 읽는다.

Single Block I/O 방식으로 읽은 블록들은 LRU 리스트 상 MRU 쪽(end)으로 위치하므로 한 번 적재되면 버퍼 캐시에 비교적 오래 머문다. 반대로 MultiBlock I/O 방식으로 읽은 블록들은 LRU 리스트 상 LRU 쪽(end)으로 연결되므로 적재된 지 얼마 지나지 않아 1순위로 버퍼캐시에서 밀려난다.

5. I/O 효율화 원리

논리적인 I/O 요청 횟수를 최소화하는 것이 I/O 효율화 튜닝의 핵심 원리다. I/O 때문에 시스템 성능이 낮게 측정될 때 하드웨어적인 방법을 통해 I/O 성능을 향상 시킬 수도 있다. 하지만 SQL 튜닝을 통해 I/O 발생 횟수 자체를 줄이는 것이 더 근본적이고 확실한 해결 방안이다.

애플리케이션 측면에서의 I/O 효율화 원리는 다음과 같이 요약할 수 있다.

■ 필요한 최소 블록만 읽도록 SQL 작성
■ 최적의 옵티마이징 팩터 제공
■ 필요하다면, 옵티마이저 힌트를 사용해 최적의 액세스 경로로 유도

가. 필요한 최소 블록만 읽도록 SQL 작성

데이터베이스 성능은 I/O 효율에 달렸다. 이를 달성하려면 동일한 데이터를 중복 액세스하지 않고 필요한 최소 블록만 읽도록 SQL을 작성해야 한다.

SQL 명령을 사용자는 최소 일량을 요구하는 형태로 논리적인 집합을 정의하고, 효율적인 처리가 가능하도록 작성하는 것이 무엇보다 중요하다.

아래는 비효율적인 중복 액세스를 없애고 필요한 최소 블록만 액세스하도록 튜닝한 사례다.

```
select   a.카드번호
       , a.거래금액   전일_거래금액
       , b.거래금액   주간_거래금액
       , c.거래금액   전월_거래금액
       , d.거래금액   연중_거래금액
from     ( -- 전일거래실적
           select   카드번호, 거래금액
           from     일별카드거래내역
           where    거래일자 = to_char(sysdate-1,'yyyymmdd')
         ) a
       , ( -- 전주거래실적
           select   카드번호, sum(거래금액) 거래금액
           from     일별카드거래내역
           where    거래일자 between to_char(sysdate-7,'yyyymmdd')
                            and     to_char(sysdate-1,'yyyymmdd')
           group by 카드번호
         ) b
       , ( -- 전월거래실적
           select   카드번호, sum(거래금액) 거래금액
           from     일별카드거래내역
           where    거래일자 between to_char(add_months(sysdate,-1),'yyyymm') || '01'
```

```
                    and      to_char(last_day(add_months(sysdate,-1)),'yyyymmdd')
        group by 카드번호
     ) c
 , ( -- 연중거래실적
     select   카드번호, sum(거래금액) 거래금액
     from     일별카드거래내역
     where    거래일자 between to_char(add_months(sysdate,-12),'yyyymmdd')
                    and      to_char(sysdate-1,'yyyymmdd')
     group by 카드번호
     ) d
 where   b.카드번호 (+) = a.카드번호
 and     c.카드번호 (+) = a.카드번호
 and     d.카드번호 (+) = a.카드번호
```

위 SQL은 어제 거래가 있었던 카드에 대한 전일, 주간, 전월, 연중 거래 실적을 집계하고 있다. 논리적인 전체 집합은 과거 1년치인데, 전일·주간·전월 데이터를 각각 액세스한 후 조인한 것을 볼 수 있다. 전일 데이터는 총 4번을 액세스한 셈이다.

SQL을 다음과 같이 작성하면 과거 1년치 데이터를 한 번만 읽고 전일, 주간, 전월 결과를 구할 수 있다. 즉 논리적인 집합 재구성을 통해 액세스해야 할 데이터 양을 최소화할 수 있다.

```
select   카드번호
     , sum( case when 거래일자 = to_char(sysdate-1,'yyyymmdd')
                 then 거래금액
             end )    전일_거래금액
     , sum( case when 거래일자 between to_char(sysdate-7,'yyyymmdd')
                              and      to_char(sysdate-1,'yyyymmdd')
                 then 거래금액
             end )    주간_거래금액
     , sum( case when 거래일자 between to_char(add_months(sysdate,-1),'yyyymm') || '01'
                              and      to_char(last_day(add_months(sysdate,-1)),'yyyymmdd')
                 then 거래금액
             end )    전월_거래금액
     , sum( 거래금액 )연중_거래금액
from     일별카드거래내역
where    거래일자 between to_char(add_months(sysdate,-12),'yyyymmdd')
                and      to_char(sysdate-1,'yyyymmdd')
group by 카드번호
having   sum( case when 거래일자 = to_char(sysdate-1,'yyyymmdd')
                 then 거래금액
             end ) > 0
```

나. 최적의 옵티마이징 팩터 제공

옵티마이저가 블록 액세스를 최소화하면서 효율적으로 처리할 수 있도록 하려면 최적의 옵티마이징 팩터를 제공해 주어야 한다.

- 전략적인 인덱스 구성
  전략적인 인덱스 구성은 가장 기본적인 옵티마이징 팩터다.
- DBMS가 제공하는 기능 활용
  인덱스 외에도 DBMS가 제공하는 다양한 기능을 적극적으로 활용한다. 인덱스, 파티션, 클러스터, 윈도우 함수 등을 적극 활용해 옵티마이저가 최적으로 선택할 수 있도록 한다.
- **옵티마이저 모드 설정**
  옵티마이저 모드(전체 처리속도 최적화, 최초 응답속도 최적화)와 그 외 옵티마이저 행동에 영향을 미치는 일부 파라미터를 변경해 주는 것이 도움이 될 수 있다.
- **통계정보**
  옵티마이저에게 정확한 정보를 제공한다.

다. 필요하다면 옵티마이저 힌트를 사용해 최적의 액세스 경로로 유도

최적의 옵티마이징 팩터를 제공했다면 가급적 옵티마이저 판단에 맡기는 것이 바람직하지만 옵티마이저가 생각만큼 최적의 실행계획을 수립하지 못하는 경우가 종종 있다. 그럴 때는 어쩔 수 없이 힌트를 사용해야 한다.

아래는 옵티마이저 힌트를 이용해 실행계획을 제어하는 방법을 예시하고 있다.

```
[예제] Oracle
select /*+ leading(d) use_nl(e) index(d dept_loc_idx) */ *
from    emp e, dept d
where   e.deptno = d.deptno
and     d.loc = 'CHICAGO'
```

```
[예제] SQL Server
select *
from    dept d with (index(dept_loc_idx)), emp e
where   e.deptno = d.deptno
and     d.loc = 'CHICAGO'
option  (force order, loop join)
```

옵티마이저 힌트를 사용할 때는 의도한 실행계획으로 수행되는지 반드시 확인해야 한다.

CBO 기술이 고도로 발전하고 있긴 하지만, 여러 가지 이유로 옵티마이저 힌트의 사용은 불가피하다. 따라서 데이터베이스 애플리케이션 개발자라면 인덱스·조인·옵티마이저의 기본 원리를 이해하고, 그것을 바탕으로 최적의 액세스 경로로 유도 수 있는 능력을 필수적으로 갖추어야 한다. 3장부터 그런 원리들을 하나씩 학습하게 될 것이다.

장 요약

제1절 데이터베이스 아키텍처

- Oracle과 SQL Server 모두 물리적으로는 데이터 파일에 데이터를 저장하고 관리한다. 공간을 할당하고 관리하는 논리적인 구조도 크게 다르지 않지만 약간의 차이는 있다.
- 임시 데이터 파일은 대량의 정렬이나 해시 작업을 위해 사용된다.
- 로그 파일은 DB 버퍼 캐시에 가해지는 모든 변경사항을 기록했다가 캐시 복구나 데이터베이스 복구에 사용된다.
- 메모리는 시스템 공유 메모리 영역과 프로세스 전용 메모리 영역으로 나뉜다.
- 시스템 공유 메모리는 여러 프로세스에 공유되기 때문에 내부적으로 래치(Latch), 버퍼 Lock, 라이브러리 캐시 Lock/Pin 같은 액세스 직렬화 메커니즘이 사용된다. 시스템 공유 메모리를 구성하는 서브 영역으로는 DB 버퍼 캐시, 공유 풀, 로그 버퍼 등이 있다.
- 프로세스 전용 메모리는 개별 서버 프로세스만의 전용 데이터를 저장해 두는 메모리 영역을 말한다. 가장 큰 용도는 데이터 정렬에 있고, 세션과 커서에 관한 상태 정보를 저장하는 용도로도 사용된다. 다른 프로세스와 공유되지 않기 때문에 래치와 같은 직렬화 메커니즘이 필요 없어 버퍼 캐시에서 블록을 읽을 때보다 훨씬 빠르다.
- 서버 프로세스는 사용자 프로세스와 통신하면서 사용자의 각종 명령을 처리하며, 백그라운드 프로세스는 Dirty 버퍼와 로그 버퍼를 디스크에 기록하고 인스턴스 및 프로세스를 복구하는 등 각 프로세스별로 주어진 역할을 수행한다.
- 수많은 프로세스 간 상호작용 과정에서 다른 프로세스를 기다려야 하는 상황이 자주 발생한다. 그때마다 DBMS는 대기 이벤트를 남겨 해당 프로세스가 현재 어떤 상태에 놓였는지 분석할 수 있게 해 준다.

제2절 SQL 처리 과정

- SQL은 기본적으로 구조적(structured)이고 집합적(set-based)이고 선언적(declarative)인 질의 언어다.
- SQL은 파싱, 최적화, 로우소스 생성 과정을 거쳐 실행된다.
- SQL 옵티마이저는 사용자가 원하는 작업을 가장 효율적으로 수행할 수 있는 최적의 데이터 액세스 경로를 선택해 주는 DBMS의 핵심 엔진이다.
- 실행계획은 SQL 옵티마이저가 생성한 처리절차를 사용자가 확인할 수 있게 트리 구조로 표현한 것이다.
- 통계정보가 정확하지 않거나 기타 다른 이유로 옵티마이저가 잘못된 판단을 할 때 개발자가 옵티마이저 힌트를 이용해 더 좋은 실행계획으로 유도할 수 있다.

제3절 데이터베이스 I/O 메커니즘

- Oracle을 포함한 모든 DBMS에서 I/O는 블록(=페이지) 단위로 이뤄진다.
- 물리적으로 한정된 시스템 자원을 효율적으로 사용하기 위해 디스크 I/O를 최소화하고 버퍼 캐시 효율을 높이는 것이 I/O 튜닝의 목표다.
- 네트워크 문제이든, 파일시스템 문제이든 I/O 성능에 관한 가장 확실하고 근본적인 해결책은 논리적인 블록 요청 횟수를 최소화하는 것이다.
- 시퀀셜 액세스는 레코드간 논리적 또는 물리적인 순서를 따라 차례대로 읽어 나가는 방식이다. 반면 랜덤 액세스는 레코드 간 논리적·물리적 순서를 따르지 않고 한 건을 읽기 위해 한 블록씩 접근하는 방식이다.
- Single Block I/O는 한 번의 I/O Call에 하나의 데이터 블록만 읽어 메모리에 적재하는 방식이고, MultiBlock I/O는 I/O Call 발생 시점에 인접한 블록들을 같이 읽어 메모리에 적재하는 방식이다. 인덱스를 이용해 소량의 데이터를 읽을 때는 Single Block I/O 방식이 효율적이고, 대량의 데이터를 Full Scan할 때는 MultiBlock I/O 방식이 효율적이다.
- 논리적인 I/O 요청 횟수를 최소화하는 것이 I/O 효율화 튜닝의 핵심 원리다. 그러기 위해서는 필요한 최소 블록만 읽도록 SQL을 작성하는 것이 무엇보다 중요하다. 옵티마이저의 성능을 최대한 끌어올리기 위해서는 그만한 옵티마이징 팩터를 제공해야 하며, 옵티마이저 힌트를 이용해 사용자가 직접 최적의 액세스 경로로 유도해야 할 때도 있다.

연습문제

문제 1. 백그라운드 프로세스에 대한 설명으로 맞지 않는 것은?

① Oracle PMON 프로세스와 SQL Server OPS 쓰레드는 장애가 발생한 시스템을 재기동할 때 인스턴스 복구를 수행한다.

② Oracle DBWn 프로세스와 SQL Server Lazywriter 쓰레드는 Dirty 버퍼를 데이터 파일에 기록하는 역할을 맡는다.

③ Checkpoint는 이전에 Checkpoint가 일어났던 마지막 시점 이후의 데이터베이스 변경 사항을 데이터 파일에 기록하도록 트리거링한다.

④ Log Writer는 로그 버퍼를 로그 파일에 기록하는 역할을 맡는다.

문제 2. 보기 중 SQL의 특징과 가장 거리가 먼 것은?

① 구조적

② 선언적

③ 집합적

④ 절차적

문제 3. 오라클이 사용자로부터 전달받은 SQL을 처리하는 과정에 참여하는 서브 엔진과 가장 거리가 먼 것은?

① SQL Parser

② Row-Source Generator

③ Process Monitor

④ Optimizer

문제 4. SQL Server에서 힌트를 기술하는 3가지 방법으로 틀린 것은?

① 테이블 힌트

② 조건절 힌트

③ 쿼리 힌트

④ 조인 힌트

문제 5. 아래는 I/O 효율화 튜닝 방안을 설명하고 있다. 잘못된 것은?

① 필요한 최소 블록만 읽도록 쿼리를 작성한다.

② 전략적인 인덱스 구성은 물론 DBMS가 제공하는 다양한 기능을 활용한다.

③ 옵티마이저 행동에 영향을 미치는 가장 중요한 요소는 통계정보이므로 변경이 거의 없는 테이블일지라도 매일 통계정보를 수집해 준다.

④ SQL 조정만으로 좋은 실행계획을 얻기 어렵다면 옵티마이저 힌트를 사용한다.

SQL
Professional · Developer

학습목표

- 예상 실행계획을 확인하고 분석하는 방법을 습득
- SQL 트레이스를 수집하고 결과 리포트를 분석하는 방법 습득
- 대기 이벤트 개념을 이해
- 응답 시간 분석 방법론 습득

제2장

SQL 분석 도구

장 소개

병원에서 환자를 치료할 때 청진기·엑스레이·초음파·CT·MRI 같은 도구를 이용해 원인을 진단하고, 그 결과를 바탕으로 약을 처방하거나 각종 수술을 실시하는 것처럼 데이터베이스 성능 문제를 해결할 때도 같은 과정을 거친다. 쿼리 성능에 문제가 생기면 일단 실행계획을 확인하고, AutoTrace를 통해 실제 일량을 측정하고, 그것으로 부족하면 SQL 트레이스를 걸어 내부 수행 절차 상 어느 단계에서 부하가 집중되는지를 직접 확인한다.

문제를 해결하려면 정확한 진단이 선행돼야 한다. 본 장에서는 방금 열거한 SQL 분석 도구들을 하나씩 설명하고, 대기 이벤트 분석을 바탕으로 병목을 해소해 나가는 응답 시간 분석 방법론도 간단하게나마 소개하고자 한다.

장 구성

이 장은 3개 절로 구성돼 있다. 1절에서는 예상 실행계획을 확인하고 방법을 소개한다. 2절에서는 SQL 트레이스를 통해 실제 실행과정에서 발생하는 I/O와 소요시간을 분석하는 기법을 소개한다. 3절에서는 대기 이벤트 개념을 소개하고, 이를 기반으로 SQL 응답 시간을 분석하는 방법론을 소개한다.

제1절 예상 실행계획

실행계획이란 사용자가 요청한 SQL을 최적으로 수행하고자 DBMS 내부적으로 수립한 일련의 처리 절차다. 따라서 실행계획을 정확히 해석할 수 있어야 그 안에서 문제점을 찾아내 성능을 개선할 수 있다.

데이터베이스용 애플리케이션 개발자라면 자신이 작성한 SQL을 실행하기 전에 반드시 예상 실행계획을 확인하는 습관이 필요한데, 어떤 방법들이 있는지 지금부터 살펴보자.

1. Oracle

가. Explain Plan

SQL을 수행하기 전에 실행계획을 확인하고자 할 때, explain plan 명령어를 사용한다. 이 명령어를 사용하려면 먼저 plan_table을 생성해야 하며, 아래 스크립트를 실행하면 된다. 참고로 '?'는 $ORACLE_HOME 디렉터리를 대체하는 기호다.

```
SQL> @?/rdbms/admin/utlxplan.sql
```

Oracle 10g부터는 설치 시 기본적으로 sys.plan_table$ 테이블이 만들어진다. 그리고 이를 가리키는 public synonym을 기본적으로 생성해 두기 때문에 사용자가 별도로 plan_table을 만드는 수고를 하지 않아도 된다.

이제부터 explain plan for 명령을 수행하고 나면 해당 SQL에 대한 실행계획이 plan_table에 저장된다. 아래 예시에서 'set statement_id='은 생략 가능하다.

```
SQL> explain plan set statement_id = 'query1' for
  2  select * from emp where empno = 7900;

해석됐습니다.
```

예전에는 plan_table에 저장된 정보를 보기 좋게 출력하려고 미리 작성해 둔 SQL을 사용했지만, Oracle 9i부터는 아래처럼 Oracle이 제공해 주는 utlxpls.sql 또는 utlxplp.sql 스크립트를 이용하면 편리하다.

```
SQL> @?/rdbms/admin/utlxpls

PLAN_TABLE_OUTPUT
--------------------------------------------------------------------------
Plan hash value: 4024650034
```

```
--------------------------------------------------------------
| Id | Operation                   | Name   | Rows | Bytes | Cost (%CPU)|
--------------------------------------------------------------
|  0 | SELECT STATEMENT            |        |    1 |    32 |   1   (0) |
|  1 |  TABLE ACCESS BY INDEX ROWID| EMP    |    1 |    32 |   1   (0) |
|* 2 |   INDEX UNIQUE SCAN         | EMP_PK |    1 |       |   0   (0) |
--------------------------------------------------------------

Predicate Information (identified by operation id):
--------------------------------------------------------------

  2 - access("EMPNO"=7900)
```

나. AutoTrace

AutoTrace를 이용하면 실행계획뿐만 아니라 여러 가지 유용한 실행통계를 확인할 수 있다.

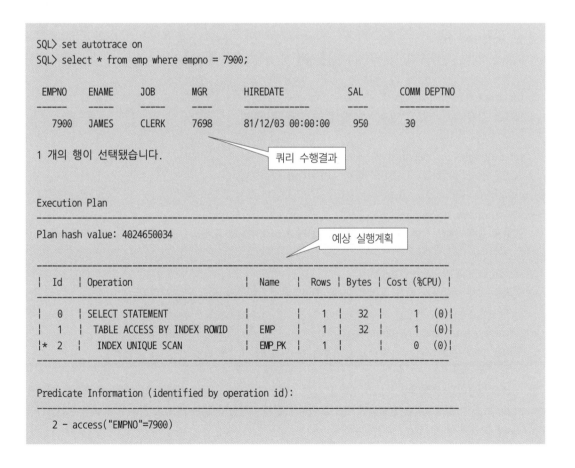

```
SQL> set autotrace on
SQL> select * from emp where empno = 7900;

 EMPNO   ENAME    JOB     MGR    HIREDATE              SAL   COMM DEPTNO
 ------  ------   -----   ----   --------------        ----  ---------
  7900   JAMES    CLERK   7698   81/12/03 00:00:00     950        30
```

쿼리 수행결과

1 개의 행이 선택됐습니다.

```
Execution Plan
--------------------------------------------------------------
Plan hash value: 4024650034
```

예상 실행계획

```
--------------------------------------------------------------
| Id | Operation                   | Name   | Rows | Bytes | Cost (%CPU) |
--------------------------------------------------------------
|  0 | SELECT STATEMENT            |        |  1   |  32   |    1   (0)|
|  1 |  TABLE ACCESS BY INDEX ROWID| EMP    |  1   |  32   |    1   (0)|
|* 2 |   INDEX UNIQUE SCAN         | EMP_PK |  1   |       |    0   (0)|
--------------------------------------------------------------

Predicate Information (identified by operation id):
--------------------------------------------------------------

  2 - access("EMPNO"=7900)
```

```
                                          ┌─────────────┐
Statistics                                │   실행통계   │
                                          └─────────────┘
-----------------------------------------
       1       recursive calls
       0       db block gets
       2       consistent gets
       0       physical reads
       0       redo size
     743       bytes sent via SQL*Net to client
     374       bytes received via SQL*Net from client
       1       SQL*Net roundtrips to/from client
       0       sorts (memory)
       0       sorts (disk)
       1       rows processed
```

다음과 같은 옵션 조합을 통해 필요한 부분만 출력해 볼 수 있다.

① set autotrace on
   SQL을 실제 수행하고 그 결과와 함께 실행계획 및 실행통계를 출력한다.

② set autotrace on explain
   SQL을 실제 수행하고 그 결과와 함께 실행계획을 출력한다.

③ set autotrace on statistics
   SQL을 실제 수행하고 그 결과와 함께 실행통계를 출력한다.

④ set autotrace traceonly
   SQL을 실제 수행하지만 그 결과는 출력하지 않고 실행계획과 통계만을 출력한다.

⑤ set autotrace traceonly explain
   SQL을 실제 수행하지 않고 실행계획만을 출력한다.

⑥ set autotrace traceonly statistics
   SQL을 실제 수행하지만 그 결과는 출력하지 않고 실행통계만을 출력한다.

①~③은 수행결과를 출력해야 하므로 쿼리를 실제 수행한다. ④와 ⑥은 실행통계를 보여줘야 하므로 쿼리를 실제 수행한다. ⑤는 실행계획만 출력하면 되므로 쿼리를 실제 수행하지 않는다. SQL*Plus에서 실행계획을 가장 쉽고 빠르게 확인해 볼 수 있는 방법이다.

AutoTrace 기능을 실행계획 확인 용도로만 사용한다면 plan_table만 생성돼 있으면 된다. 하지만 실행통계까지 함께 확인하려면 v_$sesstat, v_$statname, v_$mystat 뷰에 대한 읽기 권한이 필요하다. 따라서 dba, select_catalog_role 등의 롤(Role)을 부여받지 않은 일반사용자들에게는 별도의 권한 설정이 필요하다. 이들 뷰에 대한 읽기 권한을 일일이 부여해도 되지만, plustrace 롤(role)을 생성하고 필요한 사용자들에게 이 롤을 부여하는 것이 관리상 편리하다. 아래처럼 하면 된다.

```
SQL> @?/sqlplus/admin/plustrce.sql
SQL> grant plustrace to scott;
```

다. DBMS_XPLAN 패키지

Oracle 9.2 버전에 소개된 dbms_xplan 패키지를 통해 plan_table에 저장된 실행계획을 좀 더 쉽게 출력해 볼 수 있게 됐다. Oracle은 9i부터 plan_table에 더 많은 정보들을 담기 시작했고, 이 패키지를 이용하지 않더라도 직접 쿼리해 보면 과거보다 더 많은 유용한 정보를 얻어낼 수 있다.

앞에서 @?/rdbms/admin/utlxpls 스크립트를 사용해 실행계획을 출력하는 방법을 이미 보았는데, 그 스크립트를 열어 보면 내부적으로 dbms_xplan 패키지를 호출하고 있는 것을 볼 수 있다.

```
select plan_table_output
from table(dbms_xplan.display('plan_table', null,'serial'));
```

첫 번째 인자에는 실행계획이 저장된 plan table명을 입력하고, 두 번째 인자에는 statement_id를 입력하면 된다. 두 번째 옵션이 NULL일 때는 가장 마지막 explain plan 명령에 사용했던 쿼리의 실행계획을 보여준다. 병렬 쿼리에 대한 실행계획을 수집했다면 @?/rdbms/admin/utlxplp 스크립트를 수행함으로써 병렬 항목에 대한 정보까지 볼 수 있다.

그 외에도 dbms_xplan.display 함수를 직접 쿼리하면 다음과 같이 세 번째 인자를 통해 다양한 포맷 옵션을 선택할 수 있다. 직접 해 보면 어떻게 다른지 쉽게 알 수 있으므로 일일이 설명하지는 않겠다.

```
explain plan set statement_id = 'SQL1' for
select *
from   emp e, dept d
where  d.deptno = e.deptno
and    e.sal >= 1000 ;

select * from table(dbms_xplan.display('PLAN_TABLE', 'SQL1', 'BASIC'));
```

```
select * from table(dbms_xplan.display('PLAN_TABLE', 'SQL1', 'TYPICAL'));

select * from table(dbms_xplan.display('PLAN_TABLE', 'SQL1', 'SERIAL'));
```

basic 옵션을 사용하면 ID, Operation, Name 칼럼만 보인다. format 인자를 아래처럼 구사하면 Rows, Bytes, Cost 칼럼까지 출력해 준다.

```
select * from table(dbms_xplan.display('PLAN_TABLE', 'SQL1'
                              ,'BASIC ROWS BYTES COST'));
```

Id	Operation	Name	Rows	Bytes	Cost (%CPU)
0	SELECT STATEMENT		12	660	3 (0)
1	TABLE ACCESS BY INDEX ROWID	DEPT	1	18	1 (0)
2	NESTED LOOPS		12	660	3 (0)
3	TABLE ACCESS BY INDEX ROWID	EMP	12	444	2 (0)
4	INDEX RANGE SCAN	EMP_SAL_IDX	12		1 (0)
5	INDEX RANGE SCAN	DEPT_PK	1		0 (0)

ROWS, BYTES, COST 이외에 추가로 사용할 수 있는 옵션으로는 다음과 같은 것들이 있다.

- PARTITION
- PARALLEL
- PREDICATE
- PROJECTION
- ALIAS
- REMOTE
- NOTE

위 모든 항목들을 다 출력해 보이려면 일일이 나열할 필요없이 all 옵션을 사용하면 된다.

```
select * from table(dbms_xplan.display('PLAN_TABLE', 'SQL1', 'ALL'));
```

2. SQL Server

SQL Server에서 예상 실행계획을 출력하는 방법은 간단하다. 아래처럼 set showplan_text on 명령문을 먼저 실행하고서 SQL을 실행하면 예상 실행계획을 텍스트로 보여준다. 쿼리를 실제로 실행하지는 않는다.

```
use pubs
go
set showplan_text on
go

select  a.*, b.*
from    dbo.employee a, dbo.jobs b
where   a.job_id = b.job_id
go
```

아래는 결과 창에 출력된 예상 실행계획이다.

```
StmtText
-----------------------------------------------------------
  |--Nested Loops(Inner Join, OUTER REFERENCES:([a].[job_id]))
      |--Clustered Index Scan(OBJECT:([pubs].[dbo].[employee].[employee_ind] AS
      |--Clustered Index Seek(OBJECT:([pubs].[dbo].[jobs].[PK__jobs__117F9D94]

(3개 행 적용됨)
```

set showplan_all on 명령문을 실행하면, PhysicalOp(물리 연산자), LogicalOp(논리 연산자), EstimateRows (예상 로우 수) 등을 포함해 좀 더 자세한 예상 실행계획을 보여 준다.

```
set showplan_all on
go

select  a.*, b.*
from    dbo.employee a, dbo.jobs b
where   a.job_id = b.job_id
go

*******************************************************************
```

StmtText	PhysicalOp	LogicalOp	EstimateRows	Est
¦-Nested Loop …	Nested Loops ……	Inner Join ……	41.33333	
¦--Cluste …	Clustered Index ……	Clustered Index ……	43	0
¦--Cluste …	Clustered Index ……	Clustered Index ……	1	0

(4개 행 적용됨)

제 2 절 SQL 트레이스

　예상 실행계획을 확인하는 것만으로도 사전에 많은 문제점을 찾아낼 수 있다. 그러나 엑스레이 사진만으로 환자의 모든 병증을 진단할 수 없듯이, 예상 실행계획만으로는 SQL에 숨겨진 문제점을 정확히 파악할 수 없다. 이때는 트레이스를 통해 SQL의 실제 수행 과정을 분석해야 한다. 의사가 엑스레이로 병증을 찾지 못했을 때 초음파, CT, MRI 촬영을 실시하는 것처럼 말이다.

1. Oracle

가. SQL 트레이스 수집

　Oracle에서 SQL 트레이스를 수집하는 방법은 매우 다양하다. 하지만 대부분 관리자를 위한 것이므로 여기서는 개발자에게 필요한 기능만 소개하고자 한다.

　아래는 현재 자신이 접속해 있는 세션에만 트레이스를 설정하는 방법이다.

```
SQL> alter session set sql_trace = true;
SQL> select * from emp where empno = 7900;
SQL> select * from dual;
SQL> alter session set sql_trace = false;
```

　위와 같이 트레이스를 설정하고 SQL을 수행한 후에는 user_dump_dest 파라미터로 지정된 서버 디렉터리 밑에 트레이스 파일(.trc)이 생성된다. 가장 최근에 생성되거나 수정된 파일을 찾아 분석하면 되는데, 파일 찾기에 어려움을 느끼는 독자는 아래 쿼리를 잘 활용하기 바란다. 스크립트로 저장해 두었다가 실행하면 편리하다.

```
SQL> select r.value || '/' || lower(t.instance_name) || '_ora_'
   2        || ltrim(to_char(p.spid)) || '.trc' trace_file
   3   from   v$process p, v$session s, v$parameter r, v$instance t
   4   where  p.addr = s.paddr
   5   and    r.name = 'user_dump_dest'
   6   and    s.sid = (select sid from v$mystat where rownum = 1) ;

TRACE_FILE
-----------------------------------------------------------
/usr/local/oracle/admin/ORA10g/udump/ora10g_ora_22827.trc
```

나. SQL 트레이스 포맷팅

트레이스 파일을 직접 열어 본 독자는 이미 알고 있겠지만 이 파일을 그대로 분석하기는 쉽지 않다. 물론 숙련된 전문가라면 아래 내용을 직접 해석하고 필요한 정보들을 얻어낼 수 있다. 하지만 일반적인 상황에서는 좀 더 보기 쉬운 형태로 포맷팅하는 작업이 필요하다.

```
=====================
PARSING IN CURSOR #3 len=42 dep=0 uid=61 oct=3 lid=61 tim=108148061384 hv=3037064640 ad='27dd4dec'
select * from emp where empno = 7900
END OF STMT
PARSE #3:c=0,e=1739,p=0,cr=0,cu=0,mis=1,r=0,dep=0,og=1,tim=108148061375
EXEC #3:c=0,e=64,p=0,cr=0,cu=0,mis=0,r=0,dep=0,og=1,tim=108148073957
FETCH #3:c=0,e=85,p=0,cr=2,cu=0,mis=0,r=1,dep=0,og=1,tim=108148076537
FETCH #3:c=0,e=3,p=0,cr=0,cu=0,mis=0,r=0,dep=0,og=0,tim=108148079624
=====================
```

TKProf 유틸리티를 사용하면 트레이스 파일을 보기 쉽게 포맷팅해 준다. 아래처럼 유닉스 셸(Shell)이나 도스 프롬프트 상에서 tkprof를 치면 사용법을 확인할 수 있다.

```
$ tkprof
Usage: tkprof tracefile outputfile [explain= ] [table= ]
              [print= ] [insert= ] [sys= ] [sort= ]
......
```

아래는 TKProf 유틸리티의 가장 일반적인 사용법이다. sys=no 옵션은 SQL을 파싱하는 과정에서 내부적으로 수행되는 SQL 문장을 제외해준다.

```
$ tkprof ora10g_ora_14370_oraking.trc report.prf sys=no
```

이제 TKProf를 통해 생성된 report.prf 파일을 vi 에디터나 윈도우 노트패드로 열면, 다음과 같이 자세한 SQL 수행정보를 확인할 수 있다.

```
$ vi report.prf

********************************************************************
select *
from emp where empno = 7900
```

```
call      count     cpu      elapsed    disk      query    current     rows
-----     -----     ----     -------    ----      -----    -------     ----
Parse        1      0.00      0.00        0          0          0         0
Execute      1      0.00      0.00        0          0          0         0
Fetch        2      0.00      0.00        0          2          0         1
-----     -----     ----     -------    ----      -----    -------     ----
total        4      0.00      0.00        0          2          0         1

Misses in library cache during parse: 1
Optimizer mode: ALL_ROWS
Parsing user id: 61


Rows   Row Source Operation
----   -------------------------------------------------
   1   TABLE ACCESS BY INDEX ROWID EMP (cr=2 pr=0 pw=0 time=80 us)
   1    INDEX UNIQUE SCAN EMP_PK (cr=1 pr=0 pw=0 time=44 us)(object id 5278)
**************************************************************
```

다. SQL 트레이스 분석

SQL 문 바로 밑에 있는 Call 통계(Statistics) 칼럼들의 의미를 간단히 요약하면 다음과 같다.

항목	설명
call	커서 상태에 따라 Parse, Execute, Fetch 세 개의 Call로 나누어 각각에 대한 통계정보를 보여준다. • Parse : 커서를 파싱하고 실행계획을 생성하는 것의 통계 • Execute : 커서의 실행 단계에 대한 통계 • Fetch : 레코드를 실제로 Fetch하는 것의 통계
count	Parse, Execute, Fetch 각 단계가 수행된 횟수
cpu	현재 커서가 각 단계에서 사용한 cpu time
elapsed	현재 커서가 각 단계를 수행하는 데 소요된 시간
disk	디스크로부터 읽은 블록 수
query	Consistent 모드에서 읽은 블록 수
current	Current 모드에서 읽은 블록 수
rows	각 단계에서 읽거나 갱신한 처리 건수

앞선 AutoTrace 실행통계 항목과 비교해 보면 다음과 같다.

```
* db block gets                    = current
```

```
* consistent gets                 = query
* physical reads                  = disk
* SQL*Net roundtrips to/from client = fetch count
* rows processed                  = fetch rows
```

Call 통계 아래쪽 Row Source Operation에 표시된 항목에 대해서도 간단히 살펴보자.

```
Rows  Row Source Operation
----  ---------------------------------------------------------
   1  TABLE ACCESS BY INDEX ROWID EMP (cr=2 pr=0 pw=0 time=80 us)
   1   INDEX UNIQUE SCAN EMP_PK (cr=1 pr=0 pw=0 time=44 us)(object id 5278)
```

왼쪽에 보이는 Rows는 각 수행 단계에서 출력(Flow-Out)된 로우 수를 의미한다. 수행 단계별로 우측 괄호 안에 보이는 cr, pr, pw, time 등은 각각 Consistent 모드 블록 읽기, 디스크 블록 읽기, 디스크 블록 쓰기, 소요시간(us=microsecond)을 의미한다. 9i에서는 pr, pw 대신 r, w로 표시했었다.

그리고 꼭 기억해야 할 중요한 사실은, 부모는 자식 노드의 값을 누적한 값을 갖는다는 점이다. 예를 들어 위에서 EMP 테이블 액세스 단계는 cr=2이고, 그 자식 노드인 EMP_PK 인덱스 액세스 단계는 cr=1이므로 인덱스를 읽고 난 후 테이블을 액세스하는 단계에서 순수하게 일어난 cr 개수는 1이다.

라. DBMS_XPLAN 패키지

dbms_xplan 패키지를 이용해 예상 실행계획을 확인하는 방법을 앞에서 살펴봤다. 이 패키지를 이용해 SQL 트레이스 정보를 확인하는 방법을 살펴보자.

sql_trace 파라미터를 변경해서 SQL 트레이스를 수집하면 트레이스 파일이 DBMS 서버에 저장된다. 서버 접속 보안이 강화된 최근 환경에서는 DBA를 포함한 특정 사용자 그룹 외에는 사용하기 힘든 방식이다. 이에 Oracle은 SQL 트레이스 정보를 서버 파일로 남기지 않고 SGA 메모리에 남기는 방식을 10g부터 제공하기 시작했다.

사용방법은 간단하다. 세션 레벨에서 statistics_level 파라미터를 all로 설정하거나, 분석 대상 SQL 문에 gather_plan_statistics 힌트를 사용하면 된다. 그러면 Oracle은 SQL을 수행하는 동안 오퍼레이션 단계별 수행 통계를 수집한다.

수집된 정보는 다음과 같이 dbms_xplan.display_cursor 함수로 확인할 수 있다.

```
select * from table(dbms_xplan.display_cursor('7f5y19ywtkwgt', 0, 'IOSTATS'));
select * from table(dbms_xplan.display_cursor('7f5y19ywtkwgt', 0, 'MEMSTATS'));
select * from table(dbms_xplan.display_cursor('7f5y19ywtkwgt', 0, 'ALLSTATS'));
select * from table(dbms_xplan.display_cursor(null, null, 'ALLSTATS'));
```

아래는 출력된 결과 샘플이다. SQL 트레이스에서 본 실행계획 통계(Plan Statistics)와 같은 정보를 보여준다.

```
| Id | Operation    | Name    | Starts | E-Rows | A-Rows | A-Time   | Buffers | Reads |
------------------------------------------------------------------------------------------
|  1 | TABLE ACC    | DEPT    |      1 |      1 |     12 | 00:00.04 |      20 |    18 |
|  2 |   NESTED L   |         |      1 |     12 |     25 | 00:00.93 |       8 |    17 |
|  3 |    TABLE A   | EMP     |      1 |     12 |     12 | 00:00.04 |       4 |    16 |
|* 4 |     INDEX    | EMP_SAL |      1 |     12 |     12 | 00:00.02 |       2 |     8 |
|* 5 |     INDEX R  | PK_DEPT |     12 |      1 |     12 | 00:00.01 |       4 |     1 |
------------------------------------------------------------------------------------------

Predicate Information (identified by operation id):
---------------------------------------------------

   4 - access("E"."SAL">=1000)
   5 - access("D"."DEPTNO"="E"."DEPTNO")
```

Starts 항목은 각 오퍼레이션 단계를 몇 번 실행했는지를 나타낸다. 예를 들어 PK_DEPT 인덱스를 액세스하는 단계(ID=5) Starts 항목에 적힌 12는 이 단계를 열두 번 실행했음을 의미한다. 이는 EMP 테이블 액세스 단계(ID=3)에서 얻는 결과건수 12와 관련 있다. NL 조인은 드라이빙 집합에서 얻은 결과건수만큼 반대쪽 집합을 액세스하기 때문이다.

E-Rows는 SQL 트레이스에 없는 정보다. SQL을 수행하기 전 옵티마이저가 실행단계별로 예상했던 로우 수를 의미하며, 예상 실행계획에서 보여주는 로우 수(Rows 또는 Card)와 일치한다.

나머지 항목은 이름만 다를 뿐, SQL 트레이스 실행계획 통계와 같다. 일치하는 항목을 매핑해 보면 다음과 같다.

DBMS_XPLAN	SQL 트레이스	설명
A-Rows	rows	각 단계에서 읽거나 갱신한 건수
A-Time	time	각 단계별 소요시간
Buffers	cr	캐시에서 읽은 버퍼 블록 수
Reads	pr	디스크로부터 읽은 블록 수

각 항목은 기본적으로 누적값을 보여주며, 아래처럼 format 옵션에 last를 추가하면 마지막 수행했을 때의 일량을 보여준다.

```
select * from table(dbms_xplan.display_cursor(null, null, 'ALLSTATS LAST'));
```

2. SQL Server

SQL Server도 프로파일러(Profiler)라는 툴을 통해 인스턴스 레벨에서 트레이스를 수집할 수 있지만, DB 관리자를 위한 것이므로 여기서 따로 설명하지는 않겠다.

SQL Server에서 SQL 트레이스를 설정하려면 statistics profile, statistics io, statistics time 세 가지 옵션을 on으로 설정하면 된다. 만약 showplan_text 또는 showplan_all 옵션을 on으로 설정한 상태라면, 이 옵션을 먼저 off로 설정해야 한다.

```
use Northwind
go
set statistics profile on
set statistics io on
set statistics time on
go
```

- set statistics profile on : 각 쿼리가 일반 결과 집합을 반환하고 그 뒤에는 쿼리 실행 프로필을 보여주는 추가 결과 집합을 반환한다. 출력에는 다양한 연산자에서 처리한 행 수 및 연산자의 실행 횟수에 대한 정보도 포함된다.
- set statistics io on : Transact-SQL 문이 실행되고 나서 해당 문에서 만들어진 디스크 동작 양에 대한 정보를 표시한다.
- set statistics time on : 각 Transact-SQL 문을 구문 분석, 컴파일 및 실행하는 데 사용한 시간을 밀리초 (=0.001초) 단위로 표시한다

위와 같이 설정한 상태에서 SQL을 실행하면 결과 집합 다음에 트레이스 결과가 출력된다.

```
select  count(*)
from    dbo.Orders a, dbo.[Order Details] b
where   a.OrderID = b.OrderID
go
```

아래는 결과 창에 출력된 트레이스 결과다.

```
SQL Server 구문 분석 및 컴파일 시간:
   CPU 시간 = 0ms, 경과 시간 = 1ms.
```

```
-----------
    2155
(1개 행 적용됨

테이블 'Order Details'. 검색 수 1, 논리적 읽기 수 6, 물리적 읽기 수 0, 미리 읽기
테이블 'Orders'. 검색 수 1, 논리적 읽기 수 22, 물리적 읽기 수 0, 미리 읽기 수 0,
   Rows  Executes StmtText
   -----  ------- -------------------
       1       1  select  count(*)
       0       0  |--Compute Scalar(DEFINE:([Expr1004]=CONVERT_IMPLICIT(int,[Ex
       1       1      |--Stream Aggregate(DEFINE:([Expr1007]=Count(*)))
    2155       1          |--Merge Join(Inner Join, MERGE:([a].[OrderID])=([b
     830       1              |--Clustered Index Scan(OBJECT:([Northwind].[d
                                    [Orders].[PK_Orders] AS [a]), ORDERED FORWA
    2155       1              |--Index Scan(OBJECT:([Northwind].[dbo].
                                    [Order Details].[OrdersOrder_Details] AS [b

(6개 행 적용됨)

SQL Server 실행 시간:
   CPU 시간 = 0ms, 경과 시간 = 1ms.
```

트레이스 결과에는 CPU 시간, 경과 시간, 테이블 검색 수, 논리적 읽기 수 등 수치화된 실행 통계와 (예상 실행계획과 비슷한 모습을 가진) 실제 실행계획이 나타난다.

실제 실행계획은 예상 실행계획과 달리 Rows, Executes 등 각 단계에서 실제로 처리된 일량을 보여주는 칼럼을 포함하고 있다. 이 두 가지 수치를 통해 해당 단계에서 얼마나 많은 부하가 발생했는지 알 수 있다.

아래 표는 실행 통계에 나타난 항목의 의미를 간략하게 정리한 것이다(CPU 시간, 경과 시간처럼 이름만으로 그 의미를 충분히 파악할 수 있는 것들은 생략했다).

항목	설명
테이블 검색 수	실행된 검색(=읽기, 액세스) 수 (해당 테이블에 속한 인덱스를 액세스한 횟수도 포함한다.)
논리적 읽기 수	'데이터 캐시'(=버퍼캐시)로부터 읽어 들인 페이지 수
물리적 읽기 수	디스크로부터 읽어 들인 페이지 수
미리 읽기 수	쿼리에 의해 캐시에 넣어진 페이지 수 (쿼리를 수행하는 데 필요한 데이터 및 인덱스 페이지를 예상하고, 이들 페이지가 쿼리에서 실제로 사용되기 전에 해당 페이지를 버퍼 캐시로 가져온다.)
Rows	해당 연산자에서 처리된 실제 로우 수(출력 로우 수)
Executes	해당 연산자가 실행된 횟수

제 3 절 응답 시간 분석

1. 대기 이벤트

DBMS 내부에서 활동하는 수많은 프로세스 간에는 상호작용이 필요하며, 그 과정에서 다른 프로세스가 일을 마칠 때까지 기다려야만 하는 상황이 자주 발생한다. 그때마다 해당 프로세스는 자신이 일을 계속 진행할 수 있는 조건이 충족될 때까지 수면(sleep) 상태로 대기한다. 그 기간에 정해진 간격으로(1초, 3초 등) 각 대기 유형별 상태와 시간 정보가 공유 메모리 영역에 저장된다. 대개 누적치만 저장되지만, 사용자가 원하면(10046 이벤트 트레이스를 활성화하면) 로그처럼 파일로 기록해 주기도 한다. 이러한 대기 정보를 Oracle에서는 '대기 이벤트(Wait Event)'라고 부르며, SQL Server에서는 '대기 유형(Wait Type)'이라고 부른다.

대기 이벤트는 Oracle 10g에서 890여 개, 11g에서 1100여 개이던 것이 12c에 이르러 1800여 개를 넘어서고 있다. 그중 가장 자주 발생하고 성능 문제와 직결되는 것들을 일부 소개하고자 한다.

가. 라이브러리 캐시 부하

아래는 라이브러리 캐시에서 SQL 커서를 찾고 최적화하는 과정에 경합이 발생했음을 나타나는 대기 이벤트다.

- *latch: shared pool*
- *latch: library cache*

라이브러리 캐시와 관련해 자주 발생하는 대기 이벤트로는 아래 두 가지가 있다. 이들은 수행 중인 SQL이 참조하는 오브젝트에 다른 사용자가 DDL 문장을 수행할 때 나타난다.

- *library cache lock*
- *library cache pin*

라이브러리 캐시 관련 경합이 급증하면 심각한 동시성 저하를 초래하는데, 5장 2절에서 이를 최소화하는 방안을 소개한다.

나. 데이터베이스 Call과 네트워크 부하

아래 이벤트에 의해 소모된 시간은 애플리케이션과 네트워크 구간에서 소모된 시간으로 이해하면 된다.

- *SQL*Net message from client*
- *SQL*Net message to client*
- *SQL*Net more data to client*
- *SQL*Net more data from client*

SQL*Net message from client 이벤트는 사실 데이터베이스 경합과는 관련이 없다. 클라이언트로부터 다음 명령이 올 때까지 Idle 상태로 기다릴 때 발생하기 때문이다.

반면 나머지 세 개의 대기 이벤트는 실제 네트워크 부하가 원인일 수 있다. SQL*Net message to client와 SQL*Net more data to client 이벤트는 클라이언트에게 메시지를 보냈는데 메시지를 잘 받았다는 신호가 정해진 시간보다 늦게 도착하는 경우에 나타나며, 클라이언트가 너무 바쁜 경우일 수도 있다. SQL*Net more data from client 이벤트는 클라이언트로부터 더 받을 데이터가 있는데 지연이 발생하는 경우다.

이들 대기 이벤트를 해소하는 방안에 대해서는 6장 3절에서 다룬다.

다. 디스크 I/O 부하

아래는 모두 디스크 I/O가 발생할 때마다 나타나는 대기 이벤트이다.

- *db file sequential read*
- *db file scattered read*
- *direct path read*
- *direct path write*
- *direct path write temp*
- *direct path read temp*
- *db file parallel read*

이들 중 특히 주목할 대기 이벤트는 db file sequential read와 db file scattered read이다. 전자는 Single Block I/O를 수행할 때 나타나는 대기 이벤트다. Single Block I/O는 말 그대로 한 번의 I/O Call에 하나의 데이터 블록만 읽는 것을 말한다. 인덱스 블록을 읽을 때, 인덱스를 거쳐 테이블 블록을 액세스할 때 이 방식을 사용한다.

후자는 Multiblock I/O를 수행할 때 나타나는 대기 이벤트다. Multiblock I/O는 I/O Call이 필요한 시점에 인접한 블록들을 같이 읽어 메모리에 적재하는 것을 말한다. Table Full Scan 또는 Index Fast Full Scan 시 나타난다.

이들 대기 이벤트를 해소하는 방안은 1장 3절에서 간략히 다루었고, 3~4장과 6장에서 더 자세히 다룬다.

라. 버퍼 캐시 경합

아래는 버퍼 캐시에서 블록을 읽는 과정에 경합이 발생했음을 나타나는 대기 이벤트이다.

- *latch: cache buffers chains*
- *latch: cache buffers lru chain*
- *buffer busy waits*
- *free buffer waits*

버퍼 캐시에서 블록을 읽더라도 이들 대기 이벤트가 심하게 발생하는 순간 동시성은 현저히 저하된다. 이들 대기 이벤트를 해소하는 방안도 디스크 I/O 부하 해소 방안과 다르지 않다. 따라서 이들 경합의 해소 원리도 1장 3절과 더불어 3~4장과 6장에서 함께 다룬다.

마. Lock 관련 대기 이벤트

아래 'enq'로 시작되는 대기 이벤트는 Lock과 관련된 것이다. 그 발생 원인과 해소 방안을 7장에서 일부 소개한다.

- *enq: TM - contention*
- *enq: TX - row lock contention*
- *enq: TX - index contention*
- *enq: TX - allocate ITL entry*
- *enq: TX contention*
- *latch free*

latch free는 특정 자원에 대한 래치를 여러 차례(2000번 가량) 요청했지만 해당 자원이 계속 사용 중이어서 잠시 대기 상태로 빠질 때마다 발생하는 대기 이벤트다.

래치(latch)는 우리가 흔히 말하는 Lock과 조금 다르다. Lock은 사용자 데이터를 보호하는 반면, 래치는 SGA에 공유돼 있는 갖가지 자료구조를 보호할 목적으로 사용하는 가벼운 Lock이다. 래치도 일종의 Lock이지만, 큐잉(Queueing) 메커니즘을 사용하지 않는다. 따라서 특정 자원에 액세스하려는 프로세스는 래치 획득에 성공할 때까지 시도를 반복할 뿐, 우선권을 부여 받지는 못한다. 이는 가장 먼저 래치를 요구했던 프로세스가 가장 늦게 래치를 얻을 수도 있음을 뜻한다.

지금까지 소개한 것 외에 자주 발생하는 대기 이벤트로는 다음과 같은 것들이 있다.

- *log file sync*
- *checkpoint completed*
- *log file switch completion*
- *log buffer space*

2. 응답 시간 분석

1990년대 후반부터 대기 이벤트를 기반으로 한 '응답 시간 분석(Response Time Analysis)' 성능관리 방법론이 데이터베이스 성능 진단 분야에 일대 변혁을 가져왔다. 세션 또는 시스템 전체에 발생하는 병목 현상과 그 원인을 찾아 문제를 해결하는 방법과 과정을 다루는 이 방법론은 데이터베이스 서버의 응답 시간을 서비스 시간과 대기 시간의 합으로 정의하고 있다.

```
Response Time = Service Time  +  Wait Time
             = CPU Time       +  Queue Time
```

서비스 시간(Service Time)은 프로세스가 정상적으로 동작하며 일을 수행한 시간을 말한다. CPU Time과 같은 의미다. 대기 시간(Wait Time)은 프로세스가 잠시 수행을 멈추고 대기한 시간을 말한다. 다른 말로 'Queue Time' 이라고도 한다.

응답 시간 분석 방법론에 기반한 튜닝은 병목해소 과정이라고 말할 수 있다. 응답 시간을 위와 같이 정의하고, CPU Time과 Wait Time을 각각 break down 하면서 서버의 일량과 대기 시간을 분석해 나간다. CPU Time은 파싱 작업에 소비한 시간인지 아니면 쿼리 본연의 오퍼레이션 수행을 위해 소비한 시간인지를 분석한다. Wait Time은 각각 발생한 대기 이벤트들을 분석해 가장 시간을 많이 소비한 이벤트 중심으로 해결방안을 모색한다.

모니터링과 튜닝을 반복하면서 병목을 해소해 나가는 이 방법론을 지원하는 성능관리 툴(Tool)이 많이 개발됐고 이미 보편화 돼 있는 실정이다. 이들 툴은 대기 이벤트 발생현황을 지속적으로 수집하면서 실시간으로 병목 발생 상황을 체크해 주고, 과거 시점에 대한 리포팅 기능도 제공한다.

3. AWR

AWR(Automatic Workload Repository)은 응답 시간 분석 방법론을 지원하는 Oracle의 표준도구다. 아래 나열한 동적 성능 뷰(Dynamic Performance View)를 주기적으로 특정 저장소에 저장하고 분석함으로써 DBMS 전반의 건강 상태를 체크하고, 병목원인과 튜닝 대상을 식별해 내는 방법들을 제공한다.

- v$segstat
- v$undostat
- v$latch
- v$latch_children
- v$sgastat
- v$pgastat
- v$sysstat
- v$system_event
- v$waitstat
- v$sql
- v$sql_plan
- v$sqlstats
- v$active_session_history
- v$osstat

오래전부터 제공하던 성능관리 패키지 Statspack은 SQL을 이용한 딕셔너리 조회 방식인데 반해, AWR은 DMA(Direct Memory Access) 방식으로 SGA 공유 메모리를 직접 액세스하기 때문에 좀 더 빠르게 정보를 수집할 수 있다. 부하가 적기 때문에 AWR은 Statspack보다 더 많은 정보를 수집하고 제공할 수 있게 됐다.

가. AWR 기본 사용법

AWR에서는 SYS 계정 밑에 'dba_hist_'로 시작하는 뷰를 이용한다. 이들 뷰를 이용해 다양한 성능 분석자료를 보고서 형태로 뽑아 볼 수 있는데, 직접 작성한 쿼리를 이용할 수도 있지만 아래 스크립트를 이용하면 표준화한 보고서를 출력해 준다.

```
SQL> @?/rdbms/admin/awrrpt
```

성능 진단 보고서를 출력할 때는 측정 구간(interval), 즉 시작 스냅샷 ID와 종료 스냅샷 ID를 어떻게 입력하느냐가 가장 중요하다. 만약 매일매일 시스템의 Load Profile이 어떻게 변하는지 비교할 목적이라면 9~18시까지 하루 업무 시간을 기준으로 뽑아도 상관없다. 어느 요일에 SQL 수행과 트랜잭션이 가장 많은지, 어느 요일에 I/O가 많이 발생하는지 등을 비교해 자신이 관리하는 시스템의 사용패턴을 파악하는 것도 의미 있는 정보가 될 수 있다.

하지만 문제점을 찾아 성능 이슈를 해결할 목적이라면, peak 시간대 또는 장애가 발생한 시점을 전후해 가능한 한 짧은 구간을 선택해야 한다. 그러지 않으면 실상 peak 시간대에 시스템 정상 가동이 어려운 상황이었는데도 보고서상으로는 전혀 문제가 없다는 진단이 내려질 수도 있다.

따라서 사용자 인터뷰를 통해 성능 저하 현상을 경험했던 시간대를 파악하거나 sar, topas, vmstat, osstat 등 OS 모니터링 도구를 이용해 CPU, 메모리, I/O 사용량 정보를 수집하고 이를 통해 peak 시간대를 파악해야 한다. 중대형급 이상 시스템 관리자(SA)라면 대개 그런 정보들을 매일 수집해 보관하고 있으므로 업무 협조 요청을 통해 쉽게 관련 자료들을 받아볼 수 있다.

나. AWR 리포트 분석

AWR 리포트를 출력해 보면 100여 페이지에 달하는 방대한 성능 정보를 제공하지만, 그 모든 내용을 매번 일일이 분석할 필요는 없다. 맨 첫 장에 제공하는 한 장의 요약보고서만 정확히 해석할 줄 안다면 Oracle 데이터베이스의 건강상태를 한눈에 파악해 볼 수 있다. 우선 요약보고서를 확인한 후에 추가 분석이 필요할 때 세부 항목을 확인하면 된다.

첫 장 요약보고서는 부하 프로필(Load Profile), 인스턴스 효율성(Instance Efficiency), 공유 풀(Shared Pool) 통계, 최상위 5개 대기 이벤트(Top 5 Timed Events) 등으로 구성된다.

1) 부하 프로필

```
Load Profile
~~~~~~~~~~~~
                                 Per Second            Per Transaction
                                 ----------            ---------------
             Redo size:          140,839.60              5,345.24
         Logical reads:           47,768.26              1,812.93
         Block changes:              711.34                 27.00
        Physical reads:              736.69                 27.96
       Physical writes:               84.69                  3.21
            User calls:            2,401.63                 91.15
                Parses:              412.66                 15.66
           Hard parses:                1.49                  0.06
                 Sorts:              138.94                  5.27
                Logons:                0.79                  0.03
              Executes:            1,187.18                 45.06
          Transactions:               26.35
```

Per Second는 각 측정 지표 값들을 측정 시간(Snapshot Interval, 초)으로 나눈 것이다. 따라서 초당 부하(Load) 발생량을 의미한다. Per Transaction은 각 측정 지표 값들을 트랜잭션 개수로 나눈 것이다. 한 트랜잭션 내에서 평균적으로 얼만큼의 부하(Load)가 발생하는지를 보여주는데, 트랜잭션 개수(Transactions)는 commit 또는 rollback 수행 횟수를 단순히 더한 값이다.

2) 인스턴스 효율성

```
Instance Efficiency Percentages (Target 100%)
~~~~~~~~~~~~~~~~~~~~~~~~~~~~~~~~~~~~~~~~~~~~~~~
              Buffer Nowait %:  99.99       Redo NoWait %:  100.00
              Buffer  Hit  %:  98.71    In-memory Sort %:  100.00
              Library Hit  %:  99.67        Soft Parse %:   99.64
           Execute to Parse %:  65.24          Latch Hit %:   99.89
   Parse CPU to Parse Elapsd %:   0.85      % Non-Parse CPU:   97.96
```

인스턴스 효율성 항목들은 Execute to Parse % 항목을 제외하면 모두 100%에 가까운 수치를 보여야 정상이다. 참고로 위에서 Parse CPU to Parse Elapsd % 항목이 0.85%로 비정상적으로 낮은 수치를 보인 것은 Active 프로세스가 동시에 폭증하면서 과도한 Parse Call이 발생한 장애 상황에서 측정했기 때문이다.

3) 공유 풀 통계

```
Shared Pool Statistics           Begin       End
                                 -----       -----
          Memory Usage %:        69.20       93.96
   % SQL with executions>1:      93.40       98.29
   % Memory for SQL w/exec>1:    73.36       98.99
```

공유 풀 통계는 AWR 리포트 구간 시작 시점의 공유 풀 메모리 상황과 종료 시점에서의 메모리 상황을 보여준다.

4) 최상위 5개 대기 이벤트

최상위 5개 대기 이벤트는 AWR 리포트 구간 동안 누적 대기 시간이 가장 컸던 대기 이벤트 5개를 보여준다(Idle 이벤트 제외).

```
Top 5 Timed Events                                    Avg  %Total
~~~~~~~~~~~~~~~~~                                 wait  Call
Event                    Waits      Time (s)  (ms)  Time   Wait Class
-------------            ---------  --------  ----  ----   ----------
latch free               2,169,850  596,104   275   70.2   Other
latch: shared pool       1,050,870  262,298   250   30.9   Concurrenc
latch: library cache       868,920  219,076   252   25.8   Concurrenc
db file sequential read 18,869,172  108,189     6   12.7   User I/O
CPU time                             48,991          5.8
```

위 리포트는 Active 프로세스가 동시에 폭증하면서 과도한 Parse Call을 일으키고 OS 레벨에서 Paging까지 심하게 발생했던 장애 상황에서 측정한 것이다.

CPU time은 대기 이벤트가 아니며 원활하게 일을 수행했던 서비스(Service) time이지만, 가장 오래 대기를 발생시켰던 이벤트와의 점유율을 서로 비교해 볼 수 있도록 Top 5 대기 이벤트에 포함해 보여주고 있다.

CPU time이 Total Call Time에서 차지하는 비중이 가장 높아 Top 1에 위치한다면 일단 DB의 건강상태가 양호하다는 청신호인 셈이다. 반대로 CPU time 비중이 아래쪽으로 밀려날수록 어딘가 이상이 발생했다는 적신호로 받아들여야 한다.

서비스가 정상적으로 수행된 시간대에 AWR 리포트를 뽑더라도 CPU time을 제외하고 항상 4개의 대기 이벤트가 나열된다. 따라서 실제 시스템에 악영향을 주었는지에 대한 세부적인 분석 없이 대기 이벤트 순위가 상위로 매겨졌다는 이유만으로 이상 징후로 해석하는 우를 범해서는 안 된다. 예를 들어 래치나 Lock 관련 대기 이벤트 순위가 상위로 매겨졌다면 문제가 발생했음을 나타내는 위험 신호일 가능성이 높지만, 래치의 경우는 CPU 사용률까지 같이 분석해 봐야 한다. 래치 경합은 CPU 사용률을 높이는 주원인이므로, 그 당시 CPU 사용률이 높지 않았다면 다른 이벤트보다 상대적으로 많이 발생한 것에 불과할 수 있다.

그리고 트랜잭션 처리 위주의 시스템이라면 log file sync 대기 이벤트가 Top 5 내에 포함됐다고 무조건 이상 징후로 보기 어렵다. 이벤트가 많이 발생한 것만으로 불필요한 커밋을 자주 날렸다고 판단해서는 안 된다.

I/O 관련 대기 이벤트가 상위로 올라오는 것은 상황에 따라 다르게 해석해야 한다. 데이터베이스는 I/O 집약적인 시스템이므로 db file sequential read, db file scattered read 대기 이벤트가 상위에 매겨지는 게 정상이다. OLTP 시스템이냐 DW, OLAP 시스템이냐에 따라 둘 간의 순서가 바뀔 수는 있지만, I/O 대기 이벤트가 높게 나타나는 것은 대개 정상이라는 뜻이다. 다만 이 두 대기 이벤트가 CPU time보다 높은 점유율을 차지하고, OS 모니터링 결과 CPU 사용률도 매우 높은 상황이 지속된다면 I/O 튜닝이 필요한 시스템일 가능성이 높다. 결론적으로 이 두 대기 이벤트는 I/O 효율화 튜닝이 필요한 시스템에도 순위가 높게 매겨지지만 튜닝이 잘된 시스템에서도 마찬가지 결과가 나오므로 상세한 분석을 통해 결론을 도출해야 한다.

장 요약

제1절 예상 실행계획

- Oracle은 Explain plan 명령으로 실행계획을 수집한다.
- Oracle은 AutoTrace 명령어로 예상 실행계획뿐 아니라 여러 가지 실행통계도 확인할 수 있다.
- DBMS_XPLAN 패키지를 이용해 수집된 실행계획을 출력한다.
- SQL Server는 set showplan_text on 명령으로 예상 실행계획을 확인할 수 있다.
- SQL Server는 set showplan_all on 명령문을 통해 PhysicalOp(물리 연산자), LogicalOp(논리 연산자), EstimateRows(예상 로우 수) 등을 확인할 수 있다.

제2절 SQL 트레이스

- Oracle은 sql_trace 파라미터를 활성화함으로써 SQL 트레이스를 수집할 수 있다.
- Oracle은 수집된 트레이스 정보를 tkprof 명령어를 통해 리포트를 출력한다.
- Oracle에서 gather_plan_statistics 힌트를 이용하면 트레이스 정보를 SGA 메모리에 수집할 수 있고, 그 정보를 DBMS_XPLAN 패키지로 포맷팅할 수 있다.
- SQL Server는 statistics profile, statistics io, statistics time 옵션들을 활성화(on)함으로써 SQL 트레이스 정보를 확인할 수 있다.

제3절 응답 시간 분석

- DBMS 내부에서 활동하는 수많은 프로세스 간에는 상호작용이 필요하며, 그 과정에서 다른 프로세스가 일을 마칠 때까지 기다려야만 하는 상황이 자주 발생한다.
- DBMS는 프로세스가 OS에 CPU를 반환하고 대기할 때마다 로그를 남긴다. 오라클은 이를 '대기 이벤트(Wait Event)'라고 부르고, SQL Server에서는 '대기 유형(Wait Type)'이라고 부른다.
- 응답 시간(Response Time)을 Service Time과 Wait Time의 합으로 정의하고, 대기(Wait) 원인을 분석함으로써 병목을 해소해 나가는 성능 관리 방법론을 '응답 시간 분석(Response Time Analysis)'이라고 한다.
- 응답 시간 분석 방법론을 지원하는 많은 성능 관리 도구가 개발됐고, AWR은 이를 지원하는 Oracle 표준 도구다.

연습문제

문제 1. 오라클 SQL 분석 도구 중 실제 I/O 발생량을 확인할 수 없는 것은?

① Explain Plan
② AutoTrace
③ SQL Trace
④ DBMS_XPLAN.DISPLAY_CURSOR 함수

문제 2. MS SQL Server에서 SQL 트레이스를 수집하려고 한다. 아래 괄호 안에 들어갈 키워드는?

```
set (        ) profile on
set (        ) io on
set (        ) time on
go

select * from emp where ename like :ename || '%'
go
```

① sql_trace
② show_plan
③ show_plan_all
④ statistics

문제 3. 보기 중 DB 버퍼 캐시 경합과 관련이 없는 것은?

① latch: shared pool
② latch: cache buffers chains
③ buffer busy waits
④ free buffer waits

문제 4. 아래 괄호 안에 들어갈 적당한 용어를 적으시오.

'Response Time Analysis 성능관리 방법론'은 세션 또는 시스템 전체에 발생하는 병목 현상과 그 원인을 찾아 문제를 해결하는 방법과 과정을 다루며, 데이터베이스 서버의 응답 시간(Response Time)을 다음과 같이 정의하고 있다.

Response Time = Service Time + (   ) Time

SQL

Professional · Developer

학습목표

- 인덱스 기본 구조와 탐색 원리 이해
- 다양한 인덱스 구조와 스캔 방식 이해
- 테이블 랜덤 액세스가 성능에 미치는 영향과 튜닝 기법 습득
- 인덱스를 스캔하는 과정에서 발생하는 비효율 원인과 튜닝 기법 습득
- 전략적인 인덱스 설계 원리 습득

## 제3장

인덱스 튜닝

장 소개

SQL 튜닝의 가장 핵심은 I/O 효율화에 있다. I/O 효율화 튜닝을 위해서는 6장에서 설명할 옵티마이저 원리를 바탕으로 인덱스 및 조인의 내부 수행원리를 이해하는 것이 필수적이다. 본 장은 그 중에서도 가장 핵심이라고 할 수 있는 인덱스를 다룬다. 1장에서 설명한 데이터 저장 구조와 I/O 메커니즘에 대한 이해를 바탕으로 좀 더 세부적이고 실전적인 내용을 다룬다. 조인은 4장에서 다루며, 그 외 다양한 고급 SQL 튜닝 원리는 6장에서 설명한다.

장 구성

본 장은 4개 절로 구성돼 있다. 1절에서는 인덱스 기본 구조와 탐색 원리, 다양한 스캔 방식을 설명한다. 2절에서는 테이블 랜덤 액세스가 무엇이고, 그것이 성능에 미치는 영향 및 튜닝 기법을 설명한다. 3절에서는 인덱스를 스캔하는 과정에서 발생하는 비효율 원인과 튜닝 기법을 설명한다. 마지막으로 4절에서는 1~3절에서 학습한 내용을 바탕으로 효과적인 인덱스 구성 전략을 살펴본다.

제1절 인덱스 기본 원리
제2절 테이블 액세스 최소화
제3절 인덱스 스캔 효율화
제4절 인덱스 설계

제 1 절 인덱스 기본 원리

지금 당장 책장에서 아무 책이나 골라 맨 뒤쪽에 있는 인덱스(색인) 부분을 펼쳐보기 바란다. 가나다순(혹은 ABC 순)으로 정렬됐고, 키워드가 같을 땐 페이지 순으로 정렬된 것을 볼 수 있을 것이다. 인덱스를 이용하면 원하는 키워드를 포함한 페이지를 빠르게 찾을 수 있다. 인덱스가 없다면? 책 전체를 한 장씩 훑어가며 찾는 수밖에 없다.

데이터베이스에서 사용하는 인덱스도 다르지 않다. 대용량 테이블에서 우리에게 필요한 데이터를 빨리 찾으려면 인덱스의 도움이 필요하다. 인덱스가 아예 없거나, 적절한 인덱스를 찾지 못하면 테이블 전체를 읽어야 하므로 시간이 오래 걸리는 것은 당연하다.

1. 인덱스 구조

가. 인덱스 기본 구조

모든 DBMS는 나름의 다양한 인덱스를 제공하는데, 저장방식과 구조, 탐색 알고리즘이 조금씩 다르긴 해도 원하는 데이터를 빨리 찾도록 돕는다는 근본적인 목적은 같다. 여기서 가장 일반적으로 사용되는 B*Tree 인덱스 구조부터 살펴보자. 좀 더 다양한 인덱스 구조는 뒤에서 보게 될 것이다.

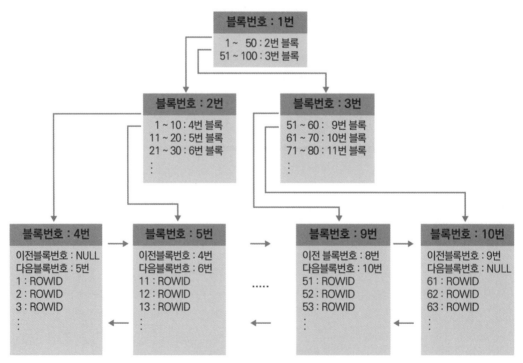

[그림 III-3-1] B*Tree 인덱스 구조

[그림 III-3-1]에 예시한 인덱스 칼럼은 양의 정수만 저장할 수 있는 데이터 타입이라고 가정하고 그린 것이다.

이름에서 알 수 있듯이 B*Tree 인덱스는 나뭇잎으로 무성한 나무를 뒤집어 놓은 듯한 모습이다. 나무를 뒤집어 놓았으므로 맨 위쪽 뿌리(Root)에서부터 가지(Branch)를 거쳐 맨 아래 나뭇잎(Leaf)까지 연결되는 구조. 처음에는 단 하나의 루트 블록에서 시작하겠지만 데이터가 점점 쌓이면서 루트, 브랜치, 리프 노드를 모두 갖춘 풍성한 나무로 성장한다. 중간에 물론, 루트와 리프만으로 구성된 2단계 구조를 거친다. 참고로 루트에서 리프 블록까지의 거리를 인덱스 깊이(Height)라고 부르며, 인덱스를 반복적으로 탐색할 때 성능에 영향을 미친다.

루트와 브랜치 블록은 각 하위 노드들의 데이터 값 범위를 나타내는 키 값과 그 키 값에 해당하는 블록을 찾는 데 필요한 주소 정보를 가진다. 리프 블록은 인덱스 키 값과 그 키 값에 해당하는 테이블 레코드를 찾아가는 데 필요한 주소 정보(ROIWD)를 가진다. 키 값이 같을 때는 ROWID 순으로 정렬된다는 사실도 기억하기 바란다.

리프 블록은 항상 인덱스 키(Key) 값 순으로 정렬돼 있기 때문에 '범위 스캔(Range Scan, 검색조건에 해당하는 범위만 읽다가 멈추는 것을 말함)'이 가능하고, 정방향(Ascending)과 역방향(Descending) 스캔이 둘 다 가능하도록 양방향 연결 리스트(Double linked list) 구조로 연결돼 있다.

아래는 null 값을 인덱스에 저장하는 데 있어 Oracle과 SQL Server의 차이점을 설명한 것이다.

- Oracle에서 인덱스 구성 칼럼이 모두 null인 레코드는 인덱스에 저장하지 않는다. 반대로 말하면 인덱스 구성 칼럼 중 하나라도 null 값이 아닌 레코드는 인덱스에 저장한다.
- SQL Server는 인덱스 구성 칼럼이 모두 null인 레코드도 인덱스에 저장한다.
- null 값을 Oracle은 맨 뒤에 저장하고 SQL Server는 맨 앞에 저장한다.

null 값을 처리하는 방식이 이처럼 DBMS마다 다르고, 이런 특성이 null 값 조회에 인덱스가 사용될 수 있는지를 결정하므로 인덱스를 설계하거나 SQL을 개발할 때 반드시 숙지하기 바란다.

나. 인덱스 탐색

인덱스 탐색 과정을 수직적 탐색과 수평적 탐색으로 나눠서 설명할 수 있다. 수평적 탐색은 인덱스 리프 블록에 저장된 레코드끼리 연결된 순서에 따라 좌에서 우 또는 우에서 좌로 스캔하기 때문에 '수평적'이라고 표현한다. 수직적 탐색은 수평적 탐색을 위한 시작 지점을 찾는 과정이라고 할 수 있으며, 루트에서 리프 블록까지 아래쪽으로 진행하기 때문에 '수직적'이다.

[그림 III-3-1]에서 키 값이 53인 레코드를 찾아보자.

① 우선 루트 블록에서 53이 속한 키 값을 찾는다. 두 번째 레코드가 선택될 것이므로 거기서 가리키는 3번 블록으로 찾아간다.
② 3번 블록에서 다시 53이 속한 키 값을 찾는다. 여기서는 첫 번째 레코드가 선택될 것이므로 9번 블록으로 찾아간다.
③ 찾아간 9번은 리프 블록이므로 거기서 값을 찾거나 못 찾거나 둘 중 하나다. 다행히 세 번째 레코드에서 찾아지므로 함께 저장된 ROWID를 이용해 테이블 블록을 찾아간다. ROWID를 분해해 보면 오브젝트 번호, 데이터 파일번호, 블록번호, 블록 내 위치 정보를 알 수 있다.
④ 테이블 블록에서 레코드를 찾아간다.

사실 ④번이 끝은 아니다. [그림 III-3-1] 인덱스가 Unique 인덱스가 아닌 한, 값이 53인 레코드가 더 있을 수 있기 때문이다. 따라서 9번 블록에서 레코드 하나를 더 읽어 53인 레코드가 더 있는지 확인한다. 53인 레코드가 더 이상 나오지 않을 때까지 스캔하면서 ④번 테이블 액세스 단계를 반복한다. 만약 9번 블록을 다 읽었는데도 계속 53이 나오면 10번 블록으로 넘어가서 스캔을 계속한다.

2. 다양한 인덱스 스캔 방식

가. Index Range Scan

Index Range Scan은 [그림 III-3-2]처럼 인덱스 루트 블록에서 리프 블록까지 수직적으로 탐색한 후에 리프 블록을 필요한 범위(Range)만 스캔하는 방식이다.

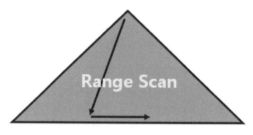

[그림 III-3-2] Index Range Scan

B*Tree 인덱스의 가장 일반적이고 정상적인 형태의 액세스 방식이라고 할 수 있고, Oracle에서의 실행계획은 다음과 같다.

```
SQL> create index emp_deptno_idx on emp(deptno);

SQL> set autotrace traceonly explain
SQL> select * from emp where deptno = 20;

Execution Plan
-------------------------------------------------------
  0    SELECT STATEMENT Optimizer=ALL_ROWS
  1  0    TABLE ACCESS (BY INDEX ROWID) OF 'EMP' (TABLE)
  2  1      INDEX (RANGE SCAN) OF 'EMP_DEPTNO_IDX' (INDEX)
```

SQL Server에서는 Index Seek라고 표현하며 실행계획은 다음과 같다.

```
StmtText
-------------------------------------------------------------
|--Nested Loops(Inner Join, OUTER REFERENCES:([Bmk1000]))
   |--Index Seek(OBJECT:([..].[dbo].[emp].[emp_deptno_idx]), SEEK:([deptno]=20) ORDERED FORWARD)
   |--RID Lookup(OBJECT:([..].[dbo].[emp]), SEEK:([Bmk1000]=[Bmk1000]) LOOKUP ORDERED FORWARD)
```

참고로 2000 이전 버전의 실행계획에는 다음과 같이 표시된다.

```
StmtText
-------------------------------------------------------------
|--Bookmark Lookup(BOOKMARK:([Bmk1000]), OBJECT:([..].[dbo].[emp]))
   |--Index Seek(OBJECT:([..].[dbo].[emp].[emp_deptno_idx]), SEEK:([deptno] = 20) ORDERED FORWARD)
```

인덱스를 수직적으로 탐색한 후에 리프 블록에서 '필요한 범위'만 스캔한다고 했다. 이는 범위 스캔(Range Scan)이 의미하는 바를 잘 설명해 주고 있다. 데이터베이스 프로그래밍에 경험이 많지 않은 초급 개발자는 대개 인덱스가 사용되는 실행계획을 보면 자신이 작성한 SQL 문에 문제가 없다고 판단하고 일단 안심한다. 하지만 실행계획 상에 Index Range Scan이 나타난다고 해서 항상 빠른 속도를 보장하는 것은 아니다.

인덱스를 스캔하는 범위(Range)를 얼마만큼 줄일 수 있느냐, 테이블로 액세스하는 횟수를 얼마만큼 줄일 수 있느냐가 관건이다. 이는 인덱스 설계와 SQL 튜닝의 핵심 원리 중 하나이다.

Index Range Scan이 가능하게 하려면 인덱스를 구성하는 선두 칼럼이 조건절에 사용돼야 한다. 그렇지 못한 상황에서 인덱스를 사용하도록 힌트로 강제한다면 바로 이어서 설명할 Index Full Scan 방식으로 처리된다.

Index Range Scan 과정을 거쳐 생성된 결과 집합은 인덱스 칼럼 순으로 정렬된 상태가 되기 때문에 이런 특징을 잘 이용하면 sort order by 연산을 생략하거나 min/max 값을 빠르게 추출할 수 있다.

나. Index Full Scan

Index Full Scan은 수직적 탐색없이 인덱스 리프 블록을 처음부터 끝까지 수평적으로 탐색하는 방식으로서, 대개는 데이터 검색을 위한 최적의 인덱스가 없을 때 차선으로 선택된다.

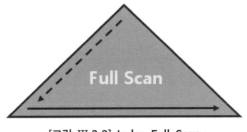

[그림 III-3-3] Index Full Scan

아래는 Oracle에서 Index Full Scan할 때의 실행계획이다.

```
SQL> create index emp_idx on emp (ename, sal);

SQL> set autotrace traceonly exp
SQL> select * from emp
  2  where sal > 2000
  3  order by ename;

Execution Plan
--------------------------------------------------------
0     SELECT STATEMENT Optimizer=ALL_ROWS
1  0    TABLE ACCESS (BY INDEX ROWID) OF 'EMP' (TABLE)
2  1      INDEX (FULL SCAN) OF 'EMP_IDX' (INDEX)
```

SQL Server에서는 Index Scan이라고 표현하며 실행계획은 다음과 같다.

```
StmtText
--------------------------------------------------------
|--Filter(WHERE:([..].[dbo].[emp].[sal]>(2000.)))
    |--Nested Loops(Inner Join, OUTER REFERENCES:([Bmk1000]))
       |--Index Scan(OBJECT:([..].[dbo].[emp].[emp_idx]), ORDERED FORWARD)
       |--RID Lookup(OBJECT:([..].[dbo].[emp]), SEEK:([Bmk1000]=[Bmk1000]) LOOKUP ORDERED FORWARD)
```

참고로 2000 이전 버전의 실행계획에는 다음과 같이 표시된다.

```
StmtText
--------------------------------------------------------
|--Bookmark Lookup(BOOKMARK:([Bmk1000]), OBJECT:([..].[dbo].[emp]))
   |--Index Scan(OBJECT:([..].[dbo].[emp].[emp_idx1]), WHERE:([sal] > 2000) ORDERED FORWARD)
```

수직적 탐색없이 인덱스 리프 블록을 처음부터 끝까지 수평적으로만 탐색한다고 했는데, 이는 개념적으로 설명하기 위한 것일 뿐 실제로는 [그림 III-3-3]처럼 수직적 탐색이 먼저 일어난다. 루트 블록과 브랜치 블록을 거치지 않고는 가장 왼쪽에 위치한 첫 번째 리프 블록으로 찾아갈 방법이 없기 때문이다. 그래서 이 과정을 [그림 III-3-3]에 점선으로 표시했다.

■ Index Full Scan의 효용성

위 SQL처럼 인덱스 선두 칼럼(ename)이 조건절에 없으면 옵티마이저는 우선적으로 Table Full Scan을 고려한다. 그런데 대용량 테이블이어서 Table Full Scan의 부담이 크다면 옵티마이저는 인덱스를 활용하는 방법을 다시 생각해 보지 않을 수 없다.

데이터 저장공간은 '가로×세로' 즉 '칼럼길이×레코드수'에 의해 결정되므로 대개 인덱스가 차지하는 면적은 테이블보다 훨씬 적게 마련이다. 만약 인덱스 스캔 단계에서 대부분 레코드를 필터링하고 일부에 대해서만 테이블 액세스가 발생하는 경우라면 테이블 전체를 스캔하는 것보다 낫다. 이럴 때 옵티마이저는 Index Full Scan 방식을 선택할 수 있다.

아래는 Index Full Scan이 효과를 발휘하는 전형적인 케이스다.

```
SQL> select * from emp where sal > 5000 order by ename;

Execution Plan
-----------------------------------------------
0    SELECT STATEMENT Optimizer=ALL_ROWS
1  0    TABLE ACCESS (BY INDEX ROWID) OF 'EMP' (TABLE)
2  1      INDEX (FULL SCAN) OF 'EMP_IDX' (INDEX)
```

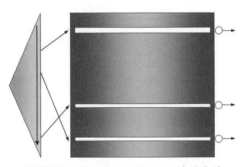

[그림 III-3-4] Index Full Scan의 효용성

[그림 III-3-4]처럼 연봉이 5000을 초과하는 사원이 전체 중 극히 일부라면 Table Full Scan보다는 Index Full Scan을 통한 필터링이 큰 효과를 가져다준다. 하지만 이런 방식은 적절한 인덱스가 없어 Index Range Scan의 차선책으로 선택된 것이므로 할 수 있다면 인덱스 구성을 조정해 주는 것이 좋다.

■ 인덱스를 이용한 소트 연산 대체

Index Full Scan은 Index Range Scan과 마찬가지로 그 결과 집합이 인덱스 칼럼 순으로 정렬되므로 Sort Order By 연산을 생략할 목적으로 사용될 수도 있다. 이는 차선책으로 선택됐다기보다 옵티마이저가 전략적으로 선택한 경우에 해당한다.

```
SQL> select /*+ first_rows */ * from emp
  2  where sal > 1000
  3  order by ename;
Execution Plan
------------------------------------------------
0     SELECT STATEMENT Optimizer=HINT: FIRST_ROWS
1  0    TABLE ACCESS (BY INDEX ROWID) OF 'EMP' (TABLE)
2  1      INDEX (FULL SCAN) OF 'EMP_IDX' (INDEX)
```

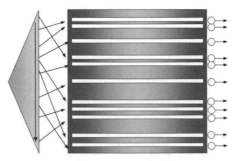

[그림 III-3-5] 인덱스를 이용한 소트 연산 대체

[그림 III-3-5]에서 대부분 사원의 연봉이 1000을 초과하므로 Index Full Scan을 하면 거의 모든 레코드에 대해 테이블 액세스가 발생해 Table Full Scan보다 오히려 불리하다. 만약 SAL이 인덱스 선두 칼럼이어서 Index Range Scan하더라도 마찬가지다. 그럼에도 여기서 인덱스가 사용된 것은 사용자가 first_rows 힌트(SQL Server에서는 fastfirstrow 힌트)를 이용해 옵티마이저 모드를 바꾸었기 때문이다. 즉 옵티마이저는 소트 연산을 생략함으로써 전체 집합 중 처음 일부만을 빠르게 리턴할 목적으로 Index Full Scan 방식을 선택한 것이다.

사용자가 그러나 처음 의도와 다르게 데이터 읽기를 멈추지 않고 끝까지 fetch한다면 Full Table Scan한 것보다 훨씬 더 많은 I/O를 일으키면서 서버 자원을 낭비할 텐데, 이는 옵티마이저의 잘못이 결코 아니며 first_rows 힌트를 사용한 사용자에게 책임이 있다.

다. Index Unique Scan

Index Unique Scan은 [그림 III-3-6]처럼 수직적 탐색만으로 데이터를 찾는 스캔 방식으로서, Unique 인덱스를 '=' 조건으로 탐색하는 경우에 작동한다.

[그림 III-3-6] Index Unique Scan

아래는 Oracle에서 Index Unique Scan할 때의 실행계획이다.

```
SQL> create unique index pk_emp on emp(empno);
SQL> alter table emp add
  2  constraint pk_emp primary key(empno) using index pk_emp;

SQL> set autotrace traceonly explain
SQL> select empno, ename from emp where empno = 7788;

Execution Plan
----------------------------------------------
0    SELECT STATEMENT Optimizer=ALL_ROWS
1  0    TABLE ACCESS (BY INDEX ROWID) OF 'EMP'
2  1      INDEX (UNIQUE SCAN) OF 'PK_EMP' (UNIQUE)
```

SQL Server 실행계획에는 Oracle의 Range Scan과 Unique Scan을 구분하지 않고 똑같이 Index Seek라고 표시한다.

```
StmtText
-----------------------------------------------------------
|--Nested Loops(Inner Join, OUTER REFERENCES:([Bmk1000]))
    |--Index Seek(OBJECT:([..].[dbo].[emp].[pk_emp]), SEEK:([empno]=7788) ORDERED FORWARD)
    |--RID Lookup(OBJECT:([..].[dbo].[emp]), SEEK:([Bmk1000]=[Bmk1000]) LOOKUP ORDERED FORWARD)
```

참고로 2000 이전 버전의 실행계획에는 다음과 같이 표시된다.

```
StmtText
-----------------------------------------------------------------
 |--Bookmark Lookup(BOOKMARK:([Bmk1000]), OBJECT:([..].[dbo].[emp]))
    |--Index Seek(OBJECT:([..].[dbo].[emp].[pk_emp1]), SEEK:([empno] = 7788) ORDERED FORWARD)
```

라. Index Skip Scan

인덱스 선두 칼럼이 조건절로 사용되지 않으면 옵티마이저는 기본적으로 Table Full Scan을 선택한다. 또는 Table Full Scan보다 I/O를 줄일 수 있거나 정렬된 결과를 쉽게 얻을 수 있다면 Index Full Scan 방식을 사용한다고 했다.

Oracle은 인덱스 선두 칼럼이 조건절에 빠졌어도 인덱스를 활용하는 새로운 스캔방식을 9i 버전에서 선보였는데, 바로 Index Skip Scan이 그것이다([그림 III-3-7] 참조).

[그림 III-3-7] Index Skip Scan

예를 들어 성별과 연봉 두 칼럼으로 구성된 결합 인덱스에서 선두 칼럼인 성별 조건이 빠진 SQL 문이 Index Skip Scan 방식으로 수행될 때의 실행계획은 다음과 같다.

```
SQL> select * from 사원 where 연봉 between 2000 and 4000;

Execution Plan
-----------------------------------------------
0     SELECT STATEMENT Optimizer=ALL_ROWS
1  0    TABLE ACCESS (BY INDEX ROWID) OF '사원' (TABLE)
2  1      INDEX (SKIP SCAN) OF '사원_IDX' (INDEX)
```

Index Skip Scan 내부 수행원리를 간단히 요약하면, 루트 또는 브랜치 블록에서 읽은 칼럼 값 정보를 이용해 조건에 부합하는 레코드를 포함할 '가능성이 있는' 하위 블록(브랜치 또는 리프 블록)만 골라서 액세스하는 방식이라고 할 수 있다.

이 스캔 방식은 조건절에 빠진 인덱스 선두 칼럼의 Distinct Value 개수가 적고 후행 칼럼의 Distinct Value 개수가 많을 때 유용하다.

```
Index Skip Scan에 의존하는 대신, 다음과 같이 성별 값을 In-List로 제공해 주면 어떨까?

SQL> select * from 사원
  2  where 연봉 between 2000 and 4000
  3  and 성별 in ('남', '여')

Execution Plan
------------------------------------------------
0    SELECT STATEMENT Optimizer=ALL_ROWS
1  0    INLIST ITERATOR
2  1      TABLE ACCESS (BY INDEX ROWID) OF '사원' (TABLE)
3  2        INDEX (RANGE SCAN) OF '사원_IDX' (INDEX)
```

실행계획 1번 단계(ID=1)에 INLIST ITERATOR라고 표시된 부분은 조건절 In-List에 제공된 값의 종류만큼 인덱스 탐색을 반복 수행함을 뜻한다.

이렇게 쿼리 작성자가 직접 성별에 대한 조건식을 추가해 주면 Index Skip Scan에 의존하지 않고도 빠르게 결과 집합을 얻을 수 있다. 단 이처럼 In-List를 명시하려면 성별 값의 종류가 더 이상 늘지 않음이 보장돼야 한다. 그리고 이 튜닝 기법이 효과를 발휘하려면 In-List로 제공하는 값의 종류가 적어야 한다.

In-List를 제공하는 튜닝 기법을 익히 알던 독자라면, Index Skip Scan이 옵티마이저가 내부적으로 In-List를 제공해 주는 방식이라고 생각하기 쉽지만 내부 수행 원리는 전혀 다르다.

마. Index Fast Full Scan

말 그대로 Index Fast Full Scan은 Index Full Scan보다 빠르다. Index Fast Full Scan이 Index Full Scan보다 빠른 이유는, 인덱스 트리 구조를 무시하고 인덱스 세그먼트 전체를 Multiblock Read 방식으로 스캔하기 때문이다. Index Full Scan과의 차이점을 요약하면 [표 III-3-1]과 같다.

[표 III-3-1] Index Full Scan과 Fast Full Scan 비교

Index Full Scan	Index Fast Full Scan
1. 인덱스 구조를 따라 스캔	1. 세그먼트 전체를 스캔
2. 결과 집합 순서 보장	2. 결과 집합 순서 보장 안 됨
3. Single Block I/O	3. Multiblock I/O
4. 병렬스캔 불가(파티션 돼 있지 않다면)	4. 병렬스캔 가능
5. 인덱스에 포함되지 않은 칼럼 조회 시에도 사용 가능	5. 인덱스에 포함된 칼럼으로만 조회할 때 사용 가능

바. Index Range Scan Descending

Index Range Scan과 기본적으로 동일한 스캔 방식이다. [그림 III-3-8]처럼 인덱스를 뒤에서부터 앞쪽으로 스캔하기 때문에 내림차순으로 정렬된 결과 집합을 얻는다는 점만 다르다.

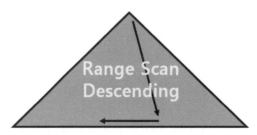

[그림 III-3-8] Index Range Scan Descending

아래처럼 emp 테이블을 empno 기준으로 내림차순 정렬하고자 할 때 empno 칼럼에 인덱스가 있으면 옵티마이저가 알아서 인덱스를 거꾸로 읽는 실행계획을 수립한다.

```
SQL> select * from emp
  2  where  empno is not null
  3  order by empno desc

Execution Plan
-------------------------------------------------------------
0       SELECT STATEMENT Optimizer=ALL_ROWS
1    0    TABLE ACCESS (BY INDEX ROWID) OF 'EMP' (TABLE)
2    1      INDEX (RANGE SCAN DESCENDING) OF 'PK_EMP' (INDEX (UNIQUE))
```

SQL Server에서의 실행계획은 다음과 같다.

```
StmtText
-----------------------------------------------------------
|--Nested Loops(Inner Join, OUTER REFERENCES:([Bmk1000]))
   |--Index Scan(OBJECT:([..].[dbo].[emp].[pk_emp]), ORDERED BACKWARD)
   |--RID Lookup(OBJECT:([..].[dbo].[emp]), SEEK:([Bmk1000]=[Bmk1000]) LOOKUP ORDERED FORWARD)
```

아래처럼 max 값을 구하고자 할 때도 해당 칼럼에 인덱스가 있으면 인덱스를 뒤에서부터 한 건만 읽고 멈추는 실행계획이 자동으로 수립된다.

```
SQL> create index emp_x02 on emp(deptno, sal);

SQL> select deptno, dname, loc
  2        ,(select max(sal) from emp where deptno = d.deptno)
  3  from   dept d

Execution Plan
-----------------------------------------------------------
0       SELECT STATEMENT Optimizer=ALL_ROWS
1    0    SORT (AGGREGATE)
2    1      FIRST ROW
3    2        INDEX (RANGE SCAN (MIN/MAX)) OF 'EMP_X02' (INDEX)
4    0    TABLE ACCESS (FULL) OF 'DEPT' (TABLE)
```

3. 인덱스 종류

가. B*Tree 인덱스

모든 DBMS가 B*Tree 인덱스를 기본적으로 제공한다. 추가로 제공하는 인덱스 구조는 모두 B*Tree 인덱스의 단점을 보완하기 위해 개발된 것들이다. B*Tree 인덱스 구조와 다양한 스캔 방식에 대해서는 이미 설명했다. 뒤에서 튜닝 원리를 설명할 때도 계속 B*Tree를 기준으로 설명할 것이므로 여기서는 B*Tree 인덱스 구조에서 나타날 수 있는 Index Fragmentation에 대한 개념만 잠시 살펴보자.

1) Unbalanced Index

delete 작업 때문에 인덱스가 [그림 III-3-9]처럼 불균형(Unbalanced) 상태에 놓일 수 있다고 설명한 자료들을 볼 수 있다. 즉 다른 리프 노드에 비해 루트 블록과의 거리가 더 멀거나 가까운 리프 노드가 생길 수 있다는 것인데, B*Tree 구조에서 이런 현상은 절대 발생하지 않는다.

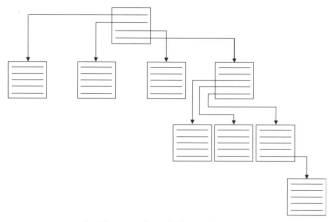

[그림 III-3-9] Unbalanced Index

B*Tree 인덱스의 'B'는 'Balanced'의 약자로서, 인덱스 루트에서 리프 블록까지 어떤 값으로 탐색하더라도 읽는 블록 수가 같음을 의미한다. 즉 루트로부터 모든 리프 블록까지의 높이(height)가 동일하다.

2) Index Skew

불균형은 생길 수 없지만 Index Fragmentation에 의한 Index Skew 또는 Sparse 현상이 생기는 경우는 종종 있다. 이는 인덱스 스캔 효율에 나쁜 영향을 미칠 수 있다.

Index Skew는 인덱스 엔트리가 왼쪽 또는 오른쪽에 치우치는 현상을 말한다. 예를 들어 다음과 같이 대량의 delete 작업을 마치고 나면, [그림 III-3-10]처럼 인덱스 왼쪽에 있는 리프 블록들은 텅 비는 반면 오른쪽은 꽉 찬 상태가 된다.

```
SQL> create table t as select rownum no from big_table where rownum <= 1000000 ;

SQL> create index t_idx on t(no) ;

SQL> delete from t where no <= 500000 ;

SQL> commit;
```

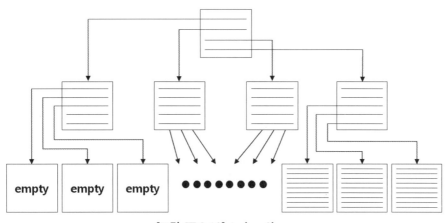

[그림 III-3-10] Index Skew

Oracle의 경우 텅 빈 인덱스 블록은 커밋하는 순간 freelist로 반환되지만 인덱스 구조 상에는 그대로 남는다. 상위 브랜치에서 해당 리프 블록을 가리키는 엔트리가 그대로 남아 있어 인덱스 정렬 순서상 그곳에 입력될 새로운 값이 들어오면 언제든 재사용될 수 있다.

새로운 값이 하나라도 입력되기 전 다른 노드에 인덱스 분할이 발생하면, 그것을 위해서도 이들 블록이 재사용 된다. 이때는 상위 브랜치에서 해당 리프 블록을 가리키는 엔트리가 제거돼 다른 쪽 브랜치의 자식 노드로 이동하고 freelist에서도 제거된다.

레코드가 모두 삭제된 블록은 이처럼 언제든 재사용 가능하지만, 문제는 다시 채워질 때까지 인덱스 스캔 효율이 낮다는 데에 있다.

SQL Server에선 Index Skew 현상이 발생하지 않는다. 주기적으로 B*Tree 인덱스를 체크함으로써 지워진 레코드와 페이지를 정리해 주는 메커니즘을 갖기 때문이다. 인덱스 레코드를 지우면 리프 페이지에서 바로 제거되는 것이 아니라 'Ghost 레코드'로 마크(mark)됐다가 이를 정리해 주는 별도 쓰레드에 의해 비동기 방식으로 제거된다. 그 과정에서 텅 빈 페이지가 발견되면 인덱스 구조에서 제거된다.

3) Index Sparse

Index Sparse는 [그림 III-3-11]처럼 인덱스 블록 전반에 걸쳐 밀도(density)가 떨어지는 현상을 말한다.

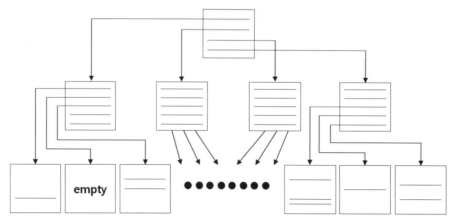

[그림 III-3-11] Index Sparse

예를 들어 다음과 같은 형태로 delete 작업을 수행하고 나면 t_idx 블록의 밀도는 50% 정도밖에 되지 않는다. 100만 건 중 50만 건을 지우고 나서도 스캔한 인덱스 블록 수가 똑같이 2001개인 것을 확인하기 바란다.

```
SQL> create table t as select rownum no from big_table where rownum <= 1000000 ;

SQL> create index t_idx on t(no) ;

SQL> select /*+ index(t) */ count(*) from t where no > 0;

  COUNT(*)
----------
   1000000


Statistics
----------------------------------------------------------
       0  recursive calls
       0  db block gets
    2001  consistent gets
     ...  ......

SQL> delete from t where mod(no, 10) < 5 ;

500000 행이 삭제됐습니다.
```

```
SQL> commit;

SQL> select /*+ index(t) */ count(*) from t where no > 0;

  COUNT(*)
----------
    500000

Statistics
----------------------------------------------------------
         0  recursive calls
         0  db block gets
      2001  consistent gets
       ...  ......
```

지워진 자리에 인덱스 정렬 순서에 따라 새로운 값이 입력되면, 그 공간은 재사용되지만 위와 같은 대량의 delete 작업이 있고 난 후 한동안 인덱스 스캔 효율이 낮다는 데에 문제가 있다.

왼쪽·오른쪽·중간 어디든 Index Skew처럼 블록이 아예 텅 비면 곧바로 freelist로 반환돼 언제든 재사용되지만, Index Sparse는 지워진 자리에 새로운 값이 입력되지 않으면 영영 재사용되지 않을 수도 있다. 총 레코드 건수가 일정한데도 인덱스 공간 사용량이 계속 커지는 것은 대개 이런 현상에 기인한다.

4) 인덱스 재생성

Fragmentation 때문에 인덱스 크기가 계속 증가하고 스캔 효율이 나빠지면 인덱스를 재생성하거나 DBMS가 제공하는 명령어를 이용해 빈 공간 제거가 유용할 수 있다. 하지만 일반적으로 인덱스 블록에는 어느 정도 공간을 남겨두는 것이 좋다. 왜냐하면 빈 공간을 제거해 인덱스 구조를 슬림(slim)화하면 저장 효율이나 스캔 효율엔 좋겠지만, 인덱스 분할이 자주 발생해 DML 성능이 나빠질 수 있기 때문이다.

인덱스 분할에 의한 경합을 줄일 목적으로, 초기부터 빈 공간을 남기도록 옵션을 주고 인덱스를 재성성할 수도 있다. 하지만 그 효과는 일시적이다. 언젠가 빈 공간이 다시 채워지기 때문이다. 결국 적당한 시점마다 재생성 작업을 반복하지 않는 한 근본적인 해결책이 되지는 못한다.

인덱스를 재생성하는 데 걸리는 시간과 부하도 무시할 수 없다. 따라서 인덱스의 주기적인 재생성 작업은 다음과 같이 예상효과가 확실할 때만 시행하는 것이 바람직하다.

- 인덱스 분할에 의한 경합이 현저히 높을 때
- 자주 사용되는 인덱스 스캔 효율을 높이고자 할 때. 특히 NL 조인에서 반복 액세스되는 인덱스 높이(height)가 증가했을 때
- 대량의 delete 작업을 수행한 이후 다시 레코드가 입력되기까지 오랜 기간이 소요될 때
- 총 레코드 수가 일정한데도 인덱스가 계속 커질 때

나. 비트맵 인덱스

Oracle은 비트맵(Bitmap) 인덱스 구조를 제공한다. [그림 III-3-12]를 보면 그 구조를 쉽게 이해할 수 있다. [그림 III-3-12] 처럼 상품 테이블에 10개 레코드가 있고, 색상으로는 RED·GREEN·BLUE가 입력돼 있다고 하자. 8번 상품에는 색상이 입력되지 않았다.

상품 테이블

상품ID	1	2	3	4	5	6	7	8	9	10
상품명	KA387	RX008	SS501	WDGS	CY690	K1EA	PO782	TQ84	UA345	OK455
색상	GREEN	GREEN	RED	BLUE	RED	GREEN	BLUE		BLUE	RED

BLUE	0	0	0	1	0	0	1	0	1	0
GREEN	1	1	0	0	0	1	0	0	0	0
RED	0	0	1	0	1	0	0	0	0	1
NULL	0	0	0	0	0	0	0	1	0	0

상품_색상_BITMAP_IDX

[그림 III-3-12] 비트맵 인덱스

[그림 III-3-12] 아래쪽은 색상 칼럼에 생성한 비트맵 인덱스를 표현한 것이다. 키 값이 BLUE인 첫 번째 행을 보면 4번째, 7번째, 9번째 비트가 1로 설정돼 있다. 따라서 상응하는 테이블 레코드의 색상 값이 'BLUE'임을 뜻한다.

비트맵 인덱스는 부정형 조건에도 사용할 수 있다. [그림 III-3-12]에서 'BLUE'가 아닌 값을 찾으려면 인덱스 첫 번째 행에서 0으로 설정된 비트만 찾으면 된다.

Oracle B*Tree 인덱스와 달리 비트맵 인덱스는 NULL도 저장하기 때문에 다음과 같은 조건에도 사용할 수 있다.

```
select * from 상품
where  색상 is null
```

[그림 III-3-12]처럼 칼럼의 Distinct Value 개수가 적을 때 비트맵 인덱스를 사용하면 저장효율이 매우 좋다. B*Tree 인덱스보다 훨씬 적은 용량을 차지하므로 인덱스가 여러 개 필요한 대용량 테이블에 유용하다. 다양한 분석관점(Dimension)을 가진 팩트성 테이블이 주로 여기에 속한다. 반대로 Distinct Value가 아주 많은 칼럼이면 오히려 B*Tree 인덱스보다 많은 공간을 차지한다.

Distinct Value 개수가 적은 칼럼일 때 저장효율이 좋지만, 테이블 랜덤 액세스 발생 측면에서는 B*Tree 인덱스와 똑같기 때문에 그런 칼럼을 비트맵 인덱스로 검색하면 그다지 좋은 성능을 기대하기 어렵다. 스캔할 인덱스 블록이 줄어드는 정도의 성능 이점만 얻을 수 있다. 따라서 하나의 비트맵 인덱스 단독으로는 쓰임새가 별로 없다. 그 대신 여러 비트맵 인덱스를 동시에 사용할 수 있는 특징 때문에 대용량 데이터 검색 성능을 향상시키는 데에 효과가 있다. 예컨대 다음과 같은 쿼리에 여러 개 비트맵 인덱스로 Bitwise 연산을 수행한 결과, 테이블 액세스량이 크게 줄어든다면 큰 성능 개선을 기대할 수 있다.

```
select 지역, sum(판매량), sum(판매금액)
from    연도별지역별상품매출
where (크기 = 'SMALL' or 크기 is null)
and     색상 = 'GREEN'
and     출시연도 = '2010'
group by 지역
```

비트맵 인덱스는 여러 인덱스를 동시에 활용할 수 있다는 장점 때문에 다양한 조건절이 사용되는, 특히 정형화되지 않은 임의 질의(ad-hoc query)가 많은 환경에 적합하다.

다만 비트맵 인덱스는 Lock에 의한 DML 부하가 심한 것이 단점이다. 레코드 하나만 변경되더라도 해당 비트맵 범위에 속한 모든 레코드에 Lock이 걸린다. OLTP성 환경에 비트맵 인덱스를 쓸 수 없는 이유가 여기에 있다.

지금까지 설명한 특징을 고려할 때 비트맵 인덱스는 읽기 위주의 대용량 데이터 웨어하우스(특히 OLAP) 환경에 아주 적합하다.

다. 함수기반 인덱스

Oracle이 제공하는 함수기반 인덱스(Function Based Index, FBI)는 칼럼 값 자체가 아닌, 칼럼에 특정 함수를 적용한 값으로 B*Tree 인덱스를 만든다.

주문수량이 100보다 작거나 NULL인 주문 건을 찾는 아래 쿼리를 예로 들어 보자.

```
select *
from    주문
where  nvl(주문수량, 0) < 100
```

주문수량 칼럼에 인덱스가 있어도 위처럼 인덱스 칼럼을 가공하면 정상적인 인덱스 사용이 불가능하다. 하지만 조건절과 똑같이 NVL 함수를 씌워 아래처럼 인덱스를 만들면 인덱스 사용이 가능하다. 주문수량이 NULL인 레코드는 인덱스에 0으로 저장된다.

```
create index emp_x01 on emp( nvl(주문수량, 0) );
```

이 외에도 함수기반 인덱스가 유용한 흔한 사례는, 대소문자를 구분해 입력 받은 데이터를 대소문자 구분 없이 조회할 때다. upper(칼럼명) 함수를 씌워 인덱스를 생성하고 upper(칼럼명) 조건으로 검색하는 것이다.

함수기반 인덱스는 데이터 입력, 수정 시 함수를 적용해야 하므로 다소 부하가 발생할 수 있다. 사용된 함수가 사용자 정의 함수일 때는 부하가 더 심하다. 따라서 남용하지 말고 꼭 필요한 때만 사용하기 바란다.

라. 리버스 키 인덱스

일련번호나 주문일시 같은 칼럼에 인덱스를 만들면, 입력되는 값이 순차적으로 증가하기 때문에 [그림 III-3-13] 처럼 가장 오른쪽 리프 블록에만 데이터가 쌓인다. 이런 현상이 발생하는 인덱스를 흔히 'Right Growing(또는 Right Hand) 인덱스'라고 부른다. 동시 INSERT가 심할 때 인덱스 블록 경합을 일으켜 초당 트랜잭션 처리량을 크게 감소시킨다.

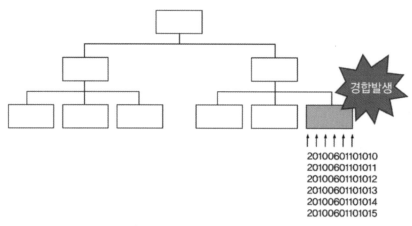

[그림 III-3-13] Right Growing Index

그럴 때 리버스 키 인덱스(Reverse Key Index)가 유용할 수 있다. 이것은 말 그대로 입력된 키 값을 거꾸로 변환해서 저장하는 인덱스다. 조금 전에 설명한 함수기반 인덱스를 상기하면서, 다음과 같이 reverse 함수에서 반환된 값을 저장하는 인덱스라고 생각하면 쉽다.

```
create index 주문_x01 on 주문( reverse(주문일시) );
```

순차적으로 입력되는 값을 거꾸로 변환해 저장하면 [그림 III-3-14]처럼 데이터가 고르게 분포한다. 따라서 리프 블록 맨 우측에만 집중되는 트랜잭션을 리프 블록 전체에 고르게 분산시키는 효과를 얻을 수 있다.

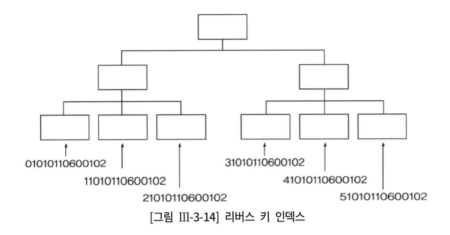

[그림 III-3-14] 리버스 키 인덱스

하지만 리버스 키 인덱스는 데이터를 거꾸로 입력하기 때문에 '=' 조건으로만 검색할 수 있다. 즉 부등호나 between, like 같은 범위검색 조건에는 사용할 수 없다.

마. 클러스터 인덱스

Oracle에는 클러스터 테이블(Clustered Table)이라는 오브젝트가 있다. 클러스터 테이블에는 인덱스 클러스터와 해시 클러스터 두 가지가 있는데, 지금 설명하려는 클러스터 인덱스는 인덱스 클러스터와 관련이 있다.

인덱스 클러스터 테이블은 [그림 III-3-15]처럼 클러스터 키(여기서는 deptno) 값이 같은 레코드가 한 블록에 모이도록 저장하는 구조를 사용한다. 한 블록에 모두 담을 수 없을 때는 새로운 블록을 할당해 클러스터 체인으로 연결한다.

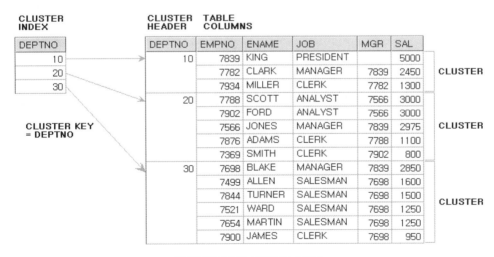

[그림 III-3-15] 클러스터 인덱스

심지어 여러 테이블 레코드가 물리적으로 같은 블록에 저장되도록 클러스터를 할당할 수도 있다(다중 테이블 인덱스 클러스터). 여러 테이블을 서로 조인된 상태로 저장해 두는 것인데, 일반적으로는 하나의 데이터 블록이 여러 테이블에 의해 공유될 수 없음을 상기하기 바란다(SQL Server에서는 가능하다. 1장에서 설명한 혼합 익스텐트를 참조하라).

Oracle에서 인덱스 클러스터를 만들고, 거기에 클러스터 인덱스를 정의하는 방법은 다음과 같다.

```
SQL> create cluster c_deptno# ( deptno number(2) ) index ;

SQL> create index i_deptno# on cluster c_deptno#;
```

방금 생성한 클러스터에 다음과 같이 테이블을 담기만 하면 된다.

```
SQL> create table emp
  2  cluster c_deptno# (deptno)
  3  as
  4  select * from scott.emp;
```

클러스터 인덱스도 일반적인 B*Tree 인덱스 구조를 사용하지만, 해당 키 값을 저장하는 첫 번째 데이터 블록만 가리킨다는 점에서 다르다.

클러스터 인덱스의 키 값은 항상 Unique(중복 값이 없음)하며, [그림 III-3-15]에서 보듯 테이블 레코드와 1:M 관계를 갖는다. 일반 테이블에 생성한 인덱스 레코드는 테이블 레코드와 1:1 대응 관계를 갖는다.

이런 구조적 특성 때문에 클러스터 인덱스를 스캔하면서 값을 찾을 때는 랜덤 액세스가 (클러스터 체인을 스캔하면서 발생하는 랜덤 액세스는 제외) 값 하나당 한 번씩만 발생한다. 클러스터에 도달해서는 시퀀셜 방식으로 스캔하기 때문에 넓은 범위를 검색할 때 유리하다. 새로운 값이 자주 입력(→ 새 클러스터 할당)되거나 수정이 자주 발생하는 칼럼(→ 클러스터 이동)은 클러스터 키로 선정하지 않는 것이 좋다.

바. 클러스터형 인덱스와 IOT

SQL Server에서 지원되는 인덱스로는 클러스터형 인덱스(Clustered Index)와 비클러스터형 인덱스(Non-Clustered Index) 두 가지가 있다. 비클러스터형 인덱스는 지금까지 설명한 B*Tree 인덱스와 100% 같으므로 따로 설명하지 않겠다.

1) 클러스터형 인덱스와 IOT 구조

클러스터형 인덱스도 구조적으로는 B*Tree 인덱스와 같은 형태다. 차이가 있다면 별도의 테이블을 생성하지 않고 모든 행 데이터를 인덱스 리프 페이지에 저장한다는 점이다. [그림 III-3-16] 우측에서 보듯 '인덱스 리프 페이지가 곧 데이터 페이지'인 셈이다.

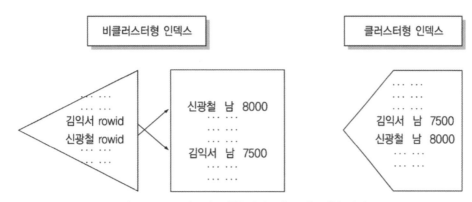

[그림 III-3-16] 비클러스터형 인덱스와 클러스터형 인덱스

일반적인 힙 구조 테이블에 데이터를 삽입할 때는 정해진 순서 없이 랜덤 방식으로 이뤄진다. 반면 클러스터형 인덱스는 정렬 상태를 유지하며 데이터를 삽입한다. 따라서 클러스터형 인덱스는 테이블마다 단 하나만 생성할 수 있다. 한 테이블이 두 개의 정렬 순서를 가질 수 없으므로 너무나 당연한 제약이다.

테이블에 클러스터형 인덱스를 생성하면 항상 정렬된 상태를 유지해야 하기 때문에 데이터 입력 시 성능이 느린 단점을 갖는다. 비클러스터형 인덱스를 생성해도 정렬을 유지해야 한다는 점은 같지만, 클러스터형 인덱스는 인덱스 키 값 외에도 많은 데이터를 리프 페이지에 저장하기 때문에 그만큼 인덱스 분할(Split)이 자주 발생한다. 이 때문에 DML 부하가 더 심하게 발생한다.

이런 단점에도 불구하고 클러스터형 인덱스를 사용하는 이유는 넓은 범위의 데이터를 검색할 때 유리하기 때문이다. 이런 특징은, 같은 값을 가진 레코드가 100% 정렬된 상태로 모여 있고 리프 레벨이 곧 데이터 페이지라는 데서 나온다. 즉 정렬된 리프 페이지를 시퀀셜 방식으로 스캔하면서 검색 값을 모두 찾을 수 있고, 찾은 레코드에 대해서는 추가 테이블 랜덤 액세스가 필요하지 않다.

클러스터형 인덱스를 Oracle의 클러스터 인덱스와 헷갈리지 말기 바란다. 이름 때문에 '클러스터형 인덱스 (Clustered Index)'를 Oracle의 클러스터 인덱스와 같다고 생각하기 쉽다. 하지만 클러스터형 인덱스는 오히려 Oracle IOT에 가깝다. 차이가 있다면 Oracle IOT는 PK에만 생성할 수 있다는 점이다. SQL Server 클러스터형 인덱스는 중복 값이 있는 칼럼에도 생성할 수 있기 때문에 중복된 키 값을 내부적으로 식별하기 위해 'uniquifier' 라는 값(4바이트 크기)을 함께 저장한다.

2) 클러스터형 인덱스와 IOT 활용

클러스터형 인덱스는 다음과 같은 상황에서 유용하다.

- 넓은 범위를 주로 검색하는 테이블
- 크기가 작고 NL 조인으로 반복 룩업하는 테이블
- 칼럼 수가 적고 로우 수가 많은 테이블
- 데이터 입력과 조회 패턴이 서로 다른 테이블

마지막 항목에 대해서는 보충 설명이 필요할 것 같다. 어떤 회사에 100명의 영업사원이 있다고 하자. 영업사원들의 일별 실적을 집계하는 테이블이 있는데, 한 페이지에 100개 레코드가 담긴다. 그러면 매일 한 페이지씩 1년이면 365개 페이지가 생긴다.

실적등록은 이처럼 일자별로 진행되지만 실적조회는 주로 사원별로 이뤄진다. 예를 들어 일상적으로 다음과 같은 쿼리가 가장 많이 수행된다고 하자.

```
select substring(일자, 1, 6) 월도
     , sum(판매금액) 총판매금액, avg(판매금액) 평균판매금액
from    영업실적
where   사번 = 'S1234'
and     일자 between '20090101' and '20091231'
group by substring(일자, 1, 6)
```

만약 비클러스터형 인덱스를 이용한다면 사원마다 365개의 데이터 페이지를 랜덤 액세스 방식으로 읽어야 한다. 특정 사원의 1년치 영업실적이 365개 페이지에 흩어져 저장되기 때문이다. 이처럼 데이터 입력과 조회 패턴이 서로 다를 때, 다음과 같이 사번이 첫 번째 정렬 기준이 되도록 클러스터형 인덱스를 생성해 주면 한 페이지만 읽어 처리할 수 있다.

```
create clustered index 영업실적_idx on 영업실적(사번, 일자);
```

지금까지 설명한 클러스터형 인덱스의 특징은 Oracle IOT(Index-Organized Table)에도 똑같이 적용된다. 방금 설명한 사례로 Oracle에서 IOT를 생성하려면 다음과 같이 하면 된다.

```
create table 영업실적 ( 사번 varchar2(5), 일자 varchar2(8), ...
     , constraint 영업실적_PK primary key (사번, 일자) ) organization index;
```

3) 2차 인덱스로부터 클러스터형 인덱스와 IOT 참조 방식

SQL Server는 클러스터형 인덱스를 가리키는 2차 인덱스를 비클러스터형 인덱스라고 부른다. Oracle에선 IOT를 가리키는 2차 인덱스를 'Secondary Index'라고 부른다. 2차 인덱스는 클러스터형 인덱스나 IOT를 가리키는 키 값을 내부적으로 포함하는데, 버전마다 구조가 조금씩 다르다.

SQL 서버 6.5 이전에는 비클러스터형 인덱스가 클러스터형 인덱스 레코드를 직접 가리키는 rowid를 갖도록 설계했다. 문제는, 인덱스 분할에 의해 클러스터형 인덱스 레코드 위치가 변경될 때마다 비클러스터형 인덱스(한 개 이상일 수 있음)가 갖는 rowid 정보를 모두 갱신해 주어야 한다는 데 있다.

실제로 DML 부하가 심하다고 느낀 마이크로소프트는 7.0 버전부터 비클러스터형 인덱스가 rowid 대신 클러스터

형 인덱스의 키 값을 갖도록 구조를 변경했다. 이제 클러스터형 인덱스의 키 값을 갱신하지 않는 한, 인덱스 분할 때문에 비클러스터형 인덱스를 갱신할 필요가 없어졌다.

그런데 DML 부하가 줄어든 대신, 비클러스터형 인덱스를 이용하기 전보다 더 많은 I/O가 발생하는 부작용을 안게 됐다. 비클러스터형 인덱스에서 읽히는 레코드마다 건건이 클러스터형 인덱스 수직 탐색을 반복하기 때문이다. 당연히 클러스터형 인덱스 높이(height)가 증가할수록 블록 I/O도 증가한다.

Oracle은 IOT를 개발하면서 SQL 서버 6.5 이전과 7.0 이후 버전이 갖는 두 가지 액세스 방식을 모두 사용할 수 있도록 설계했다. IOT 레코드의 위치는 영구적이지 않으므로 Oracle은 Secondary 인덱스로부터 IOT 레코드를 가리킬 때 물리적 주소 대신 Logical Rowid를 사용한다. Logical Rowid는 PK와 Physical guess로 구성된다.

```
Logical Rowid = PK + physical guess
```

physical guess는 Secondary 인덱스를 '최초 생성하거나 재생성(Rebuild)한 시점'에 IOT 레코드가 위치했던 데이터 블록 주소(DBA)다. 인덱스 분할에 의해 IOT 레코드가 다른 블록으로 이동하더라도 Secondary 인덱스에 저장된 physical guess 값은 갱신되지 않는다. SQL Server 6.5에서 발생한 것과 같은 DML 부하를 없애기 위함이고, 레코드 이동이 발생하면 정확한 값이 아닐 수 있으므로 'guess'란 표현을 사용했다.

이처럼 두 가지 정보를 다 가짐으로써 Oracle은 상황에 따라 다른 방식으로 IOT를 액세스할 수 있게 했다. 경우에 따라 두 가지 방식을 다 사용하기도 한다. physical guess가 가리키는 블록을 찾아갔다가 찾는 레코드가 없으면 PK로 다시 탐색하는 식이다.

4. 인덱스 튜닝 기초

1항 인덱스 기본 원리에서 설명했듯이, B*Tree 인덱스를 정상적으로 사용하려면 범위 스캔 시작지점을 찾기 위해 루트 블록부터 리프 블록까지의 수직적 탐색 과정을 거쳐야 한다. 만약 인덱스 선두 칼럼이 조건절에 사용되지 않으면, 범위 스캔을 위한 시작점을 찾을 수 없어 옵티마이저는 인덱스 전체를 스캔하거나 테이블 전체를 스캔하는 방식을 선택한다.

인덱스 선두 칼럼이 조건절에 사용되더라도 범위 스캔이 불가능하거나 인덱스를 아예 사용 못하는 경우가 있는데, 어떤 경우인지 살펴보자.

가. 범위 스캔이 불가능하거나 인덱스 사용이 불가능한 경우

다음과 같이 인덱스 선두 칼럼을 조건절에서 가공하면 (FBI 인덱스를 정의하지 않는 한) 정상적으로 인덱스를 사용할 수 없다.

```
select *
from   업체
where  substr(업체명, 1, 2) = '대한'
```

또한 아래처럼 부정형 비교를 사용해도 마찬가지다.

```
select *
from   고객
where  직업 < > '학생'
```

is not null 조건도 부정형 비교에 해당하므로 정상적인 인덱스 사용은 어렵다.

```
select *
from   사원
where  부서코드 is not null
```

위 세 경우 모두 정상적인 인덱스 범위 스캔이 불가능할 따름이지 인덱스 사용 자체가 불가능하지는 않다. Index Full Scan은 가능하다.

맨 마지막 SQL을 예를 들어, Oracle에서 '부서코드'에 단일 칼럼 인덱스가 존재한다면 그 인덱스 전체를 스캔하면서 얻은 레코드는 모두 '부서코드 is not null' 조건을 만족한다. 1항에서 설명했듯이 Oracle은 단일 칼럼 인덱스에 null 값은 저장하지 않기 때문이다. 결합 인덱스일 때는 인덱스 구성 칼럼 중 하나라도 값이 null이 아닌 레코드는 인덱스에 저장한다. 그래도 필터링을 통해 '부서코드 is not null' 조건에 해당하는 레코드를 모두 찾을 수 있다.

SQL Server는 단일과 결합을 가리지 않고 null이 아닌 레코드를 인덱스에서 모두 찾을 수 있다.

인덱스 사용이 불가능한 경우도 있다. Oracle에서 다음과 같이 is null 조건만으로 검색할 때가 그렇다. 인덱스도 구성칼럼이 모두 null인 레코드는 인덱스만 뒤져선 찾을 수 없기 때문이다. SQL Server는 당연히 is null 검색 시에도 인덱스를 사용할 수 있다.

```
select *
from   사원
where  연락처 is null
```

다른 인덱스 칼럼에 is null이 아닌 조건식이 하나라도 있거나 not null 제약이 있으면, Oracle에서도 is null 조건에 대한 Index Range Scan이 가능하다(물론 인덱스 선두 칼럼이 조건절에 누락되지 않아야 한다).

나. 인덱스 칼럼의 가공

인덱스 칼럼을 가공하면 정상적인 Index Range Scan이 불가능해진다고 했다. 가장 흔한 인덱스 칼럼 가공 사례는 [표 III-3-2]와 같고, 오른쪽 칼럼은 각 사례에 대한 튜닝 방안이다.

[표 III-3-2] 인덱스 칼럼 가공 사례별 튜닝 방안

인덱스 칼럼 가공 사례	튜닝 방안
select * from 업체 where substr(업체명,1,2) = '대한'	select * from 업체 where 업체명 like '대한%'
select * from 사원 where 월급여 * 12 = 36000000	select * from 사원 where 월급여 = 36000000/12
select * from 주문 where to_char(일시,'yyyymmdd') = :dt	select * from 주문 where 일시 >= to_date(:dt,'yyyymmdd') and 일시 < to_date(:dt,'yyyymmdd') + 1
select * from 고객 where 연령 || 직업 = '30공무원'	select * from 고객 where 연령 = 30 and 직업 = '공무원'
select * from 회원사지점 where 회원번호 || 지점번호 = :str	select * from 회원사지점 where 회원번호 = substr(:str, 1, 2) and 지점번호 = substr(:str, 3, 4)

다. 묵시적 형변환

인덱스 칼럼을 사용자가 명시적으로 가공하지 않더라도 조건절에서 비교되는 두 값의 데이터 타입이 다르면 내부적으로 형변환이 일어난다.

예를 들어 emp 테이블 deptno 칼럼은 number 형이다. 이 칼럼에 대한 검색조건으로는 숫자형이 옳지만, 자칫 실수로 다음과 같이 문자형으로 코딩하는 경우가 종종 생긴다.

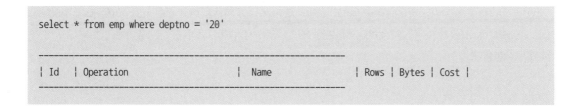

```
select * from emp where deptno = '20'


----------------------------------------------------------------
| Id  | Operation                  | Name      | Rows | Bytes | Cost |
----------------------------------------------------------------
```

```
|  0 | SELECT STATEMENT           |                |  3 |  273 |   1 |
|  1 |  TABLE ACCESS BY INDEX ROWID | EMP          |  3 |  273 |   1 |
|* 2 |   INDEX RANGE SCAN         | EMP_DEPTNO_IDX |  1 |    1 |   1 |
-------------------------------------------------------------------

Predicate Information (identified by operation id):
-------------------------------------------------------------------
   2 - access("EMP"."DEPTNO"=20)  →  문자형 상수 '20'이 숫자형 20으로 변환됨
```

다행히 문자형과 숫자형이 만나면 옵티마이저가 문자형을 숫자형으로 변환한다. 위 Predicate Information에서 그런 사실을 발견할 수 있다. 덕분에 인덱스도 정상적으로 사용할 수 있게 된 것이다.

이번에는 'cdeptno'라는 문자형 칼럼을 추가하고 인덱스까지 생성한 다음에 다음과 같이 테스트해 보자.

```
select * from emp where cdeptno = 20

-------------------------------------------------------------------
| Id | Operation          | Name      | Rows | Bytes | Cost |
-------------------------------------------------------------------
|  0 | SELECT STATEMENT   |           |    3 |   273 |   2 |
|* 1 |  TABLE ACCESS FULL | EMP       |    3 |   273 |   2 |
-------------------------------------------------------------------

Predicate Information (identified by operation id):
-------------------------------------------------------------------
   1 - filter(TO_NUMBER("EMP"."CDEPTNO")=20)  →  문자형 CDEPTNO 칼럼이 숫자형으로 변환됨
```

문자형 cdeptno 칼럼이 숫자형으로 변환된 것을 볼 수 있고, 이 때문에 emp 테이블을 Full Scan하는 실행계획이 수립됐다.

묵시적 형변환은 사용자가 코딩을 쉽게 하도록 도울 목적으로 대부분 DBMS가 제공하는 기능이다. 위와 같은 부작용을 피하려면 가급적 명시적으로 변환함수를 사용하는 것이 좋다. 문자형과 숫자형이 만나면 숫자형으로, 문자형과 날짜형이 만나면 날짜형으로 변환하는 등 데이터 타입 간 우선순위 규칙이 존재한다. 하지만 이를 굳이 외우려고 노력할 필요는 없다. 성능을 위해서라면 인덱스 칼럼과 비교되는 반대쪽을 인덱스 칼럼 데이터 타입에 맞춰주면 되기 때문이다.

묵시적 형변환은 주로 성능 측면에서 언급되곤 하지만, 올바른 결과 집합을 얻기 위해서라도 변환함수를 명시하는 것이 바람직하다. 묵시적 형변환은 쿼리 수행 도중 에러를 발생시키거나 결과 집합을 틀리게 만드는 요인이 될 수 있기 때문이다.

제 2 절 테이블 액세스 최소화

1. 인덱스 ROWID에 의한 테이블 랜덤 액세스

쿼리에서 참조되는 칼럼이 인덱스에 모두 포함되는 경우가 아니라면, '테이블 랜덤 액세스'가 일어난다. 다음 실행계획에서 'Table Access By Index ROWID'라고 표시된 부분을 말한다.

```
SQL> select * from 고객 where 지역 = '서울';

Execution Plan
------------------------------------------
0      SELECT STATEMENT Optimizer=ALL_ROWS
1  0     TABLE ACCESS (BY INDEX ROWID) OF '고객' (TABLE)
2  1       INDEX (RANGE SCAN) OF '고객_지역_IDX' (INDEX)
```

SQL Server는 'RID Lookup'이라는 표현을 사용한다. 아래 실행계획에서 알 수 있듯이 인덱스로부터 테이블을 NL 조인하는 것처럼 처리경로를 표현하고 있다.

```
StmtText
----------------------------------------------------
|--Nested Loops(Inner Join, OUTER REFERENCES:([Bmk1000]))
   |--Index Seek(OBJECT:([..].[dbo].[고객].[고객_지역_idx]), SEEK:([지역] = '서울')
   |--RID Lookup(OBJECT:([..].[dbo].[고객]), SEEK:([Bmk1000]=[Bmk1000]) LOOKUP ORDERED FORWARD)
```

참고로 2000 이하 버전에서는 아래처럼 'Bookmark Lookup'이라고 표현했다. 이것이 오히려 Oracle 실행계획과 같은 모습이다.

```
StmtText
----------------------------------------------------
|--Bookmark Lookup(BOOKMARK:([Bmk1000]), OBJECT:([..].[dbo].[고객]))
   |--Index Seek(OBJECT:([..].[dbo].[고객].[고객_지역_idx]), SEEK:([지역] = '서울'))
```

지금부터 'Table Access By Index Rowid' 또는 'RID(=Bookmark) Lookup'으로 표현되는 테이블 랜덤 액세스의 내부 메커니즘을 자세히 살펴보자.

가. 인덱스 ROWID에 의한 테이블 액세스 구조

인덱스에 저장돼 있는 rowid는 흔히 '물리적 주소정보'라고 일컬어진다. 오브젝트 번호, 데이터 파일 번호, 블록 번호 같은 물리적 요소들로 구성돼 있기 때문일 것이다.

하지만 보는 시각에 따라서는 '논리적 주소정보'라고 표현하기도 한다. rowid가 물리적 위치 정보로 구성되지만 인덱스에서 테이블 레코드로 직접 연결되는 구조는 아니기 때문이다.

어떤 것이 맞든 중요한 것은, rowid가 메모리 상의 위치정보가 아니라 디스크 상의 위치정보라는 사실이다. 그리고 데이터 블록을 읽을 때는 항상 버퍼 캐시를 경유하므로 메모리 상에서 버퍼 블록을 찾기 위해 해시 구조와 알고리즘을 사용한다. 해시 키(Key) 값으로는 rowid에 내포된 데이터 블록 주소(DBA, Data Block Address)를 사용한다.

인덱스 ROWID를 이용해 테이블 블록을 읽는 메커니즘을 요약하면 다음과 같다.

- 인덱스에서 하나의 rowid를 읽고 DBA(디스크 상의 블록 위치 정보)를 해시 함수에 적용해 해시 값을 확인한다.
- 해시 값을 이용해 해시 버킷을 찾아간다.
- 해시 버킷에 연결된 해시 체인을 스캔하면서 블록 헤더을 찾는다.
- 해시 체인에서 블록 헤더를 찾으면 거기 저장된 포인터를 이용해 버퍼 블록을 읽는다.
- 해시 체인을 스캔하고도 블록 헤더를 찾지 못하면, LRU 리스트를 스캔하면서 Free 버퍼를 찾는다. 디스크에서 읽은 블록을 적재하기 위해 빈 캐시 공간을 찾는 것이다.
- LRU 리스트에서 Free 버퍼를 얻지 못하면 Dirty 버퍼를 디스크에 기록해 Free 버퍼를 확보한다.
- Free 버퍼를 확보하고 나면 디스크에서 블록을 읽어 캐시에 적재한다.

여기서 일일이 설명할 순 없지만, 위 처리 과정 중에는 래치(Latch), 버퍼 Lock 같은 Internal Lock을 획득하거나 다른 백그라운드 프로세스의 선처리 결과를 기다리는 내부 메커니즘이 작동한다. 그런 과정에 경합까지 발생한다면 블록 하나를 읽더라도 생각보다 큰 비용을 치르게 된다.

Oracle이나 SQL Server 같은 디스크 기반 DBMS에서 인덱스 rowid에 의한 테이블 액세스가 생각만큼 빠르지 않은 이유가 바로 여기에 있다. 특히 다량의 테이블 레코드를 읽을 때의 성능 저하가 심각하다.

앞으로 실행계획에서 다음과 같이 'Table Access By Index ROWID'나 'RID(=Bookmark) Lookup' 오퍼레이션을 볼 때면, [그림 III-3-17]과 함께 방금 설명한 복잡한 처리 과정을 항상 떠올리기 바란다.

```
SQL> select * from 고객 where 지역 = '서울';

Execution Plan
----------------------------------------------
  0     SELECT STATEMENT Optimizer=ALL_ROWS
  1  0    TABLE ACCESS (BY INDEX ROWID) OF '고객' (TABLE)
  2  1      INDEX (RANGE SCAN) OF '고객_지역_IDX' (INDEX)
```

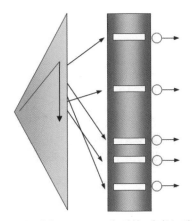

[그림 III-3-17] 인덱스 ROWID에 의한 테이블 랜덤 액세스

나. 클러스터링 팩터

Oracle은 '클러스터링 팩터'(Clustering Factor)라는 개념을 사용해 인덱스 ROWID에 의한 테이블 액세스 비용을 평가한다. SQL Server는 공식적으로 이 용어를 사용하진 않지만, 내부적인 비용 계산식에 이런 개념이 포함돼 있을 것이다.

클러스터링 팩터는 '군집성 계수(= 데이터가 모여 있는 정도)' 쯤으로 번역될 수 있는 용어로서, 특정 칼럼을 기준으로 같은 값을 갖는 데이터가 서로 모여 있는 정도를 의미한다. [그림 III-3-18]은 인덱스 클러스터링 팩터가 가장 좋은 상태를 도식화한 것으로서, 인덱스 레코드 정렬 순서와 거기서 가리키는 테이블 레코드 정렬 순서가 100% 일치하는 것을 볼 수 있다.

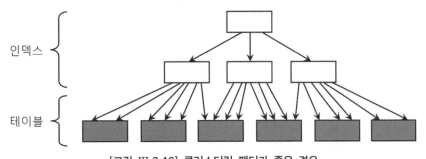

[그림 III-3-18] 클러스터링 팩터가 좋은 경우

반면 [그림 III-3-19]는 인덱스 클러스터링 팩터가 가장 안 좋은 상태를 도식화한 것으로서, 인덱스 레코드 정렬 순서와 테이블 레코드 정렬 순서가 전혀 일치하지 않는다.

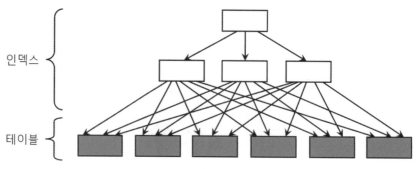

[그림 III-3-19] 클러스터링 팩터가 나쁜 경우

클러스터링 팩터가 좋은 칼럼에 생성한 인덱스는 검색 효율이 매우 좋다. 예를 들어 「거주지역 = '제주'」에 해당하는 고객 데이터가 물리적으로 근접해 있다면 흩어져 있을 때보다 데이터를 찾는 속도가 빨라지게 마련이다.

다. 인덱스 손익분기점

앞서 설명한 것처럼 인덱스 rowid에 의한 테이블 액세스는 생각보다 고비용 구조이다. 따라서 일정량을 넘는 순간 테이블 전체를 스캔할 때보다 오히려 더 느려진다. Index Range Scan에 의한 테이블 액세스가 Table Full Scan보다 느려지는 지점을 흔히 '손익 분기점'이라고 부른다. 예를 들어 인덱스 손익분기점이 10%라는 의미는 1000개 중 100개 레코드 이상을 읽을 때는 인덱스를 이용하는 것보다 테이블 전체를 스캔하는 것이 더 빠르다는 뜻이다.

인덱스 손익분기점은 일반적으로 5~20%의 낮은 수준에서 결정되지만, 클러스터링 팩터에 따라 크게 달라진다. 클러스터링 팩터가 나쁘면 손익분기점은 5% 미만에서 결정된다. 심할 때는(BCHR가 매우 안 좋을 때) 1% 미만으로 떨어진다. 반대로 클러스터링 팩터가 아주 좋을 때는 손익분기점이 90% 수준까지 올라가기도 한다.

인덱스에 의한 액세스가 Full Table Scan보다 더 느리게 만드는 가장 핵심적인 두 가지 요인은 다음과 같다.

- 인덱스 rowid에 의한 테이블 액세스는 랜덤 액세스인 반면, Full Table Scan은 시퀀셜 액세스 방식으로 이뤄진다.
- 디스크 I/O 시, 인덱스 rowid에 의한 테이블 액세스는 Single Block Read 방식을 사용하는 반면, Full Table Scan은 Multiblock Read 방식을 사용한다.

라. 손익분기점 극복하기

손익분기점 원리에 따르면 선택도(Selectivity)가 높은 인덱스는 효용가치가 낮다. 그렇더라도 테이블 전체를 스캔하는 것은 부담스러울 때가 많다. 이럴 때 DBMS가 제공하는 기능을 잘 활용하면 인덱스의 손익분기점 한계를 극복하는 데 도움이 된다.

첫 번째는 SQL Server의 클러스터형 인덱스와 Oracle IOT로서, 테이블을 인덱스 구조로 생성하는 것이라고 앞서 설명했다. 테이블 자체가 인덱스 구조이므로 항상 정렬된 상태를 유지한다. 더불어 인덱스 리프 블록이 곧 데이터 블록이어서 인덱스를 수직 탐색한 다음에 테이블 레코드를 읽기 위한 추가적인 랜덤 액세스가 불필요하다.

두 번째는 SQL Server의 Include Index이다. 인덱스 키 외에 미리 지정한 칼럼을 리프 레벨에 함께 저장하는 기능으로서, 테이블 랜덤 액세스 횟수를 줄이도록 돕는다. 잠시 후 좀 더 자세하게 설명하겠다.

세 번째는 Oracle이 제공하는 클러스터 테이블(Clustered Table)이다. 키 값이 같은 레코드를 같은 블록에 저장하기 때문에 클러스터 테이블에 대한 클러스터 인덱스를 이용할 때는 테이블 랜덤 액세스가 키 값별로 한 번씩만 발생한다. 클러스터에 도달해서는 시퀀셜 방식으로 스캔하기 때문에 넓은 범위를 읽더라도 비효율이 없다.

네 번째는 파티셔닝이다. 읽고자 하는 데이터가 많을 때는 인덱스를 이용하지 않는 편이 낫다고 하지만, 수천만 건에 이르는 테이블을 Full Scan해야 한다면 난감하기 그지없다. 그럴 때 대량 범위검색 조건으로 자주 사용되는 칼럼 기준으로 테이블을 파티셔닝한다면 Full Table Scan을 하더라도 일부 파티션만 읽고 멈추게 할 수 있다.

클러스터는 기준 키 값이 같은 레코드를 블록 단위로 모아 저장하지만, 파티셔닝은 세그먼트 단위로 저장하는 점이 다르다. 좀 더 자세한 내용은 6장 4절에서 보게 될 것이다.

이런 기능 외에 부분범위처리 원리를 잘 활용하는 것도 좋은 방법이다. 부분범위처리에 대해서는 6장 3절에서 설명한다. 인덱스 스캔 비효율이 없도록 잘 구성된 인덱스를 이용해 부분범위처리 방식으로 프로그램을 구현한다면 그 인덱스의 효용성은 100%가 된다. 무조건 인덱스를 사용하는 쪽이 유리하다는 뜻이다.

2. 테이블 액세스 최소화 튜닝

가. 인덱스 칼럼 추가

emp 테이블에 현재 PK 이외에 [deptno + job] 순으로 구성된 emp_x01 인덱스 하나만 있는 상태에서 다음 쿼리를 수행하려고 한다.

```
select /*+ index(emp emp_x01) */ ename, job, sal
from    emp
where   deptno = 30
and     sal >= 2000
```

[그림 III-3-20]을 보면 위 조건을 만족하는 사원이 단 한 명뿐인데, 이를 찾기 위해 테이블 액세스가 6번 발생했다.

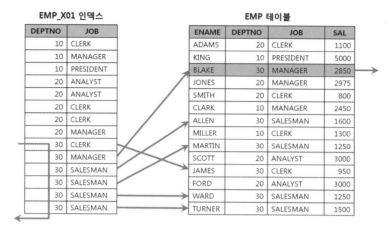

EMP_X01 인덱스

DEPTNO	JOB
10	CLERK
10	MANAGER
10	PRESIDENT
20	ANALYST
20	ANALYST
20	CLERK
20	CLERK
20	MANAGER
30	CLERK
30	MANAGER
30	SALESMAN
30	SALESMAN
30	SALESMAN
30	SALESMAN

EMP 테이블

ENAME	DEPTNO	JOB	SAL
ADAMS	20	CLERK	1100
KING	10	PRESIDENT	5000
BLAKE	30	MANAGER	2850
JONES	20	MANAGER	2975
SMITH	20	CLERK	800
CLARK	10	MANAGER	2450
ALLEN	30	SALESMAN	1600
MILLER	10	CLERK	1300
MARTIN	30	SALESMAN	1250
SCOTT	20	ANALYST	3000
JAMES	30	CLERK	950
FORD	20	ANALYST	3000
WARD	30	SALESMAN	1250
TURNER	30	SALESMAN	1500

[그림 III-3-20] 인덱스 칼럼 추가 전

인덱스 구성을 [deptno + sal] 순으로 바꿔주면 좋겠지만 실 운영 환경에서는 인덱스 구성을 함부로 바꾸기가 쉽지 않다. 기존 인덱스를 사용하는 다음과 같은 SQL이 있을 수 있기 때문이다.

```
select ename, job, sal from emp where deptno = 30 and job = 'CLERK'
```

할 수 없이 인덱스를 새로 만들어야겠지만 이런 식으로 인덱스를 추가하다 보면 테이블마다 인덱스가 수십 개씩 달려 배보다 배꼽이 더 커진다.

이럴 때 [그림 III-3-21]처럼 기존 인덱스에 sal 칼럼을 추가하는 것만으로 큰 효과를 거둘 수 있다. 인덱스 스캔량은 줄지 않지만, 테이블 랜덤 액세스 횟수를 줄여주기 때문이다.

EMP_X01 인덱스

DEPTNO	JOB	SAL
10	CLERK	1300
10	MANAGER	2450
10	PRESIDENT	5000
20	ANALYST	3000
20	ANALYST	3000
20	CLERK	800
20	CLERK	1100
20	MANAGER	2975
30	CLERK	950
30	MANAGER	2850
30	SALESMAN	1250
30	SALESMAN	1250
30	SALESMAN	1500
30	SALESMAN	1600

EMP 테이블

ENAME	DEPTNO	JOB	SAL
ADAMS	20	CLERK	1100
KING	10	PRESIDENT	5000
BLAKE	30	MANAGER	2850
JONES	20	MANAGER	2975
SMITH	20	CLERK	800
CLARK	10	MANAGER	2450
ALLEN	30	SALESMAN	1600
MILLER	10	CLERK	1300
MARTIN	30	SALESMAN	1250
SCOTT	20	ANALYST	3000
JAMES	30	CLERK	950
FORD	20	ANALYST	3000
WARD	30	SALESMAN	1250
TURNER	30	SALESMAN	1500

[그림 III-3-21] 인덱스 칼럼 추가 후

나. Covered Index

테이블을 액세스하고서 필터 조건에 의해 버려지는 레코드가 많을 때, 인덱스에 칼럼을 추가함으로써 얻는 성능 효과를 살펴보았다. 그런데 테이블 랜덤 액세스가 아무리 많더라도 필터 조건에 의해 버려지는 레코드가 거의 없다면 거기에 비효율은 없다. 이때는 어떻게 튜닝해야 할까? 이때는 아예 테이블 액세스가 발생하지 않도록 필요한 모든 칼럼을 인덱스에 포함시키는 방법을 고려해 볼 수 있다. SQL Server에서는 그런 인덱스를 'Covered 인덱스'라고 부르며, 인덱스만 읽고 처리하는 쿼리를 'Covered 쿼리'라고 부른다.

다. Include Index

Oracle엔 아직 없는 유용한 기능이 SQL Server 2005 버전에 추가됐다. 인덱스 키 외에 미리 지정한 칼럼을 리프 레벨에 함께 저장하는 기능이 바로 그것이다. 인덱스를 생성할 때 다음과 같이 include 옵션을 지정하면 되고, 칼럼을 최대 1023개까지 지정할 수 있다.

```
create index emp_x01 on emp (deptno) include (sal)
```

만약 인덱스를 [deptno + sal] 순으로 생성하면, sal 칼럼도 수직적 탐색에 사용될 수 있도록 그 값을 루프와 브랜치 블록에 저장한다. 하지만 위와 같이 sal 칼럼을 include 옵션으로만 지정하면 그 값은 리프 블록에만 저장한다. 따라서 수직적 탐색에는 사용되지 못하고 수평적 탐색을 위한 필터 조건으로만 사용된다. 그럼으로써 테이블 랜덤 액세스 횟수를 줄이는 효과를 가져다 준다.

라. IOT, 클러스터형 인덱스, 클러스터 테이블 활용

1절에서 설명한 Oracle IOT나 SQL Server 클러스터형 인덱스를 이용하는 것도 테이블 랜덤 액세스를 없애는 중요한 방법 중 하나다. Oracle이라면 클러스터 테이블을 이용할 수도 있다.

IOT와 클러스터형 인덱스에 대해선 1절에서 이미 설명했다. 인덱스를 이용하는 인덱스 클러스터도 이미 설명했으므로 생략하고, 여기서는 해시 클러스터에 대해서만 간단히 살펴보기로 하자.

해시 클러스터 테이블은 해시 함수에서 반환된 값이 같은 데이터를 물리적으로 함께 저장하는 구조다. 클러스터 키로 데이터를 검색하거나 저장할 위치를 찾을 때 해시 함수를 사용한다. 해시 함수가 인덱스 역할을 대신하는 것이며, 해싱 알고리즘을 이용해 클러스터 키 값을 데이터 블록 주소로 변환해 준다.

별도의 인덱스 구조를 생성하지 않는 장점에도 불구하고 해시 클러스터의 활용성을 떨어뜨리는 중요한 제약사항은, '=' 검색만 가능하다는 점이다. 항상 '=' 조건으로만 검색되는 칼럼을 해시 키로 선정해야 하는 것이며, 이는 해시 함수를 사용하기 때문에 나타나는 어쩔 수 없는 제약이다.

마. 수동으로 클러스터링 팩터 높이기

테이블에는 데이터가 무작위로 입력되는 반면, 그것을 가리키는 인덱스는 정해진 키(key) 순으로 정렬되기 때문에 대개 클러스터링 팩터가 좋지 않게 마련이다. 필자의 경험에 의하면, 클러스터링 팩터가 나쁜 인덱스를 이용해 많은 양의 데이터를 읽는 SQL 튜닝하기가 가장 어렵다.

그럴 때, 해당 인덱스 기준으로 테이블을 재생성함으로써 클러스터링 팩터를 인위적으로 좋게 만드는 방법을 생각해 볼 수 있고, 실제 그렇게 했을 때 나타나는 효과는 매우 극적이다.

주의할 것은, 인덱스가 여러 개인 상황에서 특정 인덱스를 기준으로 테이블을 재정렬하면 다른 인덱스의 클러스터링 팩터가 나빠질 수 있다는 점이다. 다행히 두 인덱스 키 칼럼 간에 상관관계가 높다면(예를 들어, 직급과 급여) 두 개 이상 인덱스의 클러스터링 팩터가 동시에 좋아질 수 있지만, 그런 경우를 제외하면 대개 클러스터링 팩터가 좋은 인덱스는 테이블당 하나뿐이다.

따라서 인위적으로 클러스터링 팩터를 높일 목적으로 테이블을 Reorg할 때는 가장 자주 사용되는 인덱스를 기준으로 삼아야 한다. 혹시 다른 인덱스를 사용하는 중요한 쿼리 성능에 나쁜 영향을 주지 않는지 반드시 체크해 봐야 한다.

이 작업을 주기적으로 수행하려면 데이터베이스 관리 비용이 증가하고 가용성에도 영향을 미치므로 테이블과 인덱스를 리빌드하는 부담이 적고 그 효과가 확실할 때만 사용하는 것이 바람직하다.

바. 배치 I/O

앞서 강조한 것처럼 인덱스 ROWID를 이용한 테이블 랜덤 액세스는 고비용 구조다. 인덱스를 이용해 대량 데이터를 조회하면, 디스크 I/O 발생량도 함께 증가하므로 성능이 급격히 나빠진다. 지금까지 설명한 튜닝 기법을 숙지하고 잘 활용해야 하는 이유다. 디스크 랜덤 I/O 성능을 높이려고 DBMS 업체들도 내부적으로 많은 기법을 개발하고 있다. 그중 오라클 '배치 I/O' 기능을 소개한다. 다른 기능들에 비해 이 기능은 쿼리 결과 집합에도 영향을 주기 때문에 개발자와 튜너 모두 숙지해야 한다.

배치(Batch) I/O는 읽는 블록마다 건건이 I/O Call을 발생시키는 비효율을 줄이기 위해 고안한 기능이다. 인덱스를 이용해 테이블을 액세스하다가 버퍼 캐시에서 블록을 찾지 못하면 일반적으로 디스크 블록을 바로 읽는다. 이 기능이 작동하면 테이블 블록에 대한 디스크 I/O Call을 미뤘다가 읽을 블록이 일정량 쌓이면 한꺼번에 처리한다. 오라클 11g에서는 NL 조인 Inner 쪽 테이블을 액세스할 때만 이 기능이 작동했지만, 12c부터는 인덱스 ROWID로 테이블을 액세스하는 어떤 부분에서든 이 기능이 작동할 수 있다.

배치 I/O 기능이 작동하면 인덱스를 이용해서 출력하는 데이터 정렬 순서가 매번 다를 수 있다는 사실에 주목해야 한다. 테이블 블록을 모두 버퍼 캐시에서 찾을 때는(버퍼캐시 히트율 = 100%) 기존처럼 인덱스 키값 순으로 데이터가 출력된다. 하지만 그렇지 않을 때(버퍼캐시 히트율 < 100%), 즉 실제 배치 I/O가 작동할 때는 데이터 출력 순서가 인덱스 정렬 순서와 다를 수 있다.

다음은 배치 I/O가 작동할 때 나타나는 실행계획이다.

```
SQL> create index emp_x01 on emp(deptno, job, empno);
SQL> set autotrace traceonly exp;
SQL> select /*+ batch_table_access_by_rowid(e) */ *
  2  from    emp e
  3  where   deptno = 20
  4  order by job, empno;
```

```
--------------------------------------------------------------------------
| Id | Operation                              | Name    | Rows| Bytes | Cost |
--------------------------------------------------------------------------
|  0 | SELECT STATEMENT                       |         |   5 |  190  |   2 |
|  1 |  SORT ORDER BY                         |         |   5 |  190  |   2 |
|  2 |   TABLE ACCESS BY INDEX ROWID BATCHED  | EMP     |   5 |  190  |   2 |
|  3 |    INDEX RANGE SCAN                    | EMP_X01 |   5 |       |   1 |
--------------------------------------------------------------------------
```

실행계획에 배치 I/O가 작동할 수 있다는 사실을 표현하기 위해 테이블 액세스 단계(ID=2) 뒤쪽에 'BATCHED'가 추가됐다. 여기서는 오라클 12c 버전에 추가된 batch_table_access_by_rowid 힌트를 명시했지만, 힌트가 없어도 옵티마이저에 의해 같은 실행계획이 선택될 수 있다.

주목할 점은 소트 연산을 생략할 수 있는 인덱스 구성인데도 SORT ORDER BY 오퍼레이션(ID=1)이 나타났다는 사실이다. 배치 I/O 기능이 작동하면 데이터 정렬 순서를 보장할 수 없으므로 옵티마이저가 이런 선택을 한 것이다. 배치 I/O가 작동하지 않는다면 실행계획에 SORT ORDER BY 오퍼레이션이 생략된다.

인덱스를 이용하면 결과 집합이 자동으로 인덱스 키값 순으로 정렬되므로, 과거에는 다음과 같이 ORDER BY를 생략한 채 rownum 조건과 함께 index/index_desc 힌트를 적용하는 패턴을 많이 사용했다.

```
-- 상태변경이력_PK : 장비번호 + 변경일시
SELECT /*+ INDEX(H 상태변경이력_PK) */ 장비번호, 변경일시, 상태코드
FROM    상태변경이력 H
WHERE   장비번호 = :eqp_no
AND     ROWNUM <= 10;                    -- 변경일시 순으로 상위 10개 레코드 출력

SELECT 장비번호, 장비명, 상태코드
     ,(SELECT /*+ INDEX_DESC(H 상태변경이력_PK) */ 변경일시
        FROM    상태변경이력 H
        WHERE   장비번호 = P.장비번호
        AND     ROWNUM <= 1) 최종변경일시    -- 변경일시 역순으로 상위 1개 레코드 조회
FROM    장비 P
WHERE   장비구분코드 = 'A001';
```

이런 패턴으로 SQL을 개발한 경우 12c로 업그레이드하면서 결과 집합의 정렬 순서가 달라질 수 있으므로 반드시 SQL을 수정해야 한다. no_batch_table_access_by_rowid 힌트를 사용해도 되지만, 할 수 있다면 ORDER BY를 추가하는 것이 바람직하다.

전반적으로 위와 같은 패턴을 많이 사용한 시스템들은 12c로 업그레이드할 때 개발 공수를 줄이기 위해 배치 I/O 기능을 시스템 레벨에서 비활성화하는 경우가 종종 있다. 이 기능을 적용해 얻을 수 있는 성능 이점을 고려한다면 좋은 선택은 아니다. 이제 인덱스 정렬 순서를 믿고 ORDER BY를 생략하는 개발 패턴은 사용하지 않아야 한다.

제 3 절 인덱스 스캔 효율화

1장 3절에서 데이터베이스 I/O 메커니즘을 설명하면서 랜덤 액세스와 시퀀셜 액세스의 차이점을 설명했다. 시퀀셜 액세스는 레코드간 논리적 또는 물리적인 순서를 따라 차례대로 읽어 나가는 방식을 말하고, 랜덤 액세스는 레코드간 논리적·물리적 순서를 따르지 않고 한 건을 읽기 위해 한 블록씩 접근(=touch)하는 방식이라고 했다. 그리고 I/O 튜닝의 핵심 원리로서 아래 두 가지 항목을 꼽았다.

① 랜덤 액세스 발생량을 줄인다.
② 시퀀셜 액세스에 의한 선택 비중을 높인다.

본 장에서는 지금까지 테이블 랜덤 액세스를 최소화하는 방안을 설명했는데, 이는 ①번 항목에 해당한다.
지금부터는 ②번 시퀀셜 액세스에 의한 선택 비중을 높이는 방안, 그 중에서도 인덱스를 시퀀셜 방식으로 스캔하는 단계에서 발생하는 비효율 해소 원리를 다룬다.

1. 인덱스 선행 칼럼이 범위조건일 때의 비효율

인덱스 구성 칼럼이 조건절에서 모두 등치(=) 조건으로 비교되면 리프 블록을 스캔하면서 읽은 레코드는 모두 테이블 액세스로 이어진다. 읽고서 버리는 레코드가 하나도 없으므로 인덱스 스캔 단계에서의 효율은 최상이다.
인덱스 칼럼 중 일부가 '=' 조건이 아니거나 조건절에서 생략되더라도 그것이 뒤쪽 칼럼일 때는 비효율이 없다. 예를 들어 인덱스가 [아파트시세코드 + 평형 + 평형타입 + 인터넷매물] 순으로 구성됐을 때 조건절이 다음과 같은 경우를 말한다.

```
where 아파트시세코드 = :a
where 아파트시세코드 = :a and 평형 = :b
where 아파트시세코드 = :a and 평형 = :b and 평형타입 = :c
where 아파트시세코드 = :a and 평형 = :b and 평형타입 between :c and :d
```

반면 인덱스 선행 칼럼이 조건절에 누락되거나 between, 부등호, like 같은 범위검색 조건이 사용되면 인덱스를 스캔하는 단계에서 비효율이 발생한다.
예를 들어 인덱스가 [아파트시세코드 + 평형 + 평형타입 + 인터넷매물] 순으로 구성된 상황에서 다음 SQL을 수행하는 경우를 살펴보자.

```
select     해당층, 평당가, 입력일, 해당동, 매물구분, 연사용일수, 중개업소코드
from       매물아파트매매
where      아파트시세코드='A01011350900056'
and        평형 = '59'
and        평형타입 = 'A'
and        인터넷매물 between '1' and '2'
order by   입력일 desc
```

[그림 III-3-22]는 위 조건절을 만족하는 두 개 레코드(그림에서 음영 처리된 레코드)를 찾기 위해 인덱스를 범위 스캔하는 과정을 도식화한 것이다.

아파트시세코드	평형	평형타입	인터넷매물
A01011350800055	21	A	1
A01011350800071	15	A	0
A01011350800071	15	A	3
A01011350800088	12	B	0
A01011350900004	23	A	1
A01011350900004	23	A	2
A01011350900004	23	B	1
A01011350900004	23	B	2
A01011350900056	59	A	1
A01011350900056	59	A	2
A01011350900056	59	A	3
A01011350900056	59	D	2
A01011350900068	22	A	2
A01011351100017	32	A	2
A01011352700042	68	B	1
A01011352700042	68	B	1

[그림 III-3-22] 후행 칼럼이 범위조건일 때 인덱스 스캔 범위

인터넷매물이 between 조건이지만 선행 칼럼들(아파트시세코드, 평형, 평형타입)이 모두 '=' 조건이므로 전혀 비효율 없이 조건을 만족하는 2건을 빠르게 찾았다.

인덱스 선행 칼럼이 모두 '=' 조건일 때 필요한 범위만 스캔하고 멈출 수 있는 이유는 조건을 만족하는 레코드가 모두 한데 모여 있기 때문이다.

이제 인덱스 구성을 [인터넷매물 + 아파트시세코드 + 평형 + 평형타입] 순으로 바꾸고 나서 같은 SQL을 수행해 보면, [그림 III-3-23]처럼 인덱스 스캔 범위가 넓어진다.

인터넷 매물	아파트시세코드	평 형	평형 타입
0	A01011350800071	15	A
0	A01011350800088	12	B
1	A01011350800055	21	A
1	A01011350900004	23	A
1	A01011350900004	23	B
1	A01011350900056	59	A
1	A01011352700042	68	B
1	A01011352700042	68	B
2	A01011350900004	23	A
2	A01011350900004	23	B
2	A01011350900056	59	A
2	A01011350900056	59	D
2	A01011350900068	22	A
2	A01011351100017	32	A
3	A01011350800071	15	A
3	A01011350900056	59	A

[그림 III-3-23] 선행 칼럼이 범위조건일 때 인덱스 스캔 범위

인덱스 선두 칼럼인 인터넷매물에 between 연산자를 사용하면 나머지 조건(아파트시세코드='A01011350900056' and 평형 = '59' and 평형타입 = 'A')을 만족하는 레코드들이 인터넷매물 값(0, 1, 2, 3)별로 뿔뿔이 흩어져 버린다. 따라서 조건을 만족하지 않는 레코드까지 스캔하고서 버려야 하는 비효율이 생긴다.

2. 범위조건을 In-List로 전환

범위검색 칼럼이 맨 뒤로 가도록 인덱스를 [아파트시세코드 + 평형 + 평형타입 + 인터넷매물] 순으로 변경하면 좋겠지만 운영중인 시스템에서 인덱스 구성을 바꾸기는 쉽지 않다. 이럴 때 between 조건을 다음과 같이 IN-List로 바꿔주면 가끔 큰 효과를 얻는다.

```
select    해당층, 평당가, 입력일, 해당동, 매물구분, 연사용일수, 중개업소코드
from      매물아파트매매
where     인터넷매물 in ('1', '2')
and       아파트시세코드='A01011350900056'
and       평형 = '59'
and       평형타입 = 'A'
order by  입력일 desc
```

[그림 III-3-24]는 between 조건을 IN-List로 바꾸었을 때의 스캔 과정을 도식화한 것이다.

인터넷 매물	아파트시세코드	평 형	평형 타입
0	A01011350800071	15	A
0	A01011350800088	12	B
1	A01011350800055	21	A
1	A01011350900004	23	A
1	A01011350900004	23	B
1	A01011350900056	59	A
1	A01011352700042	68	B
1	A01011352700042	68	B
2	A01011350900004	23	A
2	A01011350900004	23	B
2	A01011350900056	59	A
2	A01011350900056	59	D
2	A01011350900068	22	A
2	A01011351100017	32	A
3	A01011350800071	15	A
3	A01011350900056	59	A

[그림 III-3-24] Between을 In-List로 바꾸었을 때 인덱스 스캔 범위

왼쪽에 화살표가 두 개인 이유는 인덱스의 수직적 탐색이 두 번 발생하기 때문이며, 이때의 실행계획은 다음 (INLIST ITERATOR 오퍼레이션 주목)과 같다.

```
---------------------------------------------------------------------
| Id | Operation                    | Name          | Rows | Bytes |
---------------------------------------------------------------------
|  0 | SELECT STATEMENT             |               |   1  |  37   |
|  1 |  INLIST ITERATOR             |               |      |       |
|  2 |   TABLE ACCESS BY INDEX ROWID| 매물아파트매매      |   1  |  37   |
|  3 |    INDEX RANGE SCAN          | 매물아파트매매_PK  |   1  |       |
---------------------------------------------------------------------
```

SQL Server에서의 실행계획은 다음과 같다. 특히 트레이스를 걸면 스캔 수가 2로 표시되는 것에 주목하기 바란다.

```
'매물아파트매매' 테이블. 스캔 수 2, 논리적 읽기 수 8, 물리적 읽기 수 0, 미리 읽기 수 0.

Rows  StmtText
```

```
-----  -------------------------------------------------
2      SELECT 해당층, 평당가, 입력일, 해당동, 매물구분, 연사용일수, 중개업소코드, ...
2          |--Nested Loops(Inner Join, OUTER REFERENCES:([Bmk1000]))
2          |--Index Seek(OBJECT:([..].[dbo].[매물아파트매매].[매물아파트매매_PK]),
           |     SEEK:([매물아파트매매].[인터넷매물]='1' AND
           |            [매물아파트매매].[아파트시세코드]='A01011350900056'AND
           |            [매물아파트매매].[평형]='59' AND
           |            [매물아파트매매].[평형타입]='A' OR
           |            [매물아파트매매].[인터넷매물]='2' AND
           |            [매물아파트매매].[아파트시세코드]='A01011350900056' AND
           |            [매물아파트매매].[평형]='59' AND
           |            [매물아파트매매].[평형타입]='A')
2          |--RID Lookup(OBJECT:([SQLPRO].[dbo].[매물아파트매매]) , SEEK:([Bmk1000]=[Bmk1000]))
```

인덱스를 위와 같이 두 번 탐색하는 것은 SQL을 다음과 같이 작성한 것과 마찬가지가 된다. 모든 칼럼이 '='
조건인 것에 주목하기 바란다.

```
select      해당층, 평당가, 입력일, 해당동, 매물구분, 연사용일수, 중개업소코드
from        매물아파트매매
where       인터넷매물 = '1'
and         아파트시세코드='A01011350900056'
and         평형 = '59'
and         평형타입 = 'A'
union all
select      해당층, 평당가, 입력일, 해당동, 매물구분, 연사용일수, 중개업소코드
from        매물아파트매매
where       인터넷매물 = '2'
and         아파트시세코드='A01011350900056'
and         평형 = '59'
and         평형타입 = 'A'
order by    입력일 desc
```

인덱스 선두 칼럼의 between 조건을 IN-List 조건으로 바꿀 때 주의할 점은, IN-List 개수가 많지 않아야 한다는
것이다.

[그림 III-3-23]처럼 필요 없는 범위를 스캔하는 비효율은 사라지겠지만 [그림 III-3-24]처럼 인덱스 수직 탐색이
여러 번 발생하기 때문이다. IN-List 개수가 많을 때는, between 조건 때문에 리프 블록을 추가로 스캔하는 비효율보다
IN-List 조건 때문에 브랜치 블록을 반복 탐색하는 비효율이 더 클 수 있다. 인덱스 높이(height)가 높을 때 특히
그렇다.

Oracle이라면 위와 같은 상황에서 Index Skip Scan이 유용할 수 있다. 1절에서 설명한 Index Skip Scan은 인덱스 선두 칼럼이 누락됐을 때뿐만 아니라 부등호, between, like 같은 범위검색 조건일 때도 사용될 수 있다.

3. 범위조건을 2개 이상 사용할 때의 비효율

인덱스 구성이 [회사 + 지역 + 상품명]일 때, 다음과 같이 범위검색 조건을 2개 이상 사용하면 첫 번째가 인덱스 스캔 범위를 거의 결정하고, 두 번째는 필터 조건 역할만 하기 때문에 성능상 불리해질 수 있다.

```
select    고객ID, 상품명, 지역, ...
from      가입상품
where     회사 = :com
and       지역 like :reg || '%'
and       상품명 like :prod || '%'
```

스캔량이 소량일 때는 그 차이가 미미하지만 대량일 때는 상당한 성능 차이를 보일 수 있으므로 인덱스 칼럼에 대한 비교 연산자를 신중하게 선택해야 한다.

만약 지역 칼럼에 대한 검색조건이 입력되지 않을 수도 있어 위와 같이 LIKE 연산자를 사용한 거라면 SQL을 다음과 같이 2개 만들어 사용하는 것이 좋다.

```
< SQL1 >
select    고객ID, 상품명, 지역, ...
from      가입상품
where     회사 = :com
and       상품명 like :prod || '%'

< SQL2 >
select    고객ID, 상품명, 지역, ...
from      가입상품
where     회사 = :com
and       지역 = :reg
and       상품명 like :prod || '%'
```

또는 아래처럼 UNION ALL을 이용하는 방법도 있다.

```
select      고객ID, 상품명, 지역, ...
from        가입상품
where       :reg is null
and         회사 = :com
and         상품명 like :prod || '%'
union all
select      고객ID, 상품명, 지역, ...
from        가입상품
where       :reg is not null
and         회사 = :com
and         지역 = :reg
and         상품명 like :prod || '%'
```

기존 인덱스 구성 하에서 UNION ALL 상단 쿼리는 기존과 동일한 비효율을 안은 채 수행되겠지만, 하단 쿼리만큼은 최상으로 수행될 수 있다. 만약 UNION ALL 상단 쿼리까지 최적화하려면 [회사 + 상품명] 순으로 구성된 인덱스를 하나 더 추가해야 한다.

인덱스를 새로 추가하는 데 부담이 있으면 기존 인덱스 순서를 [회사 + 상품명 + 지역] 순으로 변경하는 것을 고려할 수 있다. 그럴 경우 UNION ALL 하단 쿼리를 처리할 때 불리해진다. 따라서 이는 상품명 조건에 입력되는 값의 선택도에 따라 결정할 사항이다.

제4절 인덱스 설계

1. 결합 인덱스 구성을 위한 기본 공식

인덱스 스캔 방식에 여러 가지가 있지만 가장 정상적이고 일반적인 것은 Index Range Scan이라고 했다. 이를 위해서는 인덱스 선두 칼럼이 조건절에 반드시 사용돼야만 한다. 따라서 결합 인덱스를 구성할 때 첫 번째 기준은, 조건절에 항상 사용되거나 적어도 자주 사용되는 칼럼들을 선정하는 것이다. 두 번째 기준은, 그렇게 선정된 칼럼 중 '=' 조건으로 자주 조회되는 칼럼을 앞쪽에 두는 것이다. 그 이유는 바로 앞에서 충분히 설명했다.

세 번째 기준은, 소트 오퍼레이션을 생략하도록 하기 위해 칼럼을 추가하는 것이다. 인덱스는 항상 정렬 상태를 유지하므로 order by, group by를 위한 소트 연산을 생략할 수 있도록 해 준다. 따라서 조건절에 사용되지 않은 칼럼이더라도 소트 연산을 대체할 목적으로 인덱스 구성에 포함함으로써 성능 개선을 도모할 수가 있다. 인덱스를 이용해 소트 연산을 대체하려면, 인덱스 칼럼 구성과 같은 순서로 누락 없이(뒤쪽 칼럼이 누락되는 것은 상관없음) order by절에 기술해 줘야 한다. 단 인덱스 구성 칼럼이 조건절에서 '=' 연산자로 비교된다면, 그 칼럼은 order by절에서 누락되거나 인덱스와 다른 순서로 기술하더라도 상관없다. 이런 규칙은 group by절에도 똑같이 적용된다.

■ 선택도 이슈

인덱스 생성 여부를 결정할 때는 선택도(selectivity)가 충분히 낮은지가 중요한 판단 기준임이 틀림없다. 앞서 설명했듯이 인덱스를 스캔하면서 테이블을 액세스하는 양이 일정 수준(=손익분기점)을 넘는 순간 Full Table Scan보다 오히려 느려지기 때문이다. 따라서 선택도(결합 인덱스일 때는 결합 선택도)가 높은 인덱스는 생성해 봐야 효용가치가 별로 없다. 결합 인덱스 칼럼 간 순서를 정할 때도 개별 칼럼의 선택도가 고려사항은 될 수 있지만, 어느 쪽이 유리한지는 상황에 따라 다르다. 개별 칼럼의 선택도보다는 조건절에서 어떤 형태로 자주 사용되는지, 사용빈도는 어느 쪽이 높은지, 데이터를 빠르게 검색하는 데에 어느 쪽 효용성이 높은지 등이 중요한 판단기준이다.

2. 추가적인 고려사항

위 공식이 결합 인덱스를 구성할 때 일반적으로 통용될 수 있는 기본임은 틀림없다. 하지만 인덱스 설계가 그렇게 간단하지만은 않다. 인덱스 스캔의 효율성 외에도 고려해야 할 요소들이 훨씬 많기 때문이다.

효과적인 인덱스 설계를 위해 추가적으로 고려해야 할 요소들을 열거하면 다음과 같다.

- 쿼리 수행 빈도
- 업무 상 중요도
- 클러스터링 팩터
- 데이터량
- DML 부하(= 기존 인덱스 개수, 초당 DML 발생량, 자주 갱신되는 칼럼 포함 여부 등)
- 저장 공간
- 인덱스 관리 비용 등

이런 상황적 요소에 대한 해석과 판단 기준이 설계자의 성향이나 스타일에 따라 다르므로 결과물도 크게 달라진다. 전장에서 똑같은 상황에 맞닥뜨리더라도 지휘관의 스타일에 따라 전략과 전술이 달라지는 것처럼 말이다.

인덱스 설계는 공식이 아닌 전략과 선택의 문제다. 시스템 전체적인 관점에서 대안 전략들을 수립하고 그 중 최적을 선택할 수 있는 고도의 기술력과 경험이 요구되기 때문에 어렵다. 개별 쿼리 성능을 높일 뿐만 아니라 생성되는 인덱스 개수를 최소화함으로써 DML 부하를 줄이는 것이 중요한 목표여야 한다.

3. 인덱스 설계도 작성

앞에서도 얘기했듯이 인덱스 설계 시 시스템 전체 효율을 고려해야 한다. 조화를 이룬 건축물을 짓기 위해 설계도가 필수인 것처럼 인덱스 설계 시에도 전체를 조망할 수 있는 설계도면이 필요한 이유다. [그림 III-3-25]는 인덱스 설계도를 예시한 것이다.

인덱스 설계도

(Range, Hash, List 등 — 주파티션/서브파티션)

시스템명			
작성자	홍길동	작성일	2004.04.01

테이블명	매물	설명		Owner		총건수	373,679
주파티션		주파티션 키		서브파티션		서브파티션 키	

NO	인덱스명	변경 전 인덱스 구성	변경 후 인덱스 구성	비고
P	PK	물건코드	물건코드	
1	IDX01	지역대분류, 지역중분류		
2	IDX02	물건코드, 물건종류	물건종류, 지역대분류, 지역중분류, 읍면동	
3	IDX03	입력일, 아파트시세코드, 평형, 평형타입	물건종류, 도시, 구시군, 읍면동	추천매물도 추가할지 결정
4	IDX04	입력일, 추천매물, 아파트시세코드, 평형, 읍면동	물건종류, 중개업소코드	
5	IDX05	입력일, 지역대분류, 지역중분류, 마을명	물건종류, 평형	
6	IDX06	입력일, 지역대분류, 지역중분류, 읍면동		
7	IDX07	입력일, 지역대분류, 지역중분류, CO14		
8	IDX08	입력일, 지역대분류, 평형		
9	IDX09	입력일, 전철호선, 역명, 전철도보시간		
10	IDX10	입력일, 중개업소코드, 물건코드		
11	IDX11	중개업소코드, 입력일, 인터넷매물		
12	IDX12	물건종류, 수정일		
13	IDX13	입력일, 매물구분, 추천매물, 지역대분류, 지역중분류		
14	IDX14	물건종류, 중개업소코드, 입력일, 인터넷매물		

(number of distinct values)

컬럼명	액세스 경로	NDV	Avg	Max	Min	기타
물건코드	= = (1,2), = (23)					
물건종류	= (2~23)	11	36,865	70,446	1,394	
중개업소코드						
아파트시세코드	=	1,820		2,752	1	NULL : 280,656
평형	= =	1,122		13,959	1	NULL : 66,474
평형타입	=	47		11,246	1	NULL : 161,795
추천매물	=					
지역대분류	= = = = = = =	16		245,490	109	
지역중분류						
도시	= = = = = =	17		249,081	113	NULL : 9
구시군	= = = = = OB					
읍면동	= = = = = =					
CO1	BW					
CO2	=					
CO9	<> = <> = <>					
CO10	<> IN					
CO12	= (PK 인덱스 사용)					
CO14	<>					
입력일	>= >= >= >= >= >= >= >= >= >= >= >= >= >= >= >= >= OB >= >=					

(order by, between, full table scan)

사용 인덱스	1	2	3	4	5	6	7	8	9	10	11	12	13	14	15	16	17	18	19	20	21	22	23
변경전	2	2	14	14	1	1	13	14	1	1	14	3	F	6	6	6	6	F	7	F	2	F	1
변경후	P	P	4	4	2	2	2	2	2	2	2	5	5	3	3	3	3	3	5	P	3	2	

메모: 바인드 변수 사용 시, 도시가 '서울' 또는 '경기'인 매물을 조회할 때는 FTS으로 처리되도록 실행계획 분리해야

[그림 III-3-25] 인덱스 설계도 예시

장 요약

제1절 인덱스 기본 원리

- 인덱스의 가장 기본적인 구조는 B*Tree 인덱스다.
- B*Tree 인덱스 탐색 과정은 수직적 탐색과 수평적 탐색으로 나눌 수 있다.
- Oracle이 사용하는 인덱스 스캔 방식에는, Index Range Scan, Index Unique Scan, Index Full Scan, Index Fast Full Scan, Index Skip Scan 등이 있다. SQL Server가 사용하는 인덱스 스캔 방식에는 Index Seek와 Index Scan이 있다.
- Oracle에서 제공하는 인덱스로는 B*Tree 인덱스, 비트맵(Bitmap) 인덱스, 함수기반 인덱스, 리버스 키(Reverse Key) 인덱스, 클러스터 인덱스 등이 있다. SQL Server의 인덱스 종류로는 클러스터형(Clustered) 인덱스와 비클러스터형(NonClustered) 인덱스가 있다.
- 인덱스 선두 칼럼을 조건절에서 가공하면 인덱스가 정상적으로 사용될 수 없다.
- 특히 DBMS 내부적으로 일어나는 묵시적(Implicit) 형 변환 때문에 인덱스가 사용되지 못하는 경우가 있는지 주의를 기울여야 한다.

제2절 테이블 액세스 최소화

- 인덱스 튜닝 원리는 테이블 랜덤 액세스 최소화와 인덱스 스캔범위 최소화라는 2가지로 요약될 수 있다.
- 특히 인덱스를 경유한 테이블 랜덤 액세스가 성능을 저하시키는 주요인이고, 그 발생량이 일정 수준을 넘으면 테이블 전체를 스캔하는 것보다 오히려 늦다.
- 인덱스 칼럼 기준으로 테이블 데이터가 모여 있는 정도를 의미하는 클러스터링 팩터에 따라 인덱스 손익 분기점이 많이 달라진다.
- 테이블 액세스 최소화를 위한 가장 일반적인 방법은 인덱스에 칼럼을 추가하는 것이다.
- IOT, 클러스터형 인덱스, 클러스터 테이블 등을 적용함으로써 테이블 액세스를 최소화할 수 있다.

제3절 인덱스 스캔 효율화

- 인덱스 스캔 범위를 최소화하는 것도 인덱스 튜닝의 중요한 요소다. 인덱스 선두 칼럼이 Between, 부등호, Like 같은 범위검색 조건일 때가 문제다.
- 인덱스 스캔 범위를 최소화하기 위해 인덱스 선두 칼럼을 '='이나 In-List 조건으로 바꿔주는 것이 효과적일 수 있고, Index Skip Scan을 활용하는 것도 효과적이다.

제4절 인덱스 설계

- 인덱스를 설계할 때는 조건절에 항상(또는 자주) 사용되는 칼럼을 선정하고, 그 중에서 '=' 조건으로 자주 조회되는 칼럼을 앞쪽에 두어야 한다.
- 인덱스는 단순한 공식보다는 쿼리 수행 빈도, 업무상 중요도, DML 발생량 등을 종합적으로 고려해서 설계해야 한다.

연습문제

문제 1. 다음 설명 중 틀린 것은?

① Oracle에서 인덱스 구성 칼럼이 모두 null인 레코드는 인덱스에 저장하지 않는다.

② Oracle에서 인덱스 구성 칼럼 중 하나라도 null이 아닌 레코드는 인덱스에 저장한다.

③ SQL Server는 인덱스 구성 칼럼이 모두 null인 레코드도 인덱스에 저장한다.

④ SQL Server는 null 값을 인덱스 맨 뒤에 저장한다.

문제 2. 다음 중 인덱스 클러스터링 팩터(Clustering Factor)를 잘못 설명한 것은?

① 데이터가 모여 있는 정도를 말한다.

② 인덱스를 Rebuild하면 클러스터링 팩터가 좋아진다.

③ 인덱스 클러스터링 팩터가 좋을수록 물리적인 I/O가 적게 발생한다.

④ 인덱스 클러스터링 팩터가 좋을수록 논리적인 I/O가 적게 발생한다.

문제 3. 100명의 영업사원이 있고, 각 사원의 1년치 영업 실적은 평균 10만 건에 달한다. 이런 상황에서 가장 수행 빈도가 높은 다음 쿼리를 최적화해 달라는 요청을 받았다. 가장 좋은 방안은?

```
select substring(일자, 1, 6) 월도
     , sum(판매금액) 총판매금액,  avg(판매금액) 평균판매금액
     , max(판매금액) 최대판매금액, min(판매금액) 최소판매금액
from    영업실적
where   사번 = 'S1234'
and     일자 between '20090101' and '20091231'
group by substring(일자, 1, 6)
```

① [사번 + 일자]로 구성된 인덱스를 생성한다.

② Oracle은 [사번 + 일자] 기준으로 IOT를 구성하고, SQL Server는 클러스터형 인덱스를 생성한다.

③ Oracle이라면 클러스터를 생성하고 클러스터에 테이블을 할당한다. 같은 사번끼리 데이터가 모이도록 사번을 클러스터 키(Key)로 선정한다.

④ 테이블을 일자 칼럼 기준으로 Range 파티셔닝하고 Full Table Scan으로 처리한다.

문제 4. 다음 중 인덱스 튜닝에 대해 잘못 설명하고 있는 것은?

① 인덱스 튜닝의 핵심요소 중 하나는 불필요한 테이블 랜덤 액세스가 발생하지 않도록 하는 데에 있다. 이를 위해 인덱스 칼럼 순서를 바꿔주는 것도 큰 효과가 있다.

② 인덱스를 경유한 테이블 액세스 횟수가 같더라도 인덱스 구성에 따라 스캔 효율이 달라진다. 따라서 인덱스 스캔 효율을 높이기 위해 인덱스 칼럼 순서를 바꿔야 할 때가 종종 있다.

③ 조건절이 다음과 같을 때 인덱스를 [deptno + ename] 순으로 구성하나 [ename + deptno] 순으로 구성하나 인덱스 스캔 효율에 차이가 없다.

where deptno = 10 and ename = 'SCOTT'

④ 인덱스를 경유한 테이블 랜덤 액세스 부하가 심할 때, 클러스터 테이블이나 IOT를 활용하는 방안을 고려할 수 있다.

SQL

Professional·Developer

학습목표

- 조인의 내부 메커니즘과 각 조인 메소드의 특징 이해
- 실전적인 고급 조인 기법 습득

제4장

조인 튜닝

장 소개

조인의 기본은 NL 조인(Nested Loop Join)이다. 3장에서 설명한 인덱스 원리를 이해했다면 NL 조인을 쉽게 이해할 수 있다. NL 조인은 인덱스를 이용한 조인이기 때문이다. 튜닝 원리도 그대로 적용할 수 있다.

NL 조인을 정확히 이해하고 나면 소트 머지 조인과 해시 조인, 스칼라 서브 쿼리를 활용한 조인도 쉽게 이해할 수 있다. 어떤 자료구조를 사용하느냐의 차이는 있지만, 조인 프로세싱 자체는 모두 똑같기 때문이다.

3장을 시작하면서도 언급했듯, I/O 효율화 튜닝을 위해서는 옵티마이저 원리를 바탕으로 인덱스 및 조인의 내부 수행원리를 이해하는 것이 필수적이다. 본 장은 기본 조인 원리와 고급 조인 기법을 상세히 다룬다.

장 구성

본 장은 다섯 개 절로 구성돼 있다. 1절부터 3절까지는 NL 조인, 소트 머지 조인, 해시 조인의 기본 원리를 설명한다. 4장에서는 스칼라 서브 쿼리를 활용한 조인의 특징과 성능 원리를 설명한다. 5절에서는 앞 절에서 다룬 기본 조인 원리를 바탕으로 고급 튜닝 기법을 설명한다.

제1절 NL 조인
제2절 소트 머지 조인
제3절 해시 조인
제4절 스칼라 서브 쿼리
제5절 고급 조인 기법

제1절 NL 조인

1. 기본 메커니즘

프로그래밍을 해 본 독자라면 누구나 아래 중첩 루프문(Nested Loop)의 수행 구조를 이해할 것이고, 그렇다면 NL 조인도 어렵지 않게 이해할 수 있다.

```
〈 C, JAVA 〉
for(i=0; i<100; i++){    -- outer loop
  for(j=0; j<100; j++){  -- inner loop
    // Do Anything ...
  }
}
```

위 중첩 루프문과 같은 수행 구조를 사용하는 NL 조인이 실제 어떤 순서로 데이터를 액세스하는지 아래 PL/SQL 문이 잘 설명해 준다.

```
begin
  for outer in (select deptno, empno, rpad(ename, 10) ename from emp)
  loop    -- outer 루프
    for inner in (select dname from dept where deptno = outer.deptno)
    loop  -- inner 루프
      dbms_output.put_line(outer.empno||' : '||outer.ename||' : '||inner.dname);
    end loop;
  end loop;
end;
```

위 PL/SQL 문은 아래 쿼리와 100% 같은 순서로 데이터를 액세스하고 데이터 출력 순서도 같다. 내부적으로 (=Recursive하게) 쿼리를 반복 수행하지 않는다는 점만 다르다.

[예제] Oracle

```
select /*+ ordered use_nl(d) */ e.empno, e.ename, d.dname
from   emp e, dept d
where  d.deptno = e.deptno

select /*+ leading(e) use_nl(d) */ e.empno, e.ename, d.dname
```

```
from    dept d, emp e
where   d.deptno = e.deptno
```

[예제] SQL Server

```
select e.empno, e.ename, d.dname
from    emp e inner loop join dept d on d.deptno = e.deptno
option (force order)

select e.empno, e.ename, d.dname
from    emp e, dept d
where   d.deptno = e.deptno
option (force order, loop join)
```

사실 뒤에서 설명할 소트 머지 조인과 해시 조인도 각각 소트 영역(Sort Area)과 해시 영역(Hash Area)에 가공해 둔 데이터를 이용한다는 점만 다를 뿐 기본적인 조인 프로세싱은 다르지 않다.

2. NL 조인 수행 과정 분석

이제 NL 조인의 기본 메커니즘을 이해했으므로 아래 조인문에서 조건절 비교 순서가 어떻게 되는지 분석해 보자.

```
select /*+ ordered use_nl(e) */
       e.empno, e.ename, d.dname, e.job, e.sal
from    dept d, emp e
where   e.deptno = d.deptno  …………… ①
and     d.loc = 'SEOUL'       …………… ②
and     d.gb  = '2'           …………… ③
and     e.sal >= 1500         …………… ④
order by sal desc
```

인덱스 상황은 다음과 같다.

```
* pk_dept      : dept.deptno
* dept_loc_idx : dept.loc
* pk_emp       : emp.empno
```

```
* emp_deptno_idx : emp.deptno
* emp_sal_idx    : emp.sal
```

조건절 비교 순서와 위 5개 인덱스 중 어떤 것이 사용될지도 고민해 보기 바란다.

```
Execution Plan
-------------------------------------------------------
0       SELECT STATEMENT
1   0     SORT ORDER BY
2   1       NESTED LOOPS
3   2         TABLE ACCESS BY INDEX ROWID DEPT
4   3           INDEX RANGE SCAN DEPT_LOC_IDX
5   2         TABLE ACCESS BY INDEX ROWID EMP
6   5           INDEX RANGE SCAN EMP_DEPTNO_IDX
```

사용되는 인덱스는 dept_loc_idx와 emp_deptno_idx인 것을 위 실행계획을 보고 알 수 있다.

그럼 조건비교 순서는? SQL 조건절에 표시한 번호로 ② → ③ → ① → ④ 순이다.

일반적으로 실행계획을 해석할 때 형제(Sibling) 노드 간에는 위에서 아래로, 부모-자식(Parent-Child) 노드 간에는 안쪽에서 바깥쪽으로, 즉 자식 노드부터 읽는다. 이 규칙에 따라 위 실행계획을 해석하면 다음과 같다.

1. dept_loc_idx 인덱스 범위 스캔(ID = 4)
2. 인덱스 rowid로 dept 테이블 액세스(ID = 3)
3. emp_deptno_idx 인덱스 범위 스캔(ID = 6)
4. 인덱스 rowid로 emp 테이블 액세스(ID = 5)
5. sal 기준 내림차순(desc) 정렬(ID = 1)

SQL 실행 순서를 이런 규칙에 따라 해석하는 방식이 NL 조인에서는 비교적 자연스럽고 실행 과정을 이해하는 데 도움을 준다. 좀 더 깊이 있게 공부하다 보면 SQL의 정확한 실행 메커니즘을 이해하는 데 오히려 방해가 될 수 있다. 따라서 이후에 학습하게 될 소트 머지 조인과 해시 조인, 각종 서브쿼리 실행계획을 해석할 때는 이런 기계적인 규칙보다는 정확한 메커니즘을 먼저 이해하고 그것을 바탕으로 좀 더 자연스러운 방식으로 이해하려는 노력이 필요하다.

위 실행계획을 그림으로 표현해 보면 [그림 III-4-1]과 같다.

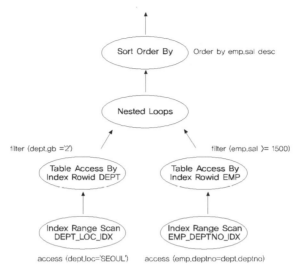

filter (dept.gb ='2')　　　　　　　　　　filter (emp.sal)= 1500)

access (dept.loc='SEOUL')　　access (emp.deptno=dept.deptno)

[그림 III-4-1] 도식화한 NL 조인 실행계획

[그림 III-4-1]을 해석할 때는 형제 노드 간에는 좌에서 우로 읽고, 부모-자식 노드 간에는 아래에서 위쪽으로, 즉 자식 노드부터 읽는다.

1. dept.loc = 'SEOUL' 조건을 만족하는 레코드를 찾으려고 dept_loc_idx 인덱스를 범위 스캔한다.
2. dept_loc_idx 인덱스에서 읽은 rowid를 가지고 dept 테이블을 액세스해 dept.gb = '2' 필터 조건을 만족하는 레코드를 찾는다.
3. dept 테이블에서 읽은 deptno 값을 가지고 조인 조건을 만족하는 emp 쪽 레코드를 찾으려고 emp_deptno_idx 인덱스를 범위 스캔한다.
4. emp_deptno_idx 인덱스에서 읽은 rowid를 가지고 emp 테이블을 액세스해 sal >= 1500 필터 조건을 만족하는 레코드를 찾는다.
5. 1~4 과정을 통과한 레코드들을 sal 칼럼 기준 내림차순(desc)으로 정렬한 후 결과를 리턴한다.

여기서 기억할 것은 각 단계를 완료하고 나서 다음 단계로 넘어가는 게 아니라 한 레코드씩 순차적으로 진행한다는 사실이다. 단 order by는 전체 집합을 대상으로 정렬해야 하므로 작업을 모두 완료하고서 다음 오퍼레이션을 진행한다.

아래는 SQL Server에서의 실행계획이다.

```
StmtText
---------------------------------------------------------
|--Sort(ORDER BY:([e].[sal] DESC))
   |--Filter(WHERE:([emp].[sal] as [e].[sal]>=(1500)))
```

```
|--Nested Loops(Inner Join, OUTER REFERENCES:([Bmk1003]))
   |--Nested Loops(Inner Join, OUTER REFERENCES:([d].[deptno]))
   |  |--Filter(WHERE:([dept].[gb] as [d].[gb]='2'))
   |  |  |--Nested Loops(Inner Join, OUTER REFERENCES:([Bmk1000]))
   |  |     |--Index Seek(OBJECT:([dept].[dept_loc_idx] AS [d]), SEEK:([loc]='CHICAGO')  )
   |  |     |--RID Lookup(OBJECT:([dept] AS [d]), SEEK:([Bmk1000]=[Bmk1000])  )
   |  |--Index Seek(OBJECT:([emp].[emp_deptno_idx]), SEEK:([e].[deptno]=[dept].[deptno]))
   |--RID Lookup(OBJECT:([emp] AS [e]), SEEK:([Bmk1003]=[Bmk1003]) LOOKUP ORDERED FORWARD)
```

SQL Server에서 제공하는 그래픽 모드 실행계획은 [그림 III-4-2]와 같다.

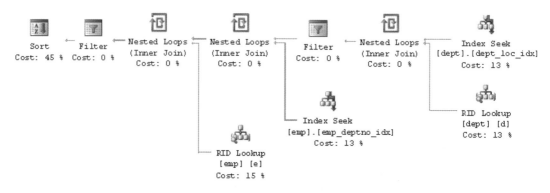

[그림 III-4-2] SQL Server의 그래픽 모드 실행계획

[그림 III-4-3]을 보면 지금까지 설명한 NL 조인의 수행 절차를 좀 더 명확히 이해할 수 있다.

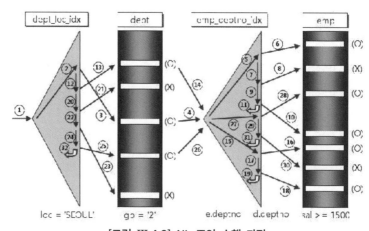

[그림 III-4-3] NL 조인 수행 과정

11, 19, 31, 32는 스캔할 데이터가 더 있는지 확인하는 one-plus 스캔을 표시한 것이다. (O)는 테이블 필터 조건에 의해 레코드가 걸러지지 않은 것을 의미하고, 반대로 (X)는 테이블 필터 조건에 의해 걸러진 것을 의미한다.

[그림 III-4-3]을 보면서, dept_loc_idx 인덱스를 스캔하는 양에 따라 전체 일량이 좌우됨을 이해하기 바란다. 여기서는 단일 칼럼 인덱스를 '=' 조건으로 스캔했으므로 비효율 없이 6(=5+1)건을 읽었고, 그만큼 테이블 랜덤 액세스가 발생했다. 우선 이 부분이 NL 조인의 첫 번째 부하지점이다.

만약 dept 테이블로 많은 양의 랜덤 액세스가 있었는데 gb = '2' 조건에 의해 필터링되는 비율이 높다면 어떻게 해야 할까? 이미 3장에서 배웠듯이 dept_loc_idx에 gb 칼럼을 추가하는 방안을 고려해야 한다.

두 번째 부하지점은 emp_deptno_idx 인덱스를 탐색하는 부분이다. Outer 테이블인 dept를 읽고 나서 조인 액세스가 얼마나 발생하느냐에 의해 결정된다. 이것 역시 랜덤 액세스에 해당한다. [그림 III-4-3]에서는 gb = '2' 조건을 만족하는 건수만큼 3번의 조인시도가 있었다. 만약 emp_deptno_idx의 높이(height)가 3이면 건마다 그만큼의 블록 I/O가 발생하고, 리프 블록을 스캔하면서 추가적인 블록 I/O가 더해진다.

세 번째 부하지점은 emp_deptno_idx를 읽고 나서 emp 테이블을 액세스하는 부분이다. 여기서도 sal >= 1500 조건에 의해 필터링되는 비율이 높다면, emp_deptno_idx 인덱스에 sal 칼럼을 추가하는 방안을 고려해야 한다.

OLTP 시스템에서 조인을 튜닝할 때는 일차적으로 NL 조인부터 고려하는 것이 올바른 순서다. 우선 NL 조인 메커니즘을 따라 각 단계의 수행 일량을 분석해 과도한 랜덤 액세스가 발생하는 지점을 파악한다. 조인 순서를 변경해 랜덤 액세스 발생량을 줄일 수 있는 경우가 있지만, 그렇지 못할 때는 인덱스 칼럼 구성을 변경하거나 다른 인덱스의 사용을 고려해야 한다.

여러 가지 방안을 검토한 결과 NL 조인이 효과적이지 못하다고 판단될 때 해시 조인이나 소트 머지 조인을 검토한다.

3. NL 조인의 특징

대부분 DBMS가 블록(또는 페이지) 단위로 I/O를 수행한다. 하나의 레코드를 읽으려고 블록을 통째로 읽는 랜덤 액세스 방식은 설령 메모리 버퍼에서 빠르게 읽더라도 비효율이 존재한다. 그런데 NL 조인의 첫 번째 특징이 랜덤 액세스 위주의 조인 방식이라는 점이다. 따라서 인덱스 구성이 아무리 완벽하더라도 대량의 데이터를 조인할 때 매우 비효율적이다.

두 번째 특징은 조인을 한 레코드씩 순차적으로 진행한다는 점이다. 첫 번째 특징 때문에 대용량 데이터 처리 시 매우 치명적인 한계를 드러내지만, 반대로 이 두 번째 특징 때문에 아무리 대용량 집합이더라도 매우 극적인 응답 속도를 낼 수 있다. 부분범위처리가 가능한 상황에서 그렇다. 그리고 순차적으로 진행하는 특징 때문에 먼저 액세스되는 테이블의 처리 범위에 의해 전체 일량이 결정된다.

다른 조인 방식과 비교했을 때, 인덱스 구성 전략이 특히 중요하다는 것도 NL 조인의 특징이다. 조인 칼럼에 대한 인덱스가 있느냐 없느냐, 있다면 칼럼이 어떻게 구성됐느냐에 따라 조인 효율이 크게 달라진다.

이런 여러 가지 특징을 종합할 때, NL 조인은 소량의 데이터를 주로 처리하거나 부분범위처리가 가능한 온라인 트랜잭션 환경에 적합한 조인 방식이라고 할 수 있다.

4. NL 조인 확장 메커니즘

버전이 올라가면서 오라클은 NL 조인 성능을 높이기 위해 테이블 Prefetch, 배치 I/O 기능을 도입했다. '테이블 Prefetch'는 인덱스를 이용해 테이블을 액세스하다가 디스크 I/O가 필요해지면, 이어서 곧 읽게 될 블록까지 미리 읽어서 버퍼캐시에 적재하는 기능이다. '배치 I/O'는 디스크 I/O Call을 미뤘다가 읽을 블록이 일정량 쌓이면 한꺼번에 처리하는 기능이다. 두 기능 모두 읽는 블록마다 건건이 I/O Call을 발생시키는 비효율을 줄이기 위해 고안됐다.

내부 원리까지 자세히 알 필요는 없지만, 튜닝하는 과정에 이들 기능을 표현한 실행계획을 자주 보게 되므로 표현 방식은 익혀둘 필요가 있다.

가. 전통적인 실행계획

오라클이 NL 조인을 표현하기 위해 전통적으로 사용해 온 방식은 다음과 같다.

```
Rows  Row Source Operation
---   -------------------------------
  5   NESTED LOOPS
  3     TABLE ACCESS BY INDEX ROWID OF 사원
  5       INDEX RANGE SCAN OF 사원_X1
  5     TABLE ACCESS BY INDEX ROWID OF 고객
  8       INDEX RANGE SCAN OF 고객_X1
```

나. 테이블 Prefetch 실행계획

오라클 9i부터 다음과 같은 표현방식도 같이 나타나기 시작했다.

```
Rows  Row Source Operation
---   -------------------------------
   5  TABLE ACCESS BY INDEX ROWID OF 고객
  12    NESTED LOOPS
   3      TABLE ACCESS BY INDEX ROWID OF 사원
   3        INDEX RANGE SCAN OF 사원_X1
   8      INDEX RANGE SCAN OF 고객_X1
```

이는 Inner 쪽 테이블에 대한 디스크 I/O 과정에 테이블 Prefetch 기능이 작동할 수 있음을 표시하기 위함이다. nlj_prefetch, no_nlj_prefetch 힌트를 이용해 이 실행계획이 나오게 할 수도 있고, 안 나오게 할 수도 있다.

다. 배치 I/O 실행계획

오라클 11g부터 다음과 같은 표현 방식도 같이 나타나기 시작했다.

```
Rows  Row Source Operation
---   -------------------------------------
  5   NESTED LOOPS
  8    NESTED LOOPS
  3     TABLE ACCESS BY INDEX ROWID OF 사원
  3       INDEX RANGE SCAN OF 사원_X1
  8      INDEX RANGE SCAN OF 고객_X1
  5    TABLE ACCESS BY INDEX ROWID OF 고객
```

이는 Inner 쪽 테이블에 대한 디스크 I/O 과정에 배치 I/O 기능이 작동할 수 있음을 표시하기 위함이다. nlj_batching, no_nlj_batching 힌트를 이용해 이 실행계획이 나오게 할 수도 있고, 안 나오게 할 수도 있다.

오라클 11g 이후로 위 세 가지 실행계획이 모두 나타나는데, Inner 쪽 테이블 블록을 모두 버퍼캐시에서 읽는다면 어떤 방식으로 수행하든 성능의 차이가 없다. 데이터 출력 순서도 100% 같다. 다만 '일부를 디스크에서 읽게 되면' 성능의 차이가 나타날 수 있고, 배치 I/O 실행계획이 나타날 때는 결과 집합의 정렬 순서도 다를 수 있어 특별한 주의가 필요하다.

11g부터 NL 조인 결과 집합이 항상 일정한 순서로 출력되기를 원한다면, 배치 I/O 기능이 작동하지 못하도록 no_nlj_batching 힌트를 추가하거나 ORDER BY 절에 정렬 순서를 명시해야 한다.

제 2 절 소트 머지 조인

NL 조인은 조인 칼럼을 선두로 갖는 인덱스가 있는지가 매우 중요하다. 만약 조인 칼럼을 선두로 갖는 인덱스가 없으면 Outer 테이블에서 읽히는 건마다 Inner 테이블 전체를 스캔하기 때문이다. 그럴 때 옵티마이저는 소트 머지 조인이나 다음 절에서 설명할 해시 조인을 고려한다.

소트 머지 조인(Sort Merge Join)은 이름이 의미하는 것처럼 두 테이블을 각각 정렬한 다음에 두 집합을 머지(Merge)하면서 조인을 수행한다. 소트 머지 조인은 아래 두 단계로 진행된다.

① 소트 단계 : 양쪽 집합을 조인 칼럼 기준으로 정렬한다.
② 머지 단계 : 정렬된 양쪽 집합을 서로 머지(merge)한다.

만약 조인 칼럼에 인덱스가 있으면(Oracle의 경우 Outer 테이블에만 해당), ①번 소트 단계를 거치지 않고 곧바로 조인할 수도 있다.

Oracle은 조인 연산자가 부등호이거나 아예 조인 조건이 없어도 소트 머지 조인으로 처리할 수 있지만, SQL Server는 조인 연산자가 '='일 때만 소트 머지 조인을 수행한다는 사실도 유념하기 바란다.

1. 기본 메커니즘

아래 SQL은 dept 테이블을 기준으로 emp 테이블과 조인할 때 소트 머지 조인 방식을 사용하라고 힌트로 지시하고 있다.

```
[예제] Oracle

select /*+ ordered use_merge(e) */ d.deptno, d.dname, e.empno, e.ename
from    dept d, emp e
where   d.deptno = e.deptno

Execution Plan
-------------------------------------------------------------
   0        SELECT STATEMENT Optimizer=CHOOSE (Cost=11 Card=654 Bytes=35K)
   1    0     MERGE JOIN (Cost=11 Card=654 Bytes=35K)
   2    1       SORT (JOIN) (Cost=6 Card=654 Bytes=14K)
   3    2         TABLE ACCESS (FULL) OF 'DEPT' (Cost=2 Card=654 Bytes=14K)
   4    1       SORT (JOIN) (Cost=5 Card=327 Bytes=11K)
   5    4         TABLE ACCESS (FULL) OF 'EMP' (Cost=2 Card=327 Bytes=11K)
```

[예제] SQL Server

```
select d.deptno, d.dname, e.empno, e.ename
from    dept d, emp e
where   d.deptno = e.deptno
option (force order, merge join)


StmtText
-----------------------------------------------------------
|--Merge Join(Inner Join, MANY-TO-MANY MERGE:([d].[deptno])=([e].[deptno]))
    |--Sort(ORDER BY:([d].[deptno] ASC))
    |    |--Table Scan(OBJECT:([SQLPRO].[dbo].[dept] AS [d]))
    |--Sort(ORDER BY:([e].[deptno] ASC))
        |--Table Scan(OBJECT:([SQLPRO].[dbo].[emp] AS [e]))
```

소트 머지 조인의 수행 과정을 그림으로 도식화하면 [그림 III-4-4]와 같다.

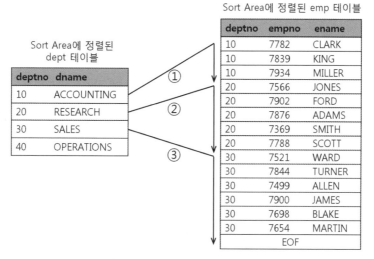

[그림 III-4-4] 소트 머지 조인 수행 과정

[그림 III-4-4]에서 주목할 점은, Inner 집합인 emp 테이블이 정렬돼 있기 때문에 조인에 실패하는 레코드를 만나는 순간 멈출 수 있다는 사실이다. 예를 들어 deptno=10인 레코드를 찾기 위해 ①번 스캔을 진행하다가 20을 만나는 순간 멈춘다.

또 한 가지는 정렬된 emp에서 스캔 시작점을 찾으려고 매번 탐색하지 않아도 된다는 점이다. 예를 들어 deptno=20인 레코드를 찾는 ②번 스캔은 ①번에서 스캔하다가 멈춘 지점을 기억했다가 거기서부터 시작하면 된다. Outer 집합인 dept 테이블도 같은 순서로 정렬돼 있으므로 가능한 일이다.

다음은 소트 머지 조인이 머지하는 방식을 pseudo 코드로 작성한 것이다.

```
Outer 집합(정렬된 dept)에서 첫 번째 로우 o를 가져온다.
Inner 집합(정렬된 emp)에서 첫 번째 로우 i를 가져온다.
loop
   양쪽 집합 중 어느 것이든 끝에 도달하면 loop를 빠져나간다.
   if o = i 이면
     조인에 성공한 로우를 리턴한다.
     inner 집합에서 다음 로우 i를 가져온다.
   else if o < i 이면
     outer 집합에서 다음 로우 o를 가져온다.
   else (즉 o > i 이면)
     inner 집합에서 다음 로우 i를 가져온다.
   end if
end loop
```

[그림 III-4-4]와 위 pseudo 코드를 잘 살펴보면, 실제 조인 수행 과정이 NL 조인과 크게 다르지 않다. outer 집합과 inner 집합을 미리 정렬해 둔다는 점만 다르다. 다시 말하지만 양쪽 집합을 먼저 정렬해 두었기 때문에 위와 같은 처리 로직이 가능하다.

2. 소트 머지 조인의 특징

소트 머지 조인은 다음과 같은 특징을 가진다.

■ 조인 하기 전에 양쪽 집합을 정렬한다.

NL 조인은 정렬 없이 Outer 집합을 한 건씩 차례대로 조인을 진행하지만, 소트 머지 조인은 양쪽 집합을 조인 칼럼 기준으로 정렬한 후에 조인을 시작한다.

대량 집합 조인은 랜덤 액세스 위주의 NL 조인의 경우 비효율이 있다. 이 비효율을 줄이고자 나온 조인 방식이 소트 머지 조인이다. 만약 정렬해야 할 집합이 초대용량 테이블이면 정렬 자체가 큰 비용을 수반하기 때문에 성능 개선 효과를 얻지 못할 수도 있다. 하지만 일반 인덱스나 클러스터형 인덱스처럼 미리 정렬된 오브젝트를 이용하면 정렬작업을 하지 않고 바로 조인을 수행할 수 있어 소트 머지 조인이 좋은 대안이 될 수 있다.

■ 부분적으로 부분범위처리가 가능하다.

소트 머지 조인은 양쪽 집합을 정렬해야 함으로 부분범위처리가 불가능할 거 같지만, 부분적으로는 가능하다. Outer 집합이 조인 칼럼 순으로 미리 정렬된 상태에서 사용자가 일부 로우만 Fetch하다가 멈춘다면 Outer 집합은 끝까지 읽지 않아도 되기 때문이다.

■ 테이블별 검색 조건에 의해 전체 일량이 좌우된다.

NL 조인은 Outer 집합의 건마다 Inner 집합을 탐색한다. 이 때문에 Outer 집합에서 조인 대상이 되는 건수에 의해 전체 일량이 좌우된다. 그러나 소트 머지 조인은 두 집합을 각각 정렬한 후에 조인함으로 각 집합의 크기, 즉 테이블별 검색 조건에 의해 전체 일량이 좌우된다.

■ 스캔 위주의 조인 방식이다.

NL 조인이 랜덤 액세스 위주의 조인 방식이라면 소트 머지 조인은 스캔(Scan) 위주의 조인 방식이다. Inner 테이블을 반복 액세스하지 않으므로 머지 과정에서 랜덤 액세스가 발생하지 않는다. 하지만 랜덤 액세스가 전혀 없는 것은 아니다. 각 테이블 검색 조건에 해당하는 대상 집합을 찾을 때 인덱스를 이용한 랜덤 액세스 방식으로 처리될 수 있고, 이때 발생하는 랜덤 액세스량이 많다면 소트 머지 조인의 이점이 사라질 수 있다.

제3절 해시 조인

1. 기본 메커니즘

해시 조인(Hash Join)은 NL 조인이나 소트 머지 조인이 효과적이지 못한 상황을 해결하고자 나온 방식이다. 아래는 Oracle과 SQL Server 각각에서 해시 조인으로 유도했을 때의 실행계획이다.

[예제] Oracle

```
select /*+ ordered use_hash(e) */ d.deptno, d.dname, e.empno, e.ename
from    dept d, emp e
where   d.deptno = e.deptno

Execution Plan
-----------------------------------------------------------
  0      SELECT STATEMENT Optimizer=CHOOSE (Cost=5 Card=654 Bytes=35K)
  1   0    HASH JOIN (Cost=5 Card=654 Bytes=35K)
  2   1      TABLE ACCESS (FULL) OF 'DEPT' (Cost=2 Card=654 Bytes=14K)
  3   1      TABLE ACCESS (FULL) OF 'EMP' (Cost=2 Card=327 Bytes=11K)
```

[예제] SQL Server

```
select d.deptno, d.dname, e.empno, e.ename
from    dept d, emp e
where   d.deptno = e.deptno
option (force order, hash join)

StmtText
-----------------------------------------------------------
|--Hash Match(Inner Join, HASH:([d].[deptno])=([e].[deptno]))
     |--Table Scan(OBJECT:([SQLPRO].[dbo].[dept] AS [d]))
     |--Table Scan(OBJECT:([SQLPRO].[dbo].[emp] AS [e]))
```

해시 조인은 둘 중 작은 집합(Build Input)을 읽어 해시 영역(Hash Area)에 해시 테이블(= 해시 맵)을 생성하고, 반대쪽 큰 집합(Probe Input)을 읽어 해시 테이블을 탐색하면서 조인하는 방식이다([그림 III-4-5] 참조).

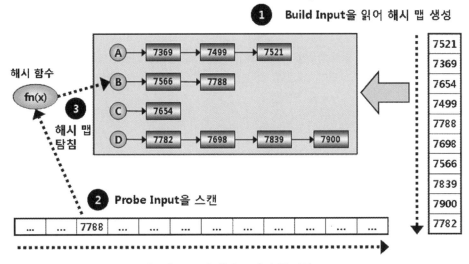

[그림 III-4-5] 해시 조인 수행 과정

해시 함수는 출력값을 미리 알 순 없지만, 같은 입력값에 대해 같은 출력값을 보장하는 함수다. 다른 입력값에 대한 출력값이 같을 수 있는데 이를 '해시 충돌'이라고 한다. 해시 테이블을 만들 때 해시 충돌이 발생하면, 입력값이 다른 엔트리가 한 해시 버킷에 담길 수 있다. 이런 원리를 바탕으로 해시 조인 과정을 좀 더 자세히 살펴보자.

- 1단계 : 해시 테이블 생성도 집합 중 작다고 판단되는 집합을 읽어 해시 테이블을 만든다. 해시 테이블을 만들 때 해시 함수를 사용한다. 해시 테이블은 해시 버킷으로 구성된 배열이라고 생각하면 된다. 해시 함수에서 리턴받은 해시 값이 같은 데이터를 같은 해시 버킷에 체인(연결 리스트)으로 연결한다.
- 2단계 : Probe Input을 스캔해시 테이블 생성을 위해 선택되지 않은 나머지 데이터 집합(Probe Input)을 스캔한다.
- 3단계 : 해시 테이블 탐색 Probe Input에서 읽은 데이터로 해시 테이블을 탐색할 때도 해시 함수를 사용한다. 즉 해시 함수에서 리턴받은 버킷 주소로 찾아가 해시 체인을 스캔하면서 데이터를 찾는다.

해시 조인은, NL 조인처럼 조인 과정에서 발생하는 랜덤 액세스 부하가 없고 소트 머지 조인처럼 조인 전에 미리 양쪽 집합을 정렬하는 부담도 없다. 다만 해시 테이블을 생성하는 비용이 수반된다. 따라서 Build Input이 작을 때라야 효과적이다. 만약 Hash Build를 위해 가용한 메모리 공간을 초과할 정도로 Build Input이 대용량 테이블이면 디스크에 썼다가 다시 읽어 들이는 과정을 거치기 때문에 성능이 많이 저하된다.

Build Input으로 선택된 테이블이 작은 것도 중요하지만 해시 키 값으로 사용되는 칼럼에 중복 값이 거의 없을 때라야 효과적이다. 이유는 잠시 후 자세히 설명한다.

해시 테이블을 만드는 단계는 전체범위처리가 불가피하지만, 반대쪽 Probe Input을 스캔하는 단계는 NL 조인처럼 부분범위처리가 가능하다는 사실도 기억하자.

2. Build Input이 가용 메모리 공간을 초과할 때 처리 방식

해시 조인은 Hash Build를 위한 가용한 메모리 공간에 담길 정도로 Build Input이 충분히 작아야 효과적이라고 했다. 만약 In-Memory 해시 조인이 불가능할 때 DBMS는 'Grace 해시 조인'이라고 알려진 조인 알고리즘을 사용한다. 이는 아래 두 단계로 나누어 진행된다.

가. 파티션 단계

조인되는 양쪽 집합(→ 조인 이외 조건절을 만족하는 레코드) 모두 조인 칼럼에 해시 함수를 적용하고, 반환된 해시 값에 따라 동적으로 파티셔닝을 실시한다. 독립적으로 처리할 수 있는 여러 개의 작은 서브 집합으로 분할함으로써 파티션 짝(pair)을 생성하는 단계다.

파티션 단계에서 양쪽 집합을 모두 읽어 디스크 상의 Temp 공간에 일단 저장해야 하므로 In-Memory 해시 조인보다 성능이 크게 떨어지게 된다.

나. 조인 단계

파티션 단계가 완료되면 각 파티션 짝(pair)에 대해 하나씩 조인을 수행한다. 이때 각각에 대한 Build Input과 Probe Input은 독립적으로 결정된다. 즉 파티션하기 전 어느 쪽이 작은 테이블이었는지에 상관없이 각 파티션 짝(pair)별로 작은 쪽 파티션을 Build Input으로 선택해 해시 테이블을 생성한다.

해시 테이블이 생성되고 나면 반대 쪽 파티션 로우를 하나씩 읽으면서 해시 테이블을 탐색하며, 모든 파티션 짝에 대한 처리가 완료될 때까지 이런 과정을 반복한다.

Grace 해시 조인은 한마디로, 분할·정복(Divide & Conquer) 방식이라고 말할 수 있다. 실제로는 DBMS 벤더마다 조금씩 변형된 형태의 하이브리드(Hybrid) 방식을 사용하지만 두 개의 큰 테이블을 해시 조인하는 기본 알고리즘은 Grace 해시 조인에 바탕을 두고 있다.

■ Recursive 해시 조인(=Nested-loops 해시 조인)

디스크에 기록된 파티션 짝(pair)끼리 조인을 수행하려고 '작은 파티션'을 메모리에 로드하는 과정에서 또다시 가용 메모리를 초과하는 경우가 발생할 수 있다. 그럴 때는 추가적인 파티셔닝 단계를 거치게 되는데, 이를 'Recursive 해시 조인'이라고 한다.

3. Build Input 해시 키 값에 중복이 많을 때 발생하는 비효율

잘 알다시피 해시 알고리즘의 성능은 해시 충돌(collision)을 얼마나 최소화할 수 있느냐에 달렸다. 이를 방지하려면 그만큼 많은 해시 버킷을 할당해야만 한다. [그림 III-4-5]에는 개념적으로 설명하기 위해 하나의 버킷에 여러 키 값이 달리는 구조로 표현했지만, DBMS는 가능하면 충분히 많은 개수의 버킷을 할당함으로써 버킷 하나당 하나의 키 값만 갖게 하려고 노력한다.

그런데 해시 버킷을 아무리 많이 할당하더라도 해시 테이블에 저장할 키 칼럼에 중복 값이 많다면 하나의 버킷에 많은 엔트리가 달릴 수밖에 없다. 그러면 해시 버킷을 아무리 빨리 찾더라도 해시 버킷을 스캔하는 단계에서 많은 시간을 허비하기 때문에 탐색 속도가 현저히 저하된다.

Build Input의 해시 키 칼럼에는 중복 값이 (거의) 없어야 해시 조인이 빠르게 수행될 수 있음을 이해할 것이다.

4. 해시 조인 사용기준

해시 조인 성능을 좌우하는 두 가지 키 포인트는 다음과 같다.

■ 한 쪽 테이블이 가용 메모리에 담길 정도로 충분히 작아야 함
■ Build Input 해시 키 칼럼에 중복 값이 거의 없어야 함

위 두 가지 조건을 만족할 때라야 해시 조인이 가장 극적인 성능 효과를 낼 수 있음을 앞에서 살펴보았다. 그러면 해시 조인을 언제 사용하는 것이 효과적인지 그 선택 기준을 살펴보자.

■ 조인 칼럼에 적당한 인덱스가 없어 NL 조인이 비효율적일 때
■ 조인 칼럼에 인덱스가 있더라도 NL 조인 드라이빙 집합에서 Inner 쪽 집합으로의 조인 액세스량이 많아 랜덤 액세스 부하가 심할 때
■ 소트 머지 조인 하기에는 두 테이블이 너무 커 소트 부하가 심할 때
■ 수행빈도가 낮고 쿼리 수행 시간이 오래 걸리는 대용량 테이블을 조인할 때

앞쪽 세 가지 사항은 앞에서 이미 설명한 내용이므로 생략하기로 하고, 마지막 항목을 강조하면서 해시 조인에 대한 설명을 마치려고 한다.

해시 조인이 등장하면서 소트 머지 조인의 인기가 많이 떨어졌다고 했는데, 그만큼 해시 조인이 빠르기 때문이다. 해시 조인이 워낙 빠르다 보니 모든 조인을 해시 조인으로 처리하려는 유혹에 빠지기 쉬운데, 이는 매우 위험한 생각이 아닐 수 없다.

수행시간이 짧으면서 수행빈도가 매우 높은 쿼리(이는 OLTP성 쿼리의 특징이기도 함)를 해시 조인으로 처리한다면 어떤 일이 발생할까? NL 조인에 사용되는 인덱스는 (Drop하지 않는 한) 영구적으로 유지되면서 다양한 쿼리를 위해 공유 및 재사용되는 자료구조다. 반면 해시 테이블은 단 하나의 쿼리를 위해 생성하고 조인이 끝나면 곧바로 소멸하는 자료구조다.

따라서 수행빈도가 높은 쿼리에 해시 조인을 사용하면 CPU와 메모리 사용률을 크게 증가시킴은 물론, 메모리 자원을 확보하기 위한 각종 래치 경합이 발생해 시스템 동시성을 떨어뜨릴 수 있다.

따라서 해시 조인은 ①수행 빈도가 낮고 ②쿼리 수행 시간이 오래 걸리는 ③대용량 테이블을 조인할 때(이는 배치 프로그램, DW, OLAP성 쿼리의 특징이기도 함) 주로 사용해야 한다. OLTP 환경이라고 해시 조인을 쓰지 못할 이유는 없지만 이 세 가지 기준(①~③)을 만족하는지 체크해 봐야 한다.

제4절 스칼라 서브 쿼리

쿼리에 내장된 또 다른 쿼리 블록을 서브쿼리라고 하는데, 그 중에서 함수처럼 한 레코드당 정확히 하나의 값만을 리턴하는 서브쿼리를 '스칼라 서브 쿼리(Scalar Subquery)'라고 한다. 스칼라 서브 쿼리는 주로 select-list에서 사용되지만 몇 가지 예외사항을 뺀다면 칼럼이 올 수 있는 대부분의 위치에서 사용 가능하다.

```
select empno, ename, sal, hiredate
     ,(select d.dname from dept d where d.deptno = e.deptno) dname
from   emp e
where  sal >= 2000
```

스칼라 서브 쿼리를 사용한 위 쿼리 문장은 아래 Outer 조인문과 100% 같은 결과를 낸다. 즉 dept와 조인에 실패하는 emp 레코드가 있다면 dname으로 null 값이 출력된다.

```
select /*+ ordered use_nl(d) */ e.empno, e.ename, e.sal, e.hiredate, d.dname
from   emp e right outer join dept d
on     d.deptno = e.deptno
where  e.sal >= 2000
```

위에서 예시한 쿼리는 결과만 같은 것이 아니라 조인을 수행하는 처리 경로도 동일하다. NL 방식으로 수행되도록 힌트를 사용했기 때문이다. 다만 스칼라 서브 쿼리에는 내부적으로 캐싱 기법이 작용된다는 점이 다르고, 이를 이용한 튜닝이 자주 행해진다.

1. 스칼라 서브 쿼리의 캐싱 효과

스칼라 서브 쿼리를 사용하면 내부적으로 캐시를 생성하고, 여기에 서브쿼리에 대한 입력 값과 출력 값을 저장한다. 메인 쿼리로부터 같은 입력 값이 들어오면 서브쿼리를 실행하는 대신 캐시된 출력 값을 리턴한다. 캐시에서 찾지 못할 때만 쿼리를 수행하며, 결과는 버리지 않고 캐시에 저장해 둔다.

```
select empno, ename, sal, hiredate
     ,(
         select d.dname              -- 출력 값 : d.dname
         from   dept d
```

```
        where   d.deptno = e.empno        --  입력 값 : e.empno
      )
from    emp e
where   sal >= 2000
```

스칼라 서브 쿼리를 수행할 때, 입력 값과 출력 값을 빠르게 저장하고 찾기 위해 일반적으로 해싱 알고리즘이 사용된다. 따라서 입력 값의 종류가 소수여서 해시 충돌 가능성이 적은 때라야 캐싱 효과를 얻을 수 있다. 반대의 경우라면 캐시를 확인하는 비용 때문에 오히려 성능은 저하되고 CPU 사용률만 높게 만든다.

SQL Server는 2000 버전까지 이 기능을 제공하다가, 2005 버전부터 기능을 없애 버렸다. 자세한 내용은 SQL Server 2005 온라인 설명서에서 'Cache 연산자'를 검색해 보기 바란다.

2. 두 개 이상의 값을 리턴하고 싶을 때

다음 쿼리는 위치가 'CHICAGO'인 부서(dept)만 대상으로 급여 수준을 집계하려는 것이다. 사원(emp) 테이블 전체를 다 읽어야 하는 비효율이 있다(Oracle은 11g 이후로 5장 3절 쿼리 변환에서 다루는 '조인 조건 Pushdown' 기능이 작동한다면, loc = 'CHICAGO' 조건에 해당하는 부서와 관련된 사원 데이터만 읽도록 처리할 수 있다).

```
select d.deptno, d.dname, avg_sal, min_sal, max_sal
from   dept d right outer join
      (select deptno, avg(sal) avg_sal, min(sal) min_sal, max(sal) max_sal
      from emp group by deptno) e
on      e.deptno = d.deptno
where   d.loc = 'CHICAGO'
```

다음과 같이 바꿀 수 있으면 좋겠지만 스칼라 서브 쿼리는 한 레코드당 하나의 값만 리턴한다는 특징 때문에 그럴 수가 없다.

```
select d.deptno, d.dname
      ,(select avg(sal), min(sal), max(sal) from emp where deptno = d.deptno)
from   dept d
where   d.loc = 'CHICAGO'
```

그렇다고 다음과 같이 쿼리한다면 emp에서 같은 범위를 반복적으로 액세스하는 비효율이 따른다.

```
select d.deptno, d.dname
     ,(select avg(sal) from emp where deptno = d.deptno) avg_sal
     ,(select min(sal) from emp where deptno = d.deptno) min_sal
     ,(select max(sal) from emp where deptno = d.deptno) max_sal
from   dept d
where  d.loc = 'CHICAGO'
```

이럴 때 다음과 같이 구하고자 하는 값들을 모두 결합하고, 바깥쪽 액세스 쿼리에서 substr 함수로 분리하는 방법이 유용하게 쓰인다. Oracle 사용자라면 이 기법과 관련해 5장 3절 4항의 '다. 조인 조건(Join Predicate) Pushdown'을 반드시 확인하기 바란다.

[예제] Oracle

```
select deptno, dname
     , to_number(substr(sal, 1, 7)) avg_sal
     , to_number(substr(sal, 8, 7)) min_sal
     , to_number(substr(sal, 15))   max_sal
from (
  select d.deptno, d.dname
       ,(select lpad(avg(sal), 7) || lpad(min(sal), 7) || max(sal)
         from emp where deptno = d.deptno) sal
  from   dept d
  where  d.loc = 'CHICAGO'
)
```

[예제] SQL Server

```
select deptno, dname
     , cast(substring(sal,  1, 7) as float) avg_sal
     , cast(substring(sal,  8, 7) as int)   min_sal
     , cast(substring(sal, 15, 7) as int)   max_sal
from (
  select d.deptno, d.dname
       ,(select str(avg(sal), 7, 2) + str(min(sal), 7) + str(max(sal), 7)
         from emp where deptno = d.deptno) sal
  from   dept d
  where  d.loc = 'CHICAGO'
) x
```

3. 스칼라 서브 쿼리 Unnesting

오라클 12c부터 스칼라 서브 쿼리도 Unnesting이 가능해졌다. 옵티마이저가 사용자 대신 자동으로 쿼리를 변환해 주는 것이다. 다음은 스칼라 서브 쿼리를 Unnesting 할 때의 실행계획이다. 스칼라 서브 쿼리인데도 NL 조인이 아닌 해시 조인으로 실행될 수 있는 이유는 Unnesting됐기 때문이다.

```
select c.고객번호, c.고객명
     ,(select /*+ unnest */ round(avg(거래금액), 2) 평균거래금액
      from   거래
      where  거래일시 >= trunc(sysdate, 'mm')
      and    고객번호 = c.고객번호)
from   고객 c
where  c.가입일시 >= trunc(add_months(sysdate, -1), 'mm')

Execution Plan
--------------------------------------------------------
   0      SELECT STATEMENT Optimizer=ALL_ROWS (Cost=7 Card=4 Bytes=184)
   1    0    HASH JOIN (OUTER) (Cost=7 Card=4 Bytes=184)
   2    1      TABLE ACCESS (FULL) OF '고객' (TABLE) (Cost=3 Card=4 Bytes=80)
   3    1      VIEW OF 'SYS.VW_SSQ_1' (VIEW) (Cost=4 Card=3 Bytes=78)
   4    3        HASH (GROUP BY) (Cost=4 Card=3 Bytes=21)
   5    4          TABLE ACCESS (FULL) OF '거래' (TABLE) (Cost=3 Card=14 Bytes=98)
```

아래는 unnest와 merge 힌트를 같이 사용했을 때의 실행계획이다.

```
Execution Plan
--------------------------------------------------------
   0      SELECT STATEMENT Optimizer=ALL_ROWS (Cost=7 Card=15 Bytes=405)
   1    0    HASH (GROUP BY) (Cost=7 Card=15 Bytes=405)
   2    1      HASH JOIN (OUTER) (Cost=6 Card=15 Bytes=405)
   3    2        TABLE ACCESS (FULL) OF '고객' (TABLE) (Cost=3 Card=4 Bytes=80)
   4    2        TABLE ACCESS (FULL) OF '거래' (TABLE) (Cost=3 Card=14 Bytes=98)
```

제 5 절 고급 조인 기법

1. 인라인 뷰 활용

대부분 조인은 1:M 관계인 테이블끼리의 조인이다. 조인 결과는 M쪽 집합과 같은 단위가 된다. 이를 다시 1쪽 집합 단위로 그룹핑해야 한다면, M쪽 집합을 먼저 1쪽 단위로 그룹핑하고 나서 조인하는 것이 유리하다. 조인 횟수를 줄여주기 때문인데, 그런 처리를 위해 인라인 뷰를 사용할 수 있다.

2009년도 상품별 판매수량과 판매금액을 집계하는 아래 쿼리를 예로 들어보자.

```
select min(t2.상품명) 상품명, sum(t1.판매수량) 판매수량, sum(t1.판매금액) 판매금액
from    일별상품판매 t1, 상품 t2
where   t1.판매일자 between '20090101' and '20091231'
and     t1.상품코드 = t2.상품코드
group by t2.상품코드
```

Call	Count	CPU Time	Elapsed Time	Disk	Query	Current	Rows
Parse	1	0.000	0.000	0	0	0	0
Execute	1	0.000	0.000	0	0	0	0
Fetch	101	5.109	13.805	52744	782160	0	1000
Total	103	5.109	13.805	52744	782160	0	1000

```
   Rows  Row Source Operation
   -----  ------------------------------------------------
   1000  SORT GROUP BY (cr=782160 pr=52744 pw=0 time=13804391 us)
 365000    NESTED LOOPS  (cr=782160 pr=52744 pw=0 time=2734163731004 us)
 365000     TABLE ACCESS FULL 일별상품판매 (cr=52158 pr=51800 pw=0 time=456175026878 us)
 365000     TABLE ACCESS BY INDEX ROWID 상품 (cr=730002 pr=944 pw=0 time=872397482545 us)
 365000      INDEX UNIQUE SCAN 상품_PK (cr=365002 pr=4 pw=0 time=416615350685 us)
```

Row Source Operation을 분석해 보면, 일별상품판매 테이블로부터 읽힌 365,000개 레코드마다 상품 테이블과 조인을 시도했다. 조인 과정에서 730,002개의 블록 I/O가 발생했고 총 소요시간은 13.8초다.

다음과 같이 상품코드별로 먼저 집계하고서 조인하도록 바꾸고 다시 수행해 보자.

```
select t2.상품명, t1.판매수량, t1.판매금액
from  (select 상품코드, sum(판매수량) 판매수량, sum(판매금액) 판매금액
       from   일별상품판매
       where  판매일자 between '20090101' and '20091231'
       group by 상품코드) t1, 상품 t2
where  t1.상품코드 = t2.상품코드
```

Call	Count	CPU Time	Elapsed Time	Disk	Query	Current	Rows
Parse	1	0.000	0.000	0	0	0	0
Execute	1	0.000	0.000	0	0	0	0
Fetch	101	1.422	5.540	51339	54259	0	1000
Total	103	1.422	5.540	51339	54259	0	1000

```
 Rows  Row Source Operation
 ----  --------------------------------------------------
 1000  NESTED LOOPS  (cr=54259 pr=51339 pw=0 time=5540320 us)
 1000   VIEW  (cr=52158 pr=51339 pw=0 time=5531294 us)
 1000    SORT GROUP BY (cr=52158 pr=51339 pw=0 time=5530293 us)
365000     TABLE ACCESS FULL 일별상품판매 (cr=52158 pr=51339 pw=0 time=2920041 us)
 1000   TABLE ACCESS BY INDEX ROWID 상품 (cr=2101 pr=0 pw=0 time=8337 us)
 1000    INDEX UNIQUE SCAN 상품_PK (cr=1101 pr=0 pw=0 time=3747 us)
```

상품코드별로 먼저 집계한 결과건수가 1000건이므로 상품 테이블과 조인도 1000번만 발생했다. 조인 과정에서 발생한 블록 I/O는 2101개에 불과하고 수행시간도 5.5초밖에 걸리지 않았다.

2. 배타적 관계의 조인

어떤 엔터티가 두 개 이상의 다른 엔터티의 합집합과 관계(Relationship)를 갖는 것을 '상호배타적(Exclusive OR) 관계'라고 한다. [그림 III-4-6]에서 작업지시 테이블과 개통신청 및 장애접수 테이블과의 관계가 여기에 해당하며, 관계선에 표시된 아크(Arc)를 확인하기 바란다.

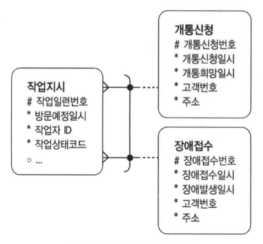

[그림 III-4-6] 배타적 관계

ERD에 표현된 업무를 간단히 설명하면, 고객으로부터 개통이나 장애처리 요청을 받으면 작업기사에게 작업지시서를 발행한다. 한 작업자에게만 작업지시를 내릴 때가 많지만, 작업 내용에 따라서는 여러 작업자가 필요할 수도 있다. 또한 여러 작업자가 동시에 출동하는가 하면, 시간 간격을 두고 따로 출동하기도 한다.

ERD에 다 표현하진 않았지만 개통신청과 장애접수는 관리하는 속성이 상당히 달라 별도의 테이블로 설계했다. 반면 작업지시는 개통 신청이든 장애 접수든 거의 같은 속성을 관리하므로 한 테이블로 설계했다. 한 테이블로 통합하더라도 개통신청이나 장애접수 중 어느 것과 관계를 갖는지 구분할 수 있어야 한다.

[그림 III-4-6]과 같은 데이터 모델을 실제 데이터베이스로 구현할 때, 작업지시 테이블에는 아래 두 가지 방법 중 하나를 사용한다.

① 개통신청번호와 장애접수번호 두 칼럼을 따로 두고, 레코드별로 둘 중 하나의 칼럼에만 값을 입력한다.
② 작업구분과 접수번호 칼럼을 두고, 작업구분이 '1'일 때는 개통신청번호를 입력하고 '2'일 때는 장애접수번호를 입력한다.

①번처럼 설계할 때는 다음과 같이 Outer 조인으로 간단하게 쿼리를 작성할 수 있다.

```
[예제] Oracle
select /*+ ordered use_nl(b) use_nl(c) */
       a.작업일련번호, a.작업자ID, a.작업상태코드
     , nvl(b.고객번호, c.고객번호) 고객번호
     , nvl(b.주소, c.주소) 주소, ……
from   작업지시 a, 개통신청 b, 장애접수 c
where  a.방문예정일시 between :방문예정일시1 and :방문예정일시2
```

```
and     b.개통신청번호(+) = a.개통신청번호
and     c.장애접수번호(+) = a.장애접수번호
```

[예제] SQL Server

```
select a.작업일련번호, a.작업자ID, a.작업상태코드
      , isnull(b.고객번호, c.고객번호) 고객번호
      , isnull(b.주소, c.주소) 주소, ……
from    작업지시 a
        left outer join 개통신청 b on b.개통신청번호 = a.개통신청번호
        left outer join 장애접수 c on c.장애접수번호 = a.장애접수번호
where   a.방문예정일시 between :방문예정일시1 and :방문예정일시2
option(force order, loop join)
```

②번처럼 설계했을 때는 약간의 고민이 필요하다. 가장 쉽게 생각할 수 있는 방법은 다음과 같이 union all을 이용하는 것이다.

```
select x.작업일련번호, x.작업자ID, x.작업상태코드, y.고객번호, y.주소, ……
from    작업지시 x, 개통신청 y
where   x.방문예정일시 between :방문예정일시1 and :방문예정일시2
and     x.작업구분 = '1'
and     y.개통신청번호 = x.접수번호
union all
select x.작업일련번호, x.작업자ID, x.작업상태코드, y.고객번호, y.주소, ……
from    작업지시 x, 장애접수 y
where   x.방문예정일시 between :방문예정일시1 and :방문예정일시2
and     x.작업구분 = '2'
and     y.장애접수번호 = x.접수번호
```

union all을 중심으로 쿼리를 위아래 두 번 수행했지만, 만약 [작업구분+방문예정일시] 순으로 구성된 인덱스를 이용한다면 읽는 범위에 중복은 없다. 하지만 [방문예정일시+작업구분] 순으로 구성된 인덱스를 이용할 때는 인덱스 스캔 범위에 중복이 생긴다. [방문예정일시]만으로 구성된 인덱스를 이용한다면 작업구분을 필터링하기 위한 테이블 랜덤 액세스까지 중복해서 발생할 것이다.

그럴 때는 다음과 같이 쿼리함으로써 중복 액세스에 의한 비효율을 해소할 수 있다.

[예제] Oracle

```
select /*+ ordered use_nl(b) use_nl(c) */
```

```
        a.작업일련번호, a.작업자ID, a.작업상태코드
      , nvl(b.고객번호, c.고객번호) 고객번호
      , nvl(b.주소, c.주소) 주소, ……
from    작업지시 a, 개통신청 b, 장애접수 c
where   a.방문예정일시 between :방문예정일시1 and :방문예정일시2
and     b.개통신청번호(+) = decode(a.작업구분, '1', a.접수번호)
and     c.장애접수번호(+) = decode(a.작업구분, '2', a.접수번호)
```

```
[예제] SQL Server

select a.작업일련번호, a.작업자ID, a.작업상태코드
     , isnull(b.고객번호, c.고객번호) 고객번호
     , isnull(b.주소, c.주소) 주소, ……
from    작업지시 a
    left outer join 개통신청 b on b.개통신청번호 = (case when a.작업구분 = '1' then a.접수번호 end)
    left outer join 장애접수 c on c.장애접수번호 = (case when a.작업구분 = '2' then a.접수번호 end)
where   a.방문예정일시 between :방문예정일시1 and :방문예정일시2
option(force order, loop join)
```

3. 부등호 조인

일반적으로 '=' 연산자 조인에만 익숙하더라도 업무에 따라서는 between, like, 부등호 같은 연산자로 조인해야
할 때도 있다.

예를 들어 [그림 III-4-7] 좌측과 같은 월별지점매출 테이블이 있다고 하자. 이 데이터를 이용해 [그림 III-4-7]
우측과 같은 형태의 누적매출을 구해보자. 지점별로 판매월과 함께 증가하는 누적매출(running total)을 구하려는
것이다.

	지점	판매월	매출
1	10	1	521
2	10	2	684
3	10	3	590
4	20	1	537
5	20	2	650
6	20	3	500
7	20	4	919
8	20	5	658
9	30	1	631
10	30	2	736
11	30	3	513
12	30	4	970
13	30	5	939
14	30	6	666

누적매출 →

	지점	판매월	매출	누적매출
1	10	1	521	521
2	10	2	684	1205
3	10	3	590	1795
4	20	1	537	537
5	20	2	650	1187
6	20	3	500	1687
7	20	4	919	2606
8	20	5	658	3264
9	30	1	631	631
10	30	2	736	1367
11	30	3	513	1880
12	30	4	970	2850
13	30	5	939	3789
14	30	6	666	4455

[그림 III-4-7] 누적매출 구하기 예시

윈도우 함수(Oracle에서는 분석 함수(Analytic Function)라고 함)를 이용하면 다음과 같이 간단히 원하는 결과를 얻을 수 있다.

```
select 지점, 판매월, 매출
     , sum(매출) over (partition by 지점 order by 판매월
             range between unbounded preceding and current row) 누적매출
from    월별지점매출
```

만약 윈도우 함수가 지원되지 않는 DBMS를 사용하고 있다면, 다음과 같이 부등호 조인을 이용해 같은 결과를 얻을 수 있다.

```
select t1.지점, t1.판매월, min(t1.매출) 매출, sum(t2.매출) 누적매출
from    월별지점매출 t1, 월별지점매출 t2
where   t2.지점 = t1.지점
and     t2.판매월 <= t1.판매월
group by t1.지점, t1.판매월
order by t1.지점, t1.판매월;
```

4. Between 조인

Between 조인을 설명하기에 앞서 선분이력의 개념부터 살펴보자.

가. 선분이력이란?

예를 들어 고객별연체금액 변경이력을 관리할 때 이력의 시작시점만 관리하는 것을 '점이력' 모델이라고 하고, 시작시점과 종료시점을 함께 관리하는 것을 '선분이력' 모델이라고 한다. 선분이력 모델에서 가장 마지막 이력의 종료일자는 항상 '99991231'(시간까지 관리할 때는 '99991231235959')로 입력해 두어야 한다. [표 III-4-1]을 참고하기 바란다.

[표 III-4-1] 선분이력

고객번호	시작일자	종료일자	연체개월수	연체금액
122	20050428	99991231	1	13,000
123	20040306	20040603	16	287,500
123	20040604	20050315	8	123,500
123	20050316	99991231	3	60,500
124	20030610	20030725	4	83,000

[그림 III-4-8]은 [표 III-4-1]에 있는 123번 고객에 대한 3개의 선분이력 레코드를 일직선 상에 펼쳐서 그려본 것이다.

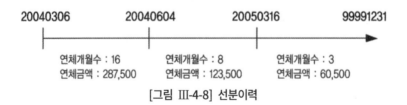

[그림 III-4-8] 선분이력

이력을 이처럼 선분형태로 관리하면 무엇보다 쿼리가 간단해진다는 것이 가장 큰 장점이다. 예를 들어 123번 고객의 2004년 8월 15일 시점 이력을 조회하고자 할 때 다음과 같이 between 조인을 이용해 간편하게 조회할 수 있다.

```
select  고객번호, 연체금액, 연체개월수
from    고객별연체금액
where   고객번호 = '123'
and     '20040815' between b.시작일자 and b.종료일자 ;
```

데이터를 일반적인 점이력으로 관리할 때 아래처럼 서브쿼리를 이용해 복잡하게 쿼리하던 것과 비교해 보기 바란다.

```
select  고객번호, 연체금액, 연체개월수
from    고객별연체금액 a
where   고객번호 = '123'
and     연체변경일자 = (select max(연체변경일자)
                    from    고객별연체금액
                    where   고객번호 = a.고객번호
                    and     변경일자 <= '20040815') ;
```

쿼리가 간단하면 아무래도 성능상 유리하지만 선분이력에 장점만 있는 것은 아니다. 우선 이력이 추가될 때마다 기존 최종 이력의 종료일자(또는 종료일시)도 같이 변경해 주어야 하는 불편함과, 이 때문에 생기는 DML 부하를 고려해야 한다.

PK를 어떻게 구성하느냐에 따라 다르지만 성능을 고려해 일반적으로 [마스터 키 + 종료일자 + 시작일자] 순으로 구성하곤 한다. 이럴 경우 이력을 변경할 때마다 PK 값을 변경하는 셈이어서 RDBMS 설계 사상에 맞지 않다는 지적을 받곤 한다. 무엇보다 개체 무결성을 완벽히 보장하기 어렵다는 것이 가장 큰 단점이다. 선분이력 모델과 관련해 많은 이슈들이 존재하지만 더 깊이 설명하지는 않겠다.

나. 선분이력 기본 조회 패턴

조금 전 선분이력 조회를 간단히 살펴보았는데, 선분이력에 자주 사용되는 기본 조회 패턴을 정리해 보자. 조인을 포함한 선분이력 조회 방법에 대해서는 잠시 후에 다루며, 여기서는 단일 테이블 조회만을 기준으로 설명한다. [표 Ⅲ-4-1]과 [그림 Ⅲ-4-8]을 계속 참조하기 바란다.

가장 기본적인 패턴으로 과거, 현재, 미래 임의 시점을 모두 조회할 수 있도록 하려면 아래처럼 쿼리를 작성하면 된다. 예를 들어 2004년 8월 15일자 데이터를 조회하려면 :dt 변수에 '20040815'을 입력하면 된다.

```
select 연체개월수, 연체금액
from   고객별연체금액
where  고객번호 = :cust_num
and    :dt between 시작일자 and 종료일자
```

현재 시점을 조회할 때는 '99991231' 상수 조건을 이용해 다음과 같이 '=' 조건으로 검색하는 것이 성능상 유리하다.

```
select 연체개월수, 연체금액
from   고객별연체금액
where  고객번호 = :cust_num
and    종료일자 = '99991231'
```

물론 맨 마지막 이력 레코드는 종료일에 '99991231'을 넣는다는 약속을 전제로 하며, 선분이력이 갖는 이점을 제대로 활용하려면 꼭 그렇게 값을 넣어야만 한다.

주의할 것은 선분이력 테이블에 정보를 미리 입력해 두는 경우가 종종 있고 그럴 때는 현재 시점을 위와 같은 식으로 조회해선 안 된다는 점이다. 예를 들어 고객별 연체변경이력을 지금 등록하지만 그 정보의 유효 시작일자가 내일일 수 있다. 그럴 때는 현재이력을 다음과 같이 조회해야 한다.

```
Oracle

select 연체개월수, 연체금액
from   고객별연체금액
where  고객번호 = :cust_num
and    to_char(sysdate, 'yyyymmdd') between 시작일자 and 종료일자
```

```
SQL Server

select 연체개월수, 연체금액
from   고객별연체금액
where  고객번호 = :cust_num
and    convert(varchar(8), getdate(), 112) between 시작일자 and 종료일자
```

다. 선분이력 조인

단일 선분이력을 조회하는 기본 패턴을 살펴보았다. 지금부터는 2개 이상의 선분이력을 조인하는 경우를 살펴보자.

1) 과거·현재·미래의 임의 시점 조회

[그림 III-4-9]와 같이 고객등급과 전화번호 변경이력을 관리하는 두 선분이력 테이블이 있다고 하자.

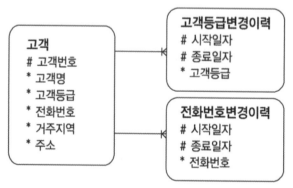

[그림 III-4-9] 고객등급 및 전화번호 변경이력

고객과 두 선분이력 테이블을 조인해서 2004년 8월 15일 시점 데이터를 조회할 때는 다음과 같이 쿼리하면 된다. 물론 :dt 변수에는 '20040815'(시작일자, 종료일자가 문자열 칼럼일 때)를 입력한다.

```
select c.고객번호, c.고객명, c1.고객등급, c2.전화번호
from   고객 c, 고객등급변경이력 c1, 전화번호변경이력 c2
where  c.고객번호 = :cust_num
and    c1.고객번호 = c.고객번호
and    c2.고객번호 = c.고객번호
and    :dt between c1.시작일자 and c1.종료일자
and    :dt between c2.시작일자 and c2.종료일자
```

2) 현재 시점 조회

위 쿼리를 이용해 과거·현재·미래 어느 시점이든 조회할 수 있지만, 만약 미래 시점 데이터를 미리 입력하는 예약 기능이 없다면 '현재 시점(즉 현재 유효한 시점)' 조회는 다음과 같이 '=' 조건으로 만들어 주는 것이 효과적이다. 범위검색 조건이 비효율을 일으키는 원인은 3장 2절에서 자세히 설명했다.

```
select c.고객번호, c.고객명, c1.고객등급, c2.전화번호
from   고객 c, 고객등급변경이력 c1, 전화번호변경이력 c2
where  c.고객번호 = :cust_num
and    c1.고객번호 = c.고객번호
and    c2.고객번호 = c.고객번호
and    c1.종료일자 = '99991231'
and    c2.종료일자 = '99991231'
```

미래 시점 데이터를 미리 입력하는 예약 기능이 있다면, 현재 시점을 조회할 때 다음과 같이 조회해야 한다.

```
Oracle
select c.고객번호, c.고객명, c1.고객등급, c2.전화번호
from   고객 c, 고객등급변경이력 c1, 전화번호변경이력 c2
where  c.고객번호 = :cust_num
and    c1.고객번호 = c.고객번호
and    c2.고객번호 = c.고객번호
and    to_char(sysdate, 'yyyymmdd') between c1.시작일자 and c1.종료일자
and    to_char(sysdate, 'yyyymmdd') between c2.시작일자 and c2.종료일자

SQL Server
......
and    convert(varchar(8), getdate(), 112) between c1.시작일자 and c1.종료일자
and    convert(varchar(8), getdate(), 112) between c2.시작일자 and c2.종료일자
```

라. Between 조인

지금까지는 선분이력 조건이 상수였다. 즉 조회 시점이 정해져 있었다. [그림 III-4-10]에서 만약 우측(일별종목 거래및시세)과 같은 일별 거래 테이블로부터 읽히는 미지의 거래일자 시점으로 선분이력(종목이력)을 조회할 때는 어떻게 해야 할까? 이때는 between 조인을 이용하면 된다.

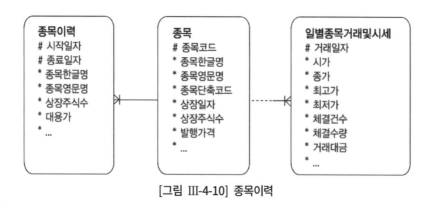

[그림 III-4-10] 종목이력

다음은 주식시장에서 과거 20년 동안 당일 최고가로 장을 마친(종가=최고가) 종목을 조회하는 쿼리다. [그림 III-4-10]의 일별종목거래및시세 테이블로부터 시가·종가·거래 데이터를 읽고 그 당시 종목명과 상장주식수는 종목 이력으로부터 가져오는데, 조인 연산자가 '='이 아니라 between이라는 점이 특이하다.

```
select a.거래일자, a.종목코드, b.종목한글명, b.종목영문명, b.상장주식수
     , a.시가, a.종가, a.체결건수, a.체결수량, a.거래대금
from   일별종목거래및시세 a, 종목이력 b
where  a.거래일자 between to_char(add_months(sysdate, -20*12), 'yyyymmdd')
                  and to_char(sysdate-1, 'yyyymmdd')
and    a.종가 = a.최고가
and    b.종목코드 = a.종목코드
and    a.거래일자 between b.시작일자 and b.종료일자
```

이런 식으로 조회하면 현재(=최종) 시점의 종목명을 가져오는 것이 아니라 [그림 III-4-11]에서 보는 것처럼 거래가 일어난 바로 그 시점의 종목명을 읽게 된다.

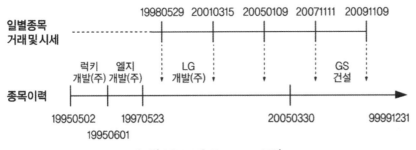

[그림 III-4-11] Between 조인

거래 시점이 아니라 현재(=최종) 시점의 종목명과 상장주식수를 출력하려면 between 조인 대신 다음과 같이 상수 조건으로 입력해야 한다([그림 III-4-12] 참조).

```
select a.거래일자, a.종목코드, b.종목한글명, b.종목영문명, b.상장주식수
     , a.시가, a.종가, a.체결건수, a.체결수량, a.거래대금
from     일별종목거래및시세 a, 종목이력 b
where  a.거래일자 between to_char(add_months(sysdate, -20*12), 'yyyymmdd')
                    and to_char(sysdate-1, 'yyyymmdd')
and     a.종가 = a.최고가
and     b.종목코드 = a.종목코드
and     to_char(sysdate, 'yyyymmdd') between b.시작일자 and b.종료일자
```

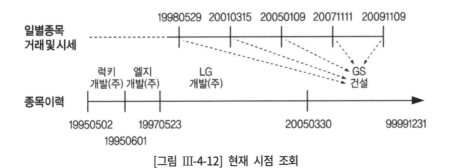

[그림 III-4-12] 현재 시점 조회

물론 방금 쿼리는 종목 테이블을 종목이력과 통합해 하나로 설계했을 때 사용하는 방식이다. [그림 III-4-10]처럼 종목과 종목이력을 따로 설계했을 때는 최종 시점을 위해 종목 테이블과 조인하면 된다.

5. ROWID 활용

선분이력과 대비해, 데이터 변경이 발생할 때마다 변경일자와 함께 새로운 이력 레코드를 쌓는 방식을 '점이력' 이라고 흔히 말한다.

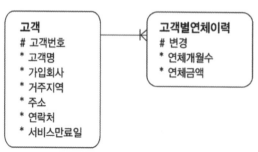

[그림 III-4-13] 고객별연체이력

점이력 모델에선 일반적으로 서브쿼리를 이용해 다음과 같이 조회한다. 즉 찾고자 하는 시점(서비스만료일)보다 앞선 변경일자 중 가장 마지막 레코드를 찾는 것이다.

```
select  a.고객명, a.거주지역, a.주소, a.연락처, b.연체금액, b.연체개월수
from    고객 a, 고객별연체이력 b
where   a.가입회사 = 'C70'
and     b.고객번호 = a.고객번호
and     b.변경일자 = (select max(변경일자)
                       from   고객별연체이력
                       where  고객번호 = a.고객번호
                       and    변경일자 <= a.서비스만료일)


Execution Plan
-------------------------------------------------------------
  0        SELECT STATEMENT Optimizer=CHOOSE (Cost=845 Card=10 Bytes=600)
  1    0    TABLE ACCESS (BY INDEX ROWID) OF '고객별연체이력' (Cost=2 Card=1 Bytes=19)
  2    1     NESTED LOOPS (Cost=845 Card=10 Bytes=600)
  3    2      TABLE ACCESS (BY INDEX ROWID) OF '고객' (Cost=825 Card=10 Bytes=410)
  4    3       INDEX (RANGE SCAN) OF '고객_IDX01' (NON-UNIQUE) (Cost=25 Card=10)
  5    2      INDEX (RANGE SCAN) OF '고객별연체이력_IDX01' (NON-UNIQUE) (Cost=1 Card=1)
  6    5       SORT (AGGREGATE) (Card=1 Bytes=13)
  7    6        FIRST ROW (Cost=2 Card=5K Bytes=63K)
  8    7         INDEX (RANGE SCAN (MIN/MAX)) OF '고객별연체이력_IDX01' (NON-UNIQUE) (… )
```

SQL과 실행계획에서 알 수 있듯이 고객별연체이력을 두 번 액세스하고 있다. 다행스럽게도 옵티마이저가 서브쿼리 내에서 서비스만료일보다 작은 레코드를 모두 스캔하지 않고, 인덱스를 거꾸로 스캔하면서 가장 큰 값 하나만을 찾는 실행계획(7번째 라인 first row, 8번째 라인 min/max)을 수립했다.

만약 위 쿼리가 가장 빈번하게 수행되는 것이어서 단 한 블록 액세스라도 줄여야 하는 상황이라면, ROWID를 이용해 조인하는 다음과 같은 튜닝 기법을 적용해 볼 수 있다.

```
select /*+ ordered use_nl(b) rowid(b) */
       a.고객명, a.거주지역, a.주소, a.연락처, b.연체금액, b.연체개월수
from   고객 a, 고객별연체이력 b
where  a.가입회사 = 'C70'
and    b.rowid = (select /*+ index(c 고객별연체이력_idx01) */ rowid
                  from   고객별연체이력 c
                  where  c.고객번호 = a.고객번호
                  and    c.변경일자 <= a.서비스만료일
                  and    rownum <= 1)

Execution Plan
--------------------------------------------------------------
  0      SELECT STATEMENT Optimizer=CHOOSE (Cost=835 Card=100K Bytes=5M)
  1   0    NESTED LOOPS (Cost=835 Card=100K Bytes=5M)
  2   1      TABLE ACCESS (BY INDEX ROWID) OF '고객' (Cost=825 Card=10 Bytes=410)
  3   2        INDEX (RANGE SCAN) OF '고객_IDX01' (NON-UNIQUE) (Cost=25 Card=10)
  4   1      TABLE ACCESS (BY USER ROWID) OF '고객별연체이력' (Cost=1 Card=10K Bytes=137K)
  5   4        COUNT (STOPKEY)
  6   5          INDEX (RANGE SCAN) OF '고객별연체이력_IDX01' (NON-UNIQUE) (Cost=2 Card=5K… )
```

고객(a)에서 읽은 고객번호로 서브쿼리 쪽 고객별연체이력(c)과 조인하고, 거기서 얻은 rowid 값으로 고객별연체이력(b)을 곧바로 액세스한다. a와 b 간에 따로 조인문을 기술하는 것은 불필요하다.

쿼리에 고객별연체이력을 두 번 참조했지만, 실행계획 상에는 한 번만 조인한 것과 일량이 같다. 일반적인 NL 조인과 같은 프로세스(Outer 인덱스 → Outer 테이블 → Inner 인덱스 → Inner 테이블)로 진행되는 것에 주목하기 바란다.

위 쿼리가 제대로 작동하려면 고객별연체이력_idx01 인덱스가 반드시 [고객번호 + 변경일자] 순으로 구성돼 있어야 한다. 혹시라도 인덱스 구성이 변경되면 그때부터 쿼리 결과가 달라질 수 있음을 반드시 기억해야 한다.

first row(min/max) 알고리즘이 작동한다면 일반적으로 그것만으로도 충분한 성능을 내므로 굳이 위와 같은 기법을 적용하지 않는 것이 좋다. 그럼에도 성능이 아주 중요한 프로그램이어서 어쩔 수 없이 위 방식을 쓰게 될 때는, 이들 프로그램 목록을 관리했다가 인덱스 구성 변경 시 확인하는 프로세스를 반드시 거치기 바란다.

SQL Server는 Oracle처럼 사용자가 직접 ROWID를 이용해 테이블을 액세스(Table Access By User Rowid)하는 방식을 지원하지 않는다.

장 요약

제1절 NL 조인

- NL 조인은 인덱스를 이용한 랜덤 액세스 위주이고, 한 레코드씩 순차적으로 진행하므로 소량의 데이터를 조인할 때 효과적이다. 특히 부분범위처리가 가능한 OLTP 환경에서 유용하다.

제2절 소트 머지 조인

- 소트 머지 조인은 양쪽 집합을 먼저 정렬한 다음, 임시 영역에 정렬된 양쪽 집합을 모두 스캔하면서 조인을 수행한다.

제3절 해시 조인

- 해시 조인은 조인되는 두 집합을 각각 Build Input과 Probe Input으로 지정하고, 우선 Build Input 각 레코드에 해시 함수를 적용해 해시 맵(Hash Map)을 만든다. 그리고 나서 남은 Probe Input을 하나씩 읽으면서 해시 맵을 탐색함으로써 조인을 수행한다.

제4절 스칼라 서브 쿼리

- 스칼라 서브 쿼리의 캐싱 효과를 이용해 큰 성능 개선 효과를 얻는 경우가 종종 있다.

제5절 고급 조인 기법

- 인라인 뷰를 활용해 단계적으로 조인을 수행하는 방법이 유용할 때가 있다.
- 배타적 관계의 조인, 부등호 조인 등을 활용하면 복잡한 업무를 쉽게 처리할 수 있다.
- Between 연산자를 이용하면 선분이력 모델을 쉽게 제어할 수 있다.
- 인덱스와 조인 수행 원리를 정확히 이해한다면, 본서에서 소개한 것 외에도 다양한 고급 조인 기법을 개발해낼 수 있다.

연습문제

문제 1. 조인에 대한 설명 중 올바른 것은?

① 소량의 데이터를 조인할 때는 NL 조인, 중간 규모의 데이터를 조인할 때는 해시 조인, 대량의 데이터를 조인할 때는 소트 머지 조인이 효과적이다.

② 인덱스 스캔 상 비효율이 발생하지 않도록 인덱스를 최적으로 구성해 주기만 하면, 대용량 데이터 처리에도 NL 조인이 효과적이다.

③ 해시 조인은 빠른 Hashing 알고리즘을 사용하기 때문에 최상의 속도를 보장한다. 뿐만 아니라 오브젝트를 영구적으로 저장하지 않기 때문에 저장 효율을 높이는 데도 도움이 된다. 따라서 DW, OLTP를 불문하고 적극적으로 활용하는 것이 좋다.

④ OLTP 시스템에서 조인을 튜닝할 때는 일차적으로 NL 조인부터 고려하는 것이 올바른 순서다.

문제 2. SQL 트레이스를 수집한 결과 Row Source Operation이 다음과 같았다. 가장 우선적으로 검토할 사항으로 올바른 것은? 단, 한 달간 주문 건수는 평균 50만 건이다.

```
select c.고객명, c.연령, c.전화번호, o.주문일자, o.주문총금액, o.배송지주소
from   고객 c, 주문 o
where  o.고객번호 = c.주문번호
and    c.고객등급 = 'A'
and    c.생일 = ' 1225 '
and    o.주문일자 between '20191201' and '20191231'

  Rows   Row Source Operation
  ----   ------------------------------------
    10   NESTED LOOPS
    23     TABLE ACCESS BY INDEX ROWID 고객
  2978       INDEX RANGE SCAN 고객_IDX
    10     TABLE ACCESS BY INDEX ROWID 주문
    28       INDEX RANGE SCAN 주문_IDX
```

① 고객_IDX 인덱스 칼럼 순서를 조정한다.
② 고객_IDX 인덱스에 칼럼을 추가한다.
③ 주문_IDX 인덱스에 칼럼을 추가한다.
④ 테이블 조인 순서를 변경한다.

문제 3. Oracle에서 leading 힌트의 용도를 바르게 설명한 것은?

① 조인보다 서브쿼리 필터링을 먼저 처리하도록 지시하는 힌트다.
② 테이블 조인 순서를 지정하는 힌트다.
③ FROM 절에 나열된 순서대로 조인을 수행하도록 지시하는 힌트다.
④ 분산 DB 환경에서 어느 쪽 서버가 쿼리를 처리할지 지정하는 힌트다.

Professional·Developer

- 옵티마이저의 역할 이해
- 옵티마이저의 한계를 인식함으로써 SQL 작성자의 역할 이해
- 옵티마이저의 비용 계산 원리 이해
- SQL 파싱 부하를 줄이고 라이브러리(=프로시저) 캐시를 최적화하는 원리 이해
- 옵티마이저의 쿼리 변환 원리 이해

## 제5장

SQL 옵티마이저

장 소개

데이터베이스에 저장된 데이터를 읽어 두 테이블을 조인하고 정렬 또는 그룹별 집계하는 등 복잡한 처리절차를 개발자가 직접 프로그래밍하던 시절이 있었다. 물론 지금도 그런 개발 환경이 없진 않지만, 지금은 대부분 SQL을 통해 사용자가 원하는 결과 집합만 정의해 주면 된다. 그러면 그 결과 집합을 얻는 데 필요한 처리절차를 SQL 옵티마이저가 자동 생성해 준다.

옵티마이저에 의해 내부적으로 생성된 SQL 처리절차를 '실행계획(Execution Plan)'이라고 하며, 그것에 의해 SQL 성능이 결정된다. 따라서 고성능 DB 애플리케이션을 작성하려면 실행계획을 정확히 해석하고 자유자재로 조정할줄 알아야 한다. 그런 능력을 기르기 위해 옵티마이저의 세부 작동 원리를 정확히 숙지해야 함은 물론, 많은 실전 경험을 쌓아야만 한다.

본 장은 그런 초석을 다지는 데 도움이 되고자 옵티마이저의 세부 작동 원리를 설명한다. 기본 개념부터 시작해 옵티마이저의 비용 계산 원리, SQL 공유 및 재사용 방법, 그리고 최근 중요시되고 있는 쿼리 변환 원리까지 상세히 다룬다.

장 구성

본 장은 3개 절로 구성돼 있다. 1절에서는 옵티마이저에 대한 기본 개념부터 시작해 옵티마이저 행동에 영향을 미치는 요소, 옵티마이저의 한계, 옵티마이저의 비용 계산 원리 등을 설명한다. 2절에서는 바인드 변수 사용 여부가 데이터베이스 성능에 미치는 영향과 중요성을 자세히 설명한다. 그 외에 라이브러리 캐시를 최적화하기 위한 기법들을 소개한다. 3절에서는 옵티마이저의 서브 엔진 중 하나인 쿼리 변환기(Query Transformer)에 의해 수행되는 쿼리 변환 원리를 자세히 설명한다.

제1절 SQL 옵티마이징 원리

1. 옵티마이저 소개

가. 옵티마이저 종류

옵티마이저가 무엇인지는 1장 2절에서 살펴보았다. 옵티마이저는 다음 두 가지로 나뉘며, 앞서 설명한 SQL 최적화 과정은 비용기반 옵티마이저에 관한 것이다.

1) 규칙기반 옵티마이저

규칙기반 옵티마이저(Rule-Based Optimizer, 이하 RBO)는 다른 말로 '휴리스틱(Heuristic) 옵티마이저'라고 불리며, 미리 정해 놓은 규칙에 따라 액세스 경로를 평가하고 실행계획을 선택한다. 여기서 규칙이란 액세스 경로별 우선순위로서, 인덱스 구조·연산자·조건절 형태가 순위를 결정짓는 주요인이다.

2) 비용기반 옵티마이저

비용기반 옵티마이저(Cost-Based Optimizer, 이하 CBO)는 말 그대로 비용을 기반으로 최적화를 수행한다. 여기서 '비용(Cost)'이란, 쿼리를 수행하는 데 소요되는 일량 또는 시간을 뜻한다.

CBO가 실행계획을 수립할 때 판단 기준이 되는 비용은 어디까지나 예상치다. 미리 구해놓은 테이블과 인덱스에 대한 여러 통계정보를 기초로 각 오퍼레이션 단계별 예상 비용을 산정하고, 이를 합산한 총비용이 가장 낮은 실행계획을 선택한다.

비용을 산정할 때 사용되는 오브젝트 통계 항목으로는 레코드 개수, 블록 개수, 평균 행 길이, 칼럼 값의 수, 칼럼 값 분포, 인덱스 높이(Height), 클러스터링 팩터 같은 것들이 있다. 오브젝트 통계뿐만 아니라 최근에는 하드웨어적 특성을 반영한 시스템 통계정보(CPU 속도, 디스크 I/O 속도 등)까지 이용한다.

역사가 오래된 Oracle은 RBO에서 출발했으나 다른 상용 RDBMS는 탄생 초기부터 CBO를 채택했다. Oracle도 10g 버전부터 RBO에 대한 지원을 중단했으므로 본서는 CBO를 중심으로 설명한다.

> **Notes. 스스로 학습하는 옵티마이저(Self-Learning Optimizer)**
>
> 전통적으로 옵티마이저는, 오브젝트 통계와 시스템 통계로부터 산정한 '예상' 비용만으로 실행계획을 수립해 왔다. 하지만 앞으로는 예상치와 런타임 수행 결과를 비교하고, 예상치가 빗나갔을 때 실행계획을 조정하는 옵티마이저로 발전할 것이다. 최근에 발표된 각 DBMS 버전은 이미 이런 기능들을 포함하고 있다.

나. 최적화 목표

1) 전체 처리속도 최적화

쿼리 최종 결과 집합을 끝까지 읽는 것을 전제로, 시스템 리소스(I/O, CPU, 메모리 등)를 가장 적게 사용하는 실행계획을 선택한다. Oracle, SQL Server 등을 포함해 대부분 DBMS의 기본 옵티마이저 모드는 전체 처리속도 최적화에 맞춰져 있다.

Oracle에서 옵티마이저 모드를 바꾸는 방법은 다음과 같다.

```
alter system set optimizer_mode = all_rows;      -- 시스템 레벨 변경
alter session set optimizer_mode = all_rows;     -- 세션 레벨 변경
select /*+ all_rows */ * from t where … ;        -- 쿼리 레벨 변경
```

2) 최초 응답속도 최적화

전체 결과 집합 중 일부만 읽다가 멈추는 것을 전제로, 가장 빠른 응답 속도를 낼 수 있는 실행계획을 선택한다. 만약 이 모드에서 생성한 실행계획으로 데이터를 끝까지 읽는다면, 전체 처리속도 최적화 실행계획보다 더 많은 리소스를 사용하고 전체 수행 속도도 느려질 수 있다.

Oracle 옵티마이저에게 최초 응답속도 최적화를 요구하려면, 옵티마이저 모드를 first_rows로 바꿔주면 된다. SQL 서버에서는 테이블 힌트로 fastfirstrow를 지정하면 된다.

Oracle에서 옵티마이저 모드를 first_rows_n으로 지정하면, 예를 들어 시스템 또는 세션 레벨에서 first_rows_10으로 지정하면, 사용자가 전체 결과 집합 중 처음 10개 로우만 읽고 멈추는 것을 전제로 가장 빠른 응답 속도를 낼 수 있는 실행계획을 선택한다. 쿼리 레벨에서 힌트를 사용하려면 다음과 같이 하면 된다.

```
select /*+ first_rows(10) */ * from t where  ;
```

SQL Server에서는 쿼리 힌트로 fast 10을 지정하면 된다.

```
select * from t where  OPTION(fast 10);
```

2. 옵티마이저 행동에 영향을 미치는 요소

가. SQL과 연산자 형태

결과가 같더라도 SQL을 어떤 형태로 작성했는지 또는 어떤 연산자를 사용했는지에 따라 옵티마이저가 다른 선택을 할 수 있고, 이는 쿼리 성능에 영향을 미친다.

나. 옵티마이징 팩터

쿼리를 똑같이 작성하더라도 인덱스, IOT, 클러스터링, 파티셔닝, MV 등을 어떻게 구성했는지에 따라 실행계획과 성능이 크게 달라진다.

다. DBMS 제약 설정

개체 무결성, 참조 무결성, 도메인 무결성 등을 위해 DBMS가 제공하는 PK, FK, Check, Not Null 같은 제약 설정 기능을 이용할 수 있고, 이들 제약 설정은 옵티마이저가 쿼리 성능을 최적화하는 데에 매우 중요한 정보를 제공한다. 예를 들어 인덱스 칼럼에 Not Null 제약이 설정돼 있으면, 옵티마이저는 전체 개수를 구하는 Count 쿼리에 이 인덱스를 활용할 수 있다.

라. 옵티마이저 힌트

옵티마이저의 판단보다 사용자가 지정한 옵티마이저 힌트가 우선한다. 옵티마이저 힌트에 대해서는 뒤에서 좀 더 자세히 다룬다.

마. 통계정보

통계정보가 옵티마이저에게 미치는 영향력은 절대적이다. 뒤에서 통계정보를 이용한 비용계산 원리를 설명할 때 느끼겠지만 CBO의 모든 판단 기준은 통계정보에서 나온다.

바. 옵티마이저 관련 파라미터

SQL, 데이터, 통계정보, 하드웨어 등 모든 환경이 동일하더라도 DBMS 버전을 업그레이드하면 옵티마이저가 다르게 작동할 수 있다. 이는 옵티마이저 관련 파라미터가 추가 또는 변경되면서 나타나는 현상이다.

사. DBMS 버전과 종류

옵티마이저 관련 파라미터가 같더라도 버전에 따라 실행계획이 다를 수 있다. 또한 같은 SQL이더라도 DBMS 종류에 따라 내부적으로 처리하는 방식이 다를 수 있다.

3. 옵티마이저의 한계

옵티마이저는 사람이 만든 소프트웨어 엔진이므로 결코 완벽할 수 없음을 이해하는 것은 매우 중요하다. 현재의 기술수준으로 해결하기 어려운 문제가 있는가 하면, 기술적으론 가능한데 현실적인 제약(통계정보 수집량과 최적화를 위해 허락된 시간) 때문에 아직 적용하지 못하는 것들도 있다. 옵티마이저가 완벽하지 못하게 만드는 요인이 어디에 있는지 구체적으로 살펴보자.

가. 옵티마이징 팩터의 부족

옵티마이저는 주어진 환경에서 가장 최적의 실행계획을 수립하기 위해 정해진 기능을 수행할 뿐이다. 옵티마이저가 아무리 정교하고 기술적으로 발전하더라도 사용자가 적절한 옵티마이징 팩터(효과적으로 구성된 인덱스, IOT, 클러스터링, 파티셔닝 등)를 제공하지 않는다면 결코 좋은 실행계획을 수립할 수 없다.

나. 통계정보의 부정확성

최적화에 필요한 모든 정보를 수집해서 보관할 수 있다면 옵티마이저도 그만큼 고성능 실행계획을 수립하겠지만, 100% 정확한 통계정보를 유지하기는 현실적으로 불가능하다. 특히 칼럼 분포가 고르지 않을 때 칼럼 히스토그램이 반드시 필요한데, 이를 수집하고 유지하는 비용이 만만치 않다.

칼럼을 결합했을 때의 모든 결합 분포를 미리 구해두기 어려운 것도 큰 제약 중 하나다. 이는 상관관계에 있는 두 칼럼이 조건절에 사용될 때 옵티마이저가 잘못된 실행계획을 수립하게 만드는 주요인이다. 아래 쿼리를 예를 들어 보자.

```
select * from 사원 where 직급 = '부장' and 연봉 >= 5000;
```

직급이 {부장, 과장, 대리, 사원}의 집합이고 각각 25%의 비중을 갖는다. 그리고 전체 사원이 1000명이고 히스토그램상 '연봉 >= 5000' 조건에 부합하는 사원 비중이 10%이면, 옵티마이저는 위 쿼리 조건에 해당하는 사원 수를 25(=1000×0.25×0.1)명으로 추정한다. 하지만 잘 알다시피 직급과 연봉 간에는 상관관계가 매우 높아서, 만약 연봉이 5000만 원 이상인 사원이 모두 부장이라면 실제 위 쿼리 결과는 100(=1000×0.1)건이다.

이런 조건절에 대비해 모든 칼럼 간 상관관계와 결합 분포를 미리 저장해 두면 좋겠지만 이것은 거의 불가능에 가깝다. 테이블 칼럼이 많을수록 잠재적인 칼럼 조합의 수는 기하급수적으로 증가하기 때문이다.

다. 바인드 변수 사용 시 균등분포 가정

아무리 정확한 칼럼 히스토그램을 보유하더라도 바인드 변수를 사용한 SQL에는 무용지물이다. 조건절에 바인드 변수를 사용하면 옵티마이저가 균등분포를 가정하고 비용을 계산하기 때문이다.

라. 비현실적인 가정

옵티마이저는 쿼리 수행 비용을 평가할 때 여러 가정을 사용하는데, 그 중 일부는 상당히 비현실적이어서 종종 이해할 수 없는 실행계획을 수립하곤 한다. 예전 Oracle 버전에선 Single Block I/O와 Multiblock I/O의 비용을 같게 평가하고 데이터 블록의 캐싱 효과도 고려하지 않았는데, 그런 것들이 비현실적인 가정의 좋은 예다.

DBMS 버전이 올라가면서 이런 비현실적인 가정들이 계속 보완되고 있지만 완벽하지 않고, 모두 해결되리라고 기대하는 것도 무리다.

마. 규칙에 의존하는 CBO

아무리 비용기반 옵티마이저라 하더라도 부분적으로는 규칙에 의존한다. 예를 들어 최적화 목표를 최초 응답속도에 맞추면(Oracle을 예로 들면, optimizer_mode = first_rows), order by 소트를 대체할 인덱스가 있을 때 무조건 그 인덱스를 사용한다. 다음 절에서 설명할 휴리스틱(Heuristic) 쿼리 변환도 좋은 예라고 할 수 있다.

바. 하드웨어 성능 특성

옵티마이저는 기본적으로 옵티마이저 개발팀이 사용한 하드웨어 사양에 맞춰져 있다. 따라서 실제 운영 시스템의 하드웨어 사양이 그것과 다를 때 옵티마이저가 잘못된 실행계획을 수립할 가능성이 높아진다. 또한 애플리케이션 특성(I/O 패턴, 부하 정도 등)에 의해서도 하드웨어 성능은 달라진다.

4. 통계정보를 이용한 비용계산 원리

실행계획을 수립할 때 CBO는 SQL 문장에서 액세스할 데이터 특성을 고려하기 위해 통계정보를 이용한다. 최적의 실행계획을 위해 통계정보가 항상 데이터 상태를 정확하게 반영하고 있어야 하는 이유다. DBMS 버전이 올라갈수록 자동 통계관리 방식으로 바뀌고 있지만, 가끔 DB 관리자가 수동으로 수집·관리해 주어야 할 때도 있다.

옵티마이저가 참조하는 통계정보 종류로 아래 네 가지가 있다.

[표 III-5-1] 옵티마이저 통계 유형

통계 유형	세부 통계 항목
테이블 통계	전체 레코드 수, 총 블록 수, 빈 블록 수, 한 행당 평균 크기 등
인덱스 통계	인덱스 높이, 리프 블록 수, 클러스터링 팩터, 인덱스 레코드 수 등
칼럼 통계	값의 수, 최저 값, 최고 값, 밀도, null 값 개수, 칼럼 히스토그램 등
시스템 통계	CPU 속도, 평균 I/O 속도, 초당 I/O 처리량 등

지금부터 데이터 딕셔너리에 미리 수집해 둔 통계정보가 옵티마이저에 의해 구체적으로 어떻게 활용되는지 살펴보자.

가. 선택도

선택도(Selectivity)는 전체 대상 레코드 중에서 특정 조건에 의해 선택될 것으로 예상되는 레코드 비율을 말한다. 선택도를 가지고 카디널리티를 구하고, 다시 비용을 구해 인덱스 사용 여부, 조인 순서와 방법 등을 결정하므로 선택도는 최적의 실행계획을 수립하는 데 있어 가장 중요한 요인이라고 하겠다.

■ 선택도 → 카디널리티 → 비용 → 액세스 방식, 조인 순서, 조인 방법 등 결정

히스토그램이 있으면 그것으로 선택도를 산정하며, 단일 칼럼에 대해서는 비교적 정확한 값을 구한다. 히스토그램이 없거나, 있더라도 조건절에 바인드 변수를 사용하면 옵티마이저는 데이터 분포가 균일하다고 가정한 상태에서 선택도를 구한다.

히스토그램 없이 등치(=) 조건에 대한 선택도를 구하는 공식은 다음과 같다.

$$\blacksquare \; \text{선택도} = \frac{1}{\text{Distinct Value 개수}} = \frac{1}{\text{num\_distinct}}$$

나. 카디널리티

카디널리티(Cardinality)는 특정 액세스 단계를 거치고 난 후 출력될 것으로 예상되는 결과 건수를 말하며, 다음과 같이 총 로우 수에 선택도를 곱해서 구한다.

$$\blacksquare \; \text{카디널리티} = \text{총 로우 수} \times \text{선택도}$$

칼럼 히스토그램이 없을 때 '=' 조건에 대한 선택도가 1/num_distinct이므로 카디널리티는 다음과 같이 구해진다.

$$\blacksquare \; \text{카디널리티} = \text{총 로우 수} \times \text{선택도} = \text{num\_rows} / \text{num\_distinct}$$

```
select * from 사원 where 부서 = :부서
```

예를 들어 위 쿼리에서 부서 칼럼의 Distinct Value 개수가 10이면 선택도는 0.1(=1/10)이고, 총 사원 수가 1000명일 때 카디널리티는 100이 된다. 옵티마이저는 위 조건절에 의한 결과 집합이 100건일 것으로 예상한다는 뜻이다.

조건절이 두 개 이상일 때는 각 칼럼의 선택도와 전체 로우 수를 곱해 주기만 하면 된다.

```
select * from 사원 where 부서 = :부서 and 직급 = :직급;
```

직급의 도메인이 {부장, 과장, 대리, 사원}이면 Distinct Value 개수가 4이므로 선택도는 0.25(=1/4)다. 따라서 위 쿼리의 카디널리티는 25(=1000 × 0.1 × 0.25)로 계산된다.

다. 히스토그램

미리 저장된 히스토그램 정보가 있으면, 옵티마이저는 그것을 사용해 더 정확하게 카디널리티를 구할 수 있다. 특히 분포가 균일하지 않은 칼럼으로 조회할 때 효과를 발휘한다.

Oracle은 12c 기준으로 2가지 유형의 히스토그램이 추가돼 도수분포(Frequency), 높이균형(Height-balanced), 상위도수분포(Top-Frequency), 하이브리드(Hybrid) 4가지 유형의 히스토그램을 제공한다. 그중 전통적으로 사용해 온 도수분포와 높이균형 히스토그램만 간단히 설명하겠다.

■ 도수분포 히스토그램

[그림 III-5-1]처럼 값별로 빈도수(frequency number)를 저장하는 히스토그램을 말한다.

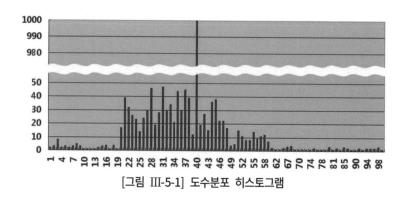

[그림 III-5-1] 도수분포 히스토그램

칼럼이 가진 값의 수가 적을 때 사용되며, 칼럼 값의 수가 적기 때문에 각각 하나의 버킷을 할당(값의 수 = 버킷 개수)하는 것이 가능하다.

■ 높이균형 히스토그램

칼럼이 가진 값의 수가 아주 많아 각각 하나의 버킷을 할당하기 어려울 때 사용된다. 히스토그램 버킷을 값의 수보다 적게 할당하기 때문에 하나의 버킷이 여러 개 값을 담당한다. 예를 들어 값의 수가 1000개인데 히스토그램을 위해 할당된 버킷 개수가 100개이면, 하나의 버킷이 평균적으로 10개의 값을 대표한다.

높이균형 히스토그램에서는 말 그대로 각 버킷의 높이가 같다. 각 버킷은 {1/(버킷 개수) × 100}%의 데이터 분포를 갖는다. 따라서 각 버킷(→ 값이 아니라 버킷)이 갖는 빈도수는 {(총 레코드 개수) / (버킷 개수)}로써 구할 수 있다.

빈도 수가 많은 값(popular value)에 대해서는 두 개 이상의 버킷이 할당된다. [그림 III-5-2]에서 x 축은 연령대를 의미하는데, age = 40인 레코드 비중이 50%이어서 총 20개 중 10개 버킷을 차지한 것을 볼 수 있다.

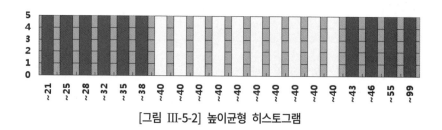

[그림 III-5-2] 높이균형 히스토그램

바인드 변수를 사용하면, 최초 수행할 때 최적화를 거친 실행계획을 캐시에 적재하고, 실행시점에는 그것을 그대로 가져와 값만 다르게 바인딩하면서 반복 재사용하게 된다. 여기서 변수를 바인딩하는 시점이 (최적화 시점보다 나중인) 실행시점이라는 사실이 중요하다. 즉 SQL을 최적화하는 시점에 조건절 칼럼의 데이터 분포를 활용하지 못한다.

바인드 변수를 사용할 때 옵티마이저가 평균 분포를 가정한 실행계획을 생성하는 것도 이 때문이다. 칼럼 분포가 균일할 때는 상관없겠지만, 그렇지 않을 때는 실행 시점에 바인딩되는 값에 따라 쿼리 성능이 다르게 나타날 수 있어 문제다. 따라서 DW, OLAP, 배치 프로그램(Loop 내에서 수행되는 쿼리 제외)에서 수행되는 쿼리는 바인드 변수보다 상수를 사용하는 것이 좋다. 날짜 칼럼처럼 부등호, between 같은 범위조건으로 자주 검색되는 칼럼일 때 특히 그렇다. OLTP성 쿼리이더라도 값의 종류가 적고 분포가 균일하지 않을 때는 상수 조건을 쓰는 것이 유용할 수 있다.

라. 비용

CBO는 비용(Cost)을 기반으로 최적화를 수행하고 실행계획을 생성한다고 설명했다. 여기서 '비용(Cost)'이란, 쿼리를 수행하는 데 소요되는 일량 또는 시간을 뜻하며, 어디까지나 예상치다.

옵티마이저 비용 모델에는 I/O 비용 모델과 CPU 비용 모델 두 가지가 있다. I/O 비용 모델은 예상되는 I/O 요청(Call) 횟수만을 쿼리 수행 비용으로 간주해 실행계획을 평가하는 반면, CPU 비용 모델은 여기에 시간 개념을 더해 비용을 산정한다. 지면 관계상 본서는 I/O 비용 모델만 다루기로 하겠다.

■ 인덱스를 경유한 테이블 액세스 비용

I/O 비용 모델에서의 비용은 디스크 I/O Call 횟수(논리적·물리적으로 읽은 블록 개수가 아닌 I/O Call 횟수)를 의미한다.

그리고 인덱스를 경유한 테이블 액세스 시에는 Single Block I/O 방식이 사용된다. 이는 디스크에서 한 블록을 읽을 때마다 한 번의 I/O Call을 일으키는 방식이므로 읽게 될 물리적 블록 개수가 I/O Call 횟수와 일치한다. 따라서 인덱스를 이용한 테이블 액세스 비용은 다음과 같은 공식으로 구할 수 있다.

```
비용 = blevel                        -- 인덱스 수직적 탐색 비용
     + (리프 블록 수 × 유효 인덱스 선택도)   -- 인덱스 수평적 탐색 비용
     + (클러스터링 팩터 × 유효 테이블 선택도)  -- 테이블 랜덤 액세스 비용
```

[표 III-5-2] 인덱스를 경유한 테이블 액세스 비용 항목

항목	설명
blevel	브랜치 레벨을 의미하며, 리프 블록에 도달하기 전에 읽게 될 브랜치 블록 개수임
클러스터링 팩터	특정 칼럼을 기준으로 같은 값을 갖는 데이터가 서로 모여 있는 정도. 인덱스를 경유해 테이블 전체 로우를 액세스할 때 읽을 것으로 예상되는 논리적인 블록 개수로 계수화함
유효 인덱스 선택도	전체 인덱스 레코드 중에서 조건절을 만족하는 레코드를 찾기 위해 스캔할 것으로 예상되는 비율(%). 리프 블록에는 인덱스 레코드가 정렬된 상태로 저장되므로 이 비율이 곧 방문할 리프 블록 비율임

항목	설명
유효 테이블 선택도	전체 레코드 중에서 인덱스 스캔을 완료하고서 최종적으로 테이블을 방문할 것으로 예상되는 비율(%). 클러스터링 팩터는 인덱스를 경유해 전체 로우를 액세스할 때 읽힐 것으로 예상되는 테이블 블록 개수이므로 여기에 유효 테이블 선택도를 곱함으로써 조건절에 대해 읽힐 것으로 예상되는 테이블 블록 개수를 구할 수 있음

■ **Full Scan에 의한 테이블 액세스 비용**

Full Scan은 테이블 전체를 순차적으로 읽어 들이는 과정에서 발생하는 I/O Call 횟수로 비용을 계산한다. Full Scan할 때는 한 번의 I/O Call로써 여러 블록을 읽어 들이는 Multiblock I/O 방식을 사용하므로 총 블록 수를 Multiblock I/O 단위로 나눈 만큼 I/O Call이 발생한다. 예를 들어 100블록을 8개씩 나누어 읽는다면 13번의 I/O Call이 발생하고, I/O Call 횟수로써 Full Scan 비용을 추정한다. 따라서 Multiblock I/O 단위가 증가할수록 I/O Call 횟수가 줄고 예상비용도 줄게 된다.

제2절 SQL 공유 및 재사용

1. 소프트 파싱 vs. 하드 파싱

시스템 공유 메모리에서 SQL과 실행계획이 캐싱되는 영역을 Oracle에선 '라이브러리 캐시(Library Cache)', SQL Server에선 '프로시저 캐시(Procedure Cache)'라고 부른다고 1장 1절에서 설명했다. 지금부터는 설명의 편의를 위해 '라이브러리 캐시'로 부르기로 하자.

사용자가 SQL을 실행하면 제일 먼저 SQL 파서(Parser)가 SQL 문장에 문법적 오류가 없는지를 검사(→Syntax 검사)한다. 문법적으로 오류가 없으면 의미상 오류가 없는지를 검사(Semantic 검사)한다. 예를 들어 존재하지 않거나 권한이 없는 객체를 사용했는지, 또는 존재하지 않는 칼럼을 사용했는지 등을 검사한다.

이런 검사를 마치면 사용자가 발행한 SQL과 그 실행계획이 라이브러리 캐시에 캐싱됐는지를 확인한다. 만약 캐싱돼 있다면, 무거운 최적화 과정을 거치지 않고 곧바로 실행할 수 있다.

- 소프트 파싱(Soft Parsing) : SQL과 실행계획을 캐시에서 찾아 곧바로 실행단계로 넘어가는 경우를 말함
- 하드 파싱(Hard Parsing) : SQL과 실행계획을 캐시에서 찾지 못해 최적화 과정을 거치고 나서 실행단계로 넘어가는 경우를 말함

라이브러리 캐시는 해시구조로 관리되기 때문에 SQL마다 해시 값에 따라 여러 해시 버킷으로 나누어 저장된다. SQL을 찾을 때는 SQL 문장을 해시 함수에 입력해서 반환된 해시 값을 이용해 해당 해시버킷을 탐색하면 된다.

가. SQL 공유 및 재사용의 필요성

앞서 옵티마이저의 최적화 과정을 거치는 경우를 '하드(Hard) 파싱'이라고 표현했는데, 최적화 과정은 그만큼 무거운 작업을 수반한다. 예를 들어 5개의 테이블을 조인하려면 조인 순서만 고려해도 5!(=120)개의 실행계획을 평가해야 한다. 120가지 실행계획에 포함된 각 조인 단계별로 NL 조인, 소트 머지 조인, 해시 조인 등 다양한 조인 방식까지 고려하면 경우의 수는 기하급수적으로 늘어난다. 여기에 각 테이블을 Full Scan할지 인덱스를 사용할지, 인덱스를 사용한다면 어떤 인덱스를 어떤 방식으로 스캔할지까지 모두 고려해야 하므로 여간 무거운 작업이 아니다.

옵티마이저가 SQL 최적화 과정에 사용하는 정보는 다음과 같다.

- 테이블, 칼럼, 인덱스 구조에 관한 기본 정보
- 오브젝트 통계 : 테이블 통계, 인덱스 통계, (히스토그램을 포함한) 칼럼 통계
- 시스템 통계 : CPU 속도, Single Block I/O 속도, Multiblock I/O 속도 등
- 옵티마이저 관련 파라미터

하나의 쿼리를 수행하는 데 있어 후보군이 될만한 무수히 많은 실행경로를 도출하고, 짧은 순간에 딕셔너리와 통계정보를 읽어 각각에 대한 효율성을 판단하는 과정은 결코 가벼울(soft) 수 없다.

이렇게 어려운(=hard) 작업을 거쳐 생성한 내부 프로시저를 한 번만 사용하고 버린다면 이만저만한 비효율이 아니다. 파싱과 최적화 과정을 거친 SQL과 실행계획을 여러 사용자가 공유하면서 재사용할 수 있도록 공유 메모리에 캐싱해 두는 이유가 여기에 있다.

나. 실행계획 공유 조건

SQL 수행 절차를 정리해 보면 다음과 같다.

① 문법적 오류와 의미 상 오류가 없는지 검사한다.
② 해시 함수로부터 반환된 해시 값으로 라이브러리 캐시 내 해시버킷을 찾아간다.
③ 찾아간 해시버킷에 체인으로 연결된 엔트리를 차례로 스캔하면서 같은 SQL 문장을 찾는다.
④ SQL 문장을 찾으면 함께 저장된 실행계획을 가지고 바로 실행한다.
⑤ 찾아간 해시버킷에서 SQL 문장을 찾지 못하면 최적화를 수행한다.
⑥ 최적화를 거친 SQL과 실행계획을 방금 탐색한 해시버킷 체인에 연결한다.
⑦ 방금 최적화한 실행계획을 가지고 실행한다.

방금 설명한 SQL 수행 절차에서 중요한 사실 하나를 발견할 수 있다. 하드 파싱을 반복하지 않고 캐싱된 버전을 찾아 재사용하려면 캐시에서 SQL을 먼저 찾아야 하는데, 캐시에서 SQL을 찾기 위해 사용되는 키 값이 'SQL 문장 그 자체'라는 사실이다.

SQL 문을 구성하는 전체 문자열이 이름 역할을 한다는 뜻이다. 물론 DBMS나 버전에 따라 별도의 SQL ID를 부여하기도 하지만 이 SQL ID가 SQL 전체 문장과 1:1로 대응되기 때문에 SQL 문장 자체가 식별자로 이용된다는 사실에는 변함이 없다.

이것은 SQL 파싱 부하 해소 원리를 이해하는 데 있어 매우 중요한 의미를 갖는다. 즉 SQL 문장 중간에 작은 공백문자 하나만 추가되더라도 DBMS는 서로 다른 SQL 문장으로 인식하기 때문에 캐싱된 버전을 사용하지 못하게 된다.

다. 실행계획을 공유하지 못하는 경우

예를 들어 아래 6가지 경우에 옵티마이저는 각각 다른 SQL로 인식해 별도의 실행계획을 수립한다.

① 공백 문자 또는 줄바꿈

```
SELECT * FROM CUSTOMER;
SELECT *    FROM CUSTOMER;
```

② 대소문자 구분

```
SELECT * FROM CUSTOMER;
SELECT * FROM Customer;
```

③ 주석(Comment)

```
SELECT * FROM CUSTOMER;
SELECT /* 주석문 */ * FROM CUSTOMER;
```

④ 테이블 Owner 명시

```
SELECT * FROM CUSTOMER;
SELECT * FROM HR.CUSTOMER;
```

⑤ 옵티마이저 힌트 사용

```
SELECT * FROM CUSTOMER;
SELECT /*+ all_rows */ * FROM CUSTOMER;
```

⑥ 조건절 비교 값

```
SELECT * FROM CUSTOMER WHERE LOGIN_ID = 'tommy';
SELECT * FROM CUSTOMER WHERE LOGIN_ID = 'karajan';
SELECT * FROM CUSTOMER WHERE LOGIN_ID = 'javaking';
SELECT * FROM CUSTOMER WHERE LOGIN_ID = 'oraking';
```

⑤번은 실행계획을 다르게 할 의도로 힌트를 사용했으므로 논외다. ①~③번은 실행계획이 다를 아무런 이유가 없고, ④번도 서로 같은 테이블이면 실행계획은 같아야 마땅하다. 그럼에도 문자열을 조금 다르게 기술하는 바람에 서로 다른 SQL로 인식돼 각각 하드파싱을 일으키고 서로 다른 메모리 공간을 차지하게 된다. 이런 비효율을 줄이고 공유 가능한 형태로 SQL을 작성하려면, 개발 초기에 SQL 작성 표준을 정해 이를 준수하도록 해야 한다.

하지만 ①~④번처럼 SQL을 작성한다고 해서 라이브러리 캐시 효율이 우려할 만큼 나빠지지는 않는다. 100% 같은 내용의 SQL을 두 명의 개발자가 각각 다르게 작성할 가능성은 매우 낮기 때문이다. 쿼리 툴에서 수행되는 임의질의(Ad-Hoc Query)는 수행빈도가 낮아 문제 될 것이 없다.

결론적으로 라이브러리 캐시 효율과 직접 관련 있는 패턴은 ⑥번뿐이다. 즉 사용자가 입력한 값을 조건절에 문자열로 붙여가며 매번 다른 SQL로 실행하는 경우다. 이런 패턴의 SQL을 '리터럴(Literal) SQL'이라고 부르기로 하자. 만약 하루 1000만 번 로그인이 발생하는 애플리케이션에서 사용자 로그인을 ⑥번처럼 리터럴 SQL로 개발했다면 어떤 일이 발생할까. 시스템이 한가한 시간대에 개별 쿼리 성능으로 보면 잘 느끼지 못할 수 있지만 사용자가 동시에 몰리는 피크 시간대에 시스템을 장애 상황으로 몰고 갈 수도 있다.

2. 바인드 변수 사용

가. 바인드 변수의 중요성

사용자 로그인을 처리하는 프로그램에 SQL을 앞 ⑥번과 같은 식으로 작성하면, 아래처럼 프로시저가 로그인 사용자마다 하나씩 만들어지게 된다. 이들 프로시저를 만들어 주는 역할을 옵티마이저가 담당한다고 했다.

```
procedure LOGIN_TOMMY()    { … }
procedure LOGIN_KARAJAN()  { … }
procedure LOGIN_JAVAKING() { … }
procedure LOGIN_ORAKING()  { … }
        .
        .
        .
```

위 프로시저의 내부 처리 루틴은 모두 같을 것이다. 그것이 가장 큰 문제이다. 모든 프로시저의 처리 루틴이 같다면 여러 개 생성하기보다 아래처럼 로그인 ID를 파라미터로 받아 하나의 프로시저로 처리하도록 하는 것이 마땅하다.

```
procedure LOGIN(login_id in varchar2) { … }
```

이처럼 파라미터 드리븐 방식으로 SQL을 작성하는 방법이 제공되는데, 그것이 곧 바인드 변수(Bind Variable)다. 바인드 변수를 사용하면 하나의 프로시저를 공유하면서 반복 재사용할 수 있게 된다.

```
SELECT * FROM CUSTOMER WHERE LOGIN_ID = :LOGIN_ID;
```

위 SQL과 같이 바인드 변수를 사용하면 이를 처음 수행한 세션이 하드파싱을 통해 실행계획을 생성한다. 그 실행계획을 한번 사용하고 버리는 것이 아니라 라이브러리에 캐싱해 둠으로써 같은 SQL을 수행하는 다른 세션들이 반복 재사용할 수 있도록 한다. 즉 이후 세션들은 캐시에서 실행계획을 얻어 입력 값만 새롭게 바인딩하면서 바로 실행하게 된다.

아래는 바인드 변수를 사용한 SQL을 2만 번 수행할 때의 SQL 트레이스 결과다(SQL 트레이스를 처음 접한 독자는 부록 B를 참조하기 바란다).

```
call        count     cpu    elapsed    disk    query    current    rows
-----       -----     ---    -------    ----    -----    -------    ----
Parse       20000     0.16      0.17       0        0          0       0
Execute     20000     0.22      0.42       0        0          0       0
Fetch       20000     0.45      0.47       0    60000          0   20000
-----       -----     ---    -------    ----    -----    -------    ----
total       60000     1.23      1.07       0    60000          0   20000

Misses in library cache during parse: 1

Misses in library cache during parse: 1
```

Parse Call은 SQL 문장을 캐시에서 찾으려고 시도한 횟수를 말하는데, Execute Call 횟수만큼 Parse Call이 반복된 것을 볼 수 있다. 최초 Parse Call이 발생한 시점에 라이브러리 캐시에서 커서를 찾지 못해 하드 파싱을 수행한 사실도 아래쪽 라이브러리 캐시 Miss 항목(굵은 글꼴)을 보고 알 수 있다. 만약 처음 수행할 때부터 캐시에서 찾아진다면 이 항목은 0으로 표시된다.

바인드 변수를 사용했을 때의 효과는 아주 분명하다. SQL과 실행계획을 여러 개 캐싱하지 않고 하나를 반복 재사용하므로 파싱 소요시간과 메모리 사용량을 줄여준다. 궁극적으로 시스템 전반의 CPU와 메모리 사용률을 낮춰 데이터베이스 성능과 확장성을 높이고, 특히 동시 사용자 접속이 많을 때는 그 효과가 좋다.

다음과 같은 경우에는 바인드 변수를 쓰지 않아도 무방하다.

■ 배치 프로그램이나 DW, OLAP 등 정보계 시스템에서 사용되는 Long Running 쿼리
   이들 쿼리는 파싱 소요시간이 쿼리 총 소요시간에서 차지하는 비중이 매우 낮고, 수행빈도도 낮아 하드파싱에 의한 라이브러리 캐시 부하를 유발할 가능성이 낮음. 그러므로 바인드 변수 대신 상수 조건절을 사용함으로써 옵티마이저가 칼럼 히스토그램을 활용할 수 있도록 하는 것이 유리
■ 조건절 칼럼의 값 종류(Distinct Value)가 소수일 때
   특히 값 분포가 균일하지 않아 옵티마이저가 칼럼 히스토그램 정보를 활용하도록 유도하고자 할 때

위 경우가 아니라면, 특히 OLTP 환경에선 반드시 바인드 변수를 사용할 것을 권고한다.

위와 같은 권고에도 불구하고 무분별하게 리터럴 SQL 위주로 애플리케이션을 개발하면 라이브러리 캐시 경합 때문에 시스템 정상 가동이 어려운 상황에 직면할 수 있다. 이에 대비해 각 DBMS는 조건절 비교 값이 리터럴 상수일 때 이를 자동으로 변수화해주는 기능을 제공한다. SQL Server에선 이 기능을 '단순 매개 변수화(simple parameterization)'라고 부르며(2000 버전까지는 '자동 매개 변수화(auto-parameterization)'라고 불렀음) 기본 적으로 활성화된다. Oracle에선 cursor_sharing 파라미터를 시스템 또는 세션 레벨에서 FORCE나 SIMILAR로 설정(기본 값은 EXACT)하면 된다.

리터럴 쿼리에 의한 파싱 부하가 극심한 상황에서 이 기능이 시스템 부하를 줄이는 데 도움이 되는 것은 사실이지만 부작용도 만만치 않다. 무엇보다 이 옵션을 적용하는 순간 실행계획이 갑자기 바뀌어 기존에 잘 수행되던 SQL이 갑자기 느려질 수 있다. 사용자가 의도적으로 사용한 상수까지 변수화가 되면서 문제를 일으키기도 한다. Oracle의 경우, 이 기능은 응급처방으로 사용해야지 절대 영구 적용할 목적으로 사용해서는 안 된다. SQL Server에선 기본적으로 활성화 돼 있긴 하지만, 가급적 바인드 변수를 사용함으로써 이 기능이 작동하는 경우를 최소화해야 한다.

나. 바인드 변수 사용 시 주의사항

바인드 변수를 사용하면 SQL이 최초 수행될 때 최적화를 거친 실행계획을 캐시에 저장하고, 실행시점에는 그것을 그대로 가져와 값만 다르게 바인딩하면서 반복 재사용한다고 설명했다. 여기서 변수를 바인딩하는 시점이 최적화 이후라는 사실을 상기하기 바란다. 즉 나중에 반복 수행될 때 어떤 값이 입력될지 알 수 없기 때문에 옵티마이저는 조건절 칼럼의 데이터 분포가 균일하다는 가정을 세우고 최적화를 수행한다. 칼럼에 대한 히스토그램 정보가 딕셔너리에 저장돼 있어도 이를 활용하지 못하는 것이다.

칼럼 분포가 균일할 때는 이렇게 처리해도 나쁘지 않지만, 그렇지 않을 때는 실행 시점에 바인딩되는 값에 따라 쿼리 성능이 다르게 나타날 수 있다. 이럴 때는 바인드 변수를 사용하는 것보다 상수 값을 사용하는 것이 나을 수 있다. 그 값에 대한 칼럼 히스토그램 정보를 이용해 좀 더 최적의 실행계획을 수립할 가능성이 높기 때문이다.

다. 바인드 변수 부작용을 극복하기 위한 노력

바인드 변수 사용에 따른 부작용을 극복하려고 Oracle 9i부터 '바인드 변수 Peeking' 기능을 도입했다. SQL Server도 같은 기능을 제공하며 'Parameter Sniffing'이라고 부른다. 'Peeking'이나 'Sniffing'이라는 단어가 의미하듯이 이것은 SQL이 첫 번째 수행될 때의 바인드 변수 값을 살짝 훔쳐 보고, 그 값에 대한 칼럼 분포를 이용해 실행계획을 결정하는 기능이다.

그런데 이것은 매우 위험한 기능이다. 처음 실행될 때 입력된 값과 전혀 다른 분포를 갖는 값이 나중에 입력되면 쿼리 성능이 갑자기 느려지는 현상이 발생할 수 있기 때문이다. 아침에 업무가 시작되면서 사용자가 처음 입력한 값이 무엇이냐에 따라 실행계획이 결정되고, 그것에 의해 그날 하루 종일 프로그램의 수행 성능이 결정된다면 시스템 관리자 입장에서는 불안하지 않을 수 없다. 물론 해당 쿼리의 수행빈도가 매우 높아 캐시에서 절대 밀려나지 않을 때 그렇다.

쿼리 수행빈도가 낮아 캐시에서 자주 밀려나도 문제다. 하루 중에 실행계획이 수시로 바뀔 수 있기 때문이며, 이 또한 관리자를 불안하게 만드는 요인이다.

쿼리 수행 전에 확인하는 실행계획은 바인드 변수 Peeking 기능이 적용되지 않은 실행계획이라는 사실도 기억하기 바란다. 사용자가 쿼리 수행 전에 실행계획을 확인할 때는 변수에 값을 바인딩하지 않으므로 옵티마이저는 변수 값을 Peeking할 수 없다. 따라서 사용자는 평균 분포에 의한 실행계획을 확인하고 프로그램을 배포하게 되는데, 그 SQL이 실제 실행될 때는 바인드 변수 Peeking을 일으켜 다른 방식으로 수행될 수 있다.

이런 이유로 현재 대부분의 운영 시스템에서는 아래처럼 바인드 변수 Peeking 기능을 비활성화한 상태에서 운영 중이다.

```
alter system set "_optim_peek_user_binds" = FALSE ;
```

바인드 변수 Peeking 같은 기능의 불완전성을 해소하기 위해 DBMS 벤더들이 계속 노력중이다. Oracle의 경우는 11g에 와서 '적응적 커서 공유(Adaptive Cursor Sharing)'라는 기능을 도입함으로써 입력된 변수 값의 분포에 따라 다른 실행계획이 사용되도록 처리하고 있다. 하지만 이 기능도 아직 완전하지 못하기 때문에 부작용이 완전히 해소될 때까진 개발자의 노력이 필요하다.

예를 들어 아래 쿼리로 아파트매물 테이블을 읽을 때, 서울시와 경기도처럼 선택도(Selectivity)가 높은 값이 입력될 때는 Full Table Scan이 유리하고, 강원도나 제주도처럼 선택도가 낮은 값이 입력될 때는 인덱스를 경유해 테이블을 액세스하는 것이 유리하다.

```
select * from 아파트매물 where 도시 = :CITY ;
```

그럴 때 위 쿼리에서 바인딩 되는 값에 따라 실행계획을 다음과 같이 분리하는 방안을 고려할 수 있다.

```
select /*+ FULL(a) */ *
from    아파트매물 a
where  :CITY in ('서울시', '경기도')
and 도시 = :CITY
union all
select /*+ INDEX(a IDX01) */ *
from    아파트매물 a
where  :CITY not in ('서울시', '경기도')
and 도시 = :CITY;
```

3. 애플리케이션 커서 캐싱

같은 SQL을 아주 여러 번 반복해서 수행해야 할 때, 첫 번째는 하드파싱이 일어나겠지만 이후부터는 라이브러리 캐시에 공유된 버전을 찾아 가볍게 실행할 수 있다. 그렇더라도 SQL 문장의 문법적·의미적 오류가 없는지 확인하고, 해시함수로부터 반환된 해시 값을 이용해 캐시에서 실행계획을 찾고, 수행에 필요한 메모리 공간(Persistent Area와 Runtime Area)을 할당하는 등의 작업을 매번 반복하는 것은 비효율적이다. 이런 과정을 생략하고 빠르게 SQL을 수행하는 방법이 있는데, 이를 '애플리케이션 커서 캐싱'이라고 부르기로 하자.

개발 언어마다 구현방식이 다르므로 이 기능을 활용하려면 API를 잘 살펴봐야 한다. Pro*C를 예로 들면, SQL을 수행하는 부분을 아래처럼 두 개 옵션으로 감싸면 된다. 그러면 커서를 해제하지 않고 루프 내에서 반복 재사용한다.

```
for(;;) {
  EXEC ORACLE OPTION (HOLD_CURSOR=YES);
  EXEC ORACLE OPTION (RELEASE_CURSOR=NO);
  EXEC SQL INSERT …… ;           // SQL 수행
  EXEC ORACLE OPTION (RELEASE_CURSOR=YES);
}
```

아래는 애플리케이션에서 커서를 캐싱한 상태에서 같은 SQL을 5000번 반복 수행했을 때의 SQL 트레이스 결과다.

```
call        count     cpu     elapsed   disk    query   current   rows
----        ----      ----    ----      ----    ----    -----     ---
Parse       1         0.00    0.00      0       0       0         0
Execute     5000      0.18    0.14      0       0       0         0
Fetch       5000      0.17    0.23      0       10000   0         5000
----        ----      ----    ----      ----    ----    -----     ---
total       10001     0.35    0.37      0       10000   0         5000

Misses in library cache during parse: 1
```

일반적인 방식으로 같은 SQL을 반복 수행할 때는 Parse Call 횟수가 Execute Call 횟수와 같게 나타난다고 앞서 설명했다. 반면 위 트레이스 결과에선 Parse Call이 한 번만 발생했고, 이후 4999번 수행할 때는 Parse Call이 전혀 발생하지 않았음을 알 수 있다. 최초 Parse Call이 발생한 시점에 하드 파싱을 수행한 사실도 아래쪽 라이브러리 캐시 Miss 항목을 보고 알 수 있다.

자바에서 이 기능을 구현하려면 다음과 같이 묵시적 캐싱(Implicit Caching) 옵션을 사용하면 된다.

```
public static void CursorCaching(Connection conn, int count) throws Exception{

    // 캐시 사이즈를 1로 지정
    ((OracleConnection)conn).setStatementCacheSize(1);

    // 묵시적 캐싱 기능을 활성화
    ((OracleConnection)conn).setImplicitCachingEnabled(true);

    for (int i = 1; i <= count; i++) {
        // PreparedStatement를 루프문 안쪽에 선언
        PreparedStatement stmt = conn.prepareStatement(
          "SELECT ?,?,?,a.* FROM emp a WHERE a.ename LIKE 'W%'");
        stmt.setInt(1,i);
        stmt.setInt(2,i);
```

```
    stmt.setString(3,"test");
    ResultSet rs=stmt.executeQuery();

    rs.close();

    // 커서를 닫더라도 묵시적 캐싱 기능을 활성화 했으므로 닫지 않고 캐시에 보관하게 됨
    stmt.close();
  }
}
```

또는 아래처럼 Statement를 닫지 않고 재사용해도 같은 효과를 얻을 수 있다.

```
public static void CursorHolding(Connection conn, int count) throws Exception{

  // PreparedStatement를 루프문 바깥에 선언
  PreparedStatement stmt = conn.prepareStatement(
    "SELECT ?,?,?,a.* FROM emp a WHERE a.ename LIKE 'W%'");
  ResultSet rs;

  for (int i = 1; i <= count; i++) {
    stmt.setInt(1,i);
    stmt.setInt(2,i);
    stmt.setString(3,"test");
    rs=stmt.executeQuery();
    rs.close();
  }

  // 루프를 빠져 나왔을 때 커서를 닫는다.
  stmt.close();
}
```

PL/SQL에서는 위와 같은 옵션을 별도로 적용하지 않더라도 자동적으로 커서를 캐싱한다. 단 Static SQL을 사용할 때만 그렇다. Dynamic SQL을 사용하거나 Cursor Variable(=Ref Cursor)을 사용할 때는 커서를 자동으로 캐싱하는 효과가 사라진다는 사실을 명심하기 바란다.

4. Static SQL vs. Dynamic SQL

가. Static SQL

Static SQL이란 String형 변수에 담지 않고 코드 사이에 직접 기술한 SQL 문을 말한다. 다른 말로 'Embedded SQL'이라고도 한다. 아래는 Pro*C 구문으로 Static SQL을 작성한 예시다.

```
int main()
{
  printf("사번을 입력하십시오 : ");
  scanf("%d", &empno);
  EXEC SQL  WHENEVER NOT FOUND GOTO notfound;
  EXEC SQL  SELECT ENAME INTO :ename
              FROM    EMP
              WHERE   EMPNO = :empno;
  printf("사원명 : %s.\n", ename);

notfound:
  printf("%d는 존재하지 않는 사번입니다. \n", empno);
}
```

SQL 문을 String 변수에 담지 않고 마치 예약된 키워드처럼 C/C++ 코드 사이에 섞어서 기술한 것을 볼 수 있다.

Pro*C, SQLJ와 같은 PreCompile 언어를 잘 모르는 독자를 위해 간단히 설명하면, Pro*C에서 소스 프로그램 (.pc)을 작성해서 PreCompiler로 PreCompile하면 순수 C/C++ 코드가 만들어진다. 이를 다시 C/C++ Compiler로 컴파일해 실행파일이 만들어지면 그것을 실행한다.

PreCompiler가 PreCompile 과정에서 Static(=Embedded) SQL을 발견하면 이를 SQL 런타임 라이브러리에 포함된 함수를 호출하는 코드로 변환한다. 이 과정에서 결국은 String형 변수에 담긴다. Static SQL이든 Dynamic SQL이든 PreCompile 단계를 거치고 나면 String 변수에 담기기는 마찬가지지만 Static SQL은 런타임 시에 절대 변하지 않으므로 PreCompile 단계에서 구문 분석, 유효 오브젝트 여부, 오브젝트 액세스 권한 등을 체크하는 것이 가능하다.

나. Dynamic SQL

Dynamic SQL이란 String형 변수에 담아서 기술하는 SQL 문을 말한다. String 변수를 사용하므로 조건에 따라 SQL 문을 동적으로 바꿀 수 있고, 또는 런타임 시에 사용자로부터 SQL 문의 일부 또는 전부를 입력 받아서 실행할 수도 있다. 따라서 PreCompile 시 Syntax, Semantics 체크가 불가능하므로 Dynamic SQL에 대해선 PreCompiler는 내용을 확인하지 않고 그대로 DBMS에 전달한다.

아래는 Pro*C에서 Dynamic SQL을 작성한 사례다. SQL을 String형 변수에 담아 실행하는 것에 주목하기 바란다. 바로 아래 주석 처리한 부분은 SQL을 런타임 시 입력 받는 방법의 예시다.

```
int main()
{
    char select_stmt[50] = "SELECT ENAME FROM EMP WHERE EMPNO = :empno";
    // scanf("%c", &select_stmt); → SQL 문을 동적으로 입력 받을 수도 있음

    EXEC SQL PREPARE sql_stmt FROM :select_stmt;

    EXEC SQL DECLARE emp_cursor CURSOR FOR sql_stmt;

    EXEC SQL OPEN emp_cursor USING :empno;

    EXEC SQL FETCH emp_cursor INTO :ename;

    EXEC SQL CLOSE emp_cursor;

    printf("사원명 : %s.\n", ename);
}
```

Static(=Embedded) SQL을 지원하는 개발 언어는 많지 않으며, PowerBuilder, PL/SQL, Pro*C, SQLJ 정도가 있다. 그 외 개발 언어에선 SQL을 모두 String 변수에 담아서 실행한다. 따라서 이들 언어에서 작성된 SQL은 모두 Dynamic SQL이다.

또한 Toad, Orange, SQL*Plus, SQL Server의 쿼리 분석기 같은 Ad-hoc 쿼리 툴에서 작성하는 SQL도 모두 Dynamic SQL이다. 이들 툴은 앞으로 어떤 SQL이 실행될지 모르는 상태에서 빌드(Build)되며, 런타임 시에 사용자로부터 입력받은 SQL을 그대로 DBMS에 던지는 역할만 할 뿐이다.

다. 바인드 변수의 중요성 재강조

지금까지 설명한 Static, Dynamic SQL은 애플리케이션 개발 측면에서의 구분일 뿐이며, 데이터베이스 입장에선 차이가 없다. Static SQL를 사용하든 Dynamic SQL를 사용하든 옵티마이저는 SQL 문장 자체만 인식할 뿐이므로 성능에도 영향을 주지 않는다(단, Static SQL일 때만 애플리케이션 커서 캐싱 기능이 작동하는 개발 언어도 있으므로 그때는 성능에 영향을 줄 수 있다).

따라서 라이브러리 캐시 효율을 논할 때 Static이냐 Dynamic이냐의 차이보다는 바인드 변수 사용 여부에 초점을 맞춰야 한다. Dynamic으로 개발하더라도 바인드 변수만 잘 사용했다면 라이브러리 캐시 효율을 떨어뜨리지 않는다는 뜻이다. 바인드 변수를 사용하지 않고 Literal 값을 SQL 문자열에 결합하는 방식으로 개발했을 때, 반복적인 하드파싱으로 성능이 얼마나 저하되는지, 그리고 그 때문에 라이브러리 캐시에 얼마나 심한 경합이 발생하는지는 앞에서 충분히 설명했다.

제 3 절 쿼리 변환

1. 쿼리 변환이란?

쿼리 변환(Query Transformation)은, 옵티마이저가 SQL을 분석해 의미적으로 동일(→ 같은 결과를 리턴)하면서도 더 나은 성능이 기대되는 형태로 재작성하는 것을 말한다. 이는 본격적으로 실행계획을 생성하고 비용을 계산하기에 앞서 사용자 SQL을 최적화에 유리한 형태로 재작성하는 것으로서, DBMS 버전이 올라갈수록 그 종류가 다양해짐은 물론 더 적극적인 시도가 이뤄지고 있다. 비용기반 옵티마이저의 서브엔진으로서 Query Transformer, Estimator, Plan Generator가 있다고 설명했는데, 이 중 Query Transformer가 그런 역할을 담당한다([그림 III-1-9] 참조).

쿼리 변환은 다음 두 가지 방식으로 작동한다.

- 휴리스틱(Heuristic) 쿼리 변환 : 결과만 보장된다면 무조건 쿼리 변환을 수행한다. 일종의 규칙 기반(Rule-based) 최적화 기법이라고 할 수 있으며, 경험적으로 (최소한 동일하거나) 항상 더 나은 성능을 보일 것이라는 옵티마이저 개발팀의 판단이 반영된 것이다.
- 비용기반(Cost-based) 쿼리 변환 : 변환된 쿼리의 비용이 더 낮을 때만 그것을 사용하고, 그렇지 않을 때는 원본 쿼리 그대로 두고 최적화를 수행한다.

2. 서브쿼리 Unnesting

'서브쿼리 Unnesting'은 중첩된 서브쿼리(Nested Subquery)를 풀어내는 것을 말한다. 서브쿼리를 메인쿼리와 같은 레벨로 풀어낸다면 다양한 액세스 경로와 조인 메소드를 평가할 수 있다. 특히 옵티마이저는 많은 조인테크닉을 가지기 때문에 조인 형태로 변환했을 때 더 나은 실행계획을 찾을 가능성이 높아진다.

아래는 하나의 쿼리에 서브쿼리가 이중삼중으로 중첩(nest)될 수 있음을 보여준다.

```
select * from emp a
where exists (
  select 'x' from dept
  where deptno = a.deptno
  )
and sal >
  (select avg(sal) from emp b
   where exists (
     select 'x' from salgrade
```

```
   where b.sal between losal and hisal
   and grade = 4)
)
```

위 쿼리의 논리적인 포함관계를 상자로 표현하면 [그림 III-5-3]와 같다.

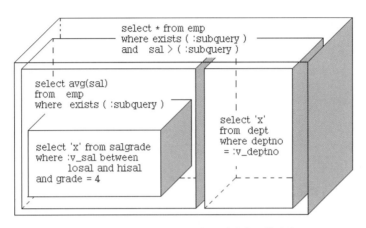

[그림 III-5-3] Subquery의 논리적인 포함관계

위 쿼리와 [그림 III-5-3]에서 알 수 있듯이 '중첩된 서브쿼리(nested subquery)'는 메인쿼리와 부모와 자식이라는 종속적이고 계층적인 관계가 존재한다. 따라서 논리적인 관점에서 그 처리과정은 IN, Exists를 불문하고 필터 방식이어야 한다. 즉 메인 쿼리에서 읽히는 레코드마다 서브쿼리를 반복 수행하면서 조건에 맞지 않는 데이터를 골라내는 것이다.

하지만 서브쿼리를 처리하는 데 있어 필터 방식이 항상 최적의 수행속도를 보장하지 못하므로 옵티마이저는 아래 둘 중 하나를 선택한다.

① 동일한 결과를 보장하는 조인문으로 변환하고 나서 최적화한다. 이를 일컬어 '서브쿼리 Unnesting'이라고 한다.
② 서브쿼리를 Unnesting하지 않고 원래대로 둔 상태에서 최적화한다. 메인쿼리와 서브쿼리를 별도의 서브플랜(Subplan)으로 구분해 각각 최적화를 수행하며, 이때 서브쿼리에 필터(Filter) 오퍼레이션이 나타난다.

1번 서브쿼리 Unnesting은 메인과 서브쿼리 간의 계층구조를 풀어 서로 같은 레벨(flat한 구조)로 만들어 준다는 의미에서 '서브쿼리 Flattening'이라고도 부른다. 이렇게 쿼리 변환이 이뤄지고 나면 일반 조인문처럼 다양한 최적화 기법을 사용할 수 있게 된다.

2번처럼, Unnesting하지 않고 쿼리 블록별로 최적화할 때는 각각의 최적이 쿼리문 전체의 최적을 달성하지 못할 때가 많다. 그리고 Plan Generator가 고려대상으로 삼을만한 다양한 실행계획을 생성해 내는 작업이 매우 제한적인 범위 내에서만 이뤄진다.

실제 서브쿼리 Unnesting이 어떤 식으로 작동하는지 살펴보자. 아래처럼 IN 서브쿼리를 포함하는 SQL 문이 있다.

```
select * from emp
where  deptno in (select deptno from dept)
```

이 SQL 문을 Unnesting하지 않고 그대로 최적화한다면 옵티마이저는 다음과 같이 필터 방식의 실행계획을 수립한다.

```
-----------------------------------------------------------------
| Id | Operation           | Name    | Rows | Bytes | Cost (%CPU) |
-----------------------------------------------------------------
|  0 | SELECT STATEMENT    |         |    3 |    99 |    3   (0) |
|* 1 |  FILTER             |         |      |       |            |
|  2 |   TABLE ACCESS FULL | EMP     |   10 |   330 |    3   (0) |
|* 3 |   INDEX UNIQUE SCAN | DEPT_PK |    1 |     2 |    0   (0) |
-----------------------------------------------------------------

Predicate Information (identified by operation id):
---------------------------------------------------
   1 - filter( EXISTS (SELECT 0 FROM "DEPT" "DEPT" WHERE "DEPTNO"=:B1))
   3 - access("DEPTNO"=:B1)
```

Predicate 정보를 보면 필터 방식으로 수행된 서브쿼리의 조건절이 바인드 변수로 처리된 부분(DEPTNO = :B1)이 눈에 띈다. 이것을 통해 옵티마이저가 서브쿼리를 별도의 서브플랜(Subplan)으로 최적화한다는 사실을 알 수 있다. 메인 쿼리도 하나의 쿼리 블록이므로 서브쿼리를 제외한 상태에서 별도로 최적화가 이뤄졌다(아무 조건절이 없으므로 Full Table Scan이 최적이다).

이처럼 Unnesting하지 않은 서브쿼리를 수행할 때는 메인 쿼리에서 읽히는 레코드마다 값을 넘기면서 서브쿼리를 반복 수행한다(내부적으로 IN 서브쿼리를 Exists 서브쿼리로 변환한다는 사실도 Predicate 정보를 통해 알 수 있다).

위 서브쿼리가 Unnesting 되면, 변환된 쿼리는 다음과 같은 조인문 형태가 된다.

```
select *
from  (select deptno from dept) a, emp b
where  b.deptno = a.deptno
```

그리고 이것은 바로 이어서 설명할 뷰 Merging 과정을 거쳐 최종적으로 다음과 같은 형태가 된다.

```
select emp.* from dept, emp
where   emp.deptno = dept.deptno
```

아래가 서브쿼리 Unnesting이 일어났을 때의 실행계획이다. 서브쿼리인데도 일반적인 Nested Loop 조인 방식
으로 수행된 것을 볼 수 있다. 위 조인문을 수행할 때와 정확히 같은 실행계획이다.

```
select * from emp where deptno in (select deptno from dept)

--------------------------------------------------------------------
| Id | Operation                    | Name          | Rows | Bytes | Cost (%CPU)|
--------------------------------------------------------------------
|  0 | SELECT STATEMEN              |               |  10  |  350  |  2   (0) |
|  1 | TABLE ACCESS BY INDEX ROWID  | EMP           |   3  |   99  |  1   (0) |
|  2 |  NESTED LOOPS                |               |  10  |  350  |  2   (0) |
|  3 |   INDEX FULL SCAN            | DEPT_PK       |   4  |    8  |  1   (0) |
|* 4 |   INDEX RANGE SCAN           | EMP_DEPTNO_IDX|   3  |       |  0   (0) |
--------------------------------------------------------------------

Predicate Information (identified by operation id):
--------------------------------------------------------------------

   4 - access("DEPTNO"="DEPTNO")
```

주의할 점은 서브쿼리를 Unnesting한 결과가 항상 더 나은 성능을 보장하지 않는다는 사실이다. 따라서 최근
옵티마이저는 서브쿼리를 Unnesting 했을 때 쿼리 수행 비용이 더 낮은지를 비교해 보고 적용 여부를 판단하는
쪽으로 발전하고 있다.

기본적으로 옵티마이저에게 맡기는 것이 바람직하지만, 앞서 얘기했듯이 옵티마이저가 항상 완벽할 순 없으므로
사용자가 직접 이 기능을 제어할 필요성이 생긴다. 이를 위해 Oracle은 아래 두 가지 힌트를 제공하고 있다.

① unnest : 서브쿼리를 Unnesting 함으로써 조인방식으로 최적화하도록 유도한다.
② no_unnest : 서브쿼리를 그대로 둔 상태에서 필터 방식으로 최적화하도록 유도한다.

■ 서브쿼리가 M쪽 집합이거나 Nonunique 인덱스일 때

지금까지 본 예제는 메인 쿼리의 emp 테이블과 서브쿼리의 dept 테이블이 M:1 관계이기 때문에 일반 조인문으로
바꾸더라도 쿼리 결과가 보장된다. 옵티마이저는 dept 테이블 deptno 칼럼에 PK 제약이 설정된 것을 통해 dept

테이블이 1쪽 집합이라는 사실을 알 수 있다. 따라서 안심하고 쿼리 변환을 실시한다.

만약 서브쿼리 쪽 테이블의 조인 칼럼에 PK/Unique 제약 또는 Unique 인덱스가 없다면, 일반 조인문처럼 처리했을 때 어떻게 될까?

<사례1 >

```
select * from dept
where deptno in (select deptno from emp)
```

위 쿼리는 1쪽 집합을 기준으로 M쪽 집합을 필터링하는 형태이므로 당연히 서브쿼리 쪽 emp 테이블 deptno 칼럼에는 Unique 인덱스가 없다. dept 테이블이 기준 집합이므로 결과 집합은 이 테이블의 총 건수를 넘지 않아야 한다. 그런데 옵티마이저가 임의로 다음과 같은 일반 조인문으로 변환한다면 M쪽 집합인 emp 테이블 단위의 결과 집합이 만들어지므로 결과 오류가 생긴다.

```
select *
from  (select deptno from emp) a, dept b
where   b.deptno = a.deptno
```

<사례2>

```
select * from emp
where  deptno in (select deptno from dept)
```

위 쿼리는 M쪽 집합을 드라이빙해 1쪽 집합을 서브쿼리로 필터링하도록 작성됐으므로 조인문으로 바꾸더라도 결과에 오류가 생기지는 않는다. 하지만 dept 테이블 deptno 칼럼에 PK/Unique 제약이나 Unique 인덱스가 없으면 옵티마이저는 emp와 dept 간의 관계를 알 수 없고 결과를 확신할 수 없으니 일반 조인문으로의 쿼리 변환을 시도하지 않는다(만약 SQL 튜닝 차원에서 위 쿼리를 사용자가 직접 조인문으로 바꿨는데, 어느 순간 dept 테이블 deptno 칼럼에 중복 값이 입력되면서 결과에 오류가 생기더라도 옵티마이저에게는 책임이 없다).

이럴 때 옵티마이저는 두 가지 방식 중 하나를 선택하는데, Unnesting 후 어느 쪽 집합을 먼저 드라이빙 하느냐에 따라 달라진다.

① 1쪽 집합임을 확신할 수 없는 서브쿼리 쪽 테이블이 드라이빙된다면, 먼저 sort unique 오퍼레이션을 수행함으로써 1쪽 집합으로 만든 다음에 조인한다.

② 메인 쿼리 쪽 테이블이 드라이빙된다면 세미 조인(Semi Join) 방식으로 조인한다. 이것이 세미 조인(Semi Join)이 탄생하게 된 배경이다.

아래는 Sort Unique 오퍼레이션 방식으로 수행할 때의 실행계획이다.

```
alter table dept drop primary key;

create index dept_deptno_idx on dept(deptno);

select * from emp
where  deptno in (select deptno from dept);

-----------------------------------------------------------------------
| Id  | Operation                      | Name            | Rows | Bytes |
-----------------------------------------------------------------------
|  0  | SELECT STATEMENT               |                 |  11  |  440  |
|  1  |  TABLE ACCESS BY INDEX ROWID   | EMP             |   4  |  148  |
|  2  |   NESTED LOOPS                 |                 |  11  |  440  |
|  3  |    SORT UNIQUE                 |                 |   4  |   12  |
|  4  |     INDEX FULL SCAN            | DEPT_DEPTNO_IDX |   4  |   12  |
|* 5  |     INDEX RANGE SCAN           | EMP_DEPTNO_IDX  |   5  |       |
-----------------------------------------------------------------------

Predicate Information (identified by operation id):
---------------------------------------------------
   5 - access("DEPTNO"="DEPTNO")
```

실제로 dept 테이블은 Unique한 집합이지만 옵티마이저는 이를 확신할 수 없어 sort unique 오퍼레이션을 수행했다. 다음과 같은 형태로 쿼리 변환이 일어난 것이다.

```
select b.*
from  (select /*+ no_merge */ distinct deptno from dept order by deptno) a, emp b
where  b.deptno = a.deptno
```

아래는 세미 조인 방식으로 수행할 때의 실행계획이다.

```
select * from emp
where  deptno in (select deptno from dept)

-----------------------------------------------------------------------
| Id  | Operation    | Name  | Rows  | Bytes  | Cost (%CPU)  |
-----------------------------------------------------------------------
```

```
| 0 | SELECT STATEMENT   |          |   | 10 | 350 |  3 | (0) |
| 1 |  NESTED LOOPS SEMI |          |   | 10 | 350 |  3 | (0) |
| 2 |   TABLE ACCESS FULL | EMP     |   | 10 | 330 |  3 | (0) |
|* 3 |   INDEX RANGE SCAN | DEPT_IDX |   |  4 |   8 |  0 | (0) |
-------------------------------------------------------------------

Predicate Information (identified by operation id):
-----------------------------------------------------
   3 - access("DEPTNO"="DEPTNO")
```

NL 세미 조인으로 수행할 때는 sort unique 오퍼레이션을 수행하지 않고도 결과 집합이 M쪽 집합으로 확장되는 것을 방지하는 알고리즘을 사용한다. 기본적으로 NL 조인과 동일한 프로세스로 진행하지만, Outer (=Driving) 테이블의 한 로우가 Inner 테이블의 한 로우와 조인에 성공하는 순간 진행을 멈추고 Outer 테이블의 다음 로우를 계속 처리하는 방식이다. 아래 pseudo 코드를 참고한다면 어렵지 않게 이해할 수 있다.

```
for(i=0; ; i++) {        // outer loop
    for(j=0; ; j++) {    // inner loop
        if(i==j) break;
    }
}
```

3. 뷰 Merging

아래 <쿼리1>처럼 인라인 뷰를 사용하면 쿼리 내용을 파악하기가 더 쉽다. 서브쿼리도 마찬가지다. 서브쿼리로 표현하면 아무래도 조인문보다 더 직관적으로 읽힌다.

<쿼리1>

```
select *
from  (select * from emp  where job = 'SALESMAN') a
    , (select * from dept where loc = 'CHICAGO') b
where  a.deptno = b.deptno
```

그런데 사람의 눈으로 볼 때는 쿼리를 블록화하는 것이 더 읽기 편할지 모르지만, 최적화를 수행하는 옵티마이저의 시각에서는 더 불편하다. 그런 탓에 옵티마이저는 가급적 <쿼리2>처럼 쿼리 블록을 풀어내려는 습성을 갖는다 (옵티마이저 개발팀이 그렇게 만들었다).

<쿼리2>

```
select    *
from      emp a, dept b
where     a.deptno = b.deptno
and       a.job = 'SALESMAN'
and       b.loc = 'CHICAGO'
```

따라서 위에서 본 <쿼리1>의 뷰 쿼리 블록은 액세스 쿼리 블록(뷰를 참조하는 쿼리 블록)과의 머지(merge) 과정을 거쳐 <쿼리2>와 같은 형태로 변환되는데, 이를 '뷰 Merging'이라고 한다. 뷰를 Merging해야 옵티마이저가 더 다양한 액세스 경로를 조사 대상으로 삼을 수 있게 된다.

다음과 같이 조건절 하나만을 가진 단순한 emp_salesman 뷰가 있다.

```
create or replace view emp_salesman
as
select    empno, ename, job, mgr, hiredate, sal, comm, deptno
from      emp
where     job = 'SALESMAN' ;
```

위 emp_salesman 뷰와 조인하는 간단한 조인문을 작성해 보자.

```
select    e.empno, e.ename, e.job, e.mgr, e.sal, d.dname
from      emp_salesman e, dept d
where     d.deptno = e.deptno
and       e.sal >= 1500 ;
```

위 쿼리를 뷰 Merging하지 않고 그대로 최적화한다면 다음과 같은 실행계획이 만들어진다.

```
Execution Plan
-------------------------------------------------------------
0      SELECT STATEMENT Optimizer=ALL_ROWS (Cost=3 Card=2 Bytes=156)
1    0   NESTED LOOPS (Cost=3 Card=2 Bytes=156)
2    1     VIEW OF 'EMP_SALESMAN' (VIEW) (Cost=2 Card=2 Bytes=130)
3    2       TABLE ACCESS (BY INDEX ROWID) OF 'EMP' (TABLE) (Cost=2 Card=2 )
4    3         INDEX (RANGE SCAN) OF 'EMP_SAL_IDX' (INDEX) (Cost=1 Card=7)
5    1     TABLE ACCESS (BY INDEX ROWID) OF 'DEPT' (TABLE) (Cost=1 Card=1 Bytes=13)
6    5       INDEX (UNIQUE SCAN) OF 'DEPT_PK' (INDEX (UNIQUE)) (Cost=0 Card=1)
```

뷰 Merging이 작동한다면 변환된 쿼리는 다음과 같은 모습일 것이다.

```
select e.empno, e.ename, e.job, e.mgr, e.sal, d.dname
from    emp e, dept d
where   d.deptno = e.deptno
and     e.job = 'SALESMAN'
and     e.sal >= 1500
```

그리고 이때의 실행계획은 다음과 같이 일반 조인문을 처리하는 것과 똑같은 형태가 된다.

```
Execution Plan
---------------------------------------------------------------
0        SELECT STATEMENT Optimizer=ALL_ROWS (Cost=3 Card=2 Bytes=84)
1    0   NESTED LOOPS (Cost=3 Card=2 Bytes=84)
2    1    TABLE ACCESS (BY INDEX ROWID) OF 'EMP' (TABLE) (Cost=2 Card=2 Bytes=58)
3    2     INDEX (RANGE SCAN) OF 'EMP_SAL_IDX' (INDEX) (Cost=1 Card=7)
4    1    TABLE ACCESS (BY INDEX ROWID) OF 'DEPT' (TABLE) (Cost=1 Card=1 Bytes=13)
5    4     INDEX (UNIQUE SCAN) OF 'DEPT_PK' (INDEX (UNIQUE)) (Cost=0 Card=1)
```

위와 같이 단순한 뷰는 Merging하더라도 성능이 나빠지지 않는다. 하지만 다음과 같이 복잡한 연산을 포함하는 뷰를 Merging하면 오히려 성능이 더 나빠질 수도 있다.

■ group by 절
■ select-list에 distinct 연산자 포함

따라서 뷰를 Merging했을 때 쿼리 수행 비용이 더 낮아지는지를 조사한 후에 적용 여부를 판단하는 쪽으로 옵티마이저가 발전하고 있다.

가급적 옵티마이저의 판단과 기능에 의존하는 것이 좋지만, 필요하다면 개발자가 이를 직접 조정할 줄도 알아야 한다. Oracle의 경우 이 기능을 제어할 수 있도록 merge와 no_merge 힌트를 제공한다. 이를 사용하기에 앞서 실행계획을 통해 뷰 Merging이 발생했는지, 그것이 적정한지를 판단하는 능력이 더 중요하다.

아래는 뷰 Merging이 불가능한 경우인데, 힌트가 제공되지 않을 땐 이런 제약을 활용해 튜닝을 실시하기도 한다.

■ 집합(set) 연산자(union, union all, intersect, minus)
■ connect by절
■ ROWNUM pseudo 칼럼
■ select-list에 집계 함수(avg, count, max, min, sum) 사용
■ 분석 함수(Analytic Function)

4. 조건절 Pushing

옵티마이저가 뷰를 처리함에 있어 1차적으로 뷰 Merging을 고려하지만, 조건절(Predicate) Pushing을 시도할 수도 있다. 이는 뷰를 참조하는 쿼리 블록의 조건절을 뷰 쿼리 블록 안으로 밀어 넣는 기능을 말한다.

조건절이 가능한 빨리 처리되도록 뷰 안으로 밀어 넣는다면, 뷰 안에서의 처리 일량을 최소화하게 됨은 물론 리턴되는 결과 건수를 줄임으로써 다음 단계에서 처리해야 할 일량을 줄일 수 있다.

조건절 Pushing과 관련해 DBMS가 사용하는 기술로는 다음 3가지가 있다.

- 조건절(Predicate) Pushdown : 쿼리 블록 밖에 있는 조건절을 쿼리 블록 안쪽으로 밀어 넣는 것을 말함
- 조건절(Predicate) Pullup : 쿼리 블록 안에 있는 조건절을 쿼리 블록 밖으로 내오는 것을 말하며, 그것을 다시 다른 쿼리 블록에 Pushdown 하는 데 사용
- 조인 조건(Join Predicate) Pushdown : NL 조인 수행 중에 드라이빙 테이블에서 읽은 값을 건건이 Inner 쪽(=right side) 뷰 쿼리 블록 안으로 밀어 넣는 것을 말함

가. 조건절(Predicate) Pushdown

group by절을 포함한 아래 뷰를 처리할 때, 쿼리 블록 밖에 있는 조건절을 쿼리 블록 안쪽에 밀어 넣을 수 있다면, group by 해야 할 데이터 양을 줄일 수 있다. 인덱스 상황에 따라서는 더 효과적인 인덱스 선택이 가능해지기도 한다.

```
select deptno, avg_sal
from  (select deptno, avg(sal) avg_sal from emp group by deptno) a
where  deptno = 30


-------------------------------------------------------------------------
| Id  | Operation                      | Name          | Rows  | Bytes |
-------------------------------------------------------------------------
|  0  | SELECT STATEMENT               |               |    1  |   26  |
|  1  |  VIEW                          |               |    1  |   26  |
|  2  |   SORT GROUP BY NOSORT         |               |    1  |    7  |
|  3  |    TABLE ACCESS BY INDEX ROWID | EMP           |    6  |   42  |
|* 4  |     INDEX RANGE SCAN           | EMP_DEPTNO_IDX|    6  |       |
-------------------------------------------------------------------------

Predicate Information (identified by operation id):
---------------------------------------------------
  4 - access("DEPTNO"=30)
```

위 쿼리에 정의한 뷰 내부에는 조건절이 하나도 없다. 만약 쿼리 변환이 작동하지 않는다면, emp 테이블을

Full Scan 하고서 group by 이후에 deptno = 30 조건을 필터링했을 것이다. 하지만 조건절 Pushing이 작동함으로써 emp_deptno_idx 인덱스를 사용한 것을 실행계획에서 볼 수 있다.

이번에는 조인문으로 테스트해 보자.

```
select b.deptno, b.dname, a.avg_sal
from  (select deptno, avg(sal) avg_sal from emp group by deptno) a
      , dept b
where  a.deptno = b.deptno
and    b.deptno = 30


--------------------------------------------------------------------------------
| Id  | Operation                         | Name          | Rows | Bytes |
--------------------------------------------------------------------------------
|   0 | SELECT STATEMENT                  |               |    1 |   39  |
|   1 |  NESTED LOOPS                     |               |    1 |   39  |
|   2 |   TABLE ACCESS BY INDEX ROWID     | DEPT          |    1 |   13  |
|*  3 |    INDEX UNIQUE SCAN              | DEPT_PK       |    1 |       |
|   4 |   VIEW                            |               |    1 |   26  |
|   5 |    SORT GROUP BY                  |               |    1 |    7  |
|   6 |     TABLE ACCESS BY INDEX ROWID   | EMP           |    6 |   42  |
|*  7 |      INDEX RANGE SCAN             | EMP_DEPTNO_IDX|    6 |       |
--------------------------------------------------------------------------------

Predicate Information (identified by operation id):
---------------------------------------------------
   3 - access("B"."DEPTNO"=30)
   7 - access("DEPTNO"=30)
```

위 실행계획과 Predicate Information을 보면, 인라인 뷰에 deptno = 30 조건절을 적용해 데이터량을 줄이고서 group by와 조인연산을 수행한 것을 알 수 있다. deptno = 30 조건이 인라인 뷰에 pushdown 될 수 있었던 이유는, 뒤에서 설명할 '조건절 이행' 쿼리 변환이 먼저 일어났기 때문이다. b.deptno = 30 조건이 조인 조건을 타고 a쪽에 전이됨으로써 다음과 같이 a.deptno = 30 조건절이 내부적으로 생성된 것이다. 이 상태에서 a.deptno = 30 조건절이 인라인 뷰 안쪽으로 Pushing된 것이다.

```
select b.deptno, b.dname, a.avg_sal
from  (select deptno, avg(sal) avg_sal from emp group by deptno) a
      , dept b
where  a.deptno = b.deptno
and    b.deptno = 30
and    a.deptno = 30
```

나. 조건절 Pullup

조건절(Predicate)을 쿼리 블록 안으로 밀어 넣을 뿐만 아니라 안쪽에 있는 조건들을 바깥쪽으로 끄집어 내기도 하는데, 이를 '조건절 Pullup'이라고 한다. 그리고 그것을 다시 다른 쿼리 블록에 Pushdown 하는 데 사용한다. 다음 실행계획을 보자.

```
select * from
  (select deptno, avg(sal) from emp where deptno = 10 group by deptno) e1 ,(select deptno, min(sal), max(sal)
from emp group by deptno) e2
where  e1.deptno = e2.deptno


-------------------------------------------------------------------------------
| Id  | Operation                      | Name           | Rows | Bytes |
-------------------------------------------------------------------------------
|   0 | SELECT STATEMENT               |                |    1 |    65 |
|*  1 |  HASH JOIN                     |                |    1 |    65 |
|   2 |   VIEW                         |                |    1 |    26 |
|   3 |    HASH GROUP BY               |                |    1 |     5 |
|   4 |     TABLE ACCESS BY INDEX ROWID| EMP            |    5 |    25 |
|*  5 |      INDEX RANGE SCAN          | EMP_DEPTNO_IDX |    5 |       |
|   6 |   VIEW                         |                |    1 |    39 |
|   7 |    HASH GROUP BY               |                |    1 |     5 |
|   8 |     TABLE ACCESS BY INDEX ROWID| EMP            |    5 |    25 |
|*  9 |      INDEX RANGE SCAN          | EMP_DEPTNO_IDX |    5 |       |
-------------------------------------------------------------------------------

Predicate Information (identified by operation id):
---------------------------------------------------
   1 - access("E1"."DEPTNO"="E2"."DEPTNO")
   5 - access("DEPTNO"=10)
   9 - access("DEPTNO"=10)
```

인라인 뷰 e2에는 deptno = 10 조건이 없지만 Predicate 정보를 보면 양쪽 모두 이 조건이 emp_deptno_idx 인덱스의 액세스 조건으로 사용된 것을 볼 수 있다. 다음과 같은 형태로 쿼리 변환이 일어난 것이다.

```
select * from
  (select deptno, avg(sal) from emp where deptno = 10 group by deptno) e1
 ,(select deptno, min(sal), max(sal) from emp where deptno = 10 group by deptno) e2
where  e1.deptno = e2.deptno
```

다. 조인 조건 Pushdown

'조인 조건(Join Predicate) Pushdown'은 말 그대로 조인 조건절을 뷰 쿼리 블록 안으로 밀어 넣는 것으로서, NL 조인 수행 중에 드라이빙 테이블에서 읽은 조인 칼럼 값을 Inner 쪽(=right side) 뷰 쿼리 블록 내에서 참조할 수 있도록 하는 기능이다.

아래 실행계획에서 group by절을 포함한 뷰를 액세스하는 단계에서 'view pushed predicate' 오퍼레이션 (id=3)이 나타났다. 그 아래쪽에 emp_deptno_idx 인덱스가 사용된 것을 볼 수 있다. 이는 dept 테이블로부터 넘겨진 deptno에 대해서만 group by를 수행함을 의미한다.

```
select d.deptno, d.dname, e.avg_sal
from   dept d
     ,(select /*+ no_merge push_pred */ deptno, avg(sal) avg_sal from emp group by deptno) e
where  e.deptno(+) = d.deptno


-------------------------------------------------------------------------------
| Id  | Operation                       | Name          | Rows | Bytes |
-------------------------------------------------------------------------------
|   0 | SELECT STATEMENT                |               |    4 |  116  |
|   1 |  NESTED LOOPS OUTER             |               |    4 |  116  |
|   2 |   TABLE ACCESS FULL             | DEPT          |    4 |   64  |
|   3 |   VIEW PUSHED PREDICATE         |               |    1 |   13  |
|*  4 |    FILTER                       |               |      |       |
|   5 |     SORT AGGREGATE              |               |    1 |    7  |
|   6 |      TABLE ACCESS BY INDEX ROWID| EMP           |    5 |   35  |
|*  7 |       INDEX RANGE SCAN          | EMP_DEPTNO_IDX|    5 |       |
-------------------------------------------------------------------------------

Predicate Information (identified by operation id):
---------------------------------------------------------
   4 - filter(COUNT(*)>0)
   7 - access("DEPTNO"="D"."DEPTNO")
```

여기서는 no_merge와 push_pred 힌트를 명시했지만, 힌트가 없어도 옵티마이저에 의해 같은 실행계획이 선택될 수 있다. 이 기능은 부분범위처리가 필요한 상황에서 특히 유용한데, Oracle 11g에 이르러서야 구현됐다. 만약 위 SQL을 Oracle 10g 이하 버전에서 실행한다면, 조인 조건 Pushdown이 작동하지 않아 다음과 같이 emp 쪽 인덱스를 Full Scan하는 실행계획이 나타난다. dept 테이블에서 읽히는 deptno마다 emp 테이블 전체를 group by하므로 성능상 불리한 것은 당연하다.

```
-----------------------------------------------------------------------------
| Id | Operation                       | Name           | Rows | Bytes |
-----------------------------------------------------------------------------
|  0 | SELECT STATEMENT                |                |    4 |   148 |
|  1 |  NESTED LOOPS OUTER             |                |    4 |   148 |
|  2 |   TABLE ACCESS FULL             | DEPT           |    4 |    44 |
|* 3 |   VIEW                          |                |    1 |    26 |
|  4 |    SORT GROUP BY                |                |    3 |    21 |
|  5 |     TABLE ACCESS BY INDEX ROWID | EMP            |   14 |    98 |
|  6 |      INDEX FULL SCAN            | EMP_DEPTNO_IDX |   14 |       |
-----------------------------------------------------------------------------

Predicate Information (identified by operation id):
---------------------------------------------------
   3 - filter("E"."DEPTNO"(+)="D"."DEPTNO")
```

위 쿼리는 다행히 집계함수가 하나뿐이므로 10g 이하 버전이더라도 아래처럼 스칼라 서브 쿼리로 변환함으로써 부분범위처리가 가능하게 할 수 있다.

```
select d.deptno, d.dname
      ,(select avg(sal) from emp where deptno = d.deptno)
from   dept d
```

집계함수가 여러 개일 때가 문제이다. 만약 다음과 같이 쿼리하면 emp에서 같은 범위를 반복적으로 액세스하는 비효율이 생긴다.

```
select d.deptno, d.dname
      ,(select avg(sal) from emp where deptno = d.deptno) avg_sal
      ,(select min(sal) from emp where deptno = d.deptno) min_sal
      ,(select max(sal) from emp where deptno = d.deptno) max_sal
from   dept d
```

이럴 때는 다음과 같이 구하려는 값들을 모두 결합하고서 바깥쪽 액세스 쿼리에서 substr 함수로 분리하는 방법을 활용할 수 있다. Oracle은 11g 이후로 이렇게 복잡하게 구현할 이유가 없어졌지만, 조인 조건 Pushdown 기능을 제공하지 않는 DBMS를 사용하고 있다면 이런 튜닝 기법이 유용할 수 있다.

```
select deptno, dname
    , to_number(substr(sal, 1, 7))  avg_sal
    , to_number(substr(sal, 8, 7))  min_sal
    , to_number(substr(sal, 15))    max_sal
from (
  select /*+ no_merge */ d.deptno, d.dname
      ,(select lpad(avg(sal), 7) || lpad(min(sal), 7) || max(sal)
         from emp where deptno = d.deptno) sal
  from   dept d
)
```

5. 조건절 이행

'조건절 이행(Transitive Predicate Generation, Transitive Closure)'을 한마디로 요약하면, '(A = B)이고 (B = C)이면 (A = C)이다'라는 추론을 통해 새로운 조건절을 내부적으로 생성해 주는 쿼리 변환이다. '(A > B)이고 (B > C)이면 (A > C)이다'와 같은 추론도 가능하다.

예를 들어 A 테이블에 사용된 필터 조건이 조인 조건절을 타고, 반대편 B 테이블에 대한 필터 조건으로 이행될 수 있다. 한 테이블 내에서도 두 칼럼 간 관계정보(예를 들어, col1 >= col2)를 이용해 조건절이 이행된다.

```
select * from dept d, emp e
where    e.job = 'MANAGER'
and      e.deptno = 10
and      d.deptno = e.deptno
```

위 쿼리에서 deptno = 10은 emp 테이블에 대한 필터 조건이다. 하지만 아래 실행계획에 나타나는 Predicate 정보를 확인해 보면, dept 테이블에도 같은 필터 조건이 추가된 것을 볼 수 있다.

```
---------------------------------------------------------------------------
| Id  | Operation                     | Name    | Rows | Bytes | Cost (%CPU) |
---------------------------------------------------------------------------
|   0 | SELECT STATEMENT              |         |    1 |    57 |   2   (0) |
|   1 |  NESTED LOOPS                 |         |    1 |    57 |   2   (0) |
|   2 |   TABLE ACCESS BY INDEX ROWID | DEPT    |    1 |    20 |   1   (0) |
|*  3 |    INDEX UNIQUE SCAN          | DEPT_PK |    1 |       |   0   (0) |
|   4 |   TABLE ACCESS BY INDEX ROWID | EMP     |    1 |    37 |   1   (0) |
---------------------------------------------------------------------------
```

```
|* 5 |    INDEX RANGE SCAN           | EMP_IDX |   1|    |   0  (0) |
-----------------------------------------------------------------------

Predicate Information (identified by operation id):
-----------------------------------------------------------------------
  3 - access("D"."DEPTNO"=10)
  5 - access("E"."DEPTNO"=10 AND "E"."JOB"='MANAGER')
```

'e.deptno = 10'이고 'e.deptno = d.deptno'이므로 'd.deptno = 10'으로 추론됐다. 이런 조건절 이행(transitive)을 통해 쿼리가 다음과 같은 형태로 변환된 것이다.

```
select * from dept d, emp e
where   e.job = 'MANAGER'
and     e.deptno = 10
and     d.deptno = 10
```

위와 같이 변환한다면, 해시 조인 또는 소트 머지 조인을 수행하기 전에 emp와 dept 테이블에 각각 필터링을 적용함으로써 조인되는 데이터량을 줄일 수 있다. 그리고 dept 테이블 액세스를 위한 인덱스 사용을 추가로 고려할 수 있게 돼 더 나은 실행계획을 수립할 가능성이 커진다.

6. 불필요한 조인 제거

1:M 관계인 두 테이블을 조인하는 쿼리문에서 조인문을 제외한 어디에서도 1쪽 테이블을 참조하지 않는다면, 쿼리 수행 시 1쪽 테이블은 읽지 않아도 된다. 결과 집합에 영향을 미치지 않기 때문이다. 옵티마이저는 이 특성을 이용해 M쪽 테이블만 읽도록 쿼리를 변환한다. 이를 '조인 제거(Join Elimination)' 또는 '테이블 제거(Table Elimination)'라고 한다.

```
select e.empno, e.ename, e.deptno, e.sal, e.hiredate
from   dept d, emp e
where  d.deptno = e.deptno

  Rows  Row Source Operation
  ----  ----------------------------------------
    14  TABLE ACCESS FULL EMP (cr=8 pr=0 pw=0 time=58 us)
```

위 쿼리에서 조인 조건식을 제외하면 1쪽 집합인 dept에 대한 참조가 전혀 없다. 따라서 emp 테이블만 액세스한 것을 볼 수 있다. 이러한 쿼리 변환이 Oracle의 경우 10g부터 작동하기 시작했지만 SQL Server 등에서는 이미 오래전부터 적용돼 온 기능이다.

조인 제거 기능이 작동하려면 다음과 같이 PK와 FK 제약이 설정돼 있어야만 한다. 이는 옵티마이저가 쿼리 변환을 수행하기 위한 지극히 당연한 조건이다. 만약 PK가 없으면 두 테이블 간 조인 카디널리티를 파악할 수 없고, FK가 없으면 조인에 실패하는 레코드가 존재할 수도 있어 옵티마이저가 함부로 쿼리 변환을 수행할 수가 없다.

```
SQL> alter table dept add
  2  constraint deptno_pk primary key(deptno);

SQL> alter table emp add
  2  constraint fk_deptno foreign key(deptno)
  3  references dept(deptno);
```

FK가 설정돼 있더라도 emp의 deptno 칼럼이 Null 허용 칼럼이면 결과가 다를 수 있다. 조인 칼럼 값이 Null인 레코드는 조인에 실패해야 정상이다. 옵티마이저가 조인문을 함부로 제거하면 그 레코드들이 결과 집합에 포함되기 때문이다. 이런 오류를 방지하기 위해 옵티마이저가 내부적으로 e.deptno is not null 조건을 추가해 준다.

Outer 조인일 때는 not null 제약이나 is not null 조건은 물론, FK 제약이 없어도 논리적으로 조인 제거가 가능하다. 하지만 Oracle 10g까지는 아래에서 보듯 조인 제거가 일어나지 않았다.

```
select e.empno, e.ename, e.sal, e.hiredate
from   emp e, dept d
where  d.deptno(+) = e.deptno  -- Outer 조인

   Rows  Row Source Operation
   ----  -------------------------------------------------
     15  NESTED LOOPS OUTER (cr=10 pr=0 pw=0 time=119 us)
     15   TABLE ACCESS FULL EMP (cr=8 pr=0 pw=0 time=255 us)
     14   INDEX UNIQUE SCAN DEPT_PK (cr=2 pr=0 pw=0 time=265 us)(Object ID 58557)
```

11g에서는 다음과 같이 불필요한 Inner 쪽 테이블 제거 기능이 구현된 것을 볼 수 있다.

```
select e.empno, e.ename, e.sal, e.hiredate
  from dbo.emp e left outer join dbo.dept d
    on d.deptno = e.deptno
```

```
'Emp' 테이블. 스캔 수 1, 논리적 읽기 수 2, 물리적 읽기 수 0, 미리 읽기 수 0.

SQL Server 실행 시간 : CPU 시간 = 0ms, 경과 시간 = 0ms.

 Rows  Executes  StmtText
 --     ----    ------------------------------------
    14        1  select e.empno, e.ename, e.sal, e.hiredate
    14        1   |--Clustered Index Scan(OBJECT:([MyDB].[dbo].[Emp].[PK_Emp] AS [e]))
```

다음은 SQL Server에서 테스트한 것인데, 마찬가지로 Inner 쪽 테이블이 제거된 것을 볼 수 있다.

```
select e.empno, e.ename, e.sal, e.hiredate
from emp e, dept d
where d.deptno(+) = e.deptno  -- Outer 조인

 Rows  Row Source Operation
 ----  ------------------------------------------------------
   14  TABLE ACCESS FULL EMP (cr=8 pr=0 pw=0 time=0 us cost=3 size=770 card=14)
```

7. OR 조건을 Union으로 변환

아래 쿼리가 그대로 수행된다면 OR 조건이므로 Full Table Scan으로 처리될 것이다(아니면 job 칼럼 인덱스와 deptno 칼럼 인덱스를 결합하고 비트맵 연산을 통해 테이블 액세스 대상을 필터링하는 Index Combine이 작동할 수도 있다).

```
select * from emp
where  job = 'CLERK' or deptno = 20
```

만약 job과 deptno에 각각 생성된 인덱스를 사용하고 싶다면 다음과 같이 union all 형태로 바꿔주면 된다.

```
select * from emp
where  job = 'CLERK'
union all
select * from emp
where  deptno = 20
and    LNNVL(job='CLERK')
```

사용자가 쿼리를 직접 바꿔주지 않아도 옵티마이저가 이런 작업을 대신해 주는 경우가 있는데, 이를 'OR-Expansion'이라고 한다. 다음은 OR-Expansion 쿼리 변환이 일어났을 때의 실행계획과 Predicate 정보다.

```
| Id  | Operation                      | Name           | Rows | Bytes |
---------------------------------------------------------------------------
|  0  | SELECT STATEMENT               |                |   7  |  224  |
|  1  |  CONCATENATION                 |                |      |       |
|  2  |   TABLE ACCESS BY INDEX ROWID  | EMP            |   3  |   96  |
|* 3  |    INDEX RANGE SCAN            | EMP_JOB_IDX    |   3  |       |
|* 4  |   TABLE ACCESS BY INDEX ROWID  | EMP            |   4  |  128  |
|* 5  |    INDEX RANGE SCAN            | EMP_DEPTNO_IDX |   5  |       |
---------------------------------------------------------------------------

Predicate Information (identified by operation id):
---------------------------------------------------------------------------
   3 - access("JOB"='CLERK')
   4 - filter(LNNVL("JOB"='CLERK'))
   5 - access("DEPTNO"=20)
```

job과 deptno 칼럼을 선두로 갖는 두 인덱스가 각각 사용됐고, union all 위쪽 브랜치는 job = 'CLERK'인 집합을 읽고 아래쪽 브랜치는 deptno = 20인 집합만을 읽는다.

분기된 두 쿼리가 각각 다른 인덱스를 사용하긴 하지만, emp 테이블 액세스가 두 번 일어난다. 따라서 중복 액세스되는 영역(deptno=20이면서 job='CLERK')의 데이터 비중이 낮을수록 효과적이고, 그 반대의 경우라면 오히려 쿼리 수행 비용이 증가한다. OR-Expansion 쿼리 변환이 처음부터 비용기반으로 작동한 것도 이 때문이다.

중복 액세스되더라도 결과 집합에는 중복이 없게 하려고 union all 아래쪽에 Oracle이 내부적으로 LNNVL 함수를 사용한 것을 확인하기 바란다. job < > 'CLERK'이거나 job is null인 집합만을 읽으려는 것이며, 이 함수는 조건식이 false이거나 알 수 없는(Unknown) 값일 때 true를 리턴한다.

Oracle에서 OR-Expansion을 제어하기 위해 사용하는 힌트로는 use_concat과 no_expand 두 가지가 있다. use_concat은 OR-Expansion을 유도하고자 할 때 사용하고, no_expand는 이 기능을 방지하고자 할 때 사용한다.

```
select /*+ USE_CONCAT */ * from emp
where  job = 'CLERK' or deptno = 20;

select /*+ NO_EXPAND */ * from emp
where  job = 'CLERK' or deptno = 20;
```

8. 기타 쿼리 변환

가. 집합 연산을 조인으로 변환

Intersect나 Minus 같은 집합(Set) 연산을 조인 형태로 변환하는 것을 말한다.

아래는 deptno = 10에 속한 사원들의 job, mgr을 제외시키고 나머지 job, mgr 집합만을 찾는 쿼리이다. 각각 Sort Unique 연산을 수행한 후에 Minus 연산을 수행하는 것을 볼 수 있다.

```
SQL> select job, mgr from emp
  2  minus
  3  select job, mgr from emp
  4  where  deptno = 10 ;


| Id | Operation             | Name | Rows | Bytes | Cost (%CPU) | Time     |

|  0 | SELECT STATEMENT      |      |  14  |  362  |  8   (63)   | 00:00:01 |
|  1 |  MINUS                |      |      |       |             |          |
|  2 |   SORT UNIQUE         |      |  14  |  266  |  4   (25)   | 00:00:01 |
|  3 |    TABLE ACCESS FULL  | EMP  |  14  |  266  |  3   (0)    | 00:00:01 |
|  4 |   SORT UNIQUE         |      |   3  |   96  |  4   (25)   | 00:00:01 |
|* 5 |    TABLE ACCESS FULL  | EMP  |   3  |   96  |  3   (0)    | 00:00:01 |


Predicate Information (identified by operation id):

   5 - filter("DEPTNO"=10)
```

다음은 옵티마이저가 Minus 연산을 조인 형태로 변환했을 때의 실행계획이다.

```
| Id | Operation             | Name | Rows | Bytes | Cost (%CPU) | Time     |

|  0 | SELECT STATEMENT      |      |  13  |  663  |  8   (25)   | 00:00:01 |
|  1 |  HASH UNIQUE          |      |  13  |  663  |  8   (25)   | 00:00:01 |
|* 2 |   HASH JOIN ANTI      |      |  13  |  663  |  7   (15)   | 00:00:01 |
|  3 |    TABLE ACCESS FULL  | EMP  |  14  |  266  |  3   (0)    | 00:00:01 |
|* 4 |    TABLE ACCESS FULL  | EMP  |   3  |   96  |  3   (0)    | 00:00:01 |
```

```
Predicate Information (identified by operation id):
---------------------------------------------------------------------------
  2 - access(SYS_OP_MAP_NONNULL("JOB")=SYS_OP_MAP_NONNULL("JOB") AND
            SYS_OP_MAP_NONNULL("MGR")=SYS_OP_MAP_NONNULL("MGR"))
  4 - filter("DEPTNO"=10)
```

해시 Anti 조인을 수행하고 나서 중복 값을 제거하기 위한 Hash Unique 연산을 수행하는 것을 볼 수 있다. 다음과 같은 형태로 쿼리 변환이 일어난 것이다.

```
SQL> select distinct job, mgr from emp e
  2  where  not exists (
  3    select 'x' from emp
  4    where  deptno = 10
  5    and    sys_op_map_nonnull(job) = sys_op_map_nonnull(e.job)
  6    and    sys_op_map_nonnull(mgr) = sys_op_map_nonnull(e.mgr)
  7  ) ;
```

Oracle의 sys_ p_map_nonnull 함수는 비공식적인 함수지만 가끔 유용하게 사용할 수 있다. null 값끼리 '=' 비교(null = null)하면 false이지만 true가 되도록 처리해야 하는 경우가 있고, 그럴 때 이 함수를 사용하면 된다. 위에서는 job과 mgr이 null 허용 칼럼이기 때문에 위와 같은 처리가 일어났다.

나. 조인 칼럼에 IS NOT NULL 조건 추가

```
select count(e.empno), count(d.dname)
from   emp e, dept d
where  d.deptno = e.deptno
and    sal <= 2900
```

위와 같은 조인문을 처리할 때 조인 칼럼 deptno가 null인 데이터는 조인 액세스가 불필요하다. 어차피 조인에 실패하기 때문이다. 따라서 다음과 같이 필터 조건을 추가해 주면 불필요한 테이블 액세스 및 조인 시도를 줄일 수 있어 쿼리 성능 향상에 도움이 된다.

```
select count(e.empno), count(d.dname)
from   emp e, dept d
where  d.deptno = e.deptno
and    sal <= 2900
```

```
and     e.deptno is not null
and     d.deptno is not null
```

is not null 조건을 사용자가 직접 기술하지 않더라도, 옵티마이저가 필요하다고 판단되면(Oracle의 경우, null 값 비중이 5% 이상일 때) 내부적으로 추가해 준다.

다. 필터 조건 추가

다음과 같이 바인드 변수로 between 검색하는 쿼리가 있다고 하자. 쿼리를 수행할 때 사용자가 :mx보다 :mn 변수에 더 큰 값을 입력한다면 쿼리 결과는 공집합이다.

```
select * from emp
where  sal between :mn and :mx
```

사전에 두 값을 비교해 알 수 있음에도 쿼리를 실제 수행하고서야 공집합을 출력한다면 매우 비합리적이다. 잦은 일은 아니겠지만 초대용량 테이블을 조회하면서 사용자가 값을 거꾸로 입력하는 경우를 상상해 보라.

Oracle 9i부터 이를 방지하려고 옵티마이저가 임의로 필터 조건식을 추가해 준다. 아래 실행계획에서 1번 오퍼레이션 단계에 사용된 Filter Predicate 정보를 확인하기 바란다.

```
----------------------------------------------------------------
| Id  | Operation          | Name  | Rows  | Bytes  | Cost  |
----------------------------------------------------------------
|   0 | SELECT STATEMENT   |       |   1   |   32   |   2   |
|*  1 |  FILTER            |       |       |        |       |
|*  2 |   TABLE ACCESS FULL| EMP   |   1   |   32   |   2   |
----------------------------------------------------------------

Predicate Information (identified by operation id):
----------------------------------------------------------------
   1 - filter(TO_NUMBER(:MN)<=TO_NUMBER(:MX))
   2 - filter("EMP"."SAL">=TO_NUMBER(:MN) AND "EMP"."SAL"<=TO_NUMBER(:MX))
```

아래는 :mn에 5000, :mx에 100을 입력하고 실제 수행했을 때의 결과인데, 블록 I/O가 전혀 발생하지 않은 것을 볼 수 있다. 실행계획 상으로는 Table Full Scan을 수행하고 나서 필터 처리가 일어나는 것 같지만, 실제로는 Table Full Scan 자체를 생략한 것이다.

```
Statistics
----------------------------------------------------
        0  recursive calls
        0  db block gets
        0  consistent gets
        0  physical reads
       ..  .....
```

라. 조건절 비교 순서

A	⋯	1	1	1	1	1	1	1	1	1	1	1	1	⋯
B	⋯	990	991	992	993	994	995	996	997	998	999	1000	1001	⋯

위 데이터를 아래 SQL 문으로 검색하면 B 칼럼에 대한 조건식을 먼저 평가하는 것이 유리하다. 왜냐하면 대부분 레코드가 B = 1000 조건을 만족하지 않아 A 칼럼에 대한 비교 연산을 수행하지 않아도 되기 때문이다.

```
SELECT * FROM T
WHERE    A = 1
AND      B = 1000 ;
```

반대로 A = 1 조건식을 먼저 평가한다면, A 칼럼이 대부분 1이어서 B 칼럼에 대한 비교 연산까지 그만큼 더 수행해야 하므로 CPU 사용량이 늘어날 것이다.

다음과 같은 조건절을 처리할 때도 부등호(>) 조건을 먼저 평가하느냐 like 조건을 먼저 평가하느냐에 따라 일량에 차이가 생긴다.

```
select /*+ full(도서) */ 도서번호, 도서명, 가격, 저자, 출판사, isbn
from   도서
where  도서명 like '데이터베이스%'          -- 사용자가 입력한 검색 키워드
and    도서명 > '데이터베이스성능고도화'       -- 앞 페이지 화면에서 출력한 가장 마지막 도서명
```

DBMS 또는 버전에 따라 다르지만, 예전 옵티마이저는 where절에 기술된 순서 또는 반대 순서로 처리하는 내부 규칙을 따름으로써 비효율을 야기하곤 했다. 하지만 최신 옵티마이저는 비교 연산해야 할 일량을 고려해 선택도가 낮은 칼럼의 조건식부터 처리하도록 내부적으로 순서를 조정한다.

장 요약

- 옵티마이저(Optimizer)는 SQL을 가장 빠르고 효율적으로 수행할 최적(최저비용)의 처리경로를 생성해 주는 DBMS 내부의 핵심엔진으로서, 옵티마이저에 의해 생성한 SQL 처리절차를 '실행계획(Execution Plan)'이라고 부른다.
- 규칙기반 옵티마이저(Rule-Based Optimizer)는 미리 정해 놓은 규칙에 따라 액세스 경로를 평가하고 실행계획을 선택한다.
- 비용기반 옵티마이저(Cost-Based Optimizer)는 비용을 기반으로 최적화를 수행한다. 여기서 '비용(Cost)'은 쿼리를 수행하는 데 소요되는 일량 또는 시간을 뜻하며, 어디까지나 예상치다.
- 옵티마이저는 사람이 만든 소프트웨어 엔진에 불과하며 결코 완벽할 수 없다. 이런 부족한 부분을 사용자가 메워주려면 옵티마이저 원리를 정확히 이해해야 한다.
- 실행계획을 수립할 때 CBO는 SQL 문장에서 액세스할 데이터 특성을 고려하기 위해 통계정보를 이용한다. 따라서 통계정보가 항상 데이터 상태를 정확하게 반영하도록 관리해 주어야 한다.
- 선택도(Selectivity)는 전체 대상 레코드 중에서 특정 조건에 의해 선택될 것으로 예상되는 레코드 비율을 말한다.
- 카디널리티(Cardinality)는 특정 액세스 단계를 거치고 나서 출력될 것으로 예상되는 결과 건수를 말하며, 총 로우 수에 선택도를 곱해서 구한다.
- 칼럼 히스토그램 정보를 이용하면 더 정확하게 카디널리티를 구할 수 있으며, 특히 분포가 균일하지 않은 칼럼 조건을 분석할 때 유용하다.

- 무거운 파싱 과정을 거친 SQL과 실행계획은 여러 사용자가 공유하면서 재사용할 수 있도록 공유 메모리에 캐싱해 둔다.
- 공유 메모리에서 SQL과 실행계획을 찾아 곧바로 실행하는 것을 '소프트파싱'이라고 한다.
- 공유 메모리에서 SQL을 찾지 못해 실행계획을 새로 생성하고 실행하는 것을 '하드파싱'이라고 한다.
- 공유 메모리에서 SQL을 찾기 위해 사용되는 키 값은 SQL 문장 그 자체다. 따라서 중간에 작은 글자 하나만 달라도 DBMS는 서로 다른 SQL로 인식해 실행계획을 새로 생성한다.
- 조건절이 동적으로 생성되는 리터럴(Literal) SQL로 프로그램을 작성하면 새로운 값이 입력될 때마다 하드파싱을 일으켜 쿼리 성능이 저하됨은 물론 시스템 부하를 가중시킨다.
- OLTP 환경에서 SQL 파싱 부하를 최소화하려면 반드시 바인드 변수를 사용해야 한다.
- 바인드 변수를 사용하면 옵티마이저가 칼럼 히스토그램을 활용하지 못하는 단점이 있으므로 값의 분포가 균일하지 않은 칼럼을 조건절에 사용할 때는 UNION ALL을 이용해 실행계획을 분기하는 방안을 고려해야 한다.
- 같은 SQL을 반복 수행하고자 할 때, 애플리케이션 커서 캐싱 기법을 이용하면 캐시에서 SQL 실행계획을 찾는 부하를 없애줘 성능 향상에 도움이 된다.

제3절 쿼리 변환

- 쿼리 변환(Query Transformation)은, 옵티마이저가 SQL을 분석해 의미적으로 동일하면서도 더 나은 성능이 기대되는 형태로 재작성하는 것을 말한다.
- 중첩된 서브쿼리를 풀어내는 쿼리 변환을 '서브쿼리 Unnesting'이라고 한다. 서브쿼리를 메인쿼리와 같은 레벨로 풀어낸다면 다양한 액세스 경로와 조인 메소드를 평가할 수 있다.
- 뷰 쿼리 블록을 액세스 쿼리 블록과의 머지(merge)하는 쿼리 변환을 '뷰 Merging'이라고 한다.
- 뷰를 참조하는 쿼리 블록의 조건절을 뷰 쿼리 블록 안으로 밀어 넣는 쿼리 변환을 '조건절 Pushing'이라고 한다.
- '(A = B)이고 (B = C)이면 (A = C)이다'는 추론을 통해 새로운 조건절을 내부적으로 생성해 주는 쿼리 변환을 '조건절 이행'이라고 한다.
- 그 외에도 불필요한 조인을 제거하고, OR 조건을 Union으로 변환하고, 집합 연산을 조인으로 변환하는 등 내부적으로 다양한 쿼리 변환이 일어난다.

연습문제

문제 1. 다음 중 옵티마이저의 역할이 아닌 것은?

① 사용자로부터 요청받은 쿼리를 수행하는 데 후보군이 될 만한 실행계획을 찾는다.

② 데이터 딕셔너리(Data Dictionary)에 미리 수집해 놓은 오브젝트 통계 및 시스템 통계정보를 이용해 각 실행계획의 예상비용을 산정한다.

③ 각 실행계획을 비교해서 최저비용을 갖는 하나를 선택한다.

④ 언제라도 새로운 SQL을 로드하는 데 문제가 생기지 않도록 LRU 알고리즘으로 공유 풀(프로시저 캐시)을 관리한다.

문제 2. 최적화 목표에 대한 설명으로 바르지 않은 것은?

① 쿼리 최종 결과 집합을 끝까지 읽는 것을 전제로, 시스템 리소스(I/O, CPU, 메모리 등)를 가장 적게 사용하는 실행계획을 선택하는 것을 '전체 처리속도 최적화'라고 한다.

② 전체 결과 집합 중 일부만 읽다가 멈추는 것을 전제로, 가장 빠른 응답 속도를 낼 수 있는 실행계획을 선택하는 것을 '최초 응답속도 최적화'라고 한다.

③ 대용량 데이터베이스를 처리하는 DW, OLAP성 애플리케이션에서 사용자가 요구한 결과 집합을 최대한 빠르게 읽고 출력하려면 옵티마이저 모드를 '최초 응답속도 최적화'로 설정해야 한다.

④ 똑같은 쿼리라도 최적화 목표를 어떻게 설정하느냐에 따라 실행계획이 달라질 수 있다.

문제 3. 다음 중 옵티마이저 행동에 영향을 미치는 요소가 아닌 것은?

① 테이블 개수

② 데이터량이나 인덱스 크기

③ 옵티마이저 힌트

④ DBMS 제약 설정

문제 4. SQL 파싱과 관련한 다음 설명 중 맞는 것은?

① SQL을 수행할 때마다 옵티마이저는 실행계획을 새로 생성한다.

② 실행계획을 생성하는 데는 아주 짧은 시간만 소요되므로 리터럴 형태로 쿼리를 작성해도 시스템에 주는 영향은 미미하다.

③ 바인드 변수를 사용했다면 비록 Dynamic SQL이더라도 라이브러리 캐시 효율에 나쁘지 않다.

④ OLTP, DW를 막론하고 라이브러리 캐시 효율을 위해선 바인드 변수를 사용해야 한다.

문제 5. 쿼리 변환에 대한 설명 중 틀린 것은?

① 뷰나 서브쿼리는 풀어서 메인 쿼리와 조인 형태로 처리하는 것이 항상 더 낫다.

② 옵티마이저가 수행한 쿼리 변환에 의해 결과 집합이 틀려지는 일이 절대 발생해선 안 된다. 만약 그런 경우가 있다면 버그다.

③ 분석함수를 내포한 뷰가 있다. 그 뷰를 참조하는 메인 쿼리의 조건절이 뷰 안으로 들어가 먼저 필터링 처리가 일어난다면 결과 집합에 오류가 생길 수도 있다.

④ 비용기반(Cost-based) 쿼리 변환은 변환된 쿼리의 예상 수행비용이 원본 쿼리보다 낮을 때 사용한다.

Professional·Developer

학습목표

- 소트가 성능에 미치는 영향을 이해하고, 소트 부하를 최소화하는 방법 습득
- DML 수행 성능을 향상시키는 방법 습득
- 데이터베이스 Call과 네트워크 부하를 줄이는 원리 이해
- 파티션 기능을 이용해 대용량 데이터를 효과적으로 처리하는 방법 습득
- 온라인 프로그램과 배치 프로그램의 성능 목표가 달라야 함을 이해
- 대용량 배치 프로그램에 병렬 처리를 활용하는 방법 습득
- One-SQL 구현의 필요성을 깨닫고 그에 필요한 기본 테크닉 습득

제6장

고급 SQL 튜닝

장 소개

고품질, 고성능의 데이터베이스를 구축하기 위해선 개발팀의 SQL 활용 능력이 무엇보다 중요하다. 본 장은 지금까지 설명한 DB 성능 기초 원리를 바탕으로 고급 SQL을 작성하는 데 필요한 실전 테크닉을 소개한다.

성능 목표는 프로그램을 수행하는 환경(OLTP, 배치)에 따라 다르다. 그러므로 환경을 고려하지 않고 개별 SQL 성능만 높이려고 애쓰는 것은 숲을 보지 않고 나무만 바라보며 달리는 것과 같다. 본 장을 통해 시스템 환경에 맞는 튜닝 전략과 테크닉 적용 방법을 터득하기 바란다.

장 구성

본 장은 총 6개 절로 구성됐다. 우선 1절에서 소트 튜닝 원리와 튜닝 방안을 다룬다. 이는 3장과 4장에서 소개한 인덱스, 조인 원리와 함께 개발자가 반드시 이해해야 할 주요 SQL 수행 원리 중 하나다. 2절에서는 INSERT, UPDATE, DELETE 문장의 수행 성능 제고 방안을 소개한다. 3절에서는 데이터베이스 Call 횟수를 줄여 네트워크 부하를 낮추고 쿼리 수행 성능을 높이는 방안을 살펴본다.

4절에서는 파티션 Pruning 기능을 이용해 SQL 성능을 높이는 방안을 소개하고, 5절에서는 배치 프로그램 튜닝과 병렬 처리 활용 방안을 살펴본다. 이 장의 마지막인 6절에서는 복잡한 처리를 One-SQL로 바꿀 때 사용하는 기법들을 소개한다.

제1절 소트 튜닝

1. 소트와 성능

가. 메모리 소트와 디스크 소트

SQL 수행 도중 소트(Sort) 오퍼레이션이 필요할 때마다 DBMS는 정해진 메모리 공간에 소트 영역(Sort Area)을 할당하고 정렬을 수행한다. 1장에서 말했다시피 Oracle은 소트 영역을 PGA(Private Global Area) 영역에 할당하고, SQL Server는 버퍼 캐시에 할당한다.

소트에 필요한 메모리 공간이 부족하면 디스크를 사용하는데, 이 영역을 Oracle은 Temp Tablespace라 하고 SQL Server는 tempdb라고 한다.

가능하면 메모리의 소트 영역에서 데이터 정렬 작업을 끝내는 것이 좋지만, 많은 데이터를 정렬할 때는 어쩔 수 없이 디스크 공간을 사용해야 한다. 특히 전체 대상 집합을 디스크에 기록했다가 다시 읽는 작업을 여러 번 반복하는 경우 SQL 수행 성능은 극도로 나빠진다.

[표 III-6-1] 메모리 소트와 디스크 소트

구분	설명
메모리(In-Memory) 소트	전체 데이터의 정렬 작업을 할당받은 소트 영역 내에서 완료하는 것을 말하며, 'Internal Sort' 또는 'Optimal Sort'라고도 한다.
디스크(To-Disk) 소트	할당받은 소트 영역 내에서 정렬을 완료하지 못해 디스크 공간까지 사용하는 경우를 말하며 'External Sort'라 한다. 디스크에 임시 저장한 반복한 횟수에 따라 디스크 소트를 다음 두 가지로 구분하기도 한다. • Onepass Sort : 정렬 대상 집합을 디스크에 한 번만 기록 • Multipass Sort : 정렬 대상 집합을 디스크에 여러 번 기록

나. 소트를 발생시키는 오퍼레이션

소트 튜닝 방안을 본격적으로 설명하기에 앞서, 어떨 때 소트가 발생하는지 살펴보자. Oracle 실행계획에 나타나는 오퍼레이션 형태를 기준으로 설명한다. 같은 오퍼레이션이 SQL Server 실행계획에선 어떻게 표시되는지도 함께 제시한다.

1) **Sort Aggregate** : 전체 로우를 대상으로 집계를 수행할 때 나타난다. 다음과 같이 Oracle 실행계획에 'SORT' 라는 표현이 사용됐지만 실제 소트가 발생하진 않는다. SQL Server 실행계획엔 'Stream Aggregate'라고 표시된다.

```
select sum(sal), max(sal), min(sal) from emp
```

Oracle

Execution Plan

```
  0       SELECT STATEMENT Optimizer=ALL_ROWS (Cost=3 Card=1 Bytes=4)
  1   0     SORT (AGGREGATE) (Card=1 Bytes=4)
  2   1       TABLE ACCESS (FULL) OF 'EMP' (TABLE) (Cost=3 Card=14 Bytes=56)
```

SQL Server

StmtText

```
|--Compute Scalar(DEFINE:([Expr1004]=CASE WHEN [Expr1014]=(0) THEN NULL ELSE [Expr1015] END))
     |--Stream Aggregate(DEFINE: )
          |--Table Scan(OBJECT:([SQLPRO].[dbo].[emp]))
```

2) **Sort Order By** : 정렬된 결과 집합을 얻고자 할 때 나타난다.

```
select * from emp order by sal desc
```

Oracle

Execution Plan

```
  0       SELECT STATEMENT Optimizer=ALL_ROWS (Cost=4 Card=14 Bytes=518)
  1   0     SORT (ORDER BY) (Cost=4 Card=14 Bytes=518)
  2   1       TABLE ACCESS (FULL) OF 'EMP' (TABLE) (Cost=3 Card=14 Bytes=518)
```

SQL Server

StmtText

```
|--Sort(ORDER BY:([SQLPRO].[dbo].[emp].[sal] DESC))
     |--Table Scan(OBJECT:([SQLPRO].[dbo].[emp]))
```

3) **Sort Group By** : Sorting 알고리즘을 사용해 그룹별 집계를 수행할 때 나타난다.

```
select   deptno, job, sum(sal), max(sal), min(sal)
from     emp
group by deptno, job
```

```
Oracle

Execution Plan
------------------------------------------------------------
  0      SELECT STATEMENT Optimizer=ALL_ROWS (Cost=4 Card=11 Bytes=165)
  1   0    SORT (GROUP BY) (Cost=4 Card=11 Bytes=165)
  2   1      TABLE ACCESS (FULL) OF 'SCOTT.EMP' (TABLE) (Cost=3 Card=14 Bytes=210)
```

```
SQL Server

StmtText
------------------------------------------------------------
  |--Compute Scalar(DEFINE:([Expr1004]=CASE WHEN [Expr1014]=(0) THEN NULL ELSE [Expr1015] END))
       |--Stream Aggregate(GROUP BY: )
            |--Sort(ORDER BY:([SQLPRO].[dbo].[emp].[deptno] ASC, [SQLPRO].[dbo].[emp].[job] ASC))
                 |--Table Scan(OBJECT:([SQLPRO].[dbo].[emp]))
```

Oracle은 Hashing 알고리즘으로 그룹별 집계를 수행하기도 하는데, 그때는 실행계획에 다음과 같이 표시된다.

```
Execution Plan
------------------------------------------------------------
  0      SELECT STATEMENT Optimizer=ALL_ROWS (Cost=4 Card=11 Bytes=165)
  1   0    HASH (GROUP BY) (Cost=4 Card=11 Bytes=165)
  2   1      TABLE ACCESS (FULL) OF 'SCOTT.EMP' (TABLE) (Cost=3 Card=14 Bytes=210)
```

4) **Sort Unique** : 결과 집합에서 중복 레코드를 제거할 때 나타난다. Union 연산자나 다음과 같이 Distinct 연산자를 사용할 때가 대표적이다.

```
select distinct deptno from emp order by deptno
```

```
Oracle

Execution Plan
------------------------------------------------------------
  0      SELECT STATEMENT Optimizer=CHOOSE (Cost=5 Card=3 Bytes=6)
  1   0    SORT (UNIQUE) (Cost=4 Card=3 Bytes=6)
  2   1      TABLE ACCESS (FULL) OF 'EMP' (Cost=2 Card=13 Bytes=26)
```

```
SQL Server
```

StmtText

  |--**Sort(DISTINCT ORDER BY:**([SQLPRO].[dbo].[emp].[deptno] ASC))
       |--Table Scan(OBJECT:([SQLPRO].[dbo].[emp]))

5) Sort Join : 소트 머지 조인을 수행할 때 나타난다.

Oracle

```
select /*+ ordered use_merge(e) */ *
from    emp e, dept d
where   d.deptno = e.deptno
```

Execution Plan
----
  0   SELECT STATEMENT Optimizer=CHOOSE (Cost=11 Card=3K Bytes=177K)
  1   0   MERGE JOIN (Cost=11 Card=3K Bytes=177K)
  2   1   **SORT (JOIN)** (Cost=4 Card=13 Bytes=442)
  3   2   TABLE ACCESS (FULL) OF 'EMP' (Cost=2 Card=13 Bytes=442)
  4   1   **SORT (JOIN)** (Cost=7 Card=654 Bytes=19K)
  5   4   TABLE ACCESS (FULL) OF 'DEPT' (Cost=2 Card=654 Bytes=19K)

SQL Server

```
select *
from    emp e, dept d
where   d.deptno = e.deptno
option (force order, merge join)
```

StmtText

  |--Merge Join(Inner Join, MANY-TO-MANY MERGE:)
       |--**Sort(ORDER BY:**([e].[deptno] ASC))
       | |--Table Scan(OBJECT:([SQLPRO].[dbo].[emp] AS [e]))
       |--**Sort(ORDER BY:**([d].[deptno] ASC))
            |--Table Scan(OBJECT:([SQLPRO].[dbo].[dept] AS [d]))

6) **Window Sort** : 윈도우 함수를 수행할 때 나타난다.

```
select empno, ename, job, mgr, sal, row_number() over (order by hiredate)
from    emp
```

Oracle

Execution Plan

```
----------------------------------------------------------------
  0      SELECT STATEMENT Optimizer=CHOOSE (Cost=4 Card=13 Bytes=364)
  1   0    WINDOW (SORT) (Cost=4 Card=13 Bytes=364)
  2   1       TABLE ACCESS (FULL) OF 'EMP' (Cost=2 Card=13 Bytes=364)
```

SQL Server

StmtText

```
----------------------------------------------------------------
|--Sequence Project(DEFINE:([Expr1004]=row_number))
     |--Compute Scalar(DEFINE:([Expr1006]=(1)))
         |--Segment
             |--Sort(ORDER BY:([SQLPRO].[dbo].[emp].[hiredate] ASC))
                 |--Table Scan(OBJECT:([SQLPRO].[dbo].[emp]))
```

다. 소트 튜닝 요약

소트 오퍼레이션은 메모리 집약적(Memory-intensive)일 뿐만 아니라 CPU 집약적(CPU-intensive)이기도 하다. 소트할 데이터 양이 많을 때는 디스크 I/O도 발생하므로 쿼리 성능이 나빠진다. 특히 부분범위처리를 할 수 없게 만들어 OLTP 환경에서 성능을 떨어뜨리는 주요인이 되곤 한다. 될 수 있으면 소트가 발생하지 않게 SQL을 작성하고, 소트를 피할 수 없다면 메모리에서 수행을 완료할 수 있도록 해야 한다.

앞으로 설명할 소트 튜닝 방안을 요약하면 다음과 같다.

■ 데이터 모델 측면에서의 검토
■ 소트가 발생하지 않도록 SQL 작성
■ 인덱스를 이용한 소트 연산 대체
■ 소트 영역을 적게 사용하도록 SQL 작성
■ 소트 영역 크기 조정

2. 데이터 모델 측면에서의 검토

자주 사용하는 데이터 액세스 패턴을 고려하지 않고 물리 설계를 진행하거나, M:M 관계를 해소하지 않아 핵심 프로그램이 항상 소트 오퍼레이션을 수반하고 그로 인해 시스템 성능이 저하되는 경우를 흔히 접할 수 있다.

예를 들어 보자. 정상적인 데이터 모델은 [그림 III-6-1]과 같다.

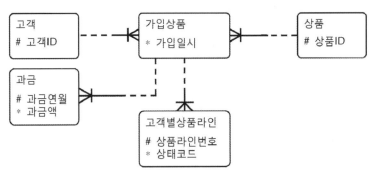

[그림 III-6-1] 가입상품과 고객별상품라인 분리

PK 외에 관리할 속성이 아예 없거나 [그림 III-6-1]의 '가입상품'처럼 소수(여기서는 가입일시 하나뿐임)일 때, 테이블 개수를 줄인다는 이유로 자식 테이블에 통합시키는 경우를 종종 볼 수 있다. '가입상품' 테이블을 없애고 [그림 III-6-2]처럼 '고객별상품라인'에 통합하는 식이다.

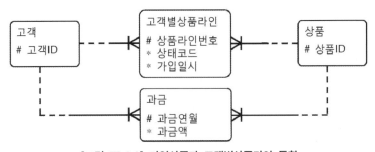

[그림 III-6-2] 가입상품과 고객별상품라인 통합

정보 누락이 없고, 가입일시는 최초 입력 후 변경되지 않는 속성이므로 정합성에도 문제가 안 생기겠지만 이 회사는 고객별 가입상품 레벨의 데이터 조회가 매우 빈번하게 발생한다. 그때마다 아래처럼 '고객별상품라인' 테이블을 group by해야 한다면 성능이 좋을 리 없다.

```
select 과금.고객id, 과금.상품id, 과금.과금액, 가입상품.가입일시
```

```
from    과금,
        (select 고객id, 상품id, min(가입일시) 가입일시
         from    고객별상품라인
         group by 고객id, 상품id) 가입상품
where   과금.고객id(+) = 가입상품.고객id
and     과금.상품id(+) = 가입상품.상품id
and     과금.과금연월(+) = :yyyymm
```

만약 [그림 III-6-1]처럼 정규화한 데이터 모델을 사용했다면 쿼리도 다음과 같이 간단해지고 시스템 전반의 성능 향상에도 도움이 된다.

```
select  과금.고객id, 과금.상품id, 과금.과금액, 가입상품.가입일시
from    과금, 가입상품
where   과금.고객id(+) = 가입상품.고객id
and     과금.상품id(+) = 가입상품.상품id
and     과금.과금연월(+) = :yyyymm
```

데이터 모델 때문에 소트 부하를 일으키는 사례는 너무나 많다. SQL이 group by, union, distinct 같은 연산자를 많이 사용하는 패턴이면 데이터 모델 정규화가 제대로 되지 않았을 가능성이 높다. 데이터 모델 이상(異常)으로 발생한 데이터 중복을 제거하려다 보니 소트 오퍼레이션을 수행하는 것이다.

3. 소트가 발생하지 않도록 SQL 작성

가. Union을 Union All로 대체

데이터 모델은 이상이 없는데, 불필요한 소트가 발생하도록 SQL을 작성하는 경우가 있다. 예를 들어 아래처럼 union을 사용하면 옵티마이저는 상단과 하단의 두 집합 간 중복을 제거하려고 sort unique 연산을 수행한다. 반면 union all은 중복을 허용하며 두 집합을 단순히 결합하므로 소트 연산이 불필요하다.

```
SQL> select empno, job, mgr from emp where deptno = 10
  2  union
  3  select empno, job, mgr from emp where deptno = 20;
```

Oracle

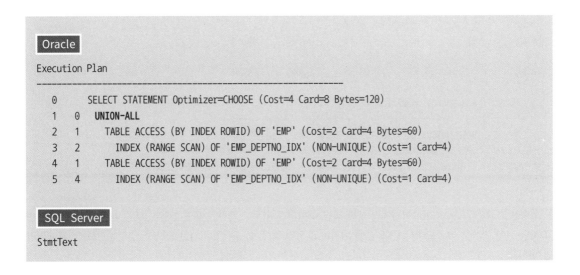

```
Execution Plan
----------------------------------------------------------------
   0      SELECT STATEMENT Optimizer=CHOOSE (Cost=8 Card=8 Bytes=120)
   1    0   SORT (UNIQUE) (Cost=8 Card=8 Bytes=120)
   2    1     UNION-ALL
   3    2       TABLE ACCESS (BY INDEX ROWID) OF 'EMP' (Cost=2 Card=4 Bytes=60)
   4    3         INDEX (RANGE SCAN) OF 'EMP_DEPTNO_IDX' (NON-UNIQUE) (Cost=1 Card=4)
   5    2       TABLE ACCESS (BY INDEX ROWID) OF 'EMP' (Cost=2 Card=4 Bytes=60)
   6    5         INDEX (RANGE SCAN) OF 'EMP_DEPTNO_IDX' (NON-UNIQUE) (Cost=1 Card=4)
```

SQL Server

```
StmtText
----------------------------------------------------------------
|--Sort(DISTINCT ORDER BY:([Union1008] ASC, [Union1009] ASC, [Union1010] ASC))
   |--Concatenation
      |--Nested Loops(Inner Join, OUTER REFERENCES:([Bmk1000]))
      |  |--Index Seek(OBJECT:([SQLPRO].[dbo].[emp].[emp_dept_idx]), SEEK:([deptno]=(10.)))
      |  |--RID Lookup(OBJECT:([SQLPRO].[dbo].[emp]), SEEK:([Bmk1000]=[Bmk1000]))
      |--Nested Loops(Inner Join, OUTER REFERENCES:([Bmk1004]))
         |--Index Seek(OBJECT:([SQLPRO].[dbo].[emp].[emp_dept_idx]), SEEK:( deptno]=(20.)))
         |--RID Lookup(OBJECT:([SQLPRO].[dbo].[emp]), SEEK:([Bmk1004]=[Bmk1004]))
```

위 쿼리에선 PK 칼럼인 empno가 select-list에 있으므로 두 집합 간에는 중복 가능성이 전혀 없다. union을 사용하든 union all을 사용하든 결과 집합이 같으므로 union all을 사용하는 것이 마땅하다. 다음은 union 대신 union all을 사용했을 때의 실행계획이다.

Oracle

```
Execution Plan
----------------------------------------------------------------
   0      SELECT STATEMENT Optimizer=CHOOSE (Cost=4 Card=8 Bytes=120)
   1    0   UNION-ALL
   2    1     TABLE ACCESS (BY INDEX ROWID) OF 'EMP' (Cost=2 Card=4 Bytes=60)
   3    2       INDEX (RANGE SCAN) OF 'EMP_DEPTNO_IDX' (NON-UNIQUE) (Cost=1 Card=4)
   4    1     TABLE ACCESS (BY INDEX ROWID) OF 'EMP' (Cost=2 Card=4 Bytes=60)
   5    4       INDEX (RANGE SCAN) OF 'EMP_DEPTNO_IDX' (NON-UNIQUE) (Cost=1 Card=4)
```

SQL Server

```
StmtText
```

```
----------------------------------------------------------------
|--Concatenation
  |--Nested Loops(Inner Join, OUTER REFERENCES:([Bmk1000]))
  |  |--Index Seek(OBJECT:([SQLPRO].[dbo].[emp].[emp_dept_idx]), SEEK:([deptno]=(10.)))
  |  |--RID Lookup(OBJECT:([SQLPRO].[dbo].[emp]), SEEK:([Bmk1000]=[Bmk1000]))
  |--Nested Loops(Inner Join, OUTER REFERENCES:([Bmk1004]))
    |--Index Seek(OBJECT:([SQLPRO].[dbo].[emp].[emp_dept_idx]), SEEK:([deptno]=(20.)))
    |--RID Lookup(OBJECT:([SQLPRO].[dbo].[emp]), SEEK:([Bmk1004]=[Bmk1004]))
```

참고로 select-list에 empno가 없다면 10번과 20번 부서에 job, mgr이 같은 사원이 있을 수 있으므로 함부로 union all로 바꿔선 안 된다.

나. Distinct를 Exists 서브쿼리로 대체

중복 레코드를 제거하려고 distinct를 사용하는 경우가 있는데, 대부분 exists 서브쿼리로 대체함으로써 소트 연산을 제거할 수 있다. 예를 들어 아래는 특정 지역(:reg)에서 특정 월(:yyyymm) 이전에 과금이 발생한 연월을 조회하는 쿼리다.

```
select distinct 과금연월
from    과금
where   과금연월  <= :yyyymm
and     지역 like :reg || '%'
```

call	count	cpu	elapsed	disk	query	current	rows
Parse	1	0.00	0.00	0	0	0	0
Execute	1	0.00	0.00	0	0	0	0
Fetch	4	27.65	98.38	32648	1586208	0	35
total	6	27.65	98.38	32648	1586208	0	35

```
    Rows   Row Source Operation
    ----   ---------------------------------------------------------
      35   HASH UNIQUE (cr=1586208 pr=32648 pw=0 time=98704640 us)
 9845517     PARTITION RANGE ITERATOR PARTITION: 1 KEY (cr=1586208 pr=32648  )
 9845517       TABLE ACCESS FULL 과금 (cr=1586208 pr=32648 pw=0 time=70155864 us)
```

입력한 과금연월(yyyymm) 이전에 발생한 과금 데이터를 모두 스캔하는 동안 1,586,208개 블록을 읽었다. 무려 1000만 건에 가까운 레코드에서 중복 값을 제거하고 고작 35건을 출력했다. 1분 38초나 걸리는 매우 비효율적인 방식이다.

월별로 과금이 발생했는지만 확인하면 되므로 쿼리를 아래처럼 바꿀 수 있다.

```
select  연월
from    연월테이블 a
where   연월 <= :yyyymm
and     exists (
  select 'x'
  from   과금
  where  과금연월 = a.연월
  and    지역 like :reg || '%'
)


call       count     cpu     elapsed     disk     query     current     rows
-----      -----    ------   --------    ------   ------    -------     -----
Parse         1     0.00      0.00         0        0          0          0
Execute       1     0.00      0.00         0        0          0          0
Fetch         4     0.00      0.01         0       82          0         35
-----      -----    ------   --------    ------   ------    -------     -----
total         6     0.00      0.01         0       82          0         35


   Rows    Row Source Operation
   ----    ---------------------------------------------------
     35    NESTED LOOPS SEMI (cr=82 pr=0 pw=0 time=19568 us)
     36     TABLE ACCESS FULL 연월테이블 (cr=6 pr=0 pw=0 time=557 us)
     35     PARTITION RANGE ITERATOR PARTITION: KEY KEY (cr=76 pr=0 pw=0 time=853 us)
     35      INDEX RANGE SCAN 과금_N1 (cr=76 pr=0 pw=0 time=683 us)
```

연월테이블을 먼저 읽고 과금 테이블을 exists 서브쿼리로 필터링하는 방식이다. exists 서브쿼리의 가장 큰 특징은, 메인 쿼리로부터 건건이 입력 받은 값에 대한 조건을 만족하는 첫 번째 레코드를 만나는 순간 true를 반환하고 서브쿼리 수행을 마친다는 점이다. 따라서 과금 테이블에 [과금연월 + 지역] 순으로 인덱스를 구성해 주기만 하면 가장 최적으로 수행될 수 있다. 그 결과 소트가 발생하지 않았으며, 82개 블록만 읽고 0.01초 만에 작업이 끝났다.

다. 불필요한 Count 연산 제거

아래는 데이터 존재 여부만 확인하면 되는데도 불필요하게 전체 건수를 Count하는 경우다.

```
declare
  l_cnt number;
begin
  select count(*) into l_cnt
```

```
   from    member
   where   memb_cls = '1'
   and     birth_yyyy <= '1950';

   if l_cnt > 0 then
     dbms_output.put_line('exists');
   else
     dbms_output.put_line('not exists');
   end if;
end;
```

Call	Count	CPU Time	Elapsed Time	Disk	Query	Current	Rows
Parse	1	0.000	0.000	0	0	0	0
Execute	1	0.000	0.000	0	0	0	0
Fetch	2	0.172	17.561	4742	26112	0	1
Total	4	0.172	17.561	4742	26112	0	1

```
   Rows   Row Source Operation
   ----   ------------------------------------------------
      0    STATEMENT
      1    SORT AGGREGATE (cr=26112 pr=4742 pw=0 time=17561372 us)
  29184      TABLE ACCESS BY INDEX ROWID MEMBER (cr=26112 pr=4742 pw=0 time=30885229 us)
  33952        INDEX RANGE SCAN MEMBER_IDX01 (cr=105 pr=105 pw=0 time=2042777 us)
```

위 쿼리는 26,112개 블록 I/O가 발생하면서 17.56초나 소요됐다. 총 26,112개 중 디스크 I/O가 4742개나 되는 것이 성능을 저하시킨 주요인이다. 쿼리를 다음과 같이 바꾸면 블록 I/O를 단 3개로 줄일 수 있어 디스크 I/O 발생 여부와 상관없이 항상 빠른 성능을 보장한다.

```
declare
  l_cnt number;
begin
  select 1 into l_cnt
  from    member
  where   memb_cls = '1'
  and     birth_yyyy <= '1950'
  and     rownum <= 1;

  dbms_output.put_line('exists');
```

```
exception
  when no_data_found then
    dbms_output.put_line('not exists');
end;
```

Cal	Count	CPU Time	Elapsed Time	Disk	Query	Current	Rows
Parse	1	0.000	0.000	0	0	0	0
Execute	1	0.000	0.000	0	0	0	0
Fetch	2	0.000	0.000	0	3	0	1
Total	4	0.000	0.000	0	3	0	1

```
Rows  Row Source Operation
----  ----------------------------------------------------
   0  STATEMENT
   1  COUNT STOPKEY (cr=3 pr=0 pw=0 time=54 us)
   1    TABLE ACCESS BY INDEX ROWID MEMBER (cr=3 pr=0 pw=0 time=46 us)
   1      INDEX RANGE SCAN MEMBER_IDX01 (cr=2 pr=0 pw=0 time=26 us)
```

SQL Server에선 rownum 대신 Top N 구문을 사용하면 되고, 다음과 같이 exists 절을 사용하는 방법도 있다.

```
declare @cnt int

select @cnt = count(*)
where  exists
       (
        select 'x'
        from   member
        where  memb_cls = '1'
        and    birth_yyyy <= '1950'
       )

if @cnt > 0
   print 'exists'
else
   print 'not exists'
```

4. 인덱스를 이용한 소트 연산 대체

인덱스는 항상 키 칼럼 순으로 정렬된 상태를 유지하므로 이를 이용해 소트 오퍼레이션을 생략할 수 있다.

가. Sort Order By 대체

아래 쿼리를 수행할 때 [region + custid] 순으로 구성된 인덱스를 사용한다면 sort order by 연산을 대체할 수 있다.

```
select custid, name, resno, status, tel1
from   customer
where  region = 'A'
order by custid


------------------------------------------------------------------------------------
| Id | Operation                      | Name          | Rows  | Bytes | Cost (%CPU) |
------------------------------------------------------------------------------------
|  0 | SELECT STATEMENT               |               | 40000 | 3515K |   1372 (1)  |
|  1 |  TABLE ACCESS BY INDEX ROWID   | CUSTOMER      | 40000 | 3515K |   1372 (1)  |
|  2 |   INDEX RANGE SCAN             | CUSTOMER_X02  | 40000 |       |    258 (1)  |
------------------------------------------------------------------------------------
```

order by 절을 사용했음에도 실행계획에 sort order by 오퍼레이션이 나타나지 않았다. 이 방식으로 수행되면 region = 'A' 조건을 만족하는 전체 로우를 읽지 않고도 정렬된 결과 집합을 얻을 수 있어 OLTP 환경에서 극적인 성능 개선 효과를 가져다 준다.

물론 소트해야 할 대상 레코드가 무수히 많고 그중 일부만 읽고 멈출 수 있을 때만 유용하다. 만약 인덱스를 스캔하면서 결과 집합을 끝까지 Fetch한다면 오히려 I/O 및 리소스 사용 측면에서 손해다. 대상 레코드가 소량일 때는 소트가 발생하더라도 부하가 크지 않아 개선 효과도 미미하다.

나. Sort Group By 대체

방금 본 customer 테이블 예시에서 region이 선두 칼럼인 인덱스를 사용하면 아래 쿼리에 필요한 sort group by 연산을 대체할 수 있다. 실행계획에 'SORT GROUP BY NOSORT'라고 표시되는 부분을 확인하기 바란다.

```
select region, avg(age), count(*)
from   customer
group by region
```

```
| Id | Operation                       | Name         | Rows  | Bytes | Cost (%CPU) |
|  0 | SELECT STATEMENT                |              |    25 |   725 | 30142   (1) |
|  1 | SORT GROUP BY NOSORT            |              |    25 |   725 | 30142   (1) |
|  2 |   TABLE ACCESS BY INDEX ROWID   | CUSTOMER     | 1000K |   27M | 30142   (1) |
|  3 |     INDEX FULL SCAN             | CUSTOMER_X01 | 1000K |       |  2337   (2) |
```

[그림 III-6-3]을 보면, 위 실행계획이 어떻게 수행되는지 쉽게 이해할 수 있다.

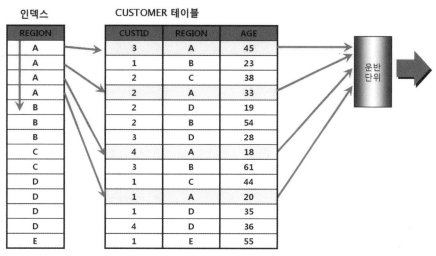

[그림 III-6-3] SORT GROUP BY NOSORT

다. 인덱스를 활용한 Min, Max 구하기

인덱스가 항상 정렬 상태를 유지한다는 특징을 이용하면 대상 레코드 전체를 읽지 않고도 Min, Max 값을 빠르게 추출할 수 있다. 예를 들어 주문 테이블에서 일자별 주문번호를 관리한다고 하자. 그러면 PK 인덱스를 [주문일자 + 주문번호] 순으로 구성하는 것만으로 마지막 주문번호를 아주 빠르게 찾을 수 있다. 아래 실행계획에서 FIRST ROW와 MIN/MAX 오퍼레이션이 나타난 것을 확인하기 바란다. 지금부터 이 기능을 'First Row Stopkey' 알고리즘 이라고 부르기로 하자.

```
select   nvl(max(주문번호), 0) + 1
from     주문
where    주문일자 = :주문일자
```

```
Execution Plan
-------------------------------------------------------------
   0      SELECT STATEMENT Optimizer=ALL_ROWS
   1   0    SORT (AGGREGATE)
   2   1      FIRST ROW
   3   2        INDEX (RANGE SCAN (MIN/MAX)) OF '주문_PK' (INDEX (UNIQUE))
```

아래는 SQL Server의 실행계획이다.

```
StmtText
-------------------------------------------------------------
|--Stream Aggregate(DEFINE:([Expr1004]=MAX([SQLPRO].[dbo].[emp].[empno])))
    |--Top(TOP EXPRESSION:((1)))
        |--Index Seek(OBJECT:([SQLPRO].[dbo].[주문].[주문_PK]), SEEK:(……) ORDERED BACKWARD)
```

주의할 점은, 다음과 같이 max 함수 내에서 인덱스 칼럼을 가공하면 인덱스를 사용하지 못하게 될 수 있다는 사실이다. 조건절에서 인덱스 칼럼을 가공하면 정상적으로 인덱스를 사용하지 못하는 것과 같은 이유다.

```
select  nvl(max(주문번호 + 1), 1)
from    주문
where   주문일자 = :주문일자

Execution Plan
-------------------------------------------------------------
   0      SELECT STATEMENT Optimizer=ALL_ROWS
   1   0    SORT (AGGREGATE)
   2   1      INDEX (RANGE SCAN) OF '주문_PK' (INDEX (UNIQUE))
```

사실 max 함수 내에서 상숫값을 더해도 인덱스 정렬 순서와 일치함에도 Oracle은 First Row Stopkey 알고리즘을 사용하지 않는다. 반면에 SQL Server는 사용한다.

5. 소트 영역을 적게 사용하도록 SQL 작성

소트 연산이 불가피하다면 메모리 내에서 처리하려고 노력해야 한다. 소트 영역 크기를 늘리는 방법도 있지만 그전에 소트 영역을 적게 사용할 방법부터 찾는 것이 순서다.

가. 소트 완료 후 데이터 가공

특정 기간에 발생한 주문상품 목록을 파일로 내리고자 한다. 아래 두 SQL 중 어느 쪽이 소트 영역을 더 적게 사용할까?

[1번]

```
select lpad(상품번호, 30) || lpad(상품명, 30) || lpad(고객ID, 10)
    || lpad(고객명, 20) || to_char(주문일시, 'yyyymmdd hh24:mi:ss')
from   주문상품
where  주문일시 between :start and :end
order by 상품번호
```

[2번]

```
select lpad(상품번호, 30) || lpad(상품명, 30) || lpad(고객ID, 10)
    || lpad(상품명, 20) || to_char(주문일시, 'yyyymmdd hh24:mi:ss')
from (
  select 상품번호, 상품명, 고객ID, 고객명, 주문일시
  from   주문상품
  where  주문일시 between :start and :end
  order by 상품번호
)
```

1번 SQL은 레코드당 105(=30+30+10+20+15) 바이트(헤더 정보는 제외하고 데이터 값만)로 가공한 결과를 소트 영역에 담는다. 반면 2번 SQL은 가공하지 않은 상태로 정렬을 끝낸 후 최종 출력할 때 가공하므로 1번 SQL에 비해 소트 영역을 훨씬 적게 사용한다. 실제 테스트해 보면 소트 영역 사용량에 큰 차이가 나는 것을 확인할 수 있다.

나. Top N 쿼리

Top N 쿼리 형태로 작성하면 소트 연산(=값 비교) 횟수와 소트 영역 사용량을 최소화할 수 있다. 우선 Top N 쿼리 작성법부터 살펴보자.

SQL Server나 Sybase는 Top N 쿼리를 다음과 같이 손쉽게 작성할 수 있다.

```
select top 10 거래일시, 체결건수, 체결수량, 거래대금
from   시간별종목거래
where  종목코드 = 'KR123456'
```

```
and     거래일시 >= '20080304'
```

IBM DB2에서도 다음과 같이 쉽게 작성할 수 있다.

```
select 거래일시, 체결건수, 체결수량, 거래대금
from    시간별종목거래
where   종목코드 = 'KR123456'
and     거래일시 >= '20080304'
order by 거래일시
fetch first 10 rows only
```

Oracle에서는 아래처럼 인라인 뷰로 한번 감싸야 하는 불편함이 있다.

```
select * from (
  select 거래일시, 체결건수, 체결수량, 거래대금
  from    시간별종목거래
  where   종목코드 = 'KR123456'
  and     거래일시 >= '20080304'
  order by 거래일시
)
where rownum <= 10
```

위 쿼리를 수행하는 시점에 [종목코드 + 거래일시] 순으로 구성된 인덱스가 존재한다면 옵티마이저는 그 인덱스를 이용함으로써 order by 연산을 대체할 수 있다. 아래 실행계획에서 'SORT ORDER BY' 오퍼레이션이 나타나지 않은 것을 확인하기 바란다. 지금부터 이 기능을 'Top N Stopkey' 알고리즘이라고 부르기로 하자.

```
Execution Plan
-----------------------------------------------------------------
0      SELECT STATEMENT Optimizer=ALL_ROWS
1   0    COUNT (STOPKEY)
2   1      VIEW
3   2        TABLE ACCESS (BY INDEX ROWID) OF '시간별종목거래' (TABLE)
4   3          INDEX (RANGE SCAN) OF ' 시간별종목거래_PK' (INDEX (UNIQUE))
```

rownum 조건을 사용해 N건에서 멈추도록 했으므로 조건절에 부합하는 레코드가 아무리 많아도 매우 빠른 수행 속도를 낼 수 있다. 실행계획에 표시된 'COUNT (STOPKEY)'가 그것을 의미한다.

■ Top N 쿼리의 소트 부하 경감 원리

[종목코드 + 거래일시] 순으로 구성된 인덱스가 없을 때는 어떨까? 종목코드만을 선두로 갖는 다른 인덱스를 사용하거나 Full Table Scan 방식으로 처리할 텐데, 이때는 정렬 작업이 불가피하다. 하지만 Top N Sort 알고리즘이 작동해 소트 영역을 최소한으로 사용하는 효과를 얻게 된다.

예를 들어 Top 10 (rownum <= 10)이면, [그림 III-6-4]처럼 우선 10개 레코드를 담을 배열을 할당하고 처음 읽은 10개 레코드를 정렬한 상태로 담는다(앞에서 예시한 쿼리는 거래일시 순으로 정렬하고 있지만, 설명을 단순화하려고 숫자로 표현했다).

| 8 | 15 | 98 | 136 | 189 | 190 | 233 | 264 | 287 | 337 |

[그림 III-6-4] Top N Sort 알고리즘

이후 읽는 레코드에 대해서는 맨 우측에 있는 값(=가장 큰 값)과 비교해서 그보다 작은 값이 나타날 때만 배열 내에서 다시 정렬을 시도한다. 물론 맨 우측에 있던 값은 버린다. 이 방식으로 처리하면 전체 레코드를 정렬하지 않고도 오름차순(ASC)으로 최솟값을 갖는 10개 레코드를 정확히 찾아낼 수 있다. 이것이 Top N 쿼리가 소트 연산 횟수와 소트 영역 사용량을 줄여주는 원리이며, 지금부터 이 기능을 'Top N Sort' 알고리즘이라고 부르기로 하자.

■ Top N Sort 알고리즘이 작동하지 못하는 경우

앞쪽 일부 페이지만 주로 조회할 때 가장 표준적인 페이징 처리 구현 방식은 다음과 같다. 한 페이지에 10개씩 출력한다고 가정하고, 10페이지를 출력하는 예시다(설명의 편의를 위해 바인드 변수 대신 상수를 사용했다).

```
select *
from  (select rownum no, 거래일시, 체결건수, 체결수량, 거래대금
       from  (select 거래일시, 체결건수, 체결수량, 거래대금
              from    시간별종목거래
              where   종목코드 = 'KR123456'
              and     거래일시 >= '20080304'
              order by 거래일시
              )
       where  rownum <= 100
       )
where no between 91 and 100
```

[종목코드 + 거래일시] 순으로 구성된 인덱스가 있으면 최적이겠지만, 없더라도 TOP N Sort 알고리즘이 작동해 소트 부하만큼은 최소화할 수 있다.

쿼리를 아래처럼 작성하면 where절 하나를 줄이고도 같은 결과를 얻을 수 있어 더 좋을 것 같다. 하지만 이렇게 하면 Top N Stopkey, Top N Sort 알고리즘이 모두 작동하지 않는다.

```
select *
from  (select rownum no, 거래일시, 체결건수, 체결수량, 거래대금
       from  (select 거래일시, 체결건수, 체결수량, 거래대금
              from    시간별종목거래
              where   종목코드 = 'KR123456'
              and     거래일시 >= '20080304'
              order by 거래일시
              )
       )
where no between 91 and 100
```

■ 윈도우 함수에서의 Top N 쿼리

윈도우 함수를 이용해 마지막 이력 레코드를 찾는 경우를 보자. 아래는 max() 함수를 사용하는 SQL이다.

```
select 고객ID, 변경순번, 전화번호, 주소, 자녀수, 직업, 고객등급
from  (select 고객ID, 변경순번
          , max(변경순번) over (partition by 고객ID) 마지막변경순번
          , 전화번호, 주소, 자녀수, 직업, 고객등급
       from   고객변경이력)
where  변경순번 = 마지막변경순번
```

윈도우 함수를 사용할 때도 max() 함수보다 다음과 같이 rank()나 row_number() 함수를 사용하는 것이 유리한데, 이것 역시 Top N Sort 알고리즘이 작동하기 때문이다.

```
select 고객ID, 변경순번, 전화번호, 주소, 자녀수, 직업, 고객등급
from  (select 고객ID, 변경순번
          , rank() over (partition by 고객ID order by 변경순번) rnum
          , 전화번호, 주소, 자녀수, 직업, 고객등급
       from   고객변경이력)
where  rnum = 1
```

다. Top N 쿼리를 이용한 효과적인 이력 조회

이력 데이터 조회할 때 'First Row Stopkey' 또는 'Top N Stopkey' 알고리즘이 작동할 수 있도록 인덱스를 설계하고 SQL을 구현할 수 있어야 한다. 예를 들어, 아래 SQL은 상태변경이력 테이블에 PK 인덱스를 [장비번호 + 변경일자 + 변경순번] 순으로 구성하더라도 인덱스 칼럼을 가공했으므로 'First Row Stopkey' 알고리즘이 작동하지 않는다. 장비별 상태변경이력이 많을 때 성능 문제가 발생할 수 있다.

```
SELECT 장비번호, 장비명, 상태코드
     , SUBSTR(최종이력, 1, 8) 최종변경일자
     , TO_NUMBER(SUBSTR(최종이력, 9, 4)) 최종변경순번
FROM (
  SELECT 장비번호, 장비명, 상태코드
       ,(SELECT MAX(H.변경일자 || LPAD(H.변경순번, 4))
         FROM   상태변경이력 H
         WHERE  장비번호 = P.장비번호) 최종이력
  FROM    장비 P
  WHERE   장비구분코드 = 'A001'
)
```

Id	Operation	Name	Starts	A-Rows	Buffers
0	SELECT STATEMENT		1	10	4
1	SORT AGGREGATE		10	10	6380
2	INDEX RANGE SCAN	상태변경이력_PK	10	1825K	6380
3	TABLE ACCESS BY INDEX ROWID	장비	1	10	4
4	INDEX RANGE SCAN	장비_N1	1	10	2

다음과 같이 인덱스를 역순으로 읽도록 index_desc 힌트를 사용하고 첫 번째 레코드에서 바로 멈추도록 rownum <= 1 조건절을 사용하면 성능은 좋지만, 문제는 인덱스 구성이 완벽해야만 쿼리가 잘 작동한다는 데 있다. 인덱스를 잘 구성해서 처음엔 잘 작동하다가도 인덱스 구성이 바뀌면 언제든 결과 집합에 문제가 생길 수 있다.

```
SELECT 장비번호, 장비명
     , SUBSTR(최종이력, 1, 8) 최종변경일자
     , TO_NUMBER(SUBSTR(최종이력, 9, 4)) 최종변경순번
     , SUBSTR(최종이력, 13) 최종상태코드
FROM (
```

```
    SELECT 장비번호, 장비명
        ,(SELECT /*+ INDEX_DESC(X 상태변경이력_PK) */
                변경일자 || LPAD(변경순번, 4) || 상태코드
        FROM    상태변경이력 X
        WHERE   장비번호 = P.장비번호
        AND     ROWNUM <= 1) 최종이력
    FROM    장비 P
    WHERE   장비구분코드 = 'A001'
)
```

```
------------------------------------------------------------------------
| Id | Operation                        | Name      | Starts | A-Rows| Buffers |
------------------------------------------------------------------------
|  0 | SELECT STATEMENT                 |           |      1 |    10 |      4 |
|  1 |  COUNT STOPKEY                   |           |     10 |    10 |     41 |
|  2 |   TABLE ACCESS BY INDEX ROWID    | 상태변경이 |     10 |    10 |     41 |
|  3 |    INDEX RANGE SCAN DESCENDING   | 상태변경이 |     10 |    10 |     30 |
|  4 |  TABLE ACCESS BY INDEX ROWID     | 장비      |      1 |    10 |      4 |
|  5 |   INDEX RANGE SCAN               | 장비_N1   |      1 |    10 |      2 |
------------------------------------------------------------------------
```

위 쿼리는 아래 쿼리가 작동하지 않기 때문에 궁여지책으로 사용해 온 측면이 있다. 11g 이하 버전에서 실행해 보면, ORA-00904 오류가 발생한다. 메인 쿼리 칼럼을 서브쿼리 내 인라인 뷰에서 참조해서 발생하는 파싱 오류다. 하지만 오라클 12c 버전부터 아래 쿼리는 오류 없이 잘 작동하며, 인덱스만 잘 구성해 주면 성능도 우수하다.

```
SELECT 장비번호, 장비명
    , SUBSTR(최종이력, 1, 8) 최종변경일자
    , TO_NUMBER(SUBSTR(최종이력, 9, 4)) 최종변경순번
    , SUBSTR(최종이력, 13) 최종상태코드
FROM (
    SELECT 장비번호, 장비명
        ,(SELECT 변경일자 || LPAD(변경순번, 4) || 상태코드
        FROM   (SELECT 변경일자, 변경순번, 상태코드
                FROM    상태변경이력
                WHERE   장비번호 = P.장비번호
                ORDER BY 변경일자 DESC, 변경순번 DESC)
        WHERE ROWNUM <= 1) 최종이력
    FROM    장비 P
    WHERE   장비구분코드 = 'A001'
)
```

```
-------------------------------------------------------------------------
| Id | Operation                          | Name      | Starts | A-Rows | Buffers |
-------------------------------------------------------------------------
|  0 | SELECT STATEMENT                   |           |      1 |     10 |       4 |
|  1 |  COUNT STOPKEY                     |           |     10 |     10 |      40 |
|  2 |   VIEW                             |           |     10 |     10 |      40 |
|  3 |    TABLE ACCESS BY INDEX ROWID     | 상태변경이 |     10 |     10 |      40 |
|  4 |     INDEX RANGE SCAN DESCENDING    | 상태변경이 |     10 |     10 |      30 |
|  5 |  TABLE ACCESS BY INDEX ROWID       | 장비       |      1 |     10 |       4 |
|  6 |   INDEX RANGE SCAN                 | 장비_N1    |      1 |     10 |       2 |
-------------------------------------------------------------------------
```

SQL 형태만 놓고 보면, 인라인 뷰로 정의한 집합(모든 상태변경이력을 읽어 변경일자와 변경순번 역순으로 정렬한 중간집합)을 우선 만들고 나서 장비번호와 ROWNUM 조건을 필터링할 것처럼 보인다. 하지만 아래와 같이 실제로 수행해 보면 '장비번호 = P.장비번호' 조건절이 인라인 뷰 안쪽으로 파고 들어간다. 5장 3절에서 설명한 '조건절 Pushing' 쿼리 변환이 작동한 결과다. 이 방식을 사용하면, 혹시 인덱스 구성이 변경됐을 때 'Top N Stopkey' 알고리즘이 작동하지 않아 성능이 느려질 순 있지만, 쿼리 결과 집합은 보장된다.

다행히 11g 버전에서는 아래 패턴을 사용함으로써 ORA-00904 오류를 회피하면서 위와 같은 실행계획이 나오게 구현할 수 있지만, 10g 이하 버전에서는 불가능하다.

```
SELECT 장비번호, 장비명
     , SUBSTR(최종이력, 1, 8) 최종변경일자
     , TO_NUMBER(SUBSTR(최종이력, 9, 4)) 최종변경순번
     , SUBSTR(최종이력, 13) 최종상태코드
FROM (
    SELECT 장비번호, 장비명
         ,(SELECT 변경일자 || LPAD(변경순번, 4) || 상태코드
            FROM  (SELECT 장비번호, 변경일자, 변경순번, 상태코드
                   FROM   상태변경이력
                   ORDER BY 변경일자 DESC, 변경순번 DESC)
            WHERE 장비번호 = P.장비번호
            AND   ROWNUM <= 1) 최종이력
    FROM   장비 P
    WHERE  장비구분코드 = 'A001'
)
```

6. 소트 영역 크기 조정

SQL Server에서는 소트 영역을 수동으로 조정하는 방법을 제공하지 않으므로 여기서는 Oracle 중심으로 설명하기로 하겠다.

소트가 불가피하다면 메모리 내에서 작업을 완료할 수 있어야 최적이다. 디스크 소트가 불가피할 땐, 임시 공간에 기록했다가 다시 읽는 횟수를 최소화할 수 있어야 최적이다. 이를 위해 관리자가 시스템 레벨 또는 사용자가 세션 레벨에서 직접 소트 영역 크기를 조정하는 작업이 필요할 수 있다.

Oracle 8i까지는 데이터 정렬을 위해 사용하는 메모리 공간을 sort_area_size 파라미터를 통해 조정했었다. 기본 값은 관리자가 지정하고, 프로그램의 작업 내용에 따라 세션 레벨에서 다음과 같이 값을 조정하는 식이다.

```
alter session set sort_area_size = 1048576;
```

9i부터는 '자동 PGA 메모리 관리(Automatic PGA Memory Management)' 기능이 도입됐기 때문에 사용자가 일일이 그 크기를 조정하지 않아도 된다. DB 관리자가 pga_aggregate_target 파라미터를 통해 인스턴스 전체적으로 이용 가능한 PGA 메모리 총량을 지정하면, Oracle이 시스템 부하 정도에 따라 자동으로 각 세션에 메모리를 할당해 준다.

자동 PGA 메모리 관리 기능을 활성화하려면 workarea_size_policy를 auto로 설정하면 되는데, 9i부터 기본적으로 auto로 설정돼 있으며 sort_area_size 파라미터는 무시된다.

기본적으로 자동 PGA 메모리 관리 방식이 활성화되지만 시스템 또는 세션 레벨에서 '수동 PGA 메모리 관리' 방식으로 전환할 수 있다.

특히 트랜잭션이 거의 없는 야간에 대량의 배치 Job을 수행할 때는 수동 방식으로 변경하고 직접 크기를 조정하는 것이 효과적일 수 있다. 왜냐하면 자동 PGA 메모리 관리 방식에서는 프로세스당 사용할 수 있는 소트 영역의 최대 크기를 제한하기 때문이다. 즉 소트 영역을 사용 중인 다른 프로세스가 없더라도 특정 프로세스가 모든 공간을 다 쓸 수 없다. 결국 수 GB의 여유 메모리를 두고도 이를 충분히 활용하지 못해 작업 시간이 오래 걸릴 수 있다.

그럴 때 다음과 같이 workarea_size_policy 파라미터를 세션 레벨에서 manual로 변경하고, 필요한 만큼(최대 2,147,483,647 바이트) 소트 영역 크기를 늘려서 전체 작업 시간을 크게 단축할 수 있다.

```
alter session set workarea_size_policy = manual;

alter session set sort_area_size = 10485760;
```

제 2 절 DML 튜닝

1. 인덱스 유지 비용

테이블 데이터를 변경하면 관련된 인덱스에도 변경이 발생한다. 변경할 인덱스 레코드를 찾아가는 비용에 Redo, Undo를 생성하는 비용까지 더해지므로 인덱스 개수가 많을수록 DML 성능이 나빠지는 것은 당연하다.

Update를 수행할 때, 테이블 레코드는 직접 변경하지만, 인덱스는 항상 정렬된 상태를 유지해야 하므로 인덱스 레코드는 Delete & Insert 방식으로 처리한다. 게다가 인덱스 유지를 위한 Undo 레코드도 2개씩 기록된다. 따라서 변경 칼럼과 관련된 인덱스 개수에 따라 Update 성능이 좌우된다. Insert나 Delete 문일 때는 인덱스 모두에(Oracle 에서는 인덱스 칼럼이 모두 Null인 경우는 제외) 변경을 가해야 하므로 총 인덱스 개수에 따라 성능이 크게 달라진다.

이처럼 인덱스 개수가 DML 성능에 큰 영향을 미치므로 대량의 데이터를 입력, 수정, 삭제할 때는 인덱스를 모두 Drop 하거나 Unusable 상태로 변경한 다음에 작업하는 것이 빠를 수 있다. 인덱스를 재생성하는 시간까지 포함하더라도 그냥 작업할 때보다 더 빠를 수 있기 때문이다.

2. Insert 튜닝

가. Oracle Insert 튜닝

Insert 속도를 향상시키는 방법에 대해 Oracle부터 살펴보자.

■ Direct Path Insert

IOT(index-organized table)는 정해진 키(Key) 순으로 정렬하면서 값을 입력하는 반면, 일반적인 힙 구조 테이블 (heap-organized table)은 순서 없이 Freelist로부터 할당받은 블록에 무작위로 값을 입력한다. Freelist는 HWM(High-Water Mark) 아래쪽에 위치한 블록 중 어느 정도(테이블에 지정한 pctfree와 pctused 파라미터에 의해 결정됨) 빈 공간을 가진 블록 리스트를 관리하는 자료구조다. Freelist에서 할당받은 블록을 버퍼 캐시에서 찾아보고, 없으면 데이터 파일에서 읽어 캐시에 적재한 후에 데이터를 삽입한다.

일반적인 트랜잭션을 처리할 때는 빈 공간부터 찾아 채워 나가는 위 방식이 효율적이다. 하지만 대량의 데이터를 Bulk로 입력할 때는 매우 비효율적이다. 빈 블록은 얼마 지나지 않아 모두 채워지고 이후부터는 순차적으로 뒤쪽에만 데이터를 쌓게 될 텐데도 건건이 Freelist를 조회하면서 입력하기 때문이다.

Freelist를 거치지 않고 HWM 바깥 영역에, 그것도 버퍼 캐시를 거치지 않고 데이터 파일에 곧바로 입력하는 Direct Path Insert 방식을 사용하면 대용량 Insert 속도를 크게 높일 수 있다. 이 방식을 사용할 때 Undo 데이터를 쌓지 않는 점도 속도 향상의 주요인이다. 사용자가 커밋할 때만 HWM를 상향 조정하면 되기 때문에 Undo 데이터가 불필요하다.

아래는 Oracle에서 Direct Path Insert 방식으로 데이터를 입력하는 방법이다.

- insert select 문장에 /*+ append */ 힌트 사용
- 병렬 모드로 insert
- direct 옵션을 지정하고 SQL*Loader(sqlldr)로 데이터를 로드
- CTAS(create table … as select) 문장을 수행

■ nologging 모드 Insert

Oracle에서 다음과 같이 테이블 속성을 nologging으로 바꾸면, Redo 로그까지 최소화(데이터 딕셔너리 변경사항만 로깅)되므로 더 빠르게 insert할 수 있다. 이 기능은 Direct Path Insert일 때만 작동하며, 일반 insert 문을 로깅하지 않는 방법은 없다.

```
alter table t NOLOGGING;
```

Direct Path Insert 방식으로 데이터를 입력하면 Exclusive 모드 테이블 Lock이 걸려 Insert 작업을 하는 동안 다른 트랜잭션은 해당 테이블에 DML을 수행하지 못하는 것에 주의해야 한다. 따라서 트랜잭션이 빈번한 주간에 이 옵션을 사용하는 것은 절대 금물이다.

nologging 상태에서 입력한 데이터는 장애가 발생했을 때 복구가 불가능하다는 사실도 반드시 기억하기 바란다. 이 옵션을 사용해 데이터를 insert한 후에는 곧바로 백업해야 한다. 또는 언제든 재생 가능한 데이터를 insert할 때만 사용해야 한다.

예를 들면 배치 프로그램에서 중간 단계의 임시 테이블을 만들거나 DW 시스템에 읽기 전용 데이터를 적재할 때 유용하다. 이들 프로그램은 Redo 로그가 없더라도 언제든 데이터를 재현할 수 있다는 특징이 있다. 물론 가용성 요건과 운영 환경이 시스템마다 다르므로 상황에 맞게 적용하기 바란다.

나. SQL Server Insert 튜닝

■ 최소 로깅(minimal nologging)

SQL Server에서 최소 로깅 기능을 사용하려면, 우선 해당 데이터베이스의 복구 모델(Recovery model)이 'Bulk-logged' 또는 'Simple'로 설정돼 있어야 한다.

```
alter database SQLPRO set recovery SIMPLE
```

첫 번째로, 다음과 같이 파일 데이터를 읽어 DB로 로딩하는 Bulk Insert 구문을 사용할 때, With 옵션에 TABLOCK 힌트를 추가하면 최소 로깅 모드로 작동한다.

```
BULK INSERT AdventureWorks.Sales.SalesOrderDetail
  FROM 'C:\orders\lineitem.txt'
  WITH
    (
       DATAFILETYPE = 'CHAR',
        FIELDTERMINATOR = ' |',
       ROWTERMINATOR = ' |\n',
        TABLOCK
    )
```

두 번째로, Oracle CTAS와 같은 문장이 select into 인데, 복구 모델이 'Bulk-logged' 또는 'Simple'로 설정한 상태에서 이 문장을 사용하면 최소 로깅 모드로 작동한다.

```
select * into target from source ;
```

세 번째로, SQL Server 2008 버전부터 최소 로깅 기능을 일반 Insert 문에서 활용할 수 있게 됐다. 힙(Heap) 테이블에 Insert할 땐 다음과 같이 간단히 TABLOCK 힌트를 사용하면 된다. 이때 X 테이블 Lock 때문에 여러 트랜잭션이 동시에 Insert 할 수 없게 된다는 사실을 기억하기 바란다.

```
insert into t_heap with (TABLOCK) select * from t_source
```

B*Tree 구조 테이블(클러스터형 인덱스)에 Insert할 때도 최소 로깅이 가능하다. 가장 기본적인 전제 조건은 소스 데이터를 목표 테이블 정렬(클러스터형 인덱스 정렬 키) 순으로 정렬해야 한다는 점이다. 당연히 해당 데이터 베이스의 복구 모델(Recovery model)은 'Bulk-logged' 또는 'Simple'로 설정해야 한다. 최소 로깅을 위해 필요한 다른 조건은 다음과 같다.

- 비어 있는 B*Tree 구조에서 TABLOCK 힌트 사용
- 비어 있는 B*Tree 구조에서 TF-610을 활성화
- 비어 있지 않은 B*Tree 구조에서 TF-610을 활성화하고 새로운 키 범위만 입력

위 조건에서 보듯 B*Tree 구조 테이블에 최소 로깅 모드로 Insert할 때는 TABLOCK 힌트가 반드시 필요하지 않다. 따라서 입력하는 소스 데이터의 값 범위가 중복되지 않는다면 동시 Insert도 가능하다.

아래는 B*Tree 구조 테이블에 최소 로깅 모드로 Insert하는 예시다. 목표 테이블 정렬 순서와 같게 하려고 order by 절을 사용한 것을 확인하기 바란다.

```
use SQLPRO
go

alter database SQLPRO set recovery SIMPLE

DBCC TRACEON(610);

insert into t_idx
select * from t_source
order by col1   →   t_idx 테이블의 클러스터형 인덱스 키 순 정렬
```

SQL Server에서도 최소 로깅 작업을 수행한 다음에는 차등(Differential) 백업을 수행해 줘야 한다는 사실을 기억하자.

3. Update 튜닝

가. Truncate & Insert 방식 사용

아래는 1999년 12월 31일 이전 주문 데이터의 상태코드를 모두 변경하는 Update 문이다.

```
update 주문 set 상태코드 = '9999' where 주문일시 < to_date('20000101', 'yyyymmdd')
```

대량의 데이터를 위와 같이 일반 Update 문으로 갱신하면 상당히 오랜 시간이 소요될 수 있다. 다음과 같은 이유 때문이다. Delete 문일 때도 마찬가지다.

- 테이블 데이터를 갱신하는 본연의 작업
- 인덱스 데이터까지 갱신
- 버퍼 캐시에 없는 블록를 디스크에서 읽어 버퍼 캐시에 적재한 후에 갱신
- 내부적으로 Redo와 Undo 정보 생성
- 블록에 빈 공간이 없으면 새 블록 할당(→ Row Migration 발생)

따라서 대량의 데이터를 갱신할 때는 Update 문을 이용하기보다 다음과 같이 처리하는 것이 더 빠를 수 있다.

```
-- Oracle
```

```
create table 주문_임시 as select * from 주문;

-- SQL Server
select * into #주문_임시 from 주문;

alter table 주문 drop constraint 주문_pk;
drop index [주문.]주문_idx1;        → [] : SQL Server

truncate table 주문;

insert into 주문(고객번호, 주문일시, , 상태코드)
select 고객번호, 주문일시,
      ,(case when 주문일시 >= to_date('20000101', 'yyyymmdd') then '9999' else status end) 상태코드
from   주문_임시;

alter table 주문 add constraint 주문_pk primary key(고객번호, 주문일시);
create index 주문_idx1 on 주문(주문일시, 상태코드);
```

인덱스가 하나도 없는 상태에서 테스트해 봐도 대략 20% 수준에서 손익분기점이 결정되는 것을 알 수 있다. 만약 인덱스까지 여러 개 있다면 손익분기점은 더 낮아진다.

Oracle의 경우 위 CTAS 문장에 nologging 옵션을 사용하고 Insert 문장에 append 힌트까지 사용하면 손익분기점은 더 낮아진다.

아래는 1999년 12월 31일 이전 주문 데이터의 상태코드를 모두 지우는 Delete문이다.

```
delete from 주문 where 주문일시 < to_date('20000101', 'yyyymmdd')
```

대량의 데이터를 Delete할 때도 다음과 같이 처리하는 것이 빠를 수 있다.

```
create table 주문_임시
as
select * from 주문
where 주문일시 >= to_date('20000101', 'yyyymmdd');

alter table emp drop constraint 주문_pk;
drop index 주문_idx1;

truncate table 주문;
```

```
insert into 주문
select * from 주문_임시;

alter table 주문 add constraint 주문_pk primary key(고객번호, 주문일시);
create index 주문_idx1 on 주문(주문일시, 상태코드);
```

나. 조인을 내포한 Update 튜닝

조인을 내포한 Update 문을 수행할 때는 Update 자체의 성능보다 조인 과정에서 발생하는 비효율 때문에 성능이 느려지는 경우가 더 많다. 그 원인과 튜닝 방안에 대해 살펴보자.

■ 전통적인 방식의 Update 문

다른 테이블과 조인을 통해 Update를 수행할 때, 다음과 같이 일반적인 Update 문을 사용하면 비효율이 발생한다. Update를 위해 참조하는 테이블을 2번 액세스해야 하기 때문이다.

```
update  고객
set    (최종거래일시, 최근거래금액) = ( select  max(거래일시), sum(거래금액)
                                      from    거래
                                      where   고객번호  =  고객.고객번호
                                      and     거래일시  >= trunc(add_months(sysdate,-1)) )
where    exisis ( select 'x'
                  from    거래
                  where   고객번호  =  고객.고객번호
                  and     거래일시  >= trunc(add_months(sysdate,-1) )
);
```

위 Update를 위해서는 기본적으로 거래 테이블에 '고객번호+거래일시' 인덱스가 있어야 한다. 하지만 이 인덱스가 있어도 고객 수가 많고 고객별 거래 데이터가 많으면 랜덤 액세스 방식으로 조인하는 위 쿼리는 결코 빠르게 수행될 수 없다.

그럴 때는 서브쿼리에 unnest와 함께 hash_sj 힌트를 사용해 해시 세미 조인(Semi Join) 방식으로 유도하는 것이 효과적이다.

이렇게 하면 랜덤 액세스는 상당히 줄일 수 있지만 거래 테이블을 2번 액세스하는 비효율은 여전히 남는다. 이 문제를 해결하기 위한 확장 Update 문장이 DBMS마다 조금씩 다른 형태로 제공되는데, 지금부터 이에 대해 살펴보자.

■ SQL Server 확장 Update문 활용

SQL Server에서는 다음과 같은 확장 Update 문을 활용함으로써 방금 설명한 비효율을 쉽게 제거할 수 있다.

```
update  고객
set     최종거래일시 = b.거래일시, 최근거래금액 = b.거래금액
from    고객 a
        inner join (
            select 고객번호, max(거래일시) 거래일시, sum(거래금액) 거래금액
            from    거래
            where   거래일시 >= dateadd(mm,-1,convert(datetime,convert(char(8),getdate(),112),112))
            group by 고객번호
        ) b
on      a.고객번호 =  b.고객번호
```

■ Oracle 수정 가능 조인 뷰 활용

Oracle에서는 다음과 같이 수정 가능 조인 뷰(Updatable Join View)를 활용할 수 있다(아래 쿼리는 12c 이상 버전에서만 정상적으로 실행된다. 10g 이하 버전에서는 UPDATE 옆에 bypass_ujvc 힌트를 사용해야만 실행할 수 있다. 11g에서는 실행되지 않는다).

```
update
    (select c.최종거래일시, c.최근거래금액, t.거래일시, t.거래금액
    from  (select   고객번호, max(거래일시) 거래일시, sum(거래금액) 거래금액
           from     거래
           where    거래일시 >= trunc(add_months(sysdate,-1))
           group by 고객번호) t
         , 고객 c
    where   c.고객번호  = t.고객번호 )
set   최종거래일시 = 거래일시
    , 최근거래금액 = 거래금액
```

'조인 뷰'는 from 절에 두 개 이상 테이블을 가진 뷰를 말한다. 조인 뷰를 통해 원본 테이블에 입력, 수정, 삭제가 가능하다. 여기에 한 가지 제약사항이 있다. 키-보존 테이블에만 입력, 수정, 삭제가 허용된다는 사실이다.

키-보존 테이블(Key-Preserved Table)이란, 조인된 결과 집합을 통해서도 중복 없이 Unique하게 식별이 가능한 테이블을 말한다. 이를 위해선 유일성(Uniqueness)이 보장되는 집합과 조인돼야 하는데, 옵티마이저는 조인하는 테이블에 Unique 인덱스가 있는지, 또는 조인 키 칼럼으로 Group By 했는지를 통해 유일성 여부를 확인한다. 키-보존 테이블이 아닌 경우 입력, 수정, 삭제가 허용되지 않는다(ORA-01779 오류 발생).

Group By 처리한 집합은 사실상 유일성을 보장하는데도 Oracle 11g까지는 해당 집합과 조인하는 테이블을 키-보존 테이블로 인정하지 않았다. 그나마 10g 버전까지는 bypass_ujvc 힌트를 통해 ORA-01779 오류를 회피할 수 있었는데, 11g 이후로는 이 힌트를 지원하지 않아 위 SQL을 실행할 수 없었다. 하지만 12c부터 Oracle이 Group By 처리한 집합의 유일성을 인정하기 시작하면서 위 SQL은 bypass_ujvc 힌트 없이도 실행할 수 있게 됐다.

다음과 같은 형태의 조인 뷰는 고객 테이블 고객번호 컬럼에 Unique 인덱스가 있으면 버전에 상관없이 실행 가능하다.

```
update
    (select t.주문연락처, t.배송지주소, c.고객연락처, t.고객주소
     from   거래 t, 고객 c
     where  c.고객번호 = t.고객번호
     and    t.거래일시 >= trunc(sysdate)
     and    t.거래검증코드 = 'INVLD')
set    주문연락처 = 고객연락처
     , 배송지주소 = 고객주소
```

■ Oracle Merge 문 활용

merge into 문을 이용하면 하나의 SQL 안에서 insert, update, delete 작업을 한 번에 처리할 수 있다. 이 기능은 Oracle 9i부터 제공되기 시작했고, delete 작업까지 처리할 수 있게 된 것은 10g부터다. SQL Server도 2008 버전부터 이 문장을 지원하기 시작했다.

merge into는 기간계 시스템에서 읽어온 신규 및 변경분 데이터를 DW 시스템에 반영할 때 사용하면 효과적이다. 아래는 merge문을 이용해 insert, update를 동시에 처리하는 예시다.

```
merge into 고객 t using 고객변경분 s on (t.고객번호 = s.고객번호)
when matched then update
  set t.고객번호 = s.고객번호, t.고객명 = s.고객명, t.이메일 = s.이메일,
when not matched then insert
  (고객번호, 고객명, 이메일, 전화번호, 거주지역, 주소, 등록일시) values
  (s.고객번호, s.고객명, s.이메일, s.전화번호, s.거주지역, s.주소, s.등록일시);
```

Oracle 10g부터는 다음과 같이 update와 insert를 선택적으로 처리할 수 있다.

```
merge into 고객 t using 고객변경분 s on (t.고객번호 = s.고객번호)
when matched then update
 set t.고객번호 = s.고객번호, t.고객명 = s.고객명, t.이메일 = s.이메일,  ;

merge into 고객 t using 고객변경분 s on (t.고객번호 = s.고객번호)
when not matched then insert
  (고객번호, 고객명, 이메일, 전화번호, 거주지역, 주소, 등록일시) values
  (s.고객번호, s.고객명, s.이메일, s.전화번호, s.거주지역, s.주소, s.등록일시);
```

이 확장 기능을 통해 Updatable Join View 기능을 대체할 수 있다. 앞에서 bypass_ujvc 힌트를 사용했던 update 문장을 예로 들면, 다음과 같이 merge 문으로 처리할 수 있다.

```
merge into 고객 c
using (select   고객번호, max(거래일시) 거래일시, sum(거래금액) 거래금액
       from     거래
       where    거래일시 >= trunc(add_months(sysdate,-1))
       group by 고객번호) t
on (c.고객번호  =  t.고객번호)
when matched then update set c.최종거래일시 = t.거래일시, c.최근거래금액 = t.거래금액
```

제3절 데이터베이스 Call 최소화

서버 프로세스에게 작업을 지시하거나 결과 집합을 요청할 때 모든 명령은 데이터베이스 Call을 통해 전달된다. 데이터베이스 Call과 결과 전송은 네트워크를 통해 이뤄지며, 서버와의 Roundtrip 횟수가 많을수록 쿼리 수행 속도가 떨어지는 것은 당연하다. 개별 쿼리의 수행 속도뿐만 아니라 시스템 전체의 확장성도 낮아진다. 따라서 데이터베이스 Call 종류와 특성을 정확히 알고 횟수를 줄이는 노력이 필요하다.

1. 데이터베이스 Call 종류

가. SQL 커서에 대한 작업 요청에 따른 구분

1) Parse Call : SQL 파싱을 요청하는 Call
2) Execute Call : SQL 실행을 요청하는 Call
3) Fetch Call : SELECT문의 결과 데이터 전송을 요청하는 Call

```
select cust_nm, birthday from customer where cust_id = :cust_id

call        count        cpu     elapsed       disk       query     current        rows
-----       -----       -----    --------      -----      -----     -------       -----
Parse           1        0.00        0.00          0           0           0           0
Execute      5000        0.18        0.14          0           0           0           0
Fetch        5000        0.21        0.25          0       20000           0       50000
-----       -----       -----    --------      -----      -----     -------       -----
total       10001        0.39        0.40          0       20000           0       50000
```

나. Call 발생 위치에 따른 구분

1) User Call

DBMS 외부에서 요청하는 Call을 말한다. 동시 접속자 수가 많은 피크 시간대에 시스템 확장성을 떨어뜨리는 가장 큰 요인 중 한 가지는 User Call이다. User Call이 많이 발생하게 개발한 프로그램은 결코 성능이 좋을 수 없다. 이는 개발자의 기술력에 의해서도 좌우되지만 많은 경우 애플리케이션 설계와 프레임워크 기술구조에 기인한다. 이를테면 Array Processing을 제대로 지원하지 않는 프레임워크, 화면 페이지 처리에 대한 잘못 설계된 표준가이드, 사용자 정의 함수·프로시저에 대한 무조건적인 제약 등이다. 그리고 프로시저 단위 모듈을 지나치게 잘게 쪼개서 SQL을 건건이 호출하도록 설계하는 것도 대표적이다.

DBMS 성능과 확장성(Scalability)을 높이려면 User Call을 줄이는 노력이 중요하며, 이를 위해 다음과 같은 기술요소를 적극적으로 활용해야만 한다.

① Loop 쿼리를 해소하고 집합적 사고를 통해 One SQL로 구현
② Array Processing : Array 단위 Fetch, Bulk Insert/ Update/ Delete
③ 부분범위처리 원리 활용
④ 효과적인 화면 페이지 처리
⑤ 사용자 정의 함수, 프로시저, 트리거의 적절한 활용

2) Recursive Call

DBMS 내부에서 발생하는 Call을 말한다. SQL 파싱과 최적화 과정에서 발생하는 데이터 딕셔너리 조회, 사용자 정의 함수·프로시저 내에서의 SQL 수행이 여기에 해당한다. Recursive Call을 줄이려면, 바인드 변수를 적극적으로 사용해 하드파싱 횟수를 줄여야 한다. 그리고 사용자 정의 함수와 프로시저가 어떤 특징을 가지며 내부적으로 어떻게 수행되는지를 잘 이해하고 시의적절하게 사용해야만 한다. 무조건 사용하지 못하게 제약하거나 무분별하게 사용하지 말아야 한다는 뜻이다.

2. 데이터베이스 Call과 성능

가. One SQL 구현의 중요성

루프를 돌면서 여러 작업을 반복 수행하는 프로그램을 One SQL로 구현했을 때 얼마나 놀라운 성능 개선 효과가 나타나는지 경험해 본 적이 있는가? 있다면 그 원리가 무엇이라고 생각하는가? 그것은 방금 설명한 데이터베이스 Call 횟수를 줄인 데에 있다. 1번과 10번, 10번과 100번의 차이는 크지 않지만 1번과 10만 번, 1번과 100만 번의 차이는 실로 엄청나다.

아래 자바 소스를 예제로 살펴보자.

```
public class JavaLoopQuery{
  public static void insertData( Connection con
                               , String param1
                               , String param2
                               , String param3
                               , long param4) throws Exception{
    String SQLStmt = "INSERT INTO 납입방법별_월요금집계  "
          + "(고객번호, 납입월, 납입방법코드, 납입금액) "
          + "VALUES(?, ?, ?, ?)";
    PreparedStatement st = con.prepareStatement(SQLStmt);
    st.setString(1, param1);
    st.setString(2, param2);
    st.setString(3, param3);
    st.setLong(4, param4);
```

```
    st.execute();
    st.close();
  }

  public static void execute(Connection con, String input_month) throws Exception {
    String SQLStmt = "SELECT 고객번호, 납입월, 지로, 자동이체, 신용카드, 핸드폰, 인터넷 "
                   + "FROM   월요금납부실적 "
                   + "WHERE  납입월 = ?";
    PreparedStatement stmt = con.prepareStatement(SQLStmt);
    stmt.setString(1, input_month);
    ResultSet rs = stmt.executeQuery();
    while(rs.next()){
      String 고객번호 = rs.getString(1);
      String 납입월   = rs.getString(2);
      long 지로       = rs.getLong(3);
      long 자동이체   = rs.getLong(4);
      long 신용카드   = rs.getLong(5);
      long 핸드폰     = rs.getLong(6);
      long 인터넷     = rs.getLong(7);
      if(지로 > 0)    insertData (con, 고객번호, 납입월, "A", 지로);
      if(자동이체 > 0) insertData (con, 고객번호, 납입월, "B", 자동이체);
      if(신용카드 > 0) insertData (con, 고객번호, 납입월, "C", 신용카드);
      if(핸드폰 > 0)   insertData (con, 고객번호, 납입월, "D", 핸드폰);
      if(인터넷 > 0)   insertData (con, 고객번호, 납입월, "E", 인터넷);
    }
    rs.close();
    stmt.close();
  }
  static Connection getConnection() throws Exception { …… }
  static void releaseConnection(Connection con) throws Exception { …… }

  public static void main(String[] args) throws Exception{
    Connection con = getConnection();
    execute(con, "200903");
    releaseConnection(con);
  }
}
```

만약 처리해야 할 월요금납부실적이 10만 건이면, 이 테이블에 대한 Fetch Call이 10만 번(뒤에서 설명할 Array 단위 Fetch 기능을 이용하지 않을 때), 납입방법별_월요금집계 테이블에 INSERT하기 위한 Parse Call과 Execute Call이 각각 최대 50만 번, 따라서 최대 110만 번의 데이터베이스 Call이 발생할 수 있다.

위 프로그램을 DBMS 내에서 수행되는 사용자 정의 프로시저로 개발하면 네트워크 트래픽 없는 Recursive

Call만 발생하므로 제법 빠르게 수행된다. 하지만 위와 같이 자바나 C, 비주얼 베이직, 델파이 등으로 개발한 애플리케이션에선 수행 성능에 심각한 문제가 나타난다.

실제 수행해 보면 수 분이 소요되지만, 트레이스를 걸어 분석해 보면 서버 내에서의 일량은 아주 미미한 것으로 나타난다. 이것은 수행 시간 중 대부분을 네트워크 구간에서 소비(그 중 일부는 애플리케이션 단에서 소비한 시간일 것임)하거나 데이터베이스 Call이 발생할 때마다 OS로부터 CPU와 메모리 리소스를 할당받으려고 기다리는 데 소비하기 때문이다.

앞 프로그램을 다음과 같이 One SQL로 통합하면 1~2초 내에 수행되는 것을 확인할 수 있다. 수행 시간이 이렇게 대폭 줄어든 이유는 최대 110만 번 발생할 수 있는 데이터베이스 Call을 단 2회(Parse Call 1회, Execute Call 1회)로 줄인 데에 있다.

```
public class JavaOneSQL{
  public static void execute(Connection con, String input_month) throws Exception {
    String SQLStmt = "INSERT INTO 납입방법별_월요금집계"
        + "(납입월,고객번호,납입방법코드,납입금액) "
        + "SELECT x.납입월, x.고객번호, CHR(64 + Y.NO) 납입방법코드 "
        + "     , DECODE(Y.NO, 1, 지로, 2, 자동이체, 3, 신용카드, 4, 핸드폰, 5, 인터넷) "
        + "FROM   월요금납부실적 x, (SELECT LEVEL NO FROM DUAL CONNECT BY LEVEL <= 5) y "
        + "WHERE x.납입월 = ? "
        + "AND   y.NO IN ( DECODE(지로, 0, NULL, 1), DECODE(자동이체, 0, NULL, 2) "
        + "              , DECODE(신용카드, 0, NULL, 3) , DECODE(핸드폰, 0, NULL, 4) "
        + "              , DECODE(인터넷, 0, NULL, 5) )" ;

    PreparedStatement stmt = con.prepareStatement(SQLStmt);
    stmt.setString(1, input_month);
    stmt.executeQuery();
    stmt.close();
  }
  static Connection getConnection() throws Exception { …… }
  static void releaseConnection(Connection con) throws Exception { …… }

  public static void main(String[] args) throws Exception{
    Connection con = getConnection();
    execute(con, "200903");
    releaseConnection(con);
  }
}
```

나. 데이터베이스 Call과 시스템 확장성

데이터베이스 Call은 개별 프로그램의 수행 속도에 큰 영향을 미칠 뿐만 아니라 궁극적으로 시스템 전체의 확장성에 영향을 미친다.

인터넷 쇼핑몰에서 조회한 상품 중 일부를 선택한 후 위시리스트(WishList)에 등록하는 프로그램을 예로 들어 보자. '위시리스트' 버튼을 클릭할 때 수행되는 프로그램을 아래처럼 구현했다면, 선택한 상품이 5개일 때 메소드 (method)도 5번 호출해야 하므로 Parse Call과 Execute Call이 각각 5번씩 발생한다.

```
void insertWishList ( String p_custid , String p_goods_no ) {
  SQLStmt = "insert into wishlist "
          + "select custid, goods_no "
          + "from cart "
          + "where custid = ? "
          + "and goods_no = ? " ;
  stmt = con.preparedStatement(SQLStmt);
  stmt.setString(1, p_custid);
  stmt.setString(2, p_goods_no);
  stmt.execute();
}
```

반면 다음과 같이 구현했다면 메소드를 1번만 호출하기 때문에 Parse Call과 Execute Call도 각각 한 번씩만 발생한다. 4시간 내내 이 프로그램만 수행된다면 시스템이 5배의 확장성을 갖는 것이다. AP 설계가 DBMS 성능을 좌우하는 중요한 요인임을 보여주는 사례다.

```
void insertWishList ( String p_custid , String[] p_goods_no ) {
  SQLStmt = "insert into wishlist "
          + "select custid, goods_no "
          + "from cart "
          + "where custid = ? "
          + "and goods_no in ( ?, ?, ?, ?, ? )" ;
  stmt = con.preparedStatement(SQLStmt);
  stmt.setString(1, p_custid);
  for(int i=0; i < 5; i++){
    stmt.setString(i+2, p_goods_no[i]);
  }
  stmt.execute();
}
```

3. Array Processing 활용

Array Processing 기능을 활용하면 한 번의 SQL(INSERT/ UPDATE/ DELETE) 수행으로 다량의 레코드를 동시에 처리할 수 있다. 이는 네트워크를 통한 데이터베이스 Call 횟수를 줄이고 SQL 수행시간과 CPU 사용량을 획기적으로 낮춰준다. 앞서 보았던 '납입방법별_월요금집계' 테이블 가공 사례에 Array Processing 기법을 적용하면 다음과 같다.

```
1   public class JavaArrayProcessing{
2     public static void insertData( Connection con
3                                  , PreparedStatement st
4                                  , String param1
5                                  , String param2
6                                  , String param3
7                                  , long param4) throws Exception{
8       st.setString(1, param1);
9       st.setString(2, param2);
10      st.setString(3, param3);
11      st.setLong(4, param4);
12      st.addBatch();
13    }
14
15    public static void execute(Connection con, String input_month)
16    throws Exception {
17      long rows = 0;
18      String SQLStmt1 = "SELECT 고객번호, 납입월"
19                      + ", 지로, 자동이체, 신용카드, 핸드폰, 인터넷 "
20                      + "FROM   월요금납부실적 "
21                      + "WHERE  납입월 = ?";
22
23      String SQLStmt2 = "INSERT INTO 납입방법별_월요금집계   "
24              + "(고객번호, 납입월, 납입방법코드, 납입금액) "
25              + "VALUES(?, ?, ?, ?)";
26
27      con.setAutoCommit(false);
28
29      PreparedStatement stmt1 = con.prepareStatement(SQLStmt1);
30      PreparedStatement stmt2 = con.prepareStatement(SQLStmt2);
31      stmt1.setFetchSize(1000);
32      stmt1.setString(1, input_month);
33      ResultSet rs = stmt1.executeQuery();
34      while(rs.next()){
```

```
35        String 고객번호 = rs.getString(1);
36        String 납입월 = rs.getString(2);
37        long 지로 = rs.getLong(3);
38        long 자동이체 = rs.getLong(4);
39        long 신용카드 = rs.getLong(5);
40        long 핸드폰 = rs.getLong(6);
41        long 인터넷 = rs.getLong(7);
42
43        if(지로 > 0)
44            insertData (con, stmt2, 고객번호, 납입월, "A", 지로);
45
46        if(자동이체 > 0)
47            insertData (con, stmt2, 고객번호, 납입월, "B", 자동이체);
48
49        if(신용카드 > 0)
50            insertData (con, stmt2, 고객번호, 납입월, "C", 신용카드);
51
52        if(핸드폰 > 0)
53            insertData (con, stmt2, 고객번호, 납입월, "D", 핸드폰);
54
55        if(인터넷 > 0)
56            insertData (con, stmt2, 고객번호, 납입월, "E", 인터넷);
57
58        if(++rows%1000 == 0) stmt2.executeBatch();
59
60    }
61
62    rs.close();
63    stmt1.close();
64
65    stmt2.executeBatch();
66    stmt2.close();
67
68    con.commit();
69    con.setAutoCommit(true);
70 }
71
72 static Connection getConnection() throws Exception {  }
73 static void releaseConnection(Connection con) throws Exception { …… }
74
75 public static void main(String[] args) throws Exception{
76    Connection con = getConnection();
77    execute(con, "200903");
78    releaseConnection(con);
```

```
79   }
80  }
```

INSERT할 데이터를 계속 Array에 담기만 하다가(12번 라인) 1000건 쌓일 때마다 한 번씩 executeBatch를 수행하는 부분(58번 라인)을 주의 깊게 살펴보기 바란다. SELECT 결과 집합을 Fetch할 때도 1000개 단위로 Fetch 하도록 조정(31번 라인)했다.

위 프로그램을 수행해 보면 One SQL로 구현할 때와 거의 비슷한 속도를 보인다. One SQL로 통합했을 때 나타나는 극적인 성능 개선 효과가 데이터베이스 Call 횟수를 줄이는 데 있음을 여기서도 알 수 있다.

대용량 데이터를 처리하는 데 있어 Array Processing은 필수적이다. 그 효과를 극대화하려면 연속된 일련의 처리 과정이 모두 Array 단위로 진행돼야 한다. 이를테면 Array 단위로 수천 건씩 아무리 빠르게 Fetch 하더라도 다음 단계에서 수행할 INSERT가 건건이 처리된다면 그 효과가 크게 반감되며, 반대의 경우도 마찬가지다.

이해를 돕기 위해 PL/SQL을 이용해 데이터를 Bulk로 1000건씩 Fetch해서 Bulk로 INSERT하는 예제를 보이면 다음과 같다.

```
DECLARE
  l_fetch_size NUMBER DEFAULT 1000;  -- 1,000건씩 Array 처리
  CURSOR c IS
    SELECT empno, ename, job, sal, deptno, hiredate
    FROM   emp;
...

  BEGIN

OPEN C;

LOOP

   FETCH c BULK COLLECT
   INTO p_empno, p_ename, p_job, p_sal, p_deptno, p_hiredate
   LIMIT l_fetch_size;

   FORALL i IN p_empno.first..p_empno.last
     INSERT INTO emp2
     VALUES ( p_empno    (i)
            , p_ename    (i)
            , p_job      (i)
            , p_sal      (i)
            , p_deptno   (i)
```

```
             , p_hiredate (i) );

   EXIT WHEN c%NOTFOUND;
 END LOOP;

 CLOSE C;
```

BULK COLLECT와 FORALL 구문에 대한 자세한 설명은 매뉴얼을 참조하기 바란다. 그리고 Array Processing 기법을 지원하는 인터페이스가 개발 언어마다 다르므로 API를 통해 반드시 확인하고 적극적으로 활용하기 바란다.

4. Fetch Call 최소화

가. 부분범위처리 원리

현재 자신이 사용하고 있는 시스템에서 가장 큰 테이블을 아무 조건절 없이 쿼리해 보자. 테이블에 데이터가 아무리 많아도 엔터를 누르자마자 결과가 출력되는 것을 볼 수 있다. SQL Server를 사용 중이라면 쿼리 분석기 (Query Analyzer)의 텍스트 모드에서 테스트하기 바란다. 데이터 양과 무관하게 이처럼 빠른 응답속도를 보일 수 있는 원리가 무엇일까?

[그림 III-6-5] 부분범위처리

집을 짓는 공사장을 예로 들어 보자. [그림 III-6-5]를 보면 미장공이 시멘트를 이용해 벽돌을 쌓는 동안 운반공은 수레를 이용해 벽돌을 일정량씩 나누어 운반하고 있다. 쌓여 있는 벽돌을 한 번에 실어 나를 수 없기 때문이다. 운반공은 미장공이 벽돌을 더 가져오라는 요청(→ Fetch Call)이 있을 때만 벽돌을 실어 나른다. 추가 요청이 없으면 운반작업은 거기서 멈춘다.

DBMS도 이처럼 데이터를 클라이언트에 전송할 때 일정량씩 나누어 전송한다. Oracle의 경우 ArraySize(또는 FetchSize) 설정을 통해 운반단위를 조절할 수 있다. 예를 들어 SQL*Plus에서 ArraySize를 변경하는 명령어는 다음과 같다.

```
set arraysize 100
```

그리고 다음은 ArraySize를 100으로 설정한 상태에서 SELECT 문장을 수행할 때의 SQL 트레이스 결과다.

call	count	cpu	elapsed	disk	query	current	rows
Parse	1	0.00	0.00	0	0	0	0
Execute	1	0.00	0.02	2	2	0	0
Fetch	301	0.14	0.18	9	315	0	30000
total	303	0.14	0.20	11	317	0	30000

3만 개 로우를 읽기 위해 Fetch Call이 301번 발생한 것만 보고도 ArraySize가 100으로 설정된 상태에서 수행된 쿼리임을 짐작할 수 있다.

SQL Server의 경우 네트워크 패키지 크기로 운반단위를 조절한다. 쿼리 분석기(Query Analyzer) 옵션에서 '네트워크 패키지 크기' 항목을 보면 기본 값이 4096 바이트로 설정된 것을 볼 수 있다(참고로 racle도 Array 크기의 데이터를 내부적으로 다시 SDU(Session Data Unit, Session 레이어), TDU(Transport Data Unit, Transport 레이어) 단위로 나누어 전송한다. ArraySize를 작게 설정하면 하나의 네트워크 패킷에 담아 전송하겠지만, 크게 설정하면 여러 개 패킷으로 나누어 전송할 수 밖에 없음은 당연하다).

전체 결과 집합 중 아직 전송하지 않은 분량이 많이 남아 있어도 클라이언트로부터 추가 Fetch Call을 받기 전까지 서버는 대기한다. 이처럼 전체 데이터를 연속적으로 전송하지 않고 사용자로부터 Fetch Call이 있을 때마다 일정량씩 나누어서 전송하는 것을 이른바 '부분범위처리'라고 한다.

OLTP성 업무에서는 출력 대상 레코드가 많아도 그 중 일부만 Fetch해서 보여주고 멈춰도 되는 업무가 많다. 화면상에서 수천 수만 건을 일일이 스크롤하며 데이터를 보는 사용자는 거의 없기 때문이다. 사용자가 '다음' 버튼을 클릭하거나 그리드 스크롤을 내릴 때만 추가적인 Fetch Call을 일으켜 필요한 만큼 더 가져오면 된다. 물론 커서를 닫지 않은 상태여야 한다(커서를 닫았다면 Fetch Call이 아니라 별도의 쿼리 수행을 통해 나머지 데이터를 가져와야 한다. 이는 웹 화면 페이지 처리의 구현방식이므로 부분범위처리와는 약간 다른 개념으로 이해해야 한다).

이런 화면 처리가 가능한 업무라면, 출력 대상 레코드가 많을수록 Array를 빨리 채울 수 있어 쿼리 응답 속도도 그만큼 빨라진다. 잘 설계된 인덱스와 부분범위처리 방식을 이용해 대용량 OLTP 환경에서 극적인 성능 개선 효과를 얻을 수 있는 원리가 여기에 숨어 있다.

참고로 출력 대상 레코드가 많을수록 응답 속도가 빨라지는 것은 부분범위처리가 가능한 업무에만 해당된다. 결과 집합 전체를 Fetch 하는 DW 또는 OLAP성 업무나 서버 내에서 데이터를 가공하는 프로그램에선 결과 집합이 많을수록 더 빨라지는 일은 있을 수 없다.

DBMS 서버가 부분범위처리 방식으로 데이터를 전송하는데도 어떤 개발팀은 결과를 모두 Fetch하고서야 출력을 시작하도록 애플리케이션을 개발한다. 또 어떤 개발팀은 첫 화면부터 빠르게 출력을 시작하도록 하지만, 사용자의 명시적인 Fetch 요청이 없어도 백그라운드에서 계속 Fetch Call을 일으켜 클라이언트 캐시에 버퍼링하도록 개발하기도 한다.

SQL Server 개발 환경에서 가장 많이 사용하는 쿼리 분석기의 Grid 모드가 전자에 해당하기 때문에 SQL Server 사용자들은 부분범위처리 원리를 설명해도 쉽게 이해하지 못하는 경향이 있다. Oracle을 위한 쿼리 툴 중에도 부분범위처리를 활용하지 않고 결과 집합 전체를 모았다가 출력하는 툴이 있다. 이것은 클라이언트 쿼리 툴의 특성일 뿐이며 모든 DBMS는 데이터를 일정량씩 나누어 전송한다.

불필요한 데이터베이스 Call과 네트워크 부하를 일으켜선 결코 고성능 데이터베이스 애플리케이션을 구축하기 힘들다. 팀 단위의 소규모 애플리케이션을 개발 중이라면 모르겠지만, 전사적 또는 전국 단위 서비스를 제공하는 애플리케이션을 개발 중이라면 본 장에서 설명하는 아키텍처 기반 튜닝 원리를 정확히 이해하고 적용하려고 노력해야 한다.

나. ArraySize 조정에 의한 Fetch Call 감소 및 블록 I/O 감소 효과

지금까지 설명한 부분범위처리 원리를 이해했다면, 네트워크를 통해 전송해야 할 데이터량에 따라 ArraySize를 조절할 필요가 있음을 직감했을 것이다. 예를 들어 대량 데이터를 파일로 내려받으면 어차피 전체 데이터를 전송해야 하므로 가급적 값을 크게 설정해야 한다. ArraySize를 조정한다고 전송해야 할 총량이 줄지는 않지만, Fetch Call 횟수는 줄일 수 있다. 반대로 앞쪽 일부 데이터만 Fetch하다가 멈추는 프로그램이라면 ArraySize를 작게 설정하는 것이 유리하다. 많은 데이터를 읽어 전송하고도 정작 사용하지 않는 비효율을 줄일 수 있기 때문이다.

ArraySize를 늘리면 네트워크 부하가 줄어들 뿐만 아니라 서버 프로세스가 읽어야 할 블록 개수까지 줄어드는 일거양득의 효과를 얻게 된다. ArraySize를 조정하는데 왜 블록 I/O가 줄어드는 것일까? [그림 III-6-6]을 보면서 알아보자.

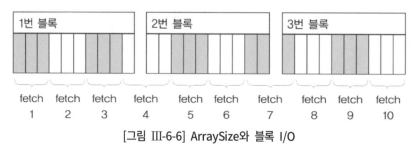

[그림 III-6-6] ArraySize와 블록 I/O

[그림 III-6-6]처럼 10개 행으로 구성된 3개의 블록이 있다고 하자. 총 30개 레코드이므로 ArraySize를 3으로 설정하면 Fetch 횟수는 10이고, 블록 I/O는 12번이나 발생하게 된다. 왜냐하면 10개 레코드가 담긴 블록들을 각각 4번에 걸쳐 반복 액세스해야 하기 때문이다. 그림에서 보듯 첫 번째 Fetch에서 읽은 1번 블록을 2~4번째 Fetch에서도 반복 액세스하게 된다. 2번 블록은 4~7번째 Fetch, 3번 블록은 7~10번 Fetch에 의해 반복적으로 읽힌다. 만약 ArraySize를 10으로 설정한다면, 3번의 Fetch와 3번의 블록 I/O로 줄일 수 있다. 그리고 ArraySize를 30으로 설정하면 Fetch 횟수는 1로 줄어든다.

ArraySize를 늘리면서 Fetch Count와 블록 I/O를 측정하면, [그림 III-6-7]과 같은 그래프를 얻을 수 있다. 즉 ArraySize와 Fetch Count 및 블록 I/O는 반비례 관계를 보인다.

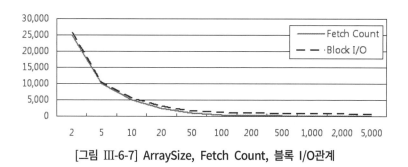

[그림 III-6-7] ArraySize, Fetch Count, 블록 I/O관계

[그림 III-6-7]에서 눈에 띄는 것은, ArraySize를 키운다고 해서 Fetch Count와 블록 I/O가 같은 비율로 줄지 않는다는 점이다. 따라서 무작정 크게 설정한다고 좋은 것은 아니며, 일정 크기 이상이면 오히려 리소스만 낭비하게 된다. 데이터 크기에 따라 다르다. 위 데이터 상황에서는 100 정도로 설정하는 게 적당해 보인다.

SQL*Plus 이외의 프로그램 언어에서 Array 단위 Fetch 기능을 활용하는 방법을 살펴보자. Oracle PL/SQL에서 커서를 열고 레코드를 Fetch하면, (3항 Array Processing에서 보았던 Bulk Collect 구문을 사용하지 않는 한) 9i까지는 한 번에 한 건씩 처리(Single-Row Fetch)했었다. 10g부터는 자동으로 100개씩 Array Fetch가 일어난다. 다만 아래처럼 커서의 Open, Fetch, Close가 내부적으로 이뤄지는 Cursor FOR Loop 구문을 이용할 때만 작동한다는 사실을 기억하기 바란다.

```
for item in cursor
loop
    ......
end loop;
```

자바에서는 어떻게 ArraySize를 조정하는지 살펴보자.

```
String sql = "select custid, name from customer";
PreparedStatement stmt = conn.prepareStatement(sql);
stmt.setFetchSize(100);    -- Statement에서 조정

ResultSet rs = stmt.executeQuery();
// rs.setFetchSize(100);    -- ResultSet에서 조정할 수도 있다.

while( rs.next() ) {
    int empno = rs.getInt(1);
    String ename = rs.getString(2);
    System.out.println(empno + ":" + ename);
}
```

```
rs.close();
stmt.close();
```

setFetchSize 메소드를 이용해 FetchSize를 조정하는 예는 앞에서도 잠깐 본 적이 있다. 자바에서 FetchSize 기본 값은 10이다. 대량 데이터를 Fetch할 때 이 값을 100~500 정도로 늘려 주면 기본 값을 사용할 때보다 데이터베이스 Call 부하를 1/10 ~ 1/50로 줄일 수 있다. 예를 들어 FetchSize를 100으로 설정했을 때 데이터를 Fetch해 오는 메커니즘은 다음과 같다.

① 최초 rs.next() 호출 시 한꺼번에 100건을 가져와서 클라이언트 Array 버퍼에 캐싱한다.
② 이후 rs.next() 호출할 때는 데이터베이스 Call을 발생시키지 않고 Array 버퍼에서 읽는다.
③ 버퍼에 캐싱 돼 있던 데이터를 모두 소진한 후 101번째 rs.next() 호출 시 다시 100건을 가져온다.
④ 모든 결과 집합을 다 읽을 때까지 2~3번 과정을 반복한다.

5. 페이지 처리 활용

부분범위처리 원리를 이용한 대용량 온라인 조회 성능 개선은 커서를 닫지 않은 상태에서 사용자가 명시적으로 요청(스크롤 바를 내리거나 '다음' 버튼을 클릭하는 등)할 때만 데이터를 Fetch할 수 있는 개발 환경에서나 가능하다. 데이터베이스와의 연결을 지속하지 않는 웹 애플리케이션 환경에선 커서를 계속 연 채로 결과 집합을 핸들링할 수 없으므로 사용자가 다음 페이지를 요청할 때마다 개별적인 SQL 문을 수행하는 방식, 즉 페이지 처리 방식으로 구현해야 한다.

DBMS 성능 원리에 미숙한 개발팀은 화면 페이지 처리를 다음과 같이 구현하기도 한다.

```
void pagination(ResultSet rs, long pageNo, int pageSize) throws Exception {
    int i = 0 ;
    while( rs.next() ) {
        if(++i > (pageNo-1)*pageSize) printRow(rs);
        if(i == pageNo * pageSize) break;
    }
}
```

우선 사용자가 새로운 페이지 출력을 요청할 때마다 SQL을 수행한다. 매번 첫 레코드부터 읽기 시작해 현재 출력해야 할 페이지(pageNo)에 도달하면 printRow를 호출한다. printRow를 pageSize 개수만큼 호출하고 나서야 Fetch를 멈춘다.

뒤 페이지로 이동할수록 엄청나게 많은 Fetch Call을 유발하게 될 것이고, 전반적으로 이런 패턴으로 구현했다면 시스템에 얼마나 악영향을 끼칠지는 어렵지 않게 짐작할 수 있다. 그에 따른 성능 문제를 해결하려면, 페이지 처리를 서버 단에서 완료하고 화면에 출력할 레코드만 Fetch 하도록 프로그램을 고치는 수밖에 없다.

위와 같이 비효율적인 방식으로 페이지 처리를 구현하는 경우가 있는가 하면, 아예 페이지 처리 없이 개발하는 시스템도 종종 볼 수 있다. 업무 요건이 아예 그렇거나 짧은 개발 기간 때문이라고 하지만, 대량의 결과 집합을 페이지 처리 없이 모두 출력하도록 구현했을 때 시스템 전반에 미치는 영향은 실로 크다. 페이지 처리를 하지 않았을 때 발생하는 부하 요인을 요약하면 다음과 같다.

① 다량 발생하는 Fetch Call 부하
② 대량의 결과 집합을 클라이언트로 전송하면서 발생하는 네트워크 부하
③ 대량의 데이터 블록을 읽으면서 발생하는 I/O 부하
④ AP 서버 및 웹 서버 리소스 사용량 증가

이렇게 여러 가지 부하를 일으키지만 정작 사용자는 앞쪽 일부 데이터만 보고 업무처리를 완료하는 경우가 대부분이다. 쿼리 자체 성능도 문제지만 시스템 전반에 걸쳐 불필요한 리소스를 낭비하는 것이 더 큰 문제다. 이들 부하를 해소하는 열쇠는 페이지 처리에 있다.

① 페이지 단위로, 화면에서 필요한 만큼만 Fetch Call
② 페이지 단위로, 화면에서 필요한 만큼만 네트워크를 통해 결과 전송
③ 인덱스와 부분범위처리 원리를 이용해 각 페이지에 필요한 최소량만 I/O
④ 데이터를 소량씩 나누어 전송하므로 AP웹 서버 리소스 사용량 최소화

결론적으로 말해 조회할 데이터가 일정량 이상이고 수행빈도가 높다면 필수적으로 페이지 처리를 구현해야 한다. 효과적인 페이지 처리 구현 방안에 대해서는 6장 고급 SQL 튜닝에서 설명한다.

6. 분산 쿼리

부하 분산·재해 복구·보안 등 여러 가지 목적으로 분산 환경의 데이터베이스를 구축하는데, 대부분 분산 쿼리 성능 때문에 골머리를 앓는다. 특히 원격 조인이 자주 문제시되는데, 분산 DB 간 테이블을 조인할 때 성능을 높일 방안은 무엇일까? 아래 예를 보자.

```
select channel_id, sum(quantity_sold) auantity_cold
from   order a, sales@lk_sales b
where  a.order_date between :1 and :2
and    b.order_no = a.order no
group by channel_id

   Rows   Row Source Operation
   ____   _____

      5   SORT GROUP BY
  10981     NESTED LOOPS
 500000       REMOTE
  10981       TABLE ACCESS BY INDEX ROWID ORDER
 500000         INDEX UNIQUE SCAN (ORDER_PK)
```

위 SQL과 Row Source Operation을 분석해 보면, 원격(Remote)에 있는 sales 테이블을 전송받아 order 테이블과 NL 방식으로 조인하고 있다. 50만 건이나 되는 sales 데이터를 네트워크를 통해 전송받으니 쿼리 성능이 나쁜 것은 당연하다.

order 테이블도 작은 테이블은 아니지만 order_date 필터 조건이 있다. 이 조건에 해당하는 데이터만 원격으로 보내서 조인과 group by를 거친 결과 집합을 전송받는다면 어떨까? 위 수행결과에서 알 수 있듯이 group by한 결과 집합은 5건에 불과하므로 큰 성능 개선을 기대할 수 있다.

다음은 원격 서버가 쿼리를 처리하도록 driving_site 힌트를 지정하고서 다시 수행한 결과다.

```
select  /*+ driving_site(b) */ channel_id, sum(quantity_sold) auantity_cold
from    order a, sales@lk_sales b
where   a.order_date between :1 and :2
and     b.order_no = a.order no
group by channel_id

   Rows   Row Source Operation
   ____   _____

      5   SORT GROUP BY
  10981     NESTED LOOPS
    939       TABLE ACCESS (BY INDEX ROWID) OF ' ORDER '
    939         INDEX (RANGE SCAN) OF ' ORDER_IDX2 ' (NON-UNIQUE)
  10981       REMOTE
```

인덱스를 이용해 939건의 order 데이터를 읽어 원격으로 보냈고, 거기서 처리가 완료된 5건만 전송받은 것을 확인할 수 있다.

분산 쿼리의 성능을 높이는 핵심 원리는 네트워크를 통한 데이터 전송량을 줄이는 데에 있다.

7. 사용자 정의 함수·프로시저의 특징과 성능

일반 프로그래밍 언어에서는 반복적으로 사용되는 소스 코드를 될 수 있으면 함수를 사용해 모듈화할 것을 권장한다. 하지만 DBMS 내부에서 수행되는 사용자 정의 함수·프로시저(User Defined Function/Procedure)를 이런 용도로 사용하면 성능 때문에 큰 낭패를 볼 수 있다. 이유를 잘 설명하진 못하더라도 경험 많은 개발자들은 이미 그런 사실을 잘 알고 있다.

아래에서 설명하는 사용자 정의 함수·프로시저의 특징을 잘 파악한다면 오히려 그것을 잘 활용해 성능을 높일 방안이 무엇인지 스스로 터득할 수 있을 것이다.

가. 사용자 정의 함수·프로시저의 특징

사용자 정의 함수·프로시저는 내장함수처럼 네이티브 코드로 완전 컴파일된 형태가 아니어서 가상머신(Virtual Machine) 같은 별도의 실행 엔진을 통해 실행된다. 실행될 때마다 콘텍스트 스위칭(Context Switching)이 일어나며, 이 때문에 내장함수(Built-In)를 호출할 때와 비교해 성능을 상당히 떨어뜨린다.

예를 들어 문자 타입의 일자 데이터를 날짜 타입으로 변환해 주는 to_char 함수를 바로 호출할 때와 다음과 같은 사용자 정의 함수를 호출할 때를 비교하면, 보통 5~10배가량 느려지는 것을 확인할 수 있다.

```
create or replace function date_to_char(p_dt date) return varchar2
as
begin
  return to_char(p_dt, 'yyyy/mm/dd hh24:mi:ss');
end;
/
```

게다가 메인 쿼리가 참조하는 사용자 정의 함수에 또 다른 쿼리문이 내장돼 있으면 수행 성능이 훨씬 나빠진다. 함수에 내장된 쿼리를 수행될 때마다 Execute Call, Fetch Call이 재귀적으로 일어나기 때문이다. 앞에서 잠시 언급한 Recursive Call이 반복적으로 일어나는 것이다. 다행히 Parse Call은 처음 수행할 때 한 번만 일어난다. 네트워크를 경유해 DBMS에 전달되는 User Call에 비해 Recursive Call의 성능 부하는 미미하다고 할 수 있지만, 가랑비에 옷 젖는다고 그 횟수가 무수히 반복되면 성능을 크게 떨어뜨릴 수 있다.

나. 사용자 정의 함수·프로시저에 의한 성능 저하 해소 방안

주문 테이블에서 주문일자가 잘못된 데이터를 찾아 정제하려고 다음과 같은 사용자 정의 함수를 정의했다고 가정하자. 주문을 받지 않는 휴무일에 입력된 데이터도 정제 대상이므로 해당 일자가 휴무일 테이블에서 찾아지는지도 검사하도록 구현했다.

```
create or replace function 일자검사(p_date varchar2) return varchar2
as
  l_date varchar2(8);
begin
  l_date := to_char(to_date(p_date, 'yyyymmdd'), 'yyyymmdd');  -- 일자 오류 시, Exception 발생
  if l_date > to_char(trunc(sysdate), 'yyyymmdd') then
    return 'xxxxxxxx';  -- 미래 일자로 입력된 주문 데이터
  end if;
  for i in (select 휴무일자 from 휴무일 where 휴무일자 = l_date)
  loop
    return 'xxxxxxxx';  -- 휴무일에 입력된 주문 데이터
  end loop;
  return l_date; -- 정상적인 주문 데이터
exception
  when others then return '00000000'; -- 오류 데이터
end;
```

이 함수를 이용해 1000만 개 주문 레코드를 다음과 같이 검사하면 1000만 번의 콘텍스트 스위칭이 발생함은 물론 Execute Call과 Fetch Call이 각각 1000만 번씩 발생한다. 이렇게 많은 일을 수행하도록 개발하고서 좋은 성능을 기대할 수 있겠는가.

```
select * from 주문
where  일자검사(주문일자) in ( '00000000', 'xxxxxxxx' ) ;
```

대용량 조회 쿼리에서 함수를 사용하면 읽는 레코드 수만큼 함수 호출과 Recursive Call이 반복돼 성능이 극도로 나빠진다. 따라서 사용자 정의 함수는 소량의 데이터를 조회할 때, 또는 부분범위처리가 가능한 상황에서 제한적으로 사용해야 한다. 성능을 위해서라면 될 수 있으면 사용자 정의 함수를 사용하지 말고 조인이나 스칼라 서브 쿼리를 사용해야 한다.

사용자 정의 함수를 사용하지 않고 위 프로그램을 One SQL로 구현하려면 어떻게 해야 할까? 이 회사가 창립 50주년을 맞이했다고 간주하고 다음과 같이 50년치 일자 테이블을 만들어 보자. 일자 테이블이 이미 만들어져 있다면 그것을 이용해도 된다.

```
create table 일자
as
select trunc(sysdate-rownum+1) d_date, to_char(trunc(sysdate-rownum+1), 'yyyymmdd') c_date
from   big_table
where  rownum <= (trunc(sysdate)-trunc(add_months(sysdate, - (12*50)), 'yy')+1);
```

```
create unique index 일자검사_idx on 일자검사(c_date);
```

이어서 다음과 같이 not exists와 exists 구문을 이용해 일자와 휴무일 테이블을 필터링하면 된다. 실제 테스트해 보면, 위에서 함수를 사용했을 때와는 비교할 수 없이 빠르게 수행될 것이다.

```
select * from 주문 o
where   not exists (select 'x' from 일자 where c_date = o.주문일자)
or      exists (select 'x' from 휴무일 where 휴무일자 = o.주문일자)
```

함수 구현내용이 아주 복잡하면 One SQL로 풀어내는 것이 불가능할 수도 있다. 그럴 때는 함수 호출을 최소화 하도록 튜닝해야 한다. 본 가이드에선 지면관계 상 생략하지만, 별도의 튜닝 전문서적을 통해 반드시 학습하기 바란다.

지금까지의 설명을 사용자 정의 함수·프로시저를 절대 사용하지 말라는 의미로 오해하지 말기 바란다. 잘 활용하면 오히려 성능을 크게 높일 수도 있는데, 호출 횟수는 적은데 함수 내부에서 여러 SQL을 수행하는 형태가 그렇다. 만약 같은 로직을 외부 프로그램 언어로 구현한다면 다량의 SQL을 User Call로써 수행해야 하기 때문에 훨씬 느려진다.

제 4 절 파티셔닝

1. 파티션 개요

파티셔닝(Partitioning)은 테이블 또는 인덱스 데이터를 파티션 단위로 나누어 저장하는 것을 말한다. 테이블을 파티셔닝하면 파티션 키에 따라 물리적으로는 별도의 세그먼트에 데이터를 저장하며, 인덱스도 마찬가지다.

파티셔닝이 필요한 이유를 관리적 측면과 성능적 측면으로 나누어 볼 수 있다.

- 관리적 측면 : 파티션 단위 백업, 추가, 삭제, 변경
- 성능적 측면 : 파티션 단위 조회 및 DML 수행, 경합 및 부하 분산

파티셔닝은 우선 관리 측면에서 많은 이점이 있다. 보관주기가 지난 데이터를 별도 장치에 백업하고 지우는 일은 데이터베이스 관리자들의 일상적인 작업이다. 만약 파티션 없이 대용량 테이블에 이런 작업을 수행하려면 시간도 오래 걸리고 비효율적이다. 대용량 테이블에 인덱스를 새로 생성하거나 재생성할 때도 파티션 기능을 이용하면 효과적이다.

성능 측면에서의 효용성도 매우 좋다. 데이터를 빠르게 검색할 목적으로 데이터베이스마다 다양한 저장구조와 검색 기법들이 개발되고 있지만, 인덱스를 이용하는 방법과 테이블 전체를 스캔하는 두 가지 방법에서 크게 벗어나지는 못하고 있다. 인덱스를 이용한 랜덤 액세스 방식은 일정량을 넘는 순간 Full Table Scan보다 오히려 성능이 떨어진다. 그렇다고 초대용량 테이블을 Full Scan하는 것은 매우 비효율적이다. 이런 경우 테이블을 파티션 단위로 나누어 관리하면, Full Table Scan이라 하더라도 일부 세그먼트만 읽고 작업을 마칠 수 있다.

테이블이나 인덱스를 파티셔닝하면 DBMS는 내부에 2개 이상(생성 초기에 하나일 수는 있으나 계속 하나를 유지한다면 파티셔닝은 불필요)의 저장영역을 생성하고, 그것들이 논리적으로 하나의 오브젝트임을 메타정보로 관리한다. 파티션되지 않은 일반 테이블일 때는 테이블과 저장영역(Oracle의 세그먼트)이 1:1 관계지만 파티션 테이블일 때는 1:M 관계다. 인덱스를 파티셔닝할 때도 마찬가지다.

2. 파티션 유형

Oracle이 지원하는 파티션 유형은 다음과 같다.

가. Range 파티셔닝

- 파티션 키 값의 범위(Range)로 분할
- 파티셔닝의 가장 일반적인 형태이며, 주로 날짜 칼럼을 기준으로 함(예, 판매 데이터를 월별로 분할)

나. Hash 파티셔닝

■ 파티션 키 값에 해시 함수를 적용하고, 거기서 반환된 값으로 파티션 매핑
■ 데이터가 모든 파티션에 고르게 분산되도록 DBMS가 관리
  → 각 로우의 저장 위치 예측 불가
■ 파티션 키의 데이터 분포가 고른 칼럼이어야 효과적
  예, 고객번호, 주문일련번호 등
■ 병렬처리 시 성능효과 극대화
■ DML 경합 분산에 효과적

다. List 파티셔닝

■ 불연속적인 값의 목록을 각 파티션에 지정
■ 순서와 상관없이, 사용자가 미리 정한 기준에 따라 데이터를 분할 저장
  예, 판매 데이터를 지역별로 분할

라. Composite 파티셔닝

■ Range나 List 파티션 내에 또 다른 서브 파티션(Range, Hash, List) 구성
  예, Range + List 또는 List + Hash 등
■ Range나 List 파티션이 갖는 이점 + 각 서브 파티션 구성의 이점

Oracle 버전별 파티션 지원 유형을 요약하면 [표 III-6-2]와 같다.

[표 III-6-2] Oracle 버전별 파티션 지원 유형

파티션 유형	단일 파티셔닝	결합 파티셔닝(Composite Partitioning)		
		Range	List	Hash
Range	8 이상	11gR1 이상	9iR2 이상	8i 이상
Hash	8i 이상	X	X	X
List	9i 이상	11g 이상	11g 이상	11g 이상

SQL Server는 2005 버전부터 파티셔닝을 지원하기 시작했고, 현재 2008 버전까지는 Range 단일 파티션만 지원하고 있다.

Oracle에서 Range 파티셔닝하는 방법([그림 III-6-8] 참조)을 간단히 예시하면 다음과 같다.

```
create table 주문 ( 주문번호 number, 주문일자 varchar2(8), 고객id varchar2(5),  )
partition by range(주문일자) (
  partition p2009_q1 values less than ('20090401')
, partition p2009_q2 values less than ('20090701')
, partition p2009_q3 values less than ('20091001')
, partition p2009_q4 values less than ('20100101')
, partition p2010_q1 values less than ('20100401')
, partition p9999_mx values less than ( MAXVALUE )  →  주문일자 >= '20100401'
) ;
```

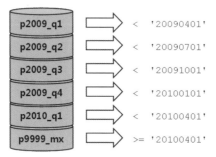

[그림 III-6-8] Range 파티션

Oracle에서 [Range + Hash]로 파티셔닝하는 방법([그림 III-6-9] 참조)을 간단히 예시하면 다음과 같다.

```
create table 주문 ( 주문번호 number, 주문일자 varchar2(8), 고객id varchar2(5),  )
partition by range(주문일자)
subpartition by hash(고객id) subpartitions 8
( partition p2009_q1 values less than('20090401')
, partition p2009_q2 values less than('20090701')
, partition p2009_q3 values less than('20091001')
, partition p2009_q4 values less than('20100101')
, partition p2010_q1 values less than('20100401')
, partition p9999_mx values less than( MAXVALUE ) ) ;
```

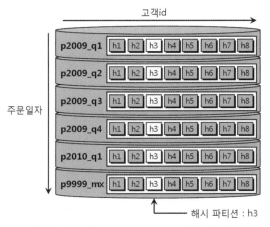

[그림 III-6-9] Range + Hash 결합 파티션

SQL Server의 파티션 생성절차는 Oracle처럼 간단하지 않다. 오브젝트 생성은 DBA 영역이므로 굳이 복잡한 생성 절차까지 여기서 설명하진 않지만, 대강의 절차만 알아보면 다음과 같다. 좀 더 자세한 설명은 온라인 매뉴얼을 참고하길 바란다.

1. 파일 그룹을 생성한다(선택).
2. 파일을 파일 그룹에 추가한다(선택).
3. 파티션 함수(Partition Function)를 생성한다(필수).
   → 분할 방법과 경계 값 지정
4. 파티션 구성표(Partition Schema)를 생성한다(필수).
   → 파티션 함수에서 정의한 각 파티션의 위치(파일 그룹) 지정
5. 파티션 테이블을 생성한다.
   → 파티션하고자 하는 테이블을 파티션 구성표에 생성

3. 파티션 Pruning

파티션 Pruning은 옵티마이저가 SQL의 대상 테이블과 조건절을 분석해 불필요한 파티션을 액세스 대상에서 제외하는 기능을 말한다. 이를 통해 액세스 조건과 관련된 파티션만 작업을 수행할 수 있다. 파티션 테이블에 조회나 DML을 수행할 때 극적인 성능 개선의 핵심 원리가 바로 파티션 Pruning에 있다.

기본 파티션 Pruning에는 정적 Pruning과 동적 Pruning이 있다. DBMS별로 서브쿼리 Pruning, 조인 필터 (또는 블룸 필터) Pruning 같은 고급 Pruning 기법을 지원한다. 여기서는 기본 파티션 Pruning에 대해서만 살펴보기로 하자.

가. 정적 파티션 Pruning

액세스할 파티션을 컴파일 시점(Compile-Time)에 미리 결정하며, 파티션 키 칼럼을 상수 조건으로 조회하는 경우에 정적(Static) Pruning이 작동한다.

```
select  *
from    sales_range
where   sales_date >= '20060301'
and     sales_date <= '20060401'


--------------------------------------------------------------------
| Id | Operation                 | Name         | Pstart | Pstop |
--------------------------------------------------------------------
|  0 | SELECT STATEMENT          |              |        |       |
|  1 |   PARTITION RANGE ITERATOR|              |    3   |    4  |
|* 2 |    TABLE ACCESS FULL      | SALES_RANGE  |    3   |    4  |
--------------------------------------------------------------------

Predicate Information (identified by operation id):
--------------------------------------------------------------------
   2 - filter("SALES_DATE">='20060301' AND "SALES_DATE"<='20060401')
```

나. 동적 파티션 Pruning

액세스할 파티션을 실행 시점(Run-Time)에 결정하며, 파티션 키 칼럼을 바인드 변수로 조회하는 경우가 대표적이다. NL 조인할 때도 Inner 테이블이 조인 칼럼 기준으로 파티셔닝돼 있으면 동적(Dynamic) Pruning이 작동한다.

```
select  *
from    sales_range
where   sales_date >= :a
and     sales_date <= :b


--------------------------------------------------------------------
| Id | Operation                 | Name         | Pstart | Pstop |
--------------------------------------------------------------------
|   0| SELECT STATEMENT          |              |        |       |
|*  1| FILTER                    |              |        |       |
|   2|   PARTITION RANGE ITERATOR|              |   KEY  |  KEY  |
|*  3|    TABLE ACCESS FULL      | SALES_RANGE  |   KEY  |  KEY  |
--------------------------------------------------------------------
```

```
Predicate Information (identified by operation id):
-----------------------------------------------------
  1 - filter(:A<=:B)
  3 - filter("SALES_DATE">=:A AND "SALES_DATE"<=:B)
```

파티션 Pruning은 SQL에 사용한 조건절과 파티션 구성을 분석해 DBMS가 지능적으로 수행하는 메커니즘이므로 사용자가 굳이 신경 쓰지 않아도 된다. 다만 파티션 키 칼럼에 대한 가공이 발생하지 않도록 주의해야 한다. 사용자가 명시적으로 파티션 키 칼럼을 가공했을 때는 물론, 데이터 타입이 묵시적으로 변환될 때도 정상적인 Pruning이 불가능해지기 때문이다. 인덱스 칼럼을 조건절에서 가공하면 해당 인덱스를 사용할 수 없게 되는 것과 같은 이치다.

4. 인덱스 파티셔닝

지금까지 테이블 파티션 위주로만 설명했는데, 테이블 파티션과 인덱스 파티션을 구분할 줄 알아야 한다. 인덱스 파티션은 테이블 파티션과 맞물려 다양한 구성이 존재한다.

가. Local 파티션 인덱스 vs. Global 파티션 인덱스

■ Local 파티션 인덱스 : 테이블 파티션과 1:1로 대응되도록 파티셔닝한 인덱스([그림 III-6-10] 참조). 인덱스 파티션 키를 사용자가 따로 지정하지 않으며, 테이블과 1:1 관계를 유지하도록 DBMS가 자동으로 관리해 줌. SQL Server에선 '정렬된(aligned) 파티션 인덱스'라고 부름

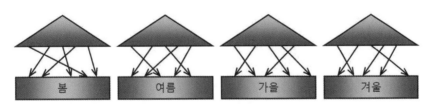

[그림 III-6-10] Local 파티션 인덱스

■ Global 파티션 인덱스 : 테이블 파티션과 독립적인 구성을 갖도록 파티셔닝한 인덱스([그림 III-6-11] 참조). SQL Server에선 '정렬되지 않은(un-aligned) 파티션 인덱스'라고 부름

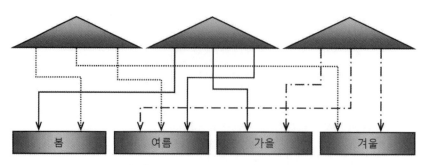

봄 | 여름 | 가을 | 겨울

[그림 III-6-11] Global 파티션 인덱스

나. Prefixed 파티션 인덱스 vs. NonPrefixed 파티션 인덱스

인덱스 파티션 키 칼럼이 인덱스 구성상 왼쪽 선두 칼럼에 위치하는지에 따른 구분이다.

■ Prefixed : 파티션 인덱스를 생성할 때, 파티션 키 칼럼을 인덱스 키 칼럼 왼쪽 선두에 두는 것을 말한다.
■ Nonprefixed : 파티션 인덱스를 생성할 때, 파티션 키 칼럼을 인덱스 키 칼럼 왼쪽 선두에 두지 않는 것을 말한다. 파티션 키가 인덱스 칼럼에 아예 속하지 않을 때도 여기에 속한다.

Local과 Global, Prefixed와 Nonprefixed를 조합하면 아래 4가지 구성이 나온다.

	Prefixed	Nonprefixed
Local	1	2
Global	3	4

비파티션까지 포함에 인덱스를 총 5가지 유형으로 구분할 수 있다.

■ Local Prefixed 파티션 인덱스
■ Local NonPrefixed 파티션 인덱스
■ Global Prefixed 파티션 인덱스
■ Global NonPrefixed 파티션 인덱스 (→ Oracle Not Support)
■ 비파티션(NonPartitioned) 인덱스

Oracle은 이 중에서 Global NonPrefixed 파티션 인덱스를 허용하지 않는다.

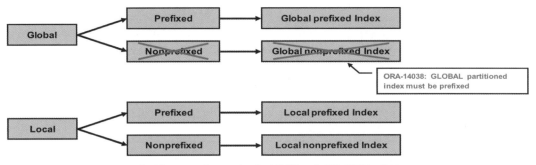

[그림 III-6-12] Oracle이 지원하는 파티션 인덱스 유형

다. 인덱스 파티셔닝 가이드

인덱스 파티션은 파티션 테이블과 마찬가지로 성능, 관리 편의성, 가용성, 확장성 등을 제공한다. 테이블에 종속적인 Local 파티션과, 테이블과 독립적인 Global 파티션 모두 가능하지만, 관리적인 측면에서는 Local 인덱스가 훨씬 유용하다. 테이블 파티션에 대한 Drop, Exchange, Split 등의 작업 시 Global 인덱스는 Unusable 상태가 되기 때문이다. 인덱스를 다시 사용할 수 있게 하려면 인덱스를 Rebuild하거나 재생성해 주어야 한다.

성능 측면에서는 [표 III-6-3]과 같이 다양한 적용기준을 고려해야 하므로 잘 숙지하기 바란다.

[표 III-6-3] 인덱스 파티셔닝 적용 가이드

구분	적용기준 및 고려사항
비파티션	• 파티션 키 칼럼이 조건절에 없으면 여러 인덱스 파티션을 액세스해야 하므로 비효율적. 특히 OLTP 환경에서 성능에 미치는 영향이 크므로 비파티셔닝 전략이 유용할 수 있음 • NL 조인에서 파티션 키에 대한 넓은 범위검색 조건을 가지고 Inner 테이블 액세스 용도로 인덱스 파티션이 사용된다면 비효율적 → 비파티션 인덱스 사용을 고려 • 파티션 인덱스를 이용하면 sort order by 대체 효과 상실. 소트 연산을 대체함으로써 부분범위처리를 활용하고자 할 땐 비파티셔닝 전략이 유용 • 테이블 파티션 이동, 삭제 등의 작업 시 unusable되므로 적용할 때 주의
Global Prefixed	• 인덱스 경합 분산에 효과적 • 여러 Local 인덱스 파티션을 액세스하는 것이 비효율적일 때 대안으로 활용 가능 • 테이블 파티션 이동, 삭제 등의 작업 시 unusable되므로 적용 시 주의
Local Prefixed	• 관리적 측면에서 유용 : 테이블 파티션에 대한 추가, 삭제 등의 작업이 빈번할 때 • 이력성 데이터를 주로 관리하는 DB 환경에 효과적 • 파티션 키 칼럼이 '=' 조건으로 사용될 때 유용 • 파티셔닝 칼럼이 검색 조건에 없으면 인덱스 선두 칼럼이 조건절에 누락된 것이므로 정상적인 사용이 불가(Index Full Scan으로는 선택 가능) • 파티션 키 칼럼(=인덱스 선두 칼럼)이 Like, Between, 부등호 같은 범위검색 조건일 때 불리

구분	적용기준 및 고려사항
Local Non Prefixed	• 관리적 측면에서 유용 : 테이블 파티션에 대한 추가, 삭제 등의 작업이 빈번할 때 • 이력성 데이터를 주로 관리하는 DB 환경에 효과적 • 파티션 키 칼럼이 조건절에 사용될 때 유용 • 파티셔닝 칼럼에 대한 검색 조건이 없으면 인덱스 파티션 전체를 액세스하는 비효율이 발생할 수 있으므로 주의 • 파티션 키 칼럼이 범위검색 조건으로 자주 사용된다면 Local Prefixed보다 Local NonPrefixed가 유리. 그렇더라도 좁은 범위검색이어야 함

제 5 절 대용량 배치 프로그램 튜닝

1. 배치 프로그램 튜닝 개요

가. 배치 프로그램이란

일반적으로 배치(Batch) 프로그램이라 하면, 일련의 작업들을 하나의 작업 단위로 묶어 연속적으로 일괄 처리하는 것을 말한다. 온라인 프로그램에서도 여러 작업을 묶어 처리하는 경우가 있으므로 이와 구분하려면 한 가지 특징을 더 추가해야 하는데, 사용자와의 상호작용(Interaction) 여부다. 배치 프로그램의 특징을 요약하면 다음과 같다.

- 사용자와의 상호작용 없이
- 대량의 데이터를 처리하는
- 일련의 작업들을 묶어
- 정기적으로 반복 수행하거나
- 정해진 규칙에 따라 자동으로 수행

배치 프로그램이 자동으로 수행되는 주기는 월·주·일 단위가 보통이지만, 요즘은 주기가 점점 짧아져 종종 실시간이 요구되기도 한다. 이른바 'On-Demand 배치'로서, 사용자가 요청한 시점에 바로 작업을 시작한다. 보통 비동기 방식으로 수행되며, 처리가 완료됐다는 신호를 받은 사용자가 결과를 확인하는 식이다.

위와 같은 특징을 고려해 배치 프로그램을 다음과 같이 구분할 수 있다.

- 정기 배치 : 정해진 시점(주로 야간)에 실행
- 이벤트성 배치 : 사전에 정의해 둔 조건이 충족되면 자동으로 실행
- On-Demand 배치 : 사용자의 명시적인 요구가 있을 때마다 실행

기업마다 업무 요건이 워낙 복잡하고 다양하므로 이 외에도 여러 가지 형태가 존재할 수 있으며, 정기 배치 형태가 가장 일반적이다.

나. 배치 환경의 변화

통신사를 예로 들어, 고객에게 이용요금을 청구하려면 월 배치 작업을 통해 청구 대상 및 할인 대상 가입 회선을 추출하여 월 사용 요금을 집계한다. 그다음 요금항목별로 정해진 요율 및 계산 규칙에 따라 요금 계산, 할인 적용, 일괄 요금 조정 등 복잡한 처리절차를 거쳐 최종적인 청구 금액을 산출한다.

그런데 월말이 되기 전에 자신의 예상 청구금액을 확인하고 싶은 고객이 있을 수 있다. 또는 서비스를 해지하고자 할 때 다음 달 초까지 기다리지 않고, 즉시 이용요금을 정산하고 싶은 고객이 있을 수 있다. 실제로 그런 실시간 과금 및 정산 서비스를 제공하는 업체들이 있다.

이 외에도 근실시간(Near Real Time) 거래까지 포함한 영업분석 데이터를 요구하는 경영자들이 늘면서, 다음과 같이 배치 프로그램 수행 환경이 변하고 있다.

■ 과거
- 일(Daily) 또는 월(Monthly) 배치 작업 위주
- 야간에 생성된 데이터를 주간 업무시간에 활용
- 온라인과 배치 프로그램의 구분이 비교적 명확

■ 현재
- 시간(Hourly) 배치 작업의 비중이 증가
- 분(minutely) 배치 작업이 일부 존재
- On-Demand 배치를 제한적이나마 허용

실시간에 가까운 정보 서비스를 제공하기 위해 온라인 시스템에서 곧바로 대용량 데이터를 가공하는 예도 있지만, 대개는 DW 시스템에 근실시간으로 전송해 준 데이터를 가공해서 서비스하는 형태다. 배치 작업을 위한 전용 서버를 두기도 하며, RAC 환경에서는 여러 인스턴스 중 하나를 배치 전용 인스턴스로 지정하기도 하다.

다. 성능 개선 목표 설정

On-Demand 배치의 등장으로 온라인 프로그램과의 경계가 모호해져, 사실 온라인과 배치로 양분하는 것 자체가 무의미하게 느껴질 수도 있다. 하지만 배치 프로그램에서의 성능 목표와 튜닝 기법은 온라인 프로그램에서의 그것과 달라야 한다. 온라인 프로그램은 때에 따라 전체 처리속도 최적화나 최초 응답속도 최적화를 목표로 선택하지만, 배치 프로그램은 항상 전체 처리속도 최적화를 목표로 설정해야 한다.

개별 프로그램 차원에서도 그렇지만 야간에 수행하는 전체 배치 프로그램에 대한 목표도 마찬가지다. 개별 서비스 또는 프로그램을 가장 빠른 속도로 최적화하더라도 전체 배치 프로그램 수행시간을 단축하지 못하면 무의미하다. 튜닝 대상을 선정할 때도 이런 기준을 갖고 선별해야 한다.

자원 사용 측면도 중요한 고려사항이다. 자원에 대한 경합이 극심한 상황에선 프로그램들이 정상적으로 진행하기 어렵기 때문이다. 그런 측면에서 보면, 병렬도(DOP, Degree of Parallelism)를 32로 지정해서 5분이 소요되는 프로그램을 병렬 처리 없이 10분이 소요되도록 하는 것이 오히려 나을 수 있다. 시스템 자원을 독점적으로 사용하도록 설정된 프로그램을 찾아 병렬도를 제한하고, 동시에 수행되는 프로그램 개수도 적절히 유지해야 한다.

실제 개발 프로젝트를 보면, 시스템 자원에 대한 사용 권한을 적절히 배분하지 않고 각 서브 개발 파트에서 개발한 배치 프로그램을 12시 정각에 동시에 수행하는 경우를 종종 볼 수 있다. 그럴 때 배치 윈도우(Batch Window)를 적절히 조절하는 것만으로 배치 프로그램 수십 개를 튜닝한 것과 같은 효과를 내기도 한다. 원리는 간단하다. 같은 시간대에 수많은 프로그램이 집중적으로 수행되면 자원(CPU, 메모리, 디스크 등)과 Lock(Latch와 같은 내부 Lock까지 포함)에 대한 경합이 발생하기 때문이다. 그러면 프로세스가 실제 일한 시간보다 대기하는 시간이 더 많아지므로 총 수행시간이 늘어나는 것이다.

상용 툴(Tool)을 이용하면 좋겠지만, [그림 III-6-13]처럼 오피스용 문서를 이용해서도 충분히 배치 윈도우를 관리할 수 있다.

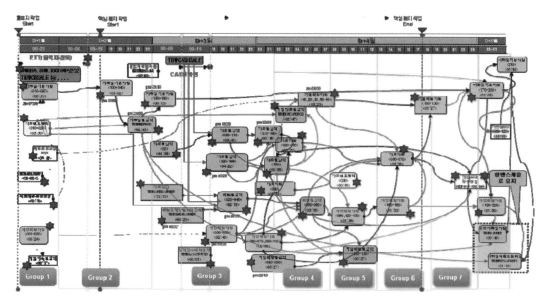

[그림 III-6-13] 배치 윈도우

라. 배치 프로그램 구현 패턴과 튜닝 방안

개발자 스타일과 애플리케이션 아키텍처에 따라 배치 프로그램 구현방식이 천차만별이지만, 크게 2가지 스타일로 요약할 수 있다.

- ■ 절차형으로 작성된 프로그램 : 애플리케이션 커서를 열고, 루프 내에서 또 다른 SQL이나 서브 프로시저를 호출하면서 같은 처리를 반복하는 형태
- ■ One SQL 위주 프로그램 : One SQL로 구성하거나 집합적으로 정의된 여러 SQL을 단계적으로 실행

성능 측면에선 One SQL 위주의 프로그램이 월등하다. 절차형으로 작성된 프로그램은 다음과 같은 비효율 때문에 느릴 수밖에 없고, 개별 SQL을 최적화하더라도 그것을 담고 있는 프로그램 전체를 최적화하는 데 한계가 있다.

- ■ 반복적인 데이터베이스 Call 발생
- ■ Random I/O 위주
- ■ 동일 데이터를 중복 액세스

하지만 절차형으로 작성된 프로그램을 One SQL 위주의 프로그램으로 구현하기가 쉽지만은 않다. 개발자의 기술력이 부족한 이유도 있지만, 업무의 복잡성 때문에 불가능한 경우도 많다. 무엇보다 섣불리 One SQL로 통합했다가 결과가 달라지는 위험성을 간과하기 어렵다.

할 수 있다면 One SQL 위주로 구현해야겠지만, 불가능하다면 그 안에서 튜닝 방안을 찾으려고 노력해야 한다. 배치 프로그램 패턴별로 튜닝 방안을 요약하면 [표 III-6-4]와 같다.

[표 III-6-4] 배치 프로그램 튜닝 요약

구분	설명
절차형으로 작성된 프로그램	• 병목을 일으키는 SQL을 찾아 I/O 튜닝 : 인덱스를 재구성하고 액세스 경로 최적화 • 프로그램 Parallel 활용 : 메인 SQL이 읽는 데이터 범위를 달리해 프로그램을 동시에 여러 개 수행 • Array Processing 활용 • One SQL 위주 프로그램으로 다시 구현

절차형으로 작성된 프로그램	• 병목을 일으키는 오퍼레이션을 찾아 I/O 튜닝
	  - Index Scan보다 Full Table Scan 방식으로 처리
	  - NL 조인보다 해시 조인 방식으로 처리
	• 임시 테이블 활용
	• 파티션 활용
	• 병렬처리 활용

대부분 이미 설명한 내용이므로 생략하기로 하고, 아직 소개하지 않은 병렬처리 활용에 대해서만 자세히 살펴보자.

2. 병렬 처리 활용

병렬 처리란 SQL 문이 수행해야 할 작업 범위를 여러 개의 작은 단위로 나누어 여러 프로세스(또는 쓰레드)가 동시에 처리하는 것을 말한다. 당연한 얘기지만 여러 프로세스가 동시에 작업하므로 대용량 데이터를 처리할 때 수행 속도를 극적으로 단축할 수 있다.

Oracle에서 병렬 처리를 활용하는 방법은 다음과 같다.

```
select /*+ full(o) parallel(o, 4) */
       count(*) 주문건수, sum(주문수량) 주문수량, sum(주문금액) 주문금액
from   주문 o
where  주문일시 between '20100101' and '20101231';
```

parallel 힌트를 사용할 때는 반드시 full 힌트도 함께 사용하는 습관이 필요하다. 옵티마이저에 의해 인덱스 스캔이 선택되면 parallel 힌트가 무시되기 때문이다.

다음과 같이 parallel_index 힌트를 사용할 때, 반드시 index 또는 index_ffs 힌트를 함께 사용하는 습관도 필요하다. 옵티마이저가 Full Table Scan을 선택하면 parallel_index 힌트가 무시되기 때문이다.

```
select /*+ index_ffs(o, 주문_idx)) parallel_index(o, 주문_idx, 4) */
       count(*) 주문건수
from   주문 o
where  주문일시 between '20100101' and '20101231'
```

SQL Server에선 옵티마이저 힌트를 다음과 같이 지정한다.

```
select count(*) 주문건수
from   주문
where  주문일시 between '20100101' and '20101231'
option (MAXDOP 4)
```

지금부터 병렬 옵션을 사용했을 때 내부에서 어떻게 작업을 병렬로 진행하는지 Oracle 아키텍처 중심으로 설명하고, parallel 힌트와 함께 사용할 수 있는 pq_distribute 힌트 활용법까지 소개하고자 한다.

가. Query Coordinator와 병렬 서버 프로세스

Query Coordinator(이하 QC)는 병렬 SQL 문을 발행한 세션을 말하며, 병렬 서버 프로세스는 실제 작업을 수행하는 개별 세션들을 말한다.

QC의 역할은 다음과 같다.

■ 병렬 SQL이 시작되면 QC는 사용자가 지정한 병렬도(DOP, Degree of Parallelism)와 오퍼레이션 종류에 따라 하나 또는 두 개의 병렬 서버 집합(Server Set)을 할당한다. 우선 서버 풀(Parallel Execution Server Pool)로부터 필요한 만큼 서버 프로세스를 확보하고, 부족분은 새로 생성한다.

■ QC는 각 병렬 서버에게 작업을 할당한다. 작업을 지시하고 일이 제대로 진행되는지 관리·감독하는 작업반장 역할이다.

■ 병렬로 처리하도록 사용자가 지시하지 않은 테이블은 QC가 직접 처리한다. 예를 들어 아래 실행계획에서 dept 테이블을 직렬로 읽어 병렬 서버에 전송하는 8~9번 오퍼레이션은 QC의 몫이다.

■ QC는 각 병렬 서버의 산출물을 통합하는 작업을 수행한다. 예를 들어 집계 함수(sum, count, avg, min, max 등)를 사용한 다음과 같은 병렬 쿼리를 수행할 때, 각 병렬 서버가 자신의 처리 범위 내에서 집계(4번 단계)한 값을 QC에게 전송(3번 단계)하면 QC가 최종 집계 작업을 수행(1번 단계)한다.

■ QC는 쿼리의 최종 결과 집합을 사용자에게 전송하며, DML일 때는 갱신 건수를 집계해서 전송한다. 쿼리 결과를 전송하는 단계에서 수행되는 스칼라 서브 쿼리도 QC가 수행한다.

```
select /*+ ordered use_hash(d) full(d) full(e) noparallel(d) parallel(e 4) */
       count(*), min(sal), max(sal), avg(sal), sum(sal)
from   dept d, emp e
where  d.loc = 'CHICAGO'
and    e.deptno = d.deptno
```

Id	Operation	Name	TQ	IN-OUT	PQ Distrib
0	SELECT STATEMENT				
1	SORT AGGREGATE				
2	**PX COORDINATOR**				
3	PX SEND QC (RANDOM)	:TQ10002	Q1,02	P->S	QC (RAND)
4	SORT AGGREGATE		Q1,02	PCWP	
5	HASH JOIN		Q1,02	PCWP	
6	BUFFER SORT		Q1,02	PCWC	
7	PX RECEIVE		Q1,02	PCWP	
8	PX SEND HASH	:TQ10000		S->P	HASH
9	**TABLE ACCESS FULL**	DEPT			
10	PX RECEIVE		Q1,02	PCWP	
11	PX SEND HASH	:TQ10001	Q1,01	P->P	HASH
12	PX BLOCK ITERATOR		Q1,01	PCWC	
13	TABLE ACCESS FULL	EMP	Q1,01	PCWP	

병렬 처리에서 실제 QC 역할을 담당하는 프로세스는 SQL 문을 발행한 사용자 세션 자신이다.

나. Intra-Operation Parallelism과 Inter-Operation Parallelism

```
select /*+ full(고객) parallel(고객 4) */ *
from   고객
order by 고객명
```

[그림 III-6-14]는 order by를 포함하는 위 병렬 쿼리의 수행과정을 도식화한 것이다.

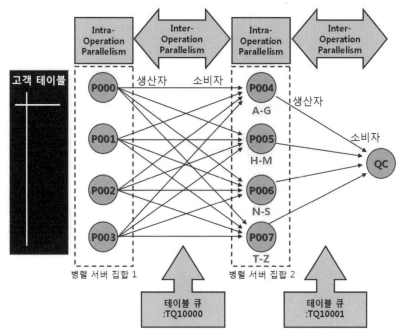

[그림 III-6-14] 병렬 Order By 수행과정

서로 배타적인 범위를 독립적으로 동시에 처리하는 것을 'Intra-Operation Parallelism'이라고 한다. 첫 번째 서버 집합(P000~P003)에 속한 4개의 프로세스가 범위를 나눠 고객 데이터를 읽는 작업과, 두 번째 서버 집합 (P004~P007)이 첫 번째 서버 집합으로부터 전달받은 고객 데이터를 정렬하는 작업이 모두 여기에 속한다. 같은 서버 집합끼리는 서로 데이터를 주고받을 일이 없다.

반면 고객 데이터를 읽어 반대편 서버 집합에 분배하거나 정렬된 결과를 QC에게 전송하는 작업을 병렬로 동시에 진행하는 것을 'Inter-Operation Parallelism'이라고 하며, 이때는 항상 프로세스 간 통신이 발생한다.

다. 테이블 큐

Intra-Operation Parallelism은 한 병렬 서버 집합(Server Set)에 속한 여러 프로세스가 처리 범위를 달리하면서 병렬로 작업을 진행하는 것이므로 집합 내에서는 절대 프로세스 간 통신이 발생하지 않는다. 반면 Inter-Operation Parallelism은 프로세스 간 통신이 발생하고, 메시지 또는 데이터를 전송하기 위한 통신 채널이 필요하다.

쿼리 서버 집합 간(P→P) 또는 QC와 쿼리 서버 집합 간(P→S, S→P) 데이터 전송을 위해 연결된 파이프 라인 (Pipeline)을 '테이블 큐(Table Queue)'라고 한다. 그리고 [그림 III-6-15]에서 보듯, 각 테이블 큐에 부여된 :TQ10000, :TQ10001, :TQ10002와 같은 이름을 '테이블 큐 식별자(TQ Identifier)'라고 한다.

```
select /*+ ordered use_hash(e) full(d) noparallel(d) full(e) parallel(e 2)
            pq_distribute(e broadcast none) */ *
from    dept d, emp e
where   d.deptno = e.deptno
order by e.ename
```

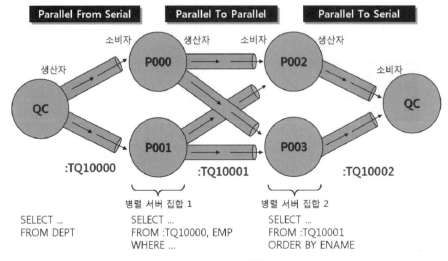

[그림 III-6-15] 테이블 큐

[그림 III-6-15]를 보면, 쿼리 서버 집합 간(P→P) Inter-Operation Parallelism이 발생할 때는 사용자가 지정한 병렬도(=2)의 배수(4개)만큼 서버 프로세스가 필요한 것을 알 수 있다. 또한 테이블 큐(:TQ10001)에는 병렬도의 제곱(22=4)만큼 파이프 라인이 필요하다는 사실도 알 수 있다. 참고로 [그림 III-6-14]를 보면, 병렬도가 4이므로 8(=4×2)개 서버 프로세스를 위해 16(=42)개의 파이프 라인이 형성됐다.

■ 생산자·소비자 모델

테이블 큐에는 항상 생산자(Producer)와 소비자(Consumer)가 존재한다. [그림 III-6-15]를 보면, 처음 dept 테이블을 읽어 분배하는 :TQ10000에서는 QC가 생산자이고 서버 집합 1이 소비자다. 이어지는 두 번째 테이블 큐 :TQ10001에서는 서버 집합 1이 생산자가 되고, 서버 집합 2가 소비자가 된다. 마지막으로 정렬된 최종 결과 집합을 전송하는 :TQ10002에서는 서버 집합 2가 생산자가 되고 QC가 소비자가 된다. select 문장에서의 최종 소비자는 항상 QC일 것이다.

[그림 III-6-15]에서 보듯 Inter-Operation Parallelism이 나타날 때, 소비자 서버 집합은 from절에 테이블 큐를 참조하는 서브(Sub) SQL을 가지고 작업을 수행한다.

■ 병렬 실행계획에서 생산자와 소비자 식별

아래는 앞서 본 쿼리에 대한 실행계획이다. Oracle 10g 이후부터는 이처럼 생산자에 'PX SEND', 소비자에 'PX RECEIVE'가 표시되므로 테이블 큐를 통한 데이터 분배 과정을 좀 더 쉽게 확인할 수 있게 됐다.

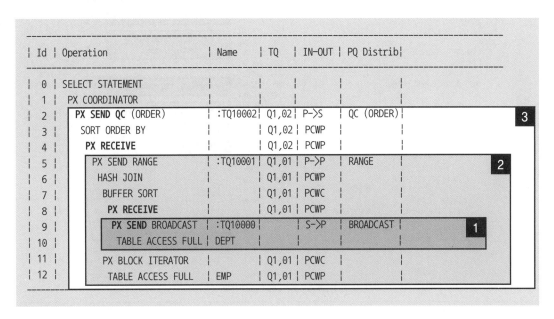

```
| Id | Operation              | Name     | TQ    | IN-OUT | PQ Distrib|
---------------------------------------------------------------------------
|  0 | SELECT STATEMENT       |          |       |        |           |
|  1 |  PX COORDINATOR        |          |       |        |           |
|  2 |   PX SEND QC (ORDER)   | :TQ10002 | Q1,02 | P->S   | QC (ORDER)|    3
|  3 |    SORT ORDER BY       |          | Q1,02 | PCWP   |           |
|  4 |     PX RECEIVE         |          | Q1,02 | PCWP   |           |
|  5 |      PX SEND RANGE     | :TQ10001 | Q1,01 | P->P   | RANGE     |    2
|  6 |       HASH JOIN        |          | Q1,01 | PCWP   |           |
|  7 |        BUFFER SORT     |          | Q1,01 | PCWC   |           |
|  8 |         PX RECEIVE     |          | Q1,01 | PCWP   |           |
|  9 |          PX SEND BROADCAST | :TQ10000 |    | S->P   | BROADCAST |   1
| 10 |           TABLE ACCESS FULL | DEPT |      |        |           |
| 11 |        PX BLOCK ITERATOR |        | Q1,01 | PCWC   |           |
| 12 |         TABLE ACCESS FULL | EMP   | Q1,01 | PCWP   |           |
```

각 오퍼레이션이 어떤 서버 집합에 속한 병렬 프로세스에 의해 수행되는지는 'TQ' 칼럼(4번째 칼럼)에 보이는 서버 집합 식별자를 통해 확인할 수 있다.

1 QC가 dept 테이블을 읽어 첫 번째 서버 집합(Q1,01)에게 전송한다.

2 이어서 첫 번째 서버 집합(Q1,01)은 emp를 테이블을 병렬로 읽으면서 앞서 QC에게서 받아 둔 dept 테이블과 조인한다. 조인에 성공한 레코드는 바로바로 두 번째 서버 집합(Q1,02)에게 전송한다.

3 마지막으로, 두 번째 서버 집합(Q1,02)은 전송받은 레코드를 정렬하고 나서 QC에게 전송한다.

생산자로부터 소비자로 데이터 재분배가 일어날 때마다 'Name' 칼럼에 테이블 큐(:TQxxxxx 형태)가 표시된다.

라. IN-OUT 오퍼레이션

```
| Id | Operation                     | Name        | Rows  | Bytes |TempSpc| ... | Pstart| Pstop |   TQ  |IN-OUT| PQ Distr
|  0 | SELECT STATEMENT              |             |  13M  | 1967M |       PARALLEL_TO_SERIAL           |      |
|  1 |  PX COORDINATOR               |             |       |       |                                   |      |
|  2 |   PX SEND QC (RANDOM)         | :TQ10003    |  13M  | 1967M |                            | Q1,03 | P->S | QC (RAND
|* 3 |    VIEW                       |             |  13M  | 1967M |  PARALLEL_COMBINED_        | Q1,03 | PCWP |
|* 4 |     WINDOW SORT PUSHED RANK   |             |  13M  | 2668M |     WITH_PARENT           | Q1,03 | PCWP |
|  5 |      PX RECEIVE               |             |  13M  | 2668M |                           | Q1,03 | PCWP |
|  6 |       PX SEND HASH            | :TQ10002    |  13M  | 2668M |                           | Q1,02 | P->P | HASH
|* 7 |        WINDOW CHILD PUSHED RANK |           |  13M  | 2668M |  PARALLEL_TO_PARALLEL      | Q1,02 | PCWP |
|* 8 |         HASH JOIN             |             |  13M  | 2668M |      ...                  | Q1,02 | PCWP |
|  9 |          PX RECEIVE           |             | 2718K |  373M |                           | Q1,02 | PCWP |
| 10 |           PX SEND BROADCAST   | :TQ10001    | 2718K |  373M |  PARALLEL_COMBINED_        | Q1,01 | P->P | BROADCAS
|* 11 |           HASH JOIN          |             | 2718K |  373M |      WITH_CHILD           | Q1,01 | PCWP |
| 12 |             BUFFER SORT       |             |       |       |                           | Q1,01 | PCWC |
| 13 |              PX RECEIVE       |             | 6105  |  256K |  PARALLEL_FROM_SERIAL      | Q1,01 | PCWP |
| 14 |               PX SEND BROADCAST | :TQ10000  | 6105  |  256K |      ...                  |       | S->P | BROADCAS
|* 15 |               TABLE ACCESS FULL | 조직      | 6105  |  256K |      ...                  |       | PCWC |
| 16 |             PX BLOCK ITERATOR |             |  12M  | 1159M |      ...                  | Q1,01 | PCWC |
|* 17 |             TABLE ACCESS FULL | 계약마스터  |  12M  | 1159M |      ...                  | Q1,01 | PCWP |
| 18 |           PX BLOCK ITERATOR   |             | 100M  | 6580M |      ... |  1 |  KEY     | Q1,02 | PCWC |
|* 19 |           TABLE ACCESS FULL  | 계약변경이력 | 100M  | 6580M |      ... |  1 |  KEY     | Q1,02 | PCWP |

                                          SERIAL (blank)
```

[표 III-6-5] IN-OUT 오퍼레이션

IN-OUT 오퍼레이션	설명
SERIAL(blank)	시리얼하게 실행
S→P :PARALLEL_FROM_SERIAL	QC가 처리한 결과를 병렬 서버 프로세스에게 전달
P→S : PARALLEL_TO_SERIAL	병렬 서버 프로세스가 처리한 결과를 QC에게 전달
P→P : PARALLEL_TO_PARALLEL	두 개의 병렬 서버 프로세스 집합이 처리. 지정한 병렬도의 2배 만큼의 병렬 프로세스 생성
PCWP : PARALLEL_COMBINED_WITH_PARENT	병렬 서버 프로세스 집합이 현재 스텝과 그 부모 스텝을 모두 처리
PCWC : PARALLEL_COMBINED_WITH_CHILD	병렬 서버 프로세스 집합이 현재 스텝과 그 자식 스텝을 모두 처리

- S→P, P→S, P→P는 프로세스 간 통신이 발생한다.
- PCWP와 PCWC는 프로세스 간 통신이 발생하지 않으며, 각 병렬 서버가 독립적으로 여러 스텝을 처리할 때 나타난다. 하위 스텝의 출력 값이 상위 스텝의 입력 값으로 사용된다.
- P→P, P→S, PCWP, PCWC는 병렬 오퍼레이션인 반면 S→P는 직렬(Serial) 오퍼레이션이다.

마. 데이터 재분배

병렬 서버 프로세스 간에 데이터를 재분배하는 방식에는 일반적으로 아래 5가지를 사용한다.

- **RANGE**

  order by 또는 sort group by를 병렬로 처리할 때 사용된다. 정렬 작업을 맡은 두 번째 서버 집합의 프로세스마다 처리 범위(예를 들어, A~G, H~M, N~S, T~Z)를 지정하고 나서, 데이터를 읽는 첫 번째 서버 집합이 두 번째 서버 집합의 정해진 프로세스에게 '정렬 키 값에 따라' 분배하는 방식이다. QC는 각 서버 프로세스에게 작업 범위를 할당하고 정렬 작업에는 직접 참여하지 않으며, 정렬이 완료되고 나면 순서대로 결과를 받아서 사용자에게 전송하는 역할만 한다.

- **HASH**

  조인이나 hash group by를 병렬로 처리할 때 사용된다. 조인 키나 group by 키 값을 해시 함수에 적용하고 리턴된 값에 따라 데이터를 분배하는 방식이며, P→P 뿐만 아니라 S→P 방식으로 이뤄질 수도 있다.

- **BROADCAST**

  QC 또는 첫 번째 서버 집합에 속한 프로세스들이 각각 읽은 데이터를 두 번째 서버 집합에 속한 "모든" 병렬 프로세스에게 전송하는 방식이다. 병렬 조인에서 크기가 매우 작은 테이블이 있을 때 사용되며, P→P 뿐만 아니라 S→P 방식으로도 이뤄진다.

- **KEY**

  특정 칼럼(들)을 기준으로 테이블 또는 인덱스를 파티셔닝할 때 사용하는 분배 방식이다.

- **ROUND-ROBIN**

  파티션 키, 정렬 키, 해시 함수 등에 의존하지 않고 반대편 병렬 서버에 무작위로 데이터를 분배할 때 사용된다.

바. pq_distribute 힌트 활용

1) pq_distribute 힌트의 용도

조인하는 양쪽 테이블의 파티션 구성, 데이터 크기 등에 따라 병렬 조인을 수행하는 옵티마이저의 선택이 달라질 수 있다. 대개 옵티마이저의 선택이 최적이라고 할 수 있지만 때론 그렇지 않은 경우도 있다. 그럴 때 pq_distribute 힌트를 사용해서 옵티마이저의 선택을 무시하고 사용자가 직접 조인을 위한 데이터 분배 방식을 결정할 수 있다.

- 옵티마이저가 파티션된 테이블을 적절히 활용하지 못하고 동적 재분할을 시도할 때
- 기존 파티션 키를 무시하고 다른 키 값으로 동적 재분할하고 싶을 때
- 통계정보가 부정확하거나 통계정보를 제공하기 어려운 상황(→ 옵티마이저가 잘못된 판단을 하기 쉬운 상황)에서 실행계획을 고정하려고 할 때
- 기타 여러 가지 이유로 데이터 분배 방식을 변경하려고 할 때

병렬 방식으로 조인을 수행하기 위해서는 프로세스들이 서로 '독립적으로' 작업할 수 있도록 사전 준비작업이 필요하다. 먼저 데이터를 적절히 배분하는 작업이 선행돼야 한다.

병렬 쿼리는 '분할 & 정복(Divide & Conquer) 원리'에 기초한다. 그 중에서도 병렬 조인을 위해서는 '분배 & 조인(Distribute & Join) 원리'가 작동함을 이해하는 것이 매우 중요하다. 이때 pq_distribute 힌트는 조인에 앞서 데이터를 분배(distribute) 과정에만 관여하는 힌트임을 반드시 기억할 필요가 있다.

예를 들어 아래 실행계획을 보면 테이블은 양쪽 모두 Hash 방식으로 분배했지만 조인은 소트 머지 조인 방식으로 수행했다. 즉 데이터를 재분배하기 위해 해시 함수를 사용하는 것일 뿐 조인 방식(method)과는 무관하다.

```
select /*+ ordered use_merge(e) parallel(d 4) parallel(e 4)
           pq_distribute(e hash hash) */ *
from   dept d, emp e
where  e.deptno = d.deptno
```

Id	Operation	Name	TQ	IN-OUT	PQ Distrib
0	SELECT STATEMENT				
1	PX COORDINATOR				
2	PX SEND QC (RANDOM)	:TQ10002	Q1,02	P->S	QC (RAND)
3	**MERGE JOIN**		Q1,02	PCWP	
4	SORT JOIN		Q1,02	PCWP	
5	PX RECEIVE		Q1,02	PCWP	
6	**PX SEND HASH**	:TQ10000	Q1,00	P->P	HASH
7	PX BLOCK ITERATOR		Q1,00	PCWC	
8	TABLE ACCESS FULL	DEPT	Q1,00	PCWP	
9	SORT JOIN		Q1,02	PCWP	
10	PX RECEIVE		Q1,02	PCWP	
11	**PX SEND HASH**	:TQ10001	Q1,01	P->P	HASH
12	PX BLOCK ITERATOR		Q1,01	PCWC	
13	TABLE ACCESS FULL	EMP	Q1,01	PCWP	

2) pq_distribute 사용법

pq_distribute 힌트의 사용법은 다음과 같다.

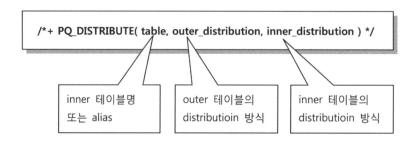

/*+ **PQ_DISTRIBUTE(table, outer_distribution, inner_distribution) */**

inner 테이블명 또는 alias

outer 테이블의 distributioin 방식

inner 테이블의 distributioin 방식

pq_distribute 힌트로 지정할 수 있는 데이터 분배 방식과 특징을 요약하면 다음과 같다.

■ **pq_distribute(inner, none, none)**

Full-Partition Wise Join으로 유도할 때 사용한다. 당연히 양쪽 테이블 모두 조인 칼럼에 대해 같은 기준으로 파티셔닝(equi-partitioning)돼 있을 때만 작동한다.

Partition Wise Join

Partition Wise Join은 조인에 참여하는 두 테이블을 조인 칼럼(deptno)에 대해 같은 기준으로 파티셔닝(equi-partitioning)하고서 각 파티션 짝(Partition Pair)끼리 독립적으로(→ Intra-operation parallelism) 조인을 수행한다. 파티션 짝을 구성하고 나면 병렬 프로세스끼리 서로 데이터를 주고받으며 통신(→ Inter-operation parallelism)할 필요가 전혀 없으므로 병렬 조인 성능을 크게 높일 수 있다.
양쪽 테이블이 사전에 파티셔닝돼 있어 곧바로 Partition Wise Join 하는 경우를 'Full Partition Wise Join'이라고 하고, 한 쪽만 파티셔닝 돼 있어 나머지 한쪽을 실행 시점에 동적으로 파티셔닝하고서 Partition Wise Join하는 경우를 'Partial Partition Wise Join'이라고 한다.

■ **pq_distribute(inner, partition, none)**

Partial-Partition Wise Join으로 유도할 때 사용하며, outer 테이블을 inner 테이블 파티션 기준에 따라 파티셔닝하라는 뜻이다. 당연히 inner 테이블이 조인 키 칼럼에 대해 파티셔닝돼 있을 때만 작동한다.

■ **pq_distribute(inner, none, partition)**

Partial-Partition Wise Join으로 유도할 때 사용하며, inner 테이블을 outer 테이블 파티션 기준에 따라 파티셔닝하라는 뜻이다. 당연히 outer 테이블이 조인 키 칼럼에 대해 파티셔닝돼 있을 때만 작동한다.

■ **pq_distribute(inner, hash, hash)**

조인 키 칼럼을 해시 함수에 적용하고 거기서 반환된 값을 기준으로 양쪽 테이블을 동적으로 파티셔닝하라는 뜻이다. 조인되는 테이블을 둘 다 파티셔닝해서 파티션 짝(Partition Pair)을 구성하고서 Partition Wise Join을 수행한다.

■ **pq_distribute(inner, broadcast, none)**

outer 테이블을 Broadcast하라는 뜻이다.

■ **pq_distribute(inner, none, broadcast)**

inner 테이블을 Broadcast하라는 뜻이다.

3) pq_distribute 힌트를 이용한 튜닝 사례

통계 정보가 없거나 잘못된 상태에서 병렬 조인을 수행하면 옵티마이저가 아주 큰 테이블을 Broadcast하는 경우가 종종 생긴다. 임시 테이블을 많이 사용하는 야간 배치나 데이터 이행(Migration) 프로그램에서 그런 문제가 자주 나타나는데, 다음은 데이터 이행 도중 실제 문제가 발생했던 사례다.

```
SQL> INSERT /*+ APPEND */ INTO 상품기본이력 ( ... )
  2 SELECT /*+ PARALLEL(A,32) PARALLEL(B,32) PARALLEL(C,32) PARALLEL(D,32) */ ......
  3 FROM    상품기본이력임시 a, 상품 b, 코드상세 c, 상품상세 d
  4 WHERE  a.상품번호= b.상품번호
  5 AND    ...
  6 /


INSERT /*+ append */ INTO 상품기본이력 (
*
1행에 오류:
ORA-12801: 병렬 질의 서버 P013에 오류신호가 발생했습니다
ORA-01652: 256(으)로 테이블 공간 TEMP에서 임시 세그먼트를 확장할 수 없습니다


경    과: 01:39:56.08


| Operation                | Name         | Rows   | Pstart | Pstop | IN-OUT  | PQ Distrib  |
|--------------------------|--------------|--------|--------|-------|---------|-------------|
| INSERT STATEMENT         |              | 5248   |        |       |         |             |
|  LOAD AS SELECT          |              |        |        |       |         |             |
|   HASH JOIN              |              | 5248   |        |       | P->S    | QC (RAND)   |
|    HASH JOIN OUTER       |              | 5248   |        |       | P->P    | BROADCAST   |
|     HASH JOIN            |              | 5248   |        |       | PCWP    |             |
|      PARTITION HASH ALL  |              |        | 1      | 128   | PCWP    |             |
|       TABLE ACCESS FULL  | 상품기본이력임시 | 5248   | 1      | 128   | P->P    | BROADCAST   |
|      TABLE ACCESS FULL   | 상품         | 7595K  |        |       | PCWP    |             |
|     TABLE ACCESS FULL    | 코드상세      | 26     |        |       | P->P    | BROADCAST   |
|    TABLE ACCESS FULL     | 상품상세      | 7772K  |        |       | PCWP    |             |
```

1시간 40분간 수행되던 SQL이 임시 세그먼트를 확장할 수 없다는 오류 메시지를 던지면서 멈춰 버렸고, 분석해 보니 상품기본이력임시 테이블에 통계 정보가 없던 것이 원인이었다. 실제 천만 건에 이르는 큰 테이블이었는데, 통계 정보가 없어 옵티마이저가 5248건의 작은 테이블로 판단한 것을 볼 수 있다.

이 큰 테이블을 32개 병렬 서버에게 Broadcast하는 동안 과도한 프로세스 간 통신이 발생했고, 결국 Temp 테이블스페이스를 모두 소진하고서 멈췄다.

pq_distribute 힌트를 이용해 데이터 분배 방식을 조정하고 나서 다시 수행해 본 결과, 다음과 같이 2분 29초 만에 작업을 완료했다.

```
SQL> INSERT /*+ APPEND */ INTO 상품기본이력 ( ... )
  2 SELECT /*+ ORDERED PARALLEL(A,16) PARALLEL(B,16) PARALLEL(C,16) PARALLEL(D,16)
  3              PQ_DISTRIBUTE(B, NONE, PARTITION)
  4              PQ_DISTRIBUTE(C, NONE, BROADCAST)
  5              PQ_DISTRIBUTE(D, HASH, HASH) */ ......
  6 FROM    상품기본이력임시 a, 상품 b, 코드상세 c, 상품상세 d
  7 WHERE   a.상품번호= b.상품번호
  8 AND     ...
  9 /

8796902 개의 행이 만들어졌습니다.

경   과: 00:02:29.00
```

Operation	Name	Rows	Pstart	Pstop	IN-OUT	PQ Distrib
INSERT STATEMENT		5248				
LOAD AS SELECT						
HASH JOIN		5248			P->S	QC (RAND)
HASH JOIN OUTER		5248			P->P	HASH
HASH JOIN		5248			PCWP	
PARTITION HASH ALL			1	128	PCWP	
TABLE ACCESS FULL	상품기본이력임시	5248	1	128	PCWP	
TABLE ACCESS FULL	상품	7595K			P->P	PART (KEY)
TABLE ACCESS FULL	코드상세	26			P->P	BROADCAST
TABLE ACCESS FULL	상품상세	7772K			P->P	HASH

사. 병렬 처리 시 주의사항

병렬 쿼리를 과도하게 사용하면 시스템을 마비시킬 수도 있다. 적절한 사용 기준이 필요하다는 얘기인데, 그럼 언제 병렬 처리 기법을 사용하는 것이 바람직할까?

- 동시 사용자 수가 적은 애플리케이션 환경(야간 배치 프로그램, DW, OLAP 등)에서 직렬로 처리할 때보다 성능 개선 효과가 확실할 때(→ 이 기준에 따르면 작은 테이블은 병렬 처리 대상에서 제외됨)
- OLTP성 시스템 환경이더라도 작업을 빨리 완료함으로써 직렬로 처리할 때보다 오히려 전체적인 시스템 리소스 (CPU, 메모리 등) 사용률을 감소시킬 수 있을 때(→ 수행 빈도가 높지 않음을 전제로)

야간 배치 프로그램에는 병렬 처리를 자주 사용하는데, 야간 배치 프로그램은 전체 목표 시간을 달성하는 것을 목표로 해야지 개별 프로그램의 수행 속도를 단축하려고 필요 이상의 병렬도를 지정해선 안 된다. 업무적으로 10분 이내 수행이 목표인 프로그램을 5분으로 단축하려고 병렬 처리 기법을 남용하지 말라는 뜻이다.

야간이더라도, 여러 팀에서 작성한 배치 프로그램이 동시에 수행되는 상황에서 특정 소수 배치 작업이 과도한 병렬 처리를 시도한다면 CPU, 메모리, 디스크 등 자원에 대한 경합 때문에 오히려 전체 배치 수행 시간이 늘어날 수 있음을 기억하자. 그리고 병렬도를 높인다고 성능이 선형적으로 좋아지는 것도 아니다. 결론적으로 성능 개선 효과가 확실한 최소한의 병렬도를 지정하려는 노력이 필요하다.

물론 시스템 리소스를 최대한 사용해야 할 때도 있는데, 데이터 이행(Migration)이 대표적이다. 이때는 모든 애플리케이션을 중지시키고 이행 프로그램이 시스템을 독점적으로 사용하기 때문에 가능한 모든 리소스를 활용해 이행 시간을 최대한 단축하는 것을 목표로 하는 게 당연하다.

병렬 DML 수행 시 Exclusive 모드 테이블 Lock이 걸리므로 트랜잭션이 활발한 주간에 절대 사용해선 안 된다는 사실도 반드시 기억하자.

제 6 절 고급 SQL 활용

3절에서 설명한 것처럼 데이터베이스 Call을 반복적으로 일으키는 프로그램을 One-SQL로 통합했을 때 얻는 성능 개선 효과는 매우 극적이다. 본 절에서는 복잡한 처리절차를 One-SQL로 구현하는 데 적용할 수 있는 몇 가지 유용한 기법들을 소개하고자 한다.

1. CASE문 활용

[그림 III-6-16] 왼쪽에 있는 월별납입방법별집계 테이블을 읽어 오른쪽 월요금납부실적과 같은 형태로 가공하려고 한다.

[그림 III-6-16] 레코드를 칼럼으로 변환

위와 같은 업무를 다음과 같은 SQL로 구현하는 개발자가 있을까 싶겠지만, 의외로 아주 많다.

```
INSERT INTO 월별요금납부실적
(고객번호, 납입월, 지로, 자동이체, 신용카드, 핸드폰, 인터넷)
SELECT K.고객번호, '200903' 납입월
     , A.납입금액 지로
     , B.납입금액 자동이체
     , C.납입금액 신용카드
     , D.납입금액 핸드폰
     , E.납입금액 인터넷
FROM   고객 K
     ,(SELECT 고객번호, 납입금액
       FROM   월별납입방법별집계
       WHERE  납입월 = '200903'
       AND    납입방법코드 = 'A') A
     ,(SELECT 고객번호, 납입금액
       FROM   월별납입방법별집계
```

```
        WHERE    납입월 = '200903'
        AND      납입방법코드 = 'B') B
      ,(SELECT 고객번호, 납입금액
        FROM     월별납입방법별집계
        WHERE    납입월 = '200903'
        AND      납입방법코드 = 'C') C
      ,(SELECT 고객번호, 납입금액
        FROM     월별납입방법별집계
        WHERE    납입월 = '200903'
        AND      납입방법코드 = 'D') D
      ,(SELECT 고객번호, 납입금액
        FROM     월별납입방법별집계
        WHERE    납입월 = '200903'
        AND      납입방법코드 = 'E') E
WHERE    A.고객번호(+) = K.고객번호
AND      B.고객번호(+) = K.고객번호
AND      C.고객번호(+) = K.고객번호
AND      D.고객번호(+) = K.고객번호
AND      E.고객번호(+) = K.고객번호
AND      NVL(A.납입금액,0)+NVL(B.납입금액,0)+NVL(C.납입금액,0)+NVL(D.납입금액,0)+NVL(E.납입금액,0) > 0
```

효율을 고려하지 않은 One-SQL은 누구나 작성할 수 있다. 중요한 것은 One-SQL로 작성하는 자체가 아닌, 어떻게 I/O 효율을 달성할지이다. I/O 효율화의 성패는 같은 레코드를 반복 액세스하지 않고 얼마만큼 블록 액세스 양을 최소화할 수 있느냐에 달렸다.

I/O 효율을 고려한다면 SQL을 다음과 같이 작성해야 한다.

```
INSERT INTO 월별요금납부실적
  (고객번호, 납입월, 지로, 자동이체, 신용카드, 핸드폰, 인터넷)
SELECT 고객번호, 납입월
     , NVL(SUM(CASE WHEN 납입방법코드 = 'A' THEN 납입금액 END), 0) 지로
     , NVL(SUM(CASE WHEN 납입방법코드 = 'B' THEN 납입금액 END), 0) 자동이체
     , NVL(SUM(CASE WHEN 납입방법코드 = 'C' THEN 납입금액 END), 0) 신용카드
     , NVL(SUM(CASE WHEN 납입방법코드 = 'D' THEN 납입금액 END), 0) 핸드폰
     , NVL(SUM(CASE WHEN 납입방법코드 = 'E' TJEM 납입금액 END), 0) 인터넷
FROM     월별납입방법별집계
WHERE    납입월 = '200903'
GROUP BY 고객번호, 납입월 ;
```

참고로 SQL Server는 2005 버전부터 Pivot 구문을 지원하고, Oracle도 11g부터 지원하기 시작했으므로 앞으론 이것을 쓰면 된다. 그렇지만 위와 같이 CASE문이나 DECODE 함수를 활용하는 기법은 IFELSE 같은 분기조건을 포함한 복잡한 처리절차를 One-SQL로 구현하는 데 꼭 필요하고, 다른 비슷한 업무에도 응용할 수 있으므로 반드시 숙지하기 바란다.

2. 데이터 복제 기법 활용

SQL을 작성하다 보면 데이터 복제 기법을 활용해야 할 때가 많다. 예전부더 많이 쓰던 방식은 다음과 같은 복제용 테이블(copy_t)을 미리 만들어두고 이를 활용하는 것이다.

```
create table copy_t ( no number, no2 varchar2(2) );

insert into copy_t
select rownum, lpad(rownum, 2, '0') from big_table where rownum <= 31;

alter table copy_t add constraint copy_t_pk primary key(no);
create unique index copy_t_no2_idx on copy_t(no2);
```

이 테이블과 다음과 같이 조인절 없이 조인(Cross Join)하면 카티션 곱(Cartesian Product)이 발생해 데이터가 2배로 복제된다. 3배로 복제하려면 no <= 3 조건으로 바꿔주면 된다.

```
select * from emp a, copy_t b
where  b.no <= 2;
```

Oracle 9i부터는 dual 테이블을 사용하면 편하다. 다음과 같이 dual 테이블에 start with절 없는 connect by 구문을 사용하면 두 레코드를 가진 집합이 자동으로 만들어진다(9i에서는 버그가 있어 아래 쿼리를 인라인 뷰에 담을 때만 데이터 복제가 일어난다).

```
SQL> select rownum no from dual connect by level <= 2;

        NO
  --------
         1
         2
```

아래는 dual 테이블을 이용해 emp 테이블을 2배로 복제하는 예시다.

```
SQL> select * from emp a, (select rownum no from dual connect by level <= 2) b;
```

이런 데이터 복제 기법은 다양한 업무 처리에 응용할 수 있다. 다음은 카드상품분류와 고객등급 기준으로 거래실적을 집계하면서 소계까지 한 번에 구하는 방법을 예시한 것이다.

```
SQL> break on 카드상품분류
SQL> select a.카드상품분류
  2       ,(case when b.no = 1 then a.고객등급 else '소계' end) as 고객등급
  3       , sum(a.거래금액) as 거래금액
  4  from  (select 카드.카드상품분류    as 카드상품분류
  5               , 고객.고객등급        as 고객등급
  6               , sum(거래금액)        as 거래금액
  7         from   카드월실적, 카드, 고객
  8         where  실적년월        = '201008'
  9         and    카드.카드번호 = 카드월실적.카드번호
 10         and    고객.고객번호 = 카드.고객번호
 11         group by 카드.카드상품분류, 고객.고객등급) a
 12       , copy_t b
 13  where  b.no <= 2
 14  group by a.카드상품분류, b.no, (case when b.no = 1 then a.고객등급 else '소계' end)

카드상품분류        고객등급           거래금액
--------        ------          ---------
상품분류A           VIP            500000000
                 일반            300000000
                 소계            800000000
상품분류B           VIP            100000000
                 일반             50000000
                 소계            150000000
```

상단에 있는 break 명령어는 카드상품분류가 반복적으로 출력되지 않도록 하기 위한 것으로서, Oracle SQL*Plus에서만 사용 가능하다.

3. Union All을 활용한 M:M 관계의 조인

M:M 관계의 조인을 해결하거나 Full Outer Join을 대체하는 용도로 Union All을 활용할 수 있다.

[그림 III-6-17]처럼 부서별판매계획과 채널별판매실적 테이블이 있다. 이 두 테이블을 이용해 월별로 각 상품의 계획 대비 판매 실적을 집계하려고 한다. 그런데 상품과 연월을 기준으로 볼 때 두 테이블은 M:M 관계이므로 그대로 조인하면 카티션 곱(Cartesian Product)이 발생한다.

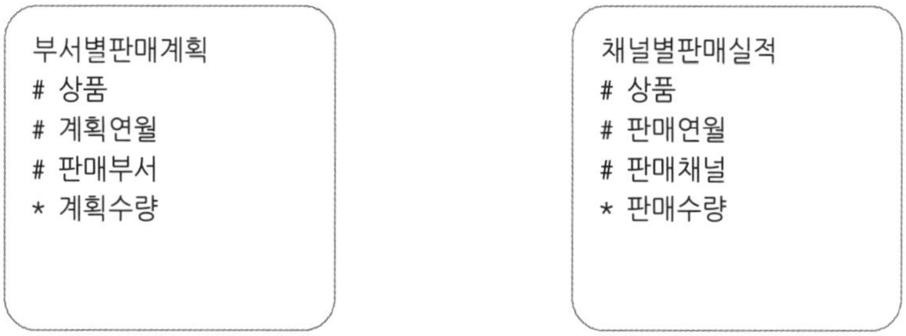

```
부서별판매계획
# 상품
# 계획연월
# 판매부서
* 계획수량
```

```
채널별판매실적
# 상품
# 판매연월
# 판매채널
* 판매수량
```

[그림 III-6-17] M:M 관계

다음과 같이 상품, 연월 기준으로 group by를 먼저 수행하고 나면 두 집합은 1:1 관계가 되므로 Full Outer Join을 통해 원하는 결과 집합을 얻을 수 있다.

```
select nvl(a.상품, b.상품) as 상품
     , nvl(a.계획연월, b.판매연월) as 연월
     , nvl(계획수량, 0) 계획수량
     , nvl(판매수량, 0) 판매수량
from
  ( select 상품, 계획연월, sum(계획수량) 계획수량
    from   부서별판매계획
    where  계획연월 between '200901' and '200903'
    group by 상품, 계획연월
  ) a
  full outer join
  ( select 상품, 판매연월, sum(판매수량) 판매수량
    from   채널별판매실적
    where  판매연월 between '200901' and '200903'
    group by 상품, 판매연월
  ) b
  on   a.상품 = b.상품
  and a.계획연월 = b.판매연월
```

하지만 DBMS와 버전에 따라 Full Outer Join을 다음과 같이 비효율적으로 처리하기도 한다. 한 테이블을 두 번씩 액세스하는 것을 확인하기 바란다.

```
Execution Plan
-----------------------------------------------------------------------
  0         SELECT STATEMENT Optimizer=CHOOSE (Cost=14 Card=8 Bytes=352)
  1    0      VIEW (Cost=14 Card=8 Bytes=352)
  2    1        UNION-ALL
  3    2          HASH JOIN (OUTER) (Cost=8 Card=7 Bytes=308)
  4    3            VIEW (Cost=4 Card=7 Bytes=154)
  5    4              SORT (GROUP BY) (Cost=4 Card=7 Bytes=98)
  6    5                TABLE ACCESS (FULL) OF '부서별판매계획' (Cost=2 Card=7 Bytes=98)
  7    3            VIEW (Cost=4 Card=6 Bytes=132)
  8    7              SORT (GROUP BY) (Cost=4 Card=6 Bytes=84)
  9    8                TABLE ACCESS (FULL) OF '채널별판매실적' (Cost=2 Card=6 Bytes=84)
 10    2          SORT (GROUP BY) (Cost=4 Card=1 Bytes=14)
 11   10            FILTER
 12   11              TABLE ACCESS (FULL) OF '채널별판매실적' (Cost=2 Card=1 Bytes=14)
 13   11              SORT (GROUP BY NOSORT) (Cost=2 Card=1 Bytes=14)
 14   13                FILTER
 15   14                  TABLE ACCESS (FULL) OF '부서별판매계획' (Cost=2 Card=1 Bytes=14)
```

좀 더 효과적인 방법을 찾기 위해 우선 두 테이블을 이어서 출력해 보자.

```
select '계획' as 구분, 상품, 계획연월 as 연월, 판매부서, null as 판매채널
     , 계획수량, to_number(null) as 실적수량
from    부서별판매계획
where   계획연월 between '200901' and '200903'
union all
select '실적', 상품, 판매연월 as 연월, null as 판매부서, 판매채널
     , to_number(null) as 계획수량, 판매수량
from    채널별판매실적
where   판매연월 between '200901' and '200903'
```

구분	상품	연월	판매부서	판매채널	계획수량	실적수량
계획	상품A	200901	10		10000	
계획	상품A	200902	20		5000	
계획	상품A	200903	10		20000	
계획	상품B	200901	10		20000	
계획	상품B	200902	30		15000	

계획	상품C	200901	30		15000
계획	상품C	200903	20		20000
실적	상품A	200901		대리점	7000
실적	상품A	200903		온라인	8000
실적	상품B	200902		온라인	12000
실적	상품B	200903		위탁	19000
실적	상품C	200901		대리점	13000
실적	상품C	200902		위탁	18000

이렇게 두 집합을 함께 출력하고 보니 의외로 쉽게 방법이 찾아진다. 방금 출력한 전체 집합을 상품, 연월 기준으로 group by하면서 계획수량과 실적수량을 집계해 보자. 그러면 다음과 같이 월별 판매계획과 실적을 대비해 보여줄 수 있다.

```
select 상품, 연월, nvl(sum(계획수량), 0) as 계획수량, nvl(sum(실적수량), 0) as 실적수량
from (
  select 상품, 계획연월 as 연월, 계획수량, to_number(null) as 실적수량
  from   부서별판매계획
  where  계획연월 between '200901' and '200903'
  union all
  select 상품, 판매연월 as 연월, to_number(null) as 계획수량, 판매수량
  from   채널별판매실적
  where  판매연월 between '200901' and '200903'
) a
group by 상품, 연월 ;


상품        연월         계획수량          판매수량
----       ------      -------         -------
상품A      200901       10000            7000
상품A      200902        5000               0
상품A      200903       20000            8000
상품B      200901       20000               0
상품B      200902       15000           12000
상품B      200903           0           19000
상품C      200901       15000           13000
상품C      200902           0           18000
상품C      200903       20000               0
```

이처럼 Union All을 이용하면 M:M 관계의 조인이나 Full Outer Join을 쉽게 해결할 수 있다. SQL Server에선 nvl 대신 isnull 함수를 사용하고, to_number 대신 cast 함수를 사용하기 바란다.

4. 페이징 처리

3절에서 데이터베이스 Call과 네트워크 부하를 설명하면서 페이징 처리 활용의 중요성을 강조했다. 조회할 데이터가 일정량 이상이고 수행빈도가 높다면 반드시 페이징 처리를 해야 한다는 것이 결론이었다. 그러면 어떻게 페이징 처리를 구현하는 것이 효과적인지, 지금부터 살펴보기로 하자.

페이징 처리는 출력방식에 대한 사용자 요건과 애플리케이션 아키텍처, 인덱스 구성 등에 따라 다양한 방법이 존재하므로 여기서 소개한 기본 패턴을 바탕으로 각 개발 환경에 맞게 응용하기 바란다.

[그림 III-6-18]에 있는 시간별종목거래 테이블을 예로 들어 설명해 보자.

시간별종목거래
종목코드
거래일시
* 체결건수
* 체결수량
* 거래대금

[그림 III-6-18] 시간별종목거래

가. 일반적인 페이징 처리용 SQL

아래는 관심 종목에 대해 사용자가 입력한 거래일시 이후 거래 데이터를 페이징 처리 방식으로 조회하는 SQL이다.

```
SELECT *
FROM (
  SELECT ROWNUM NO, 거래일시, 체결건수
       , 체결수량, 거래대금, COUNT(*) OVER () CNT          ............................ ①
  FROM (
     SELECT 거래일시, 체결건수, 체결수량, 거래대금
     FROM   시간별종목거래
     WHERE  종목코드 = :isu_cd      -- 사용자가 입력한 종목코드
     AND    거래일시 >= :trd_time   -- 사용자가 입력한 거래일자 또는 거래일시
     ORDER BY 거래일시 ......................................................... ②
  )
  WHERE ROWNUM <= :page*:pgsize+1          ......................................... ③
)
WHERE NO BETWEEN (:page-1)*:pgsize+1 AND :pgsize*:page          ............... ④

Execution Plan
--------------------------------------------------------------------
```

```
0        SELECT STATEMENT Optimizer=ALL_ROWS (Cost=5 Card=1 Bytes=75)
1    0    FILTER
2    1     VIEW (Cost=5 Card=1 Bytes=75)
3    2      WINDOW (BUFFER) (Cost=5 Card=1 Bytes=49)
4    3       COUNT (STOPKEY)
5    4        VIEW (Cost=5 Card=1 Bytes=49)
6    5         TABLE ACCESS (BY INDEX ROWID) OF '시간별종목거래' (TABLE) (Card=1 Bytes=56)
7    6          INDEX (RANGE SCAN) OF '시간별종목거래_PK' (INDEX (UNIQUE)) (Card=1)
```

:pgsize 변수에는 사용자가 '다음(▶)' 버튼을 누를 때마다 Fetch해 올 데이터 건수를 입력하고, :page 변수에는 그때 출력하고자 하는 페이지 번호를 입력하면 된다.

① '다음' 페이지에 읽을 데이터가 더 있는지 확인하는 용도다. 결과 집합에서 CNT 값을 읽었을 때 :pgsize*:page 보다 크면 '다음' 페이지에 출력할 데이터가 더 있음을 알 수 있다. 전체 건수를 세지 않고도 '다음' 버튼을 활성화할지를 판단할 수 있어 유용하다. 이 기능이 필요치 않을 때는 ③번 라인에서 +1을 제거하면 된다.
② [종목코드 + 거래일시] 순으로 정렬된 인덱스가 있을 때는 자동으로 Sort 오퍼레이션이 생략된다. NOSORT를 위해 활용 가능한 인덱스가 없으면 결과 집합 전체를 읽는 비효율은 어쩔 수 없지만, TOP N Sort 알고리즘이 작동하므로 SORT 부하만큼은 최소화할 수 있다. TOP N Sort 알고리즘은 잠시 후 1절 5항에서 설명했다.
③ :pgsize = 10 이고 :page = 3일 때, 거래일시 순으로 31건만 읽는다.
④ :pgsize = 10 이고 :page = 3일 때, 안쪽 인라인 뷰에서 읽은 31건 중 21~30번째 데이터, 즉 3페이지만 리턴한다.

성능과 I/O 효율을 위해서는 [종목코드 + 거래일시] 순으로 구성된 인덱스가 필요하다. 이 인덱스의 도움을 받을 수만 있다면 정렬 작업을 수행하지 않아도 되므로 전체 결과 집합이 아무리 커도 첫 페이지만큼은 최적의 수행 속도를 보인다. 따라서 사용자가 주로 앞쪽 일부 데이터만 조회할 때 아주 효과적인 구현방식이다. 실제 대부분 업무에서 앞쪽 일부만 조회하므로 표준적인 페이징 처리 구현 패턴으로 가장 적당하다.

나. 뒤쪽 페이지까지 자주 조회할 때

만약 사용자가 '다음' 버튼을 계속 클릭해서 뒤쪽으로 많이 이동하는 업무라면 앞 쿼리는 비효율적이다. 인덱스 도움을 받아 NOSORT 방식으로 처리하더라도 앞에서 읽었던 레코드들을 반복해서 액세스해야 하기 때문이다. 인덱스마저 없다면 전체 조회 대상 집합을 매번 반복적으로 액세스하게 된다.

뒤쪽의 어떤 페이지로 이동하더라도 빠르게 조회되도록 구현해야 한다면, 앞쪽 레코드를 스캔하지 않고 해당 페이지 레코드로 바로 찾아가도록 구현해야 한다. 아래는 첫 번째 페이지를 출력하고 나서 '다음' 버튼을 누를 때의 구현 예시다. 한 페이지에 10건씩 출력하는 것으로 가정하자.

```
SELECT 거래일시, 체결건수, 체결수량, 거래대금
FROM (
  SELECT 거래일시, 체결건수, 체결수량, 거래대금
  FROM    시간별종목거래 A
  WHERE   :페이지이동 = 'NEXT'
  AND     종목코드 = :isu_cd
  AND     거래일시 >= :trd_time
  ORDER BY 거래일시
)
WHERE ROWNUM <= 11

Execution Plan
--------------------------------------------------------------------------
  0       SELECT STATEMENT Optimizer=ALL_ROWS (Cost=5 Card=1 Bytes=49)
  1   0     COUNT (STOPKEY)
  2   1       VIEW (Cost=5 Card=1 Bytes=49)
  3   2         FILTER
  4   3           TABLE ACCESS (BY INDEX ROWID) OF '시간별종목거래' (TABLE) (Card=1 Bytes=56)
  5   4             INDEX (RANGE SCAN) OF '시간별종목거래_PK' (INDEX (UNIQUE)) (Card=1)
```

첫 화면에서는 :trd_time 변수에 사용자가 입력한 거래일자 또는 거래일시를 바인딩한다. 사용자가 '다음(▶)' 버튼을 눌렀을 때는 '이전' 페이지에서 출력한 마지막 거래일시를 입력한다.

ORDER BY 절이 사용됐음에도 실행계획에 소트 연산이 전혀 발생하지 않음을 확인하기 바란다. COUNT(STOPKEY)는 [종목코드 + 거래일시] 순으로 정렬된 인덱스를 스캔하다가 11번째 레코드에서 멈추게 됨을 의미한다.

사용자가 '이전(◀)' 버튼을 클릭했을 때는 아래 SQL을 사용하며, :trd_time 변수에는 이전 페이지에서 출력한 첫 번째 거래일시를 바인딩하면 된다.

```
SELECT 거래일시, 체결건수, 체결수량, 거래대금
FROM (
  SELECT 거래일시, 체결건수, 체결수량, 거래대금
  FROM    시간별종목거래 A
  WHERE   :페이지이동 = 'PREV'
  AND     종목코드 = :isu_cd
  AND     거래일시 <= :trd_time
  ORDER BY 거래일시 DESC
)
WHERE ROWNUM <= 11
ORDER BY 거래일시
```

```
Execution Plan
-----------------------------------------------------------------------
  0      SELECT STATEMENT Optimizer=ALL_ROWS (Cost=1 Card=1 Bytes=49)
  1   0    SORT (ORDER BY) (Cost=1 Card=1 Bytes=49)
  2   1      COUNT (STOPKEY)
  3   2        VIEW (Cost=5 Card=1 Bytes=49)
  4   3          FILTER
  5   4            TABLE ACCESS (BY INDEX ROWID) OF '시간별종목거래' (TABLE) (Card=1 Bytes=56)
  6   5              INDEX (RANGE SCAN DESCENDING) OF '시간별종목거래_PK' (INDEX (UNIQUE)) (Card=1)
```

여기서는 'SORT (ORDER BY)'가 나타났지만, 'COUNT (STOPKEY)' 바깥 쪽에 위치했으므로 조건절에 의해 선택된 11건에 대해서만 소트 연산을 수행한다. 인덱스를 거꾸로 읽었지만, 화면에는 오름차순으로 출력되게 하려고 ORDER BY를 한 번 더 사용한 것이다.

옵티마이저 힌트를 사용하면 SQL을 더 간단하게 구사할 수 있지만, 인덱스 구성이 변경될 때 결과가 달라질 위험성이 있다. 될 수 있으면 힌트를 이용하지 않고도 같은 방식으로 처리되도록 SQL을 조정하는 것이 바람직하다.

SQL Server에선 Top N 구문을 이용해 다음과 같이 작성하면 된다.

```
< 첫 화면이거나, '다음(▶)' 버튼을 클릭했을 때 >
SELECT TOP 11 거래일시, 체결건수, 체결수량, 거래대금
FROM      시간별종목거래 A
WHERE     :페이지이동 = 'NEXT'
AND       종목코드 = :isu_cd
AND       거래일시 >= :trd_time
ORDER BY 거래일시 ;

< '이전(◀)' 버튼을 클릭했을 때 >
SELECT 거래일시, 체결건수, 체결수량, 거래대금
FROM (
  SELECT TOP 11 거래일시, 체결건수, 체결수량, 거래대금
  FROM      시간별종목거래 A
  WHERE     :페이지이동 = 'PREV'
  AND       종목코드 = :isu_cd
  AND       거래일시 <= :trd_time
  ORDER BY 거래일시 DESC
)
ORDER BY 거래일시 ;
```

다. Union All 활용

방금 설명한 방식은 사용자가 어떤 버튼(조회, 다음, 이전)을 눌렀는지에 따라 별도의 SQL을 호출하는 방식이다. Union All을 활용하면 다음과 같이 하나의 SQL로 처리하는 것도 가능하다.

```
SELECT 거래일시, 체결건수, 체결수량, 거래대금
FROM (
  SELECT    거래일시, 체결건수, 체결수량, 거래대금
  FROM      시간별종목거래
  WHERE     :페이지이동 = 'NEXT'        -- 첫 페이지 출력 시에도 'NEXT' 입력
  AND       종목코드 = :isu_cd
  AND       거래일시 >= :trd_time
  ORDER BY 거래일시
)
WHERE ROWNUM <= 11
UNION ALL
SELECT 거래일시, 체결건수, 체결수량, 거래대금
FROM (
  SELECT    거래일시, 체결건수, 체결수량, 거래대금
  FROM      시간별종목거래
  WHERE     :페이지이동 = 'PREV'
  AND       종목코드 = :isu_cd
  AND       거래일시 <= :trd_time
  ORDER BY 거래일시 DESC
)
WHERE ROWNUM <= 11
ORDER BY 거래일시
```

5. 윈도우 함수 활용

초기 RDBMS에서는 행(Row) 간 연산을 할 수 없다는 제약 때문에 복잡한 업무를 집합적으로 처리하는 데 한계가 많았다. 이 때문에 앞서 소개한 데이터 복제 기법을 이용해 SQL을 복잡하고 길게 작성해야 했고, 이마저도 어려울 땐 절차적 방식으로 프로그래밍했다. 물론 지금도 행 간 연산을 지원하지 않지만 윈도우 함수(Window Function)가 도입되면서 복잡한 SQL을 어느 정도 단순화할 수 있게 됐다.

Oracle에 의해 처음 소개된 윈도우 함수(Oracle에서는 '분석 함수(Analytic Function)'라고 함)가 지금은 ANSI 표준으로 채택돼 대부분 DBMS에서 지원하고 있다.

분석함수에 대해서는 2과목에서 이미 설명했으므로 여기서는 이를 활용한 사례를 간단히 살펴보기로 하자. [그림 III-6-19] 좌측처럼 장비측정 결과를 저장하는 테이블이 있다. 일련번호를 1씩 증가시키면서 측정값을 입력하고, 상태코드는 장비상태가 바뀔 때만 저장한다.

일련번호	상태코드	측정값
1	A	123
2		242
3		513
4	C	559
5		276
6	B	242
7		146
8		98
9	A	128
10		429

일련번호	상태코드	측정값
1	A	123
2	A	242
3	A	513
4	C	559
5	C	276
6	B	242
7	B	146
8	B	98
9	A	128
10	A	429

[그림 III-6-19] 장비측정 결과

그런데 장비측정 결과를 조회할 때, 사용자가 [그림 III-6-19] 우측과 같이 출력해 주길 원한다. 즉 상태코드가 NULL이면 가장 최근에 상태코드가 바뀐 레코드의 값을 보여주는 식이다.

이를 구현하기 위해 가장 먼저 떠오르는 방법은 다음과 같다.

```
select 일련번호, 측정값
    ,(select max(상태코드)
      from    장비측정
      where   일련번호 <= o.일련번호
      and     상태코드 is not null) 상태코드
from    장비측정 o
order by 일련번호
```

위 쿼리가 빠르게 수행되려면 최소한 일련번호에 인덱스가 있어야 하고, [일련번호 + 상태코드]로 구성된 인덱스가 있으면 가장 최적이다. 좀 더 빠르게 수행되도록 다음과 같이 작성하는 것도 고려해 볼 수 있다.

```
select 일련번호, 측정값
    ,(select /*+ index_desc(장비측정 장비측정_idx) */ 상태코드
      from    장비측정
      where   일련번호 <= o.일련번호
      and     상태코드 is not null
      and     rownum <= 1) 상태코드
from    장비측정 o
order by 일련번호
```

부분범위처리 방식으로 앞쪽 일부만 보다가 멈춘다면 위 쿼리가 가장 최적이다. 만약 전체결과를 다 읽어야 한다면(예, 파일로 다운로드) 어떻게 쿼리하는 것이 최적일까? 여러 가지 방법을 생각해 볼 수 있지만, 다음과 같이 윈도우 함수를 이용하면 가장 쉽다.

```
select 일련번호, 측정값
     , last_value(상태코드 ignore nulls)
            over(order by 일련번호 rows between unbounded preceding and current row) 상태코드
from   장비측정
order by 일련번호
```

6. With 구문 활용

With 구문을 Oracle은 9i 버전부터, SQL Server는 2005 버전부터 지원하기 시작했다. With 절을 처리하는 DBMS 내부 실행 방식에는 아래 2가지가 있다.

- Materialize 방식 : 내부적으로 임시 테이블을 생성함으로써 반복 재사용
- Inline 방식 : 물리적으로 임시 테이블을 생성하지 않고 참조된 횟수만큼 런타임 시 반복 수행. SQL 문에서 반복적으로 참조되는 집합을 미리 선언함으로써 코딩을 단순화하는 용도(인라인 뷰와는 메인 쿼리에서 여러 번 참조가 가능하다는 점에서 다름)

Oracle은 위 2가지 방식을 모두 지원하지만, SQL Server는 Inline 방식으로만 실행된다. Oracle의 경우 실행방식을 상황에 따라 옵티마이저가 결정하며, 필요하다면 사용자가 힌트(materialize, inline)로 지정할 수도 있다.

Materialize 방식의 With 절을 통해 생성된 임시 데이터는 영구적인 오브젝트가 아니어서, With 절을 선언한 SQL 문이 실행되는 동안만 유지된다. With 절을 2개 이상 선언할 수 있으며, With 절 내에서 다른 With 절을 참조할 수도 있다.

배치 프로그램에서 특정 데이터 집합을 반복적으로 사용하거나, 전체 처리 흐름을 단순화시킬 목적으로 임시 테이블을 자주 활용하곤 한다. Materialize 방식의 With 절을 이용하면 명시적으로 오브젝트를 생성하지 않고도 같은 처리를 할 수 있다.

다음은 With 절을 이용해 대용량 데이터를 빠르게 처리한 튜닝 사례다. 고객 테이블에는 2000만 건 이상, 카드 테이블에는 1억 건 이상의 데이터가 저장돼 있다.

```
with 위험고객카드 as ( select 카드.카드번호, 고객.고객번호
                      from   고객, 카드
                      where  고객.위험고객여부 = 'Y'
```

```
                   and      고객.고객번호 = 카드발급.고객번호 )
select  v.*
from   (
       select  a.카드번호                    as 카드번호
       ,       sum(a.거래금액)               as 거래금액
       ,       null                         as 현금서비스잔액
       ,       null                         as 해외거래금액
       from   카드거래내역  a
       ,       위험고객카드  b
       where  조건
       group by a.카드번호
       union all
       select  a.카드번호                    as 카드번호
       ,       null                         as 현금서비스잔액
       ,       sum(amt)                     as 현금서비스금액
       ,       null                         as 해외거래금액
       from   (
              select a.카드번호              as 카드번호
              ,       sum(a.거래금액)        as amt
              from   현금거래내역  a
              ,       위험고객카드  b
              where  조건
              group by  a.카드번호
              union all
              select a.카드번호              as 카드번호
              ,       sum(a.결재금액) * -1    as amt
              from   현금결재내역  a
              ,       위험고객카드  b
              where  조건
              group by  a.카드번호
              ) a
       group by a.카드번호
       union all
       select  a.카드번호                    as 카드번호
       ,       null                         as 현금서비스잔액
       ,       null                         as 현금서비스금액
       ,       sum(a.거래금액)               as 해외거래금액
       from   해외거래내역  a
       ,       위험고객카드  b
       where  조건
       group by a.카드번호
       ) v
```

Execution Plan

```
--------------------------------------------------------
TEMP TABLE TRANSFORMATION   -- 임시테이블 생성
  LOAD AS SELECT
    VIEW (Cost=94K Card=5K Bytes=345K)
      UNION-ALL
        SORT (GROUP BY) (Cost=57K Card=1 Bytes=120)
          HASH JOIN (Cost=57K Card=1 Bytes=120)
            PARTITION RANGE (SINGLE)
              PARTITION HASH (ALL)
                TABLE ACCESS (FULL) OF '카드거래내역'
            VIEW (Cost=50 Card=833K Bytes=13M)
              TABLE ACCESS (FULL) OF 'SYS.SYS_TEMP_0FD9D6B4E_4C0C42BA'   -- 임시 테이블 사용
        SORT (GROUP BY) (Cost=36K Card=746 Bytes=20K)
          VIEW (Cost=36K Card=746 Bytes=20K)
            UNION-ALL
              SORT (GROUP BY) (Cost=34K Card=1 Bytes=74)
                HASH JOIN (Cost=34K Card=1 Bytes=74)
                  PARTITION RANGE (ITERATOR)
                    PARTITION HASH (ALL)
                      TABLE ACCESS (FULL) OF '현금거래내역' (Cost=34K Card=1 Bytes=58)
                  VIEW (Cost=50 Card=833K Bytes=13M)
                    TABLE ACCESS (FULL) OF 'SYS.SYS_TEMP_0FD9D6B4E_4C0C42BA' -- 임시 테이블 사용
              SORT (GROUP BY) (Cost=2K Card=745 Bytes=38K)
                HASH JOIN (Cost=2K Card=746 Bytes=38K)
  ...
```

고객 테이블은 2000만 건이 넘고, 카드 테이블은 1억 건이 넘지만 위험고객여부 = 'Y' 조건을 만족하는 위험고객 카드는 그리 큰 집합이 아니다. 만약 materialize 방식의 With절을 이용할 수 없다면, 아래쪽 메인 쿼리에서 위험고객카드 집합을 얻기 위해 매번 고객과 카드 테이블을 반복해서 읽어야 한다. 그것이 성능상 문제가 된다면 임시 테이블을 물리적으로 미리 생성해 두는 수밖에 없다.

장 요약

제1절 소트 튜닝

- 메모리 상의 소트 영역 내에서 데이터 정렬 작업을 완료하는 것이 최적이지만, 대량의 데이터를 정렬할 땐 디스크 소트가 불가피하다. 특히 전체 대상 집합을 디스크에 기록했다가 다시 읽는 작업을 여러 번 반복하는 경우 SQL 수행 성능은 극도로 나빠진다.
- 불필요하게 자주 소트를 유발하진 않는지 데이터 모델 측면에서의 검토가 필요하다.
- 가급적 소트가 발생하지 않도록 SQL을 작성해야 한다.
- 정렬 기준으로 구성된 인덱스를 활용하면 소트 연산을 대체할 수 있다.
- 소트가 불가피하다면 소트 영역을 적게 사용하도록 SQL을 작성해야 한다.
- 소트 영역 크기를 조정하는 튜닝 방안도 고려해야 할 때가 있다.

제2절 DML 튜닝

- 테이블 데이터를 바꾸면 관련된 인덱스에도 변경이 발생하므로 인덱스 개수가 많을수록 DML 성능은 나빠진다.
- Direct Path Insert 또는 로깅 최소화 옵션을 사용하면 대량의 데이터를 입력할 때 성능을 크게 높일 수 있다.
- 각 DBMS가 제공하는 확장 Update 문을 활용하면 Update 성능을 높이는 데 크게 도움이 된다.
- 대량의 데이터를 Update할 땐, Truncate & Insert 방식이 효과적이다.

제3절 데이터베이스 Call과 네트워크 부하

- 데이터베이스 Call과 결과 집합 전송은 네트워크를 통해 이뤄지며, 서버와의 Roundtrip 횟수가 많을수록 쿼리 수행 속도가 떨어지는 것은 당연하다. 따라서 데이터베이스 Call 종류와 특성을 잘 이해함으로써 그 횟수를 줄이려고 노력해야 한다.
- 루프를 돌면서 여러 작업을 반복 수행하는 프로그램을 One SQL로 구현하면 큰 성능 개선 효과를 얻을 수 있으며, 그 핵심원리는 데이터베이스 Call을 줄이는 데에 있다.
- Array Processing을 잘 활용하면 데이터베이스 Call 횟수를 크게 줄여줘 One SQL로 통합할 때와 비슷한 수준의 성능 개선 효과가 있다.
- 쿼리 결과 집합을 전송할 때, 전체 데이터를 연속적으로 전송하지 않고 사용자로부터 Fetch Call이 있을 때마다 일정량씩 나누어서 전송하는 것을 이른바 '부분범위처리'라고 한다.
- 부분범위처리 원리를 이용하면 대용량 OLTP 환경에서 극적인 성능 개선 효과를 얻을 수 있다.
- 대량 데이터를 읽을 때는 ArraySize를 가급적 크게 설정하는 것이 유리하다. 반대로 일부 데이터만 읽다가 멈출 때는 ArraySize를 작게 설정하는 것이 유리하다.
- 원격 조인 시 네트워크를 통한 데이터 전송량을 줄임으로써 성능을 높일 수 있다.
- 메인 쿼리가 참조하는 사용자 정의 함수에 또 다른 쿼리문이 내장돼 있으면 수행 성능이 훨씬 나빠지는데, 이는 함수에 내장된 쿼리를 수행될 때마다 Recursive Call이 반복적으로 일어나기 때문이다.
- 사용자 정의 함수는 소량의 데이터를 조회할 때, 또는 부분범위처리가 가능한 상황에서 제한적으로 사용해야 한다. 성능을 위해서라면 가급적 조인 또는 스칼라 서브 쿼리 형태로 변환하려고 노력해야 한다.

제4절 파티셔닝

- 파티션 기능은 관리적 측면과 성능적 측면에서 매우 유용하다.
- Range, Hash, List, Composite 등 파티션 유형별 특징을 이해하는 것이 무엇보다 중요하다.
- 성능적인 측면의 파티션 유용성은 무엇보다도 파티션 Pruning 기능에서 나온다.
- 인덱스 파티션을 테이블 파티션과 구분할 줄 알아야 한다. 그리고 파티션 인덱스에 다양한 구성이 존재한다는 사실을 이해하고, 상황에 맞는 전략을 채택해야 한다.

제5절 대용량 배치 프로그램 튜닝

- 배치(Batch) 프로그램은, 사용자와의 상호작용 없이 대량의 데이터를 처리하는 일련의 작업들을 묶어 정기적으로 반복 수행하거나 정해진 규칙에 따라 자동으로 수행한다.
- 배치 프로그램의 수행주기가 점점 단축되고 있다.
- 온라인 트랜잭션을 처리하는 프로그램과 달리 배치 프로그램은 항상 전체 처리 속도 향상을 최적화 목표로 해야 한다.
- 한정된 자원을 경합 없이 최적으로 사용하도록 타임 윈도우를 조정하는 작업이 필요하다.
- 대용량 배치 프로그램 성능을 높이는 데는 효과적인 One-SQL 구현 능력이 매우 중요시된다.
- Array Processing, 파티션 기능, 병렬 처리 등을 잘 활용하면 큰 효과를 볼 수 있다.
- 병렬 처리란, SQL 문이 수행해야 할 작업 범위를 여러 개의 작은 단위로 나누어 여러 프로세스(또는 쓰레드)가 동시에 처리하는 것을 말한다. 여러 프로세스가 동시에 작업하므로 당연히 대용량 데이터 처리 속도를 높여준다.
- 병렬 처리 성능을 개선하는 데는 프로세스 간 상호작용(Inter-Operation Parallelism)을 줄여주는 것이 도움이 된다.
- pq_distribute 힌트를 잘 활용하면 프로세스 간 통신량을 줄이는 데 도움이 된다.

제6절 고급 SQL 활용

- DECODE 함수나 CASE문을 활용하면 IF…ELSE 같은 분기 조건을 포함하는 복잡한 처리절차를 One-SQL로 구현하는 데 도움이 된다.
- 카티션 곱을 이용해 데이터를 복제하는 것도 One-SQL을 구현하는 필수 기법 중 하나다.
- Union All을 이용하면 M:M 관계의 조인을 해결하거나 Full Outer Join을 대체할 수 있다.
- 데이터베이스 Call과 네트워크 부하를 줄이기 위해 화면 페이징 처리가 필요하지만, I/O 효율까지 고려한 효과적인 페이징 처리에 대한 연구가 뒤따라야 한다.
- 윈도우 함수나 With 구문 같은 신기능을 활용하면 복잡한 업무 요건을 손쉽게 처리함과 동시에 성능까지 높일 수 있다.

연습문제

문제 1. 5개 근무지역에 각각 2만 명의 사원이 배속돼서 일하는 회사가 있다. 아래 쿼리에 대한 튜닝 방안으로 올바른 것은?

```
select 직급, 담당업무 from 사원 where 근무지역 = 10
union
select 직급, 담당업무 from 사원 where 근무지역 = 20

Execution Plan
---------------------------------------------------------
   0      SELECT STATEMENT Optimizer=ALL_ROWS (Cost=8 Card=8 Bytes=120)
   1    0   SORT (UNIQUE) (Cost=8 Card=8 Bytes=120)
   2    1     UNION-ALL
   3    2       TABLE ACCESS (FULL) OF '사원' (Cost=2 Card=4 Bytes=60)
   4    2       TABLE ACCESS (FULL) OF '사원' (Cost=2 Card=4 Bytes=60)
```

① union 대신 union all을 사용한다.
② 쿼리를 다음과 같이 변경한다.
  select 직급, 담당업무 from 사원 where 근무지역 in (10, 20)
③ 쿼리를 다음과 같이 변경한다.
  select 직급, 담당업무 from 사원 where 근무지역 in (10, 20) group by 직급, 담당업무
④ 근무지역을 선두로 갖는 인덱스를 생성한다.

문제 2. 부분범위처리에 대한 설명으로 틀린 것은?
① 부분범위처리는 Oracle만의 독특한 메커니즘이다.
② 부분범위처리는 대량의 결과 집합 중 일부만 Fetch하고 멈추는 업무 화면에서 유용하다.
③ 결과 집합 전체를 Fetch해야 한다면 부분범위처리가 성능 개선에 전혀 도움이 되지 않는다.
④ ArraySize를 작게 설정하면 부분범위처리에 의한 응답속도가 빨라진다.

문제 3. 다음 SQL을 부분범위처리가 가능한 형태로 수정하시오. 2010년 3월 4일에 판매됐지만 3월 3일에는 판매되지 않은 아이템을 추출하려는 것이며, SALES 테이블 PK 인덱스는 [ord_date + item_no] 순으로 구성됐다.

```
select item_no
from   sales
where  ord_date = '20100304'
minus
select item_no
from   sales
where  ord_date = '20100303'
```

문제 4. PK가 [주문일자 + 주문순번]으로 구성된 '주문' 테이블이 있다. 이 테이블에서 특정 일자(:ord_dt)의 가장 첫 번째와 마지막 주문 레코드를 추출하는 최적의 SQL을 작성하시오(단 Oracle 데이터베이스를 사용 중이며, 해당 일자에 주문 레코드가 한 건도 없으면 0을 리턴해야 함).

문제 5. 다음 중 Oracle에서 대량의 데이터를 빠르게 Insert하는 방안으로 잘못된 것은(단 온라인 트랜잭션이 없는 야간 배치 프로그램에서 수행).
① insert를 수행하기 전에 인덱스를 Unusable 상태로 바꾼다.
② 병렬 모드로 insert한다.
③ insert select 문장에 /*+ append */ 힌트를 사용한다.
④ insert 문장에 다음과 같이 nologging 옵션을 지정한다.
   insert into target nologging
   select * from source;

문제 6. 아래 update와 insert 문장을 merge 문장으로 바꾸시오.

```
update emp e
set (ename, deptno, sal) = (select ename, deptno, sal
                            from emp_copy
                            where empno = e.empno)
where exists (select 'x' from emp_copy where empno = e.empno) ;

insert into emp
select * from emp_copy c
where  not exists (select 'x' from emp where empno = c.empno) ;
```

문제 7. 사용자 정의 함수에 대한 설명 중 틀린 것은?
① 사용자 정의 함수는 항상 성능 문제를 야기하므로 사용하지 않는 것이 좋다.
② 쿼리를 포함하는 사용자 정의 함수를 반복 호출하면 Recursive Call 때문에 성능이 크게 나빠진다.
③ 사용자 정의 함수를 사용할 때 성능이 나빠지는 것은 Context Switching 때문이기도 하다.
④ 사용자 정의 함수를 사용하면 문장수준 읽기 일관성이 보장되지 않을 수 있다. 즉 쿼리 결과 집합을 Fetch하면서 함수를 반복 호출하다 보면 중간부터 다른 값이 반환될 수도 있다.

문제 8. 배치 프로그램 튜닝 방안 중 잘못된 것은?
① 자원 사용량이 적절히 배분되도록 타임 윈도우를 조정한다.
② 부분범위처리 기법을 활용해 프로그램 응답 속도를 향상시킨다.
③ 반복적으로 사용할 공통 집합을 정의하고 이를 임시 테이블로 생성한다.
④ 파티션과 병렬처리를 활용한다.

Professional · Developer

- DBMS별 Lock의 특징 이해
- 블로킹과 교착상태의 차이점 이해
- Lock으로 해결할 수 있는 동시성 문제 이해
- 트랜잭션의 기본 개념과 격리성 수준 이해
- 데이터의 일관성을 유지하면서 동시성을 높이는 기법 이해

제7장

Lock과 트랜잭션 동시성 제어

장 소개

새로 개발된 시스템을 가동할 때면, DBA는 한동안 Lock과의 전쟁을 벌인다. Lock 종류가 다양할 뿐만 아니라 발생 유형도 다양해서 원인을 찾지 못할 때도 많다. 대기 상태가 장시간 지속되거나 대기 세션이 Lock 큐(Queue)에 계속 쌓일 때, DBA가 할 수 있는 일은 Lock을 소유한 세션을 찾아 프로세스를 강제 종료시키는 일뿐이다. 같은 현상이 반복되지 않도록 조치하는 일은 개발팀의 몫이다. 그런데 Lock 구현 방식과 세부 메커니즘이 DBMS마다 크게 달라서, 그것을 정확히 이해하지 못한 개발팀에게 근본적인 조치를 기대하기는 어렵다. 이런 개발팀이 개발한 애플리케이션의 성능과 데이터 품질이 점점 나빠지는 게 당연하다.

Lock은 각 데이터베이스의 특징을 결정짓는 가장 핵심적인 메커니즘이므로 그 특징에 맞게 트랜잭션 동시성을 제어하는 방식도 달라져야 한다. 따라서 Lock과 트랜잭션 동시성 제어는 데이터베이스 프로그래머가 반드시 학습해야 할 주제다.

지금까지 설명한 SQL 튜닝 원리와 더불어 본 장에서 설명하는 Lock 메커니즘도 정확히 이해하기 바란다. Lock에 이어 트랜잭션과 동시성 제어에 대한 개념과 일관성, 동시성을 같이 높이는 방안도 학습하게 될 것이다.

장 구성

본 장은 3개 절로 구성돼 있다. 1절에서는 Lock에 대한 개념을 설명하고, SQL Server Lock과 Oracle Lock의 특징적인 부분들을 살펴본다. 2절에서는 트랜잭션의 기본 개념을 정리하고, 트랜잭션 격리성 수준에 대해 설명한다. 3절에서는 데이터 일관성을 유지하면서 동시성을 높이는 기법을 살펴보고, Oracle을 시작으로 많은 DBMS가 채택하고 있는 다중버전 동시성 제어 메커니즘을 설명한다.

제1절 Lock
제2절 트랜잭션
제3절 동시성 제어

제 1 절 Lock

1. Lock 기본

가. Lock이란?

고가의 DBMS를 도입하는 이유는 성능, 관리의 편이성 등 여러 가지 측면이 있다. 이 가운데 무엇보다 트랜잭션 처리 능력이 가장 기본적이고 핵심 요소라고 할 수 있다. 같은 자원을 액세스하려는 다중 트랜잭션 환경에서 데이터베이스의 일관성과 무결성을 유지하려면 트랜잭션의 순차적 진행을 보장할 수 있는 직렬화(serialization) 장치가 필요하다. 영화관 좌석을 예약하는 시스템을 예로 들면, 두 명이 동시에 좌석을 요청할 때 정확히 한 명만 좌석을 배정받도록 할 수 있어야 한다. 이런 직렬화를 가능하게 하려고 모든 DBMS가 공통적으로 사용하는 메커니즘이 Lock이다.

중요한 것은 DBMS마다 Lock을 구현하는 방식과 세부적인 기능이 많이 다르다는 사실이다. 따라서 자신이 사용중인 DBMS만의 독특한 Lock 메커니즘을 정확히 이해하지 못한 상태에선 결코 고품질 데이터베이스를 구축할 수 없다. 본 장이 중요한 이유가 여기에 있는데, DBMS별 특징을 설명하기에 앞서 Lock에 대한 기본 개념부터 살펴보자.

나. 공유 Lock과 배타적 Lock

DBMS는 각 트랜잭션의 오퍼레이션별로 적당한 수준의 Lock을 자동으로 설정한다. 필요한 경우, 일부 Lock에 대해서는 사용자가 직접 제어하는 방법도 제공한다.

가장 기본이 되는 Lock 모드는 공유 Lock과 배타적 Lock이다. 이에 대해서 간단히 살펴보고, DBMS별 세부적인 Lock 모드에 대해서는 뒤에서 살펴보기로 하자.

1) 공유 Lock

공유(Shared) Lock은 데이터를 읽을 때 사용한다. 다른 공유 Lock과는 호환되지만 배타적 Lock과는 호환되지 않는다. '호환된다'는 말은 한 리소스에 두 개 이상의 Lock을 동시에 설정할 수 있음을 뜻한다.

다시 말해 공유 Lock을 설정한 리소스에 다른 트랜잭션이 추가로 공유 Lock을 설정할 수는 있지만, 배타적 Lock은 불가능하다. 따라서 자신이 읽고 있는 리소스를 다른 사용자가 동시에 읽을 수는 있어도 변경은 불가능하다. 반대로 다른 사용자가 읽고 있는 리소스를 동시에 읽을 수는 있어도 변경중인 리소스를 동시에 읽을 수는 없다.

2) 배타적 Lock

배타적(Exclusive) Lock은 데이터를 변경할 때 사용하며, 트랜잭션이 완료될 때까지 유지된다. 말 그대로 배타적이기 때문에 Lock이 해제될 때까지 다른 트랜잭션은 해당 리소스에 접근할 수 없다. 변경이 불가능할 뿐만 아니라 읽기도 불가능하다. 반대로 다른 트랜잭션이 Lock을 설정한 리소스는, 그것이 공유 Lock이든 배타적 Lock이든, 배타적 Lock을 동시에 설정할 수 없다.

다. 블로킹과 교착상태

1) 블로킹

블로킹(Blocking)은, Lock 경합이 발생해 특정 세션이 작업을 진행하지 못하고 멈춰 선 상태를 말한다. 공유 Lock끼리는 호환되기 때문에 블로킹이 발생하지 않는다. 공유 Lock과 배타적 Lock은 호환되지 않아 블로킹이 발생할 수 있다. 배타적 Lock끼리는 당연히 호환되지 않는다.

블로킹 상태를 해소하는 방법은 커밋(또는 롤백)뿐이다. 즉 Lock 경합이 발생하면 먼저 Lock을 설정한 트랜잭션이 완료될 때까지 후행 트랜잭션은 기다려야 하며, 이런 현상이 자주 나타난다면 사용자가 느끼는 애플리케이션 성능이 좋을 리 만무하다.

Lock에 의한 성능 저하를 최소화하는 방안을 살펴보자.

① 우선 트랜잭션의 원자성을 훼손하지 않는 선에서 트랜잭션을 가능하면 짧게 정의하려는 노력이 필요하다. Oracle은 데이터를 읽을 때, 공유 Lock을 사용하지 않으므로 다른 DBMS에 비해 상대적으로 Lock 경합이 적게 발생한다. 그렇더라도 배타적 Lock끼리 발생하는 경합은 피하지 못하므로 '불필요하게' 트랜잭션을 길게 정의해선 안 된다.

② 같은 데이터를 갱신하는 트랜잭션이 동시에 수행되지 않도록 설계하는 것도 중요하다. 특히 트랜잭션이 활발한 주간에 대용량 갱신 작업을 수행해선 안 된다.

③ 주간에 대용량 갱신 작업이 불가피하다면, 블로킹 현상에 의해 사용자가 무한정 기다리지 않도록 적절한 프로그래밍 기법을 도입해야 한다. 예를 들어 SQL Server에서는 세션 레벨에서 LOCK_TIMEOUT을 설정할 수 있다. 아래는 Lock에 의한 대기 시간이 최대 2초를 넘지 않도록 설정한 것이다.

```
set lock_timeout 2000
```

Oracle이라면 update/delete 문장을 수행하기 전에 nowait이나 wait 옵션을 지정한 select … for update 문을 먼저 수행해 봄으로써 Lock이 설정됐는지 체크할 수 있다. 이를 기반으로 발생한 예외사항(exception)에 따라 적절한 조치를 취할 수 있다.

```
select * from t where no = 1 for update nowait → 대기없이 Exception을 던짐
select * from t where no = 1 for update wait 3 → 3초 대기 후 Exception을 던짐
```

④ 트랜잭션 격리성 수준(2절 2항 참조)을 불필요하게 상향 조정하지 않는다.

⑤ 트랜잭션을 잘 설계하고 대기 현상을 피하는 프로그래밍 기법을 적용하기에 앞서, 결과가 가장 빨리 나오는 SQL을 작성하는 게 Lock 튜닝의 기본이고 효과도 가장 확실하다.

2) 교착상태

교착상태(Deadlock)는, 두 세션이 각각 Lock을 설정한 리소스를 서로 액세스하려고 마주 보며 진행하는 상황을 말한다. 둘 중 하나가 뒤로 물러나지 않으면 영영 풀릴 수 없다. 흔히 좁은 골목길에 두 대의 차량이 마주 선 것에 비유하곤 한다. 교착상태가 발생하면, DBMS가 둘 중 한 세션에 에러를 발생시킴으로써 문제를 해결한다. 이를 방지하려면 어떻게 해야 할까?

조금 전 설명한 Lock 튜닝 방안은 교착상태 발생 가능성을 줄이는 방안이기도 하다. 여러 테이블을 액세스하면서 발생하는 교착상태는 테이블 접근 순서를 같게 처리하면 피할 수 있다. 예를 들어 마스터 테이블과 상세 테이블을 둘 다 갱신할 때 마스터 테이블 다음에 상세 테이블을 갱신하기로 규칙을 정하고, 모든 애플리케이션 개발자가 이 규칙을 지킨다면 교착상태는 발생하지 않을 것이다.

SQL Server라면 잠시 후 설명할 갱신(Update) Lock을 사용함으로써 교착상태 발생 가능성을 줄일 수 있다.

2. SQL Server Lock

가. Lock 종류

1) 공유 Lock

SQL Server의 공유 Lock은 트랜잭션이나 쿼리 수행이 완료될 때까지 유지되는 것이 아니라, 다음 레코드를 읽으면 곧바로 해제된다. 단 기본 트랜잭션 격리성 수준(Read Committed)에서만 그렇다. 격리성 수준을 변경하지 않고도 트랜잭션 내에서 공유 Lock을 유지하려면 다음과 같이 테이블 힌트로 holdlock을 지정하면 된다. 트랜잭션 격리성 수준에 대해서는 다음 절에서 설명한다.

```
begin tran

select  적립포인트, 방문횟수, 최근방문일시, 구매실적
from    고객 with (holdlock)
where   고객번호 = :cust_num

-- 새로운 적립포인트 계산

update 고객 set 적립포인트 = :적립포인트 where 고객번호 = :cust_num

commit
```

나중에 변경할 목적으로 레코드를 읽을 때는 반드시 위와 같은 패턴으로 트랜잭션을 처리해야 한다. 위 사례에서 방문횟수·최근방문일시·구매실적에 따라 새로운 적립포인트를 계산하는데, 만약 고객 데이터를 읽고 적립포인트를 변경하기 전에 다른 트랜잭션이 해당 고객 데이터를 변경했다면 적립포인트가 비일관된 상태에 놓일 수 있기 때문이다.

2) 배타적 Lock

1항에서 설명한 내용과 같다.

3) 갱신 Lock

앞서 공유 Lock을 설명하면서 예시했던 적립포인트 변경 프로그램을 공교롭게도 두 트랜잭션이 동시에 수행했다고 가정하자. 그것도 같은 고객에 대해서 말이다. 두 트랜잭션 모두 처음에는 공유 Lock을 설정했다가 적립포인트를 변경하기 직전에 배타적 Lock을 설정하려고 할 것이다. 그러면 두 트랜잭션은 상대편 트랜잭션에 의한 공유 Lock이 해제되기만을 기다리는 교착상태에 빠지게 된다.

이런 잠재적인 교착상태를 방지하려고 SQL Server는 갱신(Update) Lock을 두게 됐고, 이 기능을 사용하려면 다음과 같이 updlock 힌트를 지정하면 된다.

```
begin tran

select  적립포인트, 방문횟수, 최근방문일시, 구매실적
from    고객 with (updlock)
where   고객번호 = :cust_num

-- 새로운 적립포인트 계산

update 고객 set 적립포인트 = :적립포인트 where 고객번호 = :cust_num

commit
```

한 자원에 대한 갱신 Lock은 한 트랜잭션만 설정할 수 있다. 따라서 첫 번째 트랜잭션이 고객 데이터를 읽을 때 갱신 Lock을 설정하면, 두 번째 트랜잭션은 첫 번째 트랜잭션이 배타적 Lock으로 전환했다가 이를 다시 해제할 때까지 기다려야만 한다.

갱신 Lock끼리는 호환되지 않지만, 공유 Lock과는 호환되므로 갱신 Lock이 설정된 데이터를 단순히 읽고자 할 때는 기다리지 않아도 된다.

4) 의도 Lock

특정 로우에 Lock을 설정하면 그와 동시에 상위 레벨 개체(페이지, 익스텐트, 테이블)에 내부적으로 의도(Intent) Lock이 설정된다. Lock을 설정하려는 개체의 하위 레벨에서 선행 트랜잭션이 어떤 작업을 수행중인지를 알리는 용도로 사용되며, 일종의 푯말(Flag)이라고 할 수 있다.

예를 들어 구조를 변경하기 위해 테이블을 잠그려 할 때, 그 하위의 모든 페이지나 익스텐트, 심지어 로우에 어떤 Lock이 설정돼 있는지를 일일이 검사해야 한다면 좀처럼 작업이 끝나지 않을 수 있다. 의도 Lock은 이런 현상을 방지해 준다. 즉 해당 테이블에 어떤 모드의 의도 Lock이 설정돼 있는지만 보고도 작업을 진행할지 아니면 기다릴지를 결정할 수 있다.

5) 스키마 Lock

테이블 스키마에 의존적인 작업을 수행할 때 사용한다.

- Sch-S(Schema Stability) : SQL을 컴파일하면서 오브젝트 스키마를 참조할 때 발생하며, 읽는 스키마 정보를 수정하거나 삭제하지 못하도록 함
- Sch-M(Schema Modification) : 테이블 구조를 변경하는 DDL 문을 수행할 때 발생하며, 수정중인 스키마 정보를 다른 세션이 참조하지 못하도록 함

6) Bulk Update Lock

테이블 Lock의 일종으로, 테이블에 데이터를 Bulk Copy할 때 발생한다. 병렬 데이터 로딩(Bulk Insert나 bcp 작업을 동시 수행)은 허용하지만, 일반적인 트랜잭션 작업은 허용하지 않는다.

나. Lock 레벨과 Escalation

[표 III-7-1] Lock 레벨

Lock 레벨	설명
로우 레벨	변경하려는 로우(실제로는 RID)에만 Lock을 설정하는 것을 말한다.
페이지 레벨	변경하려는 로우가 담긴 데이터 페이지(또는 인덱스 페이지)에 Lock을 설정하는 것을 말한다. 같은 페이지에 속한 로우는 진행중인 변경 작업과 무관하더라도 모두 잠긴 것과 같은 효과가 나타난다.
익스텐트 레벨	익스텐트 전체가 잠긴다. SQL Server는 하나의 익스텐트가 여덟 개 페이지로 구성되므로, 8개 페이지에 속한 모든 로우가 잠긴 것과 같은 효과가 나타난다.
테이블 레벨	테이블 전체와 관련 인덱스까지 모두 잠긴다.
데이터베이스 레벨	데이터베이스 전체가 잠긴다. 이는 보통 데이터베이스를 복구하거나 스키마를 변경할 때 일어난다.

위 5가지 레벨 외에 인덱스 키(Key)에 로우 레벨 Lock을 거는 경우도 있다.

■ Lock Escalation

'Lock Escalation'이란 관리할 Lock 리소스가 정해진 임계치를 넘으면서 로우 레벨 락이 페이지, 익스텐트, 테이블 레벨 락으로 점점 확장되는 것을 말한다. 이는 SQL Server, DB2 UDB처럼 한정된 메모리 상에서 Lock 매니저를 통해 Lock 정보를 관리하는 DBMS에서 공통적으로 발생할 수 있는 현상이다.

Locking 레벨이 낮을수록 동시성은 좋지만 관리해야 할 Lock 개수가 증가하므로 더 많은 리소스를 소비한다. 반대로 Locking 레벨이 높을수록 적은 양의 Lock 리소스를 사용하지만, 하나의 Lock으로 수많은 레코드를 한꺼번에 잠그기 때문에 동시성은 나빠진다.

다. Lock 호환성

'호환된다'는 말은 한 리소스에 두 개 이상의 Lock을 동시에 설정할 수 있음을 뜻한다. 앞서 설명한 Lock 종류별로 호환성을 요약하면 [표 III-7-2]와 같다('O'는 두 모드 간에 호환성이 있음을 의미).

[표 III-7-2] SQL Server Lock 호환성

	IS	S	U	IX	SIX	X
Intent Shared(IS)	O	O	O	O	O	
Shared(S)	O	O	O			
Update(U)	O	O				
Intent exclusive(IX)	O			O		
Shared with intent exclusive(SIX)	O					
Exclusive(X)						

스키마 Lock의 호환성은 다음과 같다.

- Sch-S는 Sch-M을 제외한 모든 Lock과 호환된다.
- Sch-M은 어떤 Lock과도 호환되지 않는다.

3. Oracle Lock

Oracle은 공유 리소스와 사용자 데이터를 보호할 목적으로 DML Lock, DDL Lock, 래치(Latch), 버퍼 Lock, 라이브러리 캐시 Lock/Pin 등 다양한 종류의 Lock을 사용한다. 이들 중 애플리케이션 개발 측면에서 가장 중요하게 다뤄야 할 Lock은 무엇보다 DML Lock이다.

DML Lock은, 다중 사용자에 의해 동시에 액세스되는 사용자 데이터의 무결성을 보호해 준다. DML Lock에는 로우 Lock과 테이블 Lock이 있다.

가. 로우 Lock

Oracle에서 로우 Lock은 항상 배타적이다. insert, update, delete 문이나 select...for update 문을 수행한 트랜잭션에 의해 설정된다. 이 트랜잭션이 커밋 또는 롤백할 때까지 다른 트랜잭션은 해당 로우를 변경할 수 없다.

Oracle에서 일반 select 문에 의해 읽힌 레코드에는 어떤 Lock도 설정되지 않는다. 다른 DBMS처럼 읽기 작업에 대한 공유 Lock을 사용하지 않기 때문에 Oracle에서 읽기와 갱신 작업은 서로 방해하지 않는다.

■ 읽으려는 데이터를 다른 트랜잭션이 갱신중이더라도 기다리지 않는다.
■ 갱신하려는 데이터를 다른 트랜잭션이 읽는중이더라도 기다리지 않는다(select ... for update 구문으로 읽는 경우는 제외).
■ 갱신하려는 데이터를 다른 트랜잭션이 갱신중이면 기다린다.

Oracle이 공유 Lock을 사용하지 않고도 일관성을 유지할 수 있는 것은 Undo 데이터를 이용한 다중버전 동시성 제어 메커니즘(3절에서 설명함)을 사용하기 때문이다. 또한 별도의 Lock 매니저 없이 레코드의 속성으로서 로우 Lock을 구현했기 때문에 아무리 많은 레코드를 갱신하더라도 절대 Lock Escalation은 발생하지 않는다.

나. 테이블 Lock

한 트랜잭션이 로우 Lock을 얻을 때 해당 테이블의 테이블 Lock도 동시에 얻는다. 이렇게 하는 것은 현재 트랜잭션이 갱신중인 테이블의 구조를 변경(DDL 오퍼레이션)하지 못하게 막기 위해서다.
테이블 Lock 종류는 아래 5가지가 있다.

■ Row Share(RS)
■ Row Exclusive(RX)
■ Share(S)
■ Share Row Exclusive(SRX)
■ Exclusive(X)

대표적으로 select ... for update 문을 수행할 때 RS 모드 테이블 Lock을 얻고, insert·update·delete 문을 수행할 때 RX 모드 테이블 Lock을 얻는다.
DML 로우 Lock을 처음 얻는 순간 묵시적으로 테이블 Lock을 얻지만, 아래처럼 Lock Table 명령어를 이용해 명시적으로 테이블 Lock을 얻을 수도 있다.

```
lock table emp in row share mode;
lock table emp in row exclusive mode;
lock table emp in share mode;
lock table emp in share row exclusive mode;
lock table emp in exclusive mode;
```

테이블 Lock끼리의 호환성은 [표 III-7-3]과 같다.

[표 III-7-3] Oracle Lock 호환성

	Null	RS	RX	S	SRX	X
Null	O	O	O	O	O	O
RS	O	O	O	O	O	
RX	O	O	O			
S	O	O		O		
SRX	O	O				
X	O					

'테이블 Lock'이라고 하면, 테이블 전체에 Lock이 걸린다고 생각하기 쉽다. DML 수행 시 항상 테이블 Lock이 함께 설정된다고 했는데, 만약 이것이 SQL Server의 테이블 레벨 Lock처럼 테이블 전체를 잠그는 기능이라면 다른 트랜잭션이 더는 레코드를 추가하거나 갱신하지 못하도록 막게 될 것이다. 하지만 [표 III-7-3]에서 보듯, RX와 RX 간에 호환성이 있으므로 그런 일은 발생하지 않는다.

Oracle에서 말하는 테이블 Lock은, Lock을 획득한 선행 트랜잭션이 해당 테이블에서 현재 어떤 작업을 수행 중인지를 알리는 일종의 푯말(Flag)이다. 후행 트랜잭션은 어떤 테이블 Lock이 설정돼 있는지만 보고도 그 테이블로의 진입 여부를 결정할 수 있다.

제 2 절 트랜잭션

트랜잭션(Transaction)은 업무 처리를 위한 논리적인 작업 단위다. 작업의 논리적 단위가 단일 연산이 아닐 수 있다. 즉 하나의 트랜잭션이 두 개 이상의 갱신 연산일 수 있다. 은행의 '계좌이체' 트랜잭션을 예로 들면, 하나의 예금 계좌에서 인출해 다른 예금 계좌에 입금하는 일련의 작업을 하나의 단위로 수행해야 한다.

데이터를 일관성 있게 처리하려면 트랜잭션에 속한 두 개 이상의 갱신 연산을 동시에 실행할 수 있어야 하는데, 불행히도 이는 불가능한 일이다. 따라서 DBMS는 차선책을 사용한다. 즉 여러 개의 갱신 연산이 하나의 작업처럼 전부 처리되거나 아예 하나도 처리되지 않도록(All or Nothing) 동시 실행을 구현한다.

1. 트랜잭션의 특징

데이터베이스의 갱신과 관련해 트랜잭션은 다음과 같은 4가지 주요 특징을 가지며, 영문 첫 글자를 따서 'ACID' 라고 부른다.

■ 원자성(Atomicity)
트랜잭션은 분해가 불가능한 업무의 최소단위이므로 전부 처리되거나 아예 하나도 처리되지 않아야 한다.

■ 일관성(Consistency)
일관된 상태의 데이터베이스에서 하나의 트랜잭션을 성공적으로 완료하고 나면 그 데이터베이스는 여전히 일관된 상태여야 한다. 즉 트랜잭션 실행의 결과로 데이터베이스 상태가 모순되지 않아야 한다.

■ 격리성(Isolation)
실행 중인 트랜잭션의 중간결과를 다른 트랜잭션이 접근할 수 없다.

■ 영속성(Durability)
트랜잭션이 일단 그 실행을 성공적으로 완료하면 그 결과는 데이터베이스에 영속적으로 저장된다.

2. 트랜잭션 격리성

트랜잭션의 격리성은, 일관성과 마찬가지로 Lock을 강하게 오래 유지할수록 강화되고 Lock을 최소화할수록 약화된다. 낮은 단계의 격리성 수준에서 어떤 현상들이 발생하는지부터 살펴보자.

가. 낮은 단계의 격리성 수준에서 발생할 수 있는 현상들

1) Dirty Read

다른 트랜잭션이 수정한 후 커밋하지 않은 데이터를 읽는 것을 말한다. 변경 후 아직 커밋되지 않은 값을 읽었는데 변경을 가한 트랜잭션이 최종적으로 롤백된다면 그 값을 읽은 트랜잭션은 비일관된 상태에 놓이게 된다.

2) Non-Repeatable Read

한 트랜잭션 내에서 같은 쿼리를 두 번 수행했는데, 그 사이에 다른 트랜잭션이 값을 수정 또는 삭제하는 바람에 두 쿼리 결과가 다르게 나타나는 현상을 말한다([그림 III-7-1] 참조).

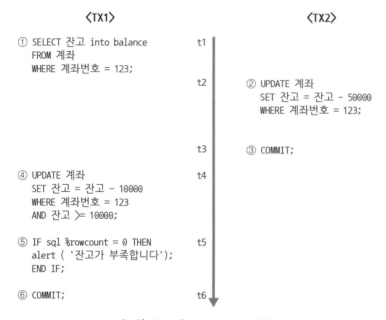

[그림 III-7-1] Non-Repeatable Read

[그림 III-7-1]에서 t1 시점에 123번 계좌번호의 잔고는 55,000원이었다고 가정하자. ①번 쿼리를 통해 자신의 계좌에 55,000원이 남아 있음을 확인하고 t4 시점에 10,000원을 인출하려는 순간, 중간에 TX2 트랜잭션에 의해 이 계좌의 잔고가 5,000원으로 변경됐다. 그러면 TX1 사용자는 잔고가 충분한 것을 확인하고 인출을 시도했음에도 불구하고 잔고가 부족하다는 메시지를 받게 된다.

3) Phantom Read

한 트랜잭션 내에서 같은 쿼리를 두 번 수행했는데, 첫 번째 쿼리에서 없던 유령(Phantom) 레코드가 두 번째 쿼리에서 나타나는 현상을 말한다.

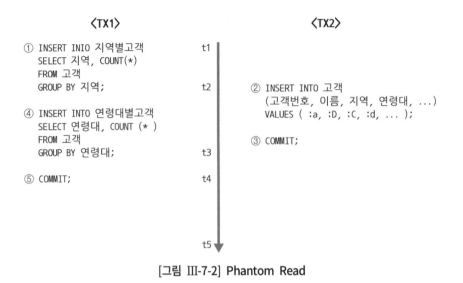

<TX1>   <TX2>

① INSERT INIO 지역별고객   t1
   SELECT 지역, COUNT(*)
   FROM 고객
   GROUP BY 지역;   t2   ② INSERT INTO 고객
                                              (고객번호, 이름, 지역, 연령대, ...)
                                           VALUES (:a, :D, :C, :d, ...);
④ INSERT INTO 연령대별고객
   SELECT 연령대, COUNT (*)   ③ COMMIT;
   FROM 고객
   GROUP BY 연령대;   t3

⑤ COMMIT;   t4

                                t5

[그림 III-7-2] Phantom Read

[그림 III-7-2]에서 TX1 트랜잭션이 지역별고객과 연령대별고객을 연속해서 집계하는 도중에 새로운 고객이 TX2 트랜잭션에 의해 등록됐다. 그 결과 지역별고객과 연령대별고객 두 집계 테이블을 통해 총고객수를 조회하면 서로 결과 값이 다른 상태에 놓이게 된다.

나. 트랜잭션 격리성 수준

ANSI/ISO SQL 표준(SQL92)에서 정의한 4가지 트랜잭션 격리성 수준(Transaction Isolation Level)은 다음과 같다.

■ Read Uncommitted

트랜잭션에서 처리 중인 아직 커밋되지 않은 데이터를 다른 트랜잭션이 읽는 것을 허용한다.

■ Read Committed

트랜잭션이 커밋돼 확정된 데이터만 다른 트랜잭션이 읽도록 허용함으로써 Dirty Read를 방지한다.

커밋된 데이터만 읽더라도 Non-Repeatable Read와 Phantom Read 현상을 막지는 못한다. 읽는 시점에 따라 결과가 다를 수 있다는 것이다. 한 트랜잭션 내에서 쿼리를 두 번 수행했는데 두 쿼리 사이에 다른 트랜잭션이 값을 변경·삭제하거나 새로운 레코드를 삽입하는 경우로서, [그림 III-7-1]과 [그림 III-7-2]에서 TX1 트랜잭션을 참조하기 바란다.

■ Repeatable Read

트랜잭션 내에서 쿼리를 두 번 이상 수행할 때, 첫 번째 쿼리에 있던 레코드가 사라지거나 값이 바뀌는 현상을 방지해 준다.

이 트랜잭션 격리성 수준이 Phantom Read 현상을 막지는 못한다. 첫 번째 쿼리에서 없던 새로운 레코드가 나타날 수 있다는 것이다. 한 트랜잭션 내에서 쿼리를 두 번 수행했는데 두 쿼리 사이에 다른 트랜잭션이 새로운 레코드를 삽입하는 경우로서, [그림 III-7-2]에서 TX1 트랜잭션을 참조하기 바란다.

■ Serializable Read

트랜잭션 내에서 쿼리를 두 번 이상 수행할 때, 첫 번째 쿼리에 있던 레코드가 사라지거나 값이 바뀌지 않음은 물론 새로운 레코드가 나타나지도 않는다.

각 격리성 수준에서 나타날 수 있는 현상을 요약하면 [표 III-7-4]와 같다.

[표 III-7-4] 트랜잭션 격리성 수준과 비일관성 현상

레벨	Dirty Read	Non-Repeatable Read	Phantom Read
Read Uncommitted	가능	가능	가능
Read Committed	불가능	가능	가능
Repeatable Read	불가능	불가능	가능
Serializable Read	불가능	불가능	불가능

트랜잭션 격리성 수준은 ISO에서 정한 분류 기준일 뿐이며, 모든 DBMS가 4가지 레벨을 다 지원하지는 않는다. 예를 들어 SQL Server와 DB2는 4가지 레벨을 다 지원하지만, Oracle은 Read Committed와 Serializable Read만 지원한다(Oracle에서 Repeatable Read를 구현하려면 for update 구문을 이용하면 된다).

대부분 DBMS가 Read Committed를 기본 트랜잭션 격리성 수준으로 채택하고 있으므로 Dirty Read가 발생할까 걱정하지 않아도 된다. 그렇더라도 Non-Repeatable Read, Phantom Read 현상에 대해선 세심한 주의가 필요하다. 그런 현상이 발생하지 않도록 DBMS 제공 기능을 이용할 수 있지만, 많은 경우 개발자가 직접 구현해 주어야 하기 때문이다.

다중 트랜잭션 환경에서 DBMS가 제공하는 기능을 이용해 동시성을 제어하려면 트랜잭션 시작 전에 명시적으로 Set Transaction 명령어를 수행하기만 하면 된다. 아래는 트랜잭션 격리성 수준을 Serializable Read로 상향 조정하는 예시다.

```
set transaction isolation level read serializable;
```

트랜잭션 격리성 수준을 Repeatable Read나 Serializable Read로 올리면 ISO에서 정한 기준을 만족해야 하며, 대부분 DBMS가 이를 구현하기 위해 Locking 메커니즘에 의존한다. 좀 더 구체적으로 말해, 공유 Lock을 트랜잭션 이 끝날 때까지 유지하는 방식을 사용한다. 앞서 보았던 [그림 III-7-1]를 예로 들어, TX1 트랜잭션을 Repeatable Read 모드에서 실행했다고 하자. 그러면 t1 시점에 ①번 쿼리에서 설정한 공유 Lock을 t6 시점까지 유지하므로, TX2의 ②번 update는 t6 시점까지 대기해야 한다.

문제는 동시성이다. [그림 III-7-1]처럼 한 건씩 읽어 처리할 때는 잘 느끼지 못하는 수준이겠지만, 대량의 데이터를 읽어 처리할 때는 동시성이 심각하게 낮아진다. 완벽한 데이터 일관성 유지를 위해 심지어 테이블 레벨 Lock을 걸어야 할 때도 있다.

이에 대한 대안으로 다중버전 동시성 제어(Multiversion Concurrency Control)을 채택하는 DBMS가 조금씩 늘고 있다. '스냅샷 격리성 수준(Snapshot Isolation Level)'이라고도 불리는 이 방식을 한마디로 요약하면, 현재 진행 중인 트랜잭션에 의해 변경된 데이터를 읽고자 할 때는 변경 이전 상태로 되돌린 버전을 읽는 것이다. 변경이 아직 확정되지 않은 값을 읽으려는 것이 아니므로 공유 Lock을 설정하지 않아도 된다. 따라서 읽는 세션과 변경하는 세션이 서로 간섭현상을 일으키지 않는다.

[그림 III-7-2]를 예로 들면, TX2 트랜잭션에 의해 새로운 고객이 등록되더라도 TX1은 트랜잭션은 그 값을 무시한다. 트랜잭션 내내 자신이 시작된 t1 시점을 기준으로 읽기 때문에 데이터 일관성은 물론 높은 동시성을 유지할 수 있다.

제3절 동시성 제어

DBMS는 다수의 사용자를 가정한다. 따라서 동시에 작동하는 다중 트랜잭션의 상호 간섭 작용에서 데이터베이스를 보호할 수 있어야 하며, 이를 동시성 제어(Concurrency Control)라고 한다.

동시성을 제어하기 위해 모든 DBMS가 공통적으로 Lock 기능을 제공한다. 여러 사용자가 데이터를 동시에 액세스하는 것처럼 보이지만 내부적으로는 하나씩 실행되도록 트랜잭션을 직렬화하는 것이다.

또한 set transaction 명령어를 이용해 트랜잭션 격리성 수준을 조정할 수 있는 기능도 제공한다. DBMS마다 구현 방식이 다르지만 SQL Server를 예로 들면, 기본 트랜잭션 격리성 수준인 Read Committed 상태에선 레코드를 읽고 다음 레코드로 이동하자마자 공유 Lock을 해제하지만, Repeatable Read로 올리면 트랜잭션을 커밋할 때까지 공유 Lock을 유지한다.

동시성 제어가 어려운 이유가 바로 여기에 있는데, [그림 III-7-3]처럼 동시성(Concurrency)과 일관성(Consistency)은 트레이드 오프(Trade-off) 관계이다. 즉 동시성을 높이려고 Lock의 사용을 최소화하면 일관성을 유지하기 어렵고, 일관성을 높이려고 Lock을 적극적으로 사용하면 동시성이 저하된다. 따라서 동시성 제어의 목표는, 동시에 실행되는 트랜잭션 수를 최대화하면서도 입력·수정·삭제·검색 시 데이터 무결성이 유지되도록 하는 데에 있다.

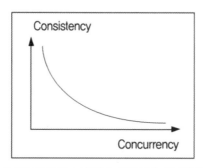

[그림 III-7-3] 동시성과 일관성의 상관관계

데이터베이스 개발자들이 간과해선 안 되는 중요한 사실은, 트랜잭션은 분해가 불가능한 업무의 최소단위이므로 전부 처리되거나 아예 하나도 처리되지 않아야 한다. DBMS가 제공하는 set transaction 명령어로 모든 동시성 제어 문제를 해결할 수 없다는 점이다. n-Tier 아키텍처가 지배적인 요즘 같은 애플리케이션 환경에서 특히 그렇다. 예를 들어 사용자가 자신의 계좌에서 잔고를 확인하고 인출을 완료할 때까지의 논리적인 작업 단위를 하나의 트랜잭션으로 처리하고자 할 때, 잔고를 확인하는 SQL과 인출하는 SQL이 서로 다른 연결(Connection)을 통해 처리될 수 있기 때문이다.

DB와 연결하기 위해 사용하는 라이브러리나 그리드(Grid) 컴포넌트가 동시성 제어 기능을 제공하기도 하지만, 많은 경우 트랜잭션의 동시성을 개발자가 직접 구현해야만 한다.

동시성 제어 기법에는 비관적 동시성 제어와 낙관적 동시성 제어라는 두 가지가 있다.

1. 비관적 동시성 제어 vs. 낙관적 동시성 제어

가. 비관적 동시성 제어

비관적 동시성 제어(Pessimistic Concurrency Control)에선 사용자들이 같은 데이터를 동시에 수정할 것이라고 가정한다. 따라서 데이터를 읽는 시점에 Lock을 걸고 트랜잭션이 완료될 때까지 이를 유지한다.

```
select    적립포인트, 방문횟수, 최근방문일시, 구매실적
from      고객
where     고객번호 = :cust_num for update;

-- 새로운 적립포인트 계산

update 고객 set 적립포인트 = :적립포인트 where 고객번호 = :cust_num;
```

select 시점에 Lock을 거는 비관적 동시성 제어는 자칫 시스템 동시성을 심각하게 떨어뜨릴 우려가 있다. 그러므로 다음과 같이 wait 또는 nowait 옵션을 함께 사용하는 것이 바람직하다.

```
for update nowait → 대기없이 Exception을 던짐
for update wait 3 → 3초 대기 후 Exception을 던짐
```

SQL Server에서도 for update 절을 사용할 수 있지만 커서를 명시적으로 선언할 때만 가능하다. 따라서 SQL Server에서 비관적 동시성 제어를 구현할 때는 holdlock이나 updlock 힌트를 사용하는 것이 편리하다. 이에 대한 구체적인 활용 사례는 1절에서 공유 Lock, 갱신 Lock과 함께 이미 설명했다.

나. 낙관적 동시성 제어

낙관적 동시성 제어(Optimistic Concurrency Control)에선 사용자들이 같은 데이터를 동시에 수정하지 않을 것이라고 가정한다. 따라서 데이터를 읽을 때는 Lock을 설정하지 않는다. 대신 수정 시점에 다른 사용자에 의해 값이 변경됐는지를 반드시 검사해야 한다.

아래는 낙관적 동시성 제어의 구현 예시다.

```
select    적립포인트, 방문횟수, 최근방문일시, 구매실적 into :a, :b, :c, :d
from      고객
where     고객번호 = :cust_num;
```

```
-- 새로운 적립포인트 계산
update     고객 set 적립포인트 = :적립포인트
where      고객번호    = :cust_num
and        적립포인트   = :a
and        방문횟수    = :b
and        최근방문일시 = :c
and        구매실적    = :d ;

if sql%rowcount = 0 then
  alert('다른 사용자에 의해 변경됐습니다.');
end if;
```

최종 변경일시를 관리하는 칼럼이 있다면, 다음과 같이 좀 더 간단하게 구현할 수 있다.

```
select     적립포인트, 방문횟수, 최근방문일시, 구매실적, 변경일시
into       :a, :b, :c, :d, :mod_dt
from       고객
where      고객번호 = :cust_num;

-- 새로운 적립포인트 계산

update     고객 set 적립포인트 = :적립포인트, 변경일시 = SYSDATE
where      고객번호 = :cust_num
and        변경일시 = :mod_dt ;   -- 최종 변경일시가 앞서 읽은 값과 같은지 비교
```

2. 다중버전 동시성 제어

가. 일반적인 Locking 메커니즘의 문제점

동시성 제어의 목표는, 동시에 실행되는 트랜잭션 수를 최대화하면서도 입력·수정·삭제·검색 시 데이터 무결성을 유지하는 데에 있다고 했다. 그런데 읽기 작업에 공유 Lock을 사용하는 일반적인 Locking 메커니즘에서는 읽기 작업과 쓰기 작업이 서로 방해를 일으키기 때문에 종종 동시성에 문제가 생기곤 한다.

또한 데이터 일관성에 문제가 생기는 경우도 있어 이를 해결하려면 Lock을 더 오랫동안 유지하거나 테이블 레벨 Lock을 사용해야 하므로 동시성을 더 심각하게 떨어뜨리는 결과를 낳는다.

어떤 경우인지 예를 들어보자. 다음과 같이 10개의 계좌를 가진 계좌 테이블이 있고, 잔고는 각각 1000원씩이다.

계좌번호	1	2	3	4	5	6	7	8	9	10
잔고	1,000	1,000	1,000	1,000	1,000	1,000	1,000	1,000	1,000	1,000

이 테이블에서 잔고 총합을 구하는 아래 쿼리가 TX1 트랜잭션에서 수행되기 시작했다.

```
TX1> select sum(잔고) from 계좌 ;
```

잠시 후 계좌이체를 처리하는 아래 TX2 트랜잭션도 작업을 시작했다고 가정하자.

```
TX2> update 계좌 set 잔고 = 잔고 + 100 where 계좌번호 = 7;   -- ①
TX2> update 계좌 set 잔고 = 잔고 - 100 where 계좌번호 = 3;   -- ②
TX2> commit;
```

1. TX1 : 2번 계좌까지 읽는다. 현재까지의 잔고 총합은 2,000원이다.
2. TX2 : ①번 update를 실행한다. 7번 계좌 잔고는 1,100원이 됐고, 아직 커밋되지 않은 상태다.
3. TX1 : 6번 계좌까지 읽어 내려간다. 현재까지의 잔고 총합은 5,000원이다.
4. TX2 : ②번 update를 실행함으로써 3번 계좌는 900원, 7번 계좌는 1,100인 상태에서 커밋한다.
5. TX1 : 10번 계좌까지 읽어 내려간다. 7번 계좌 잔고를 1,100으로 바꾼 TX2 트랜잭션이 커밋됐으므로 이 값을 읽어서 구한 잔고 총합은 10,100이 된다.

어떤 일이 발생했는가? TX2 트랜잭션이 진행되기 직전의 잔고 총합은 10,000원이었고, TX2 트랜잭션이 완료된 직후의 잔고 총합도 10,000원이다. 어느 순간에도 잔고 총합이 10,100원인 순간은 없었으므로 방금 TX1의 쿼리 결과는 일관성 없게 구해진 값이다.

위와 같은 비일관성 읽기 문제를 해결하기 위한 일반적인 해법은 트랜잭션 격리성 수준을 상향 조정하는 것이다. 기본 트랜잭션 격리성 수준(Read Committed)에서는 값을 읽는 순간에만 공유 Lock을 걸었다가 다음 레코드로 이동할 때 Lock을 해제해서 위와 같은 현상이 발생했기 때문이다.

트랜잭션 격리성 수준을 Repeatable Read로 올리면 TX1 쿼리가 진행되는 동안 읽은 레코드는 공유 Lock이 계속 유지되며, 심지어 쿼리가 끝나고 다음 쿼리가 진행되는 동안에도 유지된다.

이처럼 트랜잭션 격리성 수준을 상향 조정하면 일관성이 높아지지만, Lock이 더 오래 유지됨으로 인해 동시성을 저하시키고 교착상태가 발생할 가능성도 커진다. 바로 위 사례가 대표적인 케이스다. TX2가 ①번 update를 통해 7번 레코드에 배타적 Lock을 설정하고 TX1은 3번 레코드에 공유 Lock을 설정한다. TX2는 ②번 update를 실행하는 단계에서 3번 레코드에 걸린 공유 Lock을 대기하게 되고, TX1이 7번 레코드를 읽으려는 순간 영원히 Lock이 풀릴 수 없는 교착상태에 빠진다. 이 때문에 테이블 레벨 Lock을 사용해야만 할 수도 있고, 이는 동시성을 더 심하게 저하시킨다.

나. 다중버전 동시성 제어

읽기 작업과 쓰기 작업이 서로 방해해 동시성을 떨어뜨리고, 공유 Lock을 사용함에도 데이터 일관성이 훼손될 수 있는 문제를 해결하려고 Oracle은 버전 3부터 다중버전 동시성 제어(Multiversion Concurrency Control, 이하 MVCC) 메커니즘을 사용해 왔다. MS SQL Server도 2005 버전부터, IBM DB2도 9.7 버전부터 이 동시성 제어 메커니즘을 제공하기 시작했다. 이처럼 DBMS 벤더들이 MVCC 모델을 채택하는 이유는 동시성과 일관성을 동시에 높이기 위해서다.

MVCC 메커니즘을 간단히 요약하면 다음과 같다.

■ 데이터를 변경할 때마다 그 변경사항을 Undo 영역에 저장해 둔다.
■ 데이터를 읽다가 쿼리(또는 트랜잭션) 시작 시점 이후에 변경된(변경이 진행 중이거나 이미 커밋된) 값을 발견하면, Undo 영역에 저장된 정보를 이용해 쿼리(또는 트랜잭션) 시작 시점의 일관성 있는 버전(CR Copy)을 생성하고 그것을 읽는다.

쿼리 도중에 배타적 Lock이 걸린, 즉 변경이 진행 중인 레코드를 만나더라도 대기하지 않기 때문에 동시성 측면에서 매우 유리하다. 사용자에게 제공되는 데이터의 기준 시점이 쿼리(또는 트랜잭션) 시작 시점으로 고정되기 때문에 일관성 측면에서도 유리하다.

MVCC에 장점만 있는 것은 아니다. Undo 블록 I/O, CR Copy 생성, CR 블록 캐싱 같은 부가적인 작업 때문에 생기는 오버헤드도 무시할 수 없다.

참고로 Oracle은 Undo 데이터를 Undo 세그먼트에 저장하고, SQL Server는 tempdb에 저장한다.

MVCC를 이용한 읽기 일관성에는 문장수준과 트랜잭션 수준이라는 2가지가 있다.

다. 문장수준 읽기 일관성

문장수준 읽기 일관성(Statement-Level Read Consistency)은, 다른 트랜잭션에 의해 데이터의 추가·변경·삭제가 발생하더라도 단일 SQL 문 내에서 일관성 있게 값을 읽는 것을 말한다. 일관성 기준 시점은 쿼리 시작 시점이 된다.

[그림 III-7-4]는 10023 시점에 시작된 쿼리가 10023 시점 이후에 변경된 데이터 블록을 만났을 때, Rollback(=Undo) 세그먼트에 저장된 정보를 이용해 10023 이전 시점으로 되돌리고서 값을 읽는 것을 표현하고 있다.

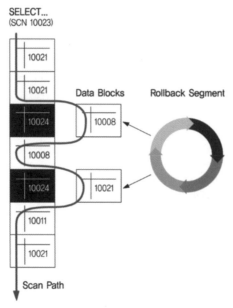

[그림 III-7-4] Undo 테이터를 이용한 읽기 일관성

SQL Server에서 문장수준 읽기 일관성 모드로 DB를 운영하려면 다음 명령을 수행해 주면 된다.

```
alter database 〈데이터베이스 이름〉 set read_committed_snapshot on;
```

라. 트랜잭션 수준 읽기 일관성

트랜잭션 수준 읽기 일관성(Transaction-Level Read Consistency)은, 다른 트랜잭션에 의해 데이터의 추가·변경·삭제가 발생하더라도 트랜잭션 내에서 일관성 있게 값을 읽는 것을 말한다.

기본 트랜잭션 격리성 수준(Read Committed)에서 완벽한 문장 수준의 읽기 일관성을 보장하는 MVCC 메커니즘도 트랜잭션 수준의 읽기 일관성은 보장하지 않는다. 물론 일반적인 Locking 메커니즘도 트랜잭션 수준의 읽기 일관성은 보장하지 않는다. 트랜잭션 수준으로 완벽한 읽기 일관성을 보장받으려면 격리성 수준을 Serializable Read로 올려주어야 한다.

트랜잭션 격리성 수준을 Serializable Read로 상향 조정하면, 일관성 기준 시점은 트랜잭션 시작 시점이 된다. 물론 트랜잭션이 진행되는 동안 자신이 발생시킨 변경사항은 그대로 읽는다.

SQL Server에서 트랜잭션 읽기 일관성 모드로 DB를 운영하려면 먼저 아래 명령을 수행해 주어야 한다.

```
alter database 〈데이터베이스 이름〉 set allow_snapshot_isolation on;
```

그리고 트랜잭션을 시작하기 전에 트랜잭션 격리성 수준을 다음과 같이 'snapshot'으로 변경해 주면 된다.

```
set transaction isolation level snapshot

begin tran
    select ... ;
    update ... ;
commit;
```

마. Snapshot too old

세상에 공짜는 없다. Undo 데이터를 활용해서 높은 수준의 동시성과 읽기 일관성을 유지하는 대신, 일반적인 Locking 메커니즘에 없는 Snapshot too old 에러가 MVCC에서 발생한다. 대용량 데이터를 처리할 때 종종 개발자를 괴롭히는 것으로 악명 높은 이 에러는, Undo 영역에 저장된 Undo 정보가 다른 트랜잭션에 의해 재사용돼 필요한 CR Copy을 생성할 수 없을 때 발생한다(좀 더 세부적인 메커니즘으로 들어가면 블록 클린아웃에 실패했을 때도 발생하는데, 이에 대한 설명은 생략하기로 한다).

이 에러의 발생 가능성을 줄이기 위해 DBMS 벤더 측의 노력이 계속되고 있지만, 아직 완벽한 해결책은 마련되지 못하고 있다. 따라서 이를 회피하기 위한 DBA 또는 개발자의 노력이 여전히 필요한 상태다. Snapshot too old 에러 발생 가능성을 줄이는 방법은 다음과 같다.

1. Undo 영역의 크기를 증가시킨다.
2. 불필요하게 커밋을 자주 수행하지 않는다.
3. fetch across commit 형태의 프로그램 작성을 피해 다른 방식으로 구현한다. ANSI 표준에 따르면 커밋 이전에 열려 있던 커서는 더는 Fetch하면 안 된다. 다른 방식으로 구현하기 어렵다면 커밋 횟수를 줄여본다.
4. 트랜잭션이 몰리는 시간대에 오래 걸리는 쿼리가 같이 수행되지 않도록 시간을 조정한다.
5. 큰 테이블을 일정 범위로 나누어 읽고 단계적으로 실행할 수 있도록 코딩한다. Snapshot too old 발생 가능성을 줄일 뿐 아니라 문제가 발생했을 때 특정 부분부터 다시 시작할 수도 있어 유리하다. 물론 그렇게 해도 읽기 일관성에 문제가 없을 때만 적용해야 한다.
6. 오랜 시간에 걸쳐 같은 블록을 여러 번 방문하는 Nested Loop 형태의 조인문 또는 인덱스를 경유한 테이블 액세스를 수반하는 프로그램이 있는지 체크하고, 이를 회피할 수 있는 방법(조인 메소드 변경, Full Table Scan 등)을 찾는다.
7. 소트 부하를 감수하더라도 order by 등을 강제로 삽입해 소트연산이 발생하도록 한다.
8. 대량 업데이트 후에 곧바로 해당 테이블 또는 인덱스를 Full Scan하도록 쿼리를 수행하는 것도 하나의 해결방법이 될 수 있다.

```
select /*+ full(t) */ count(*) from table_name t
```

```
select count(*) from table_name where index_column > 0
```

장 요약

제1절 Lock

- 공유 Lock끼리는 호환되므로 한 자원에 여러 사용자가 동시에 공유 Lock을 설정할 수 있다.
- 배타적 Lock은 어떤 Lock 모드와도 호환되지 않아 오직 한 사용자만이 Lock을 설정할 수 있다.
- Oracle은 데이터를 읽을 때 공유 Lock을 사용하지 않는다. 따라서 읽기 작업이 갱신 작업을 방해하거나 기다리지 않는다.
- Oracle이 공유 Lock을 사용하지 않고도 일관성을 유지할 수 있는 것은 Undo 데이터를 이용한 다중버전 동시성 제어 메커니즘을 사용하기 때문이다.
- 블로킹(Blocking)과 교착상태(Deadlock)는 다르다. 블로킹은, Lock 경합이 발생해 특정 세션이 작업을 진행하지 못하고 멈춰 선 상태를 말한다. 교착상태(Deadlock)는, 두 세션이 각각 Lock을 설정한 리소스를, 서로 액세스하려고 마주 보고 진행하는 상황을 말한다. 둘 중 하나가 뒤로 물러나지 않으면 영영 풀릴 수 없다.

제2절 트랜잭션

- 트랜잭션(Transaction)은 업무 처리를 위한 논리적인 작업 단위다.
- 트랜잭션의 주요 특징은 원자성, 일관성, 격리성, 영속성으로 요약된다.
- 낮은 단계의 격리성 수준에서 발생할 수 있는 현상으로는, Dirty Read, Non-Repeatable Read, Phantom Read가 있다.
- ANSI/ISO SQL 표준에서 정의한 트랜잭션 격리성 수준으로는 Read Uncommitted, Read Committed, Repeatable Read, Serializable Read 4가지가 있다.

제3절 동시성 제어

- 다수 사용자에 의한 다중 트랜잭션이 동시에 작동할 때 DBMS는 이들 트랜잭션의 상호 간섭 작용에서 데이터베이스를 보호할 수 있어야 하며, 이를 동시성 제어라고 한다.
- 다수 사용자가 데이터를 동시에 액세스할 때 Lock을 통해 직렬화한다.
- 동시성 제어가 어려운 이유는 동시성과 일관성은 트레이드 오프 관계이기 때문이다.
- 동시에 실행되는 트랜잭션 수를 최대화하면서도 입력, 수정, 삭제, 검색 시 데이터 무결성이 유지되도록 노력해야 한다.
- 동시성 제어 기법에는 비관적 동시성 제어와 낙관적 동시성 제어가 있다.
- Oracle을 시작으로 많은 DBMS가 다중버전 동시성 제어(MVCC) 메커니즘을 도입하고 있다.
- MVCC 메커니즘 하에서는 읽기 작업과 쓰기 작업이 서로 방해하지 않아 동시성을 높이면서도 높은 읽기 일관성을 유지해 준다.
- 문장수준 읽기 일관성은, 다른 트랜잭션에 의해 데이터의 추가·변경·삭제가 발생하더라도 단일 SQL 문 내에서 일관성 있게 값을 읽는 것을 말한다. 일관성 기준 시점은 쿼리 시작 시점이 된다.
- 트랜잭션 수준 읽기 일관성은, 다른 트랜잭션에 의해 데이터의 추가·변경·삭제가 발생하더라도 트랜잭션 내에서 일관성 있게 값을 읽는 것을 말한다. 일관성 기준 시점은 트랜잭션 시작 시점이 된다.

연습문제

문제 1. 다음 중 Oracle Lock에 대해 잘못 설명한 것은?
① 다른 트랜잭션이 갱신 중인 레코드를 읽고자 할 때 대기하지 않아도 된다.
② 다른 트랜잭션이 갱신 중인 레코드를 갱신하고자 할 때 대기해야 한다.
③ 다른 트랜잭션이 읽고 있는 레코드를 갱신하고자 할 때 대기해야 한다.
④ 아무리 많은 데이터를 갱신하더라도 Lock Escalation이 발생하지 않는다.

문제 2. 다음 중 교착상태 발생 가능성을 줄이는 방안으로 적절치 않은 것은?
① 원자성을 훼손하지 않는 수준에서 트랜잭션을 가능한 짧게 정의하고, 같은 데이터를 갱신하는 트랜잭션이 동시에 수행되지 않도록 설계한다.
② 트랜잭션 격리성 수준을 상향 조정한다.
③ SQL 문장이 가장 빠른 시간 내에 처리를 완료하도록 하는 것이 Lock 튜닝의 기본이다.
④ 테이블 접근 순서를 같게 처리한다.

문제 3. 트랜잭션의 4가지 주요 특징 중 '트랜잭션이 실행을 완료하고 나서 데이터베이스가 모순된 상태에 놓이지 않아야 한다'는 내용과 관련 있는 것은?
① 원자성(Atomicity)　　② 일관성(Consistency)
③ 격리성(Isolation)　　④ 영속성(Durability)

문제 4. EMP 테이블 7788번 사원의 SAL 값이 현재 1,000인 상황에서 아래 TX1, TX2 두 개의 트랜잭션이 동시에 수행됐다. 양쪽 트랜잭션이 모두 완료된 시점에 7788번 사원의 SAL 값은?

< TX1 >	시점	< TX2 >
update emp set sal = sal + 100 where empno = 7788;	t1	
	t2	update emp set sal = sal + 200 where empno = 7788;
commit;	t3	
	t4	commit;

① 1,000　　② 1,100　　③ 1,200　　④ 1,300

문제 5. Oracle에서 Snapshot too old 에러를 피하는 방법으로 적절치 않은 것은?
① 커밋을 자주 수행한다.
② 대량 업데이트 후에 곧바로 해당 테이블 또는 인덱스를 Full Scan한다.
③ order by 등을 강제로 삽입해 소트연산이 발생하도록 한다.
④ Undo 영역의 크기를 증가시킨다.

SQL

Professional · Developer

부록 A

데이터 형식, 함수 비교

※ 아래 내용은 Oracle과 SQL Server의 데이터 유형과 중요 함수의 차이에 대한 이해를 돕기 위한 일반적인
참조 내용이므로, 상세 제약 조건이나 버전 변경 등에 의한 최신 변경 사항은 벤더사의 매뉴얼을 확인해야 한다.

[참조1] Microsoft SQL Server Num eric Data Types and Oracle Database Equivalent Precision

Microsoft SQL Server			Oracle Database
Data Type	Numeric Type	Valid Range	Data Type
bigint	Integer	-2^63 (-9,223,372,036,854,775,808) through 2^63-1 (9,223,372,036,854,775,807)	NUMBER(19)
int	Integer	-2^31 (-2,147,483,648) through 2^31 - 1 (2,147,483,647)	NUMBER(10)
smallint	Integer	-2^15 (-32,768) through 2^15 - 1 (32,767)	NUMBER(6)
tinyint	Integer	0 through 255	NUMBER(3)
decimal(p,s)	Fixed Precision Decimal	-10^38 +1 through 10^38 1	NUMBER(p,s)
numeric(p,s)	See decimal	-10^38 +1 through 10^38 1	NUMBER(p,s)
money	Money (Accurate to 10000th Unit)	-2^63 (-922,337,203,685,477.5808) through 2^63 - 1 (+922,337,203,685,477.5807)	NUMBER(19,4)
smallmoney	Money (Accurate to 10000th Unit)	-214,748.3648 through +214,748.3647	NUMBER(10,4)
float	Floating Point	-1.79E + 308 through -2.23E - 308, 0 and 2.23E + 308 through 1.79E + 308	NUMBER
Real	Floating Point	-3.40E + 38 through -1.18E - 38, 0 and 1.18E - 38 through 3.40E + 38	NUMBER

[참조2] Oracle Database Expression for Converting to Numeric Data Types

Microsoft SQL Server Numeric Data Type	Oracle Database Equivalent for Microsoft SQL Server CONVERT Function
TINYINT	TRUNC(TO_NUMBER(expression))
SMALLINT	TRUNC(TO_NUMBER(expression))
INT	TRUNC(TO_NUMBER(expression))
BIGINT	TRUNC(TO_NUMBER(expression))
DECIMAL(p,s)	CAST(expression AS NUMBER(p,s))
NUMERIC(p,s)	CAST(expression AS NUMBER(p,s))
MONEY	CAST(expression AS NUMBER(19,4))
SMALLMONEY	CAST(expression AS NUMBER(10,4))
FLOAT	CAST(expression AS NUMBER)
REAL	CAST(expression AS NUMBER)

[참조3] Microsoft SQL Server Numeric Data Types and their Oracle Database Equivalent

Microsoft SQL Server			Oracle Database Equivalent	
Data Type	Type	Max Length (characters)	Data Type	Max Length (characters)
CHAR	Fixed-length	8000	CHAR	2000
VARCHAR	Variable-length	8000	VARCHAR2	4000
TEXT VARCHAR(MAX)	Variable-length	2,147,483,647	CLOB	4,294,967,296
NCHAR	Fixed-length Unicode	4000	NCHAR	2000
NVARCHAR	Variable-length Unicode	4000	NVARCHAR2	4000
NTEXT NVARCHAR(MAX)	Variable-length Unicode	1,073,741,823	NCLOB	2,147,483,648

[참조4] Microsoft SQL Server Binary Data Types and their Oracle Database Equivalent

Microsoft SQL Server			Oracle Database Equivalent	
Data Type	Type	Max Length (bytes)	Data Type	Max Length (bytes)
BIT	bits	n	NUMBER(n)	38
BINARY	Fixed Length Binary	8000	BLOB	4 Gigabytes
VARBINARY	Variable Length Binary	8000	BLOB	4 Gigabytes
IMAGE VARBINARY(MAX)	Variable Length Binary	2^31 - 1 (2,147,483,647)	BLOB	4 Gigabytes

[참조5] Microsoft SQL Server Aggregate Functions and their equivalent Oracle Database Aggregate Functions

Microsoft SQL Server Function	Oracle Equivalent	Oracle usage considerations
AVG	AVG	
BINARY_CHECKSUM	None	
CHECKSUM	None	
CHECKSUM_AGG	None	
COUNT	COUNT	
COUNT_BIG	COUNT	In Microsoft SQL Server COUNT_BIG always returns a BIGINT data type value. COUNT always returns an INT data type value. Oracle Database always returns a NUMBER data type value from COUNT.
GROUPING	GROUPING	
MAX	MAX	
MIN	MIN	
STDEV	STDEV	
STDEVP	STDDEV_POP	
SUM	SUM	
VAR	VARIANCE	
VARP	VAR_POP	

[참조6] Microsoft SQL Server Date Data Types and their Oracle Database Equivalent Choosing

Microsoft SQL Server		Oracle Database Equivalent	
Data Type	Accuracy	Data Type	Accuracy
DATETIME	3.33 ms	DATE	1 s
DATETIME	3.33 ms	TIMESTAMP(3)	1 ms
SMALLDATETIME	1 minute	DATE	1 s

[참조7] Microsoft SQL Server date styles and their equivalent Oracle Database date format strings

Style	Microsoft SQL Server Date Format	Oracle Database Date Format String
0 or None	mon dd yyyy hh:miAM (or PM)	Mon dd yyyy HH:MI:AM
1	mm/dd/yy	MM/DD/YY
2	yy.mm.dd	YY.MM.DD
3	dd/mm/yy	DD/MM/YY
4	dd.mm.yy	DD.MM.YY
5	dd-mm-yy	DD-MM-YY
6	dd mon yy	DD Mon YY
7	mon dd, yy	Mon DD, YY
8	hh:mm:ss	HH24:MI:SS
9	mon dd yyyy hh:mi:ss:mmmAM (or PM)	Mon dd yyyy HH:MI:SS:FF3AM*
10	mm-dd-yy	MM-DD-YY
11	yy/mm/dd	YY/MM/DD
12	yymmdd	YYMMDD
13	dd mon yyyy hh:mm:ss:mmm(24h)	DD Mon YYYY HH24:MI:SS:FF3*
14	hh:mi:ss:mmm(24h)	HH24:MI:SS:FF3
20	yyyy-mm-dd hh:mi:ss(24h)	YYYY-MM-DD HH24:MI:SS
21	yyyy-mm-dd hh:mi:ss.mmm(24h)	YYYY-MM-DD HH24:MI:SS.FF3*
100	mon dd yyyy hh:miAM (or PM)	Mon dd yyyy HH:MI:AM
101	mm/dd/yyyy	MM/DD/YYYY
102	yyyy.mm.dd	YYYY.MM.DD
103	dd/mm/yy	DD/MM/YYYY
104	dd.mm.yyyy	DD.MM.YYYY
105	dd-mm-yyyy	DD.MM.YYYY
106	dd mon yyyy	DD Mon YYYY
107	mon dd, yyyy	Mon DD, YYYY
108	hh:mm:ss	HH24:MI:SS
109	mon dd yyyy hh:mi:ss:mmmAM (or PM)	Mon DD YYYY HH:MI:SS:FF3AM*
110	mm-dd-yyyy	MM-DD-YYYY
111	yyyy/mm/dd	YYYY/MM/DD
112	yyyymmdd	YYYYMMDD
113	dd mon yyyy hh:mm:ss:mmm(24h)	DD Mon YYYY HH24:MI:SS:FF3*
114	hh:mi:ss:mmm(24h)	HH24:MI:SS:FF3
120	yyyy-mm-dd hh:mi:ss(24h)	YYYY-MM-DD HH24:MI:SS
121	yyyy-mm-dd hh:mi:ss.mmm(24h)	YYYY-MM-DD HH24:MI:SS.FF3*
126	yyyy-mm-ddThh:mm:ss.mmm	N/A
130	dd mon yyyy hh:mi:ss:mmmAM	N/A
131	dd/mm/yy	N/A

[참조8] Microsoft SQL Server Date and Time Functions and their equivalent Oracle Database Date and Time Functions

Microsoft SQL Server Function	Oracle Equivalent	Oracle usage considerations
DATEADD	See DATEADD.	
DATEDIFF	See DATEDIFF	
DATENAME	See DATENAME	
DATEPART	See DATEPART	
DAY(d)	TO_NUMBER (TO_CHAR(d,'DD'))	Microsoft® SQL Server interprets date zero (0) as January 1, 1900. Thus DAY(0) returns 1. Oracle does not support the concept of a zero date.
GETDATE	SYSDATE	Use SYSTIMESTAMP if you require fractional second precision.
GETUTCDATE	None	
MONTH(d)	TO_NUMBER (TO_CHAR(d,'MM'))	Microsoft® SQL Server interprets date zero (0) as January 1, 1900. Thus MONTH(0) returns 1. Oracle does not support the concept of a zero date.
YEAR(d)	TO_NUMBER (TO_CHAR(d,'YYYY'))	Microsoft® SQL Server interprets date zero (0) as January 1, 1900. Thus YEAR(0) returns 1900. Oracle does not support the concept of a zero date.

[참조9] Microsoft SQL Server date parts for the DATENAME Function and their Oracle equivalent

SQL Server Datepart constant	Datepart constant Abbreviation	Output Value Range	Equivalent Oracle Database expression
year	YY,YYYY	1753-9999	TO_CHAR(d, YYYY)
quarter	QQ,Q	1-4	TO_CHAR(d, Q)
month	MM,M	1-12	TO_CHAR(d, MM)
dayofyear	DD,D	1-366	TO_CHAR(d, DDD)
day	DD	1-31	TO_CHAR(d, DD)
week	WW,WK	1-54	TO_CHAR(d, IW)
weekday	DW	1-7	TO_CHAR(d, Day)
hour	HH	0-23	TO_TO_CHAR(d, HH24)
minute	MI,N	0-59	CHAR(d, MI)
seconds	SS,S	0-59	TO_CHAR(d, SS)
millisecond	MS	0-999	TO_CHAR(d, SSxFF3)

[참조10] Microsoft SQL Server Character String Functions and their equivalent Oracle Database Character String Functions

Microsoft SQL Server Function	Oracle Equivalent	Oracle usage considerations
ASCII	ASCII	
CHAR	CHR	
CHARINDEX	INSTR	
DIFFERENCE	None	Returns the numeric difference of the SOUNDEX values of the two strings.
LEFT(str,n)	SUBSTR(str,1,n)	
LEN(n)	LENGTH(n)	
LOWER	LOWER	
LTRIM	LTRIM	
NCHAR	None	Returns the Unicode character with the given integer code
PATINDEX	None	Returns the position of the pattern in the column value.
QUOTENAME	None	Creates a valid Unicode Microsoft SQL Server delimited identifier.
REPLACE	REPLACE	
REPLICATE(str,n)	rpad(str, length(str)*n, str)	Repeats a character expression for a specified number of times.
REVERSE	REVERSE	
RIGHT(str,n)	SUBSTR(str,-(n))	Note: In Oracle9i Database the length of str must be greater than n or the functions will return NULL.
RTRIM	RTRIM	
SOUNDEX	SOUNDEX	
SPACE(n)	RPAD(, n-1,)	
STR	TO_CHAR	For more information about conversion to Strings using the TO_CHAR function, see Oracle SQL Reference.
STUFF	None	
SUBSTRING	SUBSTR	
UNICODE	None	
UPPER	UPPER	

SQL

Professional · Developer

부록 B

연습문제 정답 및 해설

과목 Ⅰ. 데이터 모델링의 이해

제1장 데이터 모델링의 이해

1. ④

해설 : 데이터에 대한 관점, 프로세스에 대한 관점, 그리고 데이터와 프로세스가 서로 연관성이 표현이 되는 상관관점이 모델링할 때의 세가지 관점이 된다.

2. ②

해설 : 데이터 모델은 업무가 관련하는 어떤 것(Things)과 업무가 관여하는 어떤 것의 성격(Attributes), 그리고 업무가 관여하는 어떤 것의 연관성(Relationships)으로 구분이 된다.

3. ③

해설 : 엔터티는 발생시점에 따라 기본·핵심 엔터티(Basic Entity), 중심 엔터티(Main Entity), 행위 엔터티 (Active Entity)로 구분된다. 개념 엔터티(Conceptual Entity)라는 용어는 없으며, 추상화 수준이 높은 모델링의 단계로 개념 데이터 모델링이라고 표현한다.

4. ②

해설 : 다른 속성을 이용하여 계산된 속성으로 자신의 고유 값을 갖지 않고 파생·유추되어 재산정될 수 있는 속성은 파생 속성(Derived Attribute)이다.

5. ④

해설 : 엔터티는 속성을 2개 이상 가지고 있어야 한다.

6. ①

해설 : 속성에 대한 값의 범위 등 제약사항을 기술할 수 있는 것에 대한 데이터 모델 용어는 도메인(Domain)이다.

7. ②

해설 : 엔터티 간 1:1, 1:M 등 관계참여 인스턴스의 수를 지칭하는 것은 관계차수이다.

8. ④

해설 : 관계를 정의할 때 주요하게 체크해야 하는 사항은 업무기술서, 장표에 관계연결을 가능하게 하는 동사 (Verb)가 있는가이다.

9. ③

해설 : 식별자를 대체할 수 있는 성격에 따라 구분한 개념은 본질식별자-인조식별자이다.

10. ③

해설 : 부모엔터티로부터 속성을 받았지만 자식엔터티의 주식별자로 사용하지 않고 일반적인 속성으로만 사용하는 것은 비식별자관계(Non-Identifying Relationship)에 대한 설명이다.

제2장 데이터 모델과 SQL

1. ②

해설 : 식별자 전체가 아닌 일부에만 종속적인 것으로 제 2차정규형 위배이다.

2. ③

해설 : 계층형 데이터 모델은 자기 자신에게 조인을 수행하는 모델이다.

3. ③

해설 : 데이터는 태생적으로 트랜잭션 범위로 묶일 수 있으며, 이를 모델로 표현할 수 있다.

4. ①

해설 : Null은 값 자체가 없는 것으로 ''와 0과는 다른 것이다.

5. ②

해설 : 인조식별자는 인위적으로 만든 속성을 식별자로 선정한 것으로, 동일한 데이터가 발생했을 때 이를 DBMS에서 기본키 제약을 활용하여 차단할 수 없다.

과목 II. SQL 기본 및 활용

제1장 SQL 기본

1. ④

해설 : 데이터베이스에는 자료의 성격에 따라 N개의 테이블을 생성한다. 모든 자료들은 테이블에 입력되며, 조회·수정·삭제 할 수 있다.

2. ②

해설 : VARCHAR 유형은 가변 길이 문자형이다.

3. ③

해설 : 1=0 조건은 공집합이므로 일반 함수인 NVL 함수를 사용한 결과 건수는 0이다. 그러나 COUNT, MAX와 같은 집계 함수의 경우는 결과 값이 공집합인 경우에도 NULL을 출력하므로 결과 건수는 1이다.

4. ③

해설 : "_"와 "%"는 와일드카드(WILD CARD)로 하나의 글자 또는 모든 문자를 대신하여 사용되므로 두 번째 문자가 대문자 A인 경우만 출력하게 된다.

5. ①

해설 : 집계 함수는 집합에 대한 정보를 제공하므로 주로 숫자 유형에 사용된다. 추가로 MAX, MIN, COUNT 함수는 숫자 유형만 아니라 문자 유형, 날짜 유형에도 적용이 가능한 함수이다.

6. ③

해설 : 일반적인 SQL 문장에서 조회하는 데이터를 제한하기 위해서는 WHERE 절을 사용하지만, 그룹별로 조회할 때 집계 데이터에 대한 제한 조건을 사용하기 위해서는 HAVING 절을 사용한다.

7. ④

해설 : ORDER BY 절에서 정렬 기준이 생략되면 Default로 ASC(오름차순) 정렬되며, ORDER BY 절에는 칼럼(Column)명 대신에 SELECT 절에 기술한 칼럼(Column)의 순서 번호나 칼럼(Column)의 ALIAS 명을 대신해서 사용할 수 있다.

8. ①

해설 : FROM 절에 테이블에 대한 ALIAS를 사용했을 때, 중복된 이름이 있는 경우 SELECT 절에서는 반드시 ALIAS 명을 사용해야 한다.

9. ①

해설 : EQUI JOIN은 반드시 PK, FK 관계에 의해서만 성립되는 것은 아니다. 조인 칼럼이 1:1로 맵핑이 가능하면 사용할 수 있다.

10. ②

해설 : 여러 테이블로부터 원하는 데이터를 조회하기 위해서는 전체 테이블 개수에서 최소 N-1개 만큼의 JOIN 조건이 필요하다.

제2장 SQL 활용

1. ④

해설 : FROM 절에 정의된 서브쿼리는 INLINE VIEW이다. INLINE VIEW는 일반적으로 메인쿼리보다 먼저 수행되므로 SQL 문장 내에서 절차성을 주는 효과를 얻을 수 있다.

2. ④

해설 : 상호 연관 서브쿼리는 서브쿼리가 메인쿼리의 행 수만큼 실행되는 쿼리로서 실행 속도가 상대적으로 떨어지는 SQL 문장이다. 그러나 복잡한 일반 배치 프로그램을 대체할 수 있기 때문에 조건에 맞는다면 적극적인 검토가 필요하다.

3. ②

해설 : UNION ALL 연산자는 조회 결과에 대해 별도의 정렬 작업을 하지 않는다. 또한 중복 데이터에 대해서도 삭제하지 않고 여러 번 중복 표현한다.

4. ②

해설 : ROLLUP, CUBE는 GROUP BY의 확장된 형태로 병렬로 수행이 가능하고 사용하기가 쉽기 때문에 효과적이다. 다차원적인 집계가 필요한 경우는 CUBE를 사용한다.

5. ③

해설 : 그룹 내 순위 관련 WINDOW FUNCTION으로는 RANK, DENSE_RANK, ROW_NUMBER 함수가 있다. ③의 지문은 DENSE_RANK 함수에 대한 설명이며, CUMM_RANK 함수는 존재하지 않는다.

6. ③

해설 : 인라인 뷰에서 10행을 조회하고, 메인 쿼리에서 5행으로 제한하므로 5행이 반환된다.

7. ③

해설 : SELF JOIN은 하나의 테이블에서 두 개의 칼럼이 연관 관계를 가지고 있는 경우에 사용한다.

8. ④

해설 : SYS_CONNECT_BY_PATH 함수는 계층의 경로를 반환하므로 ,KING,JONES,SCOTT이 출력된다.

9. ③

해설 : 집계 함수에 사용한 sal, FOR 절에 사용한 deptno를 제외한 yyyy. job으로 집계된다.

10. ③

해설 : 123 패턴이 5번 반복된다.

제3장 관리 구문

1. ③

해설 : 데이터를 입력하기 위해서 "INSERT" 명령어를 사용한다.

2. ①

해설 : 데이터의 입력 및 수정 작업을 한 번에 할 수 있는 명령어는 "MERGE" 문이다.

3. ③

해설 : Commit과 Rollback의 장점은 다음과 같다.
- 데이터 무결성 보장
- 영구적인 변경을 하기 전에 데이터의 변경 사항 확인 가능
- 논리적으로 연관된 작업을 그룹핑하여 처리 가능

4. ①

해설 : 테이블명과 칼럼명은 반드시 문자로 시작해야 하며, 문자는 A-Z, a-z, 0-9, _, $, #만 허용한다.

5. ②

해설 : UNION 은 제약조건이 아니라 합집합 연산을 수행하는 집합 연산자이다.

6. ④

해설 : TRUNCATE TABLE 문은 테이블 구조는 그대로 유지한 채 데이터만 전부 삭제하는 명령어다.
- COMMIT 명령어를 수행하지 않더라도 영구적으로 반영되며, 로그가 없으므로 복구가 어렵다.
- 내부 처리 방식이나 Auto Commit 특성 등으로 인해 "DDL"로 분류한다.
- 전체 데이터를 삭제하는 경우 DELETE 문에 비해 훨씬 더 빠르다.

7. ②

해설 : 사용자로부터 기존에 부여된 데이터베이스 권한을 회수하는 명령어는 "REVOKE"이다.

과목 III. SQL 고급 활용 및 튜닝

제1장 SQL 수행 구조

1. ①

해설 : Oracle PMON 프로세스와 SQL Server OPS 쓰레드는 이상이 생긴 프로세스가 사용하던 리소스를 복구해 준다.

2. ④

해설 : SQL은 기본적으로 구조적(structured)이고 집합적(set-based)이고 선언적(declarative)인 질의 언어다.

3. ③

해설 : Process Monitor는 이상이 생긴 프로세스가 사용하던 리소스를 복구하는 역할을 한다.

4. ②

해설 : SQL Server에서 옵티마이저 힌트를 지정하는 방법으로는 테이블 힌트, 조인 힌트, 쿼리 힌트 3가지가 있다.

5. ③

해설 : 변경이 없는 테이블이라면 매일 통계정보를 수집하지 않아도 된다.

제2장 SQL 분석 도구

1. ①

해설 : Explain Plan으로는 예상 실행계획만 확인할 수 있다.

2. ④

해설 : show_plan, show_plan_all은 예상 실행계획을 출력하고 싶을 때 사용한다.

3. ①

해설 : latch: shared pool은 오라클 라이브러리 캐시에서 경합이 발생할 때 나타내는 대기 이벤트다.

4. Wait 또는 Queue

해설 : 'Service Time'은 프로세스가 정상적으로 동작하며 일을 수행한 시간을 말하며, 'CPU Time'이라고도 한다. 'Wait Time'은 프로세스가 어떤 이유에서건 잠시 수행을 멈추고 대기한 시간을 말하며, 'Queue Time'이라고도 한다.

제3장 인덱스 튜닝

1. ④

해설 : SQL Server는 null 값을 인덱스 맨 앞에 저장하고, Oracle은 맨 뒤에 저장한다.

2. ②

해설 : 인덱스 클러스터링 팩터를 좋게 하려면 테이블을 재생성해야 한다.

3. ②

해설 : [사번 + 일자]로 인덱스를 구성하면 인덱스 스캔 효율 자체는 최적이지만, 10만 개에 이르는 테이블 레코드를 읽는 과정에서의 성능 저하는 막을 수 없다.

사번을 키(Key)로 클러스터를 구성한다면 조건절에 맞지 않는 일자 데이터까지 모두 읽어야 하는 비효율이 있다.

일자 칼럼 기준으로 테이블을 Range 파티셔닝하고 Full Table Scan으로 처리하면 다른 사원 데이터까지 읽는 비효율이 있다.

4. ①

해설 : 인덱스 칼럼 순서를 아무리 바꾸어도 테이블 랜덤 액세스 횟수는 줄지 않는다.

제4장 조인 튜닝

1. ④

해설 : 대량의 데이터를 조인할 때도 Sort Merge Join보다 Hash Join이 더 빠를 때가 많다.

인덱스 스캔 상 비효율이 전혀 없더라도 NL Join은 대용량 데이터를 처리하는 데 한계를 보인다.

동시 사용자가 많은 OLTP 환경에서 Hash Join을 남발하는 것은 좋지 않다.

2. ②

해설 : 고객_IDX 인덱스를 읽고 나서 고객 테이블을 액세스하는 횟수는 많으나 대부분 필터링되고 있다. 고객에 대한 조건절로 사용된 고객등급이나 생일 칼럼이 인덱스에 포함돼 있지 않아 생기는 현상이므로 고객_IDX에 칼럼을 추가해 주어야 한다.

3. ②

해설 : ①부터 ④까지 각 힌트는 push_subq, leading, ordered, driving_site에 대해 설명하고 있다.

제5장 SQL 옵티마이저

1. ④

해설 : 공유 풀 관리는 공간을 필요로 하는 서버 프로세스에 의해 이루어진다. 옵티마이저도 서버 프로세스의 서브 엔진모듈 중 하나이지만, 공유 풀 관리와는 무관하다.

2. ③

해설 : 대용량 데이터베이스를 처리하는 DW, OLAP성 애플리케이션이라면 전체 처리속도 최적화를 목표로 옵티마이저 모드를 설정하는 것이 타당하다.

3. ①

해설 : 실행계획을 수립할 때, SQL 문이 참조하는 테이블 데이터량이나 인덱스 크기는 옵티마이저의 고려 대상이지만, 시스템 전체의 테이블 개수는 고려 대상이 아니다.

4. ③

해설 : 캐시에서 SQL 실행계획을 찾지 못할 때만 실행계획을 새로 생성한다. 그리고 DW 환경에선 동시 사용자 수가 적고 Long Running 쿼리 위주여서 파싱부하가 미미하다. 오히려 상수 조건절을 사용함으로써 옵티마이저가 칼럼 히스토그램을 활용할 수 있도록 하는 것이 유리하다.

5. ①

해설 : 뷰 Merging, 서브쿼리 Unnesting이 항상 좋은 성능을 보장하진 않는다. 비용기반(Cost-based) 쿼리 변환이 도입된 것도 그 때문이다.

제6장 고급 SQL 튜닝

1. ③

해설 : 예시한 문장에 union 대신 union all을 사용하면 결과가 틀릴 수 있다. 그리고 10만 명 중 4만 명의 사원 레코드를 인덱스로 읽는다면 오히려 느릴 것이다.

2. ①

해설 : 대량의 데이터를 클라이언트에게 한 번에 전송하는 방법은 없다. 따라서 부분범위처리는 Oracle뿐만 아니라 모든 DBMS에 공통적으로 적용되는 메커니즘이다.

3.

```
select item_no
from    sales s
where   ord_date = '20100304'
and     not exists (select 'x'
            from sales
            where ord_date = '20100303'
            and   item_no = s.item_no)
```

distinct, minus 같은 연산자를 포함한 SQL은 부분범위처리가 불가능하다.

4.

```
select nvl(min(주문순번), 0), nvl(max(주문순번), 0)
from (
    select min(주문순번) 주문순번
    from   주문 a
    where  주문일자 = :ord_dt
    union  all
    select max(주문순번) 주문순번
    from   주문 a
    where  주문일자 = :ord_dt
)
```

또는

```
select nvl(최소주문순번, 0), nvl(최대주문순번, 0)
from  (select min(주문순번) 최소주문순번 from 주문 where 주문일자 = :ord_dt)
      ,(select max(주문순번) 최대주문순번 from 주문 where 주문일자 = :ord_dt)
```

5. ④

해설 : nologging은 테이블에 지정하는 옵션이다.

6.

```
merge into emp e
using emp_copy c on (e.empno = c.empno)
when matched then update
    set e.ename = c.ename, e.deptno = c.deptno, e.sal = c.sal
when not matched then insert (empno, ename, deptno, sal) values
(c.empno, c.ename, c.deptno, c.sal);
```

7. ①

해설 : 사용자 정의 함수를 사용해 성능을 향상시킬 수도 있다.

메인 쿼리가 자신의 시작 시점을 기준으로 일관성 있게 값을 읽는 것과 마찬가지로 함수 내에서 수행되는 Recursive 쿼리도 자신이 호출되는 시점을 기준으로 블록을 읽는다. 따라서 함수에서 읽는 대상 레코드의 값이 다른 트랜잭션에 의해 바뀌면, 함수에서 반환되는 값도 바뀔 수 있다.

8. ②

해설 : 배치 프로그램은 전체 처리속도 최적화를 목표로 설정해야 한다.

제7장 Lock과 트랜잭션 동시성 제어

1. ③

해설 : Oracle은 데이터 읽기와 쓰기 작업이 서로 방해하지 않는다.

2. ②

해설 : 트랜잭션 격리성 수준을 상향 조정하면 교착상태 발생 가능성이 높아진다.

3. ②

해설 : 일관성(Consistency)은 일관된 상태의 데이터베이스에서 하나의 트랜잭션을 성공적으로 완료하고 나면 그 데이터베이스는 여전히 일관된 상태여야 함을 의미한다. 즉 트랜잭션 실행의 결과로 데이터베이스 상태가 모순되지 않아야 한다.

4. ④

해설 : tx2의 update 문은 배타적 Lock 때문에 대기했다가 tx1 트랜잭션이 커밋한 후에 처리를 계속한다. tx1에 의해 1,100으로 바뀐 값을 읽어 200을 더하므로 최종 결과는 1,300이 된다.

5. ①

해설 : 커밋을 자주 수행하면 Snapshot too old 발생 가능성이 높아진다.

SQL

Professional·Developer

부록 C

핵심 용어 해설

핵심용어 풀이

- **개념적 데이터 모델링**
  추상화 수준이 높고 업무중심적이고 포괄적인 수준의 모델링 진행. 전사적 데이터 모델링, EA 수립 시 많이 이용

- **격리성(Isolation)**
  실행 중인 트랜잭션의 중간결과를 다른 트랜잭션이 접근할 수 없다.

- **공유 Lock(Shared Lock)**
  데이터를 읽고자 할 때 사용하며, 다른 공유 Lock과는 호환되지만 배타적 Lock과는 호환되지 않는다.

- **관계**
  엔터티의 인스턴스 사이의 논리적인 연관성으로서 존재의 형태로서나 행위로서 서로에게 연관성이 부여된 상태

- **교착상태(Deadlock)**
  두 세션이 각각 Lock을 설정한 리소스를 서로 액세스하려고 마주보며 진행하는 상황을 말하며, 둘 중 하나가 물러나야 해결된다.

- **규칙기반 옵티마이저(Rule-Based Optimizer)**
  미리 정해 놓은 규칙에 따라 액세스 경로를 평가하고 실행계획을 선택해 주는 옵티마이저다.

- **낙관적 동시성 제어(Optimistic Concurrency Control)**
  사용자들이 같은 데이터를 동시에 수정하지 않을 것이라고 가정함으로써, 데이터를 읽을 때는 Lock을 설정하지 않는다. 대신 수정 시점에 다른 사용자에 의해 값이 변경됐는지를 검사하는 동시성 제어 기법을 말한다.

- **논리적 데이터 모델링**
  시스템으로 구축하고자 하는 업무에 대해 Key, 속성, 관계 등을 정확하게 표현. 재사용성이 높음

- **다중버전 동시성 제어(Multiversion Concurrency Control, MVCC)**
  현재 진행 중인 트랜잭션에 의해 변경된 데이터를 읽고자 할 때는 변경 이전 상태로 되돌린 버전을 읽는 방식이다.

- **데이터 모델링**
  기업 업무에 대한 종합적인 이해를 바탕으로 데이터에 존재하는 업무 규칙(Business Rule)에 대하여 참(True) 또는 거짓(False)을 판별할 수 있는 사실(사실명제)을 어떻게(How), 누가(Who) 접근하는지를 정의하고, 이에 대한 전산화와는 별개의(독립적인) 관점에서 이를 명확하게 표현하는 추상화 기법

- **데이터 독립성**
  ANSI/SPARC에서 제시한 외부단계와 개념적 단계, 내부적 단계로 구성된 서로 독립적인 데이터베이스 스키마 구조에서 외부와 개념, 개념과 내부 단계에 대한 독립성을 의미

- **동시성 제어(Concurrency Control)**

  다수 사용자에 의한 다중 트랜잭션이 동시에 작동할 때 DBMS는 이들 트랜잭션의 상호 간섭 작용에서 데이터베이스를 보호할 수 있어야 하며, 이를 동시성 제어라고 한다.

- **동적 파티션 Pruning(Dynamic Partition Pruning)**

  액세스할 파티션을 실행 시점(Run-Time)에서야 결정한다. 파티션 키 칼럼을 바인드 변수로 조회하는 경우가 대표적이다. NL Join할 때도 Inner 테이블이 조인 칼럼 기준으로 파티셔닝 돼 있으면 동적 Pruning이 작동한다.

- **디스크 소트(To-Disk Sort)**

  할당받은 소트 영역 내에서 정렬을 완료하지 못해 디스크 공간까지 사용하는 경우를 말하며, 'External Sort'라고도 한다.

- **메모리 소트(In-Memory Sort)**

  전체 데이터의 정렬 작업을 할당받은 소트 영역 내에서 완료하는 것을 말하며, 'Internal Sort' 또는 'Optimal Sort'라고도 한다.

- **모델(Model)**

  모형(模型), 축소형(縮小型)의 의미로 사람이 살아가면서 나타날 수 있는 다양한 현상에 대해서 일정한 표기법에 의해 표현해 놓은 모형

- **문장수준 읽기 일관성(Statement-Level Read Consistency)**

  다른 트랜잭션에 의해 데이터의 추가, 변경, 삭제가 발생하더라도 단일 SQL 문 내에서 일관성 있게 값을 읽는 것을 말한다. 일관성 기준 시점은 쿼리 시작 시점이 된다.

- **물리적 데이터 모델링**

  실제로 데이터베이스에 이식할 수 있도록 저장공간, 성능 등 물리적인 성격을 고려하여 설계

- **반정규화(De-Normalization)**

  정규화된 엔터티, 속성, 관계에 대해 시스템의 성능 향상과 개발(Development), 운영(Maintenance)의 단순화를 위해 중복, 통합, 분리 등을 수행하는 데이터 모델링의 기법

- **배타적 Lock(Exclusive Lock)**

  데이터를 변경하고자 할 때 사용되며, 어떤 모드의 Lock과도 호환되지 않는다.

- **버퍼 캐시 히트율(Buffer Cache Hit Ratio)**

  전체 읽은 블록 중에서 메모리 버퍼 캐시에서 찾은 비율을 말한다. 즉 물리적인 디스크 읽기를 수반하지 않고 곧바로 메모리에서 블록을 찾은 비율로서, 구하는 공식은 다음과 같다.

  버퍼 캐시 히트율 = (버퍼 캐시에서 곧바로 찾은 블록 수 / 총 읽은 블록 수) × 100

- **병렬 서버 프로세스**

  실제 병렬 작업을 수행하는 개별 프로세스를 말한다.

- **부분범위처리**
  쿼리 결과집합을 전송할 때, 전체 데이터를 연속적으로 전송하지 않고 사용자로부터 Fetch Call이 있을 때마다 일정량씩 나누어서 전송하는 것을 말한다.

- **분산 데이터베이스**
  분산 데이터베이스는 데이터베이스를 연결하는 빠른 네트워크 환경을 이용하여 데이터베이스를 여러 지역, 여러 노드로 위치시켜 사용성/성능을 향상시킨 데이터베이스

- **블로킹(Blocking)**
  Lock 경합이 발생해 특정 세션이 작업을 진행하지 못하고 멈춰 선 상태를 말한다.

- **비관적 동시성 제어(Pessimistic Concurrency Control)**
  사용자들이 같은 데이터를 동시에 수정할 것이라고 가정함으로써, 데이터를 읽는 시점에 설정한 Lock을 트랜잭션이 완료될 때까지 유지하는 동시성 제어 기법을 말한다.

- **비식별자관계**
  부모로부터 받은 주식별자를 자식 엔터티의 주식별자가 아닌 일반 속성으로 이용하는 연관관계

- **비용(Cost)**
  쿼리를 수행하는 데 소요될 것으로 예상되는 일량 또는 시간을 말한다.

- **비용기반 옵티마이저(Cost-Based Optimizer)**
  비용을 기반으로 최적화를 수행하는 옵티마이저다. 여기서 '비용(Cost)'이란 쿼리를 수행하는 데 소요되는 일량 또는 시간을 뜻한다.

- **비용기반(Cost-based) 쿼리 변환**
  변환된 쿼리의 비용이 더 낮을 때만 그것을 사용하고, 그렇지 않을 때는 원본 쿼리 그대로 두고 최적화를 수행하는 것을 말한다.

- **선택도(Selectivity)**
  전체 대상 레코드 중에서 특정 조건에 의해 선택될 것으로 예상되는 레코드 비율을 말한다.

- **성능 데이터 모델링**
  데이터베이스 성능 향상을 목적으로 설계단계의 데이터 모델링 때부터 정규화, 반정규화, 테이블통합, 테이블분할, 조인구조, PK, FK 등 여러 가지 성능과 관련된 사항이 데이터 모델링에 반영될 수 있도록 하는 것

- **소프트 파싱(Soft Parsing)**
  SQL과 실행계획을 캐시에서 찾아 곧바로 실행단계로 넘어가는 경우를 말한다.

- **속성**
  업무에서 필요로 하는 인스턴스에서 관리하고자 하는 의미상 더 이상 분리되지 않는 최소의 데이터 단위

- **식별자(Identifier)**

  여러 개의 집합체를 담고 있는 하나의 통에서 각각의 인스턴스를 구분할 수 있는 논리적인 이름

- **식별자관계**

  부모로부터 받은 주식별자를 자식 엔터티의 주식별자로 이용하는 연관관계

- **실행계획(Execution Plan)**

  사용자의 질의를 처리하기 위한 방법과 절차를 표현한 것이다.
  DBMS 내부적으로 옵티마이저에 의해 생성된 SQL 처리절차(프로시저)를 말한다.

- **엔터티**

  업무에 필요하고 유용한 정보를 저장하고 관리하기 위한 집합적인 것(thing)

- **영속성(Durability)**

  트랜잭션이 일단 그 실행을 성공적으로 완료하면 그 결과는 데이터베이스에 영속적으로 저장된다.

- **옵티마이저(Optimizer)**

  사용자의 질의에 대해 최적의 실행 방법(실행계획)을 결정하는 모듈이다. 규칙기반 옵티마이저와 비용기반 옵티마이저로 나눠진다.

- **원자성(Atomicity)**

  트랜잭션은 더 이상 분해가 불가능한 업무의 최소단위이므로, 전부 처리되거나 아예 하나도 처리되지 않아야 한다.

- **인덱스 손익분기점**

  인덱스에 의한 테이블 액세스와 테이블 전체 스캔의 수행 비용이 같아지는 지점을 말한다.

- **인스턴스(Instance)**

  SGA 공유 메모리 영역과 이를 액세스하는 프로세스 집합을 합쳐서 부르는 말이다.

- **일관성(Consistency)**

  일관된 상태의 데이터베이스에서 하나의 트랜잭션을 성공적으로 완료하고 나면 그 데이터베이스는 여전히 일관된 상태여야 한다. 즉 트랜잭션 실행의 결과로 데이터베이스 상태가 모순되지 않아야 한다.

- **정규화(Normalization)**

  속성간의 함수적 종속, 다치종속, 조인종속에 의한 데이터처리(입력, 수정, 삭제)의 이상 현상(Anomaly)을 제거하여 정규형(Normal Form)을 만들어 나가는 데이터베이스 근간 이론

- **정적 파티션 Pruning(Static Partition Pruning)**

  액세스할 파티션을 컴파일 시점(Compile-Time)에 미리 결정한다. 파티션 키 칼럼을 상수 조건으로 조회하는 경우에 작동한다.

- **카디널리티(Cardinality)**

  특정 액세스 단계를 거치고 나서 출력될 것으로 예상되는 결과 건수를 말하며, 총 로우 수에 선택도를 곱해서 구한다.

- **클러스터링 팩터(Clustering Factor)**

  특정 칼럼을 기준으로 같은 값을 갖는 데이터가 서로 모여있는 정도를 의미한다.

- **트랜잭션 수준 읽기 일관성(Transaction-Level Read Consistency)**

  다른 트랜잭션에 의해 데이터의 추가, 변경, 삭제가 발생하더라도 트랜잭션 내에서 일관성 있게 값을 읽는 것을 말한다. 일관성 기준 시점은 트랜잭션 시작 시점이 된다.

- **트랜잭션(Transaction)**

  업무 처리를 위한 논리적인 작업 단위다.

- **파티션 Pruning**

  옵티마이저가 SQL의 대상 테이블과 조건절을 분석하여 불필요한 파티션을 액세스 대상에서 제외하는 기능을 말한다.

- **하드 파싱(Hard Parsing)**

  SQL과 실행계획을 캐시에서 찾지 못해 최적화 과정을 거치고 나서 실행단계로 넘어가는 경우를 말한다.

- **함수의 종속성(Functional Dependency)**

  속성의 값이 어떤 기준값에 의해 종속되는 현상을 지칭하는 것. 이때 기준값을 결정자(Determinant)라 하고 종속되는 값을 종속자(Dependent)라고 함

- **휴리스틱(Heuristic) 쿼리 변환**

  결과만 보장된다면 무조건 쿼리 변환을 수행하는 것을 말한다.

- **Build Input**

  해시 조인에서 해시 테이블(=맵) 생성을 위해 선택된 집합을 말한다.

- **Dirty Read**

  다른 트랜잭션에 의해 수정된, 아직 커밋되지 않은 데이터를 읽는 것을 말한다.

- **Dynamic SQL**

  String형 변수에 담아서 기술하는 SQL 문을 말한다.

- **ERD(Entity Relationship Diagram)**

  도출된 엔터티와 엔터티 간의 관계를 이해하기 쉽게 도식화한 다이어그램

- **Global 파티션 인덱스**

  테이블 파티션과 독립적인 구성을 갖도록 파티셔닝한 인덱스를 말한다. SQL Server에선 '정렬되지 않은 (un-aligned) 파티션 인덱스'라고 부른다.

- **Index Skew**
  인덱스 엔트리가 왼쪽 또는 오른쪽에 치우치는 현상을 말한다.

- **Index Sparse**
  인덱스 블록 전반에 걸쳐 밀도(density)가 떨어지는 현상을 말한다.

- **Local 파티션 인덱스**
  테이블 파티션과 1:1로 대응되도록 파티셔닝한 인덱스를 말한다. SQL Server에선 '정렬된(aligned) 파티션 인덱스'라고 부른다.

- **Lock Escalation**
  관리할 Lock 리소스가 정해진 임계치를 넘으면서 로우 레벨 락이 페이지, 익스텐트, 테이블 레벨 락으로 점점 확장되는 것을 말한다.

- **LRU(least recently used) 알고리즘**
  사용빈도가 높은 오브젝트가 메모리 캐시에 오래 상주하도록 관리하는 알고리즘을 말한다.

- **MultiBlock I/O**
  I/O Call이 필요한 시점에, 인접한 블록들을 같이 읽어 메모리에 적재하는 방식이다.

- **NonPrefixed 파티션 인덱스**
  파티션 인덱스를 생성할 때, 파티션 키 칼럼을 인덱스 키 칼럼 왼쪽 선두에 두지 않는 것을 말한다. 파티션 키가 인덱스 칼럼에 아예 속하지 않을 때도 여기에 속한다.

- **Non-Repeatable Read**
  한 트랜잭션 내에서 같은 쿼리를 두 번 수행했는데, 그 사이에 다른 트랜잭션이 값을 수정 또는 삭제하는 바람에 두 쿼리 결과가 다르게 나타나는 현상을 말한다.

- **Phantom Read**
  한 트랜잭션 내에서 같은 쿼리를 두 번 수행했는데, 첫 번째 쿼리에서 없던 유령(Phantom) 레코드가 두 번째 쿼리에서 나타나는 현상을 말한다.

- **Prefixed 파티션 인덱스**
  파티션 인덱스를 생성할 때, 파티션 키 칼럼을 인덱스 키 칼럼 왼쪽 선두에 두는 것을 말한다.

- **Probe Input**
  해시 조인에서 Build Input으로 선택되지 못한 나머지 집합을 말하며, 해시 테이블을 탐색할 소스 데이터를 제공하는 집합이다.

- **Query Coordinator**
  병렬 SQL 문을 발행한 세션으로서, 각 병렬 서버 프로세스의 역할을 조정하고 결과를 취합한다.

- **Random 액세스**

  레코드 간 논리적·물리적 순서를 따르지 않고, 한 건을 읽기 위해 한 블록씩 접근하는 방식이다.

- **Read Committed**

  트랜잭션이 커밋되어 확정된 데이터만 다른 트랜잭션이 읽도록 허용함으로써 Dirty Read를 방지해주는 트랜잭션 격리성 수준이다.

- **Read Uncommitted**

  트랜잭션에서 처리중인 아직 커밋되지 않은 데이터를 다른 트랜잭션이 읽는 것을 허용하는 트랜잭션 격리성 수준이다.

- **Repeatable Read**

  트랜잭션 내에서 쿼리를 두 번 이상 수행할 때, 첫 번째 쿼리에 있던 레코드가 사라지거나 값이 바뀌는 현상을 방지해 주는 트랜잭션 격리성 수준이다.

- **Sequential 액세스**

  레코드 간 논리적 또는 물리적인 순서를 따라 차례대로 읽어 나가는 방식이다.

- **Serializable Read**

  트랜잭션 내에서 쿼리를 두 번 이상 수행할 때, 첫 번째 쿼리에 있던 레코드가 사라지거나 값이 바뀌지 않음은 물론, 새로운 레코드가 나타나지도 않는 트랜잭션 격리성 수준이다.

- **Single Block I/O**

  한번의 I/O Call에 하나의 데이터 블록만 읽어 메모리에 적재하는 방식이다.

- **SQL 처리 흐름도(Access Flow Diagram)**

  SQL 문의 내부적인 처리 절차를 도표화하여 표현한 것이다.

- **Static SQL**

  String형 변수에 담지 않고 코드 사이에 직접 기술한 SQL 문을 말하며, 'Embedded SQL'이라고도 한다.

SQL

Professional·Developer

부록 D

찾아보기

한글 키워드

영문 키워드

참고문헌

과목	참고문헌명	저자
데이터 모델링의 이해	데이터 설계와 구축	이춘식
	데이터아키텍처 전문가 가이드	한국데이터산업진흥원
	아는 만큼 보이는 데이터베이스 설계와 구축	이춘식
SQL 기본 및 활용	T-SQL PROGRAMMING: INSIDE MICROSOFT SQL SERVER 2005	Itzik Ben-Gan/ Dejan Sarka/ Roger Wolter 저, 김영건·성대중 역
	개발자를 위한 SQL 기본 활용(온라인)	삼성SDS멀티캠퍼스, 김규억
	뇌를 자극하는 SQL Server 2008	우재남
	데이터베이스 시스템	이석호
	불친절한 SQL 프로그래밍	정희락
	실전! 업무에 바로 쓰는 SQL 튜닝(온라인)	삼성SDS멀티캠퍼스, 정성철
SQL 고급 활용 및 튜닝	친절한 SQL 튜닝	조시형
	오라클 성능 고도화 원리와 해법 I	조시형
	오라클 성능 고도화 원리와 해법 II	조시형
	Microsoft SQL Server 2000/2005 튜닝	정원혁·손광수
	SQL Server 튜닝 원리와 해법	정재우
	대용량 데이터베이스 솔루션 II	이화식·조광원
	새로 쓴 대용량 데이터베이스 솔루션	이화식

◆ 편찬위원

김규억	삼성SDS
박상용	엔코아
박지숙	서울여자대학교
변창우	인하공업전문대학
신대경	에이디컨설팅
이윤성	SK C&C
이윤준	KAIST
이춘식	씨에스리
이화식	엔코아
장현호	비투엔
장희식	엔코아
정성철	삼성SDS
정재우	삼성SDS
조광원	비투엔
최창성	LG CNS
하종근	디비안
한인철	삼성SDS
홍봉희	부산대학교
황종하	엔코아

◆ 감수위원

김용진	데이타헤븐
김익서	싸이버로지텍
박규종	비투엔
신동민	디비안

◆ 집필진

김경수	디비안
염진영	한화생명
전창환	아모레퍼시픽
정희락	디비안
조시형	디비안

◆ 기획·편집

박재현 센터장	한국데이터산업진흥원
김관택 책임	한국데이터산업진흥원
조진율 주임	한국데이터산업진흥원

The Guide for SQL Professional

SQL 전문가 가이드

2020 개정판

2010년 9월 29일 초판 발행
2020년 5월 29일 개정판 발행

발행인 | 윤혜정

발행처 | 한국데이터산업진흥원

　　　　우) 04513

　　　　서울시 중구 세종대로9길 42 부영빌딩 8층

　　　　전화) 02-3708-5300　팩스) 02-318-5040

　　　　www.kdata.or.kr

인　쇄 | 화신문화(주)

가　격 | 50,000원

ISBN　978-89-88474-86-0